작업실 그레브가탄Grevgatan의 책상, 1982년 여름, 페터 바이스가 세상을 떠나던 해.

딸 나자Nadja와 아내와, 1982년.

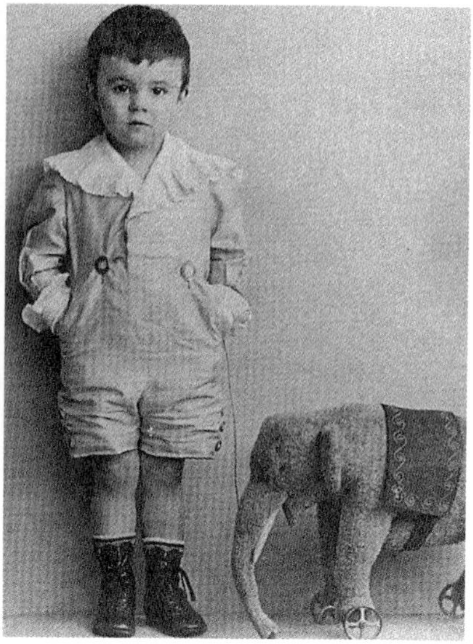

1920년(4세) 브레멘에서.

아내 구닐라 팔름슈티르나와 1952년 10월 파리에서.

〈자화상〉, 1946년, 나무에 유화.

1981년 막스 프리슈의 70세 생일을 기념하여 주어캄프 출판사옥에서 여러 작가들과.
왼편으로부터 우베 욘손, 지그프리트 운젤트(출판인), 페터 바이스, 막스 프리슈, 마틴 발저.

1968년 브레히트 콜로키움에서.

1933년(17세) 여동생 마르기트와.

〈나의 아틀리에 II〉, 1937년, 묵화 스케치.

스톡홀름의 바스트랭가탄Västerlånggatan 작업실에서, 1966년 8월 24일.

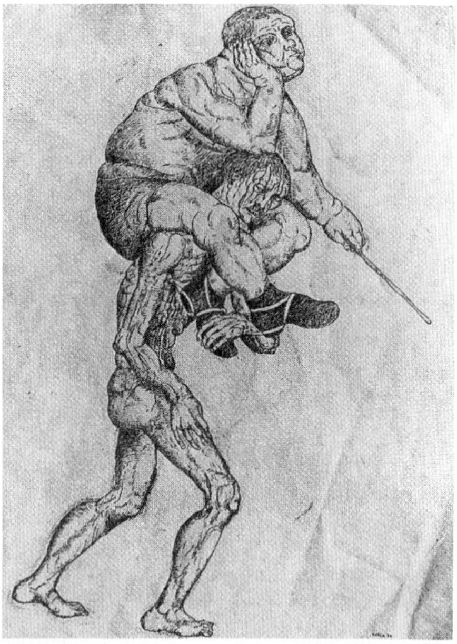

〈부자와 가난한 자〉, 1946년, 연필.

〈마라/사드〉 초연 때 배우들과 함께, 1965년 3월 26일 로스토크 인민극장.

〈글 쓰는 사람〉, 1946년, 종이에 템페라.

페르세우스의 방패

페르세우스의 방패

페터 바이스의 《저항의 미학》 읽기

문광훈

고려대학교출판부
KOREA UNIVERSITY PRESS

이제는 이 책을 읽을 수도 볼 수도 없지만,

그러나 이 책보다 더 많은 것을 내게 가르쳐 주신 나의 부모님

문인근文仁根, 주말례朱末禮께 바칩니다.

행복은 늘 오래된 것이다.

변하는 것은 행복을 위한 싸움의 방식이다.

— 존 버거,〈세계의 거대한 패배에 저항하며〉(1998)

책머리에

이 책은 1999년 6월 29일 독일 프랑크푸르트 대학에 제출하여 통과된 나의 박사학위논문인 〈다르게 읽기로서의 글쓰기. 페터 바이스의 소설 "저항의 미학"에 나타난 아방가르드주의, 정치 그리고 문화 의미론Schreiben Als Anders-Lesen. Avantgardismus, Politik und Kultursemantik in Peter Weiss' Roman *Die Ästhetik des Widerstands*〉(Frankfurt/Main 1999)을 번역한 것이다. '다시 쓰기'를 시도한 현재까지 12년의 시간이 흘렀다. 그러니 만큼 그사이에 자라난 이런저런 느낌과 생각들이, 이 논문을 한글로 옮길 때, 생겨나는 것은 자연스럽다. 이것을 나는 억누르지 않았다.

그럼에도 나는 이 책의 바탕에 충실하고자 했고, 그러면서도 문장과 문장을 번역하고 단락과 단락을 잇는 가운데 쉼 없이 덮쳐 오는 생각과 느낌을, 원래의 맥락에 어긋나지 않는다고 여겨지는 한, 자유롭게 덧붙였다. 또 논지의 전개상 반복되는 문장이나 지엽적으로 여겨지는 문헌들은 과감하게 생략했다.

이 책은 고려대 독문과 김재혁 선생님의 권유에서 시작된 것이다. 나는 학위논문의 한국어판 출간을 오래전부터 염두에 두고 있었고, 프랑크푸르트 대학의 지도교수이신 부르크하르트 린트너Burkhardt Lindner 선생님도 이 논문이 한국에 소개될길 바라셨던 터라, 이제야 할 일을 했다는 생각에 마음이 홀가분하다. 이 자리를 빌려 린트너 선생님과 김재혁 선생님께 깊은 감사의 인사를 드린다. 책을 내 준 고려대학교출판부에도 감사드린다.

외국의 학문과 문화를 배우는 일은, 그 분과가 무엇이고 이 분과 속의 활동 내용이 무엇이건 간에, 적어도 종국적으로는 비교학문적, 비교문화적 작업이지 않을 수 없다고 나는 생각한다. 외국 문학의 탐구도 그렇다고 여긴다.

그렇다는 것은 대상이 되는 외국의 작가와 작품에 대한 정확한 이해와 객관적인 분석은 물론이고(첫째), 이렇게 이해된 내용이 연구자 자신의 현실 — 나의 경우 오늘의 한국 현실 — 에서 어떤 의미를 갖는지를 물어야 하며(둘째), 이 물음은 결국 이때의 논의가 연구자 자신과 우리의 삶에서 어떤 역할을 할 것인가로 이어져야 한다(셋째). 대상 현실과 주체 현실, 작가와 독자 자신의 삶 사이의 끊임없는 상호 비교와 상호 자극 그리고 상호 학습을 통한 자기 갱신적 실천이 삶에서 없다면, 문학이란 무엇을 위한 것이고, 예술은 왜 하는 것인가? 그리고 철학과 문화란 도대체 무엇을 위해 존재하는 것일 텐가?

이 모든 것은 연구자 자신의 현재적 시각을 좀더 공정하고 보편적으로 만들고, 그가 속한 오늘의 문화를 더 이성적이고 시민적으로 조직하며, 인간 삶의 현실을 좀더 투명한 것으로 만들기 위해 비로소 자리한다. 외국학문의 연구도 넓은 의미에서 '한국학'의 한 분야이고, 이때의 한국학이란 이런저런 이념이나 이데올로기로 뒤틀리거나 사적 이해관계로 오염된 것이 아니라 누구라도 납득할 수 있는 어떤 보편적 지평으로 열린 것이어야 마땅하다. 그것이 글의 윤리이고, 문학예술의 반성력이며, 학문하는 자의 에토스다. 나의 학위논문을 오늘의 언어로 지금의 상황에 적용하여 다시 쓴 것도 그런 이유에서다.

나는 이 책이 한국에서의 문학 이해와 비평적 시각 그리고 문예 미학적 문화적 토대의 어떤 면을 성찰하는 데 조금이라도 도움이 되길 바란다.

감사의 글

우선 학위논문의 지도교수인 부르크하르트 린트너Burkhardt Lindner 선생님께 큰 감사를 드린다. 그분은 이 논문에 대한 나의 생각이 발전되어 가는 것을 주의注意와 격려로 함께 지켜보셨다. 학문적 엄격성과 정확성에 대한 그의 요구는 이전처럼 앞으로도 내게 모범으로 남아 있을 것이다. 시간이 부족함에도 불구하고 나의 논문을 기꺼이 읽어 주시고 중요한 언급을 해 주신 두 번째 심사자 기스베르트 브로기니Gisbert Broggini 선생님께도 감사의 말씀을 드린다. 한스 티스 레만Hans-Thies Lehmann 선생님께도 이 자리를 빌려 감사드린다. 그분은 린트너 선생님과 함께 수년 전부터 매년 겨울학기에 매체와 미학 그리고 지각에 관한 세미나를 개최하셨고, 이 세미나에서 참석하여 내가 받은 여러 자극들은 확실히 나의 시각을 확장하고 내 논문의 방향을 잡는 데 큰 역할을 했다.

친구 마르쿠스 크라이케바움Marcus Kreikebaum에게도, 늘 준비되어 있던 토론의 태도을 보여 주고 도움을 준 것에 대해, 또 학위논문의 막바지 퇴고 시 자세한 논평을 해 준 안드레아스 베커Andreas Becker에게도 고마움을 전한다. 그리고 존 버거John Berger 선생의 영어 원본 텍스트를 보내 준 비벌리 버거Biverly Berger 부인께도 감사드린다. 그 이외에 이런저런 다양한 쪽에서 온 너그러운 지지에 대해서도, 비록 이름을 거론하진 못하지만, 감사의 인사를 드리고 싶다.

글쓰기란 그저 순수한 표현 가능성을 얻기 위한 수사적修辭的 싸움이 아니라 현실적인 것과 비현실적인 것, 가능한 것과 불가능한 것이 상호 충돌하는 하나의 한계 작업이다. 새로운 인식은 오직 이름할 수 없는 것들의 한계/경계 속에서 행하는 길고도 기진맥진하게 하는 형식화 작업 이후에나 얻어질 수 있다. 이 책에 적힌 것은 내 능력의 그러한 한계에 대한 표현 이외에 아무것도 아니다.

그러나 자기 글쓰기의 이 한계를 선명하게 의식한다면, 아마도 다음과 같은 물음 — 말하자면, 어느 정도까지 예술은 자신의 유토피아적 기획에 기대어 좀더 나은 사회를 조직하는 데 기여할 수 있는지 — 이 짧고도 의미 있게 (혹은 무의미하게) 답변될 수 있을지도 모른다. 한계의 인식이야말로 그 초월을 가능하게 한다. 글쓰기란 서술할 수 없는 것에서 이뤄지는 하나의 한계 작업이다.

차례

III. 수행적 서술 전략과 아방가르드적 혁신 125

서론

· · · · · · · · · · ·

가난한 자는 배가 부를 때까지 단어를 곱씹는다.
그는 말의 객관적 정신에서 사회가 거절한 강력한 자양을 기대한다.
그는 깨물 수 없는 말들을 끊임없이 주절댄다.
이런 식으로 그는 언어에 복수한다.
— 아도르노, 《한 줌의 도덕》

· · · · · · · · · · ·

분노는 훌륭한 발동기다.
— 페터 바이스(H. L. 아르놀트와의 대화에서, 1981)

· · · · · · · · · · ·

《저항의 미학》은 각각 3년의 간격을 두고 1975년, 1978년 그리고 1981년에 3권으로 출간된 페터 바이스Peter Weiss(1916-1981)의 마지막 대작이다. 이 소설 삼부작에는 정치적 기획에 대한 다양한 토론과 여러 회화작품과 문학작품에 대한 다양한 분석 그리고 해석이 통합되어 있다. 거의 1천 쪽에 달하는 이 텍스트는 소설 삼부작의 마지막 세 번째 권과 함께 1981년에 출간된 《노트북 1971-1980》과 짝을 이루고 있는데, 이 작품은, 간단히 말해, 저항의 두 가지 방식을 다루고 있다고 할 수 있다. 즉 그것은 정치적이고 예술적인 저항이다. 혹은 더 정확히 말하면, '예술의 정치적 저항에 대한 서사적 탐색'이다.

이 글에서 소설 텍스트 《저항의 미학》은 무엇보다도 글쓰기의 기획, 심미적 인식의 확대뿐만 아니라 새로운 해방적 문화 의미론의 정립에 기여하는 글쓰기의 시도로 읽힌다. 지금까지의 바이스 연구에서 획기적 역할을 한 몇몇 논의들[1] — 이들 논의에 이 책은 상당 부분 도움을 받고 있는데 — 에서조차, 그러나 이런 측면은 단지 부분적으로 다루어지거나 아예 다루어지질 못했다.

내 책의 무게중심은 '다르게 읽기로서의 글쓰기 실천'이 갖는 의미이다. 다시 말해 이 글쓰기 실천에 예술의 어떤 저항적 잠재력이 들어 있고, 이 글쓰기는 어떠한 방식으로 상징적 의미 구성에 참여하는지, 그럼으로써 어떤 새로운 문화의 형성에 기여하는지를 밝혀 보는 데 이 책의 목적이 있다. 소설 텍스트는 엄청난 소재적, 예술적 그리고 이념적 풍요로움을 내장하고 있는데, 이 때문에 작가 바이스는 10년 가까이 녹초가 될 정도로 이 작품의 구성에 집중하게 되었다. 이런 의미론적 풍요로움 앞에서 내가 설정한 이 글의 핵심 주제는 '다르게 읽기로서의 글쓰기'이고, 따라서 이 제목과 관련하여 나는 몇 가지 질문을 던질 것이다. 그리고 이렇게 던져진 질문들에 대해 소설 내적이고 동시에 소설 외적인 분석을 통해 답변하고자 한다. 그 질문이란 이렇다.

바이스는 말/언어를 어떻게 이해하는가? 그는 어떻게 그리고 어떤 읽기와 쓰기의 전략을 통해 정치적 입장 표명과 심미적 아방가르드를 결합하는 가운데 그의 저항소설을 쓰게 되었는가? 이 저항적 글쓰기에서 예술의

1 여기에는 다음의 논문들이 거론될 수 있다. Birkmeyer, Jens: *Bilder des Schreckens. Dantes Spurenund die Mythosrezeption in Peter Weiss' Roman "Die Ästhetik des Widerstands"*, Wiesbaden 1994; Hermand, Jost: Obwohl. Dennoch. Trotzalledem. Die im Konzept der freien Assoziation der Gleichgesinnten aufgehobene Antinomie von ästhetischem Modernismus und sozialistischer Parteilichkeit in der "Ästhetik des Widerstands" und den sie begleitenden "Notizbüchern", in: Stephan, Alexander(Hg.): *Die Ästhetik des Widerstands*, Frankfurt/M. 1983, S. 79-103; Lindner, Burkhardt: Halluzinatorischer Realismus. "Die Ästhetik des Widerstands", die "Notizbücher"und die Todeszonen der Kunst, in: Stephan, Alexander(Hg.): a.a.O., S. 164-204; Rector, Martin: Laokoon oder der vergebliche Kampf gegen die Bilder. Medienwechsel und Politisierung bei Peter Weiss, in: *Peter-Weiss-Jahrbuch 1*, 1992, S. 24-41; Vogt, Jochen: "Wie könnte dies alles geschildert werden?", Versuch, die "Ästhetik des Widerstands", mit Hilfe einiger Vorurteile ihrer Kritiker zu verstehen, in: Arnold, Heinz Ludwig(Hg.): *Peter Weiss. Text und Kritik*, 2. völlig veränderte Aufl. München 1982, S. 68-94.

경험은 어떤 의미를 지니는가? 예술은 어떤 비판적 성찰적 계기를 통해 그것을 경험하는 나/우리를 형성시키고, 우리로 구성되는 사회를 변화시키는 것인가? 그리하여 결국 그의 개입적 글쓰기 실천은 하나의 의미 창출적 행동으로서 문화의 다른 독해와 어떻게 결합되는가? 이러한 분석은, 세분하면, 다섯 부로 나뉜다.

I부에서는 두 개의 주된 물음이 던져진다. 첫째, 《부모와의 작별》(1961)이나 《소실점》(1962) 같은 초기 산문작품은 저항소설과 어떤 연속적이고도 불연속적인 관계 아래 놓여 있는가? 둘째, 바이스의 글쓰기 방식은 어떤 이유로 '하나의 수행적 실천'으로 특징지어질 수 있는가?

우선 다루어질 것은 첫 번째 산문에 나타나는 1인칭 화자의 예술적 창조 과정과 그 실존의 현실적 사회적 맥락이다. 여기에서 확실한 것은, 그의 예술 창조가, 지금까지의 논문에서 흔히 언급하듯이, 단순히 개인적이거나 자전적인 것이 아니라, 비록 단초적이긴 하나, 사회역사적 의식으로 구비되어 있다는 점이다(1장). 여기에는 언어에 대한 그의 생각은 중요한 역할을 한다. 언어는, 그에 의하면, 타인과의 사고 교환을 통한 상호 이해에서 비로소 그 타당성을 얻는다. 그렇다는 것은 그가 언어를 이해 정향적으로 이해했다는 뜻이다. 이러한 관점은, 많든 적든, 예술적 묘사의 사회적 개입 가능성을 이미 예상하게 하는데, 이러한 개입 가능성은 《저항의 미학》에서 다양한 형식으로 전개된다(2장).

II부 "이데올로기의 균열"에서는 무엇보다도 바이스 글쓰기의 세 차원 — 통사론적, 의미론적 그리고 화용론적 차원이 분석된다. 이 분석은 단어/언어/글쓰기에 대한 그의 견해가 잘 표명되어 있는 '라오콘' 연설뿐만 아니라 저항소설에 나오는 몇 쪽도 끌어들여 행해진다. 여기에서 그의 글쓰기는 '수행적인' 것으로 특징지어질 수 있는데, 이러한 쓰기의 수행성은 내가 보기에 통합적 이성에의 희망으로 추동되지 않는가 여겨진다. 그의 글쓰기가 포스트모더니즘적 미학이나 자크 데리다의 글쓰기 개념과 분명한 변별성을 가지는 것은 그런 이유에서다.

III부 "수행적 서술 전략과 재활성화된 아방가르드"에서는 바이스가 어떻게 아방가르드 예술의 역사적 성취와 대결하면서 그 문화 혁명적 추동력을 자신의 실험적 글쓰기 전략 안으로 받아들이는지, 그래서 소설 텍스트의 서사 연관항 안으로 어떻게 전용시키는지가 논의된다. 이것은 다섯 단계로 일어난다.

첫째, 아방가르드 예술에 대한 바이스의 입장 변화가 간단한 전기적 조감 아래 서술된다. 이러한 입장 변화는 적극적 수용으로부터 시작하여 비판적 대결을 지나 재활성화의 시도에까지 걸쳐 있다(1장). 보론에서는 이와 관련된 하나의 문제가 더 상세히 논의된다. 다시 말해 문화 산업과 정보 인플레이션으로 특징되는 오늘날 일상의 맥락에서 이전 아방가르드의 실험적 문화 혁신적 기획 — 예술을 생활 실천으로 재귀환시키는 일 — 을 지금의 관점에서 재활성화하는 것이 과연 필요한 것인가라는 물음이 다뤄진다.

둘째, 바이스가 실험적 서사 전략을 소설 삼부작 안에서 어떻게 실행하는지 다뤄진다. 여기에서는 한편으로 예술 아방가르드의 유산에 대한 새로운 해석의 시도가 있고, 다른 한편으로는 심미적 모더니즘과 정치적 파당성 사이의 매개 가능성이란 문제가 있다. 이 매개 가능성은 소설 안에서 등장인물 사이의 논쟁적 대화를 통해 점진적으로 타진된다(2장).

셋째는 "묘사할 수 없는 것의 옹호:피카소의 〈게르니카〉"라는 제목을 갖고 있다. 여기에서는 아방가르드 예술에 대한 새로운 이해 방식이 어떻게 피카소의 걸작 〈게르니카〉에 대한 해석에 적용되는지 다루어진다. 소설의 등장인물들은 감정이입적 충실 속에서 대상과 주체 사이의 정서적 일치에 도달하고, 이런 일치를 통해 묘사된 것뿐만 아니라 묘사되지 않은 것을 〈게르니카〉로부터 읽어 낼 수 있게 된다(3장). 여기에서 밝혀지는 사실은 예술철학적으로 매우 중요한 하나의 통찰 — 예술은 '부재하는 것에 대한 참여'라는 점이다. 그리고 이 통찰은 《저항의 미학》을 처음부터 끝까지 관통하는 가장 핵심적인 사유 중의 하나다. 아방가르드적 충동의 재활성화를 위한 바이스의 노력은 두 가지 서술 전략 — 영화적 글쓰기 방식과 합창적 다성성의 서술 형식에서 확인될 수 있다.

넷째, 영화적 글쓰기 방식이다. 이것은 그가 이질적 공간 차원과 시간 차원 그리고 경험 차원을 마치 카메라로 쫓듯이 추적하여 생생한 동시성 속에서 현재화하는vergegenwärtigen 것을 뜻한다(4장).

다섯째, 합창적 다성성의 서술 형식이 다루어진다. 이것은 1인칭 화자가 단순히 개별적 주체가 아닌 '집단적 주체'로서 등장하는 데서 잘 나타난다. 이러한 1인칭 화자의 구성은 서사적으로 복잡할 수밖에 없는데, 이것은 《저항의 미학》의 마무리 부분에 잘 확인된다. 여기에서 이야기되는 과거와 글 쓰는 현재는 글 쓰는 주체의 상상력 아래 교차하는데, 이런 합창적 다성성의 글쓰기를 통해 1인칭 주인공은 역사적으로 놓쳐 버린 의미의 층들을 다시 발굴해 내는 데 성공한다(5장).

IV부를 관통하는 주요 개념은 변형Metamorphose이다. 이 개념은 바이스의 예술 이해에 결정적인 것으로 보인다. 다양한 예술작품의 독해와 관련하여 예술이 어떻게 한계 경험의 변형Transformation으로부터 탄생하는가라는 문제가 다루어진다. 예술가는 죽음이나 몰락 혹은 파멸, 불투명성이나 재앙과 같은 극단적 경험들에 직면하여 이 경험을 회피하는 것이 아니라 그와 정면으로 대결함으로써, 이 경험을 심미적 형상물로 변형시키고, 이런 창조적 변형을 통해 자신의 현실을 이겨 내고자 한다. 이때 경험은 예술의 일정한 표현 아래 파악할 수 없는 모호한 것으로부터 상대적으로 명료한 의미의 연관항으로 변화한다. 이런 변형의 방식은 물론 대상에 따라 다르게 나타난다.

페르가몬 제단에서 고통의 변형은 그림 같은 언어를 통해 일어난다. 여기에서 입증되는 것은, 그림언어란 화석화된 무형태의 사물에 살아 있는 인간적 질서를 그 상상적 가시성 아래 부여한다는 데 있다는 점이다(1장). 카프카의 작품 《성城》에 대한 독해에서 거의 해석할 수 없고 접근 불가능한 권력의 메커니즘은 '거슬러 읽기Gegen-Lektüre를 통한 다르게 쓰기' 속에서 마침내 해석할 수 있고 개입할 수 있는 삶의 질서로 바뀐다(2장). 제리코의 그림 〈메두사의 뗏목〉에 대한 해석에서는 환각적 기술 방식이 '이성의 형상 형식'으로서 파악된다. 1인칭 화자는 화가의 예술적 절망과 성취를 꿈결같이 몽상적이면서도 '동시에' 냉정할 정도로 명징한 묘사 속에서 현재화한다. 그것은 제리코가 〈메두사의 뗏목〉을 비전적이면서 즉물적인 회화 방식으로 그려 가면서 동시대의 질병에 접근한 것과 결코 다르지 않다. 이런 식으로 예술의 언어는 '시대의 질병을 기호화'한다(3장).

여기에서 예술은 파악할 수 없는 현실을 파악할 수 있는 무엇으로 변모시키는 하나의 개입적 표현 심급으로 밝혀진다. 예술은 끔찍한 삶을 파악 가능성 속에서 하나의 의미 관계로 전환시키는 데서 마침내 발생하는 것이다.

V부의 제목은 "수난의 기억"이다. 여기에서는 묘사할 수 없는 것의 묘사 가능성이란 문제가 홀로코스트Holocaust 사건과 관련하여 논의된다. 논의의 중심은 어머니라는 등장인물이고, 예술의 어머니로서의 므네모시네 개념이다. 1인칭 화자의 어머니는 역사적 고통 — 나치즘적 야만성의 고통스러운 상흔을 육화한 인물로 등장한다. 비록 할 말을 잃고 있지만, 그녀는 역사적으로 억압된 자들과의 연대감 아래 행동한다. 그녀는 역사의 상처를 안고 있고, 이 상처는 부단한 기억을 통해서 치유될 수 있을 것이다. 이때의 기억이란 원초적으로는 몸에 각인되어 있다. 그러는 한 그녀의 기억은 몸짓의 기억이다. 글의 기억은 몸의 이 원초적 기억에 대한 2차적 파생적 기억이다. 이 역사적 상흔에 대하여 1인칭 주인공은 (그리고 또 바이스는) 수행적 글쓰기를 통해 포괄적으로 대응한다. 말하자면 모순되고 파편적이며 부조리한 것들을 예술적 표현 작업 속으로 끊임없이 포용하면서 그는 이

현실의 참혹성에 대응해 나간다.

시적 언어는 공식적 언어에 대항하면서 지배의 이데올로기를 문제시한다. 그것은 지배적 담론의 비정상성을 낙인 찍는 전복적 언어다. 이러한 점은 '또 다른 언어'라는 개념에서 명료하게 확인된다. 시적 언어가 기성 언어와 구별되는 것은, 그것이 근본적으로 '다른 언어'이기 때문이다(1장). 그 다음에서는 저항소설을 핵심 주제적으로 관통하는 므네모시네mnemosyne 개념이 서술된다. 먼저 언급되는 것은 뒤러의 동판화 〈멜랑콜리아 I〉다. 여기에서는 흔히 신비로운 여성상으로 간주되는 그림 속 인물을 전체 주제와 관련하여 어떻게 해석할 수 있는가라는 물음이 제기된다. 이런 질문 아래 그녀는 조만간 닥쳐올 재앙을 기억 속에 일하며 준비하는 '어떤 구축적 인간형의 상징'으로 해석된다.

그러나 더 중요한 사실은, 이러한 문제의식을 더 멀리 끌고 가는 것, 그래서 므네모시네 개념이 예술뿐만 아니라 문화 일반과 관련되어 있다는 점을 밝히는 일이라고 해야 한다. 므네모시네는 현재 속에서 미래를 확보할 수 있는 과거에의 회상이다. 그래서 그것은 예술적 생산뿐만 아니라 문화적 의미를 창출하기 위한 주된 에너지로 자리한다. 마치 문화가 예술의 기억으로부터 발생하듯이, 예술은 기억의 문화로부터 장려되기 때문이다(2장).

바이스의 글쓰기 실천은 단순히 현실의 묘사 가능성으로부터 출발하지 않는다. 혹은 그것에 머물지 않는다. 그것은 오히려 현실의 묘사 불가능성에 대한 고통스러운 인식에서 시작한다. 그 때문에 그는 평상시 언급됨 없이 숨어 있는 것을 글쓰기 속에서, 말하자면 파악할 수 없는 무형적인 것을 소설적 의미 연관항으로 옮김으로써 인식 가능하고 파악 가능한 것으로 만든다. 이런 형상화를 통해 그는 현실 상황 속으로 개입하고, 이 개입을 통해 소멸될 위기에 처한 희망을 재생시키고자 한다. 그러는 한 그의 저항적 글쓰기 미학은 예술적으로 변형되고 정치적으로 개입하는 실천 행위이며, 이 실천 행위는 다름 아닌 예술적 묘사의 한계에 대한 인식으로부터 자신의 자양분을 얻는 것이다. 여기에서 명백한 사실은, 그의 예술이 기존의 질서에 봉사하는 것이 아니라 이 질서와의 급진적 대립 아래 있다는 점이다. 이 대립은 다름 아닌 글 자체의 부정적 잠재력에서 온다. 저항을 행한다는 것은 바이스에게 다르게 읽고 다르게 씀으로써 자신과 현실을, 잃어버린 행복의 목록에 기대어, 언제나 새롭게 설계한다는 뜻이다.

지금까지 피억압자들에게 차단되어 온 문화적 유산의 중대한 업적을 새롭게 읽고 해석하고 지금까지와는 다르게 씀으로써 바이스는 놓쳐 버린 의미론적 층위를 한 겹 한 겹 드러내 보인다. 개입적 글쓰기 속에서 그는 아방가르드적이고 실험적이면서 동시에 현실주의적이고 명징한 예술 이해를 이룬 실천적으로 정향된 하나의 구조물로 결정화結晶化해 내는 것이다. 저항미학이란 그렇게 결정화된 심미적 구조물의 이름이다. 여기에서 현실과 비전, 삶과 예술, 저항과 미학이라는 대립물은, 그리고 궁극적으로 사회와 문화 같은 두 개의 축은 단순히 상호 배제적 병치의 형식이 아니라, 서로 보충하는 병존의 동등한 형식 아래 자신의 고유한 형태를 획득한다. 글쓰기의 모든 에너지는 문화의 점진적 변형 과정Umformungsprozeß에서 새로운 관점을 개시하고, 이 변형 과정 속에서 마침내 현실 이해와 세계 이해를 위한 독자적 시도의 단초들이 마련되는 것이다.

그러므로 기억을 통한 예술적 형상 작업은 아직 표현되지 못한 것에 대한 표현의 작업으로 판명난다. 바로 이런 예술의 기억으로부터 새로운 기억의 문화가 발생할 수 있다. 바이스의 저항미학은 하나의 예술 실천적 기획이고, 이 기획은 개입적 글쓰기를 지배의 고통사에 대응시키는 데 있다. 그리고 그렇게 대응된 글쓰기는, 그것이 그 나름으로 성공할 경우, 그 자체로 의미 있는 저항의 문화를 이룰 것이다.

I. 《저항의 미학》의 전제

··········

글을 쓰는 데는 늘 때늦음이 있고,
이것은 잃어버린 것에 대한 하나의 대용물이다.
— 페터 바이스, 《소실점》

··········

한 작가의 예술적 발전사/전개사를 규정할 때 이 작가를 어떤 연속성 아래 파악할 것인가 혹은 불연속성 아래 파악할 것인가 하는 문제는 그다지 큰 도움이 되지 않는다. 왜냐하면 이런 양자택일적 요구는 개념적 언어를 통해 사실의 객관성에 접근하고자 하는 학문(과학)의 요구로부터 나오는 것이지 삶 자체의 요구에서 나오는 것은 아니기 때문이다. 파악되어야 할 것은 바로 이 삶, 이 삶의 온전한 모습이다.

삶은 생물학적 현상으로서 무형적이다. 그것은 처음부터 정해진 형태를 갖는 것이 아니라 차라리 일정한 충일성과 밀도 아래 전개된다. 그것은 외부로부터 부여된 그 어떤 인위적 구분도 알지 못한다. 그래서 삶은 쉽게 파악하기 어려운 것이다. 이 파악 불가능한 현존 방식은 예술가의 창작 과정에서는 더 요동치는 것으로 나타난다. 왜냐하면 예술가가 뛰어나면 뛰어날수록 그의 시각은 더 복합적이고, 바로 이 때문에 그는 거듭된 좌절과 새로운 시작, 깊은 절망과 취약한 희망 사이를 더욱 격렬하게 왕래하기 때문이다. 그리고 이런 왕래가 거꾸로 그의 복합적 현실 시각을 갖게 하는 것이다. 그러므로 한 예술가의 창작 과정을 규정하는 데 중요한 것은, 이 과정의 복잡한 메커니즘을 어떤 연속성 혹은 불연속성 속에서가 아니라 그때그때의 단계 사이에 자리한 '일치와 균열을 동시에 고려하는' 어떤 역동적 다양성 — 불연속적 연속성 아래 고려하고자 하는 것이다.

이러한 관점 아래에서 바이스의 초기 작품들이 그의 창작 과정 전체에 대해 갖는 의미 또한 논의될 수 있다. 이 단계에서 바이스는 그림과 영화 그리고 문학 같은 서로 이질적인 매체를 통합적으로 다룸으로써 거듭된 좌절과 새로운 기획 사이의 긴장 속에서 예술의 묘사 가능성을 확대하고자 쉼 없이 시도한다. 그는 1950년대 말까지 화가로 자리 잡기 위해 그림과 스케치를 계속했고, 이 와중에서도 문학 텍스트에 골몰했으며, 1948년 이후에는 실험영화와 기록영화 작업에 집중적으로 골몰한다. 1946년에 스웨덴어로 출간된 작품인 《섬에서 섬으로》에서부터 실험적 미시소설인 《마부의 몸의 그림자》(1960)의 출간에 이르기까지 회화와 영화 작업 그리고 문학적 시도는 15년 가까이 나란히 자리하면서 상호적으로 영향을 끼친 것이다.

바이스는 자기의 경험을 가시적 직접성 아래 드러내기 위해 쉼 없이 스케치하고 그렸다. 마치 정해진 이미지(영상)를 움직이게 함으로써 그 고정성을 극복하기 위해 영화를 찍었듯이, 회화적 정태성을 극복하고 사건의 충일성을 시간적 연속성 아래 탐색하기 위해 그는 글을 썼다. 그러므로 회화적, 영화적, 문학적 활동은 그의 예술적 전개 과정에서 밀접하게 연결되어 있는 것이다.[2] 그러므로 바이스의 발전사는 순수하게 통일적이지도 않고, 그렇다고 비약적으로도 전개되었다고 간주될 수도 없다. 그것은 불연속적 연속성 혹은 연속적 불연속성 속에서 '하나의 모순된 일관성'을 이룬다. 그리하여 그것은 일련의 변혁의 과정으로서가 아니라 그때그때의 표현 수단과 이 수단의 불충분성에 대한 교정 실천적 성찰로부터 기인하는 부

---

2 예를 들면 이질적 현실 층위와 의식 층위의 교차나, 끊임없이 변화하는 관점을 통한 행동의 불연속성을 현재화하는 것은 바이스의 전형적 서술 기술에 속하는데, 이러한 서술 기술은 여러 해에 걸친 실험적 영화 제작과 초현실주의적 아방가르드 그리고 정신분석과의 비판적 탐색으로부터 생겨난 것이다. 이 같은 서술 기술은, 비록 강조점의 차이는 있을지언정, 《결투》와 《마부의 몸의 그림자》와 같은 초기 산문작품에서부터 마지막 저항소설에 이르기까지 광범위하게 구사된다.

〈마부의 몸의 그림자〉 콜라주, 1959년.

다양한 대상의 이질적 부분들을 결합하여 만들어 내는 콜라주 작품은 젊은 시절 이래 바이스에게 낯선 것이 아니었다. 그리고 이것은 작품의 형상화에서뿐만 아니라 현실 파악에 있어서도 하나의 방법이 되었다.

단한 변형 과정Umgestaltungsprozeß으로 파악될 수 있는 것이다.

이러한 점에서 바이스의 초기 작품들, 특히 《부모와의 작별》(1959/60)과 《소실점》(1960/61)에 대한 지금까지의 논문들은 비판적으로 검토될 수 있다. 왜냐하면 이들 논문들은 대부분의 경우 이 두 작품을 자서전적이고 주관주의적인 것으로 경시함으로써[3] 초기 작품들과 후기 작품들 사이의 불연속성을 일면적으로 강조하거나,[4] 아니면 작품 내재적 연속성을 염두에 둠으로써 초기 작품들을 기껏해야 저항소설의 전前 단계로 고찰하기 때문이다.[5] 이럴 경우 초기작과 후기작의 관계가 어떤 차별성과 공통성 속에서 규정될 수 있는가라는 문제는 불충분하게 다루어지거나, 아예 답변되지 않는다. 이 장에서는 바로 이런 문제점을 상술하고자 한다.

이러한 문제점들은 우리의 시선을 예술과 정체성 찾기, 정체성 찾기와 사회의식, 표현의 독립성과 종속성의 관계 — 이 관계는 바이스의 자기 이해와 세계 표상을 창작적 과정 전체에 걸쳐서 규정하는데 — 에 던질 때, 비로소 가능하다. 이 장에서는 초기의 모든 작품이 아니라 위에서 앞서 언

---

3 예를 들어 아르놀트의 분석은, 그것이 젊은 바이스의 내적 격리가 사회적 박해로부터 발생한 것이라고 옳게 지적한다고 해도, 여전히 초기 작품의 자서전적 규정에 포박된 것처럼 보인다. Heinz Ludwig Arnold: “Ihre Stimmen leben in mir”, Peter Weiss: *Abschied von den Eltern*, in: ders.(Hg.): *Peter Weiss*, a.a.O., S. 44.

4 여기에는 무엇보다 강령적 글인 〈나눠진 세계에서의 작가의 10가지 작업과제10 Arbeitspunkte eines Autors in der geteilten Welt〉(1965)와, 프린스턴 대학에서 행한 연설문 〈나는 내 은신처에서 나온다I Come out of My Hiding Place〉(1966)에서 표명된 바이스의 견해가 큰 역할을 한다.

5 가령 다음의 논문을 거론할 수 있다. Gerlach, Rainer: Isolation und Befreiung. Zum literarischen Frühwerk von Peter Weiss, in: ders.(Hg.): *Peter Weiss*, Frankfurt/M. 1984, S. 174ff; Heidelberger-Leonard, Irene: “Abschied von den Eltern”, “Fluchtpunkt”, “Die Ästhetik des Widerstands”, -eine autobiographische Trilogie?, in: Internationale Peter-Weiss-Gesellschaft(Hg.): *Ästhetik Revolte Widerstand(Ergänzungsband)*, Luzern 1990, S. 39-46.

이에 반해 마르틴 렉토르는, 바이스의 정치화가 ‘일생에 걸친, 그리하여 종국적으로 완결될 수 없는 다층적 과정’이라는 전제 아래 ‘늦어도 1945년에 이미 시작되었다’고 주장한다. 이것을 그는 세 관점, 말하자면 지각 심리학적이고 도덕적이며 심미적인 관점에서 논증한다. Martin Rector: Zur Kritik der einfachen Politisierung. Die “Ästhetik des Widerstands” als Nach-68-Roman, in: Hofmann, Michael(Hg.): *Literatur, Ästhetik, Geschichte*, a.a.O., S. 100.

급한 두 개의 작품이 주로 다뤄진다. 그러면서 다른 작품들도, 그것이 이런 물음과 연관성을 가지는 한, 나는 배제하지 않을 것이다.

이런 맥락에서 나는 1940-1960년대에 이르는 바이스의 예술적 전개사에 대하여 단순히 개인사적으로 정향된 대차대조표를 작성하려고 노력하진 않을 것이다. 오히려 한편으로는 예술적 생산의 실존적 조건을 무시하지 않으면서, 다른 한편으로는 삶의 상황에 대한 입장적 필요성을 의식화하는 점진적이지만 단절적이기도 한 사회화 과정을 두 가지 관점, 말하자면 예술가적 성향(1장)과 글쓰기/언어(2장)라는 두 개의 열쇠어 아래 다루고자 한다. 이런 분석을 통해 분명해지는 것은, 나는 이렇게 되길 바라는데, 초기 창작 시기에서 그의 실존적 꿈/상흔은 사회역사적으로 제약되어 있다는 사실이다. 말하자면 연속성의 관점에서 보면, 두 산문작품의 작업 속에서 후기 작품들을 위한 새로운 문학적 출발점이 마련된다는 것이다. 또 불연속성의 관점에서 보면, 저항소설에 대한 두 산문소설의 독자적 위치 가치가 정의될 수 있다는 것이다.

1. 예술 창작 — 집 밖의 집짓기: 《부모와의 작별》

> 수백 년 전에도 나는 살았고, 그래서
> 여기 나의 책상 곁에 앉아 나는 내 잃어버린
> 실존을 밝혀 줄 이미지와 말을 불러냈다.
> — 페터 바이스, 《부모와의 작별》

1940년대 중반부터 — 그때 바이스의 첫 번째 이야기 《무법자》(1946)는, 유명한 출판업자인 페터 주어캄프에게 거절되었고, 1949년 《기록물 I》이란 제목을 달고 스웨덴어로 사비를 들여 출간되었으며, 이것은 1980년에 와서야 《이방인》이란 바뀐 제목과 싱클레어라는 가명 아래 다시 발간되었다 —

1960년대 시작까지 작가 바이스의 생애사는 이방인 감정과 무소속성의 경험으로 특징지어진다. 1960년대 초에 그는, 이미 언급했듯이, 두 개의 초기작《부모와의 작별》과《소실점》을 탈고했을 뿐이다. 어떻든 이방인 감정과 무소속성의 경험은 일련의 개인적이고 사회적인, 가족적이고 역사적인 상흔들, 이를테면 자동차 사고로 죽은 여동생의 죽음이나 이복동생의 파시즘 전향, 아버지의 유대적 가계, 독일에서 영국으로, 그리고 체코에서 스웨덴으로 이어지는 잦은 이주, 나아가 종국적으로는 이 모든 경험으로 인해 억압된 예술가성에 의해 야기된다.

1.1. 책—자발적 망명처

억눌린 삶의 상황에 대한 경험을 바이스는《부모와의 작별》에서 처음으로 묘사한다. 여기에서 그는 1958-1959년에 있었던 부모의 죽음을 다음과 같이 적고 있다.

> 부모님이 거의 동시적으로 돌아가셨을 때, 나는 내가 얼마나 그들로부터 소외되어 있는가를 알았다. 나를 덮친 슬픔은 그들 때문이 아니었다. 왜냐하면 난 부모님을 거의 몰랐고, 슬픔은 그래서 내 어린 시절과 청소년기를 하품나는 공허감 속에서 감싸고 있던 어떤 놓쳐 버린 것들 때문이었다. 슬픔은 가족 구성원이 20-30년 동안이나 나란히 부대끼며 참고 견뎠던, 완전히 실패한 공생의 시도에 대한 인식 때문이었다. 너무 늦어 버렸다는 감정이 무덤가에 선 우리 형제자매를 덮쳤다가 다시 뿔뿔이 흩어지게 했고, 그 때문에 우리는 슬펐다. 우리는 제각각으로 각자의 현존을 사는 존재들이었다(*AE*, 7).

이것은 작가 바이스에게만 해당되는 것은 아닐 것이다. 가족 사이의 어떤 깊은 슬픔과, 이 슬픔이 야기하는 어떤 깨달음은 부모의 죽음 이후에,

그 죽음을 치르면서, 그 장례식을 전후하여 일어난다. 깊은 각성은 죽음과 연관되어 있는 것이다.

부모의 죽음으로 하여 1인칭 화자는 그동안 알지 못했던 이들과의 관계를 직시하는 계기를 얻는다. 그러나 위의 인용한 구절은, 더 자세히 보면, 단순히 부모에 대한 아들의 비화해적 관계에만 제한되는 것이 아니다. 그것은 형제자매에 대한 관계에도 해당된다. 그래서 슬픔은 그저 부모님의 상실에서만 오는 것이 아니라, 그의 어린 시절과 청소년기에 '어떤 놓쳐 버린 것'에서도 오고, 그리고 그것은, 더 나아가면, '완전히 실패한 공존의 시도에 대한 인식'에 닿아 있다.

그리하여 부모님의 죽음은 1인칭 화자에게 상흔으로 가득 찬 가족 관계에 대한, 그때까지 누락되어 있던 성찰의 계기를 제공한다. 이 가족 사이에 지배했던 것은 '상호간의 불가능한 이해관계'였다(*AE*, 9). 소외와 의사불통으로 이뤄진 이 가족 관계는, 그리고 이런 관계에 대한 의식은 화자의 예술가적 기질에 의해 심화된다. 그는 그림을 그리고 글을 씀으로써, 장사 일을 맡아 '현존의 현실'에 전념하라는 아버지의 요구를 거스른다. 그는 그 어디에서도 인정받지 못한 채, 오직 예술에서 자신의 욕구에 대한 통풍구를 찾는 것이다.

> 내 점증하는 욕구를 충족시켜 줄 자양분을 찾는 과정에서 나는 그러나 다른 사물들을 찾게 되었다. 내 물음에 답변을 주었던 그것은 내 불안을 갑작스레 잠재워 준 시작詩作의 말들이었고, 나를 제 안으로 받아들여 준 그림이었으며, 나의 내적인 것을 되울려 준 음악이었다. 학교가 내 앞에서 숨겼던 삶이 책에서는 내게 다가왔다. 책에서는 나의 부모와 선생들이 나를 짓눌러 놓았던 현실과는 다른 삶의 현실이 나타났다. 책들의 목소리는 내가 함께 행동하길 요구했고, 나를 열고 내 자신을 숙고하길 요구했다. 나는 부모의 도서관을 샅샅이 뒤졌다. 이 책들을 읽는 것은 금지되어 있었고, 그래서 나는 이것을 몰래 빼내고는 그 틈이 표 나지 않게 세심하게 해 두어야 했다.

나는 침대 위에서 이불을 뒤집어쓴 채 책을 읽거나, 탁자 램프 옆에서나 화장실에서, 혹은 교과서 밑에 놓은 채 읽었다(*AE*, 59).

예술의 경험에서 주인공은 자기 삶의 길을 찾는다. 시를 읽으며 그는 불안을 잠재우고, 책에 공감하면서 행동을 예비하며, 음악에서 자기 내부의 목소리가 울리는 것을 듣는다. 왜냐하면 예술작품은 현실에서는 은폐되고 금지된 가능성들을 암묵적으로 지시하는 까닭이다. 예술은 이미 있었던 것뿐만 아니라 아직 오지 않았던 것 — 앞으로 올 것이고 미래에 될 무엇을 암시적으로 표현하면서 기존 현실과는 다른 현실을 만들기 때문이다. 예술의 현실은 늘 다른 현실이고, 이 다른 현실에는 다른 목소리가 담겨 있다. 다른 현실의 다른 목소리는 사람을 질식시키는 기존 질서에 대항한다.

그러므로 예술의 다른 현실은 외적 현실로부터 완전히 격리된 현실이 아니다. 그것은 이 현실을, 그러나 이 현실의 거짓 신빙성을 부정함 없이, 넘어선 현실이다. 예술 현실은 실제적 현실과 허구적 현실 사이의 문지방 위에서 움직인다. 예술 경험을 통해 1인칭 화자는 가족과 학교 그리고 동아리와 같은 다양한 사회기관이 제공할 수 없는 '삶의 다른 현실'을 발견하는 것이다. 이 예술의 삶은, 《부모와의 작별》의 한 구절이 보여 주듯이, 아버지가 강제하는 '견본 카탈로그와 천 두루마리 사이에 놓인 삶'과는 다르다(*AE*, 108).

1인칭 화자의 삶을 지배하는 것은 '충분히 숙성되지 못한 그리움과 낭만적 허황됨, 불안과 거친 모험심'으로 가득 찬 혼란이다(*AE*, 59). 이 혼란을 그는 반성적 예술 경험을 통해 정렬하고 조직함으로써 새로운 방향을 찾으려 한다. 그를 질식시키는 장사 일이 아니라, 자기 기질에 맞는 예술의 세계에서 그는, 분열과 우울에서 벗어나, 새로운 정체성을 찾고자 하는 것이다. 그리하여 예술과의 교류는 분명 그의 교양적 성장에 기여한다. 이 교양 목록의 처음에는, 그가 고백하듯이, 책이 있다. '내 발전의 모든 단계에는 책이 있다'(*AE*, 61). 그러나 책으로 모든 게 해결되는 것은 아니다. 예술적 자기 주장은 국외자라는 대가를 치른 후에야 얻어진다. 왜냐하면 그의 예술가적 성향은 집에서는 '더러움' 혹은 '오점'으로 간주되었고(*AE*, 115), 그래서 그것은 '닦아 내거나 지워야 할 것'으로 간주되었기 때문이다.[6]

그리하여 1인칭 화자는 집에서 마치 '포위된 자'처럼 살고, 그의 방은 '하나의 성채'와 같다(*AE*, 69). 그가 집 안에서가 아니라 집 밖에서 안식처를 찾는 것은 그 때문이다. 그는 집 밖의 정원에서, 그리고 나중에는 다락방에서, 마치 카프카의 한 인물처럼, 자신의 새로운 거주지를 구한다.

> 집에서는 숨 막힐 듯 답답하고 감금된 듯한 분위기가 지배했고, 그래서 내 감각은 포박되어 있었다. 그러나 밖에서 나의 감각은 열렸다. 정원의 원두막으로 들어서면, 나는 오직 내 것인 하나의 왕국에 들어선 듯한 기분이었다. 그것은 내가 스스로 선택한 망명처였다(*AE*, 16).[7]

> 정원의 원두막에서 발견했던 나의 망명처는 다락방에서도 이어졌다. 발견의 비밀스러운 즐거움 속에서 나는 이런저런 가방과 궤짝을 열었고, 여기에는 내 부모의 과거에서 나온 물건들이 보관되어 있었다(*AE*, 37).

> 나는 내 사라져 가는 세계의 비전들을 들이켰고, 녹아 버린 주석 그릇과 다 타 버린 나무의 냄새를, 그을며 타오르는 황폐함 이외에 더 이상 아무것도 거기에 남아 있지 않을 때까지, 들이마셨다. 〔…〕 나는 해방을 찾아 헤맸던 것이다(*AE*, 43).

---

6 부모의 세계가 보여 주는 예술 폄하를 한스-울리히 트라이헬은 흥미롭게도 육체적인 것의 금기시라는 문제와 연결시킨다. 예술은 바로 부모의 규범이 억눌렀던 살아 있는, 언제나 자라나고 움직이는 삶과 세계의 육체성을 그 형상화의 대상으로 삼기 때문이다. Treichel, Hans-Ulrich: Am eigenen Leib. Sinnliche Erfahrung und ästhetische Wahrnehmung in Peter Weiss' Prosa, in: Götze, Karl-Heinz/Scherpe, Klaus R.(Hg.): *Die "Ästhetik des Widerstands" lesen*, a.a.O., S. 136ff.

7 1인칭 인물의 뿌리 뽑힌 무관계성을 상징하는 '망명(처)'나 '피난민' 혹은 '이민' 같은 표현들은 이 작품에서 자주 발견된다. *AE*, 33, 117, 143쪽 참조.

1인칭 인물이 정원에서 경험하는 감각성은 무제한적이다. 감각과의 이 자유로운 놀이는 답답한 다락방에서도 계속된다. 그는 부모가 쓰던 과거의 물건들을 뒤지고 열고 시험하면서, '숙고하고 환상하고, 기대에 가득 찬 채 귀를 기울이는 긴장된 놀이'를 즐긴다(*AE*, 41). 다락방에 머무는 동안 그는 밖에서는 금지된 놀이를 비밀스럽게 이어 가는 것이다. 이때 그는 한편으로 사실적 진실성 아래 아버지가 어머니에게 보낸 편지의 내용을 한 자 한 자 인용하기도 하고, 다른 한편으로 환상적 무관계성 아래, '모든 이로부터 잊히고 완전히 격리된 채', 피범벅된 싸움의 장면들과 정신병동에서 상처 입은 자들의 고통을 상상하기도 한다. 전쟁의 잔학함을 끝도 없이 서술하는 가운데 기관총 사격소리, 악취 나는 강당, 부상당한 군인의 무리, 무덤과 쓰러진 말들 등 일련의 끔찍하고 잔혹스러운 이미지가 고양된 상상력을 통해 환기되는 것이다.

그러나 이 초현실적 이미지들은 순전히 허구적으로 발명된 것이 아니다. 그것은 1인칭 주인공이 유년 시절에 겪은 상흔과 깊게 결부되어 있고, 이 상흔 뒤에는 전체주의 체제라는 역사적 범죄가 자리해 있다. 그러므로 잔혹성과 파괴의 이미지는 단순히 체험적 자아의 자기 탐닉적 결과가 아니다. 그것은 그의 경험 현실에 뿌리박고 있고, 무엇보다 이러한 의식은 이 경험 현실을 일정한 형식 속에서 객관화하려는 예술적 욕구로부터 나오는 것이다. 예술적 욕구는 물론 실존적 역사적 현실의 압박에 직면하여 상상력의 한계를 그 극단에 이르기까지 확장한 데서 충족된다. 왜냐하면 예술가로서 그에게 중요한 것은 몰락의 비전이 아니라, 이 비전을 그 극한 상태 속에서 가능한 한 정확히 말과 그림(이미지)으로 변형하여 포착하는 일이기 때문이다. 바로 이런 경험적 토대를 통해, 카를 하인츠 보러의 테제, 말하자면 초기 산문작품에서 중기의 정치적 희곡작품에 이르기까지 바이스는 줄곧 고통을 즐기고 있고, 이런 고통의 향유를 《저항의 미학》에까지 환원될 수 있다고 한 테제는 비판될 수 있다.[8]

작가의 꿈과 환상이 가진 발생학적 근거는, 다시 한번 더 강조하여, 지옥 같은 현실이다. 그러는 한 이 현실 관계로부터 해방되고자 하는 그의 욕구는 개인적, 실존적이면서 동시에 사회적인 의지와 결코 분리될 수 없다. 그의 예술 의지는 현실의 악에 의해 결코 압도되지 않겠다는 데 있다. 이 의지는《부모와의 작별》의 주제를 이루는 핵심이기도 하다. 이것은, 비록 얼마간은 심리적으로 채색되어 있지만, 다음의 문장에서도 확인된다.

> 나는 잉크처럼 점점 더 어두워져 가는 방의 어스름 속을, 그 안에 놓인 사물들이 어른거리는 시커먼 점으로 해체될 때까지, 응시했다. 나는 두 눈에 극도로 힘을 주면서, 아직도 알아볼 수 있는 것을 찾아내려고 안간힘을 썼다(*AE*, 43f.).

> 더 좋은 것은, 위험 앞에 아주 가까이 붙어 선 채 이 위험의 동공을 빤히 쳐다보는 것이었다. 고통스럽게 어둠 속에서 홀로 누워 단지 그 위험을 예감하는 것보다는, 그것이 실제로 있다는 사실을 두 눈으로 보는 것이 더 좋았다(*AE*, 63).

1인칭 인물은 외부로부터의 유령적 엄습에 노출되어 있다. 그러나 사람을 경직시키는 이 끔찍한 것들의 모습에 그는 굴복하지 않는다. 그는 오히려 최대한 명징성 아래 '위험에 아주 가까이 붙어 선 채, 이 위험의 동공을 쳐다보려고' 애쓴다.[9] 유령 같은 어스름 속에서 그는, 비록 괴물의 한가운

---

8 보러의 언급은, 끔찍함과 고문 그리고 재앙 같은 잔혹 이미지가 초기에서 후기 작품에 이르기까지 바이스의 예술적 발전에서 근본 모티프의 하나인 한, 동의할 만하다. 그러나 강박적 환상에 대한 작가의 관심은, 보러가 지적하듯이, '전율의 미학'을 숭상하기 위해 시도되지도 않았고, 그렇다고 그것이 '무성하게 자라난 재앙의 기대'에서 온 것도 아니다. Bohrer, Karl Heinz: Die Tortur-Peter Weiss' Weg ins Engagement-Die Geschichte des Individualisten, in: Gerlach, Rainer(Hg.): *Peter Weiss*, a.a.O., S. 203. 주인공의 무절제한 꿈 놀이는, 두 산문 작품의 1인칭 인물이 보여 주듯이, 새로운 만남과 실존의 형식 그리고 세계에 대한 집요한 욕구와의 관련 아래 파악되어야 한다.

9 여기에서 우리는 저항소설에 나타나는 하나의 심미적 형상 원리로서의 무감각Anästhesie의

데 처해 있긴 하지만, 그 공포에 몸이 굳어지지 않으려고, 그래서 자기 목소리를 잃지 않으려고 결사적인 노력을 한다. "나는 소리 지를 수 없었다. 나는 경련 속에서도 어떤 목소리를 끄집어내려고 애썼다"(*AE*, 44).

그 모든 경련과 마비에도 불구하고 자신의 고유한 목소리를 끌어내려는 주인공의 노력은[10] 젊은 예술가에게 형식 부여의 예술적 행위로 나타난다. '혼란으로부터 벗어나는 출구는', 바이스가 〈단테에 대한 대화〉에서 적고 있듯이, '단 하나다. 그것은 말을 통한, 표현을 통한 출구다'.[11] 그 때문에 그는 자기의 경험과 관찰을 그림과 말로 번역해 내고자 애쓴다. 이것은 다음의 문장이 분명하게 보여 준다.

> 나는 종종 나를 다른 식으로 부르고자 시도했다. 그러나 하나뿐인 내 이름을 부르는 소리가 들려올 때면, 나는 놀라, 마치 작살이 내 몸을 찌르듯이, 움츠러들었다. 나는 그 소리로부터 빠져나올 수 없었다. 속삭이듯 나는 내 자신의 이름으로 날 불렀고, 그러면 마치 그 이름이 저 밖의 먼 곳으로부터, 내가 아직 아무런 형태도 갖지 못하던 시간으로부터 오는 것처럼, 나는 소스라쳤다. 그러고는 어떤 난공불락의 것과 끝도 없이 이어지는 압도적인 것에 대항하는 거칠고도 무기력한 분노와 격분을 느꼈고, 그 다음에 내 중얼거림은 보이지 않는 손에 의해 질식되었다(*AE*, 17).

젊은 예술가는 자기를 세상이 부르는 것과는 다른 식으로 부르고자 애쓴다. 다르게 부르고자 하는 것, 그것은 기존과는 다른 정체성을 찾기 위해서다. 거꾸로 말하자면, 하나의 정체성이란 '다른 이름'을 가지는 데서 시작

싹을 본다. 이 무감각의 형상 원리는 파악할 수 없는 대상에 가능한 한 가까이 다가가기 위해 동원된다. 여기에 대해서는 II부와 IV부 3장을 참고할 것.

10 이것은 바로 위협적인 힘에 직면하여 외침으로 전달의 능력을 얻고자 하는, 라오콘상의 장남 이미지를 생각하게 한다. 언어를 다시 정복하는 과정은, 그림과 말의 매체 교환이란 주제와 관련하여, II부 1장 "말과 그림:라오콘 연설"에서 자세히 논의될 것이다.

11 Weiss, Peter: Gespräch über Dante, in: ders.: *Rapporte*, a.a.O., S. 157.

한다. 그래서 어떤 사람이 자기 이름을 부를 때도 그는 놀라지 않는다. 오히려 그는 '속삭이듯' '자기 자신의 고유한 이름으로', 마치 그가 이 이름을 빠져나갈 수 없다는 듯이, 다시 부르고자 애쓰는 것이다. 그러므로 이름 부르기란 갈망과 불안으로 뒤범벅된 가득 찬 형식 부여의 힘겨운 과정이다.

1.2. 이름 짓기

왜 주인공은 자기 자신과, 그가 거주하는 세계를 다르게 부르고자 하는가? 예술가란 침묵하도록 유죄 선고를 받은 자가 아니라 표현하도록 저주받은 혹은 축복받은 자다. 그래서 그는 활동 없는 자기 망각 속에 고착되는 것이 아니라 '어떤 난공불락의 것과 끝도 없이 이어지는 압도적인 것'에 대항하는 표현을 고안해 내고자 하고, 이런 표현을 통해 자신을 방어하려 한다. 그래서 그의 중얼거림은, '어떤 보이지 않는 손'에 의해 질식되는 대신, 자기 형식을 얻으면서 외부 세계로 나아간다. 이 외부 세계에서 마침내 타인과의 열린 관계 — 상호 인간적 관계가 형성된다. 왜냐하면 절대적 고립에서는 이름 짓기의 어떤 욕구도 없기 때문이다. 이것을 1인칭 화자는, 다음과 같이 쓸 때, 아주 분명하게 인식하는 것으로 보인다. '나 혼자만 있을 때, 나는 내 이름을 잊었다'(*AE*, 17).

명칭 부여 혹은 이름 짓기의 의미는, 1인칭 화자가 자신의 머물 곳을 찾는 바로 그 지점에서 분명히 드러난다. 이때란 그가 그 무렵 존경하던 하리 할러Harry Haller로부터 편지를 받을 때다. 하리 할러란 헤르만 헤세의 가명이다.

> 내가 할러에게 편지를 썼을 때, 그것은 내 자신의 비현실성으로부터 벗어나려는 시도였다. 그리고 나는 내 편지에 대한 답장을 받았다. 그때 편지봉투에는 내 이름이 적혀 있었고, 나는 이 이름을 읽고 또 읽었다. 갑자기 나는

친구 헤르만 레빈 골드슈미트, 로베르트 융크와 함께 스위스를 돌아다닐 때, 1938년.

바이스의 나이 스물두 살 때였고, 헤세를 찾아간 것도 이 무렵이다.

> 외부 세계와의 알 수 없는 관계 속으로 빠져들었다. 누군가 내 이름을 한 편지에 썼고, 누군가 나의 실존을 믿었으며, 자신의 목소리를 내게 들려주었다. 나는 살아 있는 어떤 입에서 웅얼거렸을 이 말을 읽었다. 단어의 뜻은 내게 상관없는 것이나 마찬가지였다. 누군가 내게 말을 걸었다는 사실로 내게 충분했다(*AE*, 120).

이름을 준다는 것 혹은 무엇인가 명명한다는 것은 형식 없는 것에 형식을 부여한다는 뜻이다. 말하자면 그것은 목숨 없는 것에 숨결과 생명을 부여하는 일과 같다. 이름을 통해 사물은 비로소 자신의 형식과 색채 그리고 그 무게를 얻는다. 이 이름을 통해 사람은 대상을 이해한다.

그러므로 무엇이라고 불릴 때, 세상은 마침내 이해될 수 있고 접근할 수 있는 것이 변모한다. 이런 점에서 '내 언어의 한계는 내 세계의 한계'라던 비트겐슈타인의 통찰은 동의할 만하다.[12] 세계는 파악할 수 있는 한도 안에서만 파악되는 것이다. 그렇다는 것은 파악의 경계 그 너머는 알 수 없는 무엇 — 미지의 한계 영역으로 남는다는 뜻이다. 그러니까 세계는 기지既知의 영역과 미지未知의 영역으로 얼크러진 채 다층적으로 자리한다.

이름 부여란 무법칙성에 법칙을 부여하고, 이 법칙 아래 해체되는 것은 다시 축조된다. 이렇게 사물에 이름이 주어질 때, 주체와 객체 사이에는 상호 주관적 관계의 공간이 생겨나고, 이 공동 공간에서 주체와 대상, 화자와 청자는 서로에게 작용할 수 있다. 편지 쓰기가 주인공에게 '자기 자신의 비현실성으로부터 빠져나오는' '하나의 시도'로 서술되는 것도 그런 까닭에서다. 그는 새로운 이름을 통해 '외부 세계와의 어떤 파악할 수 없는 관계 속으로' 들어서는 변화를 겪는다. 부르는 것이건 불리는 것이건, 기존과는 다른 이름은 주체가 어떤 압도적인 것 — 현실의 알 수 없는 위력에 대응하고 저항할 수 있는 '어떤 형성적 힘eine werdende Kraft'을 부여하는 것이다. 그리하여 이름 짓기는 표현 속에서 해체와 무법칙성을 거스르는 하나의 싸움인 것이다. 그것은 예술의 싸움이고, 이 싸움은 표현에 의지한다.

이름 짓기를 위한 예술적 시도는, 작품 안에서 보면, 1인칭 인물에게 스케치하고 그림 그리고 글을 쓰는 것으로 나타난다. 억압적 가족 관계 아래 괴로워하던 그는, 이미 언급했듯이, 집의 안에 머무는 것이 아니라 그 밖으로 나아간다. 왜냐하면 그가 태어났던, 그리고 아버지가 지었던 집은 그에게 낯설기 때문이다. 그래서 그는 정원에서 편안함을 느끼고, 이곳에서 이런저런 예술작품에 골몰하는 가운데 자기의 독자적 집을 세우려는 것이다.

예술 창작이란 집 안에서 집을 짓는 행위가 아니라 집 밖에서 집을 짓는 행위다. 그것은 집이 없는 곳에서 자신만의 집 — 하나의 독립적 세계를 구축하는 일이다. 젊은 예술가는 자기가 태어난 집에서 어떤 고향도 발견

12 Wittgenstein, Ludwig: *Tractatus logico-philosophicus*, Tagebücher 1914-1916, Philosophische Untersuchungen(Werkausgabe Bd. 1.) Frankfurt/M. 1984, S. 67.

할 수 없었기에 집 밖의 세계에서 자신의 고유한 집을 세우려고 한다. 그는 세계의 압도적이고 잔혹한 힘에 그 이름을 부여함으로써 이 힘을 어떤 제어 가능하고 이해 가능한 것으로 변형시키고, 이러한 변형에 힘입어 현실의 부정적 힘을 이겨 내려 한다. 이것은 벽을 타고 창으로 들어오는 도둑이 긴장 속에서도 이 공포를 자기 행동의 고유한 동기로 삼아 결국 이 공포를 이겨 내는 것과 같은 것인지도 모른다(*AE*, 21f.). 이런 식으로 그는 현존의 어스름 속에서도 끊임없이 '표현의 다른 수단'을 찾아 헤매고, 이렇게 찾는 가운데 '독립적 성취를 향한 그리움'의 '바탕'을 놓고자 한다(*AE*, 22).

예술적 표현에 대한 1인칭 인물의 의지는 그러나 몇 가지 사건으로 요동친다. 하나의 전환점은, 의붓동생인 고트프리트를 통해 자기가 유대인 가계家系 출신이란 사실을 알게 되었을 때, 일어난다. 이때 이후 그는 짓눌리고 배척된 자들의 편에 서게 된다. 그를 사로잡는 것은 어떤 '상실감'과 '뿌리 뽑힘'의 감정이었다(*AE*, 74). 그러나 이러한 감정을 그는, 《저항의 미학》에서처럼, 억눌린 자들과의 정치적 연대를 위한 새로운 예술적 에너지로 전환시키지 못한다. 《부모와의 작별》에 나타나는 사회적 관계 상황에 대한 저항 의식은 여전히 약하고 실존적으로 정향되어 있기 때문이다. 이것은 다음 문장에서도 드러난다. "나의 불안에 찬 항의, 나의 보잘것없는 반란의 시도는 싹트면서 이미 질식되고 말았다. 나는 나의 처지를 인식할 수 없었다. 인식은 뒤늦게, 모든 것이 지나가고 나서야, 비로소 찾아왔다"(*AE*, 72).

자신의 유대인 가계에 대한 주인공의 인식은, 그가 반半 유대인으로서 운명적으로 정해져 있었던 아우슈비츠 수용소행에서 빠져나왔다는 죄책감 때문에 더 강화되면서(*AE*, 133f.) 점차 사회의식으로 발전해 간다. 이러한 사회의식은, 비록 단편적이긴 하나, 산문작품의 여러 곳에서 나타난다. 그 한 예는 1인칭 화자가 직원으로 근무한 런던의 한 백화점이 초현실주의적 묘사 방식 아래 서술되는 다음 장면이 될 수 있을 것이다.

> 백화점 기둥의 내부에서는 자라나던 열대우림의 세계가 화석화되었다. 덩굴식물과 덩이뿌리, 깃 모양의 양치류 잎새가 기둥과 궁륭 그리고 계단의 난간 둘레를 휘감았다. 공간의 벽과 지붕에는 버섯과 해면 그리고 이끼가 무성하게 자랐다. 상품은 종유동굴에서 쌓여 있었다. 〔…〕 정글의 희미한 빛 속에서 오렌지 빛 노란 복장의 여점원들이 마치 나비처럼 이리저리 펄럭대고 있었다(*AE*, 100f.).

여기에서 제시되는 것은 자본으로 규정되는 근대적 대도시 사회의 기형상에 대한 암묵적 비판이다. 현대사회의 인간은 자신이 소비하는 상품에 의해 포위되어 있다. 그것은 백화점의 공간이 마치 밀림에서처럼 '버섯과 해면 그리고 이끼로 우거져 있는' 것과 같다. 여기에서 여점원은, '마치 나비처럼', 이리저리 날갯짓하고 날아다니며 사람들을 유혹한다. 이러한 유혹은 강력하다. 왜냐하면 그것은 고객의 판단력을 마비시키는 까닭이다. 오늘날 인간의 욕구는 상품의 외적 자극에 쉽게 조종되고 조작된다. 그 때문에 그들의 삶의 관계는, 마치 풍요로운 상품 세계에서 열대식물들이 '화석화되듯이', 왜곡되고 뒤틀리면서 질식되는 것이다.

여기의 초현실주의적 묘사 방식은 대상의 단순한 기록으로 한정되지 않는다. 그것은 상상적 방식으로 보이는 대상의 비밀스러운 상태뿐만 아니라 관찰하는 자 — 1인칭 인물의 심리적이고 무의식적인 상태까지 현재화한다. 그래서 꿈의 세계와 현실 세계, 사물 세계와 감정 세계 사이의 구분이 사라져 버린다. 이것은 환각적 묘사 방식에서 온다. 환각적 묘사 방식이란 사실과 허구, 현실과 환상을 하나로 혼합함으로써 대상을 일상적 의미로부터 벗어나게 하고, 의미의 이런 탈일상화를 통해 새로운 의미 층위를 생성시킨다.[13]

---

13 저항소설에서 '환각적 서술 전략'으로 발전하는 이 초현실주의적 묘사 방식은 《부모와의 작별》의 곳곳에서 나타난다. 그 가운데 하나는 1인칭 화자가 정원이나 다락방에서 상상

그리하여 폭로되는 것은 한편으로 현대사회의 물신주의다. 이 물신주의는 얼핏 보아 그렇게 풍요롭고 자유로운 오늘의 사회에서 하나의 새로운 지배 형식으로 자리한다. 다른 한편으로 드러나는 것은 온기와 활기로 찬 인간적 세계에 대한 서술 자아의 갈망이다. 그의 사회의식은, 그가 아버지 회사의 노동 세계를 다음과 같이 서술할 때, 더 직접적으로 나타난다.

> 나는 노동자들의 삶의 조건에 대해, 그들의 투쟁이나 문제에 대해 그 어떤 것도 파악하지 못했다. 왜냐하면 내게 가장 단순한 것 — 내 자신의 고유한 일을 수행할 가능성조차 당시에는 주어지지 않았기 때문이다. 그러나 여기의 누가 자기의 고유한 일을 행했던가. 모든 것이 자기 활동으로 엮어져 있지만, 그러나 아무도 내밀하게 참여하진 않는 이런 구조의 조직 속을 나는 가끔 꿰뚫어 보았다. 이 부재하는 얼굴들, 이 기계적 활동과, 일을 쉴 때면 드러나는 기이한 상실과 소멸을 나는 보았다(*AE*, 141).

여기에서 성찰적 자아는 더 이상 폐쇄된 내적 공간에 머물지 않는다. 그는 타인의 삶의 배경에 대해 묻는다. 그는 자신뿐만 아니라 다른 노동자들도 연루된 회사의 조직 구조를 문제시함으로써 소외된 노동 세계의 '부재하는 얼굴'과 '상실 그리고 소멸'을 직시한다. 타인의 삶의 조건에 대한 그의 관심과 고통받는 사람들에 대한 그의 개방성은, 예를 들어 정치적 참여를 예술적 표현 의지 안에 통합시키는 소설 삼부작에 나타나듯이, 첨예화된 문제의식으로부터 여전히 멀리 떨어져 있다. 그렇지만 확실한 사실은, 1인칭 화자가 이런 일련의 문제화를 통해 파괴와 우울로 이뤄진 초기의 악몽으로부터 깨어났다는 점, 그래서 정체성의 추구와 더불어 구체적인 사회현실 역시 그의 시야 속으로 점진적으로 들어왔다는 점이다.[14]

놀이를 할 때다. *AE*, 16쪽 이하와 37쪽 이하 참조.

14 1인칭 화자의 사회의식은 《소실점》에서 더 첨예하게 묘사된다. 그 예의 하나는 그가 농가에서의 건초 수확 시 '하인들과 하녀들' — 그 당시엔 흔히 이렇게 불렸을 것이다 — 의 열

이제 주인공은 역사적 현실로부터 시작하는 끊임없는 압박을, 많든 적든, 자기의식의 배경에 사실상 견지한다.[15] 이러한 사실은, 망명 경험과 같은 정치적, 역사적 사건이 지금까지 언급된 사회적 격리 과정의 외적 구조를 이루고 있다는 사실을 고려한다면, 자명하게 보인다. 이해 부재와 경직성으로 특징되는 주변 세계 속에서 1인칭 화자는, 자신의 경험과 관찰을 사회적 구속성의 맥락 아래 그림과 언어로 번역하면서 삶의 조건을 좀더 선명하게 파악하고자 애쓴다. 이런 이유에서 《부모와의 작별》 끝 부분에 나오는 다음의 진술을 거슬러 읽는 것이 필요하지 않나 여겨진다.

> 나의 패배는 망명에서의 현존적 어려움 때문에 생긴 이주민의 패배가 아니었다. 그것은 자기 자신의 연고緣故로부터 해방되길 시도하지 않은 자의 패배였다. 이주란 나에게 어떤 무소속성의 증거였을 뿐이고, 이 무소속성을 나는 아주 어린 시절부터 경험했던 것이다(*AE*, 143).

1인칭 화자가 패배를 겪는 것은, 그가 억압으로부터 해방되려고 시도하지 않아서가 아니다. 또 그의 망명은 단순히 실존적 무소속성의 표현도 아니다. 그의 사고는 아직 성숙한 사회의식으로 삼투되어 있다고 말하기 어렵다. 그러나 그의 가치 표상이나 삶의 이해는 어린 시절과 청년 시절에서 유래하는 상흔적 경험들, 말하자면 가족 내의 상호 이해적 결핍이나, 학교

악한 삶의 조건과 노동 조건을 서술할 때(*FP*, 79ff.), 그리고 벌목꾼들의 그것들에 대해 서술할 때(*FP*, 96ff.)다. 이런 현실 조건에서는 기이하게도 어떤 반발의 기운보다는 '변화를 꺼려하는', '계몽과 교양 이전의 원시적 상태'가 지배한다(*FP*, 82).

15 이러한 점은, 바이스가 초기의 사회정치적 의식화 과정을 요약하는 1970년 말경의 다음 진술에서 잘 확인될 수 있다. "구체적 정치적 연관성, 사회적 소속성 그리고 당파적 결정을 향한 나의 길은 거리나 농가나 정원과 같은 가장 초기의 장소에서 생겨났다. 이곳에서 부딪치고 반응하는 가운데 다른 삶의 존재 사이에 자리하는 내 자신의 현존에 대한 첫 번째 생각들이 만들어졌다. 우선은 압박과 위협과 적대성에 대한 내 자신의 허약성을 파악함으로써, 그 다음엔 다른 사람들 역시 압도적인 세력에 의해 배제되었다는 통찰 속에서, 억눌리고 추방된 사람들과의 공속의식共屬意識이 점차 생겨난 것이다. 이런 공속의식은 한참 시간이 지나면서 사회학적 공통분모로 전이될 수 있었다"(*Rek*, 177).

에서의 부적응성, 불행으로 끝난 사랑, 인정받지 못한 예술가적 성향, 잦은 이주와 아우슈비츠로부터 도망쳐 나왔다는 죄의식 등등에 의해 각인되어 있다. 그러니까 그는 이런 무소속성의 개인적, 사회적 경험을 새로운 실존의 독립을 위한 원천으로 만들었던 것이다. 이러한 변화에서 예술은 결정적이다. 즉 그는 자신의 개인적, 사회적 상흔을 예술의 언어로 번역함으로써, 의식적이든 무의식적이든, 혹은 직접적이든 간접적이든, '세계의 요동치는 갈등'에 대한 '입장'을(*AE*, 143) 취하게 되는 것이다.

그러므로 자기 물음과 자기 표현에 대한 1인칭 화자의 노력은, 그 스스로가 고백하는 것과는 달리, 단순히 '몽유의 시절 속에서'(*AE*, 143) 나오는 것이 아니다. 그것은 차라리 '반발과 굴종 사이에서 〔현실을〕 가늠하면서'(*AE*, 7) 가족적, 사회적 속박과 대결하기 위해 시도되는 것이다. 젊은 예술가에게 사라진 것으로 나타나는 동시대적 관계 상황은 그의 의식의 배후에 물러나 있지만, 그렇다고 그것은 완전히 사라진 것이라기보다는 그의 기나긴 형성(교양) 과정에서 하나의 강력한 흡인력으로 자리한 것이라고 우리는 말해야 한다. 강력한 삶의 경험과 예술적 성찰은 그 좋은 증거다.

산문작 《부모와의 작별》은, 비록 외적으로는 부모의 죽음에 즈음하여 가족의 종국적 해체를 서술하고 있지만, 내적으로는 한 젊은 주인공이 실존적 고립과 가족적 강제 관계로부터 벗어나 예술의 창조 활동을 통해 자기 규정적 정체성과 사회적 의식화로 나아가는 출발의 시도를 그리고 있다. 그런 식으로 작품에 가시적으로 묘사된 해체의 과정은 곧 이러한 발생과 각성의 과정을 지탱하는 뒷면이 된다. 1인칭 인물이 보여 주는 외부 세계의 지각 과정과 자기 정향적 욕구는 소설 《소실점》에서 더 명료하고 포괄적으로 지속된다. 이 작품에서 나는 주로 언어 개념과 글쓰기 개념에 집중함으로써 그의 예술적 발전 과정을 상술하려 한다. 이 언어와 글쓰기 개념에서 무소속성의 경험, 표현에의 의지 그리고 예술의 사회적 구속성은 서로 융합된다.

2. 시적 언어와 사회적 구속성: 《소실점》

일의 유일한 의미는 움직임이고 선회이며,
떠올랐다가 다시 사라지는 몇몇 순간을 조명하는 것이다.
— 페터 바이스, 《소실점》

《소실점》에서는 나치 때문에 독일에서 추방된 24세의 한 화가의 거친 생애사와 창작 과정이 서술된다. 1인칭 화자는 찢겨진 실향민으로서 자신이 국가나 인종 그리고 인간적 연고와 같은 있을 수 있는 모든 소속성으로부터 분리된 사람이라고 말한다(*FP*, 8, 10, 194). 비록 소설에서는 화가로 등장한다고 해도, 그는 분명 작가 바이스를 체현하는 것처럼 보인다. 그렇다면, 그의 국외자적 성격은 어디에서 오는가?

2.1. 실존적, 언어적 무소속성

한 사람을 이해하는 데도 여러 방식이 있지만, 한 작가를 이해하는 데도 그것은 마찬가지라고 할 수 있다. 바이스의 경우, 그를 스케치하는 아주 간단한 한 방법은 그의 이력에 나타나는 거주 장소를 한번 훑어보는 일인지도 모른다. 이렇게 훑어보면, 왜 그가 어떤 특정한 국가나 단체에의 소속감을 밝히는 데 늘 주저했는지 금방 이해할 수 있기 때문이다.

바이스의 유대인 선조는 슬로베니아 출신이다. 그 자신은 베를린 근처의 노바베스Nowawes에서 태어났다. 그는 어린 시절과 청소년기를 베를린과 브레멘에서 보냈다. 그러다가 체코 국민이 되었다. 그는 오랫동안 스위스와 프라하에서 살았고, 영국으로 이주했으며, 그 다음에는 스웨덴으로 이주했다. 바이스의 예술적 발전사는 이렇듯 박해와 이주 그리고 낯섦 등 평생 동안의 망명 경험으로 점철되어 있는 것이다. 그러는 한, 그의 무소속성은 개인적이고 사회적이면서 동시에 역사적으로 결정된 것이라고 말할 수 있다. 여기에서 그의 언어는 의심할 여지없이 공포와 위협의 표현 수단으로 나타난다. 그리고 이 언어적 무소속성에 그의 실존적 무소속성이 겹쳐 있다.

> 내가 자라났고 그 언어를 썼던 나라에서 나는 이방인으로 불렸다. 영국에서 사람들은 나를 프리츠라고 등 뒤에서 불렀다. 두어 해 뒤 우리가 체코슬로바키아로 왔을 때, 당시 내 여권은 이 나라에 속해 있었지만, 사람들은 날 독일인이라고 다시 빈정댔다. 나는 이 나라 말을 할 수 없었기 때문이다. 그렇지만 난 이 나라를 위해 군 복무를 해야 했다(*FP*, 13f.).

1인칭 화자가 태어나고 자란 나라는 그와 그의 가족을 추방했다. 그리고 그가 쓴 모국어는 그에게 낯선 말이다. 그는 자기 여권에 찍힌 나라의 말을 할 수 없었다. 그 어디에서도, 그것이 국적이건 언어건, 그는 고향을 찾지 못한다. 그러나 이것은 단순히 그가 어떤 실존적 형식에 대한 믿음을 가지지 않았다는 뜻이 아니다. 왜냐하면, 바이스가 알바레즈A. Alvarez와의 대화에서 언급했듯이, "그 어떤 특별한 장소에도 결부되지 않는다면, 그에게는 전 세계가 집이 된다. 이 세계에서 일어나는 모든 것이 나 자신에게 일정하게 일어나기"[16] 때문이다. 그 어디에서도 고향을 찾을 수 없는 이에게 세상의 모든 곳은 고향이 된다.

보편적 낯섦과 무소속성의 한가운데에서 1인칭 주인공은 마침내 예술가적 성향에서 자신을 입증하려고 한다. 왜냐하면 피난민이자 망명자로서 그의 실존적 무소속성은 어떤 국적도 없는 것 — 예술의 무경계성에 일치한다는 사실을 그가 깨닫기 때문이다. 예술은 근본적으로 인종적, 국가적

16 Peter Weiss im Gespräch mit A. Alvarez, in: *Peter Weiss im Gespräch*. Hrsg. von Rainer Gerlach und Matthias Richter, Frankfurt/M. 1986, S. 51.

소속성과 같은, 외적으로 강제된 여하한의 소속성을 문제시한다. 이런 생각은 다음 구절에 잘 나타난다.

> 나는 피난민이자 망명자로서 오지 않았다. 내가 스톡홀름에 온 것은 여기에서 화가로 살기 위해서였다. 〔…〕 내게는 잃어버린 고향도 없었고, 다시 돌아간다는 생각도 없었다. 왜냐하면 어떤 나라에도 속해 있지 않았기 때문이다(*FP*, 8).[17]

> 예술에서는 어떤 경계도, 또 어떠한 민족도 없었다(*FP*, 10).

망명의 삶에서 세계는 황무지와도 같은 곳으로 나타난다. 망명자에게는 그 어떤 고향이나 나라도, 안식처나 주거지도 불확실하기 때문이다. 이 같은 현실에서 예술에의 매진은 1인칭 화자에게 어떤 다른 현실 — 시간적 법칙성 밖에 놓인 가상적 현실을 이어 주는 하나의 끈이다. 스케치하기와 그림 그리기 외에도 그는 글쓰기를 계속한다. 그러면서 사회적으로 인정받는 실존의 형식을 얻고자 애쓴다. 그래서 그의 생활 공간은 최대한의 표현 형식을 얻기 위한 싸움의 공간이 된다. 그의 무소속성은, 정확히 말하여, 소속성의 부재가 아니라 예술적 소속성 — '무소속적 소속성unzugehörige Zugehörigkeit'에 가깝다.

젊은 예술가는 어떤 인종이나 국가와 단체에도 속하지 않는 '다르게 닮은 자'다. 그러므로 그가 이 다름을 허용하고 장려하는 예술에서 하나의 출구를 발견하는 것은 자연스럽다. 말하자면 그는 예술적 활동에서 자신

---

17 1인칭 화자의 무소속성은, 그러나 더 분명해진 당파성을 지닌 채, 저항소설에서도 다음처럼 되풀이된다. "작가는 일정한 나라, 분명히 정해진 삶의 경계 그리고 하나의 민족적 문화에 소속되어야 한다는 견해는 나에게 타당하지 못할 것이다. 〔…〕 그런 식으로 나는, 글을 쓸 때, 어디에서도 발견할 수 있는 사람들을 향해야만 했다. 그들이 어디 출신이건, 국제주의는 내 소속성의 특징이 될지도 모른다"(*ÄdW*, I, 136).

의 다름을 정당화할 수 있는 하나의 길을 발견한 것이다. 여기에서 반파시즘적 망명가 무리와의 이런저런 교류는 중요한 역할을 한다. 그는 다양한 상대들과 끊임없이 교제하면서, 요헨 포크트가 옳게 지적하듯이, '대안적 의미 가능성과 행동 가능성'과 직면하게 되는 것이다.[18] 이 점에서 분명해지는 사실은, 《부모와의 작별》과는 달리 《소실점》에서의 1인칭 인물은, 비록 때때로 독립을 주장하긴 하지만, 사회적 결속 관계로부터 완전히 분리되지 않는다는 점이다. 그는 대립적 인물들과의 상호 자극을 통해 화가로서 자기 스타일을 획득하기 위해 씨름하는 것이다.

이런 인물들에는 작가 막스 베른스도르프, 화가 아나톨, 조각가 카렐 쿠르츠, 사회복지기관의 의사 등이 속한다. 이들은 자신들의 경험이나 예술에 대한 통찰을 1인칭 화자에게 전해 준다. 예를 들어 베른스도르프는 그와의 대화에서, 화가 고흐의 성숙성은 고통받는 사람들에 대한 개방성에 있다고 말하고(*FP*, 44), 화가 아나톨은 세계의 와해 한가운데서 혼돈을 묘사한 그림을 통해 1인칭 화자로 하여금 이 그림이 '어떤 진공 상태 속에' 있음을(*FP*, 67) 인식하게 한다. '자기 상실의 위험'에 대한 그의 언급은(*FP*, 67) 1인칭 화자가 자기 작품에 대해 회의하도록 만든다. 또 호더러는 '사용 가치'를 가진 예술 개념을 전개시킴으로써(*FP*, 69f.) 1인칭 화자에게 예술의 정치적, 사회적 책임감과 그 구속성을 소개해 준다. 호더러의 이런 요구에 대해 그는 이 모든 사회적 결속과 정치적 소속성에 대해 불신한다고 대답한다. 그러면서도 그는 한편으로 다른 다양한 견해들과 만나는 것을 회피하지 않는다. 그리고 다른 한편으로 자신의 예술적 작업이, 호더러가 가르치듯이, '어떤 자기기만'이 되지 않고, 예술가가 '궁중광대'가 되지 않도록(*FP*, 71) 어떤 문제의식을 가지고 작품을 대하려고 애쓴다.

다르게 생각하는 이들과의 이 같은 능동적 교류에서 1인칭 화자는 이전

---

18 Vogt, Jochen: *Peter Weiss*(=rororo monographien), Reinbek bei Hamburg 1987, S. 76.

의 실존적 고립과 무관계성으로부터 점차 벗어난다. 그러면서 예술에 대한 믿음을 매개로 사회적 의식화로 좀더 나아간다. 이런 식으로 예술에 대한 그의 확신은 다른 인물과의 상호작용을 통해 점차 확고한 윤곽을 얻는다. 이 같은 확신은 그의 근원 경험이라고 할 수 있는 아우슈비츠 체험에 의해 뒤흔들리면서 동시에 강화된다. 아래의 글은 그가 직면한 이런 정체성의 위기를 명료하게 서술한다.

> 나는 그때 살아 있는 사람으로서, 살아남은 사람으로서 누구에게 속했는가? 휘둥그레진 두 눈으로 날 응시했던, 내가 오래전에 배반했던 그 사람들에게 나는 속하지 않는가? 나는 차라리 살인자나 사형집행인에게 속하지 않았던가? 나는 이 세계를 용인했고, 그래서 페터 킨이나 루시 바이스베르거로부터 등을 돌리고, 이들을 포기하고 잊지 않았는가? 이 지워지지 않는 모습들을 눈에 담은 채 계속해서 살아가기란 더 이상 어려웠다(*FP*, 136).[19]

아우슈비츠의 대량 학살에 대한 보도를 고통스럽게 경험한 후, 1인칭 화자는 그렇게 말하는데, 시체 더미와 살아 있는 해골들의 잔혹한 영상들은 '우리의 현존에' '속하게 된다'. 왜냐하면 여기에는 그의 죄의식이 숨어 있기 때문이다. 이 죄의식이란 포로수용소에서 살해된 두 친구들 — 젊은 시절의 사랑인 루시 바이스베르거와, 프라하 아카데미 시절의 친구였던 화

---

19 비슷한 구절은 《소실점》 58쪽 이하 그리고 74쪽에도 나타난다. 아우슈비츠를 연극화한 《심문》을 작업할 때 적었던 〈나의 장소〉에서, 바이스는 자신이 듣고 읽었던 것을 구체적인 건물이나 장소와 연결시키고, 이런 연결을 통해 유대인 망명자로서 희생자의 상황에 감정이입하기 어려웠던 사실을 다음과 같이 언급한다. "모든 것이 차갑게 죽어 있었다. 〔…〕 죽음의 전적인 무의미 이외에는 아무것도 남아 있지 않았다. 〔…〕 한 사람이 살아 돌아왔고, 이 살아 있는 자 앞에서 여기 일어난 것들은 자신을 닫았다. 어떤 다른 세계에서 여기로 온 사람은 이런저런 부호에 대해, 또 증인 진술이라는 적힌 보고서에 대해 아는 것 이외에는 어떤 것도 가질 수 없었다. 이것 역시 그의 삶의 일부였고, 그 일부를 그는 가지고 있었지만, 그러나 그 자신에게 일어난 것만 그는 파악할 수 있었다." Weiss, Peter: Meine Ortschaft, in: ders.: *Rapporte*, a.a.O., S. 121, 123f.

가 페터 킨에 대한 죄책감을 뜻한다.[20] 그가 학살을 피했다는 죄책감, 그래서 이 삶의 전장에서 그저 '관객'에 지나지 않았다는 양심의 가책 때문에 그는 다음과 같은 질문을 던진다. 나는 '살아남은 자'로서 죽음을 당한 사람들을 '배반하고', 저 끔찍한 세계를 '용인하지' 않았는가? 그리고 그럼으로써 결국에는 '차라리 살인자이자 사형집행인에 속하게 되지' 않았는가?

어린 시절 그리고 청년 시절에서 오는 상흔 많은 경험들은 죄책감으로 인해 더욱 심화된다. 이 죄책감을 적어도 사후事後에라도 짊어지기 위해 1인칭 화자는 자신이 유일하게 믿는 예술마저 문제시한다. 이러한 문제시는, 그가 상상할 수 없는 잔혹함이 발생한 이 현실에서 예술 활동을 한다는 것이 과연 무엇을 뜻하는지를 물음으로써, 일어난다.

> 이런 압박 아래 작업한다는 것이 어떻게 가능할 수 있었는가. 종이에 쓰는 모든 말과 캔버스 위에 칠해지는 모든 색채는 그 어떤 한계도 더 이상 없는 고통에 견주면, 하나의 뻔뻔스러운 짓이었다(*FP*, 50).

> 스틱스〔지옥의 강〕는 어디 있고, 지옥은 어디 있는가. 플루트의 소리가 울려 퍼지는 지하 세계의 오르페우스는 어디에 있는가. 예술의 위대한 비전은, 그림과 조각과 신전, 노래와 서사시는 어디에 있는가. 모든 것이 먼지처럼 흩어져 버렸고, 어떤 새로운 비유와 조준점을 찾는 일을, 이런 끝장난 이미지들에 직면하여, 더 이상 생각할 수 없었다. 이것은 어떤 죽은 자의 왕국이 아니었다. 그것은 아직도 심장이 뛰고 있는 인간들이다. 이것은 한때 인간이 살았던 세계였다. 이것은 인간이 세운 세계였다(*FP*, 136).

20 포로수용소에서 빠져나온 것에 대한 죄책감을 바이스는, 그가 죽을 때까지 불치의 상처처럼 앓고 지낸다. 유대성에 대한 그의 관계에 대해서는 Heidelberger-Leonard, Irene: Jüdisches Bewußtsein im Werk von Peter Weiss, in: Hofmann, Michael(Hg.): *Literatur, Ästhetik, Geschichte*, a.a.O., S. 49-64.

수용소에서 보이는, 해골과 시체 더미로 폄하된 인간 현실의 참혹한 형상들 앞에서 1인칭 화자는 압도되어 그 무엇도 말할 수 없음을 느낀다. 수용소와 대량 학살의 보도를 경험하면서 그가 지금껏 추구해 온 일 — 자기 자신과 세계를 예술적 수단으로 표현하고자 한 시도는 뒤흔들린다. 왜냐하면 종이 위의 말 하나하나가, 캔버스 위에 더해지는 붓질 한 획 한 획이 그에게 한계 없는 고통에 대한 '하나의 뻔뻔스러운 짓'으로 갑작스레 여겨지기 때문이다. 왜냐하면 상상할 수 없는 대량 절멸은 '죽은 자의 왕국'에서가 아니라, 인간이 살고 있고, 이 인간이 세운 땅 위의 세계에서 일어났기 때문이다. 그래서 젊은 예술가는 '스틱스는 어디에 있고, 지옥은 어디에 있으며, 〔…〕 예술의 위대한 비전은 어디에 있는지' 묻는 것이다. 그러고는 이렇게 자답한다. '모든 가치는 절멸되었다'(*FP*, 135). 여기에서 '반대되는 장소이자 고향의 부정인 아우슈비츠는', 요헨 포크트가 옳게 지적하듯이, '자기 실존의 숨겨진 연관으로 파악된다'.[21]

자기 장소에 도달하려는 예술가의 절망적 시도는 그 당시까지 외면했던 외부 세계의 진리에 도달하려는 시도인 것으로 드러난다. 그의 개인적 생애사는 시대사와 분리 불가능할 정도로 결부되어 있다. 아우슈비츠 후에도 살아남았다는 사실은 한편으로 그의 실존을 지극히 우연적이고 의미 없는 사실로 나타나게 하고, 다른 한편으로 바로 그 때문에 근원적 상흔을 새롭게 가공하고, 이런 가공을 통해 어떤 새로운 소속성을 찾아 헤매도록 만드는 것이다.

---

21 Vogt, Jochen: "Wie könnte dies alles geschildert werden?", Versuch, die "Ästhetik des Widerstands", mit Hilfe einiger Vorurteile ihrer Kritiker zu verstehen, in: Arnold, Heinz Ludwig(Hg.): *Peter Weiss*, a.a.O., S. 70.

2. 2. 사회 변화를 위한 싸움

널리 알려져 있듯이, 아우슈비츠 대량 학살은 일종의 '문명사적 상흔'으로 자리한다. 이 사건과의 직면은 예술적 형상화 작업이 갖는 위치 가치에 대한 1인칭 화자의 믿음을 그 뿌리로부터 뒤흔든다. 그러면서 예술의 사회적 책임과 세계 상태에 대한 참여 가능성을 다시 생각하게 한다. 그래서 그는 표현 속에서 정치적이고 예술적인 정체성에 대한 하나의 새롭고도 확고한 지점을 얻으려 한다. 여기에서 막스 호더러는, 예술의 정치적 참여 문제와 관련하여, 스승으로 등장한다.

> 자네는 모든 예술을 원하는 대로 해석할 수 있다네, 라고 막스 선생은 말했다. 모든 것을 속일 수도 있고, 모든 것을 자네 관심을 위해 이용할 수도 있다네. 그렇지만 지금 물어야 할 것은 자네가 어느 편에 서 있는가라는 사실일세(*FP*, 12).

> 자네가 살아남은 일의 의미는, 악이 어디 있고 그것에 대항해서 어떻게 싸워야 할지 인식하는 데 있을 거네. (…) 자네 하는 일이 사회의 변화를 위한 싸움에 기여하지 못하는 한, 자네의 작업 시도는 쓸모없을 걸세. 연대를 이루지 못한다면, 자네는 패배한 거라네(*FP*, 59f.).

1인칭 화자는 호더러를 통해 왜 예술가가 사회정치적 관계 상황에 자신을 열어 두어야 하는지, 예술은 동시대적 인간의 생활 상황에 어떻게 공동 책임을 져야 하는지를 배운다. 이렇듯 젊은 예술가는 상대 인물과의 생산적 교제를 통해 쉼 없이 변화하는 교양의 형성 과정에 서 있다. 그러니까 교양이란 처음부터 어떤 완결된 실체로 있는 것이 아니라 '형성해 가는' 데, '부단히 자기 자신을 형성시키고자 하는' 데 있다. 호더러와의 관계는 마치

《부모와의 작별》에서의 1인칭 인물이 그리 유명하지 않는 음악가인 자크와의 생산적 교제를 하는 것과 유사하다(*AE*, 107ff.). 그는 사회적 관계에 대한 예리한 의식으로 말미암아, 호더러의 목소리를 기억하면서, '누구를 위해 그 입장을 옹호할 것인지' 자문한다(*FP*, 138). 어떤 다른 목소리에 대한 관심을 가진 채, 그는 더 이상 낭만적 무인지대에 포박된 것이 아니라 그 모든 몰락의 위험에도 불구하고, 시선을 가로막는 베일을 찢어 내면서 지상적 삶의 끔찍한 모습 속으로 들어가고자 하는 것이다.

1인칭 화자는 자신을 질식시키는 것으로부터 해방되고자 애쓴다. 이러한 노력은 더 이상 텅 빈 공간의 정적 아래 일어나는 것이 아니다. 그것은 예술의 사회적 구속력에 대한 점증하는 의식과 결부된 채 공동적 삶의 사회정치적 무대 위에서 시도된다. 그럼으로써 어디에도 묶여 있지 않던 그의 입장은, 아직 확정되지 않았으나, 막 자라나기 시작하는 일정한 입장으로 결정화된다. 이 입장은 외적 사건에 대한 개입적 관점을 전제한다. 바로 이 점에서 젊은 주인공의 예술 작업은 지금까지의 무방향성으로부터 확고하게 분리되고, 이 분리를 통해, 비록 완전한 형태는 아니라고 해도, 구속력 있는 가치를 얻게 된다.[22] 그러면서 다른 입장의 적극적 수용에 기대어 더 넓은 관점을 추구함으로써 확대된 자기 입장을 갖는 것이 필수불가결하다는 통찰에 도달한다.

이러한 통찰의 중심에는 사회 변화를 위한 싸움에 기여하는 예술의 가능성이 있다. 1인칭 화자는 자기 작품이 이렇게 되길 희망한다. 읽기와 생각하기 그리고 행동하기의 에너지는 이제 뚜렷한 목표를 내장한다. 필요한 것은 현실 해명에의 지칠 줄 모르는 욕구다(해명에 대한 글쓰기 의지는 바이

---

22 《소실점》에서 체험적 자아는, 포크트가 언급하듯이, '자신의 죄악 콤플렉스를 정치적 행동으로 해소시킬' 능력을 전혀 못 가진 게 아니라(Vogt, Jochen: *Peter Weiss*, a.a.O., S. 77), 더 정확히 말하여, 자신의 죄책감을 심미적으로 구조화된 정치적 실천, 즉 예술적 저항 활동으로 전환시킨다. 왜냐하면 심미적인 것으로의 후퇴는 곧 그에게 정치적인 것으로의 전진의 시도인 까닭이다.

스에게 저항소설의 시학에 결정적인 하나의 추동력이다).

> 내가 누구이고, 나란 어떤 자아인지 — 이 자아를 나는 수년에 걸친 도피 동안 짊어져 왔고, 전장에서 그리고 가스실에서 일어난 죽음에서 구했으며, 내가 보호하고 돌봐 왔던 것인데 — 그때서야 나는 보여 줄 수 있었다. 이제야 내가 설명할 수 있는 순간이 왔다. 모든 노력은 이 순간을 위해 투입되었고, 나는 그러길 기대했다(*FP*, 194f.).

> 자유는 여전히 있었지만, 그러나 그 속에서 나는 이제 발판을 얻었다. 그것은 더 이상 내가 익명의 악몽 속에 누워 있는, 그래서 그 모든 관계가 의미를 잃던 텅 빈 곳이 아니었다. 그것은 내가 각각의 사물에 하나의 이름을 부여할 수 있는 자유였다. 나는 단지 시점을 바꾸었을 뿐이다(*FP*, 196).

세계는 더 이상 파악할 수 없고 접근하기 불가능한 것으로 나타나는 것이 아니라 사람이 어떻게든 싸워야 할 무엇으로 나타난다. 젊은 예술가의 자유는 이제 어떤 공허한 자유가 아니라 조건을 가진 자유다. 즉 '모든 사물에 하나의 이름을 부여하는' 자유다. 《부모와의 작별》을 주제적으로 규정하던 이름 짓기 혹은 명칭 부여의 모티프는 여기서도 반복된다. 예술은 오직 명칭과 형식의 부여라는 조건 아래에서만 자유롭다. 그리하여 예술가는, 그가 자기 표현의 불충분성이 갖는 한계를 정확하게 의식함으로써 자신의 부가적 자유 — 이름 짓기의 자유를 비로소 만들어 간다. 그는 불확실한 목소리와 모순된 대상에 색채와 단어를 부여함으로써 '가능성의 풍요로움'을 탐색하고, 목적 자유의 나르시스트적 자기 연관성으로부터 벗어나는 것이다.

이제 1인칭 주인공은 예술을 훨씬 더 의식적이고 확고하게 현실에 대한 개입 수단으로 선택한다. 그는 '발견의 여행자'로서(*FP*, 10) 이런저런 도서관이나 박물관 혹은 연주회장 등을 찾아다님으로써 그림과 말 그리고 소리의 영역에 더욱 골몰한다. 이를 통해 그는 심미적 생산물에서 어떤 새로운 질서를, 그러나 이전처럼 도취적 유아론唯我論에 포박되지 않은 채, 설계한다. 형식 부여를 위한 수단으로 등장하는 것은 그에게 무엇보다 언어다. 왜냐하면 모든 것이 언어에서는, 다시 말해 언어적 표현 속에서는 설명될 수 있다고 그가 확신하기 때문이다. 그래서 그는 해명하며 글을 쓰고, 글을 쓰면서 해명하려고 한다.

> 글쓰기와 더불어 나는 제2의 상상된 삶을 만들어 낸다. 이 상상된 삶에서 흐릿하고 비규정적인 모든 것이 명료하게 나타났다(*FP*, 25).

> 나에게 일어난 모든 것은 전달될 수 있었다. 파악 가능한 영역의 밖에 놓인 것은 아무것도 없었다(*FP*, 38).

> 그 재앙으로부터 몇 개의 상형문자를 힘들게 추출해 내는 것은 만족감을 주었다. 파괴되어 산산조각 난 것을 내가 묘사할 수 있는 한, 나는 여전히 창조자였다(*FP*, 103).

1인칭 화자는 사람이 어울려 살 수 있는 공동체를 단순히 꿈꾸는 게 아니다. 그 대신 그는 자신의 꿈을 자기 언어로 번역해 낸다. 이 번역을 통해 그는 있었던 그대로의 과거 세계와 있는 그대로의 현재 세계를 교정하고 변화시키는 데 기여하려 한다. 세계의 압도적 위력 앞에서 굴종하는 것이 아니라 표현 속에서 자기 길을 가고자 하고, 이 길 위에서 현실 세계를 최대한 명료하게 직시한다. 세계의 파악 그리고, 궁극적으로, 그 제어는 이를 통해 가능할 것이다. 글쓰기는 이를 위한 발판이다. 글쓰기를 통해 사람은 자신과 자기 사는 세계를 지금까지와는 다르게 디자인하고자 하고, 또 그렇게 디자인할 수 있기 때문이다. 그런 사람에게 정해진 고향은 없다. '어떤 고향도 더 이상 없는 사람에게', 아도르노가 《한 줌의 도덕》에 나오는 한 아름다운 에세이에서 적었듯이, '글쓰기는 심지어 거주지가 된다'.[23] 세계의 전체를 고향으로 삼지 못한다면, 그는 작가가 될 수 없다.

비규정적이고 불명료하게 나타나는 것은 언어적 정식화 속에서 어떤 분명하고 선명한 것으로 변모한다. 글쓰기 활동을 통해 '어떤 제2의 상상된 삶'이 창출되고, 이런 삶에 기대어 사람은 제1현실의 무형식적 혼돈에 대항할 수 있다. 모든 사물은 우리가 언어적 표현을 고수하는 한, 설명될 수 있고 전달할 수 있는지도 모른다. '단어는 여기 있어서 형태 없는 질료로부터 무엇인가 구축하고자 했다'(*FP*, 101). 이런 식으로 전장戰場의 사건은 상상하기 힘든 것이지만, 그러나 더 이상 파악할 수 없는 것이 아니라 마침내 개입 가능한 무엇으로 이해되는 것이다. 체험하는 자아는 독서 경험과 글쓰기를 통해 정치적 개입을 시도하고, 이 시도로부터 확고한 자리를 얻는다. 1인칭 화자의 (그리고 바이스의) 이런 글쓰기 이해를 미하엘라 홀덴리트는 다음과 같이 요약한다.

> 글쓰기 활동은 자기 윤곽이 상실된 상황에 대한 결정적 개입이고, 심미적인 것에 근거한 자기 실체와 힘의 윤곽을 확고하게 하는 것이다. 언어는 사회적 소통적 양상 속에서 자기 절멸의 늪을 이겨 낼 수 있는 현존의 연속성을 보장하고, 자아와 세계의 매개를 대화 속에서 보장한다.[24]

쓰기를 통해 젊은 예술가는 자기를 해명하고 자기 정체성을 확고하게 하면서 현실의 무정형과 모호함을 거스를 수 있는 실존적 토대를 마련한다. 여기에서 글쓰기는 일종의 행동이고 윤리이며 개입이고 실천이다. 그

---

23 Adorno, Theodor W.: *Minima Moralia. Reflexionen aus dem beschädigten Leben*, Gesammelte Schriften Bd. 4, hrsg. von Rolf Tiedemann, Frankfurt/M. 1979, S. 96.

24 Holdenried, Michaela: Mitteilungen eines Fremden. Identität, Sprache und Fiktion in den frühen autobiographischen Schriften "Abschied von den Eltern" und "Fluchtpunkt", in: Palmstierna-Weiss, Gunilla/Schutte, Jürgen(Hg.): *Peter Weiss. Leben und Werk*, Frankfurt/M. 1991, S. 170.

는 글을 자기 분석을 위한 예술적 활동으로 간주함으로써 자아와 세계의 관계를 밝히는 데 복무한다. 그러는 한 그것은 비전적 자기 해석과 분석적 외부 정향의 경계를 지양할 수 있는 원심적 힘을 제공하는 것이다. 글쓰기 실천 속에서 실존적 고통과 사회적 의식은 하나로 결합된다. 예술적 표현은 이런 결합의 산물이다.

예술적 묘사를 통해 1인칭 주인공은 그러나, 흔히 그러하듯이, '어떤 강제적 전환이나 충격적 발견'이 아니라 단지 삶의 '연관 관계를 인식하고자' 애쓴다(*FP*, 50). 그는 자기 앞에 떠오르는 모든 것에 정확한 표현을 줌으로써 복잡한 삶의 이런저런 관계에 대한 납득할 만한 조망을 얻고자 하고, 이런 조망을 통해 또 다른 현존의 조직을 위한 단초를 만들어 내는 것이다. 그러므로 글을 쓴다는 것은 주체의 정체성을 만드는 것이자 대상의 변모를 야기시키는 일이다. 이 점에서 그의 글쓰기 방식은 여성작가이자 아나톨의 연인이던 파니Fanny의 그것과는 구분된다.[25]

파니에게 글쓰기의 유일한 소망은 '그녀가 시작한 유희를 끝까지 행하는' 데 있다. 그녀는 오직 인물을 형상화할 때 생겨나는 '긴장과 기쁨을 감지하기 위해' 쓴다. 그에 반해 1인칭 화자의 글쓰기는 여러 가지 경험을 해석하고 세계의 내적 연관 관계를 만들어 내는 것을 겨냥한다. 그는 자기 일에서 자유롭게 꾸며 낸 인물들과의 자기만족적 유희를 행하는 것이 아니라, '현재적 상황에 대한 그리고 계속되는 변화와 가치 전환을 위한 어떤 직접적 표현'을 보는 것이다(*FP*, 167). 그러므로 그의 글쓰기 활동은 일상적 삶을 살아가는 그의 노동의 일부다. 그는 단순히 창조의 자유로운 메커니즘을 따르는 것이 아니라 상호 이해와 상대에 대한 배려를 강화하고, 이런

25 파니의 글쓰기 방식에 대한 1인칭 화자의 비판적 거리는, 미래 세계에 대한 거대한 비전을 담은 소설《칼로카인*Kallocain*》을 쓴 후 자살했던 여성작가 카린 보예Karin Boye에 대한 그의 성찰에서 다시 확인된다(*FP*, 50). 보예에 대한 이야기는 저항소설 삼부작에서도 반복된다. 특히 *ÄdW*, III, 22ff.

강화를 통해 자기와 세계를 더 잘 이해하기를 갈망하는 것이다. 글쓰기란 그에게 '아직도 정해지지 못한 어떤 것, 그래서 불명료한 것을 확정하기 위한 힘겨운 소망'에 다름 아닌 것이다(*FP*, 100).

1인칭 화자의 책임 있는 작업 방식은 이해 정향적 언어 기능에 대한 인식과 관련 있는 것으로 보인다. 이해 정향적 기능이란 언어의 상호 개인적이고 상호 주체적인 성격을 암묵적으로 강조한다. 왜냐하면 이해란 고립된 개체 속에서가 아니라 개체와 개체의 상호 주관적 관계에서 일어나기 때문이다.

> 이러한 언어는, 내가 언제 원하든 혹은 내가 어디에 있건 간에, 현재하는 것이었다. 나는 파리에 살 수도 있고, 스톡홀름이나 런던 아니면 뉴욕에 살 수도 있었다. 난 언제나 언어를 내 곁에, 가장 가벼운 배낭 속에 간직했다. 이런 순간에는 전쟁도 이겨 낼 수 있었고, 여러 해에 걸친 피난에서도 살아남을 수 있었다. (…) 단어나 그림에 다가가는 것이 힘겨웠을 때면, 그것은 내가 그 어디에도 속하지 않아서 그 어떤 이해의 가능성도 알 수 없었기 때문이 아니라 많은 단어와 그림이 너무도 깊이 파묻혀 있어서 내가 오랫동안 찾고 더듬고 비교할 때 비로소 전달될 수 있는 질료를 만들어 냈기 때문이다(*FP*, 196f.).

반복되는 좌절과 새로운 시도 이후 젊은 예술가는 이제, 그의 생애사가 입증하듯이, 전쟁이나 추방 같은 재앙적 사건들을 이겨 내고 살아남았다는 점을 확신한다. 여기에도 물론 여러 가지 이유가 있다. 그러나 중요한 하나는 바로 그가 언어를 지녔기 때문일 것이다. 왜냐하면 언어에 기대어 그는 불안함을 어떤 선명한 의미 연관항으로 번역할 수 있었던 까닭이다. 그러므로 언어란 닫힌 내부 공간에서 스스로 말하고 주장하는 무엇이 아니라, 하나의 의견이 다른 의견과 더불어 서로에게 도달하기 위해 끊임없이 노력하는 기나긴 이해의 과정 속에서 비로소 획득될 수 있는 무엇이다. "많은 단어와 그림은 그렇게 깊게 파묻혀 있어서, 그것들은 오랫동안 찾고 만지고 서로 비교되어져야 했다."

이처럼 한 언어를 획득하는 과정은 너무도 혹독한 것이다. 1인칭 화자는 이런 힘겨운 '이해의 가능성'을 잘 인식했기 때문에, 그래서 단순히 하나의 소속성을 고집하지 않은 것처럼 그 어떤 무소속성도 고집하진 않았던 것이다. 그는 더 나은 실존적 사회정치적 정당성을 확보하기 위해 언어의 적절한 형식을 고민한 것이다.

2.3. 자기정의自己定義의 욕구

1인칭 화자는 주변 세계에서 일어나는 사건들을 자기 언어로 옮기는 시도를 멈추지 않는다. 그는 한편으로 외부 세계의 관계에 눈을 감지 않으면서, 다른 한편으로 부족하거나 알려지지 않은 단어들을 끊임없이 보충하고, 그래서 사전을 뒤적이기도 한다. 왜냐하면, 비트겐슈타인의 표현을 거듭 변주하자면, 언어의 한계 속에 이미 세계의 한계는 반복되기 때문이다. 한 낯선 나라의 낯선 언어권에 사는 한 국외자로서 그는 자기의 언어적 공동체가 가진 한계를 벗어나서 오랫동안 잃어버린 모국어를 다시 정복함으로써 자신의 정체성을 만들어 내려 한다.

> 그 모든 단어는 하나의 모험에 찬 탐색 아래 비로소 발견되어야 했다. 〔…〕 이리저리 뒤흔들리는 시간이 지난 후, 나는 내가 천천히, 한 걸음 한 걸음 앞으로 내딛는 이 탐험이, 지금까지 내게 자연스럽게 나타났던 해묵은 표현 형식에 대한 집착보다 더 의미 있음을 믿었다(*FP*, 63).

위의 문장에서 우리는 파시즘으로 인해 어쩔 수 없이 강탈된 언어를 다시 정복하기 위한 1인칭 화자의 노력을 읽게 된다. 그런데 이러한 정황은 바이스의 전기傳記에도 그대로 해당된다. 말하자면 그 역시 30년 이상 언어공동체의 밖에서 살아야 했기 때문이다.[26] 그래서 그가 사용한 그의 모국어는 그에게 낯설었다. 이 낯선 언어를 그는 자명하게 주어진 어떤 것으로서가 아니라, 부단한 노력을 통해 새롭게 정복해야만 하는 매체로 파악한다.

바이스의 언어는 본질적으로 바닥 없는, 따라서 탈영토화된 언어다.[27] 이것은 그가 즐겨 읽었던 카프카의 프라하 독일어가 가졌던 운명과 유사한 것이라고 말해야 할지도 모른다(*FP*, 57f. 164f.). 바이스가 프라하의 예술 아카데미 학생으로서, 마치 카프카가 한때 그러했던 것처럼, 프라하 독일어를 사용한 것은 결코 우연이 아니다. 1인칭 화자는, 그리고 바이스 역시, 마치 라오콘 조각상의 큰아들이 죽음의 공포로부터 벗어나 무엇인가 전달하려는 것처럼, 언어 지배의 힘겨운 과정을 통해 말 못하는 부자유, 그 침묵의 억압적 주술권으로부터 해방되고자 한다. 그러므로 그의 언어적 정열은 어떤 장식적인 것이 아니다. 그것은 단순히 표현의 아름다움을 추구하는 데서 오는 어떤 수사적인 것이 아니라, 그가 경험하고 마주친 대상에 대한 관계를 선명하게 드러내기 위한 내적 요구로부터 결과하는 것이다. 그러는 한 그것은 필연적인 것이 아닐 수 없다. 언어 박탈과 언어 정복 사이의 긴장이 그의 확고한 예술적 생애 의지를 추동하는 것이다.

---

26 이러한 맥락에서 바이스의 '언어 전기Sprachbiographie'에 나타나는 위기 단계를 초기의 어린 시절부터 작가로서의 종국적 관철에 이르기까지 크게 세 가지로 구분한 마르틴 렉토르의 지적은 언급할 만하다. 첫 번째 단계는 어린 시절부터 파시즘(1933)의 전야까지이고, 두 번째 단계는 독일어권 공간으로부터의 추방에서 언어의 강제적 박탈로 특징지어지는 1945년까지이며, 세 번째 단계는 독일어를 다시 정복하는 데 어느 정도 성공하게 되는 1965년까지다. Rector, Martin: Laokoon oder der vergebliche Kampf gegen die Bilder. Medienwechsel und Politisierung bei Peter Weiss, in: *Peter-Weiss-Jahrbuch 1*, hrsg. v. Rainer Koch und Martin Rector u.a. Opladen 1992, S. 27.

27 Vgl. Deleuze, Gilles/Guattari, Félix: *Kafka, Für eine kleine Literatur*, Aus dem Französischen übersetzt v. Burkhart Kroeber, Frankfurt/M. 1976, bes. S. 24ff.

언어를 통한 해명 가능성에 대한 이런 믿음 덕분으로 1인칭 화자는, 이렇게 작품의 결말 부분에 나오는데, '주변에 일어났던 생각의 교환에, 그러나 어떤 국가에도 결부되지 않은 채', '참여할 수 있었다'고 토로한다(*FP*, 197). 언어를 통한 사고 교환을 매개로 그는 책임 있는 소통적 공동체 안으로 들어서게 되고, 이런 참여 속에서 포괄적인 생활 세계의 배경을 제어하게 되는 것이다.

언어적 의견 교환 속에서 개체적 개별자는 사회적 일반성으로 변형된다.[28] 이때의 언어란 이해 정향적으로 구조화되어 있기 때문이다. 이것은, 1인칭 화자가 다음과 같이 말할 때, 분명하게 드러난다. "나는 내가 말하려는 사물이, 언어가 교환의 자연적 기능을 잃을 때, 말해질 수 없다는 점을 발견해야 했다"(*FP*, 61). 사물이란, 그것이 언어의 상호 주체적 이해 공간 안에서 번역될 때, 비로소 파악될 수 있다. 언어적 상호작용의 이 같은 과정 속에서 개인은 비로소 자기뿐만 아니라 자기를 에워싼 다른 실존들도 확신한다. 이를 통해 그는 공동의 생활 세계를 위한 이해를 풍부하게 하고 또 심화시킬 수 있다. 언어는 상호 주체적 형성 과정 속에서 개인을 사회화한다. 그것은 개인화하면서 동시에 사회화한다(언어의 상호 주관적 성격에 대한 바이스의 생각은, 다음 장에서 논의할 '라오콘 연설'에서 좀더 상세히 펼쳐진다).

사회적 맥락은 개별적 텍스트를 상호 주체적으로 매개하는 언어를 통해 만들어질 수 있다. 인간은 언어적 표현을 통해 복잡한 현실 관계에 대한 그 나름의 시야를 얻고, 자신이 연루된 이 현실에 어떻게든 개입할 수 있는 가능성을 획득한다. 그 때문에 1인칭 인물은 세계의 불행에 자기 눈을 감지 않는다. 대신 그는 끊임없이 조사하고 관찰하고 쓰면서 외부의 현실에 참

---

28 비슷한 방식으로 미드는, 개별적 자아는 자기의 정체성 구조를 언어적이고 상징적으로 매개하는 상호작용 속에서, 타자의 행동과 관련하여, 또 조직화된 공동체의 행동과 관련하여 — 이 사회를 그는 '일반화된 타자'라고 불렀다 — 확대한다는 점을 논증한다. 그리하여 개인화 과정은 상징적 그물망에 매개되면서 사회화 과정과 겹쳐진다. Mead, George H.: *Geist, Identität und Gesellschaft*. Frankfurt/M. 1973, S. 199ff.

여하려 하고, 이 참여를 통해 '흐르고 새는 것 속에서, 쉼 없는 변화 가능성 속에서 하나의 발판'을 찾고자 한다(*FP*, 187). 그러므로 1인칭 화자는 역사적 현실의 사건에 즈음하여 이른바 가치 자유 아래 행동하는 것이 아니라 개입적 입장을 부단히 취해야 한다는 통찰에 다다른다. 추방된 나라의 언어에 기대어 글을 쓰면서도 그는 더 이상 추방 없는 나라를 설계하고자 한 것이다.

지금까지의 논의를 요약하면 이렇다.

화가로부터 시작하여 산문가, 영화 제작자와 드라마 작가 그리고 소설가에 이르는 일련의 예술적 전개 과정이 증거하듯이, 바이스는 늘 자기가 느끼고 생각하고 체험하고 희망한 것을 언제나 다시금 그리고 기록하며 쓴다. 그의 이러한 예술적 경로를 지탱한 추동력은 여러 다양한 매체가 지닌 표현 가능성에 대한 부단한 실험과, 이 실험에서 나타난 실패의 경험, 그리고 이런 거듭된 실패에도 불구하고 다시 시도된 새로운 표현 형식을 위한 지칠 줄 모르는 시작에서 오는 것이다. 새 표현 형식을 위한 싸움의 머나먼 도정에서 그는 그전에 획득한 입장을 눈앞의 요구를 위해 완전히 포기하지도 않고, 거꾸로 생애의 끝까지 처음 선택한 형식화를 고수하지도 않는다. 피난과 망명, 언어 박탈과 언어 정복의 불안정한 경험이 그의 삶을 근본적으로 특징지었지만, 이런 위험과 위기의 한가운데서도 그는 자신의 예술적 입장을 그때그때의 요구에 맞게 부단히 교정하고 보충하고 확대함으로써 어떤 가장 적절한 표현 형식을 찾아 헤맸던 것이다.

여러 이질적 매체 사이의 경계인으로서 바이스는 자기 삶의 풍경을 예술적 풍경으로 변형시키고, 이 예술적 풍경을 다시 삶의 풍경으로 번역하고자 애쓴다. 여기에서 예술 창작은 '확대된 삶을 유지하기 위한 의미 부여적 활동'으로 입증된다. 새로운 묘사 가능성을 얻기 위한 지침 없는 싸움의 과정은 때로는 단절되고 때로는 지속된다. 두 산문작 《부모와의 작별》과 《소실점》은 바로 이러한 싸움의 불연속적 연속 과정을 주제화한다.

정체성과 자기 해방에 대한 주인공의 추구는 이 두 산문작에서 때때로 심미적, 주권적 자기 목적 아래 일어난다. 예를 들어《부모와의 작별》에서 부정 현실의 상흔은 그로 하여금 종종 자기 자신의 세계로 물러나게 만든다. 그래서 그는 책 읽기를 통해 외부 현실을 대체하는 것이다. 그러나 그렇다고 해서 외부 세계로부터 그가 완전히 벗어나는 것은 아니다. 그는 오히려, 비록 망설이긴 하지만, 부단한 학습의 형성 과정 아래 있다. 이 과정은 좌초와 새로운 시도의 연속으로 특징지어진다.《소실점》에서 1인칭 화자는 상대 인물과의 적극적 사고 교환을 통해 예술이 어떻게 현실에 관계하는지, 현실에 어떤 입장을 가질 수 있고 또 가져야만 하는지 묻는다. 이를 통해 자신의 과거에 대한 이해, 나아가 다른 동료 인간들의 상황에 대한 이해가 심화된다. 여기에서 확인되는 것은 예술 창작을 통해 명료성을 획득하려는 그의 생애사적 시도란 사회적 역할에서 자신을 정의定義하려는 욕구 이외의 다른 것이 아니라는 점이다.

이러한 이유에서 산문 작품에서 1인칭 화자의 (그리고 바이스의 — 왜냐하면 작가의 예술적 생산과 자기 자신의 전기는 특히 이 점에서 공생적으로 상호 연관되기 때문이다) 심리적 왜곡과 행동의 무능이 단지 유아론적 자기 밀폐나 역사적 과정에 대한 무관심에서 오는 것이라고 말하는 것은 틀린 것이 된다. 불연속적 관점에서 보았을 때, 성찰적 자아가 두 작품에서 때때로 자기 파괴적 몽상에 머물고 있다는 점은 분명해 보인다. 그 때문에 예술과의 교류는 그저 사사로운 해방 수단이자 심리적 위안거리로 기능하지 않는가라는 의구심을 남긴다. 그러나 두 초기 작품은 이런 진단으로 끝맺기에는 너무도 많은 사회적 계기를 포함하고 있다. 그래서 그것이 단지 자전적이고 개인적으로 이루어져 있다거나, 그 후에 이어지는 정치화 과정을 위한 전前 단계로 파악될 수 있다고 말하기는 어려워 보인다. 왜냐하면 1인칭 화자는,《저항의 미학》의 관점에서 보았을 때, 자신의 예술적 표현 가능성을 지칠 줄 모른 채 탐색하고 확대하기 때문이다. 이러한 시도는, 그가 삶의 억압적 조건에 형식을 부여함으로써, 이런 부여를 통해 기존의 의미를 재검토함으로써, 행해진다.

1인칭 화자의 내적 세계가 붕괴된 것은 말할 것도 없이 이 내적 세계와 연결된 외부 세계의 파괴로부터 발생한다. 이 파괴의 중심에는 이름 없는 수많은 사람들을 이주와 이민, 전쟁과 죽음으로 내몬 정치적 박해 체제가 자리하고, 파시즘 전체주의란 이 체제의 이름이다. 바로 이런 경험이 그의 개인적, 가족적 상흔의 외적 사회적 얼개를 형성한다.

그리하여 1인칭 화자는 가족적 결속의 부재 속에서, 의식적이든 무의식적이든, 사회적 억압 상태를 두루 체험한다. 거꾸로 말하여, 거듭되는 망명 경험에서 자신의 실존적, 언어적, 사회적 무소속성이 확고해져 간다. 그러는 한 자아의 형성 과정은 연속적인 발전사 개념에 적합하지 않다. 이들 텍스트의 전체는, 홀덴리트가 정확하게 지적하듯이, '잔해로 층이 진 하나의 형식, 혹은 패배한 시도와 가능성으로 엮인 합금물'로 파악될 수 있을지도 모른다.[29] 그 자신의 고통사는, 비록 전기적 배경으로 감싸여 있지만, 단순히 개인 심리적인 것이 아니라 전진과 와해, 일관성과 변화를 지닌 사회역사적 맥락 아래 이해되어야 한다. 이러한 이유에서 히키슈의 논지 — 자전적인 것과 허구적인 것, 개인적인 것과 사회적인 것의 흔히 있는 이분화에 반대하면서 예술적 전개사에 드러나는 사회적인 것에 대한 바이스의, 비록 균열적이긴 하나 지속적인 관심을 강조하는 그의 논지는 설득력이 있어 보인다.

> 그 모든 초기 작품들은, 비록 초현실주의의 심미적 전제 아래 또 자기 해방의 시야 아래 있긴 하나, 처음부터 사회와의 대결을 내포한다. 가장 먼저 그린 회화작품들 이래 페터 바이스는 사회적 환경에 대한 비판적 거리를 유지한다. 그러나 사람을 마비시키는 규범의 압박으로부터의 해방과 소통의 가

29 Holdenried, Michaela: Mitteilungen eines Fremden, a.a.O., S. 164.

능성은 이윽고 사회의 실질적 토대에 대한 그의 관심을 일으킨다. 그의 산문의 발전은 이런 과정을 패러다임적으로 보여 준다. 말하자면 심미적이고 반부르주아적 항의가 실효성을 가지지 못했기 때문에 작가는 새로운 표현 형식을 찾아 나서지 않을 수 없게 되는 것이다.[30]

두 산문작품 《부모와의 작별》과 《소실점》은 이런 점에서, 바이스가 어떤 불연속적 연속성 아래 개인적이고 사회적인 질료를 문학작품으로 전환시키는지 분명하게 보여 준다. 초기의 두 산문작품으로부터 나오는 이런 몇 가지 단초는 점차 발전하여 소설 삼부작 《저항의 미학》의 핵심 부분이 된다. 내용적 측면에서 보면, 그것은 예술의 사회적 구속성에 대한 점증하는 의식, 고통받는 사람들에 대한 개방성, 현세적 생활 상태의 변화 가능성에 대한 관심, 무형적인 것을 자기 해소의 부단한 위험성 속에서 언어를 통해 현재화하려는, 그럼으로써 관계의 모호성을 밝혀 보려는 욕구 같은 것이다. 형식적 측면에서 보자면, 단락 구분도 없는 블록의 문장 구성(《부모와의 작별》은 146쪽으로 된 단 하나의 단락으로 되어 있다)이나, 초현실주의적 묘사(이것은 환각적 서술로 발전한다)와 같은 실험적 글쓰기 방식이다.[31]

---

30 Hiekisch, Sepp: Zwischen surrealistischem Protest und kritischem Engagement. Zu Peter Weiss' früher Prosa, in: Arnold, Heinz Ludwig(Hg.): *Peter Weiss*, a.a.O., S. 37. 이러한 논평에서 내게 훨씬 설득력 있게 보이는 점은, 바이스가 자신의 변화된 정치적 좌표를 위해 1966년 미국 프린스턴 대학에서의 연설에서 이전 입장을 지나치게 단순화했을 때, 심지어 이 작가의 언급 자체와도 히키슈가 거리를 둔다는 사실이다. 왜냐하면, 한 작가의 작품을 다른 비평가의 상투적 견해뿐 아니라 때로는 작가 자신의 언급에 거슬러 읽는 것이 때로는 매우 필요하기 때문이다. 바이스의 사회적 지향은 그의 초기 창작물의 여러 자리에서, 가령 《마부의 몸의 그림자》나 《보험》 등에 흩어져 있음을 확인할 수 있다. 이러한 확인은 나아가 노숙자나 범죄자 그리고 알코올중독자 등에 대한 기록물적 연구인 그의 영화 작업이나, 〈부자와 가난한 자〉(1946)와 〈베틀의자〉(1947)과 같은 회화작품에서도 입증될 수 있다.

31 개인적 자기 해방과 사회적 구속성 의식 사이의 긴장은 — 바로 이 긴장 때문에 1인칭 화자는 두 산문작품에서 표현하지 않을 수 없게 되는데 — 발전하여 바이스에게 한편으로(전기적 측면) 1960년대 학생 운동이나 반자본주의의 물결과 같은 동시대적 사건들과의 비판적 대결을 거쳐 정치적 의식의 각성으로 이어지는데, 이러한 각성은 결국 1960년대에 있

두 산문작품에서 1인칭 화자는 단순히 자기 연관의 보호 공간 속에 침잠해 있지도 않고, 그렇다고 감각/의미의 나르시스트적 비의秘意만 찾는 것도 아니다. 그는 예술적 형상화 작업을 통해 언어 없는 상태의 무형태적 경직성에 저항하고자 애쓴다. 그러나 이 노력은 단순한 정치적 선동 행위를 통해서가 아니라 예술적으로 변형된 형태, 말하자면 글쓰기 실천 속에서 시도된다. 그는 표현을 통해 현실에 개입하고자 하는 것이다. 왜냐하면 표현은 내용에 형식/틀을 부여함으로써 의미를 구성하고 조직하며 창출하는 일이기 때문이다. 표현은 곧 의미의 창출이고, 이렇게 창출되는 의미로부터 세계는 창출된다. 현실은 표현 속에서 비로소 기존과는 다르게 태어나는 것이다. 바이스는 불안정과 추방, 억압과 떠남으로 점철된 이전 시기와 절연하면서 예술적 활동의 본격적인 길로 들어선다. 글쓰기 작업 속에서 그는 사회역사적 연관항에 대한 시선을 더 예리하게 하고, 더욱 정당한 행동의 가능성을 탐색하는 것이다.

이런 점에서 《부모와의 작별》과 《소실점》은 협애한 규범과 가치를, 이로 인해 고통받는 예술적 자아에 기대어, 밀도 있는 표현으로 항소하고 문제시한 작품이라고 할 수 있다. 그런 점에서 이 두 초기작은 오래전에 놓쳐버린 것을 다시 회복하려는 서사적 구제의 시도다. 이 절망적 시도 속에서 젊은 예술가는 '우리들 희망이라는 거친 질료로 이뤄진 하나의 둔주곡'을(*AE*, 110) 엮어 내고자 한다. 모든 표현이란 어둠 속 희망의 시도이고, 이 희망을 위한 절망적인 둔주곡이다.

었던, 제3세계의 피억압자들과의 유보 없는 연대감으로 구체화된다. 그것은 다른 한편으로(예술 방법론적 측면) 아방가르드나 정신분석에의 몰두를 통해 새로운 소설시학을 설계하는 데로 이어진다. 새로운 소설시학이란 비전적 내부 세계로 침투해 들어가는 일과 현실적 외부 세계로 개입해 들어가는 일을 글쓰기 실천 속에서 매개하고 통합하는 것을 뜻한다. 《저항의 미학》은 그 결과물인 셈이다.

II. 이데올로기의 균열
— 개입적 글쓰기의 수행성

글을 쓸 때
나는 늘 행동을 생각하며 썼네.
이 글이 언제나 준비라고 여겼네.
글을 쓸 때
나는 늘 열병 속에서 썼고
행동이 벌써 요동치는 걸 들었네.
— 페터 바이스, 《마라/사드》

언어적 진술의 행동적 측면을 연구하는 데 언급되는 첫 번째 방법론적 단초는, 주지하다시피, 오스틴Austin과 설Searle의 '언어 행동 이론'이란 이름 아래에서 전개되고 지속되었다.[32] 전통적 의미 이론이 언어의 기능을 본질적으로 재현과 묘사에서 보는 반면, 언어 행동 이론은 인간이 '일정한 진술로 일정한 행동을 실행한다'는 점을 강조한다. 여기에서 언어는 더 이상 세계를 '서술'하는 수단으로 고찰되는 것이 아니다. 오히려 언어에는 어떤 행동을 실현시키는 실천적 기능이 부여된다.

그러나 이 같은 논의에서는, 수행적performative/확인적konstative 진술 개념을 복권시키려는 지금까지의 시도가 보여 주듯이, 어떤 언어가 어떤 행동을 어떠한 구체적 상황에서 실행하는지, 또 언어 행동의 일반적 구조는 어떻게 체계적으로 구성될 수 있는지와 같은 물음은 답변되지 않는다. 왜냐하면 모든 언어적 진술은, 그것이 일정한 행동의 수행과 관계된다는 점에서, 다시 말해 일의적 분류 기준 위에 자리하지 않는다는 점에서, 적건 많건 '수행적'이기 때문이다. 따라서 제기되어야 할 질문은 어떤 진술을 통해 행동을 실행하고, 어떤 진술을 통해 행동을 실행하지 않는가와 같은 것이

32 Austin, L. John: *Zur Theorie der Sprechakte(How to do things with Words)*, 2. Aufl., Stuttgart 1994; Searle, John R.: *Sprechakte. Ein sprachphilosophischer Essay*, 6. Aufl., Frankfurt/M. 1994; ders.: *Ausdruck und Bedeutung. Untersuchungen zur Sprechakttheorie*, 3. Aufl., Frankfurt/M. 1990.

아니다. 오히려 필요한 것은 "'어떤 의미에서' 우리는 진술을 통해 '무엇인가를 행한다'라고 말할 수 있는가"라는 질문이다.[33]

일정한 진술로 혹은 일정한 텍스트로 일정한 행동을 실행하려는 모든 시도는, 그것이 성공하기 위해서는, 적어도 세 가지 요소를 필연적으로 전제하는 것으로 보인다. 즉 말하는 사람(화자)의 일정한 의도, 일정한 언어 형식, 그리고 수용자(청자)의 수용 능력이다. 바로 이 세 가지 관점으로부터 이 글은 바이스의 소설언어가 지닌 수행적 특징을 분석하려 한다.

이러한 분석은 다음의 물음 아래 이뤄진다. 첫째, 그는 어떤 의도를 가지고 글쓰기를 실행하는가? 여기에서는 작가의 관심과 의지가 의미론적 차원에서 다루어진다. 둘째, 그는 어떤 언어적 방식을 가지고 자신의 글쓰기 작업을 실행하는가? 여기에서는 텍스트적 실천으로서의 그의 글쓰기 전략이 통사론적(문장론적) 측면에서 다루어진다. 첫 번째 질문과 두 번째 질문은 다음과 같은 생산미학적 측면에서 다뤄질 수 있다. 셋째, 그의 글쓰기 실천은 궁극적으로 수용자에게 어떤 행동을 야기하는가? 이러한 세 측면은, 작가의 의도와 텍스트의 형식적 특질 그리고 독자의 수용 능력 사이에 형성되는 밀접한 관계망 때문에 사실 거의 분리 불가능할 정도로 얽혀 있다. 그럼에도 불구하고 나는 이 세 측면을, 그 명료한 윤곽을 얻기 위해, 가능한 한 나누어서 살펴보려 한다.

33 Grewendorf, Günter/Hamm, Fritz/Sternefeld, Wolfgang: *Sprachliches Wissen. Eine Einführung in moderne Theorien der grammatischen Beschreibung*, Frankfurt/M. 1987, S. 386. 강조는 이 책의 저자들이 한 것.

1. 말과 그림 : 라오콘 연설

이런 목표에 대한 전제조건으로 바이스가 말하기와 언어 그리고 쓰기라는 개념을 어떻게 이해하는지 다루어 보는 것이 우선 필요해 보인다. 이것은 고대 그리스 조각품인 라오콘 조각상에 대한 그의 해석 〈라오콘 혹은 언어의 한계에 대하여〉에서 — 그는 이것을 1965년 레싱 상을 수상하면서 그 연설문으로 출간했는데 — 분명하게 나타난다. 왜냐하면 이 글에서는 망명 시절 동안 겪었던 표현 형식의 궁핍 속에서 그가 부단히 시험하던, 작가적 글쓰기로부터 화가적 그림 그리기로의 매체 전환에 대한 자기 검증이 일어나기 때문이다. 회화에서 언어로의 재귀환은 이런 매체 전환의 결과라고 할 수 있다. 이 글에서 그는 이미지(그림)와 단어(문자)의 분명한 경계 구분 아래 라오콘과 그의 어린 아들을 언어 이전적 인물로서 파악한 반면, 그 장남을 언어적 인물로 파악함으로써 인물들의 성격을 서로 대립시킨다.

> 라오콘과 그의 아들들은, 뱀에 휘감긴 채, 포박된 상태로 몸을 뻗치거나 구부리는 상태에 머물러 있다. 라오콘의 배는 쉼 없이 겹쳐지고, 그의 근육은, 치명적으로 물릴 것을 예감하면서, 긴장으로 쉼 없이 당겨져 있다. [⋯] 그의 입이나 막내의 입은, 반쯤 열린 채, 아우성치는 것이 아니라 기진맥진하여 마지막 안간힘을 쓴다. 이들은 자기 목소리를 포기했다. 단지 큰아들만 몸짓 속에서 아직도 말하고 전달할 능력이 있음을 보여 준다. 라오콘과 막내아들이 완전히 몰락 속에 빠져든 채 그 누구에게도 자기 상황을 말할 수 없는 반면, 큰아들은 여전히 이 사건을 지시한다. 그는 사태를 조감할 수 있다. 그의 얼굴 표정에는 구토와 두려움이 드러난다. 외부로 향한 몸짓 속에서 그는 포박된 상태를 벗어나려는 자기 의도를 내비친다. 그는 아직도 훼손당하지 않고 남을 수 있는 가능성을 영리하게 헤아리는 것이다(*LÜ*, 180).

라오콘과 그의 아들들은, 이렇게 라오콘 조각상에 대한 바이스의 해석

〈라오콘 군상〉, 청동제 원작의 대리석 복제본, B.C. 150년경, 로마 바티칸 미술관.

현실의 수난과 육체의 고통, 이 사이에 표현의 욕구가 있다. 표현의 이전이 침묵/수난/죽음이라면, 이 침묵을 깨뜨리며 자기 목소리를 되찾으려는 몸부림이 예술이다.
언어도 침묵과 아우성 사이에서 태어난다.

은 펼쳐지는데, 이들 모두, 뱀에 휘감겨 질식당하면서 파멸할 지경에 처해 있다는 점에서, 동일하다. 여기에서 라오콘과 막내아들은 정적인 자세 아래 '완전히 몰락 속에 빠져들어' 있다. 이들은 '기진맥진하여 마지막 안간힘을 쓰고' 있고, 그래서 '자기 목소리를 포기했다'. 그럼으로써 이들은 '몰락에 대한 하나의 기념비'를 보여 준다(*LÜ*, 180). 오직 큰아들만 '외부로 향한 몸짓 속에서' 죽음의 경직성으로부터 빠져나오려고 발버둥친다. 그는 거부하는 듯한 대담한 자세를 통해, '아직도 말하고 자기를 전달할 능력이 있다'는 것을 보여 주는 까닭이다. 그래서 바이스는 다음과 같이 쓴다. '그러나 큰아들은 아직도 살아 있는 세계 속에 있고, 그는 정태적인 것으로부터 빠져나와, 자신을 도우러 올 수도 있는 사람들에게 알리고자 한다'(*LÜ*, 180f.).

라오콘의 큰아들은 죽음의 공포에 직면하여 그 몰락을, 몰락의 가능성을 전달하고자 한다. 이 점에서 그는 침묵에 포박된 다른 두 인물과 뚜렷히 구분된다. 전달에의 의지를 통해 그는 죽음의 정태적 고착화로부터 벗어나기 때문이다. 여기에서 바이스는 라오콘과 막내아들을 언어 이전적이고 자기 연관적 인물로 설정하고, 그 반대편에 자리한 큰아들을 언어적, 세계 관련적 인물로 설정한다. 이것은, 다른 식으로 표현하여, 정태성과 동태성의 대립이다.[34] 이러한 대립을 작가는 그림/이미지와 단어/언어/글쓰기

---

34 바이스는, 얼핏 보아, 그림에 정태적 표현 가능성을 부여한 반면 단어에는 동태적 표현 가능성을 부여하고, 그럼으로써 이 둘을 대립적으로 평가한 듯 보인다. 그러는 한 이 구분은 회화와 시학에 대한 레싱의 고전적 경계 설정과 유사한 것이라고 할 수 있다. 그러면서 거기에는, 렉토르가 옳게 지적하듯이, '심리적인 의미론'이 중첩되어 있다. "공간과 시간, 정태성과 동태성의 대립을 통한 그림과 말의, 완전히 레싱을 잇는 이러한 경계 설정에서 바이스는 그러나 그림과 말에 대한 어떤 다른, 완전히 개인적인 의미론을 이식시킨다. 그것은 어떤 심리적인 의미론이다. 그는 시학의 특별한 능력을 단어로부터 설명하고, 또 이것을 아이의 첫 외침에서 설명하는 것처럼, 회화/이미지의 기능 역시 주체의 원초적 표상 활동에서부터, 말하자면 주체의 내적 이미지로부터 도출해 낸다." Rector, Martin: Laokoon oder der vergebliche Kampf gegen die Bilder, a.a.O., S. 32.

바이스는 그림에 정태적 특징과 더불어 무의식적 자기 연관적 특징을 부여한 반면에, 단

사이의 경계 구분으로 전환시킨다.

> 처음에 그림이 있었다. 꿈에는 여러 대상물과 사건들이 있었고, 이것들은 꿈 속에서, 이름 짓는 활동과 분리된 채, 꼼지락거렸다. 여기는 이해의 노력이 사라지는 영역이다. 꿈꾸는 자는 모든 외적 언어 영역으로부터 멀어져, 단지 자기와 교제한다. 〔…〕 모든 것은 부가되는 행동 없이도 일어난다. 완전히 밀폐된 그 세계는 오직 그에게만 속하고, 따라서 누구에게도 전달될 필요가 없다(*LÜ*, 178f.).

> 말하기와 글쓰기 그리고 읽기는 시간 속에서 움직인다. 문장은 대응되는 문장과 충돌하고, 물음은 대답과 만난다. 그리고 이 대답은 새로운 물음과 만난다. 주장된 것은 반박되고, 반박된 것은 새로운 평가로 들어선다. 글을 쓰는 자나 읽는 자는 움직이는 가운데 있고, 그래서 변화에 끊임없이 열려 있다(*LÜ*, 179).

그림/이미지는 자체 안에 포함된다. 그것은 단어 이전에 실재하고, 비전이나 꿈, 환상이나 충동 같은 내적 근원 형상에 깊이 뿌리박혀 있다. 이것들은 '이름 짓는 활동과 분리되어' 있기 때문에, 그 영역에서 '이해의 노력은 사라져 버린다'. 이런 정태적 자기 연관성 때문에 여기에서는 다른 사람과의 접촉을 위한 어떤 공간도, 외부 세계에 몰두할 수 있는 어떤 자리도 없다. 그러는 한 이 그림의 세계는 원초적이고 근원적이며 언어 이전적이라고 할 수 있다.[35] 그래서 그것은 무의식적이고 무정형적으로 나타나

어에는 동태적 특징과 아울러 의식적이고 세계 연관적 특징을 부여한다. 그리하여 언어의 이 의식적이고 세계 연관적 성격은 '심리적으로 물질화'되어 있다. 여기에서 확인되는 사실은, 바이스가 회화의 매체인 색채보다 언어를 더 선호한다는 사실이다. 이를 통해 그는 호라츠의 '시는 회화와 같이ut pictura poesie'라는 원칙 — 이른바 회화와 문학의 동격화를 거스르면서 회화에 대한 시학의 우위를 옹호한다. 이 점에서 그의 언어 이해는 언어를 시간적 전개 속에서 행동을 서술하는 매체로 파악하는 레싱의 언어 이해와 구분된다.

35 그림을 1차적이고 언어 이전적으로 이해하는 바이스의 관점은 그러나 그림의 포기나 그

는 것이다. 이에 반하여 말이란 역동적 움직임으로 특징지어지고, 이 역동성은 그림의 자기 연관성과 격리를 방해한다. 그것은, 말하거나 쓰거나 읽을 때의 기능이 보여 주듯이, 자폐적 분리나 나르시시즘적 질병과는 무관하다. 오히려 말해진 것은, 마치 쓰여지고 읽힌 것이 새로운 읽기와 쓰기를 기다리듯이, 대답을 기다리고 응답을 예상하기 때문이다.

언어는 그 자체로 어떤 정지도 모른다. 그것은 이해되기 위해 부단히 자신을 외화外化한다. 그것은 마치 이해된 것이 상호 인간적으로 확약받기 위해 부단히 언급되어야 하는 것과 같다. 그리하여 문장Satz은, 마치 하나의 읽기가 거슬러 읽기Gegen-Lektüre를 기다리듯이, 대응되는 문장Gegensatz을 기다린다. 말에서는 고유한 자아를 독점하는 어두운 충동보다는 자신을 이중화하고 다양화하는 의식적 욕구가 자리한다.[36] 말은 언제나 침묵의 치명

에 대한 무시로 해석해선 안 된다. 왜냐하면 그림에 대한 범주적 평가절하에도 불구하고 그림이나 회화성(이미지성Bildlichkeit)에 대한 그의 작가적 관심과, 그림언어의 형식에서 이뤄지는 그의 실천은, 의식적이건 무의식적이건, 초기 산문 텍스트에서부터 마지막의 저항소설에 이르기까지 광범위하게 나타나기 때문이다. 매체 특징적으로 보아, 가시적 조소성으로 특징지어지는 그림이란 매체는 그에게 표현을 위한 하나의 중대한 추동력으로서 포기할 수 없는 것이었다. 그림과 말의 상호작용적 관계에 대해서는 Hofmann, Michael: Der ältere Sohn des Laokoon. Bilder und Worte in Peter Weiss' Lessingpreisrede und in der "Ästhetik des Widerstands", in: *Peter-Weiss-Jahrbuch 1*, a.a.O., S. 48f. 그림과 말의 상호 관계를 망명 상황과 관련하여 분석한 것으로는 Müller-Richter, Klaus: Bilderwelten und Wortwelten: Gegensatz oder Komplement? Peter Weiss' Konzept der Bildlichkeit als Modell dynamischer Aisthesis, in: *Peter Weiss Jahrbuch 6*, a.a.O., S. 116-137을 참조; 라오콘 조각상에 나타난 아우성의 위치 가치에 대해 인간학적 질문을 제기한 데 대해서는 Lindner, Burkhardt: Der Schrei des Laokoon. Winckelmann, Lessing... Peter Weiss. in: Kolkenbrock-Netz, Jutta(u.a.): *Wege der Literaturwissenschaft*. Bonn 1985, S. 65-87을 참조. 소설언어의 그림적 성격에 대해서는 이 글의 IV부 1장에서 페르가몬 제단에 대한 해석과 관련하여 상술할 것이다.

36 이러한 의미에서 바이스의 언어 이해는 무의식과 언어를 분리된 것으로서가 아니라 동일한 영역에 속하는 것으로 파악한 라캉의 언어 이해와 구분된다. 라캉이, 그의 유명한 정식이 보여 주듯이, '무의식이란 언어처럼 구조화되어 있다'고 쓰거나(Lacan, Jacques: *Die vier Grundbegriffe der Psychoanalyse. Das Seminar XI*(1964), Olten/Freiburg 1978, S. 26), 혹은 '타자의 장소에서 자신의 상황적 규정을 찾는 무의식의 현재는 모든 담론에서, 모든 진술에서 발견될 수 있다'(Ders.: *Schriften II*, hg.v. Norbert Haas, Olten/Freiburg 1975, S. 212)라고 쓸 때, 그는 무의식의 구조가 언제나 언어와 더불어 이미 나타난다는 점을 확신한 것으로 보인다. 언어로 들어감

적 속박으로부터 해방되고자 하고, 이렇게 해방되어 어떤 다른 무엇과 접촉하려 한다. 그래서 그것은 한 개인이 타자와의 건강한 관계를 구축하는 데 필수불가결한 전제조건인 것이다. 말에는 이해에 대한 포기할 수 없는 의지가 숨겨져 있다.

그러므로 말/언어를 추동하는 것은 확대와 심화에의 의지다. 그것은 자기 자신과 타자에 대해 끊임없는 변화를 요구한다. 이 변화는 기존의 것을 계속해서 질의하고 의심하는 데서 마련된다. 그런 점에서 언어는 논리적 체계화 작업에서 결정적이다.

> 그림은 말보다 더 깊은 곳에 놓여 있다. 〔…〕 단어는 언제나 물음을 포함한다. 단어는 그림을 의심한다. 단어는 그림의 구성 요소를 선회하면서 해체한다. 그림은 고통에 만족한다. 그러나 단어는 고통의 원천을 알려고 한다 (*LÜ*, 182).

말은 더 이상 자아의 어두운 무형태적 공간에 머물지 않는다. 그것은 침묵하는 근원 형상에 질의한다. 그것은 더 이상 명명의 가능성으로부터 절단되어 있지 않다. 그림이 나르시시즘적 밀폐 속에서 정태적으로 머무른 바로 그곳에서 단어는 말해진 것과 들린 것, 쓰여진 것과 읽힌 것 사이의 상호 개인적 관계를 만들어 내면서 질의하고 또 회의한다. 언어란 근본적으로 답변의 매체가 아니라 답변을 요구하는 매체다. 즉 질의하는 매체다. 왜냐하면 언어는 반언어Gegen-Sprache를 전제하기 때문이다. 바로 이런 이유에서 그것은 자주 검열받고 금지되며 억압된다. 그래서 바이스는 다른 곳에서 이렇게 적는다. '쓰여진 말은 모든 예술 종류 가운데 가장 위험스러운 것이다'(*NB*, II, 58).

으로써, 다시 말해 언어의 상징적 질서와 더불어 무의식은, 라캉에 따르면(바이스와는 달리), 중단되는 것이 아니라 마침내 자리잡는다.

주관주의적 비의秘意 속에 고착된 이미지와는 달리, 언어는 자신을 대상화하고 객관화한다. 그럼으로써 그것은 더 넓은 이해의 영역으로 옮아가는 경향을 지닌다. 그것이 상호 주체적으로 공유되는 영역 — 소통의 공동 공간으로 들어서는 것은 이 때문이다. 언어는 단순히 정체성을 설정하는 것이 아니라, 오히려 이렇게 설정된 기존의 정체성에 질의하는 것이고, 이런 질문을 통해 하나의 정체성을 다시 정립하고자 한다. 그러므로 말한다는 것은 마치 쓴다는 것과 읽는다는 것이 그러하듯이, 대화적 언어 공동체에서 자신을 계속 교정하고 확대할 준비가 되어 있다는 뜻이다. 언어란 개인적으로 작동하면서 동시에 사회적으로도 작동한다. 언어를 매개로 한 이런 상호작용적 이해 과정 속에서 개별자의 정체성과 사회의 정체성도 형성되어 나온다. 그러니 언어 밖에서는 그 어떤 이해도 없고, 그 어떤 정체성도 구성될 수 없다고 해야 할 것이다. 언어적 표현의 문제에 관한 한, 바이스에게는 오직 양자택일만 있다. 그것은 표현이냐 혹은 몰락이냐의 갈림길이다. 그래서 그는 이렇게 묻는다. '새로운 언어'인가 아니면 '죽음'인가.[37]

> 그는 새로운 언어 속에서 거주하는 법을 배워야 했다. 그렇지 않으면, 언어 없음 속에서 몰락할 것이 틀림없었다. 〔…〕 이런 언어로 글쓰기를 시작했을 때, 어떤 낯선 것과 혼란스러운 것이 명명될 수 있다는 생각이 그에게 들었다. 어떤 확신의 시작이 생겨난 것이다. 언어 밖에 있다는 것은 죽는다는 것이다. 그가 새로운 단어들로 한 사건을 서술할 때, 이것은 이미 포기한 세계를 다시 일깨우는 일이었다. 단어들은 그가 참여한 어떤 협정에서의 문구였다. 이 협정은 그를 이 단어와 연결시켜 주었는데, 이러한 연결은 오직 언어를 지형학적 도구로 사용하려는 소망 속에서 가능했다(*LÜ*, 181ff.).

37 언어 없음과 죽음을 등치시키는 생각은 《노트북》에서도 나온다(*NB*, I, 351). 언어와 죽음, 표현과 몰락 사이에 일관되게 견지되는 긴장은, I부에서 산문작품 《부모와의 작별》이나 《소실점》과 관련하여 언급했듯이, 바이스적 예술 생산의 근본 에너지를 이룬다. 이것은 저항소설의 글쓰기 작업에도 타당하다. 여기에 대해서는 특히 IV부 1장 1절 참조.

자기 대상화란 언어적 형식 부여를 통해 일어난다. 이 자기 대상화로부터 내외적 이미지의 무형적 세계는 어떤 이해할 만한 세계로 변모된다. 인간은 언어 표현을 매개로 자기 존재를 확신할 뿐만 아니라 그를 에워싼 다른 사람의 존재도 확신하는 것이다. 삶의 관계는 이렇게 조직된다. 이때 관계란 자신에 대한 관계이면서 외부 세계에 대한 관계이기도 하다. 그는 세계의 사건들을 진술하고 쓰고 읽음으로써 자아가, 또 자기를 둘러싼 이 세계가 하나의 확고한 질서가 아니라 변화 가능한 여러 질서 중의 하나라는 인식에 이른다. 말하자면 그는 언어적 형상화를 통해 이미지의 자폐적 비의에서 해방되어 상호 주체적으로 공유할 수 있는 생활 세계 안으로 들어서는 것이다.

그리하여 글쓰기에서 낯선 것이 친숙한 것으로 변모하고, 나아가 이렇게 변모할 수 있다는 생각이 '매개된다'. 그래서 어떤 확신이 만들어진다. 하나의 과정을 서술한다는 것은 그 때문에 이미 포기된 어떤 세계를 다시 일깨운다는 것이다. 그러는 한 단어들은, 위에서 썼듯이, '지형학적 도구'로 나타난다.[38]

씀으로써 인간은 이미 존재하는 세계를 다시 발견하고, 자기와 이 자기가 사는 세계를 지금까지와는 다르게 형태 지을 수 있는 가능성을 획득한다. 마치 아이가 위협적 이미지의 위력을 아우성으로 대응하듯이, 그래서 소리지름으로써 치명적 침묵의 위협으로부터 빠져나오듯이, 그는 언어 표현을 통해 무형태적 자기 연관의 주술에 저항하면서 더 넓고 깊은 세계에 참여하는 것이다. 글쓰기란 형식 부여를 통해 세계에 개입하는 의식적 실천 이외에 아무것도 아니다. 그리고 이 세계가 어둠과 고통으로 차 있다면,

---

38 언어를 '도구'로 파악하거나, 언어의 수공업적 기능을 강조하는 바이스의 생각은 강령적 글인 〈나눠진 세계에서 작가가 해야 할 10가지 작업 과제〉이나 저항소설에서도 나타난다. Weiss, Peter: 10 Arbeitspunkte eines Autors in der geteilten Welt, in: ders: *Rapporte 2*, a.a.O., S. 14. *ÄdW*, I, 183.

문학적 개입은 어둠과 고통에의 개입이다. 예술은 어둠에의 참여이고 고통에의 개입인 것이다. 언어는 고통의 기원을 추적하는 하나의 개입적 도구다. 글쓰기로부터 사람은 세계에 참여하고, 이 참여를 통해 이미 버려진 세계를 재발견한다. 마치 말하기나 읽기처럼 글쓰기 속에서 사람은 어두운 세계에 직면하여 이 세계를 해명하는 어떤 길을 새롭게 개척하는 것이다.

라오콘 연설문은 다음과 같이 요약될 수 있다.

언어 능력에 대한 테제를 바이스는 형이상학적이거나 사변적으로 입안하지 않는다. 그의 언어는, 그것이 작가의 상흔적 현실 경험에서 유래한다는 의미에서, 차라리 심리적으로 동기화되어 있다. 그것은 개인과 역사의 고통을 수수께끼 풀듯이 현재화함으로써 실존적 정체성을 정립하면서 동시에 사회적으로 개입하는 기제가 된다. 바이스의 언어는 사색하거나 명상하는 언어가 아니라 조사하고 개입하는 언어다. 언어는 어둠과 고통의 기원을 계속해서 질의하는 매체다. 바로 이 점에 바이스의 창의적 언어 이해가 있다.[39] 그러나 그림에 대한 언어의 (상대적) 평가절상은 그림 혹은 그림적 성격의 표현 가능성에 대한 그의 관심이 줄어든다는 뜻은 아니다. 또 그것의 폄하나 무시도 아니다. 그에게 중요한 것은 어떤 다른 것에 대한 어느 하나의 우위가 아니라, 그 상호 보완적 관계에서 나오는 변증법적 긴장을 어떻게 자신의 글쓰기 실천에 의미 있는 에너지로 전환시킬 것인가다.

그러므로 현실에 대한 두 가지 접근 방식으로서 그림과 말은 바이스에게 동등한 자격을 가진다고 우리는 말할 수 있다. 이 둘은 서로를 배제하

---

39 예를 들어 레나테 랑거의 논문에서 제기된 중요한 질문 — 바이스에게 언어 자체는 어떻게 특징지어질 수 있는가라는 — 은, 비록 그녀가 그의 언어 의식을 단테 글이나 라오콘 글과 관련하여 다루었다고 해도, 불명료하게 남아 있다. Renate Langer: Wir sehn nur Ihr Verstummen. Zur Sprachproblematik bei Peter Weiss, in: Höller, Hans(Hg.): *Hinter jedem Wort die Gefahr des Verstummens. Sprachproblematik und literarische Tradition in der "Ästhetik des Widerstands" von Peter Weiss.* Stuttgart 1988, S. 39-57. 바이스의 언어 이해는 곧이어 '수행적 글쓰기'라는 개념 아래 세 측면에서, 말하자면 의미론적 통사론적 화용론적 측면에서 더 상세히 다루어질 것이다.

지 않는다. 그림과 말의 보완적 관계에 대한 이런 생각은, 내가 보기에, 말년의 대작 《저항의 미학》에까지 견지된다. 이 소설에서는 100명이 훨씬 넘는 예술가와 이들 작품들에 대한 다양한 해석이 그림언어를 매개로 그 가시적 생생함 아래 등장한다. 여기에서 강조되어야 할 사실은, 언어의 성찰적 담론적 기능에 대한 인식에 매개되어 바이스가 예술의 공적, 사회적 관련성을 더 철저히 의식하게 된다는 점이다. 이를 통해 그의 예술적 발전사에서 중요한 두 가지 변화가 일어난다. 첫째, 예술 방법론적으로 고찰하여, 회화로부터 창작으로, 즉 그리기로부터 글쓰기로의 매체 전환이 일어난다. 둘째, 전기적으로 고찰하여, 사회적, 정치적 참여에 대한 점증하는 의식이 생겨난다.[40]

라오콘상이 보여 주는, 표현을 얻기 위한 큰아들의 싸움 모티프를 바이스는 시간과 공간을 넘어서는 억눌린 자들의 기나긴 생존 투쟁으로 전환시킨다. 그는 고통받는 자들의 침묵에 표현을 부여함으로써 이름 없이 쇠락해 간 수많은 사람들의 편에 매우 분명히 서는 것이다. 그의 글쓰기는, 그것이 무언어를 거스른다는 점에서, 근본적으로 저항적이다. 이 저항적 쓰기 실천에서 그는 자신의 예술적, 실존적, 사회적 정체성을 구한다. 언어는 그리고 예술의 의미는 그에게 오직 박탈과 억압 그리고 방해를 거스르는 저항적 행위 속에 있다. 이런 반역적 글쓰기를 통해 그는 자신과 세계를 새롭게 구성하려 한다.

---

40 거의 비슷한 시기에 발표된 글들 —〈나눠진 세계에서 작가가 해야 할 10가지 작업 과제〉(1965년 9월), 〈나의 장소〉와 〈나는 내 은신처로부터 나온다〉(1966년 4월) — 에서는 기존의 실존적 해방으로부터 사회정치적 문제로 옮아가는, 말하자면 관심의 균열적 전환이 나타난다.

2. 수행적 언어의 세 차원

말하기, 쓰기 그리고 읽기에서 말은, 바이스가 보기에, 대상을 변화시키는 표현적 매체로 자리한다. 말에 대한 이런 적극적 의미 부여는, 위에서 보았듯이, 라오콘 조각상에 대한 연설에서 잘 나타난다. 그런데 이것은 '글쓰기의 수행적 성격'이란 관점에서도 논의될 수 있지 않나 여겨진다. 왜냐하면 그의 언어는 본질적으로 '촉구하고 요구하며 거스르는 것'이기 때문이다. 즉 수행적 언어다. 작가는 글 쓰는 작업으로서의 자기 행동을 실행하면서 말을 통해 타인의, 말하자면 독자의 일정한 행동을 요구한다. 그의 언어 개념이 지닌 이런 수행적 성격은, 위에서 언급했듯이, 의미론적, 통사론적 그리고 화용론적 측면에서 좀더 자세히 논의될 수 있을 것이다.

2.1. 의미론적 측면

바이스는 어떤 형이상학적 진리 개념에 매달리지 않는다. 그는 텍스트에 어떤 완결된 진리를 설정하지 않기 때문이다. 오히려 그는 묘사되어야 할 대상을 지금까지와는 다르게 관찰하고 성찰하고 제시함으로써 글쓰기 작업을 수행한다. 그는 단순히 사회적 전체 구조의 거짓 형식을 전달하는 것이 아니라 차라리 이 전체 구조를 불일치 아래 현재화한다. 이런 점에서 그의 글쓰기는 대상의 전체성과 동질성을 강요하는 그 어떤 이데올로기적 기획과 구분된다고 할 수 있다. 이데올로기의 한 특징은 자신과 동일하다고 간주된 주체 주변으로 모든 경험과 지식의 초점을 상상적으로 맞춘다는 것, 그럼으로써 개인적 경험과 사회적 영역에서 불가피하게 나타나게 마련인 모순들을 강제된 일원적 질서 아래로 축소시켜 버린다는 점에 있다. 이 때문에 삶 자체의 충일성과 밀도는 거짓 총체성의 형상을 위해 증발되어 버린다.

이와는 달리 바이스는 현실과 꿈의 형상을 그 균열성 아래 드러낸다. 그래서 모순과의 대면을 적극적으로 실행해 간다. 그는 대상을 총체성으로서가 아니라 그 자체의 모순 아래 표현함으로써 현실에 대한 심미적으로 변용된 형상물을 만들어 내려고 하는 것이다. 예술적 형상물이란, 그것이 경험적 세부에 충실한다는 점에서 현실적이지만, 이 현실이 파악할 수 없는 무정형 상태가 아닌 파악할 수 있는 표현 형식 아래 바뀐 채로 나타난다는 점에서, 심미적이다. 그래서 평상시 눈에 띄지 않는 현실의 특이한 간극과 균열이 심미적 형상물에서는 인식 가능한 것으로 된다. 여기에서 확실한 사실은 그의 텍스트의, 특히 저항소설의 내용은 예술적 통일성으로부터가 아니라 내적 불일치로부터 얻어질 수 있다는 점이다. 왜냐하면 소설 구조의 의미론적 복합성은 최고도로 다른, 그래서 부분적으로는 그리 명백하지 않거나 심지어 서로 모순되어 보이기도 하는 의미의 연관항을 만들어 내기 때문이다.[41]

이러한 사실은 미학과 정치 사이의 그렇지 않아도 복잡한 상호 놀이를 사유적 충일성과 개방성 아래 전개할 수 있도록 만든다.[42] 모순들과의 이

---

41 《저항의 미학》이 내장한 다성적 의미 구조는 이런 이유에서 '프롤레타리아의 교양소설'(Menzel, Moritz: Kopfstand mit Kunst, *Der Spiegel*, Nr. 48, 24. 11. 1975, S. 176)이나 '정치적 서사시'(ders: "Eine Provokation, die sich nicht erschöpft", in: *die horen 27*(1982), Heft 1, S. 110), 혹은 '에세이 소설'(Andersch, Alfred: Wie man widersteht. Reichtum und Tiefe von Peter Weiss, in: ders., *Öffentlicher Brief an einen sowjetischen Schriftsteller, das Überholte betreffend. Reportagen und Aufsätze*, Zürich 1977, S. 145) 등과 같은, 현대의 소설 전통에서 나온 여러 가지 개념들로 간단히 해소될 수 없다.

42 그럼으로써 소설 텍스트는 '시대 정신에 대항하는 거대한 기획'(Vormweg, Heinrich: Ein großer Entwurf gegen den Zeitgeist, in: *Süddeutsche Zeitung* vom 20. Mai 1981), 혹은 어떤 비견될 수 없는 '세기의 책Jahrhundertsbuch'(Haug, Wofgang Fritz: Vorschläge zur Aneignung der "Ästhetik des Widerstands", in: Götze, Karl-Heinz /Scherpe, Klaus R.(Hg.): *Die "Ästhetik des Widerstands" lesen. Über Peter Weiss*, Berlin 1981, S. 29), 아니면 '독일좌파의 시학적 정치적 총결산'(Jens, Walter: Herakles als Nothelfer: Peter Weiss, gehalten am 15. 10. 1982 anläßlich der Verleihung des Georg-Büchner-Preises an Peter Weiss, in: ders.: *Von deutscher Rede*, erweiterte Neuausgabe, München 1983, S. 302)이 된다.

런 적극적 대결은[43] 무엇보다 예술을 어떤 조화로운 형상물로서가 아니라 모순된 형상물로 파악하는 1인칭 화자의 견해에서 잘 나타난다.

> 우리 자신의 삶의 경험에서 나온 확신에 실려 우리의 정치적 결정이 파편과 불협 화음, 가설과 결의 그리고 선언으로 결합되어 있듯이, 예술 역시, 우리가 그 뒤흔들림과 균열 그리고 대립을 고려하지 않고는, 개념적으로 파악할 수 없었다. 만약 예술에서 모순된 것을 제거해 버린다면, 거기에는 생명 없는 덩어리만 남게 될 것이었다(*ÄdW*, I, 75).

그러므로 바이스의 글쓰기는 배제에의 요구에 의해서가 아니라 포함에의 의지에 의해 이끌려진다. 그의 글은 실제 역사에서 일어난 모순과 파열 그리고 왜곡 같은 불협 화음적 계기를 배제하는 것이 아니라, 이 계기들을 끊임없이 소설 텍스트 안으로 번역해 낸다. 삶은, 마치 주체나 현실이 그러한 것처럼, 잔해와 불연속성 그리고 모순으로 이뤄져 있기 때문이다. 불협화음과의 대면에 대한 준비가 없다는 것은 낯선 것에 자신을 열어 두는 능력이 결핍되어 있음을 뜻한다. 바로 이 점에서 예술 역시 때로는 파편적이고 균열적으로 구조화되어 있고, 또 그렇게 균열적으로 구조화되어 있어야 한다. 예술작품의 구조란, 루시앙 골드만L. Goldmann이 논거했듯이, 사회의 전체 구조와 동질적 관계 아래 있기 때문이다. 간극 없는 삶이 없듯이, 균열 없는 예술도 없다. 적어도 현대의 예술작품은 그렇다고 할 수 있다.

---

43 모순적인 것에 대한 적극적 자세는, 비록 약간은 다른 강조점을 가지긴 하나, 《부모와의 작별》 같은 초기 산문작품에서, 예를 들어 1인칭 화자가 다음과 같이 말할 때, 이미 나타난다. "나는 완성되거나 완전한 것을 불신했고, 어떤 인위적이고 흠 없이 세련된 것 아래 숨겨진 의미를 탐색하는 것은 내게 어려웠다. 생각에 생각을 거듭한 것은 내게 때때로 차갑게 여겨졌고, 그와는 달리 형태 없는 거친 것이 날 사로잡았다"(*AE*, 60). 초기 산문에 나타나는 모순성에 대한 1인칭 화자의 이런 열린 태도가, 대체로 보아, 형상화 이전의 무형적 혼돈으로 휩싸여 있는 반면, 저항소설에서는 이 혼돈이 지치지 않는 해석 의지에 기대어 더욱 적극적으로 심미적 질서 안으로 변형된다.

이데올로기가 대상을 단순화하는 가치와 표상과 세계상의 일관된 체계로 이해될 수 있다면, 문학작품 역시, 적어도 그것이 현실 파악의 한 방법이라고 한다면, 이 이데올로기적 과정의 일부라고 할 수 있다. 왜냐하면 문학적 고찰 방식은, 다른 많은 것처럼, 넓게 보아 단순화하는 지각 과정 속에 결부되어 있고, 이 지각 방식은 대상의 전체 구조를 부분 양상으로 번역하는 데 있기 때문이다. 그리하여 문학은, 텍스트기호학의 한 성과가 보여주듯이, 이데올로기적 담론 양식에 속한다. 그러나 이것으로 끝나는 것인가? 그렇지는 않다. 차이점도 분명 있다. 문학은, 이데올로기와는 달리, 사물의 직접적 명징성을 훼손하지 않는다. 그것은 미화하거나 장식하지 않기 때문이다. 이에 반해 이데올로기는 근본적으로 수식과 화장化粧의 언어다. 그래서 그것은 자주 슬로건이 되고 선전문구로 변질된다. 이와는 다르게 문학은 사물의 실체를 있는 그대로 드러내고자 하고, 무엇보다 그 실체라는 알려진 것들에 대해 부단히 질의한다. 문학에 있어 정체성正體性이란 고수되어야 할 것이 아니라 스스로 만들고 조직하며 찾아져야 할 것인 까닭이다.

바이스는 사회적 현실에 대한 개체의 복잡한 관계를 그 자체로 표현함으로써 대상의 모순과 밀도 있게 대면한다. 모순과 이 모순에 대항하는 작자의 해명 의지를 형성하는 힘의 자장磁場은 저항소설의 동력뿐만 아니라 그의 작품 전체의 동력을 이룬다. 이 점을 그는 1960-1971년 노트에서, 또 죽기 전의 마지막 인터뷰에서 다음과 같이 분명히 밝히고 있다.

> 이 대립 속에서 사고하는 일 — 질병과도 같은 회의에 사로잡힌 채 하나의 사안을 결정하는 어려움, 일하면서 이리저리 뒤흔들리는 것, 이전에는 그림을, 그 다음엔 글을 쓰고, 희곡을 쓰고 영화를 만들고, 스웨덴말로 독일말로, 여기저기로 여행하고. 이 모든 것은 갈고 닦는 과정이었다. 마치 나의 존재가 싸움 속에 놓인 두 축으로 결합되어 있는 것처럼. 이 두 축 사이에서

모든 것은 만들어지고, 대립적인 것이 늘 내게 요구된다. 그것이 나의 모든 작업을 만들어 내는 추동력이다(*NB*, I, 850).

모든 것이 대립물 위에 구축되어 있다는 것, 그래서 다양하게 해석될 수 있다는 의혹과 비판과 의식 — 이것이 압도적으로 내 작업을 쉼 없이 이끈다. 왜냐하면 어떤 완결된 것을 만들어 내는 것, 어떤 완전한 것을 표현하는 것은 내게 근본적으로 흥미 없는 일이기 때문이다. 그러나 사안을 혹은 하나의 과정을 내적 적대성 아래 묘사하는 것은 유익하다고 나는 여긴다.[44]

바이스는 비전과 현실의 대립을, 또 이런 대립에서 필연적으로 발생하는 모순을 거짓 화해 아래 지양하지 않는다. 그는 이 모순을 글쓰기의 생생함 속에서 드러내고자 한다.[45] 사실성과 허구성, 세계와 자아, 정치와 예술의 두 축은 얼핏 보아 대립적으로 나타난다. 그러나 그것이 반드시 그리고 언제나 대립적인 것은 아니다. 이 두 축은 바이스의 글에서 파열된 형태로 표현된다. 그리고 이 파열을 통해 둘의 매개 가능성이 타진되는 것이다. 왜냐하면 삶의 관계항을 묘사할 때, 이율배반과 논쟁의 포용 없이는 어떤 예술도, 그리고 어떤 자기 정향도 얻어질 수 없기 때문이다. "일신론적 태도는 처음부터 실패하도록 선고받는다. 억지로 견지된다면, 그것은 격세

44 Arnold, Heinz Ludwig: 'ein ständiges Auseinandersetzen mit den Fehlern und mit den Missgriffen', Heinz Ludwig Arnold im Gespräch mit Peter Weiss(19. Sept. 1981), in: Stephan, Alexander(Hg.): *Die Ästhetik des Widerstands*, a.a.O., S. 11. 《회복기》에서도 바이스는 비슷한 말을 하고 있다. "작가로서의 나의 기능은 내 스스로 묻고 회의하고, 그래서 완결되거나 미리 규정된 것에 결코 만족하지 않는 데 있다"(*Rek*, 169).

45 여기에 대한 그의 언급이 있다. "이야기되는 상황에서나, 1인칭 화자 자체에서 생겨나는 모순이나 회의 그리고 비판을 나는 끊임없이 실감나게 간직하려 했다"(Peter Weiss im Gespräch mit Burkhardt Lindner: Zwischen Pergamon und Plötzensee oder Die andere Darstellung der Verläufe, in: *Peter Weiss im Gespräch*, a.a.O., S. 266). 희곡작품 《마라/사드》에서 나오는 마라의 다음 말 역시 거론될 수 있겠다. "대화 속에서/대립되는 테제를 시험하고/이것을 늘 대치시키는 것/그래서 부단한 의혹을 해명하는 것이/우리의 의도였다"(Weiss, Peter: *Marat/Sade*, in: ders: *Stücke I*, a.a.O., S. 253).

유전적 성격을 그만큼 분명하게 보여 줄 뿐이다"(*NB*, II, 177).[46]

이데올로기가 감각과 사고의 단일한 정체성을 강요한다면, 바이스는 이 이데올로기가 야기하고 이 이데올로기를 부추기는 개인적 균열과 사회적 왜곡을 회피하지 않는다. 오히려 그는 균열과 단절, 왜곡과 누락에 더 강한 관심을 가진다. 그는 삶의 불화적 연관 관계를 그 어려운 지양 가능성 속에서 현재화하면서 예술이 실존적 파열과 사회적 구조의 낙후성을 어떻게 표현할 수 있고, 또 어떻게 표현해야 한다는 것을 보여 준다. 왜냐하면 예술가적 정체성이란 꿈과 상흔, 비전과 현실의 이 같은 모순이 단순히 배제될 것이 아니라 계속하여 견지되는, 그리고 이렇게 견지됨으로써 결국에는 표현적 개입을 통해 그 모순을 해소하는 데서 만들어질 수 있기 때문이다. 예술의 정체성은 늘 이데올로기적 담론의 편향적 구조를 문제시한다. 예술은 차이와 간극의 의식화를 중계한다.

2.2. 통사론적 측면

바이스는 예술이 대상의 모순과 직면해야 하고, 세계에 대한 새로운 해석을 제시해야 한다고 요구한다. 이런 의미론적 요구를 충족시키기 위해 작품의 구조는, 이미 언급했듯이, 어쩔 수 없이 불일치하고 때로는 난해하며 때로는 접근 불가능한 형식을 갖지 않을 수 없다. 왜냐하면 의미론적 다의

46 삶의 질서가 갖는 모순과 왜곡상은 얼핏 보아 상투적이지만, 그러나 그것은 무자비하게 작동하면서 사람을 질식시킨다. 삶의 이런 모순과 왜곡을 인식하지 못하는 무능을 바이스는 저항소설의 한쪽에서 '섬뜩한 것das Unheimliche'이라고 지칭한다. "섬뜩한 것은 오히려 영원히 고정된 것이다. 가까이 갈 수 없는 이 거대한 질서는 어떤 불안하게 하는 것도 보이지 않은 채, 그저 거기에 있으면서, 너무도 당연히 계속적으로 작용하면서 그 모든 것을 규정한다. 그러면서 결국 우리를, 더 없이 멀리 갈라진 우회로를 통해, 질식시키고 파괴한다. 섬뜩한 것은 〔…〕 우리가 노력하면 볼 수 있는 잔혹한 것이 아니라, 그 촘촘하고도 견고하게 자리한 상투성을 인식하지 못하는 무능력이다"(*ÄdW*, III, 47).

성이란 삶 자체의 균열에 상응하는 통사론적 구성의 비의를 적건 많건 전제하기 때문이다. 이런 이유에서 그의 글쓰기 전략은 까다로울 수밖에 없다(이 실험적 서술 전략은 초현실주의나 다다이즘, 입체파와 미래주의 같은 아방가르드의 문화 혁명적 방법론과 오랫동안 비판적으로 대결하는 가운데 생겨난 것이다). 까다로운 문장 구조는 초기작에서 마지막 작품에까지 걸쳐 있고, 마침내 이 소설 삼부작에서 그 정점에 도달한다고 볼 수 있다. 문학 텍스트의 이런 농축적 문장 구조는 한편으로 독자에게서 까탈스러운 독해 작업을 요구하면서, 다른 한편으로 비평가에게는 서로 다른 해석과 오판을 야기하는 이유가 되기도 한다.

이 간단치 않는 글쓰기 작업을 위해 바이스가 동원하는 방법은 다양하다. 예를 들면 그는 일기나 서류, 에세이 같은 다양한 이야기 형식을 입안하고, 이 모두를 《저항의 미학》 안으로 통합한다. 이렇게 통합된 내용은 일체의 안일한 분류화와 문서화를 넘어선다. 그는 은폐되거나 위장된 사실들을 다양한 서사 전략 아래 소설 텍스트라는 서사적 연관항 속으로 쉼 없이 끌어들임으로써 역사적 현실의 복잡한 연관 관계를, 그 어떤 단순화로 환원시키는 대신, 그 다층성 아래 현재화한다. 그럼으로써 현실 역사와 예술 역사의 모순과 위치 변경 그리고 그 균열과 정면으로 만난다. 이런 이유에서 소설 텍스트가 다층적 비의적 의미 구조를 갖는 것은 불가피해 보인다. 단절적 텍스트 구조는 곧 사회적 적대 관계의 비화해적 상태를 반영하기 때문이다. 통사론적으로 비의적인 이 소설 구조에 대해 바이스는 부르크하르트 린트너와의 대담에서 다음과 같이 언급한다.

> 밀폐적이고 비의적인 것은 […] 분명 거기에 있고, 그것은 아마도 내가 사는 내 자신의 상황과 일치할 겁니다. 나 스스로 망명 이후 일종의 봉쇄된 상황 아래 살고 있고, 그래서 나는 오직 내 언어와 더불어 살고 있지요. 나는 이 언어를 어떻게든 싸워 획득해야 합니다. […] 글쓰기란 자주 중단되는 어려

> 운 상황 속에서 실행되지요. 아마도 자기 분석적으로 내가 말할 수 있는 것은 필자의 사적 삶에 언제나 자리하는 중단과 단절, 피로와 포기하고 싶은 욕구 그리고 회의 (…) 이 모든 것을, 나는 쓴 것을 결합하고 가능한 한 긴밀하게 만듦으로써, 극복하고자 합니다.[47]

여러 번 언급했듯이, 바이스는 언어공동체로부터 완전히 격리된 채 평생에 걸친 망명 상황 아래 처해 있었고, 바로 그 때문에 모국어인 독일어를 한 문장 한 문장씩 싸워 정복하듯 익혀야 했다. 그렇다는 것은 삶의 신산스러운 경험과 힘겹게 다시 얻은 언어 그리고 복잡한 소설 구조 사이에는 일정한 유추적 관계가 성립한다는 뜻이다.

그리하여 바이스는 역사적 현실의 다양한 사건과 문제에 직면하여 문학적 텍스트를 가능한 한 밀도 있고 다층적으로 기획한다. 소설 텍스트의 농축적 서사 구조는 어떤 묘사적 자의성으로 귀결될 것이 아니라, 언급된 대상 영역 — 역사와 정치와 예술을 포함하는 — 의 불일치에, 다름 아닌 불일치적 텍스트 문법에 의지하여, 접근하려는 그의 변증법적 욕구와 관련된다. 이를 위해 그는 단락 구분이 전혀 없는 텍스트 블록을 하나의 문체 원칙으로서 매우 의식적으로 투입한다. 그럼으로써 자기가 서술하려는 현실 자체가 얼마나 끔찍할 정도로 촘촘한 것인가를 보여 주고자 하는 것이다.[48] 바이스가 현실의 모순을 적극적으로 포용하고, 이를 통해 그 모순을 가공하는 데 대한 분명한 예는 많다. 이를테면 논란 많은 역사적 주제들 — 리얼리즘 논쟁이나 아방가르드 논쟁 혹은 스페인 시민전쟁이나 모스크바 재판, 히틀러-스탈린 협약 등등에 대한 여러 가지 견해와 입장 차이를

47 Peter Weiss im Gespräch mit Burkhardt Lindner: a.a.O., S. 281.

48 텍스트 블록이란 서술 형식이 갖는 의미에 대해서는 다음의 충실한 논문을 보라. Meyer, Stefan: Kunst als Widerstand. Zum Verhältnis von Erzählen und ästhetischen Reflexion in Peter Weiss, *"Die Ästhetik des Widerstands"*, Tübingen 1989, 특히 12쪽 이하.

그는 때로는 환상적 이미지의 동원을 통해, 때로는 격렬한 대화를 통해 갈무리하면서 그 전체 국면을 온전히 보여 주는 것이다.

그중에서도 대표적인 하나의 예는 바른스도르프Warnsdorf의 부엌에서 벌어졌던 1인칭 화자와 그의 아버지가 나눈 대화다(*ÄdW*, I, 100-169, 특히 126쪽 이하). 이 대화에서는 브레멘 노동자 봉기(1918-1919)에 대한 아버지의 회고 이외에도, 노동자 계층의 조직적 분열이나, 사민당SPD의 개혁적 태도, 행동통일과 인민전선을 위한 공산당KPD의 투쟁 등이 언급된다. 이런 일련의 대화를 통해 이 두 사람의 견해 차이는 여과 없이 노출되고, 그럼으로써 역설적으로 불일치되는 부분은, 현실에 흔히 있는 정치사회적 갈등 상황과는 달리, 상당 부분 극복되는 것처럼 나타나기도 한다. 모든 행동의 진행에 대해서는, 그것이 거시적 차원이건 미시적 차원이건 간에, 렉토르가 정확하게 지적하듯이, "서사적인 '그래서 그 다음에는'이 아니라, 언제나 다시금 시작하는 '그래서 하지만' "이 특징적이다.[49]

그리하여 다층적 소설 구조는 행동과 성찰의 대립적 요소들을 거짓화해 속에서 조화적으로 지양하지 않는다. 차라리 그것은 때때로 규정되지 않고 비의적이기도 한 문장 구성을 통해 대립적 실상을 생생하게 드러낸다. 촘촘한 문장 구성은 이런 생생한 현실 재현을 위한 긴장을 만들어 내는 데 이바지한다. 이를 통해 소설 구조는 한편으로 사실주의적 허위에 거스르고, 다른 한편으로 소설 인물로 하여금 (나아가 독자 역시) 새로운 해석을 하도록 촉구한다. 그러니까 소설 텍스트의 의미 지평은 완결된 결과에 의해 제한되는 것이 아니라, 이질적이고 상호 이반적인 텍스트 조직으로 인해 언제나 새롭게 확대되는 것이다. 그러는 한 바이스의 언어는, 통사론적 측

49 Rector, Martin: Örtlichkeit und Phantasie. Zur inneren Konstruktion der *"Ästhetik des Widerstands"*, in: Stephan, Alexander(Hg.): *Die Ästhetik des Widerstands*, a.a.O., S. 113. 직선적이 아닌 단절적이고 모순된 이 배움의 과정에서 저항소설이 지닌 전통적 교양소설과의 분명한 차이점을 렉토르는 보고 있다.

면에서 보면, '수행적으로' 파악될 수 있다.

이 수행성은 작가에게도, 이 작가가 쓴 작품을 읽는 수용자에게도 다 같이 해당된다. 즉 작가의 글쓰기가 절망과 단절이 수반되는 힘겨운 의미 생산의 과정이듯이, 소설의 수용 역시 지극히 힘겨운 의미 이해의 작업인 것이다. 이 대목에서 우리는 텍스트의 화용론적 측면에 이른다.

2. 3. 화용론적 측면

바이스적 언어의 기능은 단순히 대상에 대한 묘사적 제시로 한정되지 않는다. 그것은, 이미 《소실점》과 관련하여 언급했듯이, 이해 정향적 상호 주관성을 전제한다. 작가는 텍스트를 읽는 독자에게 끊임없이 묻고 촉구하고 요구함으로써 행동의 연쇄를 여는 어떤 상황적 맥락을 창출한다.

여기에서 작가는, 마치 독자가 언제나 답변을 찾는 자가 아니듯이, 답변을 제시하는 자와 등치될 수 없다. 쓰인 텍스트에 자리한 질문과 답변의 연쇄에서 생산자(작가)는, 마치 수용자(독자)처럼, 이 독자로 하여금 대화적 상호작용 아래 새로운 의미의 생산을 촉구하는 것이다. 다시 말해 그가 작가로서 글쓰기 행동 아래 텍스트적 실천을 수행하듯이(이것은 생산미학적 차원이다), 독자는 이렇게 쓰인 작품에 대한 적극적 참여를 통해 해석적 실천을 수행한다(이것이 수용미학적 차원이다). 작가의 다음 언급은 문학작품의 수행적 특징뿐만 아니라 수용자의 수행적 역할을 분명하게 표현한 것으로 보인다.

> 예술이란 구체적 정치 행동이란 의미에서 결코 무기가 아니다. 그것은 그저 행동을 중재하고, 우리가 우리 자신에게 감지하는 특징들을 우리에게 알려준다. 우리가 이렇게 다가갈 때, 예술작품에 내장된 힘을 해방시키는 것은

> 우리 자신이다. 우리의 수용 능력과 우리 자신의 사고 활동이 없다면, 작품은 무력하게 남는다. 그러나 우리는 결박된 비전을 각성 속에서 사실적으로 감지할 수 있는 행동으로 전환시킨다(*NB*, I, 714f.).

예술은 정치적 행동을 직접 자극하는 것이 아니라 우리에게 뭔가를 '알려줌으로써' '그저 행동을 중재한다'. 그에 상응하여 우리/독자는 예술에 다가가 그 특징을 '감지하고', 이를 통해 '예술에 내장된 힘들'을 '해방시킨다'. 이렇듯이 예술작품과 수용자의 관계는 아주 밀접하게 엮여 있다. 그래서 이 둘 사이의 경계는 때때로 사라지는 것처럼 보인다. 왜냐하면 수용자는 '공동 형성자'로서 예술작품의 의미 생산에 참여하기 때문이다. 작품의 다의미적 구조는 수용자로 하여금 새로운 독해를 촉구한다. 그리하여 수용자 역시 예술가처럼, 정도의 차이는 있는 채로, 하나의 생산미학적이고 수용미학적인 실천을 수행하는 것이다. 마치 작가가 실험적 글쓰기 속에서 낯선 것을 자기 것으로 만들고 익숙치 않는 것을 친숙한 것으로 변모시키듯이, 독자 또한 이렇게 만들어진 심미적 형상물에 적극적으로 개입하고, 이 형상물이 주는 낯선 체험과 새롭게 만나는 것이다. 쓰여진 것 혹은 형상화된 것이 미치는 심미적 영향력은 이렇듯 독자가 단순한 관찰자로 머물러 있지 못하도록 조직되어 있다.

작품에 대한 적극적 개입을 통해 작품과 수용자, 자기의 관점과 타인의 관점 사이에 일정한 수렴이 발생한다. 바로 여기로부터 가다머H. G. Gadamer가 말하는, 모든 이해 과정을 동반하는 '해석 지평의 융합'이 생겨난다. 여기에서 작품과 수용자, 작가와 독자의 관계는 상호 인정의 변증법적 과정으로 들어서게 된다. 그리고 이 과정이 경과함에 따라 작가는 자신의 예술적 자유를 사회적 구속성으로 전환시키게 되고, 독자는 독자대로 자신의 해석적 수동성을 의미 생산의 능동적 참여로 전환시킨다. 이런 식으로 바이스의 실험적 글쓰기는 낯설고 모순된 것을 어떤 명료한 해석 지평으로 재배열시키고, 이런 재배열을 통해 그 지평을 전취하도록 하는 것이다. 그리하여 그의 언어는 상호 주관적 의미화 과정을 통해 기존의 해석 지평을 확장하고 심화하는 가능성을 제공한다. 모순과 단절에의 참여로부터 언어는 (그리고 그의 예술은) 하나의 새 관점을 열어 보이고, 수용자의 의식을 다시 조직하는 것이다. 이런 이유에서 그의 언어는 화용론적 상호 주관적 사회적 차원에서 수행적이라고 할 수 있다.

지금까지 언급된, 바이스의 수행적 글쓰기가 갖는 세 측면을 요약하면 이렇다.

바이스의 글쓰기는 단순히 이런저런 전언message의 표현으로 축소되거나 환원될 수 없다. 그것은 모순되고 억눌리고 잃어버린 것을 기억적 형식 부여 속에서 재창출함으로써 대상에 개입하고 이 대상을 변화시키려 한다. 그러는 한 그것은 사회에 생산적으로 관여하는 실천적 활동 — 하나의 정치적 실천이라고 할 수 있다. 그의 언어는, 그것이 통사론적으로 농축되고 의미론적으로 다층적이며 화용론적으로 개입하면서 끊임없이 사회적 모순에 관여한다는 점에서, 수행적이다.

바이스의 언어는 어떤 실천을 서술하는 것이 아니라 '바로 이 실천을 실행한다'. 왜냐하면 그것은 의식 형식의 일정한 변화를 일으키기 때문이다. 이데올로기가 대상의 실체화된 일관성과 통일성을 강조하기 위해 모순과 왜곡을 단순화하는 반면에, 그의 언어는 이러한 모순과 왜곡을 불일치 속에서 적극적으로 드러내고 표현한다. 그리고 이 표현 속에서 현실 확실성 Wirklichkeitsgewissheit의 잘못된 관념에 대항한다(모사 리얼리즘 같은 서술 원칙도 이런 잘못된 관념 혹은 적어도 단순화된 관념의 하나라고 할 수 있다). 그러므로 바이스의 형식 부여적 언어 작업은 담론의 이데올로기적 성향을 문제시하는 하나의 실천적 대응 방식이다. 그의 언어 실천은 권력을 탈권력화하는 반이데올로기적 이데올로기로 기능하는 까닭이다(언어 역시 궁극적으로 보아 사회역사적으로 조건지어지는 것이라면, 아무리 주의한다고 해도 그것이 일정한 편향성을 피하기 어려울 것이다. 그렇다고 한다면, 그것은 적어도 얼마간은 '이데올로기적'이라고 할 수 있을지도 모른다. 아니, 인간의 모든 언어와 판단과 사유가, 궁극적인 의미에서, 이데올로기가 아니기는 어려울 것이다. 푸코M. Foucault가 지적했듯이, 언어도 권력의 한 장치이자 지배기술의 한 표현인 것이다. 그렇다면 이 언어/진술/담론으로 구성되는 진리의 술어들 — '해방'이나 '계몽', '이성'이나 '성숙'의 술어들도, 특히 현대사회의 그것은, 거짓일 수 있다. 푸코의 합리성 비판, 그리고 자유주의 경제국가에 대한 도저한 비판은 이렇게 해서 나온다).

바이스의 글쓰기 실천은 삶의 정황을 거스르면서 개입하고 변화시키며 영향적으로 작동한다. 그것은 단순히 뭔가를 표현하는 것이 아니라, 기존의 것에 개입하고 이것을 파악할 만한 것으로 만들면서 무엇인가 일어나게 한다.[50] 그점에서 그것은 정치적 참여의 특별한 형식이 아닐 수 없다. 그것은 새로운 인식을 개시하고 새로운 실천을 구성한다. 이런 의미에서 그것은 말하기나 읽기보다 훨씬 적극적인 실천이다. 왜냐하면 말하기와 읽기가 언어적/기호적 차원(말하기)에 제한되어 있거나 혹은 사후적으로 해석하면서(읽기) 실행되는 반면에, 쓰기는 형식 부여적 현재화를 통해 대상에 능동적으로 개입하기 때문이다.

그리하여 바이스의 글쓰기는 개인적, 사회적 현존의 한 변형 과정으로 파악될 수 있다. 문학과 예술은 자아와 현실을 변형시킨다. 그의 글쓰기는

---

50 이러한 맥락에서 힐리스 밀러H. Miller의 몇 편 논문은 많은 것을 밝혀 주고 있지 않나 여겨진다. 왜냐하면 그는 《읽기의 윤리》(1987)라는 책 이후 쓰여진 것 그리고 읽힌 것의 도덕적 책임성을 해체주의적 독해를 통해 논증하고자 시도하기 때문이다. 그는 첫째, 문학적 텍스트의 의미론적 다의성을 비판적이면서도 유연한 시각 속에서 텍스트로부터 추출해 내고, 둘째, 이 텍스트적 다의성을 자기의 글쓰기로 다시 풀어냄으로써, 셋째, 쓰기나 읽기가 어떻게 사회와 역사에 대한 그때그때의 자기 입장에 수행적 방식으로 다시 영향을 미치는가를 분명히 보여 주기 때문이다. 이 점에서 그는 쓰기와 읽기의 윤리적 함의를 본다. Hillis Miller: The Ethics of Reading, *New York* 1987, p. 1-11.; ders.: Laying down the Law in Literature: The Example of Kleist, in: *Cardozo Law Review*, Vol. 11, July/August 1990, Number 5-6, p. 1491-1514, esp. p. 1508f. 이 수행적 독해 방식을 그는 최근 들어 예술비평과 문화비평에도 적용시키고 있다. 여기에 대해서는 Hillis Miller: *Illustration. Die Spuren der Zeichen in der Kunst*, Kritik und Kultur, aus dem Englischen von M. Reif-Hülser übersetzt, Konstanz 1993, bes. S. 49ff.

바로 이 변형 가능성을 탐색하는 데서 수행적 특징을 갖는다. 바이스의 언어는 통사론적으로 실험적이고, 의미론적으로 갱신적이며, 화용론적으로 간섭적이다. 그의 언어는 철저하게 수행적이다. 다시 말해, 개입적이고 개시적開示的이며 조직적이다. 이런 문학적 변형은 언어라는 질료를 통한 변형이기에, 라오콘 조각상과 관련하여 분석했듯이, 그가 부단한 매체 실험으로 언어/글쓰기의 수행적 가능성에 매진했다는 사실은 당연한 것인지도 모른다.

1인칭 화자는, 마치 바이스처럼, 소설 속에서 예술적 표현 욕구와 정치적 행동 욕구 사이를 부단히 오가면서 글로 자기 정체성을 찾아 헤맨다. 그리고 이렇게 헤매면서 그는 최대한으로 가능한 사회정치적 현실감각을 가지고, 미학과 저항, 예술과 사회의 매개 문제를 그 나름으로 해소하고자 노력한다. 그래서 그는 복잡한 현실 관계를 지치지 않고 조사하고 기록하고 탐색하고 서술하는 것이다. 현실에 대한 개입은 이 이후에 가능하다〔이 수행적 소설언어는 《저항의 미학》 안에서는 영화적이고(III부 4장) 그림적이며(IV부 1장) 환각적이고 간접적인 묘사 방식(IV부 3장, V부 1장)과 같은 다양한 형식 아래 구체적으로 실행된다〕.

소설의 1인칭 화자는 글쓰기를 통해 지금까지와는 다른 삶을 조직하는 데 기여하고자 한다. 그의 글쓰기는 수행적 실천으로서, 작품 내적으로 보면, 화자의 글쓰기 작업에 대한 다음 문장에서 분명하게 드러난다.

> 쓰면서 나는 육체적으로 마모되는 이 삶이 무엇인지 비로소 온전히 파악할 수 있었다. 내가 만들었던 그 어떤 것에도 속하진 않았지만, 나는 글을 쓰면서 내 고유한 가치가 처음으로 생겨남을 보았다(*ÄdW*, III, 29).

> 암호와 가명을 가진 채 그들(저항 투사들)은 숨어 지냈다. 그들 사이에 있던 내게 무엇이 일어났는지 쓰게 된다고 해도, 그들에겐 어떤 그림자 같은 게 드리워져 있을 것이다. 글쓰기를 통해 나는 그들과 좀더 친숙하게 될지도 모른다. 그러나 여전히 섬뜩한 것이 그들에겐 있고, 나는 그들이 내게 일깨

웠던 공포로부터 빠져나올 수 없을 것이다. 그들은 어쩌면 나를 벽에 세운 채 총살시킬지도 모른다. 글쓰기를 통해 나는 그들로 하여금 말하게 하고 싶다. 그들이 내게 결코 말하지 않았던 것을 나는 쓰고 싶다. 이전에는 결코 묻지 않았던 것을 나는 그들에게 묻고 싶다. 나는 그들 비밀조직원들에게 진짜 이름을 돌려주고 싶다. 내가 그 뒤에 겪었던 경험과 그들의 나중 행동에 대한 지식을 가지고, 나는 그들에게 다가가고 싶다(*ÄdW*, III, 265f.).

저항소설에서 1인칭 화자는 글쓰기에 모든 힘을 쏟는다. 이것은 특히 결말 부분에서 잘 확인된다. 여기에서 그는 더 이상 예술작품의 해석자 혹은 수용자로 등장하지 않는다. 그는 무엇보다 예술 생산자로서, 말하자면 글을 쓰는 작가로서 활동한다. 이제 글쓰기는 소설 실천적으로 작동한다. 그는 기억에 의지하여 역사의 말없는 다수로 하여금 '말하게 하고', '그들이 결코 말하지 않았던 것'을 '쓰며', 이렇게 쓰면서 이들에게 '그들의 진짜 이름을 되돌려 주고자' 애쓴다. 그래서 그는 '글을 쓸 때, 자기 고유의 가치가 처음으로 생겨나는' 것을 경험하게 되는 것이다. 여기에서 그의 수행적 글쓰기는 단순히 현실을 모방하는 것이 아니라, 이 현실을 비로소 처음으로 파악할 만하게 나타나게 하고, 이런 파악 가능성을 통해 이 현실에 개입할 수 있게 만드는 것으로 입증된다.

그러므로 현실 경험과 예술 경험은, 원칙적으로 보면, 이중의 실천 방식 아래 펼쳐진다고 할 수 있다. 그것은 첫째, 일어난 것 혹은 묘사된 것의 다르게 읽기이고, 둘째, 이렇게 읽힌 것의 다르게 쓰기다. 바이스는 등장인물로 하여금 현실사와 예술사에 나타나는 억압과 왜곡의 과정을 밑으로부터의 관점에서 읽고 해석하게 했고, 이 때문에 이들은 승자에게 정당성을 부여하는 역사의 통상적 지배적 경향에 거스른다. 등장인물들의 이런 다른 독해는, 소설의 끝 무렵에서는, 1인칭 화자에 의한 글쓰기 실천으로 전환된다. 한편으로는 위협적인 무언어에 자신을 방어하기 위해, 다른 한편으로는 좌초된 저항의 역사를 계속 전달하기 위해, 그는 정치적 행동에 직접 끼어드는 것이 아니라 다르게 읽고 다르게 쓰는 예술적 실천의 우회로를 걷는 것이다. 그래서 바이스는 이렇게 쓴다. '나는 행동 대신 쓰기를 선택한다'(*NB*, I, 118).

대화와 논쟁 그리고 격론의 과정을 통해 대립되는 여러 이질적 해석과 관점은 작품 안에서 다양하게 전개된다. 현실의 다채로운 양상들은 물론 바이스의 글로 매개된 것이다. 그에게 중요한 것은, 정치적 논쟁이건 예술에 대한 토론이건, 모순된 현실을 마치 쉽게 해결된 듯 제시하는 것이 아니라 이 현실을 그 자체로, 말하자면 해결하기 힘든 긴장 속에서 현재화하는 것이다. 긴장의 이 현재화를 통해 소설은 독자로 하여금 현실의 갈등과 직접 대면하게 하고, 이런 대면 속에서 그 해명에 참여하게 한다. 다층적 모순 현실에 직면하여 독자는 스스로 자기 견해를 만들고 자기 입장을 갖게 되는 것이다. 이것은, 한편으로 그가 서사적 구성물 안으로 감정이입을 통해 들어가고, 다른 한편으로 이런 텍스트적 밀착을 다시 거리감 속에서 해소하면서 이뤄진다. 그런 점에서 그것은 일종의 이중 운동 — 감정이입과 거리감 유지를 오고가는 반성적 성찰 활동이다. 이 이중적 반성 운동을 통해 실제 현실에 대한 독자의 개입 능력도 연마된다.

3. 이성의 원칙

그러므로 예술은 모순과 단절에의 참여를 통해 새로운 관점을 중재하고, 수용자의 의식을 다시 조직한다. 그러는 한, 그것은 하나의 행동 — 하나의 정치적 실천을 행하는 것이다. 이러한 점을 한스-티스 레만은 다음과 같이 적확하게 지적한다.

> 예술은, 인식이 그렇듯이, 어떠한 실천을 불러일으켜야 한다. 다른 한편으로 예술과 인식은 실천 또한 '구성한다'.
> 그 때문에 예술은 우선적으로 반영하는 인식일 수 없다. 그것은 무엇보다 조직화이고 실천이다. 다른 말로 하면, 그것은 학문보다는 정치와 더 관련 있다.[51]

낯설고 다른 것을 친숙하고 익숙한 것으로 변형시키는 정도만 역사적 현실을 전취할 수 있는 것이라면, 이 전취는 이미 있는 것의 고수가 아니라 이런 고수를 벗어나는 데 있다고 할 것이다. 이미 있는 것의 벗어남, 그것은 달리 말해 자기 영역의 탈중심화다. 예술의 의미는 역사적 과정의 이 탈중심화하는 운동에 예술적 표현이 얼마만큼 다가갈 수 있는지에서 가늠될지도 모른다. 이때 탈중심화 운동은 물론 표현/형식의 부여를 통해 이뤄진다.

예술은 관계 상황의 균열을 단순히 상상적 일관성으로 번역하지 않는다. 그렇게 하는 것은 예술이 아니라 이데올로기의 일이다. 예술은 삶의 관계항을 그 찢겨진 모습 아래 드러냄으로써 독자로 하여금 현실의 어떤 계기가 어떻게 억압되고 있는지, 어떤 이데올로기적 간극이 우리의 의식 속에 자리하고 현재의 지식과 담론을 지배하는지, 그리고 이런 성찰 속에서 이 모든 것이 얼마만큼 다른 질서로 변형될 수 있는지를 다시 숙고하게 한다. 예술은 근본적으로 어둠에 거스르는 형식 부여적 저항의 실천이다. 왜

---

51 Lehmann, Hans-Thies: Die Spalten der Literatur. Über eine materialistische Theorie der literarischen Produktion, in: ders.(Hg.): *Beiträge zu einer materialistischen Theorie der Literatur*, Einleitung, S. 47. u. 78. 이 명석한 글에서 레만은 이른바 유물론적 문학 이론으로 간주되는 자료들의 변두리에 놓인 일련의 텍스트를 '거슬러 읽기Gegen-Lektüre'로 새롭게 해석하고자 시도한다. 이를 통해 그는 중심화하는, 그래서 일원화된 주체가 사회적 현실에서 은폐하거나 외면하기 마련인 균열과 분해에 대한 확대된 이해를 얻는다. 특히 주체나 무의식 같은 개념들과 관련하여, 그는 정신분석학적 방법론에 기대어 문학을 반영 혹은 재현으로서가 아니라 무엇보다 실천으로서 설득력 있게 파악한다.

냐하면, 바이스가 스스로 언급하듯이, "상황에 순응한 하나의 위대한 예술이란 〔…〕 결코 없기 때문이다".[52]

여기에서 예술작품의 실천은 사회 외부적으로 일어나는 실천이 아니다. 그것은 사회적 실천 형식의 이데올로기적 작용에 거스르는 하나의 특별한 실천이다. 그러는 한 예술적 문학적 실천은 사회적 실천의 관점으로부터 고찰되어야 한다. 글쓰기와 같은 문학 과정이 다른 영역의 사회적 실천과 구분되는 것은, 물질적 토대의 생산에 직접 참여하는 이들 실천과는 다르게 문학은 정신적 상부구조를 단순히 만들 뿐만 아니라, 여기에서 더 나아가 이것을 끊임없이 의문시한다는 점에 있다. 거꾸로 말하면, 문학적 실천은, 글쓰기가 보여 주듯이, 형식 부여 속에서 토대-상부구조의 구태의연한 도식 틀을 해체함으로써 문화의 보편적 바탕 위에 자리한 새로운 의미 생산에 관계한다. 이를 통해 그것은 외부 세계를 인식하는 진리 내용의 기존 척도를 보충하고 교정하는 것이다. 왜냐하면 문학의 언어는 이데올로기로서의 권력의 언어에 정반대에 있기 때문이다. 바로 여기에 문학적 실천 형식의 특이성이 있다.

모순과의 적극적 대면은 그러나 바이스의 글쓰기 실천이, 이를테면 자의적이고 규칙 없으며 우발적인 것에 맹목적으로 열광하는 포스트모더니즘적 놀이 방식에 정신적으로 친숙하다는 것을 의미하지 않는다. 이러한 문제를 나는, 아래에서 저항소설에 대한 볼프강 벨슈의 테제와 비판적으로 대결함으로써, 자세히 논의하려 한다.

바이스의 글쓰기를 추동하는 것은 바로 이성에 대한 그의 양보할 수 없는 확고한 확신이다. 현실의 끔찍한 모습들을 온전한 다채성과 모순 아래 형상화하는 것이 아마 성공하지 못할 것이라는 압도적 불안과 무기력은 그의 작품의 곳곳에서 확인할 수 있다. 그러나 그는 이것을, 궁극적으로 체

52 Peter Weiss im Gespräch mit Burkhardt Lindner: a.a.O., S. 266.

념적인 태도로 빠져듦 없이, 해명적 글쓰기에 기대어 심미적 생산물로 전환시킨다. 이때 그가 옹호하는 이성 원칙은 합리성의 우위 속에서 다른 모든 것을 굴복시키는 유용성의 사고로부터 나오는 게 아니다. 오히려 그것은 자기 자신을 성찰하는 의식으로부터 나오고, 이 자기 성찰적 의식은 이성의 통일성을 믿으면서 '동시에' 있을 수 있는 이성의 병리 역시 인식한다. 그러니까 그의 글쓰기는 이성에의 회의에도 불구하고 이성에의 신뢰력으로 실행되는 문학적 실천인 셈이다. 이러한 이유에서, 이성에 대한 믿음을 작가의 예술적 창작 토대로 규정한 크리스티안 봄메르트의 언급은 정확해 보인다.

> 더 자세히 관찰해 보면 드러나는 사실은, 바이스가 그러나 그 어느 한순간도 이성의 수단을 과소평가하거나, 그 영향력을 줄이거나 제외시키려고 하지 않는다는 점이다. 오히려 그는, 이성에의 요구가 전체적으로 되거나, 이 때문에 상상력이라는 다른 인식 방식이 배제될 때 생겨나는 문제나 그 한계에 시선을 준다. 그러니까 두 능력의 어떤 균형을 옹호하는 그의 논지는 어느 하나를 위해 다른 하나를 희생시키는 것을 피하도록 만든다. 그럼으로써 그것은 이성이 경험과 끊임없이 갈등에 빠지게 되는 경험을 고려한 것이다.[53]

1910-1920년대 아방가르디스트(예술적 전위주의자)처럼, 바이스의 문제의식은 이성과 상상력, 삶과 예술의 갈등으로부터 출발한다. 비록 부르주아제도 예술의 전적인 파괴라는 이들의 요구를 따르지는 않지만, 그럼에도 불구하고 그는 부단히 현실과 허구의 비매개적 대립 — 이것은 이상주의적 예술 이해에 특징적인 점인데 — 을 부단히 문제시한다.

예를 들어 앙드레 브레통은 이성과 상상력의 갈등이 합리성 자체의 우

53 Bommert, Christian: *Peter Weiss und der Surrealismus. Poetische Verfahrensweisen in der "Ästhetik des Widerstands"*, Opladen 1991. S. 69.

위로부터 기인한다고 보고, 이성을 희생시키면서까지 환상의 잠재력을 선호한다. 이에 반해 바이스는 이성 정향적 사고방식이 모든 다른 것을 개념적으로 굴복시키는 경향을 갖는다는 것, 그 때문에 이 결함을 일정한 균형 상태 아래 보여 주고자 한다. 여기에서 강조되어야 할 점은, 그에게 합리성이, 봄메르트가 옳게 정식화하듯이, '어떤 지배 이해의 기호 속에 무조건적으로 자리한 것이 아니라, 관계 상황의 변화에 복무하고' 있다는 사실이다.[54] 바이스는 삶과 예술을 통일시키려는 아방가르드적 기획의 문화 혁명적 동인動因을 한편으로 글쓰기 속에서 재활성화하면서, 다른 한편으로는 이것을 이성 원칙의 포기가 아닌 이성에 대한 집요한 믿음 아래 행한다. 그리고 이때의 믿음이란, 앞서 보았듯이, 유용성 사고에 대한 부단한 문제 제기를 포함하는 것이다.

이런 복합적인 이성 이해로부터 나오는 바이스의 목소리는 나직하지만, 그러나 결코 사라지지 않는다. 이런 목소리를 우리는 절망에 빠진 시인 랭보를 다독이는 그의 스승 이잠바르Izambard의 다음 언급에서 들을 수 있다.

> 열병 속에서도 자네는 말하는 군, 랭보. 자넨 스스로 답답하고 무엇엔가 갇혀 있다고 느끼고 있어. 그렇지만 이로부터 뭔가 만들어 내고, 시로써 떨쳐 버릴 수 있을 거라고 여기고 있네. 이 시에는 자네의 혼란 이외에 아무것도 나타나지 않네. 자신을 다독이게. 자네 눈앞에 어른거리는 것은 우리가 정신병동에서 들던 중얼거림이라네. 그것은 이 세상을 더 이상 견딜 수 없는 사람들의 한탄할 만한 웅얼거림이야. 이것을 낫게 하지 않으려나? 힘의 이 의미 없는 소모와 인간의 파괴를 마침내 없애 줄 이성을 우리는 갖지 않으려나?[55]

바이스는 세계 변화적 이념으로서의 이성에 대한 믿음을 결코 잃지 않

---

54 Ebd.

55 Weiss, Peter: Rimbaud. Ein Fragment, in: Arnold, Heinz Ludwig(Hg.): *Peter Weiss*, a.a.O., S. 10. 랭보 관련 부분은 《노트북》(1960-1971)에도 담겨 있다. *NB*, I, 678-687, 특히 686쪽 이하.

는다. 이성은 여기에서 어떤 합리적이거나 산술적인 이성이 아니다. 그것은 차라리 환상의 힘 역시 믿는 '시적, 문학적, 예술적 이성'이다. 그러니까 그는 표현 아래 실현되는 이성과 상상력의 공동 작용을 확신하는 것이다. 이러한 확신을 그는 자신의 글쓰기 작업으로 전환시킴으로써, 삶과 예술, 정치와 미학의 매개가 힘들게 노력하여 얻어지는 문제임을 보여 준다. 이성의 질병에 경고하면서, 그는 다름 아닌 형식 부여적 이성의 힘으로 세계의 벌어진 틈을 지옥 같은 것으로 폭로하고, 이런 폭로를 통해 억압적 사회 구조에 저항하는 것이다. "표현을 찾을 때, 우리를 얽어맨, 산산이 부서지고 와해된 것이 비로소 극복되었다"(*ÄdW*, I, 183). 이런 점에서 바이스는 계몽주의적 전통을 이어받고 있다고 말할 수 있다.

이 같은 이성 원칙의 고수로 하여 바이스의 이야기 입장은 이를테면 포스트모더니즘적 미학과 결정적으로 구분된다. 포스트모더니즘 미학의 옹호자인 벨슈는 《저항의 미학》이 지닌 관점은, 그 모든 예술에의 몰두에도 불구하고, 계급투쟁의 역사나 착취로부터의 인류 해방과 같은 '예술 외적' 요소들로 규정된다고 말하는데, 이러한 생각은 작가의 이성 원칙이 가진 역동적 긴장을 단순화한 것으로 보인다.

> 바이스의 방법은 미학과 정치의 사회주의적 상호 관계뿐만 아니라 귀족주의적이고 보수적이거나 파시스트주의적 상호 관계를 위해서도 사용될 수 있다. 바로 이 점에 그의 약점이 있다. 이것은 원칙적으로 그의 예술 고찰에 어떤 예술 외적 관점이 연결되어 그 토대를 이룬다는 사실에서 기인한다. 이렇게 될 때, 예술은 모든 사람에게 아무렇게나 복무한다.[56]

벨슈는, 바이스 미학의 강점이 미학과 정치의 매개에 있다는 것, 그리고

---

56 Welsch, Wolfgang: Für eine postmoderne Ästhetik des Widerstands, in: ders.: *Ästhetisches Denken*. Stuttgart 1990, S. 161. 이 논문은 Internationale Peter-Weiss-Gesellschaft(Hg.): *Ästhetik Revolte Widerstand(Ergänzungsband)*, a.a.O., S. 327-333에서도, 그러나 요약된 형태로, 포함되어 있다.

저항소설에 나타난 예술에의 매진이 단순히 '심미주의 속에서 표류하는 것이 아니라', '삶의 실행과 사회적 과정 그리고 정치적 행동을 위한 이해의 의미를 얻을' 수 있다고 옳게 지적한다.[57]

그러나 바이스가 미학과 정치를 결합하는 방식은, 그가 예술로부터 독립된 채 존재하는 것을 이 예술에 '집어넣음으로써' — 벨슈는 이렇게 집어넣는 것을 '투입해석학Input-Hermeneutik의 방법'이라고 부른다[58] — 이뤄진다는 것이다. 나아가 벨슈는 바이스의 소설을 현대적 저항 입장의 패러다임으로서 한쪽에 놓고, 다른 쪽에는 리오타르의 '대치Widerstreit의 미학'을 포스트모더니즘적 저항 개념의 패러다임으로 놓은 뒤에, 이 둘을 대립시킨다. 여기로부터 그의 결론이 나온다. 즉 포스트모더니즘적 미학의 우월성은 이 미학이 '예술 너머의 어떤 아르키메데스적 점에서' 출발하는 것이 아니라, 그래서 '사회적 저항을 하지만 그런 내세적 지점 위에 자리하는 것이 아니라', '오히려 현실과 이 현실의 긴장 그 한가운데서 분석하고 행동한다'는 점이다.[59]

벨슈의 이러한 평가는, 그가 자신의 분석을 지나치게 '포스트-식으로' 하지 않았는가 하는 의구심을 일으킨다. 왜냐하면 그의 분석에서는 다음과 같은 질문들, 말하자면 포스트모더니즘 미학이 사회적 저항을 현실의 한가운데서 어떻게 그리고 어느 정도까지 실행하는지, 현실에 대한 개입 가능성을 탐색하는 바이스의 미학이 어떻게 '투입-미학적으로' 지칭될 수 있는지, 그리고 무엇보다도 그가 말하는 '예술-내적' 혹은 '예술-외적'이란 개념은 어떤 의미를 갖는지, 나아가 이 둘은 어떻게 서로 구분되면서 교차되는가 등등[60]에 대해서는 답변되지 않고 있다. 그의 비판의 중심에는 바

---

57 Ebd. S. 157f.

58 Ebd., S. 159.

59 Ebd., S. 167. 강조는 벨슈.

60 짧지만 논지가 분명한 한 논문에서 크렌츨린은 이와는 달리 포스트모더니즘적 비구속성

이스의 미학을 주도 동기적으로 관통하는 예술과 저항, 문화와 정치의 변증법적 관계에 대한 논의가 아닌, 정치사회적인 측면들, 그의 표현을 빌리자면, '예술 외적인' 측면들에 대한 단순화된 평가가 자리한다. 이럴 경우 사회적 변화에 대한 작가의 지속적 관심은 물론이거니와, 더 중요하게는 글쓰기의 저항잠재력도 논의되지 못하고 만다.

벨슈에 대한 비판적 논의를 우리는 다음과 같이 더 진척시킬 수도 있다. 벨슈는 무엇보다도 정치적 논쟁 담론에서 오래전에 배제된 비합리적인 것을 복원시키려는 작가의 노력을 간과했다고 볼 수 있다. 그는 포스트모던의 이름 아래 등장하는 많은 것들이 자유방임laissez-faire 자세 때문에 비판될 수 있다고 주장하고, 그 때문에 자기 자신도 '무엇이든 괜찮다anything goes'는 슬로건에 회의적이라고 말한다. 하지만 이러한 유보에도 불구하고, 그의 바이스 독해는 자기 스스로 경고한 비구속성의 안락함에 갇혀 있지 않나 여겨진다. 왜냐하면 이념의 복수성과 이질성을 선호하는 가운데 그는 어떤 합의의 환기가 아니라 불일치의 일면적 인정을 중시하는 까닭이다. 이렇게 될 때, 삶의 공통분모는 어떻게 마련될 것인가? 그는 자신이 질타한 '모던(근대)과 포스트모던(탈근대) 사이의 탁구 놀이'를[61] 리오타르의 미학과 바이스의 미학의 단순 대립으로 옮기면서, 결국 이런 치환을 통해 자기 스스로 맹목적 이분법 논리의 희생자가 되는 것이다.[62]

(무책임성)에 대한 근거를 실천, 특히 정치적 실천의 배제에서 찾고 있다. 이것은 정확한 진단으로 여겨진다. Krenzlin, Nobert: "Die Ästhetik des Widerstands" und die Ästhetik der Postmoderne, in: Internationale Peter-Weiss-Gesellschaft(Hg.): *Ästhetik Revolte Widerstand(Ergänzungsband)*, a.a.O., S. 308.

61 Welsch, Wolfgang: a.a.O., S. 157.

62 이러한 일면성 때문에 — 그것은 적어도 바이스 독해에는 해당되는데 — 벨슈는 리오타르의 철학적 입장을 균형감각을 갖고 옳게 평가하는지, 그래서 자기 논지의 옹호를 위해 이 철학자를 얼마간은 잘못 해석하지 않는가 하는 의혹을 불러일으킨다. 왜냐하면 리오타르의 철학적 저술이 지닌 정치적 입안은 지극히 양가적이기 때문이다. 잡지 《사회주의냐 야만이냐*Socialisme ou Barbarie*》를 중심으로 한 극좌파 일원으로서 — 여기에는 카스토리아디스C. Castoriadis와 르포르C. Lefort도 관계했는데 — 그는 한편으로(특히 초기 저술 시기에) 알제리

그러나 거듭 강조하거니와, 바이스는 대상을 단순히 희거나 혹은 검은 것으로 일도양단하지 않는다. 그는 이것을 대립물의 약분 불가능한 상호 침투 속에서 표현한다. 이를 위해 그는 단순한 재현 논리로 파악될 수 없는 낯설고 단절적이며 잔혹한 것과 같은 쉬 빠져나가는 것들을 쉼 없이 예술적 의미 연관항 안으로 포용하려고 한다. 그러나 이것이 언어와 대상, 텍스트와 현실의 지시적 관계를 깡그리 부정한다는 뜻은 아니다.[63] 그는 바타유G. Bataille가 언젠가 '이형성異形性/Héterologie'이라고 지칭했던[64] 존재의 이질적 요소들을 서사적 연관항 안으로 끌어들임으로써 소박한 재현 미학의 병리학에 반기를 드는 것이다. 예술적 생산과 정치적 기획, 언어와 현실 사이의 (겉으로 보기에) 통일되기 어려운 이율배반을 그는 글쓰기의 텍스트적

분쟁과 같은 정치적 사안에 적극적으로 참여했고, 다른 한편으로(특히 후반 저술 시기에) 역사나 진보와 같은 메타서사의 몰락이란 테제를 대변했다. 여기에서 분명한 사실은, 정치적 무관심과 이 무관심으로부터 발생하는 역사적 관점의 총체적 상실 — 바로 여기에서 '가치의 다신론'과 같은 그의 개념이 포박되어 있는데 — 은 좀더 비판적으로 검토되어야 한다는 점이다. 그의 정치적 철학적 입장에 대한 선명한 비판에 대해서는, Benhabib, Seyla: Kritik des 'postmodernen Wissens' -eine Auseinandersetzung mit Jean François Lyotard, in: Huyssen, Andreas/Scherpe, Klaus R.(Hg.): *Postmoderne. Zeichen eines kulturellen Wandels*, 5. Aufl., Hamburg 1997, S. 103-127을 참조. 그러나 내가 보기에 예술작품에 대한 매우 착상이 풍부한 그의 해석은, 다른 자리에서, 더 깊게 논의될 필요가 있어 보인다.

63 이러한 이유에서 게니아 슐츠의 테제는 포스트모던 미학의 한 변주로서 비판될 수 있다. 그녀는 학위논문에서, 언어적 기호의 지시 성격을 부인하면서 《저항의 미학》에 재현 논리의 지양이 있다고 가정하고, 이런 가정을 후기구조주의적 방법론을 통해 논증하고자 시도한다Schulz, Genia: *"Die Ästhetik des Widerstands", Versionen des Indirekten in Peter Weiss' Roman*, Stuttgart 1986). 소설에 나타난 간접적 화법 형태와, 이것과 결합된 접속법적 이야기 방식이 《저항의 미학》의 서사문법을 지배한다는 그녀의 지적은 동의할 만하다. 그러나 언어적 지시성의 부정 속에서 정치적인 것을 이데올로기적인 것으로 간주하고 심미적인 것을 비이데올로기적인 것과 등치시킬 때, 그녀의 논지는 지나치게 형식주의적이게 된다. 이런 경직된 독해는 바이스적 저항미학이 지닌 정치적 함의를 탈역사화시키는 위험에 빠져들게 한다고 말할 수 있다.

64 잔혹함과 같은 극단적 상황에 대한 서술 관심이 바타유에게 있어서는 현실에 대한 비관주의적 평가 — 이것은 니체에 의해 깊게 영향받은 것인데 — 에 기초한 반면에, 바이스에게 그것은 극한 상황을 정치적 차원에서 해명하고자 하는 계몽주의적 의지에 의해 인도된다고 일단 말할 수 있다.

실천을 통해, 그러나 '종합'을 위해 특수하고 개별적인 것을 희생시키는 관념주의적 일반화 원리에 빠짐없이, 해소하고자 하는 것이다.

개별적인 것을 무시할 때 이질적이고 일탈적인 것은 더 이상 일반적인 것 아래 포섭되기 힘들다. 글쓰기 실천은, 이것이 가장 사소하고 일상적인 것에 주목하는 까닭에, 특수한 것과 일반적인 것, 나와 세계를 언어적으로 매개하는 가능성을 제공한다. 그러므로 글쓰기는 대상의 다양성 속에서 주체의 통일성을 정립시키고, 이런 매개 아래 의미 세계와 도덕 세계의 이원주의는 상당 부분 해소될 수도 있는 것이다.

4. 해체주의적 글쓰기와의 차이

삶의 여건과 그 경험은 글쓰기 아래 하나로 결합되어 다의적 형상물로 변형된다. 이런 시도를 가능하게 하는 에너지는 다름 아닌 이성의 통일성에 대한 갈망이다. 이성은 세계 창출적 잠재력이다. 이성의 이 통합 능력에 힘입어 바이스는 도구화된 합리성이 무시하는 이질적인 것을 자기 안으로 수용한다. 이를 통해 그는 심미적 모더니즘과 정치적 당파성의 이율배반을 지양하려 한다. 이 점에서 그의 입장은 철학자 하버마스의 그것에 유사한 것으로 보인다. 왜냐하면 하버마스 역시, 그가 '이성의 통일성은 오직 그 목소리의 다의성 속에서 알아들을 수 있다'고 쓸 때, 통일성 사고와 맥락주의적 다양성 사고 사이에서 자리하기 때문이다.[65]

---

65 Habermas, Jürgen: *Nachmetaphysisches Denken. Philosophische Aufsätze*, 3. Aufl. Frankfurt/M. 1989, S. 155. 예를 들어, 이른바 '의사소통적 이성의 보편화용론'을 논증하기 위해 이 철학자가 제시한 논의의 규범적 기준이 어떤 점에서, 그리고 얼마나 그때그때의 거친 생활 세계적 상황에 적용될 수 있는지에 대해서는, 그것이 범주적이고 개념적으로 얼마나 타당한가 혹은 타당하지 않은가와는 무관하게, 더 정확하게 상술되어야 한다.

이성의 통일성이라는 바이스의 원칙은 다양한 목소리를 갖는다. 이성은 그에게 본질적으로 의식화와 세계 산출에 복무한다. 그것은 '색출적이고 형상화하면서heuristisch und gestaltend' 잔혹하고 모순된 삶에 작동한다. 이런 점에서 그의 예술 이해는, 옌스 비르크마이어가 옳게 지적하듯이, "최근 들어 다시 유행되고 있는, '신적 현현theophane의 찬미'인 양 예술을 형이상학적으로 고양시키는 일과 대조된다. 무엇보다 그에게 중요한 것은 역사 축출의 상상적 진공 상태를 끔찍함과 저항의 모습들로 채우는 것이다".[66] 부조리하고 무의식적이며 불합리한 것을 그는 매우 강조하지만, 그럼에도 불구하고 포스트모더니즘적 사유 방식과는 다르게 정치적 당파성과 심미적 모더니즘의 병행을 포기하지 않기 때문이다. 이 병행이란 예술적 표현에 기대어 이 두 축을 매개함을 뜻한다.

이러한 맥락에서 바이스의 입장과, 글쓰기의 실천을 철학적 논지를 전개하기 위한 하나의 방법론으로까지 높인 자크 데리다J. Derrida의 입장을 비교하는 것은 언급할 만한 가치가 있지 않나 여겨진다. 그러나 이 철학자가 몰두한 해체주의 이론 양식을 일반적으로 서술하는 것은 간단하지 않다. 이 글에서 논의의 중심은 물론 데리다 사상의 전체도 아니고, 문학과 예술 그리고 건축 등에 대한 그의 몰두도 아니다. 여기에서는 단지 그의 글쓰기가 어떻게 그리고 어떤 의미에서 실행되는가라는 질문만 다뤄진다.

데리다가 전통적 텍스트의 가장자리에서 '다르게 쓰기'를 실행한다는 점에서, 그는 바이스와 일정하게 상통하는 것으로 보인다. 마치 바이스가 예술사적 전통을 거스르는 독해 방식을 통해 기존과는 다르게 텍스트를 이해하듯이, 데리다는 형이상학적 전통의 철학적 텍스트를 해체적 독법으로 기존과는 다르게 읽는다. 여기에서 두 사람은 철학사 또는 예술사의 아직 기술되지 않은, 그래서 불충분하게 서술된 미지의 영역 안으로 들어선

66 Birkmeyer, Jens: *Bilder des Schreckens, Dantes Spuren und die Mythosrezeption in Peter Weiss' Roman "Die Ästhetik des Widerstands"*, Wiesbaden 1994, S. 293.

다. 그래서 억눌린 자들의 사라져 버린 목소리를 발굴해 낸다. 억눌린 자란, 사회적으로 보면 소외된 자이고, 정치적으로 보면 권력이 박탈된 변두리적 존재이며, 철학적으로 보면 타자들이다. 이런 소외되고 무권리적이며 타자적인 존재의 발굴을 통해 그들은 형이상학의 역사 혹은 사회정치적 지배사의 장막 뒤에 무엇이 숨겨져 있는지 보여 준다.

그러므로 데리다와 바이스의 글쓰기 실천은 이미 존재하는 지각과 사고의 방식에 대한 거부이고 그 부단한 해체를 뜻한다. 데리다의 해체적 글쓰기 구상은 그러는 한, 많은 사람이 생각하듯이, 이른바 '현존의 형이상학' — (서구의) 전통적 전취 문화를 구조화하는 — 에 대한 잠재의식적 논박으로 읽힐 수 있다.

그러나 다른 한편으로 부인할 수 없는 사실은, 데리다의 글쓰기 전략이 비규정성의 끝도 없는 놀이 안에서 일어난다는 점이고, 바로 이 점에서 거기에는 그 어떤 절대적 시작이나 기원은 없다. 그가 공간적이고 시간적으로 무한한 유예로 정의하는 '차연différance'이란 핵심어는 그 때문에 개념도 아니고 단어도 아니다. 차라리 그것은 탈경계화요 넘어섬에 가깝다.[67] 그렇다는 것은 그의 글쓰기에 근본적으로 유희적 성격이 자리한다는 것을 뜻한다. 그러면서 동시에 이 유희성은 주체 개념과 저자 개념을 비판하는 데로 나아가기도 한다. '차연의 중재자이자 작가 혹은 주인일 수 있는 주체란 없다. 차연이 부지중에 떠오르는 주체란 경험적으로 없다'.[68] 이런 이유에서 그의 글쓰기는 단순히 텍스트의 비밀스러운 내면성으로 회귀하는 것과 등치되거나, 혹은 역사 부정과 동일시될 수 없다. 그의 극단화된 독법은 어떤 종류의 방법적 전략 — 형이상학적 정신사가 오랫동안 무시해 온

---

67 Derrida, Jacques: *Positionen*. Gespräche mit Henri Ronse, Julia Kristeva, Jean-Louis Houdebine, Guy Scarpetta. Graz; Wien 1986, S. 83ff. 해체주의의 이런 일반적 전략을 설명하기 위해 그는 '파마콘Pharmakon'이나 '처녀막', '그람마Gramma', '흔적', '여지Marge' 같은 개념들을 나열한다. 같은 책, 85쪽 이하.

68 Ebd., S. 70.

사각지대로서의 논리 중심주의를 중성화하는 것이 아니라 오히려 전복시키려는 전략에서 나오는 것인 것이다.[69]

데리다의 실천에서도 맹점이 없는 것은 아니다. 그는 의미론적 결정 불가능성에도 불구하고 자신의 글쓰기를, 의식적이건 무의식적이건, 이런 목표를 위해 행하고, 그럼으로써, 비록 허무주의의 영역으로 나아가진 않지만, 비구속적 의미의 무정부 상태에 사로잡혀 있다고 볼 수도 있다. (그러나 한 걸음 물러나 다음과 같이 말할 수도 있다. 다른 각도에서 보면, 이러한 지적은 내 생각에 '어느 정도 납득할 만한 것'이 될 수는 있어도 그리 '의미 있는 것'은 되기 어렵다. 왜냐하면 이런 지적에도 불구하고 데리다의 글쓰기가 이룩한 창의적 성취는 여전히 유효하기 때문이다. 그러니까 뛰어난 저자는 사후事後에 따르는 그 어떤 납득할 만한 지적에도 불구하고, '이 비판보다 더 고유한 방식으로 자리하는' 것이다. 지성사나 철학사, 문학사나 예술사를 구성하는 작자는 모두 이런, '자기 나름의 고유한 방식으로 세계를 관찰하고 해체하며 파악하고 재구성한 유일무이한 사람들'이다. 이때 이런저런 지적은 참고 사항일 뿐 큰 의미는 없는 것이다.) 바로 이 점에서 그의 해체적 글쓰기는 바이스의 저항적 글쓰기 전략과 근본적으로 구분된다. 이 같은 차이는, 이들의 언어 이해를 비교해 보면, 더 분명하게 드러난다.

데리다의 글쓰기는 의미론적 다의성의 끝없는 사후성事後性 아래 펼쳐진다. 언어를 사고나 감정의 투명한 전달체로 간주하는 소쉬르의 고전적

---

69 이러한 이유에서 데리다의 글쓰기 이론이나 기표 이론은 '하나의 새로운 자기 내면성' 혹은 '하나의 기표 무정부주의'로 평가절하될 수 없다. 이런 시각을 경계하면서, 그는 스스로 《입장들》에서 다음과 같이 적고 있다. "우리가 피해야 하는 것은 기의나 지시체, 의미나 사실에 대한 하나의 일정하고 단순한 비판이 어떤 지양 속에서 혹은 의미나 지시체의 어떤 단순하고도 소박한 철폐 속에 고착되어서는 안 된다는 점이다"(Ebd., S. 130). 그의 작업의 스펙트럼은, 1980년대의 이른바 '수행적 전환performative Wende' 이후 주제상으로도 광범위해진다. 이것은 그가 예술과 사진 그리고 건축 등의 영역에 나타나는 법률이나 윤리 혹은 정의 등과 같은 좀더 현실적이고 구체적인 주제들에 집중적으로 몰두한 데서도 잘 나타난다. 여기에 대해서는 Gondek, Hans-Dieter/Waldenfels, Bernhard(Hg.): *Einsätze des Denkens. Zur Philosophie von Jacques Derrida*, Frankfurt/M. 1997, S. 8ff.

기호학과는 달리, 그는 언어를 뒤바뀌는 경계 분리와 경계 포함 속에서 고찰한다. 언어란 그에게 대상을 해명하는 것이면서 동시에 은폐하는 것이다. 그에게 중요한 것은, 목소리 현상에 대한 후설의 견해와 관련하여 쓰고 있듯이, '이리저리 헤매면서 무대를 바꾸고, 이렇게 시작도 끝도 없이 드러나는 것을 교체하며 마법화하는 기호의 무한한 일탈을 경험하는 것'이다.[70] 모든 의미 체계는, 그에 따르면, 재현도 아니고 그렇다고 눈앞에 드러내는 것Vergegenwärtigung도 아니다. 그것은 재현의 탈현전화脫現前化/Ent-Präsentation다.

탈현전화란 '눈앞에 제시한 것Präsentation'을 다시 '벗어나는ent' 것을 말한다. 이 벗어남은 보완성(증보판Supplementarität)이라는 끊이지 않는 유희 속에서 일어난다. 그 때문에 그는 하버마스처럼 다양한 언어들, 이를테면 규범 언어와 시적 언어의 범주적 차이를 가정하지 않는다.[71] 그 대신 언어적 범주 차이를 분리 불가능성 속에서 지양해 버린다. 그의 철학적 논거가 자주 허구적 서술 방식과 겹쳐 있는 것도 이런 이유 때문이다. 차이의 쉼 없는 유희 속에서 그는 첼란을 마치 후설처럼 읽고, 하이데거와는 마치 보들레르나 블랑쇼에게 하듯이 논쟁을 벌인다. 이런 이유에서 그의 독해는 역설적으로 생산적이다.

그러나 데리다는 혁신적 언어 자체의 부정적 잠재력 또한 간과한다. 혹은 적어도 이런 잠재력을 바이스처럼 명시적으로 내세우지는 않는다고 말할 수 있을 것이다. 어쨌든 언어는 그에게 이해를 촉구하는 데 있지도 않

70 Derrida, Jacques: *Die Stimme und das Phänomen*, Frankfurt/M. 1979, S. 164f.

71 그 때문에 하버마스는 데리다의 글쓰기 실천을 '논리에 대한 수사학의 우위'라고 선명하게 지칭한 적이 있다(Habermas, Jürgen: *Der philosophische Diskurs der Moderne. Zwölf Vorlesungen*, 3. Aufl. Frankfurt/M. 1991, S. 224). 장르적 차이를 지양하는 데리다의 글쓰기에 대한 하버마스의 비판은 그 자체로 틀린 것이 아니다. 그러나 그것은, 데리다의 글쓰기를 단순히 논증적 차원에만 축소시키기보다는 이 실천이 그 모든 체계 철학을 어떻게 전복의 방법론을 통해 재구성하는지를 하버마스가 고려한다면, 좀더 나은 형태를 띨 수도 있을 것이다. 이 두 철학적 거장을 둘러싼 입장 차이와 관련된 일련의 문제들은 당연히 더 자세한 해명을 요구한다.

고, 그렇다고 세계를 해명하기 위해 자리하는 것도 아니다. 그것은 모든 서열 제도의 (유희적) 전복 속에 있다.[72] 왜냐하면 언어는 그에게 그 어떤 정해진 방향이나 목표 설정이 없기 때문이다. 그러면서도 그것이, 종국적으로 보면, 일정한 파급력을 안 미치는 것은 결코 아니다. 이것은 카프카론이나 벤야민론 같은 그의 창의적 독법이 이미 입증하는 바이기도 하다.

이에 반해 바이스의 글쓰기는 차연의 무한한 유희를 내세우지 않는다. 그는 언어를 의미론적 지양 속에서 고찰하는 것이 아니라 명료성을 창출하기 위한 개입의 매체로 파악한다. '경악 앞에서 굳은 채로 우리는 우리의 선택을 해야만 했다'(*NB*, II, 723). 그러므로 그의 개입적 글쓰기 작업은 주체의 해체로 나아가지도 않고, 그렇다고 쓰기 활동의 유희적 동요로 끝나지도 않는다. 대신 그것은 역사적 현실의 무형적 상황에 대한 집요한 해명의지 속에서 최대한으로 명료한 표현을 부여한다. 이를 통해 그는 승자가 정당성을 독점하는 지배사의 지속적 부당성을 교정하려고 한다. 그러니까 그는 언어에 의지하여 기존의 세계 관계에 개입할 수 있는 가능성을 구하는 것이다. 바이스의 글쓰기는, 데리다가 그러하듯이, 이성의 원칙을 대신하는 것이 아니라, 이 이성의 원칙이 오히려 그의 글쓰기 작업을 조종하는 것이다. 그는 글을 통해 '무無 위에 비계를 세우려고' 한다(*NB*, I, 68). 그러므로 우리는 이렇게 결론지을 수 있다. 바이스를 알기 위해서는 그의 텍스트를 '그와 더불어' 정확하게 따라 잡아야 한다. 그에 반해 데리다를 이해하기 위해서 '그와 더불어, 그러면서 동시에 그에 거슬러' 그의 텍스트를 읽어야 한다.

바이스는 형이상학자들처럼 모든 것을 하나의 차원으로 환원하지도 않고, 그렇다고 해체주의자들처럼 이성을 우발적인 것으로 간주하지도 않는다. 그는 관념주의적 통일성이란 환영에 거스르면서 세계 형식과 생활 형

---

72 Ebd. S. 241.

식의 절차적 변화 가능성에 큰 가치를 둔다. 말하자면, 통일적 종합의 강압적 관념주의에 특수하고 개별적인 것을 희생시키지도 않고, 그렇다고 가치 자유라는 이름 아래 우발적이고 부조리한 것을 예찬하지도 않는다. 오히려 그의 시선은 늘 논증적 담론을 벗어나는 모든 것들 — 표상 불가능한 현실을 향해 있다. 그는 비동일적 계기를 전체적 하나Eins로 억지스럽게 통합하는 것이 아니라, 그 파열 속에서 현재화함으로써 삶의 거짓 조화에 거스르는 것이다. 그러므로 바이스의 글쓰기는 동질적인 것과 이질적인 것, 즉물적 진실성과 허구적 상상의 경계 영역에서 움직인다. 그래서 꿈결 같은 것은 그에게 현실적인 것과 분리되지 않고, 우발적인 것은 논리적인 것과 무관하지 않다.

이것을 바이스는 희곡작품 《횔덜린》(1971)의 끝에서 이렇게 적는다. '환상과 행동은 같은 공간에 있어야 하네. 그렇게 될 때만, 시적인 것이 '보편적'으로 되네'.[73] 바이스의 글쓰기는 우연적인 것과 지속적인 것, 사실적인 것과 상상적인 것을 하나의 의미론적 구성물로 창출시킨다. 여기에서 입증되는 것은 그의 글이 학문적/과학적 논증이 아니라 정치적 실천과 관련된다는 사실이다.

바이스의 글쓰기는 사회정치적 관계 상황의 균열에 형식을 부여하고, 이 형식 부여를 통해 삶의 불화를 비판적으로 성찰함으로써 지식의 이데올로기적 성격과 사회적 구조의 취약성을 의식하게 만든다. 그러므로 글쓰기는 그에게, 적어도 더 나은 사회 질서를 꿈꾸고 이 꿈을 언어적 형식으로 전환시키고자 하는 한, 불가피한 것이다. 그가 작가인 한, 글쓰기의 밖에서는 그 어떤 실천도 없는 것이다.[74] 바로 이 점에 그의 글쓰기가 갖는 도

---

73 Weiss, Peter: *Hölderlin*. Stück in zwei Akten. in: *Stücke II/2*, a.a.O., S. 416. 강조는 바이스.

74 다른 강조점을 갖긴 하지만, 데리다는 다음과 같이 적은 바 있다. '텍스트 바깥의 것은 없다.' Derrida, Jacques: *Grammatologie*, übers. v. Hans-Jörg Rheinberger und Hans Zischler, 4. Aufl. Frankfurt/M. 1992, S. 274.

덕적, 실천적 의미가 있다. 글쓰기의 실천은 단순히 뭔가를 묘사할 뿐만 아니라 뭔가를 개시하고inaugurieren 창설한다initiieren. 나아가 이러한 개시는 자아와 현실과 세계에 대한 사람의 관계를 변화시킬 수 있다. 글쓰기란 단순히 모사하는 일이 아니라 개입하고eingreifen 조직하는organisieren 일인 것이다. 여기에서 글쓰기는 의미 구성적이고 사회 개입적 실천으로 정의된다.

이러한 규정은, 더 넓은 맥락에서 보면, 글쓰기가 그 일부로 자리하는 예술의 보편문법으로부터 나온 것이다. 예술은 순응과 부패와 우둔의 세계에 대한 싸움이자 회의이고 물음이자 반기로서 자리한다. 글쓰기는 순응적 심미주의에 대항하는 문화적 해방의 예술적 표현 외에 다른 것이 아니다. 그것은 일종의 개입 행동이고, 이 행동은 성찰하는 행위자의 지금 여기에 영향을 끼친다.

III. 수행적 이야기 전략과 아방가르드적 혁신

· · · · · · · · · · ·

우리 예술의 토대에 속하는 것은 검증을 견뎌 내야 한다.
— 페터 바이스(ÄdW, I, 65)

· · · · · · · · · · ·

1. 바이스와 아방가르드

영화, 회화 그리고 문학에서 나온 이런 아방가르드 작품들은
재앙을 이겨 냈다. 거기엔 종결이 없고, 여전히 출발점에 서 있다.
— 페터 바이스, 〈아방가르드 영화〉(1955)

화가와 산문가에서 시작하여 영화 제작자와 극작가를 지나 소설가에 이르는 페터 바이스의 예술적 발전 과정은 아방가르드의 역사적 경험에 대한 여러 해에 걸친 비판적 대결로 특징지어진다. 초기 산문작인《섬에서 섬으로》(1947)와《낯선 자》(1948) 이후 그는 아방가르드적 성취에 지속적으로 골몰한다. 콜라주나 소묘, 영화, 단편소설 그리고 드라마 같은 다양한 작품들은 상당할 정도로 아방가르드적이고 실험적인 성격으로 각인되어 있다. 그는 예술을 삶의 실천으로 전환시키려는 아방가르디스트의 문화 혁명적 충동을 자기 나름의 방식으로, 말하자면 자신의 실험적 이야기 전략을 통해 재생시키려고 하면서[75] 아방가르드적 프로그램에 대한 바이스

---

75 초기의 산문작품에서 후기의 소설로 이어지는 예술적 발전 과정에서 바이스가 아방가르드, 특히 초현실주의와 어떤 관계를 가졌는가에 대한 상세한 분석은, 앞서 언급한 봄메르트의 학위논문 외에 다음의 글을 참고할 것. Kienberger, Silvia: *Poesie, Revolte und Revolution. Peter Weiss und die Surrealisten*, Opladen 1994; dies.: Peter Weiss, der Surrealismus und ein Buch von Christian Bommert, in: *Peter Weiss. Jahrbuch I*, a.a.O., S. 116-130. 결국 어떤 고유한 자신만의 심미적 입장에

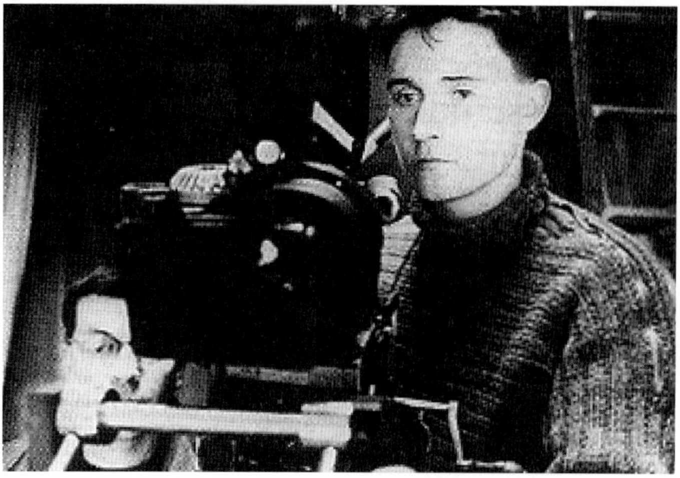

슈트룀홀름Ch. Strömholm과 영화 〈그림자 속의 얼굴들〉 편집 작업을 하며, 1956년.

바이스는 그림이나 연극 그리고 산문뿐만 아니라 영화에도 몰두하던, 전천후 매체 사용자였다. 《저항의 미학》은 그런 탐구의 생애적 결산물이라고 할 수 있다.

의 선호는 그러나 아방가르드의 단순 찬미를 뜻하지 않는다. 그는 이들의 문화 혁명적 추동력에 동의하지만, 그렇다고 예술 생산의 제도적 조건을 즉각적 반란으로 해체시키려는 그 극단적인 의도에 반대한다. 그의 관심은 삶과 예술의 분리를 지양하려는 아방가르드적 프로그램에 동의하는 데 있지도 않고, 그렇다고 이들의 활동을 실패의 관점에서 파악하려는 데 있지도 않다.

바이스에게 중요한 것은, 이 활동이 지닌 현재적 예술 실천과의 관련성이 무엇이고, 이 관련성의 내용이 적절하다면 그 유산을 어떻게 오늘의 관점에서 재활성화할 것인가 하는 문제였다. 이것은 특히 《아방가르드 영화》(1955)와 《파리저널》(1962) 같은 초기 산문에서 잘 나타난다. 이 두 책에서 그는 한편으로 아방가르드적 프로그램의 영향 가능성에 대해 회의감을 피력

도달한다. 이렇게 도달한 입장이란, 간단히 말하여, 상상력과 이성, 예술과 정치를, 이 둘 중의 어느 하나를 배제함 없이 통일되기 어려운 모순성 아래 매개하는 데 있다.

하면서도, 다른 한편으로 그것이 더 발전되어야 할 필요성에 대해 말한다. 파리의 한 초현실주의 전시회를 방문한 소감을 기록한 다음의 글은, 예술을 지배 질서에의 대항 무기로 삼았던 원래의 의도로 인해 초현실주의자들이 어떻게 역설적이게도 다름 아닌 이 질서 안으로 용해되어 버렸는지 잘 보여 준다.

> 외적 규범의 광기와 의문스러운 점을 보여 주고, 친숙한 것을 찢어 버리며, 구속되지 않는 삶의 상태에 대한 시야를 열어 주겠다고 한 이 작품들은 가꿔진 공간에서, 잘 보존된 채, 자신을 표현하고 있었고, 사람들은 이것을 안락의자에서 관찰할 수 있었다. 그들이 공격하고 우스꽝스럽게 만들었으며 그 허위성을 보여 줬던 질서는 그들을 호의적으로 받아들였고, 그래서 반란가들의 선언문은 여기 그들 적의 금고金庫에서 이들의 품위를 지켜 주는 것 외에는 아무것도 되지 못했다.[76]

스캔들과 도발로 부르주아적 일상 질서를 방해하겠다는 초현실주의자들의 시도는, 바이스의 눈에는, 실패한 것으로 나타난다. 왜냐하면 이들의 예술작품은 '가꿔진 공간에서 잘 보존된 채' 전시되고 있고, 그래서 '편안한 안락의자'에서 관찰되는 까닭이다. 이를 통해 아방가르드적 폭발력은 오래가지도 못하고, 거리의 사람들에게 영향을 주지도 못한다. 그것은, 마치 1960년 파리에서 팅겔리Tinguely의 네오다다이스트적 네오쉬르리얼리스트적 조각 행렬이 보여 준 것처럼, 그저 잠시의 해프닝으로 머물다가 아무런 결과도 없이 끝나고 말았다. 네오아방가르디스트들은, 바이스가 지적하듯이, '각자 다른 사람으로부터 격리된 채, 오직 그 자신을 위해서만 하나의 무정부주의적 세계에서 작업하기' 때문에(*NB*, I, 10), 예술을 삶의 실천으로 전환시키지도 못했고, 더 나아가 사회적 변혁을 꾀하지도 못한다. 사

76 Weiss, Peter: Aus dem Pariser Journal, in: *Rapporte*, a.a.O., S. 83.

회의 제도적 조건은, 공식화된 문화 활동이나 인간의 무관심에 의지한 채, 기존 질서에 대한 아방가르드적 공격을 흡수하고, 이들의 도전과 자극을 무화시켜 버린 것이다.

예술은 이제 위로삼아 행하는 대리만족의 영역일 뿐이다. 부르주아 문화는, 적어도 1960년대 이후의 서구의 지배층 문화는, 마르쿠제의 말을 기대자면, 모든 폭발적 모티프를 완전히 와해시켜 버림으로써 '순응적으로' 변질된다. 여기에서 개인은 전체의 더 행복한 현존을 희구하지만, 그러나 이러한 바람은 문화적 유산의 보편적인 박물관화universelle Musealisierung der Kulturgüter 아래 소멸해 버린다.[77]

역사적 아방가르드 운동의 좌초 후 다른 한편으로 분명해진 사실은, 그들 모델이 오늘의 현실에서 더 이상 직접적으로 회수될 수는 없다는 점이다. 왜냐하면 아방가르디스트들의 프로그램은 번창하는 문화 산업 — 예술의 전반적 상품화/상업화/시장화/자본화에 의해 이미 상당 부분 포섭되어 버렸기 때문이다. 그리고 이러한 현실은 21세기에 들어선 오늘날 더하면 더했지 결코 덜하지는 않다. 이런 현실에 직면하여 바이스에게 무엇보다도 중요한 것은 더 이상, 1920-1930년대 아방가르디스트가 그러했던 것처럼, 예술적 활동의 즉각성을 통해 제도적 틀을 지양하는 것이 아니었다. 필요한 것은 어떻게 현재의 제도적 생산 조건 안에서 예술의 실천적 표현 가능성을 혁신하고 확대할 수 있을 것인가라는 문제였다. 그는 초현실주의적 도발이 순수한 주관성을 위한 해방의 행위로 — 이러한 순수 주관성은 불가피하게 자기 파괴로 나아가는데 — 자리하고 있고, 부르주아 문화의 순응성에는 반역의 성격이 결핍되어 있음을 철저하게 인식했다. 그러나 그럼에도 불구하고 아방가르드적 운동이 지닌 혁신적 에너지는 계속해서 활성화되어

77 부르주아 사회의 예술이 갖는 이중적 특징에 대해 마르쿠제는 〈예술의 순응적 성격에 대하여〉라는 잘 알려진 논문에서 자세히 다루었다. Marcuse, Herbert: Über den affirmativen Charakter der Kultur. In: *Schriften*, Bd. 3. Aufsätze aus der Zeitschrift für Sozialforschung 1934-1941, Frankfurt/M. 1979, S. 225.

야 하는 것도 그는 분명히 안다. 이는 다음 구절에서 확인될 수 있다.

> 레닌: 아방가르드만으로는 이길 수 없네(*NB*, II, 885).
> 리얼리즘과 초현실주의에서 나는 집에서처럼 편안함을 느낍니다.[78]
> 제도에 대항하기 위해서는 제도를 이용해야 합니다.[79]

예술의 과제는, 바이스에 따르면, 심미적 표현의 단순한 도구화에 있는 것도 아니고, 그렇다고 그 자율적 목적 자유성에 있는 것도 아니다. 그것은 현실주의적으로 명징하면서도 동시에 실험적인 묘사 방식을 통해 예술의 사회적 실천 연관성을 늘 다시 탐사하고 실행하는 데 있다. 이것은 두 가지 사실을 알려 준다.

첫째, 닳아빠진 관습과 상투적 예술 규범을 거부하는 가운데 바이스는 새로운 인식을 위한 새 표현 형식을 찾는다. 이것은 그가 삶의 실천으로부터 예술의 분리 — 이러한 분리는 개인의 예술 생산과 예술 수용에 대한 자율주의적 미학론에서 본질적으로 기능하는데 — 를 문제시하면서 이뤄진다. 이것은 예술 아방가르드의 혁신적 에너지를 적극적으로 수용하려는 시도로 이어진다. 둘째, 예술의 전승된 가치를 청산하려는 이들의 프로그램으로부터 동시에 거리를 유지한다. 이 두 조건, 말하자면 아방가르드 예술의 문화 혁명적 추동력을 활성화하는 일과, 그럼에도 불구하고 제도 예술의 총체적 지양으로 빠져들지 않는 일을 그는 실험 형식에 대한 아방가르드적 추구를 글쓰기의 저항 잠재력과 결합시킴으로써 실행해 가는 것이다. 요약하여 말하자면 그것은 '실험적인 것의 가공을 통한 아방가르드의 재활성화'다. 여기에 대하여 부르크하르트 린트너는 다음과

78 Peter Weiss im Gespräch mit Jacques Michel: Die zwei Leben des Peter Weiss, in: *Peter Weiss im Gespräch*, a.a.O., S. 225.

79 Peter Weiss im Gespräch mit C. Bernd Sucher: Man benutzt die Institutionen, um gegen sie zu kämpfen, in: *Peter Weiss im Gespräch*, a.a.O., S. 331.

같이 적고 있다.

> 실험적인 것의 이러한 개념이, 지금까지 어쨌든, 결합될 수 있었던 지점은 문화 산업의 양가성 — '일상 속의 아방가르드주의들'에서가 아니라 특이한 저항 형식들에서였는데, 이 형식 속에서 작품들은 문화 산업적 포획에 예술로서 저항하면서 동시에 예술 자체의 요구를 고집스럽게 개선한다.[80]

아방가르드 예술의 실험적 추동력과 예술의 저항 잠재력, 이 둘 사이의 간극을 바이스는 수행적 글쓰기로 매개하려 한다. 아방가르드의 역사적 성취가 현실과 비전, 이성과 상상력을 예술적 표현 속에서 매개하고 이 매개를 통해 삶과 예술을 일치시키는 데 있는 것이라면, 이 아방가르드적 성취를 그는 글쓰기의 저항성에 연결시킨다. 그래서 예술을 삶의 실천으로 전환하려는 아방가르디스트의 원래 의도를 더 진전시키는 것이다. 병든 사회의 억압적 구조에 맞서는 것은 이런 식으로 행해진다. 여기에서 그의 저항 개념은 목적합리적이고 문화 산업적으로 정렬된 현대 자본주의 사회에 대해서만 타당한 것이 아니다. 그것은 이런 사회에서 예술이 내장한 순응적 지위에도 타당하다.

바이스는 아방가르드의 문화 혁신적 요구를 자신의 저항적 글쓰기 기획 안으로 받아들임으로써 정치적 참여와 예술적 활동을 실험적 글쓰기로 매개한다. 이를 통해 그는 자동화된 지각 형식이 지배하는 일상적 삶을 방해할 뿐만 아니라, 사회의 보이는 보이지 않는 억압 메커니즘에도 직간접적으로 개입한다. 그리하여 글쓰기의 진실은 그에게 개인적 정체성의 정립과 동시에 사회적 변화에 있다. 바로 이 점에서 그의 글쓰기 이해는, 글쓰기를 일종의 '기록 기계'로 파악한 초현실주의자들의 자동화된

80 Lindner, Burkhardt: Nach dem Ende der Wiederentdeckungen. Avangardismen im Alltag und erneuerte Literaturform, in: syndicat anonym(Hg.): *Kunst und Poltik der Avangarde*. Künstlerhaus MOUSONTURM, Frankfurt 1989, S. 47.

이해와는 뚜렷하게 구분된다. 이것과 관련하여 여러 논자의 평이 있지만, 그 가운데 카를 하인츠 보러는 충격이나 끔찍함 같은 초현실주의적 요소들의 현재를 바이스의 심미적 근본 표상으로 강조한 바 있다.[81] 보러의 관점과는 다르게 클라우스 R. 셰르페는 초현실주의적 입장에 대해 바이스가 가진 심미적 거리를 말하면서, 그 근거로 작가가 겪어야 했던 파시즘과 망명의 경험을 끌어들인다.

> 페터 바이스는 프랑스 초현실주의자들의 제멋대로 하는 행동이 가진 무중력 상태를 결코 좋게 여기지 않았다. 그의 작품에 나타나는 끔찍한 영역을 각인 짓는 것은 끔찍함 그 자체의 심미적 추동력이 아니라, 파시즘 시대와 망명 동안에 겪은 역사적 경험의 짐이다. 이 끔찍한 심미적 추동력을 그는 창조적인 것의 근원 영역에 자리잡게 할 수도 있었지만, 어쨌든, 아우슈비츠 이후에는, 훨씬 더 격렬하게 그것을 예술적 창조 과정의 사회적, 정치적 책임성 아래 복속시키고자 했다. (…) 그런 식으로 바이스는 낯설고 끔찍한 것, 그리고 정치적으로 재앙적인 사건의 심미적 자명성이 지닌 극단적인 경우에 바로 이 끔찍한 비전을 역사적 인식의 매체로, 닻으로 매어 두듯, 확고하게 자리매김하는 시도를 행한다.[82]

위의 인용문은 바이스의 미학적 입장을 지탱하는 정치적 현실적 경험적 역사적 의미를 이해하는 데 매우 중요해 보인다. 끔찍함과 충격이라는 초현실주의적 모티프가 지닌 정치적 의미를 그는 결코 간과하지 않는다. 그는 일련의 질문들, 예를 들어 문화 혁명적 추동력을 가진 아방가르드적 유

81 Bohrer, Karl Heinz: Katastrophenphantasie oder Aufklärung? Zu Peter Weiss, "Die Ästhetik des Widerstands", in: *Merkur 30*(1976), H.1, S. 85-90.

82 Scherpe, Klaus R.: Kampf gegen die Selbstaufgabe. Ästhetischer Widerstand und künstlerische Authentizität in Peter Weiss' Roman, in: Götze, Karl-Heinz/Scherpe, Klaus R.(Hg.): *Die "Ästhetik des Widerstands" lesen*, a.a.O., S. 67f. 끔찍한 이미지의 정치적 의미에 대해서는 Hermand, Jost: Das Floß der Medusa. Über Versuche, den Untergang zu überleben, in: Götze, Karl-Heinz /Scherpe, Klaus R.(Hg.): a.a.O., S. 118.

산은 변화된 현대적 상황에서 어떻게 재활성화될 수 있는지, 문학과 예술은 폭력과 전쟁 그리고 테러가 일상화된 오늘의 사회에서 어떻게 다시 규정될 수 있는지, 그리하여 결국 예술은 어떤 저항을 행할 수 있는지 등에 대해 저항적 글쓰기로 접근한다.[83] 《저항의 미학》이 그 제목으로 이미 암시하듯이, 그는 아방가르드의 실험적 요구를 글쓰기 속에서 '거역/반기/부정/비판'이라는 하나의 보편적 담론으로 포용하면서 결국 '저항의 태도로서의 글쓰기의 실천적 가능성'을 찾고자 하는 것이다. 이러한 문제의식을 끌고 가는 핵심은 비전과 현실, 예술과 저항, 문화와 정치의 상호 관계를 새롭게 규정하려는 심미적 표현 의지다.

오늘날의 일상적 삶은 문화 산업적이고 다매체적으로 자동화된 지각 형식으로 특징지어질 수 있다. 바이스는 저항적 글쓰기를 통해 이 자동화된 지각 현실에 거스르면서 정치적 문화와 문화적 정치의 새로운 가능성을 타진한다. 그러나 그는, 아방가르디스트가 그러했듯이, 예술 생산의 제도적 조건을 전적으로 청산하려고 하지 않는다. 물론 그렇게 할 수도 없다. 그가 하려는 것은 시적 언어라는 예술적 표현 수단의 부단한 개선을 통해 현실에 대응하는 것이다. 이러한 정황은, 그의 실험적 글쓰기 전략이 저항소설에서 이전 아방가르드의 혁신적 요구를 어떻게 재활성화하는가라는 문제에서 분명히 나타난다. 이것은 다음 장(III부 2장)에서 다룰 것이다.

그러나 그전에 그에 대한 전제조건으로, 왜 아방가르드 예술의 문화 혁명적 추동력을 재활성화하는 일이 오늘날에도 절실한 것인지 언급되어야 한다. 이를 위해 나는 이 분야에서 표준 텍스트라고 할 수 있는 페터 뷔르거의 《아방가르드의 이론》에 대해 비판적으로 논평하고자 한다.

---

83 이러한 의미에서 바이스의 개입적 글쓰기 전략은 1980년대 초에 유행적으로 퍼진 몰락의 비전과는 구분된다. 여기에 대해서는 Claas, Herbert/Götze, Karl-Heinz: Ästhetik und Politik bei Hans Magnus Enzensberger und Peter Weiss, in: *Das Argument*, Nr. 115, S. 369-381; Gerlach, Ingeborg: Über die politische Verbindlichkeit von Literatur. Die Kontroverse zwischen Weiss, Enzensberger und Johnson, und was daraus wurde, in: *Diskussion Deutsch*. H. 79, 1984, S. 511-517. 참고.

보충
아방가르드의 역사화?

아방가르드란 개념은 이른바 시청각적 디지털 기술 시대로 특징지어지는 오늘의 사회와는 더 이상 맞지 않는 것처럼 보인다. 초기 아방가르드적 추동력은 기존의 문화 가치를 조롱한 이전의 활력을 현실에서 오래전에 상실했기 때문이다. 몽타주 방식이건 언어 해체건, 친숙한 것을 낯설게 하는 소격 효과Verfremdungseffekt는, 이미 나날의 일상 자체가 충격과 전율로 가득 차 있는 까닭에, 별다른 환기 작용을 일으키지 못하고 있고, 매일매일의 소비 생활에서는 지금껏 예술에 낯설던 수많은 산업적 인공품이 적극적으로 유입되게 되었다. 현실은 소설보다 더 허구적이고, 광고와 선전 문구보다 더 기묘하고 엉뚱하게 펼쳐지기도 한다. 그리하여 예술의 가장 급진적인 공격도 상품 문화적 혁신의 일상화 아래서는 별다른 변별성을 내세우지 못하는 듯하다. 말하자면 예술의 영역은 오늘날 거의 예외 없이 상품의 영역 안으로 포섭되었고, 문화는 시장과 자본의 그물망에서 벗어나기 어렵다.

물론 여기에는 순기능도 있는 듯하다. 예를 들어 디자인이나 설치미술은 말할 것도 없고, 컴퓨터 그래픽이나 애니메이션 분야에서 과학 기술의 예술적 상업적 응용은 괄목할 만하다. 오늘날의 디지털 다중 매체는 곧 생활화된 과학의 성과라고 해도 과언이 아니다. 그러나 혜택 이상으로 손실도 있다. 기술의 편의는 그만큼의 위험도 야기한다. 우리는 혹시 상품의 소비 속에 행복의 전부가 있다고 생각하거나, 기술적 안락함이 곧 자유의 구가인 것처럼 여기지는 않는가? 그럼으로써 내 자아가 증발하고 내 삶이 떠나가며, 내가 이웃으로부터 격리되면서 사회 현실을 외면하고 있지는 않는가? 그리하여 결국 나날의 삶이 전체적으로 둔감화되고 간접화되고 피상화되고 표피화되고 있지 않는가?

1) 매체 스펙터클

이런 일상화된 충격이란 관점에서 보면, 이전 아방가르드의 실험은 구태의연해 보이기도 한다. 예를 들어 뒤샹의 〈레디 메이드Ready Made〉는, 마치 그의 〈분수〉(1917)나 허트필드의 〈아돌프 — 초인〉(1932)처럼, 오늘날에는 지루한 느낌의 인공품이거나, 기껏해야 어떤 자극을 주기보다는 차라리 흔히 보는 그렇고 그런 광고의 하나로 느껴진다. 왜냐하면 텔레비전 방송에 나오는 아무러한 극의 한 장면이나 오락 프로그램의 한 장면도 때로는, 그 강도와 역동성에 있어, 아방가르드가 한때 야기했던 지각적 충격을 훨씬 능가하기 때문이다.

오늘날의 (사이비) 아방가르드가 지닌 무효성에 대한 좀더 현실적인 예는 아마도 1995년 크리스토 부부가 베를린에서 보여 준, 국회의사당 건물을 천으로 감싼 행위라고 말할 수 있을지도 모른다. 이것은 비록 수백만 명의 사람들을 놀라게 하면서 열광적으로 거기에 모이게 했지만,[84] 이런 열광은 그것이 지닌 물질적 규모나 크기에 대한 감탄에서 왔지 어떤 심미적이고 사회적인 영향에서 온 것이라고 말하기 어렵다. 왜냐하면 그 모든 감격에도 불구하고 그러한 '일회적이고' '거대하며' '압도적인' 사건은, 그저 많은 호화 호텔의 매상을 올려 주는 것 이외에는 현실에 대한 아무런 지속

감싸여진 독일연방의회 건물.

적 영향 없이, 마치 별똥별처럼, 곧바로 사라져 버렸기 때문이다.

예술의 사건도, 오늘날은 많은 경우, 일종의 매체적 사건에 불과하다. 그리고 이러한 매체는 돈/상업/광고에 의해 움직인다. 스펙터클은 상업화된 매체의 가상적 사건이기 때문이다. 아방가르드 예술작품은, 진짜든 진짜를 가장한 가짜건, 개인의 지각 구조에 대하여, 또 사회의 전체 구조에 대하여 이전의 파괴력을 오늘날에는 입증하기 어렵게 되어 버렸다. 적어도 외적으로 고찰하면, 아방가르드의 초기 이념은 지금의 정보 매체 사회에서는 전적으로 시대에 뒤떨어진 것으로 보인다. 이것은 오늘날의 사회에서 자연적, 물질적, 체험적 맥락으로부터의 점진적인 분리가 더욱 심해지기에 더욱 그런 듯하다.

이러한 맥락에서 아방가르드적 추동력의 가능한 지평이 기존의 문화 산업과 매체 문화에 어느 정도로 숨겨져 있고, 그런 잠재력이 있다면 이것은 앞으로 어떻게 전개될 수 있는지 정확하게 규정하는 것은 간단하지 않다. 다음 논의에서 중심에 있는 것은 두 가지 측면이다. 첫째, 역사적 아방가르드 운동은 어떤 요소 때문에 좌초되었는가? 둘째, 아방가르드의 어떤 요소가 앞으로 다시 수용될 수 있고, 또 수용되어야 하는가? 이러한 물음이 설득력 있게 논의된다면, 아방가르드 예술의 문화 혁명적 유산을 오늘의 시각에서 재활성화해야 할 필요성 역시 자연스럽게 드러날 수 있을 것이다.

여기에서 가장 어려운 일의 하나는 너무도 다른 실천 방식과 목표 설정을 가진 아방가르드 운동의 비교하기 힘든, 그래서 때로는 대립되기도 하는 이질적 요소들을 하나의 문제의식 위에서 설명하는 일이다. 가장 넓은 의미에서, 말하자면 현대의 예술을 특징짓기 위해 사용하는 통상적 입장들을 제쳐 둔다면, 아방가르드 개념은 일단 '예술의 어떤 혁신적인 시대의식' 쯤으로 지칭될 수 있을 것이다.

---

84 Kunert, Günter: Bei der Lektüre meines Fahrscheins, in: Busch, Günter/Bauer, Martin/Wittstock, Uwe(Hg.): *Neue Rundschau*, Heft 4. Frankfurt/M. 1995, S. 76.

이러한 시대의식은 이탈리아 미래주의에서 시작하여 러시아에서 생겨난 소비에트 생산 예술을 지나 다다이즘과 초현실주의에 이르기까지 공통적으로 나타난다. 즉 그것은 더 이상 전래적 예술 정전에 얽매이는 것이 아니라, 이 정전을 급진적으로 청산하고, 이런 청산을 통해 전적으로 새로운 예술 실천을 실행해 보이려는 하나의 실험적이고 문화 혁명적인 추동력이다. 부르주아 예술 전통과의 바로 이런 급진적 단절에서 페터 뷔르거는 다양한 아방가르드 운동의 공통점을 본다. 여기서 그는 '역사적 아방가르드 운동' 개념을 끌어들인다.

> 이 운동의 공통점은, 부분적으로는 상당한 그 모든 차이에도 불구하고, 이들이 지나간 예술의 개별적 방식들을 거부한 것이 아니라 모든 전통과의 급진적 단절을 꾀하면서 매우 극단적인 특징 속에서 부르주아 사회에서 형성된 제도 예술에 반기를 들었다는 점에 있다. 이러한 사실은, 그 제한 사항은 구체적 연구에서 밝혀질 것이지만, 이탈리아 미래주의나 독일 표현주의에도 해당된다.[85]

아방가르드 운동과 더불어 등장하는 비판은, 뷔르거는 이렇게 말하는데, 앞서 있었던 예술 방향만 겨냥하지 않는다. 그것은 무엇보다 18세기 말 부르주아 사회에서 결국 '자율적으로' 구성된 제도 예술로 향한다. 예술이 사회와 분리된 것이 아니라 사회적 전체 체계의 일부로 기능한다면, 아방가르디스트의 비판은 사회적 부분 체계로서의 예술이 제도 예술에 던지는 자기 비판인 셈이다. 그렇다면 제도 예술이란 어떻게 정의되는가? 그는 이렇게 적는다.

> 제도 예술 개념이란 여기에서 예술 생산적이고 예술 분배적인 기구뿐만 아니라, 일정한 시대에 지배적인 예술에 대한 표상들 — 이 표상들이 작품의

85 Bürger, Peter: *Theorie der Avangarde*, Frankfurt/M. 1974, S. 44.

수용을 본질적으로 규정하는데 — 을 포함한다. 아방가르드는 이 두 가지 요소들 — 말하자면 예술작품이 종속된 분배 기구에 대항하면서, 자율성 개념으로 말해지는 부르주아 사회에서의 예술의 지위에 대항한다.[86]

역사적 아방가르드가 보여 주는 제도 예술에 대한 자기 비판은, 뷔르거에 따르면, 제도와 개별적 작품 내용 사이의 긴장 관계를 지양하는 데 반기를 든다. 그런데 긴장 관계의 이 같은 지양은 부르주아 사회의 예술에게 핵심적이었다. 아방가르디스트는 예술을 목적합리적으로 정렬된 세계 속으로 통합시키려는 것이 아니라, 삶의 관계 일반을 변화시킬 수 있는 계기를 예술로부터 만들어 내려 한다. 그러니까 그들은 헤겔적 의미에서 예술의 지양을 의도한다. 즉 "예술은 단순히 파괴되어야 할 것이 아니라, 이 예술이, 비록 변형된 형태이긴 하나, 보존되어 있을 삶의 실천으로 전환되어야 한다".[87]

예술의 생활 실천적 전환 가능성에 대한 관심 때문에 역사적 아방가르드 운동은 예술을 삶의 실제적 연관성으로부터 분리시킨 심미주의와 구분될 수 있다. 즉 심미주의는 심미적 순수주의 — 사회역사적 요소를 배제하는 순수성의 원칙에 복종한다. 여기서 예술은 생활 실천으로부터의 거리를 자기 작품의 내용으로 삼음으로써 현실적 맥락으로부터 벗어난다. 이와는 다르게 아방가르디스트는 부르주아 사회의 자율적 예술 지위와 그 사회적 무영향력의 숨겨진 관련성을 폭로한다. 심미주의가 자율적 예술의 순수성을 고집한다면, 그래서 '예술의 축성화祝聖化',[88] 다시 말해 예술을 성인의 지위로 올리고자 한다면, 아방가르디스트에게 중요한 것은 당시까지 사회적 특별영역으로 간주되어 온 예술을 생활 실천 속으로 전환시키는 일이었다.

그러므로 아방가르드적 노력은 심미적 시도이면서 예술로부터 하나의

86 Ebd., S. 29.

87 Ebd. S. 67.

88 Ebd. S. 37.

새로운 실천을 조직하려는 정치적 시도다. 그러나 이런 노력을 통해 아방가르드 운동은 어떤 결과를 얻게 되었는가? 이들의 한계와 가능성은 어디에 있는가?

아방가르드 운동의 의미는 무엇보다 대상을 허위화하는 문화의 낡은 규범과 가치에 대항한 싸움에 있다. 특히 초현실주의자들은 완결된 상투어로 삶을 고착시키는 모든 경직된 것에 맞서 싸웠다. 전래적 언어 형식과의 대결 속에서 이들은 객관적이고 합리적으로 조직된 표현 수단이 인간을 표현할 수 있다는 사실을 의심하고, 이런 의심 아래 표현의 즉각성과 자발성을 강조한다. 초현실주의적 기획은, 말의 근본적 의미에서, 아르놀트 하우저가 옳게 적었듯이, '표현의 직접성을 얻기 위한 싸움'이다.[89] 아방가르디스트는 한편으로 부르주아 제도 예술을 철폐하지 않지만, 그러나 예술 생산의 제도적 틀과 그 조건을 공격함으로써 역설적으로 이 제도 예술에 대한 접근을 가능하게 한다. 그래서 새 시대가 가지고 있고, 이전 시대가 가졌던 예술적 방식을 기술적으로 처리할 수 있게 된다.

그러나 한계 역시 있다. 그들은 일반적 의식의 위기를 제어되지 못한 충동으로 해결하고자 했고, 그 때문에 그들의 노력은, 브레통의 다음 문장이 보여 주듯이, '정신적 차원에서' 일어난 것이었다. "이 모든 것에서 우리가 믿게 되는 사실은 삶과 죽음, 현실적인 것과 상상적인 것, 지나간 것과 미래의 것, 전달할 수 있는 것과 전달할 수 없는 것, 위와 아래가 더 이상 모순적으로 느껴지지 않는 하나의 일정한 정신적 지점이 있다는 점이다."[90]

---

89 Hauser, Arnold: *Sozialgeschichte der Kunst und Literatur*. München 1983, S. 998.

90 Breton, André: *Die Manifeste des Surrealismus*. Reinbek 1968. S. 55. 완전히 자명한 사실은 브레통의《첫 번째 초현실주의 선언문》(1924)을 1930년대에 쓰인 나중의 글과 비교해 보면, 초현실주의의 추진 방향에서 많은 것이 변했다는 점이다. 그러나 그것의 유토피아적 계기는 변하지 않은 것으로 보인다. 예를 들면 1938년에 브레통이 위협받는 역사적 상황에 즈음하여 〈독립적이고 혁명적인 예술을 위하여〉라는 글을 썼을 때, 예술적 창작의 궁극적 해방을 옹호해야 한다는 그의 급진적 요구는 지나치게 비현실적이고 유토피아적인 것으로 보인다. 이러한 측면은 다음의 문장에서도 나타난다. "생산적, 물질적 힘의 발전을 위해 사회주의 정

초현실주의자들은 삶의 세계가 목적합리적으로 구조화되어 있고, 이 목적합리적 세계는 개인성의 자유로운 실현을 위한 가능성을 점점 더 제약한다는 기본 생각에서 출발한다. 이 합리화된 사회에서는 예측 가능성과 산술 같은 유용성의 사고가 지배한다. 그 때문에 꿈이나 무의식 혹은 충동 같은 의외의 것들을 위한 여지는 없다. 현실에서 배제된 이런 것들을 그들은 선언문이나 팸플릿 그리고 행동으로 자극하고, 이렇게 자극하여 '좀더 높은 현실'과 '절대적 실재'를 '현실적인 것의 뒷면'으로[91] 경험할 수 있도록 애쓴다. 말하자면 현실과 꿈의 (표면적) 대립을 그들 자신이 믿는 정신적 차원에서 해체시키면서 사물과 사건의 우발적 관계를 만들어 내려 하고, 이 새로운 관계에서 즉각적 항의와 반역을 꾀하고자 애쓰는 것이다. 예술은 이런 관계 창출을 위한 수단이다.

그러나 초현실주의자들이 심리적 정서적 충격 효과에 열광하는 것은 전적으로 사회적 전통과 기존의 가치척도를 부정하기 위해서다. 기성사회에 대한 이러한 반감은 브레통의 다음 문장에서 좀더 분명하게 드러난다.

> '가족과 조국, 종교' 같은 이상을 산산조각 내기 위해서 모든 것을 행해야 하고, 이때 모든 수단은 옳다. 이런 점에서 초현실주의적 입장은, 그것이 바라는 만큼 알려져 있을지도 모른다. 그러나 그것이 그 어떤 타협도 불허한다는 사실 또한 알려져야 한다. 이 점을 과제로 삼고, 이것을 지키며, 이 부정을 고수할 뿐 다른 가치척도는 무시한다.[92]

권을 중심적 계획에 따라 세우는 혁명이 계속 유지된다면, 그것은 처음부터 지적 작업을 위해 개인적 자유의 어떤 무정부주의적 정권을 세우고 보장하는 것이지 않으면 안 된다. 거기엔 어떤 권위나 강제도 없고, 그 어떤 명령의 흔적조차 있어선 안 된다! 결코 존재하지 않았던 의미를 임무로부터 분리시키는 일에 작업할 과학자의 다양한 무리와 예술가 집단은 오직 자유롭고도 창조적인 우정의 바탕 위에서, 그 어떤 최소한의 외적 강제도 없이, 성과 있는 작업을 해낼 수 있고, 이런 작업을 전개시킬 수 있다." Breton, André: Für eine unabhängige revolutionäre Kunst, in: *Das Weite suchen, Reden und Essays*, von Lothar Baier übersetzt, Frankfurt/M. 1989, S. 32.

91 Ebd. S. 27, 18 und 82.

초현실주의자들이 자동적 글쓰기 방식écriture automatique을 통해 혼돈적이고 무의식적이며 불합리한 것 — 이것들은 이성의 제어 때문에 상당 부분 억압되어 있는데 — 을 새롭게 타당시하고, 이를 통해 인간의 경험 현실에 자리한 빈자리를 지시한다는 사실은 동의할 만하다. 그러나 전래적 표현 형식에 대한 그들의 불신이 사회 제도적 토대를 무시하는 데로 나아가 버렸다는 점은 비판받아야 한다. 이들은 합리성과 상상력의 사물화된 대립을 너무도 성급하게 당혹감과 스캔들에 의지한 실천의 문제로, 어떤 예술적 매개의 가능성도 고려하지 않은 채, 전치轉置시켜 버렸다는 것이다. 그러는 한 초현실주의자들의 현실 대응 방식은 '비변증법적'이라고 할 수 있을 것이다. 이들의 예술 이해에서 낮의 세계는 합목적적으로 정렬된 세계의 현실로, 이에 반해 꿈의 세계는 비합리적 주관성의 왕국으로 자리한다. 그래서 두 세계는 비화해적으로 대립할 뿐, 변증법적 상호 삼투의 가능성 아래 고려되지 못하는 것이다. 초현실주의자들의 실패는 변증법적 사유 능력의 실패에 다르지 않다.

2) 제도의 이데올로기적 토대

그러므로 초현실주의자들에게 누락된 것은 구체적 제도적 조건 안에서 실행되어야 할 예술의 사회적 실천 연관성이라는 물음에 대한 충분한 숙고가 된다. 여기에서 드러나는 것은 초현실주의가 적어도 부분적으로 노정하는 충동적이고 무정부주의적인 위험성이다. 이들의 실천이 비매개적이고 비변증법적인 이유는 바로 이 위험성 때문일 것이다. 이것은, 뷔르거에 따르자면, 부르주아 사회에 대한 저항을 '사회화 자체에 대한 저항'으로 혼동한 데서 온다.

초현실주의자들은 자연지배의 일정한 상태가 사회적 조직을 요구했다는

92 Breton, André: *Die Manifeste des Surrealismus*, a.a.O., S. 58f. 강조는 브레통.

점을 인식하지 못했기 때문에, 그들은 부르주아 사회에 대한 자신의 항거가 일정한 차원, 말하자면 자신들의 항의가 사회화 자체에 대한 항의로 전환되어 버리는 위험에 처하게 된다. 그래서 일정한 목적 — 부르주아적 자본주의 사회를 지배하는 원칙으로서의 이윤이 아니라, 목적합리성 자체가 모두 비판되는 것이다.[93]

예술에 의한 사회적 변화 가능성은 도발이나 반역 같은 일정한 의도에 의해 도달할 수도 없고, 그렇다고 기존 가치척도의 전적 부정에 의해서도 실현되기도 어렵다. 부정 현실에 예술적으로 저항하기 위해서는 관련되는 사안을 가능한 한 정확하게 분리시키면서도 동시에 서로서로 연결시킬 수 있어야 한다. 그래야 복합적이고도 중층적인 시야와 인식이 확보되기 때문이다. 단순히 '모든 것이 행해져야 한다'거나 혹은 '모든 수단은 정당하다'가 아니라, 사회의 제도적 조건과 긴밀하게 관계하면서 현실의 전체에 대응하는 예술적 시도가 이뤄져야 한다.

여기에서 제기되어야 할 물음은 두 개다. 첫째, 사회적인 것에 대한 개인의 관심은 어떻게 예술적 실천으로 전환될 수 있는가? 둘째, 어떻게 제도적으로 예술은 기성의 심미적 규범 안에서 그리고 그 밖에서 작용할 수 있는가?

예술적 실천과 사회적 작용의 통합은 심미적 저항의 역학에서 이뤄질 수 있다. 가치척도의 총체적 거부로서는 어떤 것도 도달할 수 없다. 이런 이유에서 역사적 유물론에 대한 초현실주의자들의 고백은, 충동적이고 즉흥적인 강령으로 인해, 때로는 피상적으로 되어 버리는 결과에 이른다.[94] 그 피상성의 내용은 무엇인가? 아방가르디스트의 공격은 단순히 부르주아 예술의 순응적 지위만 겨냥한 게 아니라 사회 전체를 향해 있는 것이었

93 Bürger, Peter: *Theorie der Avantgarde*, a.a.O., S. 90

94 Breton, André: *Die Manifeste des Surrealismus*, a.a.O., S. 66ff.

다. 그들은 사회가 예술에 부여한 자율성 표상뿐만 아니라 그 제도적 조건까지 부정함으로써 더 이상 예술 실제적 기능 방식과 사회에서의 그 영향 가능성을 묻지 않는다. 바로 이 점에서 아방가르디스트적 도발과 자율적 예술 표상의 본질적 공통점이 드러난다. 그 공통점이란 제도적 조건 안에서 예술이 갖는 사회적 실천 연관성으로부터의 격리다. 다르게 말하여 아방가르디스트의 제도 예술에 대한 비판은, 적건 많건, 예술의 제도적 조건을 고려하지 않은 비사회적 의도에서 나오기 때문에, 예술을 생활 실천 속으로 지양하려는 이들의 요구는 그들이 비판했던 자율성 교리 속에 이미 놓여 있는 것이다.

그리하여 결국 아방가르드적 요구는 자율성 시대와의 이데올로기적 단절 속에서가 아니라, 린트너가 정확히 지적하듯이, 오히려 자율성의 입장을 보존하는 이데올로기적 연속성 속에서 실행된 것이라고 볼 수밖에 없다.[95] 마치 부르주아 사회의 예술이 오랫동안 자율성의 구실 아래 부르주아의 도덕 교육과 민족적(국가적) 정체성 확립이라는 목적을 위해 도구화되었듯이, 삶과 예술의 일치를 위한 아방가르드적 요구 역시 사회적 맥락의 인식 결여로 인해 넓은 의미에서 자율성 이데올로기의 하나로 변질되어 버린 것이다. 그러는 한 그들의 실패는 불가피하다.

여기에서 중요한 것은 단순히 억압적 사회 체계가 아니라 예술의 생산과 수용에 나타나는 '제도적 조건의 이데올로기적 토대'를 명확하게 인식

95 그는 이렇게 적고 있다. "생활 실천 속으로 예술을 지양하려는 의도 때문에 아방가르드는 자율적 예술의 보편적 요구를 그밖의 다른, 개별적 사회적 영역들에 대응하여 보존하면서 실천적으로 유효하게 만들려는 시도로 파악될 수 있다. 그렇다고 한다면, 제도 예술의 청산 시도는 자율성 시기의 이데올로기와 단절되는 것이 아닌, '동일한 이데올로기적 차원에서의 전환 현상'으로 나타나는 것이다." Lindner, Burkhardt: Aufhebung der Kunst in Lebenspraxis?, in: Lüdke, W. Martin(Hg.): *"Theorie der Avangarde", Antworten auf P. Bürgers Bestimmung von Kunst und bürgerlicher Gesellschaft*, Frankfurt/M 1976, S. 83. 강조는 린트너. 뷔르거의 다음 책도 이와 관련된다. Peter Bürger: *Vermittlung-Rezeption-Funktion. Ästhetische Theorie und Methodologie der Literaturwissenschaft*. Frankfurt/M. 1979. S. 201.

하는 일이다. 왜냐하면 사회의 예술 (재)생산과 전승을 결정적으로 규정하는 것은 제도의 이데올로기적 틀과 그 조건이기 때문이다. 이 점에 대해 복달, 린트너 그리고 플룸페는 알튀세L. Althusser의 '이데올로기적 국가기관'이란 개념을 끌어들이면서, 다음과 같이 적는다.

> 부르주아 국가의 재생 능력을 담당하는 것은 억압적 국가기관(경찰과 법원 등)과 더불어 '이데올로기적 국가기관들의 체계'다. 예술의 '본질'에 관한 거짓 표상에 대하여 비판적 의도로 말하는 것으로는, 이것이 특정한 예술 형식의 실존을 물질적으로 보장하는 제도들을 동시에 염두에 두지 않는 한, 불충분하다. 차라리 중요한 것은 박물관이나 극장, 출판사, 매체, 지원기관, 학술원, 학교와 대학 같은 제도를 그 재생산 능력 속에서 부르주아 예술이데올로기의 담지자이자 중재자로 기능하는 것을 분석하는 일이다.[96]

자명한 사실이지만, 문학과 예술은 한 사회의 제도적 조건 안에서 생산되고 분배되고 수용된다. 그것은 주어진 시대에 지배적 표상과 규범을 생산하고 분배하는 제도적, 물질적 조건에 완전히 복속되어 있기 때문이다. 그래서 그것은 이데올로기적 국가 기구의 일부로 기능한다. 따라서 예술의 이 제도적 이데올로기적 근거를 고려하지 않는다면, 우리는 '사회에 대한 날카로운 안티테제'(아도르노)로서의 예술이 갖는 묘사 가능성과 영향 가능성을 말하기 어렵다. 제도 예술의 물질적 이데올로기적 조건에 대한 바로 이런 인식 결여로 인해 초기 아방가르디스트들의 기성 질서 비판은, 이들의 의도와는 반대로, 그들 자신이 거부했던 자율성 이데올로기의 일부로 역설적이게 수렴되어 버린 것이다. 그리하여 역사적 아방가르드 운동은 제도 예술의 철폐는 말할 것도 없고, 사회적 영향력도 얻을 수 없었다.

---

96 Bogdal, Klaus-M./Lindner, Burkhardt/Plumpe, Gerhard: Materialistische Literaturtheorie und die Kontinuität bürgerlicher Kunstideologie, in: ders.(Hg.): *Arbeitsfeld. Materialistische Literaturtheorie.* Frankfurt/M. 1975. S. 25.

사회적 기능의 제도적 토대에 대한 지금까지의 강조는 그러나 제도 예술이 처음부터 주어진 것으로 존재한다는 것을 뜻하지 않는다. 제도적 토대 역시 변화하는 과정에 있다. 이런 제도적 변화를 야기하는 것에는, 정치 경제적, 인간적 요인 이외에도, 예술적 의지가 있다. 물론 이 의지가 담긴 표현의 내용과 형식 역시 시대와 상황에 따라 변화한다. 그러나 변화에의 충동을 이끌어 가는 에너지인 심미적인 것의 역학 자체는 한결 같다. 즉 상수다. 바로 이 상수가 심미적인 것의 보편타당성을 구성한다. 역사적 아방가르드 운동에서 파괴된 것은, 뷔르거가 지적하듯이, 이 심미적 규범의 보편타당한 가능성 혹은 보편적 예술이었다.

> 역사적 아방가르드 운동은 제도 예술을 파괴할 수 없었지만, 그러나 그것은 보편적 타당성에 대한 요구를 가진 일정한 예술 방향이 등장할 수 있다는 가능성을 파괴해 버렸다. [...] 역사적 아방가르드 운동이 초래한 예술사의 절단면이 갖는 의미는 제도 예술의 파괴가 아니라, 심미적 규범을 타당한 것으로 설정하는 가능성의 파괴에 있다.[97]

여기에서 제도 예술은 변화의 관점에서가 아니라 불변의 관점에서 고찰된다. 그것은 외부의 작용에 어떻게든 반응하는 것으로서가 아니라, 그래서 스스로 변화해 가는 것으로서가 아니라, 이런 외적 작용을 무화시켜 제 영역 안으로 통합시키는 것으로 나타난다. 그리하여 아방가르디스트의 공격으로 인한 제도적 기능 전환의 가능성은 뷔르거의 논의에서는 고려되지 않는다. 그에게는, 린트너가 옳게 지적하듯이, '제도 예술의 틀을 폭파하는 아방가르디스트의 이론과 실천 형식을 지각할 기회가 차단되어' 있는 것이다.[98] 그리하여 그의 체념적 결론은 부르주아 제도 예술의 확고부동함을 입증해 준다.

---

97 Bürger, Peter: *Theorie der Avantgarde*, a.a.O., S. 122.

98 Lindner, Burkhardt: Aufhebung der Kunst in Lebenspraxis? a.a.O., S. 92.

그러나 아방가르드에 대한 더 나은 분석은 적어도 다음의 세 가지 사항을 고려하지 않으면 안 된다. 첫째, 예술을 생활 실천으로 전환시킴으로써 전통적 예술 자율성에 대한 공격을 시도했다는 것. 둘째, 이러한 시도를 그러나 자율성 사고와 이데올로기적으로 재결합시켰다는 것. 셋째, 이 이데올로기적 재결합에도 불구하고 제도적 조건의 기능 변환을 위해 예술이 어떤 영향력을 가질 수 있는가라는 물음.

사회정치적 제도에 대한 예술의 이데올로기 비판적 공격은 예술 자신이 가질 수 있는 이데올로기성에 대한 인식을 전제한다. 자신의 있을 수 있는 이데올로기적 가능성을 전제할 수 있을 때, 예술은 비로소 종속된 제도 조건의 어떤 변화로 나아갈 수 있기 때문이다. 바로 이 점에 후기아방가르드 nach-avantgardistisch(혹은 아방가르드 이후)의 진보적 예술이 선 출발점도 있다. 아방가르드 이후의 예술은 자율성과 자율성 지양이라는 이분법적 사고 모델을 극복하면서 삶의 관계 상황 안으로 지금까지보다 더 적극적으로 개입할 필요가 있다.

오늘의 예술은 예술의 제도적 조건을 고려하면서도(첫째) 이 제도 조건의 변화 가능성을 탐색하고(둘째), 이 탐색의 에너지를 부단한 내용 형식적 실험을 통해 심미적인 것의 역학에서 구하며(셋째), 이렇게 행하는 자신의 예술적 시도 역시 하나의 이데올로기적 오용일 수 있음을 직시하고(넷째), 이 심미적인 것의 이데올로기적 가능성에도 불구하고 심미적 저항의 잠재력을, 적어도 궁극적으로는, 포기하지 않을 수 있어야 한다(다섯째). 지금의 시대에서 제대로 된 예술을 하기 어려운 것은 이 때문일 것이다.

3) 삶과 예술의 새로운 통합

지금까지의 논의는 다음과 같이 요약될 수 있다.

파괴적 실천 형식의 다다이스트적 실험, 기술적 정치적 변형을 밀접하게 결합시킨다는 목적을 지닌 소비에트 생산 예술, 일상과 예술의 탈경계화를 위한 초현실주의적 기획, 그리고 기술적 생산력의 변형을 위한 다양한 영역의 예술가를 조직하는 일 등, 1910-1920년대 아방가르드의 운동은, 그 유파와 운동 방식이 어떻든 간에, 결국에는 모두 문화 혁명적 추동력을 체현한 것이었다고 볼 수 있다. 생활 실천으로부터 분리된 예술과 단절함으로써, 또 부르주아 예술가들의 엘리트적 특권을 제거함으로써 아방가르디스트들은 혁신적 실천 방식으로 삶과 사회를 통합시키고자 했다. 그러나 충격과 도발로 기성사회에 즉각적 반역을 도모했던 이들의 의도는 제도 예술의 총체적 부정으로 귀결되고 만다. 이 부정은 실현될 수도 없고, 설령 실현된다고 해도 그리 의미 있는 것도 아니다. 왜냐하면 그것은 사회적 체계 밖에서 예술의 자리를 전제하는 까닭이다. 그러나 예술은 사회 제도의 일부로서 현실 속에서 자라나고 사라진다.

페터 바이스가 고민한 것은 아방가르드적 추동력의 현대적 재활성화 문제다. 여기에서 중요한 것은 단순히 지난 선례先例의 직접적 재수용이 아니다. 그가 주목한 것은, 아방가르드의 이론적 실천적 가능성을 현재의 사회정치적 국면과의 밀접한 연결 아래 다시 촉진시키는 것이다. 이전 아방가르드의 에너지를 현재에 재활성화하는 문제는 그러나, 뷔르거가 최근에 나온 글에서 쓰듯이, 이전 작업만큼이나 모순된 것이다. "따라서 오늘날에는 그것(역사적 아방가르드)에 직접 연결될 수도 없고, 그렇다고, 마치 그것이 우리가 피할 수 있는 오류라도 되는 것처럼, 건너뛸 수도 없다."[99] 결정적인 것은 오늘날의 변화된 정치사회적, 문화적 기후를 정확하게 인식하는 일이다.

오늘날의 시대 경험은, 초기 아방가르드 운동의 역사적 시기와는 달리, 자연스러운 생활 세계에서 일어난 전통적 예술 자율성의 위기로 특징지어지지 않는다. 오히려 지금의 현실은 시청각적 정보사회와 다중 매체적 사회로 특징지어진다. 아데나워 집권 시기에 이뤄진 정치적 복고를 통해 문

99 Bürger, Peter: Ende der Avantgarde?, in: Busch, Günter/Bauer, Martin/Wittstock, Uwe(Hg.): *Neue Rundschau*, a.a.O., S. 25.

화 산업 영역이 다시 안정화된 이후로 — 이 무렵 이전 아방가르드 운동의 유산은 때때로 시대에 뒤떨어지거나 사멸한 것으로 평가되었는데,[100] — 생활 세계의 '상품미학'(하우크)과 예술의 상업화는 전자 매체를 통해 점점 더 확고하고도 광범위하게 자리 잡게 되었다. 직접적 사물 세계를 더 많이 매체적으로 관리하고 처분함에 따라 우리는 자연적 '1차 세계Erstwelt'보다는 기호와 상징으로 가득 찬 '매체 현실의 2차 세계 혹은 3차 세계'에서 움직인다.[101] 여기에서는 얼핏 보면 물질성의 세계가 아니라 절대적인 비물질성의 세계가 지배하는 것처럼 보인다. 이 비물질성의 세계에서 기호와 사물의 경계는 시뮬레이션의 자의성으로 인해 지워진다. 그리하여 여기에서는 사회적 적대 관계나 누그러뜨릴 수 없는 행복에의 요구도 추상적 일반성 속에서 가볍게 지양되어 버리는 것이다.

오늘의 삶을 지배하는 것은 관계 상황의 매체적 가상성mediale Simulation과 널리 퍼진 인공성이다. 이 인공성으로 인해 우리는 빈번히 현실의 이중화 혹은 다중화와 직면한다. 그래서, 장 보드리야르가 말하듯이, 의식적이든 무의식적이든 현실의 실존을 부정하기도 한다. 그러나 현실은 사라지는 것이 아니라 또 다른 현실에 의해 끊임없이 대체될 뿐이다. 위장된 매체 세계는 너무도 압도적이어서, 현실은 마치 사라진 것처럼 나타나기도 한다. 그러나 삶의 현실은, 점증하는 비물질성에도 불구하고, 확실히 지금 여기에 작동한다. 단지 그것은 끊임없이 변화하는 형태로 자리할 뿐이다. 이처럼

---

100 이렇게 평가한 비평가로 아도르노와 엔첸스베르거를 언급할 수 있다. Adorno, Theodor W.: Rückblickend auf den Surrealismus. In: *Noten zur Literatur*, GS, Bd., II, Frankfurt/M. 1974, S. 101-105; Enzensberger, Hans Magnus: Die Aporien der Avantgarde. In: *Einzelheiten II. Poesie und Politik*. Frankfurt 1962, S. 50-80. 예를 들어 엔첸스베르거가 다음과 같이 쓸 때, 그는 아방가르드의 현실적 중요성이 이미 끝난 것으로 이해하고 있다. "오늘날의 모든 아방가르드는 반복이거나 거짓 혹은 자기기만이다. […] 역사적 아방가르드는 자기당착 속에 몰락했다"(Enzensberger, Ebd., S. 79f.).

101 Großklaus, Götz: *Medien-Zeit Medien-Raum. Zum Wandel der raumzeitlichen Wahrnehmung in der Moderne*, Frankfurt/M. 1995, S. 143ff.

변화된 현실 국면에서, 또 아방가르드의 재활성화 문제와 관련하여 우선 중요한 것은 아마도, 린트너가 지적하듯이, 초기 아방가르디스트의 문화 혁명적 추진력과 오늘날의 가능성의 차이를 정확하게 고찰하는 것일 것이다.[102]

현실이 비물질적 매체 세계에서 사라지는 것은 결코 아니다. 마찬가지로 제도 예술을 지양하려던 아방가르드적 요구가 부르주아 예술의 자율성 이데올로기와 재결합되어 있다는 생각 때문에 아방가르드적 기획이 끝난 것처럼 해석되어서도 안 된다. 더 나은 삶을 위한 아방가르드적 추동력은 이미 소진된 것이 아니라 오늘의 현재에 살아 있는 것으로 이해되어야 한다. 여기에서 아방가르드의 재활성화 문제는 필연성의 관점에서뿐만 아니라 가능성의 관점에서도 파악될 수 있다. 그것이 '필연적인' 이유는, 예술과 삶을 일치시키려는 아방가르드의 문화 혁명적 파토스가 그 당시에서처럼 오늘날에도 실현되지 않았기 때문이다. 그것이 '가능하게 보이는' 이유는, 역사적 아방가르드 운동 이후 예술 생산의 제도적 조건이나 예술의 묘사 가능성(그리고 그 오용 가능성까지도)에 대한 인식이 과학 기술적 응용 가능성으로 말미암아 현저하게 증가했기 때문이다.

오늘의 세계가 안락하고 정당한 질서라는 생각에 우리가 만족하지 못하는 한, 예술적 아방가르드의 실험적, 전복적 잠재력으로부터 시작하는 것은 사회문화적 변혁을 위해 필연적으로 보인다. 그러나 역사적 아방가르드 운동에서 배워야 할 것은 물론 그 전체가 아니라 그 문화 혁명적 프

---

102 린트너는 이렇게 쓴다. "아방가르드 개념에 대한 체념적 포기로 얻어질 수 있는 것은 아무것도 없다. 오히려 중요한 것은 초기의 문화 혁명적 선언문과 오늘날의 가능성 사이의 역사적 차이점을 더 정확하게 관찰하고, 이로부터, 그때그때의 상황에 따라, 어떤 결함과 확고한 손실 혹은 아직도 고갈되지 않은 계속적 영향력을 확증하는 일이다." Lindner, Burkhardt: Nach dem Ende der Wiederentdeckungen, a.a.O., S. 31. 뷔르거 역시 《이상주 의미학의 비판을 위하여》에서, 예술을 생활 실천 속으로 되돌이켜 놓으려는 아방가르드적 노력이 좌절한 것을 반反아방가르드주의로서가 아니라, '예술과의 어떤 새로운 교류를 사고하고 실천적으로 실현하기 위한' 기회로 해석해야 한다고 주장한다. Bürger, Peter: *Zur Kritik der idealistischen Ästhetik*. Frankfurt/M. 1983, S. 11.

로그램이다. 왜냐하면 이 프로그램 속에 '변화된 현실 매개'와, 이런 매개를 통한 권력에의 대항이 다 들어 있기 때문이다. 그러나 이 이전에 필요한 것은 이전 아방가르드의 전복적 실천 형태와 오늘날의 예술 실험 사이의 공통점과 차이점을 먼저 인식하는 것이다. 여기에 대해 이보네 슈필만은 다음과 같이 적절하게 언급한다.

> 사회적 관계 상황을 선취하고 성찰하는 참된 아방가르드는 규칙과 금기 사항 밖에서 활동하고, 전복적 전략을 고안하여 밖으로부터 작용할 수 있기 위해 사회 체계를 신중하게 빠져나간다. 오직 그렇게 함으로써 예술은 낯선 인식적 시선으로 현실을 관통할 수 있고, 문화와 사회의 메커니즘을 뒤바뀐 관점에서 파악하며, 경험을 압축하고 유토피아를 비쳐 나오게 할 수 있다.[103]

오늘날 아방가르드의 예술 실천이 이전의 아방가르드와 구분되는 것은, 그것이 제도 예술의 전적인 파괴를 의도하는 것도 아니고, 그렇다고 자율성 미학의 이데올로기적 연속성 속에 포박되어 있지도 않다는 점에 있다. 지금의 아방가르드는 예술의 생산과 분배 그리고 수용을 지탱하는 물질적, 제도적 조건을 분명하게 인식해야 한다. 그래서 그것은 제도 예술의 전적인 철폐가 아니라 적절한 표현 형식을 찾아 끊임없이 헤맨다. 예술은 제도적 틀 속에서 그 일부로 자리하지만, 그럼에도 불구하고 상투어로 굳어 버린 지각 습관과 사고 습관을 전복적 묘사로 뒤흔들며 방해한다. 그것은 예술 실험 속에서 기성의 가치에 자족하는 현 상태를 의문시하고, 그 권력 관계와 대결한다.

오늘날의 아방가르드는 자신이 나온 시대의 지배적 해석 틀을 예술 실천적으로 거스른다. 그래서 기성의 가치 체계에 대한 항구적 모순 관계에 있다. 그런 점에서 모든 반대하는 예술은 아방가르드적이다. 그것은 미리

---

103 Spielmann, Yvonne: Das Gerede vom Ende der Avantgarde. In: syndicat anonym(Hg.): *Kunst und Poltik der Avangarde*, a.a.O., S. 66f.

규정된 그 어떤 금기나 규칙도 모르기 때문이다. 예술 아방가르드는 한 사회의 '전위avant로서 꿈과 현실, 예술과 저항, 문화와 정치의 경계선 위에서 움직인다. 그것은 정치적 선동을 통한 성급한 행동의 요구에 대해서뿐만 아니라 유아론적 심미주의도 거스름으로써 심미적 에너지를 구현할 새로운 표현적 가능성을 부단히 찾는다. 지옥의 장면이 이 세상에 이어지는 한, 더 나은 사회에 대한 예술 아방가르드의 요구는, 이 삶의 세계가 변화될 수 있고 또 변화되어야 한다는 희망에 이끌린 채, 계속 살아 있다. 지나간 아방가르드는 미래의 아방가르드로 자리하는 것이다.

페터 바이스는 예술의 저항 잠재력을 실험적 글쓰기 속에서 새롭게 변용시키고자 노력한 모범적 작가들 중의 한 사람으로 거론될 수 있다. 예술을 생활 실천으로 전환시키려는 아방가르드적 프로그램과의 지속적 대결은 초기의 화가와 영화감독으로부터 중기의 극작가 그리고 말년의 소설가에 이르기까지 그의 예술적 발전 과정을 시종일관 관통하면서 이어진다. 이런 적극적 재구성을 통해 그는 '미완의 아방가르드적 기획'을 자기 글쓰기의 작업 안으로, 특히 마지막 삼부작인 《저항의 미학》 안으로 끌어들인다. 말하자면 그는 후기아방가르드주의자로서 평상시에 억압되거나 은폐된 현실사의 모순과 간극 그리고 그 균열을 서사 연관항으로 재번역해 냄으로써 예술의 실천적 개입 가능성을 타진하고, 이런 타진을 통해 현실의 근본 구조에 대한 통찰을 중계하는 것이다.

아래에서는 바이스의 실험적 서사 전략이, 아방가르드적 추동력의 재활성화라는 주제와 관련하여, 어떻게 실행되고 있는가라는 물음이 다뤄진다. 이러한 분석에서 중심은 아방가르드의 예술적 유산에 대한 직접적 논쟁으로 자리하는 코피Coppi와 하일만의 격론(2장), 피카소의 〈게르니카〉에 대한 등장인물들의 수용 방식(3장)이다. 이에 반해 4장 〈영화적 글쓰기〉와 5장 〈합창적 다성성〉은 이런 아방가르드적 실험 정신을 소설 기술적/서사 이론적으로 적용한 사례라고 할 수 있다.

2. 확대된 리얼리즘

《저항의 미학》에 나오는 역사적 아방가르드 운동의 재활성화 문제는 아마도 주요 인물인 코피와 하일만 사이의 격렬한 논쟁에서 가장 분명하게 나타난다고 할 것이다. 이 예술 이론적 논쟁의 중심에는 사회주의 리얼리즘이나 아방가르드 예술이란 주제가 놓여 있다. 이 주제를 둘러싼 두 인물의 격론은 코피 부모의 식당에서 일어난다(*ÄdW*, I, 56-72).

바이스는 이 논쟁을 비판적 시각에서 다시 수합하여 그것의 현재적 중대성을 재검토한다. 이것은 두 측면에서 제시된다. 우선 그것은 아방가르드의 문화 혁명적 추진력을 위기에 찬 역사적 현재로 통합시키려는 소설 속 등장인물의 수용 태도에서 나타난다. 이것은, 그들이 다양한 정치적 예술적 입장들을 대립시키는 대신 서로 결합시키며 일정한 합의를 도출하려는 데서, 확인된다. 두 번째 그것은 바이스의 실험적 글쓰기를 통해 드러난다. 이것은 작가가 기존의 문화 산업을 급진적으로 거부하면서 새롭고도 혁신적 표현 형식을 찾는 데서 볼 수 있다. 나아가 이것은 연대기 작가로서의 1인칭 화자에 의해 매개된다.

그리하여 이 두 측면은 두 가지 질문과 관련하여 논의되어야 한다. 첫째, 어떻게 그리고 어떤 상호작용 아래 아방가르드의 재활성화 문제에 대한 격론이 전개되는가? 둘째, 여기에서 소설 텍스트의 실험적 형식 구성 — 이 형식 구성에서 바이스/1인칭 화자는 이 논쟁을 전하는데 — 은 어떤 기능을 하는가?

2. 1. 확고한 것에 대한 불신

코피와 하일만의 다른 견해는 우선 아방가르드 예술에 대한 격렬한 대화에서 나타난다. 이들의 논쟁은 무엇보다 예술 전취를 통해 문화적으로 불이익을 받는 사람들의 처지를 상쇄시키려는 노력이라는 관점에서 이해될 수 있다. 주인공과 그의 친구들인 코피와 하일만은 그들이 읽고 관찰한 텍스트와 그림이 자신들의 경험에 들어맞는지, 그것은 그들의 규범과 어떤 관련이 있는지, 그리고 책을 읽고 그림을 본다는 것이 반파시즘적 현실 투쟁에서 어떻게 이용될 수 있는지 끊임없이 묻고 탐색한다. 예술의 사회실천적 관련성을 인식하려는 이러한 욕구는 저항소설의 여러 인물들이 갖는 심미적 경험을 지지하는 가장 중요한 원동력의 하나다.

아방가르드 예술에 대한 등장인물들의 관심이 환기되는 이유는 이 예술이 어떤 직접적 정치적 영향력은 갖고 있지 않지만, 그럼에도 낯선 표현으로 인해 사람을 뒤흔들기 때문이다. 예를 들어 초현실주의는, 다른 인물인 호단Hodann이 질병의 모티프와 사회적 상황의 관련성을 주목하게 만들었을 때, 그들에게 깊은 인상을 남긴다.

> 자기 행동의 동기로 나아가기 위해 모든 낯설고 경악하게 하는 것을 타당하게 만드는 논리를 무시하는 그러한 표현 방식은 자기 인식을 찾아 헤매는 우리에게 일치해야 했다. 우리 또한 규정된 것이나 확고부동하게 짜 맞춰진 것을 불신했고, 그래서 법칙성의 껍질 아래 조작되는 것을 보았다. 우리 중 많은 사람들이 이러한 조작 때문에 무너졌다(*ÄdW*, I, 57).

여기에서 등장인물들의 관심을 일으키는 것은 초현실주의의 기획이다. 이 기획은 인간을 자연으로부터와 마찬가지로 자신의 꿈과 동경으로부터 소외시키는 야만적 논리에 저항하는 것으로 이해된다. 논리적 법칙성을 넘

막스 호단Max Hodann

한스 코피Hans Coppi

호르스트 하일만Horst Heilmann

《저항의 미학》에 나오는 인물들은 대부분 실존했다.

어가는 모든 낯설고 불합리적인 것을 배제하는 것이 아니라 오히려 자신들의 표현 형식 속으로 수용하면서 초현실주의자들은 미리 규정되어 굳어져 버린 것들에 반기를 든다. 그러는 한 이들의 태도는 소설 속 인물들의 교양적 형성 욕구와 상통한다〔교양이란, 독일어 'Bildung(교양/형성)'이란 말에서 보듯이, 곧 '형성'이기도 하다. 그것은 '이미 되어진 어떤 실체'가 아니라 '만들어 가는, 그래서 하나하나 점진적으로 쌓아가는 형성적 과정'을 뜻한다. 따라서 '교양적'이란 말의 엄격한 의미에서 '개방적'이며 '과정적'이라는 뜻이기도 하다. 거꾸로 말하자면, 자기 폐쇄적이고 자기 자아를 부단히 만들어 가지 못한다면, 그는 교양적이기 어렵다〕. 왜냐하면 이들은 새로운 자기 인식과 현실 인식을 탐색하는 중에 있기 때문이다. 등장인물들은 미리 규정된 것을 강요하는 논리에 얼마나 많은 사람들이 파멸해 갔는지 분명 알고 있다.

소설의 등장인물들은 못쓰게 된 규범에 대한 아방가르드적 불신을 높게 평가한다. 그러면서 동시에 역사적 아방가르디스트들과는 달리 그들은 제도 예술을 총체적으로 부정하는 데까지 나타가진 않는다. 이러한 점은 다다이즘의 역사적 성취에 대한 평가와 관련하여 분명하게 드러난다.

> 다다이즘 역시 우리가 가진 성향의 어떤 것을 보여 주었다. 그것은 말끔한 방에 침을 뱉었고, 받침대 위에 선 흉상을 무너뜨렸으며, 소시민적 자기 찬사의 화환을 산산조각 내 버렸다. 그것은 우리가 보기에 정당했고, 그래서 우리는 품위 있는 것을 조롱하고 성스러운 것을 우스꽝스럽게 만드는 그 일에 동의했다. 하지만 예술을 총체적으로 파괴하라는 외침에 우리는 찬성하지 않았다. 그런 슬로건은 교양에 식상한 사람들만 감당할 수 있었다. 우리는 문화의 제도들을 훼손시킴 없이 받아들이고자 했고, 거기에 무엇이 있는지, 또 배움에 대한 우리의 욕구에 기여할 수 있는 게 무엇인지 알고 싶었다 (*ÄdW*, I, 57).

등장인물들은 충격과 도발을 통해 상투적 규범과 가치를 조롱하고 폄하하려는 다다이스트들의 의도에 공감한다. 왜냐하면 이들은 개인성을 파괴하는 불합리한 논리에 반발했기 때문이다. 그러나 등장인물들은 예술 생산과 소비의 제도적 조건을 파괴하려 한 다다이스트들의 급진적 태도는 받아들이지 않는다. 제도 예술의 청산은 교양에 허기진 등장인물들의 사안이 아니라, 이 교양에 '식상한' 사람들이나 행할 수 있는 일이기 때문이다. 그래서 화자는 이렇게 쓴다. "우리는 문화의 제도들을 훼손시킴 없이 받아들이고자 했고, 거기에서 무엇이 있는지, 또 배움에 대한 우리의 욕구에 기여할 수 있는 게 무엇인지 알고 싶었다."

이런 비판적 수용 태도로 인해 소설의 등장인물들은 역사적 아방가르드 운동의 대표자들과 선명하게 구분된다. 그들은 아방가르드 예술의 성취와 한계를 분명하게 의식함으로써 이들의 모순을 가능한 한 정확하게 찾아내어 분석한다. 이들에게 중요한 것은 단순히 제도 예술의 철폐가 아니라, 어떻게 '제도 안에서' 상투적이고 거덜난 가치와 규범을 상투적이지 않게 재구성할 것인지, 그럼으로써 삶의 새로운 지평을 열 수 있는가였다. 그러기 위해서 현실은 더 즉물적으로, 그러면서 더 다층적으로 기술되어야 했다. 다시 말해 즉물적 묘사가 현실의 파괴와 균열 안에서, 이 균열의 복합적 양상을 직시하는 가운데, 이뤄져야 했다. 그런데 바로 이 점에서 등장인물들 사이의 견해도 갈린다.

> 시적 비밀의 언어, 그림 암호, 마술적 상징들이 어둡고, 얼핏 보기에 이성 없는 사건의 묘사에 적절한지, 혹은 이 이해하기 어려운 것 앞에서 바로 분명한 전환이 필요하지 않는지 우리〔코피와 1인칭 인물〕가 곰곰이 생각하고 있을 때, 하일만이 — 그는 야학에서 돌아오는 길에 철도 교차역에서, 랭보의 《지옥에서 보낸 한 철*Une saison d'enfer*》을 번역해서 낭독했었는데 — 끼어들었다. 둘 다 옳아, 하고 하일만은 말했다. 우리가 딛고 선 발판을 무너뜨리는 방식도, 단순 사실의 탐구를 위해 하나의 확고한 토대를 만들어 내는 노력도 다 옳네(*ÄdW*, I, 58).

아방가르드적 예술의 현실적 중대성을 이해하려는 코피와 1인칭 인물의 노력은, 하일만의 확신처럼 확고한 것이 아니다. 그들은 한편으로 경직된 것을 외부 조작의 껍질로서 불신한다는 점에서 아방가르디스트들의 혁신적 기획에 동의한다. 그래서 이들과의 어떤 정신적 친화성을 느낀다. 그러나 다른 한편으로 예술이 삶의 과정을 '분명하고 자연에 충실하게 그리고 사건에 상응하여' 묘사해야(*ÄdW*, I, 64) 하고, 이를 통해 끊이지 않는 굴욕과 억압의 역사적 순환을 파쇄해야 함도 요구한다.

아방가르디스트들의 책과 잡지를 읽으면서 등장인물들은 현실의 파괴를 다층성 아래 묘사한 '선구적 투쟁가'를 찾아 나선다. 그러면서 아방가르드의 표현 방식이 현재적 상황에 과연 적절한지, 적절하다면 얼마나 그러한지 계속해서 묻는다. 이와는 달리 하일만은 수용자의 사고 습관을 혼란시키는 실험적 묘사 방식뿐만 아니라 삶의 관계 상황을 정확하게 서술하는 사실주의적 노력 또한 긍정적으로 평가한다. 왜냐하면 가난과 비참의 직접적 재현으로 제한된 예술의 방향에는 대상을 이상화하고 신화화하는 위험이 도사리고 있기 때문이다. 하일만은 이렇게 말한다. "예술적 물음은 그러나 정서적이고 이데올로기적 고려 아래 다뤄질 수 없다"(*ÄdW*, I, 65).

한편으로는 코피와 1인칭 인물 사이에 의견 대립이 있고, 다른 한편으로는 코피와 하일만 사이에 의견 대립이 있다. 이렇게 맞서는 의견들은 대화가 진행됨에 따라 점차 예리한 윤곽을 띠기 시작한다. 독일공산당KPD 소속에 맞게 코피는 사회주의 리얼리즘의 입장을 대변한다. 이 사회주의 리얼리즘은 예술이 프롤레타리아 수용자들에게 모범이 되어야 한다고 주장한다. 이에 따르면, 예술은 더 이상 위로부터, 말하자면 예술적 활동을 목적 자유 속에서 혹은 자기 체제의 정당화를 위해 행하는 지배자로부터 오는 게 아니다. 그것은 밑으로부터, 말하자면 억압 체제에 대항하여 혁명적 투쟁을 하는 노동자들로부터 온다. 그래서 예술은 전체 삶의 혁명적 변화에 복무해야 한다.

예술은 부르주아 예술처럼 예술적 문제에만 골몰하는 것이 아니라, 현실을 가능한 한 일정한 목적에 맞게 표현해야 한다. 이런 점에서 아방가르드 예술은, 그 혁신적 추동력에도 불구하고, 투쟁자의 세계로부터 멀리 떨어져 있는 것으로 이해된다. 적어도 코피의 관점에서는 그렇다.

> 10월〔1917년 러시아 혁명을 말함〕 이전의 그 10년 동안 표현주의자들과 입체파를 들끓게 한 것은, 코피는 이렇게 말했는데, 그저 특별히 배운 자들만 친숙해 있던 형식 세계에서 일어났지. 그것은 예술의 혁명이었고, 규범에 대한 봉기였어. 사회의 불안, 잠재되어 있던 폭력, 어떤 대변혁에 대한 충동이 표현되었네. 하지만 노동자와 군인들은, 11월 17일에 이런 예술적 비유로부터 결코 어떤 것도 보지 못했고, 알아차리지도 못했지. 모스크바의 다다이스트들과 미래주의자들은 투쟁자가 잘 알지 못했던 차원의 변혁을 겨냥했네. 이제 예술은 투쟁자들의 것이어야 마땅하네(*ÄdW*, I, 67).

코피는 아방가르드 예술에서 '규범에 대한 봉기'를 본다. 이 봉기에는 '사회의 불안, 잠재되어 있던 폭력, 어떤 대변혁에 대한 충동'이 표현되어 있다. 그러나 아방가르드는, 그의 견해에 의하면, '단지 특별히 배운 자들만 친숙한' '어떤 형식 세계에' 포박되어 있다. 그 때문에 싸우는 노동자나 농민 그리고 군인들은 그들의 예술적 비유를 이해할 수 없었다. 예술은, 그는 이렇게 주장하는데, 발전하는 지성에만 자양을 공급하는 무엇이이 아니라, 투쟁하는 자들을 직접 도울 수 있는 무엇을 제공해야 한다.

이러한 코피의 견해는 양가적으로 이해될 수 있다. 예술은 배운 자의 특권이 아니라 온전한 삶의 변혁에 복무해야 한다는 그의 견해는 동의할 수 있다. 그러나 여기에는 예술을 처음부터 어떤 끝난 것 그래서 완결된 것으로 고찰하는 편협한 측면이 있다. 이것은 예술로부터 현실의 파괴상을 묘사할 수 있는 가능성을 미리 차단시켜 버리는 것이 될 수도 있다. 사회주의 리얼리즘의 일반적 규칙을 고수하는 데서 출발하는 코피의 리얼리즘 이해는 현실의 여러 측면을 다양성 아래 파악하는 데 불충분한 것으로 보인다. 이것은 하일만의 비판에 대한 코피의 다음 응답에서도, 그 부분적 타당성에도 불구하고, 나타난다.

> 혁명의 잠정적 개별화, 말하자면 오직 투쟁을 계속해야 하고, 자기 자신을 견지하고 옹호해야 하며, 외부에서 밀려오는 적 앞에서 보루를 쌓아야 할 필요성 때문에 예술은 하나의 입장을 갖지 않을 수 없었다. 이 입장에서 중요한 것은 모든 작품을 사회적 무기로 사용하고, 모든 진술을 방어와 생산의 직접적 유용성을 위해 정확히 탐구하는 일이었다. 그럼으로써 복잡한 일이나 갈등을 지시하는, 그럼으로써 소비에트 국가나 밖에 선 우리에게 도움을 주지 않는 기호는 모두 비난받았다. 부서지고 해체되고, 흥분 속에서 언제나 새 요소들과 작업하는 우리의 예술은 저편의 모습들일 수 없었다. 거기엔 주관적 고찰을 위한 어떤 여지도 없었다. 검증되고 비판될 수 있는 대상적인 것이 요구되었고, 그래서 예술은 마치 발동기처럼 하나의 건축 구조물이었다(*ÄdW*, I, 67f.).

예술을 예술작품의 밖에서 고찰하는 것은 이해할 만하고 필요하기도 하다. 왜냐하면 작품은 말할 것도 없이, 다른 모든 물건처럼, 사회역사적 경제적 맥락 속에서 생겨나기 때문이다. 그러나 그것에 외적인, 그래서 미리 쓰인 규칙이 과도하게 부과될 때, 예술은 더 이상 현실에 대해 제대로 반응하기 어렵다. 그래서 쉽게 상투적으로 된다. 그러니까 이 말은 예술작품의 사회적 제도적 조건을 고려하지 말자는 것이 아니라 이런 고려가 작품의 외부로부터 강제되기보다는 작품 자체의 내재적 요구로부터 시작되어야 한다는 뜻이고, 또 예술의 현실 적실성이 이렇게 안으로부터 시작할 때 작품을 구성하는 감각과 사고도 신선함을 유지한다는 뜻이다. 예술의 사회성이 언제나 사회성으로 시작되어야 한다는 법은 없다. 그것은 사회성 이상으로 예술 자체로부터도 충분히 시작할 수도 있는 것이다.

그러나 그렇다고 하여 예술의 실천적 정향에 대한 사회적 요구가 없을 수는 없다. 그것은 특히 파시즘 같은 위기의 시대에는 더더욱 거센 것이었다. 야만적 현실에 대한 투쟁 효과를 극대화하기 위해 모든 요소를 하나로 결집하는 것은 절대적으로 필요했다. 그러나 이것이 예술에 내재된 가능성의 전체가 아니라는 사실 또한 자명하다.

2. 2. '내재적 일치의 논리'

여기에서 중요한 것은 예술 자체의 동력과 사회적 메커니즘 사이의 긴장과 균형을 어떻게 험난한 시대에서도 견지할 수 있는가다. 코피의 리얼리즘 이해는 이런 이유에서 외적 원칙에 지나치게 휘둘리는 것처럼 보인다. 예술작품의 모든 진술은, 그에 의하면, '방어와 생산에서의 직접적 효용성'에 따라 연구되어야 하기 때문에 '주관적 관찰을 위한 어떠한 여지도 없게 된다'. 단지 객관적이고 선명한 것만 요구될 뿐, 갈등에 찬 여러 이질적 요소나 파괴된 것은 폄하되거나 배제된다.

그리하여 예술은 삶의 혁명적 변혁을 기획하기 위한 단순 수단으로 전락한다. 하일만은 이런 협소한 예술 구상으로부터 거리를 둔다. 그는 자연주의적 모사의 코피식 변호론을 다음과 같이 비판한다.

> 그렇지만, 하일만은 이렇게 응수했는데, 이 예술〔목적적 예술〕이 노동자에게 충분할 수는 없네. 이 예술은 노동자를 사건의 정중앙에 세우기는 하네. 그러나 그것이 현실의 한 측면만 허용한다면, 그것은 노동자를 평가절하하는 셈이야. 그렇게 준비된 주제들이 그들 고유의 결정을 뺏어 간다는 것을 노동자는 느끼지 않을 수 없지. 연구하고 읽기를 시작한, 그래서 뭔가 스스로 표현하고자 하는 사람들은 사회주의 문화에 들어맞는 그림이나 책의 의미에서는 중대한 것, 심지어 결정적인 것이 차단되어 있음을 경험하게 되네 (*ÄdW*, I, 67f.).

예술작품을 순수한 목적성/사용 가능성의 측면에서만 고찰한다면, 우연적이고 부조리하며 무의식적인 것들을 위한 공간은 자리하기 어렵다. 이런 경직된 현실 이해의 방식은 흔히 '모사리얼리즘'으로 불린다. 이 모사리얼리스트들은 대체로 단순하고 선명하고 확연한 것에만 집중한다. 그 때문에 삶의 주변적 현상들 — 변두리적 요소들은 평가절하되거나 외면되거나 아니면 무시된다. 그것은 순수 기능주의적으로 행해지는 까닭이다. 이렇게 기계적으로 묘사된 내용은 현실과 일치하는 것이 아니라, 주체가 현실에 기대한 것 혹은 자의적으로 투사한 것과 일치할 뿐이다. 현실 자체가 아니라 이 현실에 대한 이들의 기성 관념이 묘사의 척도로 기능하는 것이다. 그리하여 모사리얼리즘은 현실의 전체를 파악하는 데 실패한다.

현실에서 하나의 단면만 전제하는 이러한 목적론적 예술 이해는 노동자들에게 충분치 않을 것이라고 하일만은 반박한다. 그것은 노동자들에게 '그들 고유한 결정'의 자유와 여유를 빼앗고, 그럼으로써 '중요하고 결정적인 것을' '차단하기' 때문이다. 이러한 맥락에서 그는 '어떤 확대된 리얼리즘' 개념을 옹호한다. 이것은, 그가 소비에트 아방가르디스트들을 다음과 옹호할 때, 좀더 분명한 윤곽을 얻는다.

> 왜 오늘의 세계는, 하일만은 이렇게 물었는데, 이전에 획득한 것의 한참 뒤로 퇴행하게 되었는가, 왜 혁명적이었던 예술은 거부되고 추방되었는가, 그 시대의 실험에 목소리를 부여했던, 자신을 둘러싼 세계를 그 근본으로부터 변화시켰기에 전복적이었던 작품들은 왜 배척되었는가, 궐기에 대한 그 대담하고도 열광적인 비유들은 왜 완결된 것들로 대체되었는가, 마야콥스키나 블록Blok, 베드니쥐Bednij, 예세닌Jesenin, 벨리Bely, 말레비치Malewitsch, 리시츠키Lissitzki, 타틀린Tatlin, 바흐탕고프Wachtangow, 타이로프Tairov, 예이젠시테인Eisenstein 혹은 베르토프Vertow가 새로운 보편적 의식과 유사한 언어를 발견했을 때, 왜 좁고 제한된 수용력은, 이들을 제대로 받아들이지 못한 채, 등장하게 되었는가(*ÄdW*, I, 66f.).

모사리얼리즘에 대한 하일만의 비판은 확대된 예술 개념을 옹호하는 데로 나아간다. 확대된 예술 개념이란 사실주의적 현실 매개에서 모순되고 이율배반적인 요소들도 광범위하게 포함한다. 그는 시대의 균열상을 표현하는 실험적 작품에 적극적으로 공감한다. 왜냐하면 이것은 시각과 사유의 습관을 뒤엎는 방식이기 때문이다. 러시아 아방가르디스트들의 이런 혁신적 시도는 그러나 현실 정당 정치의 미리 짜 맞춰진 기준 아래 유죄 판결을 선고받는다. "혁명적 경험으로 우리에게 잘 알려진 많은 예술가들 또한 갑자기 인간말짜로 불렸고, 퇴폐적이며 부르주아적이라고 더럽혀졌으며, 책은 낙인찍혔고, 필름은 파괴되고 극장은 문이 닫혔다"(*ÄdW*, I, 70).

잘 알려져 있듯이, 러시아 혁명 후 집권한 공산당 내부에서는 엄청난 권력 투쟁이 전개된다. 이 투쟁은 특히 1924년 레닌이 세상을 떠나면서 더욱 과열된다. 최종 승자가 된 스탈린은 집권하자마자 요직에 있던 정적政敵들을 몰아내기 시작했고, 여기에서 더 나아가 거의 모두 죽여 버린다. 레닌의 가장 친한 동지였던 트로츠키는 심지어 멕시코 망명 중에 암살된다. 스탈린 권력에 반대하거나 다른 생각을 가졌던 사람들은 무자비하게 처형되거나 그 유명한 시베리아 강제수용소로 추방된다(이 강제 집단화 과정에서 200-300만 명의 사람들이 죽었던 것으로 전해진다). 예술가들에 대한 탄압 역시 이런 맥락에서 진행된 것이었다.

새로 등장한 권력층은 '실패한 현실 반영'이란 명분을 내세워 많은 반체제적 예술가를 체포하거나 감금시키거나 심문하거나, 혹은 '청산 허가' 아래 총살시켜 버린다. 이들이 행한 실험적 시도나, 더 나은 삶의 질서를 향한 혁신적 예술 표현은 권력자들의 공식적 현실 이해에 어긋났기 때문이다. 그러나 공식적인 것으로부터는 공식적인 것밖에 생겨날 수 없다. 어떤 새로운 것 — 삶과 인간과 현실에 대한 새로운 이해는 자라나기 어렵다. 어떤 알려지지 않은 다른 것의 고려 없이는 그 어떤 새롭고도 독자적인 것이 획득될 수 없다. 더 나은 것은 언제나 '어떤 새롭고도 보편적인 의식과 동일한 언어'를 요구하기 때문이다(*ÄdW*, I, 67). 그러므로 새로운 정치적 문화와 문화적 정치의 확립을 위해 다양한 표현 형식과의 실험은 불가결하다. 하일만은 러시아 아방가르디스트들의 실험적 언어에서 이 나라의 억압적 메커니즘에 대한 항거를 보면서, 이 언어에 전복적 잠재력을 부여한다.

코피와 하일만의 격론은 리얼리즘과 아방가르드 예술을 둘러싼 역사적 논쟁에서의 여러 다른 입장 차이와 논증 노선Argumentationslinien을 떠올리게 한다.[104] 이런 노선에서 게오르크 루카치는 사회주의적 문학 고찰의 공식적 객관주의를 대변한 이론가라고 할 수 있다. 〈표현주의의 위대함과 몰락〉(1934)이나 〈이야기냐 서술이냐?〉(1936) 그리고 〈문제는 리얼리즘이다〉(1938) 같은 일련의 논문에서 그는 자신의 엄격한 반영 이론을 전개한다. 이

---

104 Vgl. Schmitt, Hans-Jürgen(Hg.): *Die Expressionismusdebatte. Materialien zu einer marxistischen Realismuskonzeption*, Frankfurt/M. 1973.

때 현대문학의 거의 모든 대표적 작가들은 '형식주의적인' 방식으로 인해 유죄 선고를 받는다. 그가 내세운 '객관적 현실의 충실한 반영'이란 원칙에서 보면, 거의 모든 현대작품들은 퇴폐적이고 병리적이며 미학주의적인 것으로 드러나기 때문이다. 단죄는 여기에서 그치지 않는다. 프루스트나 카프카, 조이스와 베케트뿐만 아니라 벤이나 융거, 심지어 하이데거 같은 전혀 이질적인 작자들까지도 그는 퇴폐성과 아방가르드주의라는 개념 아래 결합시킨다.

루카치 리얼리즘 이론이 지닌 이 같은 도식주의는 〈비판적 리얼리즘의 현재적 의미〉(1957)에서도 잘 나타난다. 이 논문에서 그는 아방가르드적 예술에 나타난 현실과 개인성은 '철폐되고 분열된' 것으로 단정해 버린다.

> 세계의 해체와 인간의 해체는 서로 종속되고 고양되면서 상호적으로 강화된다. 이들의 토대는 인간에서의 통일성의 객관적 결핍이고, 여기에서 인간은 순간적 체험의 조각으로 미동도 없이 계속해서 이어지는 것으로 변질된다. 그 결과 그는 자기 자신에게나 다른 사람에게도 원칙적으로 알아볼 수 없는 존재가 된다.[105]

아방가르드적 묘사 방식의 근본 모티프에 대한 루카치의 언급은, 그가 이 예술에서 통일적 세계상에 대한 거친 거부가 표현되어 있다고 보는 한, 틀린 것이라고 말하기 어렵다. 현대라는 세계는, 그의 통찰이 보여 주는 대로, 근본적으로 해체되어 있고, 이 해체된 세계 속의 인간의 체험은 순간순간의 파편으로 엮어져 있다. 그리하여 그것은 알아보기 어려운 존재가 되어 있다.

그러나 루카치는 아방가르디스트들이 표현한 투시 불가능한 세계의 성

105 Lukács, Georg: Die Gegenwartsbedeutung deskritischen Realismus(1957), in: *Probleme des Realismus,* GW, Bd.4. Neuwied 1971, S. 457-603. 이 중에서도 무엇보다 1장 "Die weltanschaulichen Grundlagen des Avantgardeismus", S. 477.

격을 통일적 인간상과 완결된 세계상의 부재와 직접 등치시킨다. 여기에서 간과되는 사실은 이들의 분열된 묘사가 단순한 허구에 그치는 것이 아니라 구체적 현실 경험의 결과물이라는 점이다. 즉 그는 변화하는 현실상에 맞게 자신의 리얼리즘 개념을 부단히 교정하고 확대하는 대신 '객관적 현실의 반영'이라는 고정된 정전 아래 모든 것을 재단한다. 마치 이 정전을 통해 현실의 그 어떤 복잡한 현상도 파악할 수 있기라도 한 것처럼 말이다. 이런 전횡적 태도에서는 자신의 리얼리즘 개념이 얼마나 '현실적'인지, 도대체 현실이란 '현실'이란 말이나 개념으로 파악될 수 있는지, 그래서 이런 개념 아래 얼마나 그 모순이 해소될 수 있는지에 대해서는 질의하지 않는다. 루카치의 현실은 '있는 그대로의 현실'이 아니라, '있어야 할 것' 혹은 '있다고 여겨지는 것'으로서의 고정된 현실이다. 그리하여 그는 생성의 현실과 당위로서의 현실을 구분하는 데 실패하고 만다.

모순과 균열의 묘사를 야기하는 현존의 무의미 혹은 가치 없음은, 주지하다시피, 적어도 근대 이후의 그것은 전통사회의 원자화 그리고 생활 세계의 파편화와 분리되기 어려울 정도로 얽혀 있다. 그렇다는 것은 아방가르드 생산에서 '왜곡된 것의 보편성'은[106] 전적으로 사회역사적으로 매개된 것이라는 뜻이다. 거꾸로 말해, 현실의 복잡성을 외면한 무모순적이고 유기적인 작품은 화해된 세계상이라는 현실에는 없는 거짓 환상만 키워 줄 뿐이다. 이러한 이유에서 예술은, 적어도 현대의 예술은 왜곡된 세계상의 묘사에 움츠러들 필요가 없고, 이런 세계 앞에서 놀라 물러나서도 안 된다. 예술과 현실의 이 착잡한 관계에 대해 아도르노는 〈강요된 화해〉(1958)에서 루카치의 일차원적 현실 개념을 거부하면서 다음과 같이 지적한다.

> 이미지 속에서 화해된 이런, 말하자면 주체 속으로 즉각 수용된 객체와, 밖에 존재하는 비화해적 객체 사이의 모순의 힘에 기대어 예술작품은 현실을

106 Ebd., S. 485.

비판한다. 그것이 예술작품의 부정적 인식이다.[107]

모순의 지양은 모순의 부정을 통해 얻어질 수 있는 것이 아니다. 그것은 차라리 모순의 가차 없는 묘사를 통해 도달될 수 있다. 그러나 이 가차 없는 묘사는 예술가의 첨예한 현실 시각을 전제한다. 왜냐하면 예술은 자신의 부정적 인식 능력을 오직 현실에 대한 단호한 서술에서 얻을 수 있기 때문이다. 그것은, 현실이 아무리 끔찍할지라도, 이 현실 영역으로부터 한 걸음도 물러나지 않는다. 오히려 예술은 이 왜곡된 현실상 안으로, 형식을 부여하는 가운데, 파고들면서 이 모순 자체와 정면으로 대결한다. 이런 이유에서 예술작품의 찢겨진 내용은 루카치가 위에서 쓴 것처럼 존재론적으로 파악될 수도 없고, 그렇다고 모든 사회적 관계로부터 분리된 채 파악되어서도 안된다. 그것은 완전히 개인적이면서 동시에 사회적으로 생산되는 것이기 때문이다.

예술작품의 균열은, 적어도 근대 세계 이후의 그것은 그 작품이 생겨난 사회 자체의 균열을 반영한다. 이 균열을 눈앞에 드러냄으로써 예술은 이 균열을 은폐하는 '첫 번째 현실'에 안티테제적으로 맞선다. 그것은 부정적 현실을 부정적으로 서술하며, 그러는 한 사회적 모순을, 원하든 원하지 않든, 포함하게 된다. 그러나 예술작품의 내용은 단순히 존재하는 것과 똑같은 의미에서 현실적인 것은 아니다. 예술작품의 현실은 '다양하게 매개된 형상화의 형식'이기 때문이다. 바로 이 점으로 인해 예술과 현실은 유사하면서도 동시에 질적으로 구분된다.

> 예술작품은 현실적인 것을 직접 대상으로 하지 않기 때문에, 그것은, 여타의 인식이 그러하듯이, '그것은 그렇다'라고 말하지 않는다. 그 대신 그것은 '그래서 이렇게 되었다'고 말한다. 예술의 논리는 술어적 판단의 논리가 아

---

107 Adorno, Theodor W.: Erpreßte Versöhnung, in: *Noten zur Literatur*, GS, II, Frankfurt/M. 1974, S. 261.

> 니라, 내재적 일치의 논리다. 말하자면 여러 요소들을 일정한 관계 속에 집어넣고, 이 관계를 통해서만 그것은 입장을 취한다. 〔…〕 판단 없는 통합으로서 예술은 개별적인 것에서 규정성을 잃지만, 그러나 그것은 평상시의 판단이 잘라 내는 것에 대해 더 큰 정당성을 가짐으로써 그렇게 상실한 것을 되찾는다.[108]

아도르노의 예술철학적 사유는 중첩적이고 다차원적이다. 그점에서 '세련된 것'이라고 말하지 않을 수 없다. 그의 논리는 절차적으로 차근차근 전개되지만, 이 전개는 지독한 양의성과 역설성을 내장하고 있고, 따라서 그것은 포괄적 관점 아래 하나하나 면밀하게 고찰될 때, 비로소 정확히 이해될 수 있다.

위의 글과 관련해서도 많은 것이 얘기될 수 있지만, 우선 비판할 수 있는 점은 아도르노가 예술작품을 '내재적 일치성'이나 '판단 없는 종합'이라고 지칭하면서 이를 고수하는 것으로 보인다는 점이다. 이러한 예술 이해는 그의 미학이 지닌 어떤 전체성에 대한 요구를 드러내 보이기 때문이다.[109] (이런 점에서 그는 전통주의자고, 또 보편적 교양인이라고 할 수 있다. 그가 때때로 '진정한 보수주의자'로 불리는 것도 이런 맥락에서일 것이다.) '전체성' 개념은, 전체주의의 역사적 경험에서 보듯이, 적어도 서구의 현대지성사에서는 매우 의혹스러운 술어가 되었다. 그의 철학에서 '전체는 허위'라고 거듭 강조하는 것

---

108 Ebd., S. 270.

109 이런 맥락에서 페터 뷔르거는, 아방가르드 예술에 대한 아도르노의 평가와 관련하여, 아도르노 역시 루카치처럼 '역사적 규범'에 포박되어 있다고 진단한다. 이 두 이론가는 그러나 등치되어선 곤란하다. 아방가르드 예술에 대한 아도르노의 입장은, 그가 아방가르드 작품이란 후기자본주의 사회의 소외에 대한 유일하게 가능한 진짜 표현이라고 말할 때, 하나의 규범적 계기를 포함한다. 그러나 뷔르거는 루카치와 아도르노 사고의 범주적 차이를 단순화하고 있다. 이것은 그가 아방가르드적 예술에 대한 아도르노의 의미 부여를 예술 형식의 헤겔적 역사화와 비교할 때 잘 나타난다. 아도르노 미학의 한 핵심이 '동일적인 것의 비동일성'이라고 한다면, 이 비동일적 동일성의 사유가 지닌 역동적 구조가 그의 분석에서는 충분히 고려되지 않기 때문이다. 대신 그는 아도르노 미학의 규범성을 논의의 중심에 세운다. 여기에 대해서는 Bürger, Peter: *Theorie der Avantgarde*, a.a.O., S. 117f.

도 이런 역사적 경험과 결코 무관한 것이 아니다. 그러나 그럼에도 불구하고 아도르노는 루카치처럼 미리 설정된 예술 외적 척도로 예술작품을 재단하지 않는다. 오히려 그는 예술의 내재적 내용 형식에 주목한다. 그러면서 내재적 자질은, 그것이 제대로 된 것이라면, 사회적 현실과 무관한 것이 아니다. 즉 그것에 열려 있다. 예술은 현실을 직접 말하기보다는 단지 기존과는 다른 현실 — 더 넓고 깊은 세계의 가능성을 더 즐겨 말한다. 그가 '내재적 일치의 논리'를 말하는 것은 이런 맥락에서다.

그렇지만 내재적 작품 논리에 대한 아도르노의 강조는, 마치 신비평New Criticism이나 러시아 형식주의에서처럼, 형식주의적으로 귀결되는 것이 아니다. 그것은 차라리 사회역사적으로 조건지어진다. 예술의 부정적 잠재력은 이렇게 해서 나온다. 그의 논리는 루카치처럼 일정한 도식 아래에서 움직이는 것이 아니라 훨씬 복합적이고 미묘하며 역동적인 현실의 관계항을 고려한다. 작품 내재적이면서도 동시에 사회역사적이고, 부르주아 자율성 미학에 비판적이면서도 동시에 예술 고유의 동력학에 그는 주목한다.

예술의 정당성은 보이는 현실을 단순히 비판하거나 수긍하는 데 있는 것이 아니라 여하한의 규정성을 넘어서는 데서, 그래서 동일적 차원을 넘어 비동일적 타자성으로 나아가는 데서 마침내 획득된다. 이것이 이른바 예술의 '비규정적 규정성'이고, '비동일적 동일성'이다. 비동일적 타자성으로의 지향, 여기에서 아도르노의 미학과 철학은 하나로 만난다. 왜냐하면 비동일적 타자성이란 열린 보편성의 세계인 까닭이다.

2. 3. 자기 결정의 존중

아방가르드적 방식이 비현실주의적이고 형식주의적인 것이 아니라 루카치의 예술 이해가 비변증법적이고 이상주의적이라고 아도르노가 주장할 때, 그의 견해는 동의할 만해 보인다. 왜냐하면 일반적 규정에 부합되지 않는 것은 루카치적 이해에서는 '심미적인 것'으로 그 자격이 박탈되듯이, 아도르노적 이해에서는 '비변증법적인' 것으로 비판받기 때문이다. 루카치는 사회주의 리얼리즘을 우위로 두면서 압도적 사물 세계와 이 세계에 자리한 인간의 무기력한 경험, 이 둘 사이의 간극을 인식한다. 그는 현실주의적 강박관념 속에서, 아도르노가 지적하듯이, 스스로 '불변성 이론의 변호자'로 자처한다.[110] 이 정태적 인식망으로 인해 그는 역설적이게도 자신이 아방가르드 예술에 부여했던 도식 틀 —'현실의 단순한 직접성'에 갇히게 된다. 주관과 객관의 모순을 통합적으로 묘사하라던 그의 요청은 결국 현실에 대한 '강요된 화해'의 상태로 빠져들고 만다.

《저항의 미학》에서 전개되는 코피와 하일만 사이의 격론에서도, 비록 간접적이긴 하나, 루카치적 리얼리즘 모델이 지닌 독단성에 대한 비판을 읽을 수 있다. 그러나 하일만을 확대된 리얼리즘 개념의 옹호자로, 이에 반해 코피를 모사리얼리즘의 대변자로 대립시키는 것은 그리 권장할 만한 고찰 방식은 아니다. 왜냐하면 다층적 소설 텍스트에서 등장인물들은, 이미 보았듯이, 아방가르드 예술의 실험적 표현 형식을 단순히 거부하는 것이 아니라 오히려 자기 인식과 현실 인식을 위해 적극적으로 수용하기 때문이다. 그들은 낯선 예술작품들을, 이것이 자기들의 현실에 대해 뭔가를 밝혀 주는 한, 받아들일 준비가 되어 있다. 하일만뿐만 아니라 코피 역시, 비록 수단으로서의 예술 이해를 고수하긴 하지만, 사회적 폐해를 극복할 때 자기 결정이 갖는 중요성을 계속 강조한다. "그럼에도 불구하고, 코피는 대답했다, 우리는 우리의 과제를 늘 다시 물어야만 한다. 그밖의 아무도 우리에게, 우리가 연루된 관계 상황을 설명할 수는 없다"(*ÄdW*, I, 59).

자기 결정이란, 예술 안에서 보면 작품 내재성이자 자율성이 되고, 윤리

110 Adorno, Theodor W.: Erpreßte Versöhnung, a.a.O., S. 264.

실천적으로 보면 자기 규정력이자 자발성이 된다. 주체적 시민은 이런 자발성과 자율성의 훈련을 통해 길러질 수 있다. 그러므로 자기 결정-자발성-자율성-내재성에 대한 존중 없이는 개체의 자유는 확보되기 어렵다. 예술의 자유도 마찬가지다. 이 개별적 예술적 자유의 완성은 물론 사회역사적 조건의 틀 안에서 이뤄진다.

등장인물들은 코피가 '문화 작업'이라고 부른 활동들 — 끊임없이 문학작품을 읽고 그림을 감상하며 저녁에는 야간학교에서 열심히 배운다. 이런 활동을 통해 그들은 자기 규정을 향한 발걸음을 내딛고, 자기 사는 현실의 복잡한 상황을 바르게 평가하고자 애쓴다. 왜냐하면 해방을 위한 수단과 그 길을 찾아야 하는 자는 다름 아닌 그들 자신이기 때문이다. 심미적, 정치적 정체성을 향한 이들의 추구는 하일만의 확대된 예술 이해와 코피의 목적론적 리얼리즘 이해가 상호 교차하는 데서도 나타난다. 이들의 의견 교환은, 마치 그들의 예술 경험처럼, 어떤 완결도 모르는 기나긴 교양(형성)의 과정 아래 있다. "우리는 인식을 얻기 위한 방식과 연관된 모든 정황을 기억 속에서 다 불러낼 수 있었다. 왜냐하면 우리는 공부라는 준비단계에 있었기 때문이다. 〔…〕 왜냐하면 우리에게 그저 주어진 것은 아무것도 없었기 때문이다. 왜냐하면 문학적 예술적 소재와의 만남에서는 그 어떤 것도 자명하지 않았기 때문이다"(*ÄdW*, I, 59f.). 자기 형성을 위한 교양의 길에서 배제되어야 할 것은 아무것도 없다.

등장인물 사이에 자리한 다른 견해와 입장 차이의 지양은 소설 구조적으로도 설명될 수 있다. 다양한 입장은 우선 대명사 '우리' — 이것은 1인칭 인물에 의한 매개를 내포하는데[111] — 의 빈번한 사용에 의해 서로 교환된다.이 교환을 통해 견해의 차이는 단순히 제거되는 것이 아니라 좀더 구체

111 1인칭 인물의 견해는, 아방가르드 장면에서 보면, 무엇보다도 코피의 견해와 일치한다. 그러나 그것은, III부 5장 1절에서 다룰 것이듯이, '집단적 주체'로서 소설의 전체 등장인물을 대표하는 것이기도 하다. 그러는 한 1인칭 화자는 대립적 견해들의 중재자로 자리한다.

적인 윤곽을 드러낸다. 중요한 사실은 바이스의 실험적 서사 전략이 대화의 묘사 자체에 적용된다는 점이다. 즉 다양한 입장 사이의 모순과 그 (잠정적) 지양은 대화의 상호작용을 통해 이뤄질 뿐만 아니라 작가의 특이한 형상화 의도 — 이질적 소재 요소와 입장들을 서사적으로 통합하려는 소설적 형상 의지를 통해서도 이뤄진다. 긴 단락으로 구성된 아방가르드 운동에 대한 이런저런 입장과 성찰은 때로는 명징하게 때로는 비전적 언어의 다성성 형식 속에서 화합할 수 있는 상태로 고양된다(이것을 나는 III부 5장 "합창적 다성성 — 이야기의 구성 원리"에서, 그리고 4장 "영화적 글쓰기"와 IV부 3장 "환각적 리얼리즘"에서 상세히 다룬다). 여기에서는, 아방가르드 문제와 관련하여, 소설의 한 단락만 분석할 것이다.

초현실주의적 자동 글쓰기가 격세유전적인 것과 이성적인 것의 상호 혼융을 겨냥하는 것이라면, 소설에 나타난 다성적 서술 방식은 바로 이 초현실주의적 글쓰기를 생각하게 한다. 이것은, 예를 들어 예술적 표현의 다양성을 옹호하는 하일만에 대해 작가가 다음과 서술할 때, 잘 나타난다.

> 예술이 인간적 경험을 묘사하는 다양성 속에서 비로소, 이렇게 하일만은 응수했는데, 그 근원나라Ursprungsland의 생생함은 인식될 수 있다네. 예술이 제한되면 그 나라를 지배하는 억압적 상황이 그려진다네. 마야콥스키는 자살을 통해, 그는 말했는데, 지금 소비에트 국가를 휩쓰는 해악을 선취해서 보여 주었네. 우리는 소문과 증거를 통해 사보타지 행동이나 분열 시도, 전복 계획과 당수 살해를 위한 모반에 대해 알았네. 20년 전에 혁명을 수행하고, 소비에트 국가를 세웠던 사람들은 해충이나 독충, 기생충 혹은 인간 이하의 인간으로 불렸네. 레닌의 동반자였던 그들은 사회주의를 파괴하려 했고, 산업 생활을 부수며, 이 나라의 대부분을 파시스트들에게 팔아넘기면서 자본주의를 다시 도입하려 했다는 것이네(*ÄdW*, I, 69).

여기에서 바이스는 국가 문화 정책의 재난적 역설 상황을 적는다. 이 역설이란 혁명의 성공 후에 권력자들이 이 혁명적 이념의 실천자였던 예술가를 축출한 데 있다. 이러한 문화 정책의 실상은 다양한 묘사 방식 아래 여러 가지 형태로 제시된다. 그것은 예술의 다양성에 대한 하일만의 믿음에서나('인간적 경험을 묘사하는 다양성 속에서 (…)'), 마야콥스키의 자살에 대한 생각에서('마야콥스키는 자살을 통해 (…)') 나타나기도 하고(직접화법), 이런저런 비난에 대한 등장인물들의 경험에서('우리는 풍문에 대해 (…)') 나타나기도 하며(체험화법), 러시아 아방가르드에 대한 당 추종자들의 갖가지 비난에서도('해충, 독충 (…)') 드러난다(보고화법).

여기에서 바이스의 글쓰기는 모순된 것과 대립적인 것을 배제하지 않는다. 심미적인 것을 정치적인 것에 복속시키는 모사리얼리즘과는 달리, 이 소설 텍스트는 다양한 현실 요소들을 세부적 즉물성과 비전적 환상을 근접시키면서 결합시킨다. 그는 열린 감수성으로 모순과 불화를 다성적 구성 원칙 아래 받아들이는 것이다. 왜냐하면 '우리의 진리란', 하우크가 옳게 적고 있듯이, "싸움의 밖에 있지 않기 때문이다. 그것은 만장일치로 생각될 수 있는 것이 아니다. 일치된 견해란 필연적으로 일치되지 않는 견해다".[112] 이런 글쓰기 방식으로 인해 작가는 낯설고 이질적인 요소를 이야기 연관항으로 끌어들일 수 있었고, 이를 통해 자동화된 지각 능력을 방해한다. 지각 관습과 사고 습관의 탈경계화는 이런 식으로 일어난다. 이 점에서 그것은 이질적인 것을 파악하지 못하는 형식주의적 리얼리즘이나, 예술의 사회적 실천 연관성을 외면한 부르주아적 예술 표상과는 뚜렷하게 구분된다.

이런저런 주장과 견해를 찬성하고 반대하는 가운데 하일만의 확대된 리얼리즘은 점차 더 많은 설득력을 얻게 되는데, 이러한 견해는 바이스의 견해를 내포하는 것이기도 하다. 하일만은 사회리얼리즘을 옹호하는 코피의 견해에 맞서면서, 정치적 당파성과 심미적 실험을 포함하는 열린 예술 개

112 Haug, Wofgang Fritz: Vorschläge zur Aneignung der *"Ästhetik des Widerstands"*, a.a.O., S. 33.

념을 옹호한다. 이렇게 이어지는 논쟁에서 자기 지양과 자기 전개를 경험하는 것은 그러나 코피만이 아니다. 이것은 이 대화적 교환에 참여하는 모든 등장인물이, 정도의 차이가 있는 채로, 경험하는 것이다. 주고받는 대화와 다른 목소리의 수용에 적극적으로 참여함으로써 정치적 당파성과 심미적 모더니즘을 믿을 만한 수준에서 통합시킬 수 있는 더 첨예화된 관점과 사고가 만들어지는 것이다. 예를 들어 1인칭 인물은 타인의 삶과 예술의 경험으로부터 자신의 인식 능력을 넓히면서 나중에는 결국 미학과 저항, 문화와 정치의 통합을 글쓰기로 실현해 가는 작가로 성장한다. 이를 통해 그는 예술의 심미적 잠재력이 어떻게 사회에 반정립적으로antithetisch 작용할 수 있는지 보여 준다.

다양한 입장의 지양과 좀더 높은 이념에의 접근은 대화적 담론 교환에서만 나오는 것이 아니다. 이 모든 것을 지탱하는 것은 물론 작가의 형상화 의도다. 형상화 의도란 지극히 이질적인 담론을 다양성 속에서 상상하고 결합하면서 하나의 동질적 다성성으로 농축시키는 데 있다. 그는 등장인물로 하여금 아방가르드 작품을 비판적으로 고찰하게 함으로써, 이들의 예술 경험을 파시즘적 역사 상황에 전환시켜 적용하도록 하고, 이런 적용을 통해 현실의 비참을 어떻게든 이겨 내도록 만든다. 아방가르디스트들에게 심미적 비합리주의가 예술적 성찰과 정치적 참여의 불균형에서 나오는 반면, 바이스는 실험적 글쓰기로 삶과 예술을 그 나름의 새로운 형태로 융합시키는 데 성공하는 것이다. 소설 텍스트의 근본 의도는, 요스트 헤르만트가 분명하게 정식화하듯이, '말의 지난한 작업 속에서 위협적 혼돈으로부터 어떤 새로운 인간화된 영토를 얻기 위한 데' 있다.[113]

바이스는 글쓰기에 의지하여 어두운 현실에 개입한다. 쓴다는 것은 그에게 어두운 현실에 대응하여 어떤 밝은 공간을 만드는 일이다. 작가의 이

---

113 Hermand, Jost: Obwohl. Dennoch. Trotzalledem, in: Stephan, Alexander(Hg.): *Die Ästhetik des Widerstands*, a.a.O., S. 94.

런 깨어 있는 의식 지평에 힘입어 모순되고 상이한 구성 요소들은 하나의 합창적이고 다성적인 유기체로 바뀐다. 이러한 바뀜, 그것은 시적 변용이다. 그러므로 그의 글쓰기는 상품 세계가 고도로 미학화되고 의식이 권력의 현혹적 메커니즘 때문에 탈정치화되는 오늘의 상황에서 왜 예술 아방가르드의 실험적 기획이 오늘의 시각에서 재활성화될 필요가 있는가에 대한 하나의 예술 실천적 답변이다.

3. 묘사할 수 없는 것의 옹호: 피카소의 〈게르니카〉

중심적 척도는 표현의 힘이고, 이 표현의 긴장을 통해 예술작품은
말 없는 몸짓과 얘기한다. 표현 속에서 예술작품은 사회적 상처로 드러난다.
표현은 예술이란 자율적 형상의 사회적 효모다.
— 아도르노, 《심미적 이론》

쓰이지 않은 텍스트는 하나의 상처다.
— 하이너 뮐러

3.1. 근원과의 거리 그리고 이어짐

《국가편*Politeia*》에서 플라톤은 예술 활동의 인위적인 상(이미지/그림/영상: Bilder)을 모상模像/Abbilder이라고 불렀다.[114] 그에 의하면 모사 혹은 모방하는 행위에는 두 가지 종류 — 진실된 모상과 거짓된 모상이 있다. 이념의 존재나 질서 잡힌 영혼의 상태를 본뜬 것은 진실된 모상이고, 감각적 사물의 현상 세계나 무질서한 영혼의 상태를 본뜬 것은 허상Trugbilder이다. 이것의 예로 플라톤은 의자를 든다.

114 Platon: *Der Staat*, Werke in 8 Bde, Griechisch und Deutsch, Übers. v. F. Schleiermacher, Darmstadt 1971, Bd. IV, S. 795ff.

실제로 존재하는 의자의 원상原像/Urbild — 의지의 이념이나 근원을 있게 하는 것은 신이다. 우리가 현실에서 보는 의자는 목수가 만든 것이고, 이 실제 의자 속에는 의자의 원상이 들어 있다. 이에 비해 예술가가 묘사한 의자의 모습은 원상의 모방인 목수의 의자를 그린 것이다. 따라서 예술적 표현은 원상으로서의 근원이념으로부터 세 겹이나 떨어져 있는 것이다. 다시 말해 그림의 이념(원상)이 있고, 이 원상을 본뜬 현실의 의자가 있으며, 이 의자를 본떠 그린 화가의 그림이 있다. 여기에서 예술은 하나의 가상으로서 기껏해야 진리나 참 존재로서의 이념이 반사되는 빛이거나, 가장 심한 경우 감각적 현상 세계의 기만적인 반영일 뿐이다. 감각적 현상 세계와 그 사물을 표현하는 매체로서 그것은 모사의 서열화된 가치 체계 가운데서 가장 낮은 세 번째 단계에 속하는 것이다.

예술을 이념의 모상으로 보는 플라톤의 이러한 논의는 예술과 근원 사이의 어쩔 수 없는 틈을 보여 준다. 그것은 근원으로서의 원상과 모상 그리고 이 모상의 모상과의 거리를 존재론적으로 지적함으로써 예술의 심미적 가상이 지닌 '근원과의 불가피한 거리'를 알려 준다. 그러면서 거기에는 어떤 결함도 있지 않나 여겨진다. 말하자면, 원상과 모상 사이의 거리에도 불구하고 있을 수 있는 각자의 상호 연관성, 이를테면 모상이 지닌 원상과의 관계 혹은 모상의 모상이 지니는 원상과의 관계는 충분히 언급되어 있지 않다. 원본과 사본, 근원과 아류 사이의 역학적 관계 설정에 대한 좀더 정밀한 관찰이 그에게는 결여되어 있는 것이다. 그러나 이보다 더 중요한 것은 예술철학사의 머리말을 장식하는 플라톤의 이 언급이 가진 어떤 현재적 의미를 밝혀내는 일일 것이다. 그 의미란 무엇인가?

예술이 근원과 어쩔 수 없이 떨어져 있다는 사실은 역설적으로 이 둘이, 그 거리에도 불구하고, 일정한 관계 속에 있다는 것을 내포하지 않는가? 예술적 가상은 말의 근본적인 의미에서, 어떤 식으로든, 진리인 원상이나 근원, 이념이나 존재 혹은 신으로 불릴 수 있는 것에 '포개어져 있다'. 포개어져 있다는 것은, 비록 간접적이나마, '이어져 있음'을 암시한다. 물론 그것이 어느 정도로 밀접하게 이어져 있는지, 혹은 모사의 가상적 성격이 어떠한 것인지 자세히 기술되어 있지 않다. 그러나 바로 이 점이 중요하다고 나는 생각한다.

확실한 것은 예술이 '참된 이념을 드러낸 모사를 다시 모사한 것'이라는 사실이고, 그러는 한 그것은 일정한 상호 거리에도 불구하고 그 근원적 이념으로부터 완전히 분리되지 않는다는 점이다. 이를 적극적으로 표현하면 이렇게 될 것이다. 감각적 현상 세계를 허구적으로 드러내는 예술적 가상은 현실의 질서뿐만 아니라 이념의 질서 혹은 초월적 신적 질서와 어떤 식으로든 이어져 있다. 그러면서 그것은 동시에 가상의 세계로서 근원 세계와 어쩔 수 없이 떨어져 있는 것이기도 하다. 예술의 심미적 가상은 있는 세계를 그리면서 있지 않은, 그래서 어쩌면 있어야 할지도 모를 세계를 동시에 드러내는 것이다. 왜냐하면 그것은 있는 것과 있지 않은 것, 가능한 것과 불가능한 것, 현실과 허구, 존재와 부재, 실재와 가상 사이를 부단히 오가면서 이 둘의 겹침과 그 긴장 관계를 표현하는 것이기 때문이다.

그러므로 예술은 가상의 방식으로 실재에 다가서는 세계 파악의 한 허구적 방식이다. 이것은 모순된 것이다. 더 정확히 말해 모순되어 보이는 긴장 관계를 그것은 가지고 있다. 그러나 예술은 이 모순되어 보이는, 그러나 사실은 모순이지 않을 수도 있는 긴장 관계를 자기 표현의 주된 동력으로 삼을 것이라는 가설 아래 나는 아래의 글에서 다음 물음에 대한 잠정적 해석을 시도한다. 즉 예술은 무엇을 표현하고자 하는가? 그 표현적 시도에 표현 소재이자 장애로 작용할 현실의 양상은 어떠한가? 예술적 표현을 좌절시키는 현실의 복합성이란 무엇인가? 이 묘사의 어려움을 예술은 어떻게 그 나름의 잠재력으로 넘어서고자 하는가? 이러한 일련의 물음을 관통하는 실마리는 예술의 어떤 동력학이다. 이 동력학이란, 줄이고 줄이면, 존재 속의 부재와 만나 대결하는 데 있다.

이러한 문제의식은 《저항의 미학》에 나오는 피카소의 〈게르니카〉에 대한 등장인물들의 해석에서 잘 드러난다. 살아 있는 한 인간이 어디로 와서 어디로 가는가라는 실존적 물음을 피할 수 없듯이, 예술의 지향에 관심을 갖는 한 우리는 예술 혹은 예술적 표현이 어디로부터 와서 어디로 가는가, 혹은 가야 할 것인가라는 질문을 피할 수 없다. 아래의 논의는 이런 근본 질문에 대한 잠시의 반성이 될 것이다. 작품 안을 들여다보자.

저항소설에서 심미적 경험을 특징짓는 것은 외부로부터 강요된 도식적 규정이 아니다. 그것은 개인적이고 역사적으로 놓쳐 버린 경험들을 구제하기 위한 노력이다. 등장인물들은 자신의 경험이나 예술작품의 의미를 수동적 정관의 태도로써 파악하는 것이 아니라 그 적극적이고도 능동적으로 해석하려 한다. 작품과의 비판적 교류를 통해 그들은 이들 작품과, 이 작품이 자리한 사회역사적 현실에 대한 정확한 의식과 포괄적 지각 능력을 얻는다. 1인칭 화자의 경우에는 특히 그렇다. 왜냐하면 그는 미래의 작가로서 역사적 경험의 심미적 형상화라는 문제에 골몰하기 때문이다. 그러니까 작품의 주된 의미는 등장인물들이 어떻게 다양한 예술작품과 만나고, 이때의 독법이 얼마만큼 비판적이고 생산적으로 일어나는가에서 잘 나타난다.

피카소 그림에 대한 해석의 중심에는, 크게 보아, 두 개의 문제가 있다. 첫째, 대상과 주체, 경험 소재와 예술 사이의 정서적 일치에 대한 물음이 있다. 여기에서는 바스크 지방의 도시 게르니카에서 일어난 상상하기 힘든 재앙을 피카소는 어떻게 그 복잡성 속에서 묘사하는가, 그래서 등장인물들이 어떻게 〈게르니카〉의 이 난해한 의미 구조를 해석하는가라는 질문이 던져진다. 마치 피카소가 역사적 현실의 끔찍한 모습에 강렬한 상상력으로 다가가듯이, 등장인물들 역시 〈게르니카〉의 다층적 성격을 상상력의 집중적 동원 속에서 해명하려고 한다(3장 1절). 여기에는 세 가지 시선이 겹쳐져 있다. 즉 게르니카의 비극을 바라보는 피카소와, 피카소의 이 그림을 보

피카소, 〈게르니카〉

는 등장인물들의 시각 그리고 이런 등장인물의 시각을 묘사하는 바이스의 시각이 그것이다. 그리고 이 세 시선을 관통하는 것은 예술의 근본적 형상 원리란 무엇인가라는 하나의 물음이다.

이 끔찍한 사건의 실제적 야기자는 〈게르니카〉에 등장하지 않는다. 피카소는 왜 고통받는 자의 경악을 그저 알레고리적으로 묘사했는가? 그리고 이 간접적 묘사 방식은 바이스의 수행적 글쓰기 전략과 어떤 관계에 있는가?

이런 질문을 통해 우리가 확인하게 될 것은 바이스의 예술 이해가 모사 리얼리즘의 원칙 아래서가 아니라 확대된 리얼리즘의 원칙 아래 이뤄진다

현실적 고통에 대한 회화적 응전의 창의적 예가 바로 〈게르니카〉다.
표현/기호/언어를 넘어서는 역사의 비참을 우리는
어떻게 '표현적 가능성 안에서' 드러낼 수 있는가?

는 점이고, 이 확대된 리얼리즘이란 아방가르드적 실험성과 사실주의적 진실성을 명징한 글쓰기 전략 속에서 하나로 통합시키는 데 있다는 점이다. 이 통합에서 예술은 단순히 알려진 것의 반복에 자족하지 않는다. 그렇다고 현실을 초월하여 미지의 영역으로 사라지는 것도 아니다. 오히려 예술은 알려지고 존재하는 것에 대해서만 아니라, 무엇보다 알려지지 않고 부재하는 것에 대한 미메시스적 참여다.

3. 2. 대상과 주체의 일치 — 감정이입적 충실

스페인 시민전쟁에서 패배한 후 1인칭 화자인 '나'는 결국 국민전선연합과 그 독단적 지배 구조 때문에 어떤 내면적 위기에 빠진다. 그러나 그는 국민전선 내의 모든 모순에도 불구하고 스페인 혁명의 필연성만큼은 단호하게 옹호한다. '나'와 또 다른 저항 투사인 아이슈만Ayschmann의 〈게르니카〉 해석은 이런 위기에 찬 현실 상황에서 일어난다. 그것은 자세한 조사와 기나긴 토론으로 이루어진다. 이 복잡한 해석 과정의 맨 처음에 이 그림은 전혀 새로운 구조 때문에 낯선 느낌을 일으킨다. 그래서 그들을 불안과 당혹으로 이끈다.

> 그것〔그림 〈게르니카〉〕은 비할 바 없이 전혀 새로운 것을 나타냈다. 뾰족한 촛대와 평탄하게 잘려진 빙하기 코끼리 같은 동물의 사지와 얼굴들, 견고한 대각선과 깊은 밀도를 지닌, 빳빳하게 그려진 수직선들이 거칠고 강력한 형태로 서로 어긋나 있었다. 그 공기는 우울한 금속성의 노래로 가득 차 있었다. 얼마 지나자 인물 피라미드 형태를 지닌 중앙 화면의 구성은 옆쪽으로 솟구친 형태, 대상적 성격을 지니게 되었다(*ÄdW*, I, 332).

〈게르니카〉(7.82×3.51m)에 묘사된 인간과 동물 그리고 사물과 같은 서로 다른 요소들 혹은, 좀더 정확히 말하여, 눈과 코 그리고 손과 같은 몸의 각 부분들은 단편적이고 분산된 채로 나타난다. 그것들은 다양한 원근법 아래 묘사되었기 때문에, 때로는 기괴하고 때로는 흉칙한 모습을 보인다. 서로 다른 형상물들의 서로 다른 계기들 — 안면과 겉면, 윗면과 아랫면 같은 모습은 끊임없이 교차한다. 그래서 그림의 삼차원적 현실은 보이는 경험적 세계뿐만 아니라 보이지 않는 세계 — 비가시적 초경험적 세계까지 암시한다. 이러한 묘사 방식은 자연적 현실 지각에 근거한 전통적 표현 규범과는 분명 모순되어 보인다.

예술사가 막스 임달이 〈게르니카〉에 대한 모범적 분석에서 옳게 언급했듯이, '입체주의적 분해와 고전주의적 형상화를 결합하는 양식' 때문에[115] 이 그림에 묘사된 것을 그 모든 개별성 아래 명백히 이해하고 설명하기란 쉽지 않아 보인다. 여기에 대한 적절한 예는 수소와 말에 대한 논란 많은 해석이 될 것이다.

> 이 그림의 첫 번째 판을 보여 주는 잡지의 스케치나 그림들이 있었는데, 여기에서 황소나 앞으로 내민 손은, 비상 횃불을 든 채, 처음부터 비전을 두드러지게 보여 주었다. 여기에서 수소는 점점 인간적으로 되었고, 말은 점점 짐승처럼 나타난다고 우리는 생각했다. 우리는 타우루스〔황소〕에서 스페인 민중의 끈기가 묘사되어 있다고 여겼고, 뻣뻣한 선으로 그려진 눈 작은 말에서는 파시즘이 강요한 가증스러운 전쟁을 보았다(*ÄdW*, I, 334).

여기에서 황소는, 이렇게 등장인물들은 해석하는데, 스페인 민중의 고통을 상징한다. 그에 반해 말은 파시즘의 야만적 힘을 구현한다. 흥미로운 점은 바이스의 이러한 해석이 피카소의 의미 부여와는 완전히 반대를 이룬다는 사실이다.

피카소에게 황소는 파시스트적 잔혹성을 상징하고, 말은 고통받는 민중을 대변하는 것이었다. 그런데 바이스의 해석은 이런 해석을 따르지 않는다. 《저항의 미학》에 등장하는 인물들은 화가와는 다른 해석 방식을 통해 다층적인 의미 차원을 어떻게든 축소하는 것이 아니라, 하나의 이해할 만한 의미 차원으로 새롭게 번역한다. 그러나 그림의 지극히 복잡한 구성은 관찰자에게 불안감과 흥분을 야기하는 것이기도 하다. 이것은 어디에서 오는가? 피카소의 새로운 묘사 방식은 의심의 여지없이 말로 서술하기

115 Imdahl, Max: *Picassos Guernica. Eine Kunst-Monographie*, Frankfurt/Main, 1985, 41쪽과 54쪽.

힘든 게르니카의 재앙을 최대한 적절하게 묘사하려는 노력에서 온다.

화가의 이런 접근 방식은 소설의 등장인물에게도, 더하게는 이 등장인물을 묘사하는 작가의 묘사 방식에도 그대로 해당한다. 왜냐하면 〈게르니카〉를 소설 내부에서 그런 식으로 해석하는 자는 다름 아닌 수용자로서의 등장인물들이고, 이 등장인물들을 묘사하는 사람은 바로 작가 자신이기 때문이다. 현실의 재앙은 너무도 경악스러운 것이어서 모든 표상이나 계산을 넘어서 있는 것처럼 보인다.

> 여기 얼굴과 몸 위로 덮친 재난은 여전히 우리가 파악할 수 없는 규모를 갖고 있었다. 마치 기압 때문에 납작하게 짓눌린 듯한 형식들과 몸짓들은 영사막에 빛으로 각인되어 있었고, 이 화면의 빛을 어떤 눈도 감당하기 어려웠다(*ÄdW*, I, 339).

게르니카는 스페인 북부에 있는 바스크 지역의 문화적 중심 도시다. 그리고 바스크 지역은 카탈로니아나 갈리시아 등과 더불어 스페인의 17개 자치지역 가운데 하나로서 민족의 역사성을 인정받은 자치권 요구가 강한 지역이다(카탈로니아의 독립 시위는 최근인 2010년 7월 10일에도 이곳의 중심 도시인 바르셀로나에서 주민 110만 명의 참여 아래 일어났다). 이 도시에 대한 공격은 1937년 4월 26일 오후 4시 30분 독일 콘도르 군단 소속 폭격기에 의해 이뤄졌다. 4시간에 걸친 이 무차별 폭격으로 7천 명 주민 가운데 무려 1,600여 명이나 사망했다. 이 도시가 폭격의 대상이 된 것은 여기에 사는 바스크족이 오랫동안 분리 독립을 요구한데다 무엇보다 1936년 7월에 발발한 스페인 내전 때 파시즘 진영이던 프랑코에 반대하여 공화파에 속했기 때문이다. 그리고 독일군은 이 프랑코를 지지했다. 그 유명한 프랑코 독재는 1939년부터 시작되었다.

43대의 독일 비행단은 이 도시의 거의 모든 지역을 30여 분 만에 완전

1937년 4월 26일 폭격 후 파괴된 게르니카 시의 모습.

히 초토화시킨다. 그럼으로써 무장되지 않은 주민들을 극도의 경악과 공포 속으로 몰아넣는다. 한 언론사의 보도에 따르면, 원래는 '어떠한 군사적 〔폭격〕 대상도 아니었던' 그 도시에 대한 이 가차 없는 습격은 그때까지의 '전쟁의 역사에서 그 유례가 없던' 것이었다.[116] 모든 바스크족 사람들이 숭앙하던 역사적이고 전통적인 도시 게르니카는 이 폭격 때문에 철저하고도 야만적으로 파괴되어 버린다. 그 폭격의 실제 규모는 모든 상상과 계산을 뛰어넘는 것이었고, 그래서 어떤 지각 능력으로도 가늠하기 어려웠다. 그

116 Max Imdahl: Ebd., S. 15에서 재인용.

리하여 피카소는 여기 희생자들의 고통은 자신의 묘사 능력을 능가한다고 고백하기에 이른다. 게르니카의 파괴와 같은 야만적 사건을 그 총체성 속에서 묘사하려는 성급한 시도는, 어쩔 수 없는 불충분성으로 인해, 결국 메아리 없이 남을 것이기 때문이다.

그러나 불투명한 경험 현실은 예술을 통해 전달 가능한 무엇으로 변용되어야 한다. 표현될 수 없는 것은 표현할 수 없다는 자괴감 속에 머무르는 것이 아니라, 표현할 수 없다는 사실의 인정 속에서 다시금 표현되어야 한다. 표현의 불충분성은 표현의 불가능성에 대한 정당한 이유가 될 수 없기 때문이다. 인간 현실은 표현의 불충분성에도 불구하고 또다시, 그러나 기존과는 다른 방식으로, 계속 표현되어야 한다. 그리고 그렇게 될 수 있을 때만 현실의 파악할 수 없는 것은 비로소 파악 가능한 것으로 전환될 수 있다. 삶의 악에 대한 얼마만큼의 통제 가능성은 바로 여기서 온다.

게르니카의 대학살 소식을 들은 이틀 뒤 피카소는 파리 만국박람회의 스페인관에 걸릴 대형 벽화를 의뢰받고 한동안 깊은 고민에 빠진다. 그는 한편으로 타자의 말할 수 없는 고통을 온전히 느낄 수 없음을 인정하면서도, 다른 한편으로 이것의 예술적 형상화를 포기하지 않는다. 그는 고양된 상상력에 기대어 희생자의 고통스러운 상황 속으로 자신을 옮겨 놓는다. 그러면서 현실의 사건을 자기 경험 속에서 매개하려고 애쓴다. 그러니까 그는 현실의 진실에 더 가까이 다가가기 위해 주관적 지각 능력에 기대는 것이다. 이때의 지각 능력은 단순히 주관주의적인 것이 아니다. 그것은 주관을 넘어 주관 밖의 현실에 열려 있기 때문이다. 주관성이라면, 그것은 객관화된 주관성에 가깝다.

> 피카소는 다른 사람의 체험을 바르게 평가할 수 없는 자신의 무능을 너무도 분명하게 표현했으며, 단지 자기 자신의 고유한 지각, 자신의 주관적 연상 능력에 의존했다(*ÄdW*, I, 348).

다른 사람들이 당한 고통을 사람은 결코 느낄 수 없고, 오직 자기의 경험만 다시 묘사할 수 있다. 화가는 자신의 체험과 선택된 사건 사이에 일치의 느낌이 생겨날 때까지 그 체험이 곧 사건으로 이전되는 상황을 상상력으로 만들어 냈다. 이러한 일치는 최고도의 정서적 강렬성에 도달했을 때 비로소 생겨난다(*ÄdW*, I, 347).

게르니카 재난 같은 역사적 현실의 끔찍함은 그 자체로 전달될 수 없다. 그것은 희생자의 고통에 대한 주관적 감정이입을 통해서도 파악될 수 없고, 그렇다고 '투하된 폭탄이나 부서진 가옥 혹은 부상자나 사망자의 수'(*ÄdW*, I, 348) 같은 자료적 사실의 열거로 포착되기도 어렵다. 그리하여 화가는 1차적으로, 피카소에 대한 등장인물의 해석은 이러한 데, 주관적이며 연상적인 방식을 사용한다. 모든 것은 느껴지는 정도만큼만 현실적으로 되기 때문에,[117] 결코 상상할 수 없는 것은 오직 객관적 대상과 주관적 감정 사이에 정서적 일치가 만들어질 수 있는 지점까지 자신의 지각 능력을 작동시킴으로써만 가늠될 수 있을지도 모른다. 그래서 화가는 '연기와 먼지의 구름이 다 흩어지고, 아우성과 신음이 침묵으로 잦아질 때까지' 정서적 능력을 내적으로 극대화하고, 이런 정서적 극대화 후에서야 '게르니카에서 무엇이 일어났는가'를 묻기 시작한다(*ÄdW*, I, 348).

핵심은 대상과 화가, 객체와 주체의 정서적 일치다. 피카소는 희생자의 고통을 대상과의 일치 속에서 자기 경험으로 만듦으로써 정서적 강렬화를 그 극단에까지 몰고 간다. 이 강렬화로부터 대상과 주체, 관찰되어지는 사건과 관찰하는 사람 사이에 일치가 생겨난다. 이 일치란 사실적 일치가 아니라 상상된 일치다. 그 때문에 그것은 허구적인 것이기도 하다. 그러나 이

117 바이스는《노트북》에서 이렇게 쓴다. "모든 것이 얼마나 쉽고도 빨리 빠져나갈 수 있는지 네가 더 강렬하게 느끼면 느낄수록, 그리고 그것이 꿈과 일탈된 것, 죽음과 불가해한 것과 같은 구성 요소들로 차 있으면 있을수록, 모든 것은 더 현실적이다"(*NB*, I, 815).

허구는 감정이입적 사실 충실에서 나온 것이기에 진실된 면모를 지닌다. 바로 이 점에서 화가의 형상화 방식은 미리 결정된 규정에 집착하는 사진적 리얼리즘 방식과는 구분된다. 〈게르니카〉가 1937년 파리 세계박람회에서 처음으로 전시되었을 때, 대부분의 사람들이 거부감으로 대했다는 것은 아마도 이런 낯선 표현 방식 때문이었을 것이다.

사실을 진실하게 전달할 수 있다면, 피카소는 그 어떤 실험이나 형식성도 마다하지 않았다. 그러나 이런 형식주의는 사회주의 리얼리즘을 신봉하는 공산당에게 그를 공격할 수 있는 빌미를 제공할 뿐만 아니라, 그가 신뢰하던 공화주의파로부터도 배척당하는 이유가 된다. 여기에 대해 바이스는 《노트북》에서 이렇게 적는다.

> 1937년 말 스페인 공산당은 세계박람회의 스페인 전시관에서 그의 그림을 빼내려고 했다! '그것은 비사회적이고 우스꽝스러워서, 프롤레타리아의 일을 표현하기에는 완전히 부적절하다'는 것이다. 그러다가 그것은 피카소의 국제적 명성 때문에 누그러졌다. 거기에는 또 선전 가치도 있었다. 스캔들에 대한 두려움도 있었다. '그것은 리얼리즘이 아니다!'(*NB*, II, 187)

노선에 충실한 자들의 예술 이해는 예술이 직접적이고 선동적인 기능을 떠맡아야 한다는 점에서 출발한다. 일의적 선전구호를 직접 표현하라는 이런 요구에 〈게르니카〉는 부응하지 못한다. 그래서 그것은 무산자의 일을 대변하기엔 부적합하다고 간주된다. 〈게르니카〉의 기형적이고 적대적인 특성들은 그들의 눈에 사실주의적으로 보이지도 않고, 심미적으로 고찰되지도 못하는 것이다.

당 추종자들의 이런 제한된 관점과 완전히 대조를 이루는 것이 파시즘의 저항 투사인 등장인물들의 시각이다. 〈게르니카〉의 다양한 요소들 — 기이한 얼굴 표정과 끔찍한 동물 형상, 기형화된 몸체 일부와 찢어진 옷가지 그리고 부서진 칼과 같은 것들은 '나'와 아이슈만에게도 처음에는 이해되기 어려운 것으로 여겨진다. 비록 그들은 스페인 내전의 참전자이거나 목격자였지만, 그 기이함은 뭔가 불편하고도 낯선 감정을 유발하는 것이었다. 그러나 그들은 이 불가해한 난관에 머무르지 않는다. 오히려 그들은 그 그림에 실현된 다층적인 의미 차원들을 적극적으로 해석하고, 비판적으로 해명하고자 한다. 그들은 그 그림의 점차적인 발전 단계가 기록된 여러 책과 자료들, 《예술잡지*Cahiers d'Art*》, 스케치 등을 열심히 뒤적이면서, 이 대작이 어떤 사회역사적 배경 아래에서 어떤 준비 과정을 거쳐 완성되게 되었는가를 알아본다.

이러한 일련의 탐구 과정 속에서 〈게르니카〉는 어떤 양가적 의미 — 때로는 묵시록적이고 때로는 희망적으로 나타나는 복합적 구조를 펼쳐 보인다. 소설의 등장인물은 근시안적 리얼리즘의 견해에 반대하면서 다음과 같이 말한다.

> 이 작품에서 불투명하고 와해된 것이 있다고 비난했던 비평가들의 — 이들은 이 작품이 선동하길 원했는데 — 입장도 우리는 참작해야 했다. 두 개의 다른 리얼리즘 개념이 부딪치고 있네, 라고 아이슈만은 말했다. 파괴의 무서운 힘 아래 인간을 고통스럽게 일그러뜨리는 것은, 투쟁하는 자란 어떤 상황에서도 자신의 강점과 일체성을 견지해야 한다는 당의 견해에 모순되네. 〔…〕 그러나 현실의 표면적 층위는 제거되었네. 억압과 폭력, 계급의식과 당파성, 죽음의 경악 그리고 영웅적 용기는 그 기본적 역동적 기능에서 드러났네(*ÄdW*, I, 334).

당 추종자들의 예술 이해는 현실의 표층에 머문다. 이들과는 달리 '나'와 아이슈만은 〈게르니카〉에 나타나는 이질적이고 일그러진 형태들이 괴물 같은 역사의 광기를 알레고리화하고 있음을 발견해 낸다. 이 그림에서는 원근법적으로 묘사된 다양한 개별 측면들이 뒤엉켜 있다. 그래서

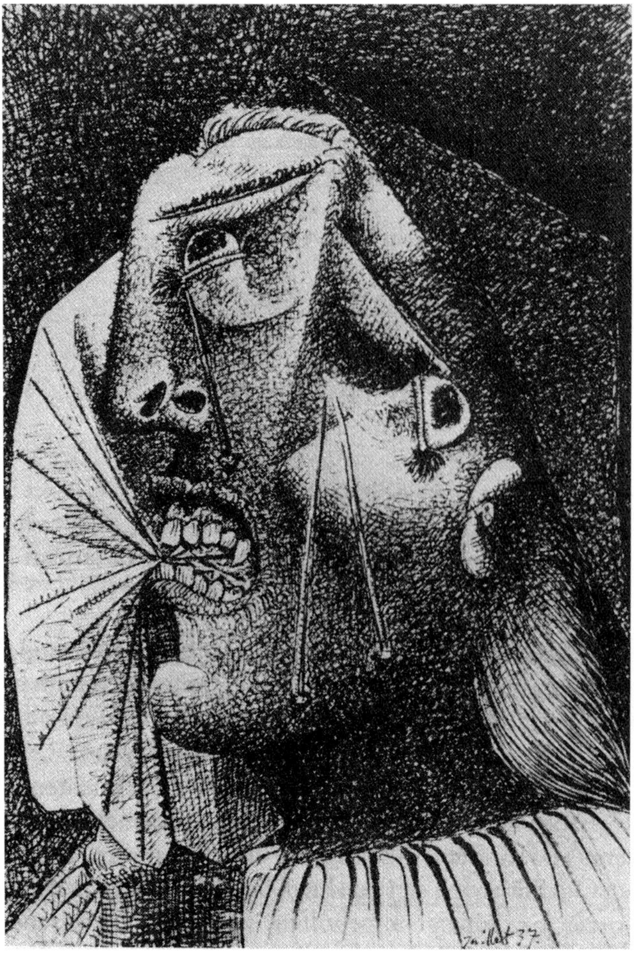

〈게르니카 탐구〉

일그러진 얼굴 형태에 대한 다각도의 투시… 그림 〈게르니카〉를 완성하기 위해 피카소는 수십, 수백 장의 스케치와 소묘를 시도했다.

그들은 이 작품에서 폭력의 '불투명하고 와해된 것'뿐만 아니라, 묘사할 수 없는 재앙을 그 파악 불가능성 속에서 묘사하려는 극단적 표현의 강렬성을 확인한다. 이 강렬성이란 피카소의 표현적 열정이면서 이 작품을 바라보는 등장인물의 해석적 열정이기도 하다. 마치 화가가 사건과 자신의 정서적 일치를 통해 산정할 수 없는 고통을 추체험하고, 이렇게 추체험된 내용을 캔버스 위에 표현하려고 애쓰듯이, 소설 속 인물들 역시 그림에 묘사된 것과 자신의 감정적 일치를 통해 그림의 다층적 의미 차원을 해명하려고 애쓰는 것이다.

3. 3. '그려진 아우성'

심미적 경험의 의미론적 파장은 정서의 이 이중적 일치 — 작가의 추체험적 형상화와 독자의 해석적 노력을 통해 배가된다. 추상적이고 난해한 〈게르니카〉의 구조에서 '나'와 아이슈만이 어떤 생생함 — 스페인에서 일어난 사건을 눈앞에서 보는 듯한 착각을 느끼게 되는 것은 이 때문이다.

> 그 현상을 온전히 이해하지는 못한 채로, 우리는 스페인에서 일어났던 것을 보았다. 얼마 되지 않는 언어기호에 짓눌린 채, 그 그림은 분쇄와 혁신, 절망과 희망을 담고 있었다. 육체는 벌거벗긴 채, 그들을 덮친 힘들로 두들겨 맞아 일그러뜨려져 있었다(*ÄdW*, I, 332).

> 산산조각 난 것들이 하나의 새로운 전체로 모아지면서 적에 대응하는 난공불락의 방어책이 마련되었다. 그 끔찍한 흉터를 가진 그림은 모든 살아 있는 것에 대한 공격의 와중에서 예술의 행방이 무엇인지 여전히 묻고 있었지만, 그 영향력은 이 때문에 줄어들진 않았다. 피카소의 모든 작품은 어떤 다채로움의 구성 요소로서 이해될 수 있었고, 이 다채성의 총계란 아무리 스

쳐 지나가는 가장 덧없는 언급도 포함하는 것이었다(*ÄdW*, I, 335).

〈게르니카〉는 산산이 조각난 세계의 묵시록적인 전망과 아울러 그 변형 가능성을 암시한다. 그것은 거칠게 절단된 화면 구성에서 경험적 가시성의 세계를 분해하고 상대화한다. 그럼으로써 그 의미 차원은 한편으로 확고한 일의성을 끊임없이 빠져나가고, 다른 한편으로 역사적 현실의 가늠할 길 없는 고통을, 굿맨N. Goodman적 의미에서, 충일성과 밀도 아래 모범적으로 예시한다.[118]

예술작품의 밀도와 충일성은 어떤 긴장 — 내용 형식적 긴장에서 온다. 바로 이 긴장이 내용적으로는 의미론적 다가성을 가능하게 하고, 형식적으로는 구조적 복합성을 야기하는 것이다. 그러니 그것은 한두 개념으로 환원되거나 확정되기 어렵다. 〈게르니카〉가 등장인물들의 눈에 '분쇄와 혁신, 절망과 희망' 사이에서 유동적으로 움직이는 것은 그 때문일 것이다. 여기에서 수용자의 해명 작업은 단지 부분적 타당성만 지닌다. 그리고 이 때의 타당성은 잠시 동안만 유효하다. 그러나 이런 잠정성에도 불구하고 등장인물들은 이 그림에서 그 시대의 현상 형식뿐만 아니라 그들이 (그리고 피카소가) 지지하던 공화파 내의 거의 자인되지 않던 모순과 의혹에 대한 어떤 징후까지 읽어 낸다. 묘사된 것 속에서 그들은 공식적 리얼리즘의 관습적 수단으로써는 도달될 수 없었던 강력한 자기 투시의 활력을 알아채게 되는 것이다. 그래서 마침내 그들은 그려진 묘사에서 어떤 비명을 듣는 듯한 착각에 빠진다(*ÄdW*, I, 340).[119]

118 예술철학자 굿맨의 상징 이론에 따르자면, '밀도Dichte', '충일성Fülle' 그리고 '예시Exemplifikation'는 궁극적 확정의 불가능성에도 불구하고 그가 논증하고자 했던 심미적인 것의 징후적 특징이다. Nelson Goodman: *Sprachen der Kunst. Entwurf einer Symboltheorie*, übers. v. Bernd Philippi, Frankfurt/M. 1997, S. 232ff.

119 *ÄdW*, I, 340쪽 참고. 이와 유사하게 미술사가 오스카 배춰만 역시 푸생의 〈베들레헴의 유아 살해〉(1630년경)를 '그려진 아우성'이라고 지칭한 바 있다. 푸생은, 그의 설득력 있는

현실은 단순히 표면적으로만 나타나지 않는다. 드러난 현실은 전경과 배후를 가진다. 예술이 관심을 갖는 것은 드러난 표층 현실(1차 현실)뿐만 아니라, 더하게는 그것의 전경과 배후를 이루는 심층 현실(2차 현실)이다. 이 심층 현실은 표층 현실과 대조적으로 파악하여 2차일 뿐이지, 다시 미분화/다층화될 수 있다. 즉 인간의 현실은 겹겹의 현실이다.

우리는 겹겹으로 에워싸인 이 중층적 혹은 다층적 현실 속에 산다. 그러나 의식과 판단은 대개 사실 세계로서의 1차적 현실에 한정된다. 의식과 판단의 출발점이 1차 현실임은 부정할 순 없다. 그러나 예술의 관심은 2차 현실, 좀더 정확하게 1차 현실을 그 일부로 삼는 다층적 현실로 향한다. 예술의 궁극적 문제의 하나는 이 다층 현실을 어떻게 바르게 지각하여 이해 가능한 1차적 현실로, 그 자체의 충일성을 손상하지 않는 채로, 드러낼 수 있는가에 있다. 아직 드러나지 않은 삶의 심층을 어떻게 파악 가능한 것으로 형상화하여 드러내는가에 예술의 의의는 있는 것이다. 〔예술은 무엇보다 사실 세계의 총체적 관계를 드러내고자 애쓰지만, 그러나 이 관계의 드러냄으로써 그 소임이 끝나는 것은 아니다. 예술의 지향은 오히려 사실의 세계를 드러내면서, 또 그것을 포함하면서, 그것의 바탕을 이루거나 이를 넘어가는 변두리 세계 — 인간의 본성과 사회적 질서 그리고 이를 넘어가는 자연과 우주의 광대한 원리를 암시하는 데로 뻗쳐 있다. 이것은 예술의 존재론과 사회학 그리고 인간발전사학(인류학)의 관점에서 더 자세하게 논의되어야 한다.〕

심층 현실이 삶의 전경이자 배후로 자리한다면, 심층 현실에 대한 예술의 관심은 말할 것도 없이 근대 이후에 본격화된다. 개인의 분열된 의식과 철저히 분화된 사회 관계에 예술의 형상화 방식 또한 대응하여 나타나기 때문이다. 그리하여 예술의 표현 방식이, 적어도 근대 이후의 그것이, 이를

논지는 이러한데, 그가 전통적으로 그릴 수 없는 것으로 간주된 자연 요소들 — 천둥이나 번개 혹은 아우성 같은 것에 하나의 형식을 부여했다는 의미에서, 회화의 한계를 넘어선 화가다. Bätschmann, Oskar: *Nicolas Poussin. Landschaft mit Pyramus und Thisbe. Das Liebesunglück und die Grenzen der Malerei*, Frankfurt/M. 1987, S. 34.

테면 이상주의 미학에서처럼, 더 이상 완결적이거나 통일적인 것으로서가 아니라 모순되고 파편적이며 왜곡된 것으로 나타나게 되는 것은 당연한 일인지도 모른다. 예술의 모순적 내용은 곧 적대적 사회의 비화해적 정황을 그대로 체현하는 것이다. 예술의 내용 형식적 복합성은 다층적 현실 세계의 논리적 결과에 다름 아니다. 예술은 사회의 갈등 상태를 작품 안에 의미론적으로 육화하고 방법론적으로 구성하면서 폭로하는 것이다. 그리하여 작품의 모순적 형식 질서는 부정적 현실 구조와 평행 관계를 이룬다.

등장인물의 적극적 해석으로부터 〈게르니카〉의 이질적 요소들은 점점 새로운 통일적 의미로 결합된다. 그러나 이때의 '통일성'이란 단의적이라는 뜻에서가 아니라 모호하던 의미가 일정한 방향으로 수렴된다는 뜻이다. 그렇다고 그 의미가 완결된다거나 확정된다는 뜻은 물론 아니다. 그것은 그 모든 밀폐적 구성과 모순에도 불구하고 일정한 형태로 모아지고, 나아가 이렇게 그려지는 윤곽에도 불구하고 여전히 해석적 빈틈과 균열을 허용한다는 뜻이다. 이러한 표현 수준은 그러나 예를 들면 부르주아적 예술 이해에서는 얻어질 수 없는 것이었다. 왜냐하면 이것은 작품의 모든 개별적 계기를 아무런 균열 없이 전체로 복속시키기 때문이다. 후기아방가르드적 예술 이해는 이와 다르다. 그것은 개별적 계기를 모순적 다채성 아래에서 파악하면서 하나의 전체성을 잠정적으로만 가정한다. 여기에서 '모순된 통일성' 혹은 '풍요로운 통일성'이란 말이 나온다.

등장인물들의 이런 복합적이고 탄력적인 예술 교류 방식은, 미하엘 호프만이 옳게 지적하듯이, "예술의 통일성을 견지하면서, (그리고 그럼으로써 심미적 경험의 상대적으로 자율적인 영역을 보존하는 가운데) 모순된 현실을 예술적 형상의 잠정적이고 비폭력적 통합 아래 묘사하는 시도"로 간주될 수 있다.[120] 이와 비슷한 방식으로 아도르노 역시 〈게르니카〉에서 기존 사회의

120 Hofmann, Michael: *Ästhetische Erfahrung in der historischen Krise*. Eine Untersuchung zum Kunst- und Literaturverständnis in Peter Weiss' Roman *"Die Ästhetik des Widerstands"*, Bonn 1990. S. 57.

추함을 읽어 낸 적이 있다.

> 그〔자율적 형상을 갖지만 표현으로 사회적 상처를 드러내는, 그래서 '자율적 형상의 사회적 효소'로 작용하는 예술〕에 대한 공범 증인이 피카소의 〈게르니카〉일지도 모른다. 〈게르니카〉는 처방된 리얼리즘과는 첨예하게 불일치하면서 바로 비인간적 구성을 통해 그 표현을 획득하고, 이 표현 때문에 이 그림은 모든 정관적 이해 불가능성을 넘어 사회적 항거가 된다. 예술작품의 사회적 비판 영역은 작품이 고통받는 영역이다. 그리고 이 영역의 표현에서 사회적 상태의 비진리는 역사적으로 확실하게 드러난다.[121]

근대의 역사는 간단히 말해 두 가지 — 개인의 균열의식과 사회의 극도로 분화된 관계 상황으로 특징지어진다. 근대 이후의 예술작품이 더 이상, 통일적이고 완결된 것으로 나타나는 것이 아니라 모순되고 뒤틀린 것으로 나타나는 것은 자명하다. 왜냐하면 예술작품의 모순된 형식은 곧 현실의 화해하기 힘든 구조를 지시하는 까닭이다. 작품의 모순된 내용은 적대적 사회 상황의 불가해한 국면을 나타낸다. 그리하여 예술작품의 형식적, 내용적 복합성은 이런 다층적 현실 세계의 자연스러운 결과인 것이다.

이 복합성 속에서 예술작품은 사회의 비화해적 상태를, 그러나 의미론적 다가성을 상실함 없이, 폭로한다. 다가성으로 인해 수용자는 이해의 어려움에 처하기도 하지만, 바로 그 때문에 섣부른 평가를 삼가기도 한다. 〈게르니카〉는 강렬한 표현력에 힘입어, 아도르노의 표현을 빌리자면, '사회적 상태의 비진리'를 드러내는 비판적 영역이 된다. 그러므로 우리는 이렇게 말할 수 있다. 〈게르니카〉에 묘사된 모순된 차원들은 지양되어야 하지만, 그러나 그것은 쉽게 지양되기 어려운 역사적 현실의 야만성과 결부되어 있기도 하다. 그렇게 본다면, 예술의 모순과 모호성은 단순히 제거되어

---

121 Adorno, Theodor W.: *Ästhetische Theorie*. Gesammelte Schriften, Bd. 7, hrsg von Gretel Adorno und Rolf Tiedemann, Frankfurt/M 1970, S. 353.

야 할 대상이라기보다는 수용자가 부단히 성찰하고 그와 대결해야 할 대상에 가까운 것이 된다. 예술의 역사는 그 자체로 형식의 모순 속에서 인간적 삶의 개인적, 사회적 모순 상황을 증거한다. 그래서 등장인물들은 이렇게 말한다.

> 그것[〈게르니카〉]은 작품에 관한 여러 가지 기초 자료와 준비 단계를 알려주었기 때문에 새로운 것이 점점 더 중요해졌다. 우리는 [⋯] 예술의 역사를 그것으로부터 사회적 결정의 단계들이 읽힐 수 있는 인간 삶의 역사로 보았다. 그럼으로써 우리 자신의 발전과의 연관성이 생겨났다. 우리의 사고는 그림과 문학작품으로 다양하게 각인되었다. 의식 변화의 시간은 종종 일정한 예술적 주제들과 관련되었다(*ÄdW*, I, 341).

〈게르니카〉와 그 작품을 있게 한 숱한 화가의 준비 과정을 쫓아가면서 등장인물들은 예술의 역사가 인간의 역사와 진배없음을 인식하게 된다. 거기에는 인간의 삶을 규정짓는 '사회적 결정의 단계들'이 묻어 있고, 그러한 한 예술과 인간 삶 사이에는 발전사적 연관성이 자리한다. 즉 예술적 주제란 인간의 개인적, 사회적 발전과 이 발전 속에서 일어나는 의식 변화의 시간에 다름 아닌 것이다. 예술은 역사이고, 이 역사 이전에 생활이며 경험인 것이다.

여기에서 거듭 확인하게 되는 것은 〈게르니카〉 수용에서 등장인물들의 주된 관심이 무엇보다 예술의 현실 연관성을 밝히는 데 있다는 사실이다. 이 현실이란, 구체적으로 말해, 파시즘적 억압 현실이다. 등장인물들은 자신들의 문화적 열악함을 분명하게 자각하고 있고, 이런 사회적 의식에 동기를 부여받아 작품에서 받은 감각적 인상을 사회정치적 상황에 적용시켜 보고자 애쓴다. 그럼으로써 그들이 속해 있는 사회정치적 현실과 예술의 연관성을 새로이 만들어 내고자 한다. 여기에서 연관성은 이중적으로 기능한다. 그것은 첫째, 현실과 예술의 연관성이고, 둘째, 경험과 인식의 연관성이다. 심미적 경험은 예술에서 느낀 것을 현실에 '이어 준다'. 그래서 삶의 경험을 경험 그 자체로 내버려 두는 것이 아니라 그 진위眞僞가 무엇인지 '인식하게 한다'. 심미적 각성은 현실과 예술을 잇고, 경험과 인식을 결합시키는 것이다. 예술과의 만남은 삶의 일반적 조건 — 그것이 바스크족 도시인 게르니카에 살던 무고한 시민들에 대해서건, 저항 투사들의 역사적 현실이건, 파괴와 억압이라는 삶의 항구 상태에 대한 통찰을 전해 주는 것이다.

예술에서의 각성이 현실로 이어지는 것은, 위에서 보았듯이, 관찰된 대상과 관찰하는 대상 사이의 감정적 일치 덕분이다. 예술의 현실 관련성은 그저 생겨나는 것이 아니라 이런 정서적 일치를 통해 마침내 발생한다. 이 관련성으로부터 소설의 인물들은 예술작품에 대해서, 또 현실에 대해서 그때까지 타당한 것으로 간주된 가치 표상들을 새롭게 성찰하고 교정할 기회를 얻는다.

이 적극적 예술 경험에서 암시되는 것은, 예술작품이란 단순히 그것을 사거나 소유하는 자들의 몫이 아니라 힘겨운 해명 과정을 통해 전취하는 이들에게 속한다는 중요한 사실이다. 바이스가 쓰고 있듯이, 예술작품은 '결코 몇몇 선택받은 자들의 재산이 결코 아닌'[122] 것이다. 그것의 의미는 작품을 느끼고 이해하고 공감하며 즐기고 비판하는 데 있지 단순히 점유하는 데 있지 않다. 느끼고 이해함으로써 그 현실적 연관항을 발굴해 내면서 세상과 현실과 자신에 대한 느낌과 생각을 갱신하는 데 있지, 단순히

122 작가의 더 자세한 언급도 인용될 만하다. "반 고흐나 자코메티, 혹은 피카소, 횔덜린이나 랭보, 셰익스피어, 도스토옙스키, 스트린베리나 카프카, 바흐, 모차르트, 베토벤, 스트라빈스키나 노노Nono는 생각하고 보고 성찰할 수 있었던 모든 사람을 위해 거기 있지 않는 것은 발명해 내지도 않았고, 적지도 않았다. 이러한 작품들은 결코 몇몇 선택받은 자들의 소유물이 아니다. 비록 이들은 예술 소유자로 사칭하고, 예술을 사고 장려하거나 그들 장롱에서 잘 보관할 수 있었다고 하더라도 말이다. 이러한 사실이 대상의 본질을 변화시키는 것은 없다. 이전이나 지금이나 예술작품은 일반적으로 이해되고, 모두와 관련된 상황과 체험과 갈등과 삶의 조건을 반영한다"(*NB*, I, 713).

보관하고 장식하고 과시하는 데 예술작품의 의미가 있는 것이 결코 아니다. 만약 그렇다면, 그것은 허영으로서의 예술감상일 뿐이다. 혹은 특권화된 예술 이해의 한 표현이다. 등장인물의 작품 해석은 이런 적극적이고도 비판적인 수용의 모범적 예를 잘 보여 준다. 바른 심미적 자극은 수용자에게 복잡한 세계의 복잡한 현실을 바르게 감지하고 그에 바르게 대응하게 하는 능력을 부여한다.

복합적 현실과 이 현실에 대한 예술의 다층적 묘사 방식은 관찰자들에게 놀라움과 당혹 그리고 낯섦의 감정뿐만 아니라 상상력의 약동까지 경험하게 한다. 그래서 그들은 그림에서 볼 수 있는 것뿐만이 아니라 볼 수 없는 것, 파악할 수 있는 것뿐만이 아니라 파악할 수 없는 것까지 떠올린다. 여기에서 예술의 형식 질서는 일종의 비유로 작용한다. 그것은 보이는 사실과 아울러 보이지 않는 진실까지를 감지하게 하는 까닭이다. 작품의 의미는 단순히 완결적이고 확정적인 관점에서 파악될 수 없다. 그것은 의미의 계속적 형성 속에서 잠정적으로 파악될 뿐이다. 이 잠정성으로부터 현실과 화가, 작품과 관찰자/등장인물의 관계는 다시, 그래서 이전과는 다르게, 설정된다. 이것은 이 작품을 읽는 우리/독자에게도 어느 정도 해당된다고 할 수 있다. 즉 〈게르니카〉를 보는 소설 속 인물들이 그러하듯이, 그 소설《저항의 미학》을 읽는 우리 역시 그림과 자신, 등장인물과 우리, 자기와 역사 현실의 관계를 다시, 그래서 지금까지와는 다르게, 생각하게 되는 것이다.

심미적 경험 속에서 수용자는 과거 현실과 그림 현실, 소설 현실과 현재 현실 사이를 부단히 오고간다. 이렇게 오가면서 현실의 크고 작은 차원을 이전보다 더 복합적으로 감지한다. 심미적 지각 속에서 우리는 생활 세계의 메커니즘을 더 깊게 해명하게 되고, 그럼으로써 지금까지의 사고 습관들로부터 점차 벗어날 수 있게 되는 것이다. 심미적 경험으로부터 어떤 확대된 지각력과 수용력이 생겨나게 되는 것은 이런 맥락에서다. 이 변화된 지각력으로 우리처럼 등장인물 역시 새로운 현실 인식을 획득한다. 예술은 현실을 끊임없이 다르게 보기 위한 하나의 창구인 셈이다.

3. 4. 부재에의 참여

회화의 기능은 부재하는 것을 존재의 가상으로 채우는 것이다.
— 존 버거, 〈예술작품〉

3. 4. 1. 보이지 않는 가해자

〈게르니카〉를 계속 해석해 감에 따라 '나'와 아이슈만에게 눈에 띄게 되는 사실은 그 끔찍한 사건과 현재하는 희생자와는 대조적으로 가해자가 직접 묘사되지 않는다는 점이다.

> 사람을 해치는 폭력은 그 그림에서 보이지 않았다. 압도하는 분위기만 있고, 피해자들만 보일 뿐이었다. 발가벗긴 채, 아무런 방비도 없이 그들은 보이지 않는 적에 노출되어 있었고, 적의 힘은 가늠할 수 없을 정도로 자라나 있었다(*ÄdW*, I, 339).

파시스트들의 폭력이 지닌 실제적 규모는 완전히 파악될 수 없다. 그것은 모든 상상과 논리를 넘어가는 것이기 때문이다. 그래서 이 괴물 같은 사건을 전체성 아래 직접 묘사하려는 모든 시도는 결국, 그 궁극적 불충분성으로 인해, 아무런 메아리 없이 남게 될 것이다.

그러나 이 모든 관통할 수 없는 경험 현실은 예술적 미메시스에 의해 현재화되어야 하고, 전승 가능한 무엇이지 않으면 안 된다. 왜냐하면 이렇게 현재화되고 전승할 수 있는 것이 됨으로써 파악할 수 없는 현실은 어떤 파악할 수 있는 무엇으로 마침내 변모될 수 있기 때문이다(이 책을 주요 주제적으로 관통하는 '묘사 불가능한 것의 묘사 가능성'이라는 생각은 V부 1장에서 홀로코스트 서술의 문제와 관련하여 상세히 논의된다). 파악할 수 있을 때, 대상은 비로소 제어될 수 있지 않은가? 파악할 수 없다면, 재앙은 계속된다. 이 불가해한 현실의 파괴에 대하여 피카소는 〈게르니카〉에서 어지러이 뒤엉킨 사람들과 동물들의 갖가지 형상들을 대응시켰다. 그러나 재앙의 실제적 가해자는 이 그림에 전혀 등장하지 않는다. 그것은 익명으로 남는다. 바로 이런 부재를 통해 재앙의 크기와 규모는, 비록 간접적이나마, 암시되는 것이다.

〈게르니카〉가 여타의 선동적 그림들과 구분되는 것이 여러 실험적 표현 방식에서 오는 것이라면, 이런 주된 표현 내용의 하나에는 공격자의 익명성도 있다. 이런 표현적 강렬성으로부터 작품은 수용자에게 가늠하기 힘든 테러의 기존 역사를 계속하여 상상적으로 가공하도록 촉구한다.

> 그림은 우리가 받은 첫 번째 인상을, 주어진 것을 분리시켜 서로 다른 방향에서 검증한 다음, 그것을 다시 새로이 조합시킴으로써, 전취하는 계기로 삼기를 요구했다(*ÄdW*, I, 336).

피카소의 묘사 방식은 가시적 경험 세계를 넘어선다. 그래서 그것은 단순히 재앙의 참혹함에 처한 인간의 운명뿐만 아니라 그것의 묘사 불가능성과 이어진다. 입체주의적인 분해와 고전주의적인 형태화를 결합시킴으로써 그는 전혀 새로운 표현력으로 내장된 그림언어를 창출해 낸 것이다. 이 새로운 표현력이란 무차별적 재난을, 그러나 전통적 대상 연관적 회화성을 포기함 없이, 묘사 가능한 지평으로까지 끌고 나간 데 있다. 그래서 그의 파편적 화면 구성은 처음에는 당혹스럽고 불안한 느낌을 수용자에게 일으킨다. 그러나 이들은 곧 이 그림을 그 나름으로 이해하려고 애쓴다. 그래서 '묘사된 것을 분리하여' 가능한 한 많은 관점에서 '검증하고 합성함으로써' 궁극적으로는 '자기 자신의 것으로 전취하는 계기'로 삼는 것이다.

여기에서 '분리하다', '검증하다', '합성하다', '전취하다'와 같은 일련의 동사들은 수용자의 적극적이고 역동적인 전취 방식을 뚜렷이 보여 준다. 왜냐하면 이들 동사의 기능은 단순히 사실을 알리거나 기술하는 데 그치는 것이 아니라, 수용자들이 (나아가 독자가) 행하는 구체적 행동의 내용을 보여 주기 때문이다. 이런 식으로 〈게르니카〉의 표현 방식은 심미적 형상물의 의미 구성에 대한 적극적 참여를 촉구한다.

간과되어선 안 될 사실은, 수용자의 이러한 해석적 참여가 이중적으로 실행된다는 점이다. 즉 〈게르니카〉의 복잡한 화면 구조가 등장인물로 하여금 능동적 의미 구성을 요구하듯이, 그림의 이 역동적 화면 구성을 서사적으로 묘사한 저항소설 역시 독자로 하여금 그 농축된 이야기 연관항을 다시금 해명하도록 요구한다. 그래서 그림의 의미 구성에 대한 등장인물들의 능동적 참여는 소설 자체에 대한 독자의 능동적 참여를 이미 함의하거나, 적어도 이것과 연결되어 있는 것이다. 이러한 이유에서 그림 〈게르니카〉와 소설 《저항의 미학》에 대한 해석 작업은 '수행적인' 것으로 이해될 수 있다.[123] 개입적 예술 경험을 바탕으로 등장인물들은 한편으로 묘사된 것의 함의적 요구에 상응하면서 다른 한편으로 이 요구를 자신의 현재적 경험과 척도 속으로 통합시킨다. 그들이 자리한 현실에 대한 그 나름의 해석

123 심미적 경험에서의 수행적performativ 성격은 무엇보다도 바이스의 언어 개념으로부터 이해될 수 있다. 왜냐하면 그의 언어 이해는 말하거나 읽기 그리고 쓰기와 같은 실천적 실행을 통해 현실에 관여하려는 데 있기 때문이다. 〈게르니카〉 해석에서 보이는 예술 경험의 수행적 영향력은 사실상 《저항의 미학》에서 언급되는 거의 모든 예술적 전취 과정에도 타당하다고 할 수 있다. 그 예의 하나는 카프카 수용이다. 여기에서 등장인물들은 '카프카와 더불어' 동시에 '카프카를 거스르면서' 지금 여기의 실존적 역사 상황에서 그 의미가 무엇인지 밝혀내고자 한다(*ÄdW*, I, 169-189). 심미적 경험의 수행적 특징은 나아가 브레히트와 1인칭 화자의 만남을 통해서, 즉 그의 가르침 속에서 이뤄지는 1인칭 화자의 작가로서의 정체성의 변화에 의해 강화된다. 여기에서는 단순히 예술작품을 심미적으로 경험하는 데 그치는 것이 아니라 그 경험을 글로 표현함으로써 현실에 '예술 실천적으로 관여하고자' 하기 때문이다. 글쓰기의 수행적 의미에 대해서는 II부 "이데올로기의 균열—개입적 글쓰기의 수행성"에서 다룬 바 있다.

지평을 확대하는 것은 이런 경로를 통해서다.

> 어떤 닫힌 관점에서가 아니라 다의성에서 출발하는 그 놀라운 묘사는 우리가 살고 있는 메커니즘에 대해, 정태적 배치가 할 수 있는 것보다 더 깊은 해명력을 갖고 있었다. 그런 묘사에 특징적인 사실은, 그것이 환상을 자극하여 관계와 비유를 찾음으로써 수용 능력의 영역을 확대하도록 이끄는 데 있었다(*ÄdW*, I, 336).

〈게르니카〉의 다층적 그림언어는 수용자로 하여금 자신이 관찰하고 느낀 것의 의미를 끊임없이 질문하도록 촉구한다. 여기에서 중요한 것은 그림의 의미 체계를 확정짓는 게 아니다. 그림의 다층적 의미가 정의적定義的 요약을 거부하는 것이라면, 필요한 것은 이 의미론적 역동성을 모호성 아래 방치하는 것이 아니라 최대한의 명료성으로 번역해 내는 것이다. 〈게르니카〉의 묘사 방식은 삶의 '메커니즘에 대한 좀더 깊은 해명력'을 보여 줌으로써, 등장인물들이 그때까지 갖고 있던 시각과 사유의 습관으로부터 벗어나도록 요구한다. 이렇게 확대된 수용력은 이 그림과의 심미적 경험에서 온다. 그들은 이렇게 향상된 수용력에 기대어 복잡한 현실의 모순된 메커니즘에 대한 인식을 점차 얻게 되는 것이다.

다시 정리하면 이렇다. 예술의 위대성은, 그것이 현실의 모순적 다층성을 얼마나 적절하게 형상화할 수 있는지, 이를 통해 어느 정도로 수용자의 의식 형성과 행동 정향을 촉구하는 데로 나아갈 수 있는지에서 측정될 수 있다. 왜 모순적 다층성을 표현해야 하는가? '다층적인 것'은 현실 자체가 하나의 층위가 아닌 여러 층위로 얽혀 있기 때문이고, 이렇게 얽혀 있는 것이기에 그것은 일목요연하기보다는 상호 모순적이다. 모순과 다층성은 현실에서 낯선 것이 아니라 현실의 자연스러운 속성인 것이다.

상상을 초월하는 폭력에 대하여 예술은 '부재'의 표현으로부터 시작한다. 역사 현실의 폭력은 그 표현 불가능성에도 불구하고 피카소에 의해 부정되지 않는다. 그는 표현의 불가능성에 즈음하여 존재가 아닌 차라리 부재를 표현했고, 이 부재의 표현을 통해 어두운 현실에 저항한 것이다. 예술은 어둠에 대한 표현 저항이다. 그것은 어두운 현실에 부정적으로 대항하는 표현적 저항이다. 이러한 사실은 〈게르니카〉에 대한 여러 해석사와 수용사가 입증해 주며, 무엇보다 그 수용사의 한 의미 있는 예인 《저항의 미학》의 등장인물이 보여 주는 재해석에서 잘 확인된다. 예술가에겐 어쩌면 형상 의지 이외에는 어떤 다른 저항적 방식이 없는지도 모른다. 예술은 타락한 현실을 모순의 문법으로 반성하는 하나의 부정적 방식인 것이다. 이러한 반성은 〈게르니카〉에 부재하는 페가수스Pegasus와 관련하여 좀더 자세히 살펴볼 수 있다.

3.4.2. 사라진 페가수스

페가수스는 하늘의 말이고 뮤즈Muse의 말이다. 그래서 예술을 상징한다. 그림 〈게르니카〉에서 게르니카 시의 폭격 가해자가 나타나지 않듯이, 페가수스 역시 이 그림에서는 부재하는 것으로 묘사된다. 그런데 이것은 처음부터 없었던 것이 아니다. 그 반대다. 다음의 인용문을 읽어 보자.

> 책자들을 연구하면서 우리는 몇몇 초안으로부터 다른 의미를 부여한 언급을 추출할 수 있었다. 왜냐하면 거기에서는 말의 몸통에 난 상처로부터 날개 달린 어린 말 한 마리가 날아오르고 있었기 때문이다. 〔…〕 인상적인 페가수스 그림을 생각하면서 우리는 바로 이렇게 누락된 것, 이 끔찍한 빈자리에 의해 그림의 주된 모티프가 언급되어야 하는 게 아닌가 하고 물었다. 〔…〕 페가수스가 보이지 않는 채로 그 그림에 속한다는 사실은, 어떤 것도, 그 어떤 사전 작업도 잃어버린 것으로, 내던져진 것으로 간주하지 않았던 자기의 작업 방식을 신뢰한다던 피카소의 말을 우리가 발견하게 되었을 때, 진실된 것으로 입증되었다(*ÄdW*, I, 334f.).

〈게르니카 스케치〉

날개 달린 페가수스는 말의 찢겨진 상처로부터 날아오른다.
그러나 천마는 원래 이 그림에 없었다. 그러므로 예술은 상처 혹은 부재로부터 생겨나고, 이 부재라는 상처를 돌본다.

위 대목은 피카소의 예술 이해뿐만이 아니라, 이 피카소의 예술 세계를 읽는 작가 바이스의 예술 이해에 대해서도 매우 중요한 한 원칙을 마련해 주는 것으로 보인다. 등장인물의 해석이 보여 주듯이, 페가수스는 〈게르니카〉를 완성하기 전에 피카소가 그렸던 여러 사전事前 스케치들에서는 나타난 반면에, 〈게르니카〉의 최종판에서는 사라진다. 날개 달린 말은 여기에서 '검은 마름모꼴의 상처'—'너무나 크고 당혹스러운 것이어서'(*ÄdW*, I, 334) 수용자의 관심을 끄는 것으로 나타난다. 이 몸뚱이의 빈자리란 '상처'다. 이 상처로부터 등장인물은 〈게르니카〉의 근본 모티프를 읽어 낸다. 이런 해석 방식은 〈게르니카〉의 최종판이 그 숱한 사전 작업으로부터 분리된 것이 아니라는 화가 자신의 언급에 의해 옳은 것으로 보증받는다. 글의 논의를 더 진행시켜 보자.

페가수스가 사라진 후에 남은 〈게르니카〉의 빈자리는 단순히 이 그림만의 모티프가 아니다. 오히려 거기에서 우리는 예술 일반의 어떤 근본 지향을 읽어 낼 수 있다고 나는 생각한다. 그 지향이란 무엇인가? 예술은 흔적, 상처, 부재에로 나아간다는 것이다. 예술작품에는, 직접적이든 간접적이든, 아물지 않은 상처가, 마치 아직 실현되지 않은 열망처럼, 각인되어 있기 때문이다. 그 상처의 이름은 사라진 것, 부재하는 것, 죽은 것이다. 이 모든 어두운 것들은 아직도 표현되지 않은 것이라는 점에서 일치한다. 예술의 모든 표현은 표현되지 않은 것에 빚진다. 다시 말해 표현된 것은 표현되지 않은 것의 그림자로 자리한다. 그것은 예술이 하나의 가상으로 자리한다는 것, 그래서 그 근원과 떨어져 있다는, 이 3장의 처음에 언급한 사실을 상기시킨다.

예술은 사라지고 잊히며 부재하는 것이라는 상처를 어루만짐으로써 그 근원에로 다가가고자 한다. 근원과의 이런 거리가 예술에게 환멸과 절망을 안긴다. 그러나 이런 거리에도 예술은 이 상처를 끝끝내 의식하고 형상화한다. 근원과의 거리에 대한 의식이, 놀랍게도, 그 거리를 좁히는 역설적 이유가 되는 것이다. 표현은 이 불가피한 거리를 좁히는 예술의 수단이다.

이 점에서도 부재를 통한 바이스의 예술 이해는 모상을 통한 플라톤적 예술 이해와 분명히 구분된다고 말할 수 있다. 즉 플라톤적 예술 개념은 이념, 질서, 근원 혹은 신 등의 형이상학을 모방하면서 그 충일과 충만의 상태로부터 떨어져 있다. 이에 비해 이 글에서 파악한 예술 개념은 근원으로부터의 거리를 인정하면서도 그 거리를 가능하게 어떤 결여나 누락 혹은 불충족 상태를 의식한다. 그럼으로써 그것은 현재와는 다른 상태로 나아가고자 한다. 《저항의 미학》의 예술 개념을 구성하는 것은 이러한 지향의식이다. 결여에 대한 깨어 있는 명징한 의식이 어떤 충일의 상태로 예술을 추동하는 까닭이다. 이 지향적 의식이 예술적으로 변형된 후에 우리는 마침내 이념이나 근원, 신 혹은 형이상학을 말할 수 있을지도 모른다.

예술은 이미 존재하고 충만된 것 속에 거주하지 않는다. 그렇다고 사라지고 부재하는 것 자체에 머무르지도 않는다. 오히려 그것은 존재에서 부재로, 더하게는 부재에서 존재로 움직인다. 이렇게 움직이면서 예술은 '이미 있는 그 무엇'이 아니라 '아직도 자리하지 않은 그 어떤 것'에 눈길을 준다. 그것은 사라진 것, 죽은 것 혹은 부재하는 것에 이름과 형식을 줌으로써 비로소 여기의 현재에 자리하게 한다. 페가수스가 사라진 〈게르니카〉처럼, 그것은 부재를 암시함으로써 스스로의 존재를 입증하는 것이다. 묘사할 수 없는 것과 아직도 묘사되지 않은 것을 그 대상으로 삼으면서 예술은 이미 지속하는 것을 무력하게 하고, 단절된 것을 유력하게 한다. 이때 그 에너지를 추동하는 것은 묘사할 수 없음에서 오는 절망과, 이 절망에도 불구하고 견지되는 묘사에의 의지, 그 둘 사이의 긴장이다. 묘사의 불가능성과 가능성 사이의 위태로운 긴장이 예술 표현의 의미 있는 동력이 되는 것이다. 심미적 가상과 현실의 관계 방식은 더 자세히 논의될 필요가 있다.

위에서 나는 〈게르니카〉의 복잡한 구성 방식을 언급하면서 예술이 표면 현실뿐만 아니라 무엇보다도 심층 현실의 탐색과 관계된다는 점을 지적했다. 이것은 일상적 지각에서도 경험될 수 있다. 삶의 세계는 나타나고 보이는 것을 중심으로 이뤄진다. 보이는 현실은 현상적으로 참되지만, 그러나 그것은 느끼고 경험되는 대상으로 한정된 것이다.

우리는 우리의 현실 관념을 보고 듣고 만지고 맛보고 냄새 맡는 지각적 차원 내로 제한하는 경향이 있다. 이것이 사소한 것은 아니다. 그것은 또, 메를로 퐁티의 지각적 현상학이 보여 주듯이, 지각 너머의 차원과 겹쳐져 있는 것이기도 하다. 그러나 그것은 대체로, 개인적 편차에도 불구하고, 가시적 표피적 차원에 묶여 있다. 그러나 보이는 것만이 사실성의 전부는 아니다. 보이지 않는 것 역시 생활 세계의 중대한 일부를 이룬다. 여기에서 보이지 않는 현실이란 현실적 현실이라기보다는 비현실적 현실에 가깝다.

보이거나 나타난 것으로서의 현상 세계가 현실적 현실에 해당한다면, 보이지 않거나 꿈꾸어진 것은 비현실적인 현실에 속한다고 할 수 있다. 이 비현실적 현실에 비하면 현실적 현실이란 차라리 미미하고 초라하며 궁색한 세계라고 말해야 할지도 모른다. 세계는 이 알 수 있는 작은 가시적 현실과 알 수 없는 비가시의 광대한 현실로 어울려 있다. 이 광대한 현실의 스펙트럼 앞에서 여하한의 인위적이고 개념적인 현실 관념은 쉽게 무너지고 만다.

우리는 얼마나 빈번하게 여태 느껴 보지 못한 그 무엇이 바로 조금 전에 느낀 것의 곁에 있고, 전혀 예상하지 못한 일이 우리의 상상력을 능가하면서 현실 이편으로 다가오며, 허구로만 여겨 오던 대상이 지금 여기에서 현실로 나타나는 것을 경험하곤 했던가. 이때 우리의 현실 표상은 급작스럽게 비현실적으로 되고, 비현실적인 표상은 현실적으로 된다. 적극적으로 표현하여, 개연성 혹은 가능성뿐만 아니라 심지어 허구성 혹은 불가능성조차도 좀더 넓은 의미의 현실적 차원 속에 있는 것이다. 그러므로 우리는 환상적인 것의 사실성과 사실적인 것의 허구성을 말할 수 있어야 한다. 우리의 현실은 모순적인 것들의 중첩상까지 포함한 현실이어야 한다. 삶의 세계에는 하나의 현실이 아니라 '숱한 현실들'이 있는 것이다. 그리하여 현실은 수십 마리의 뱀이 뒤엉킨 채 꿈틀대는 메두사의 머리카락을 닮아 있다. 예술적 가상은 다층적 현실의 이 끔찍한 표상에서 출발한다.

예술의 심미적 가상은 말할 것도 없이 인위적으로 구성되고 발명된 세계다. 그 때문에 그것을 일종의 '그림자놀이'라고 칭하는 것은 반드시 틀린 말이 아니다. 그런 가상을 만들어 내는 예술가는, 플라톤이 옳게 지적했듯이, 청년들의 순수한 의식을 오염시키는 '나쁜 사람'인지도 모른다. 그것은 거짓 지식과 가짜 지혜를 퍼뜨리는 소피스트일 수도 있기 때문이다.

그러나 과연 그런가? 예술은 현상 세계만 표현하는 것인가? 그렇지는 않다. 예술이 무엇보다도 감각에 의존하는 정서적, 비이성적인 장르인 것은 자명하다. 그러나 그 이상으로 감각 너머의 세계와 관계한다. 그래서 그것은 감각에 초감각이 배어들게 하고, 감각과 초감각의 이 겹침 속에서 초월적, 형이상학적 지평으로 나아간다. 예술은 공리적功利的 의미의 그 어떤 지식도 직접 전해 주지 않지만, 그렇다고 그것이 비실용적이고 비현실적인 것은 결코 아니다. 예술은 감각 속에서 감각을 넘고, 쓸모없음 가운데 쓸모를 말하며 현실 그 너머의 현실을 암시한다. 예술이 철학의 정확성 뒤에 자리한다는 플라톤적 논의는 타당한 면을 갖지만, 이 철학의 아버지가 예술 자체의 동력학을 단순화한 것도 사실이다.

예술이 지닌 심미적 가상의 존재 방식은 어떠하고, 그것의 현실과의 교섭 방식은 어떠한가? 예술의 가상은 단순히 현실을 모방하거나 재현하는 데 그치지 않는다. 예술의 더 중대한 의미는 그렇게 모방하는 가운데 현실을 재발견하고 재창출하는 데 있다. 그러니 만큼 심미적 대상은 있는 듯이 없고 없는 듯이 있는 것에 가깝다. '마치 무엇처럼 있는 것ein Sein-als-ob'이 예술의 고유한 존재 방식인 것이다. 이런 맥락에서 대상을 '무엇처럼' 나타내는 표현법, 다시 말해 비유는 예술언어의 핵심적 특징이 아닐 수 없다. 예술의 비유는 외연 속에 내포를, 그래서 명시 속에 함축을 드러내는 표현 방식이기 때문이다(폴 리쾨르P. Ricoeur가 은유를 '보이는 것 속의 보이지 않는 표현'으로서 '-처럼'이란 단어로 규정했던 것도 이 같은 맥락에서 이해할 수 있다).

심미적 가상은 있음 속에 있지 않음을 암시하고, 있지 않음 속에 있음을 내포한다. 그것이 심미적 가상의 존재 방식이다. 이것은 분명 경험적 삶의 실제적 법칙성에서 벗어난다. 그것은 경험적 사실의 구체성으로부터 출발하되 이 구체성을 넘어 가시적 현실의 대척점이 된다. 그러한 한 심미적 가상은 비현실적이다. 비현실적 허구의 표현 속에서 예술은 아직 오지 않은 또 다른 현실을 묘파해 낸다. 심미적 가상 속에서 아직 생성되지 않았고 아직 오지 않은 세계가 현실적 개연성 아래 자기 표현을 얻게 되는 것이다. 예술적 가상은 주어진 현실을 탈현실화하고 탈현실화된 현실을 재현실화한다.[124] 그럼으로써 독자는 예술에서 지각적 충격 가운데 더 넓고 깊은 현실과 만나는 것이다. 그러므로 예술의 가상은 부재와 교류할 수 있고, 또 부단히 교류해야 한다.

3. 4. 3. 미메시스적 참여

예술은 생활 세계의 재의미화를 위해 현실적인 것뿐만 아니라 가능한 것을 보여 주어야 하고, 더 나아가 가능한 것뿐만 아니라 불가능한 것을 표본적으로 보여 주어야 한다. 가능성/불가능성의 매체로서 예술은 늘 표현의 욕구에 기대어 아무도 알 수 없는 지역terra incognita으로 들어선다. 그럼으로써 그것은 오고 있는 미래를 앞당겨 드러내는 것이다(심미적 가상의 이 전취적 성격을 에른스트 블로흐E. Bloch는 예술의 유토피아적 계기와 결부하여 설명한 적이 있다).

예술은 부재하는 것에 대한 미메시스적 참여mimetische Methexis am Abwesenden다.[125] 그것은 끔찍한 것 그리고 부재하는 것과의 형식 부여적 대결을 통해 비로소 태어난다. 날개 달린 페가수스가 메두사의 몸으로부터 날아 나오듯이, 예술은 아직 표현되지 않은 그래서 아직 치유되지 않은 상처로부터,

---

124 Waldenfels, Bernhard: Der ästhetische Schein aus phänomenologischer, semiotischer, sprachphilosophischer und strukturalistischer Perspektive, in: Oelmüller, Willi(Hg.): *Kolloquium Kunst und Philosophie 2, Ästhetischer Schein*, München 1982, 94쪽에서 102쪽, 특히 99쪽. 이 대목에 오면, 우리는 현실 모사라는 플라톤적 예술 이해로부터 이미 벗어나 있다. 다층적 현실 파악을 위해 현실 개념을 확대해야 할 필요가 있듯이, 모사라는 개념 역시 그 성취와 한계 속에서 더 탄력적으로 해석할 필요가 있다. 예술이 단순한 재현 이상이긴 하지만, 그렇다고 하여 그것이 모방적, 모사적 성격을 완전히 배제하지는 않기 때문이다. 그러므로 문제는 예술이 현실 모사와 현실 창출의 긴장 관계를 얼마나 생산적으로 유지하면서 형상적 의지를 위한 의미 있는 에너지로 삼을 수 있는가지, 어느 한편으로의 단정이나 귀착이 아니다. 언제나처럼 손쉬운 결정은 섣부른 충동을 만족시켜 주는 데는 기여하지만, 사태의 실질적 파악에는 도움이 되지 않는다. 이런 문제의식을 가질 때, 우리는 더 탄력적인 리얼리즘의 시각 안에서 플라톤적 모사 개념의 한계뿐만 아니라 그 성과에 대해서도 눈멀지 않을 수 있다.

125 Vgl. Adorno, Theodor W.: *Ästhetische Theorie*, a.a.O., S. 204.

이 상처를 드러냄으로써, 그 치유를 시도하는 것이다. 그러나 이것은 위험한 일이다. 지배 질서는 지금 없는 것이란 '당연히 없고, 앞으로도 없다'고 공시하는 까닭이다. 부재를 드러내는 것은 그 자체로 공식적 질서에 반기를 드는 것이기 때문이다.

그러나 예술은 부재를 불허하는 기성의 질서에 회의한다. 그것은 부정현실 속의 부재에 대한 형상적 참여다. 아직 표현되지 않은 것, 여전히 부재하는 것은 오직 가차 없이 형상화됨으로써 구제될 수 있다. 예술은 이런 식으로 폭력의 메커니즘에 대응한다. 바로 여기에 피카소 그리고 바이스의 예술적 형상 원리가 있다.

> 남성적인 것과 여성적인 것이 뒤섞이며 바뀌었고, 거기 그 몸으로부터 페가수스가 뛰쳐나오는 메두사에 대한 기억이 자리했다. 메두사의 끔찍한 얼굴은 보는 사람을 돌로 변모시키는 시선으로, 말의 머리에서도, 전사戰士의 머리에서도 떠올랐다. 고르고Gorgo〔메두사의〕로부터 몸을 돌린 채, 그 기괴한 표정을 오직 거울로 포착하면서 페르세우스는 메두사를 죽였고, 이 격퇴 방식을 피카소는 자기 것으로 만들었다(*ÄdW*, I, 339).

> 그의 모든 삶은 뒤떨어진 사고와 예술의 죽음에 반대하는 지속적 싸움 외에는 아무것도 아니었다고, 그〔피카소〕는 이 그림을 구상할 때 설명했다. 그는 이렇게 말함으로써 스페인의 민중과 자유에 대한 간섭을 지적했다. 그는 진리를 위한 예술의 싸움을 민중 선동에 대한 거부와 똑같이 취급했고, 그래서 예술 작업은 그에게 사회정치적 현실과 분리될 수 없었다(*ÄdW*, I, 335).[126]

메두사는, 그리스 신화에 의하면, 고르곤의 세 자매 중 하나로서 그를

---

126 피카소의 이런 언급은 다음 책에도 나온다. Barr, Alfred H.: *Picasso. Fifty Years of his art*. New York 1946, p. 202. Schmidt, Maria C: a.a.O., S. 200에서 재인용. 위에 언급한 막스 임달의 책 50쪽도 참고.

쳐다보는 것은 무엇이든지 돌로 만들어 버린다. 페르세우스는 이 메두사를 정면으로 대응하는 것이 아니라 방패 표면에 비친 모습을 보면서 죽이는 데 성공한다. 천마 페가수스는 메두사의 목이 잘려 나간 바로 그 자리에서 날아오른다. 이것은 어떤 의미를 지니는가?

여기에는 중대한 함의가 들어 있다. 메두사는 자기를 쳐다보는 모든 것을 돌로 만들어 버리기에 페르세우스 역시 이 메두사를 직접 쳐다볼 수 없다. 그는 한 가지 묘안을 짜낸다. 그것은 자기가 든 방패에 어린 그 모습을 보고 격퇴하는 것이다. 중요한 것은 이것이 예술 창작의 한 핵심적 원리를 암시하는 데 있다. 즉 피카소는 시대의 극악한 전율을 직접 보고하거나 기술하는 것이 아니라 예술적 형상물로 '변용'시킴으로써 역사의 폭력에 대응한다. 만약 이 폭력에 그가 직접 대응했더라면, 그는 마치 메두사를 바로 쳐다볼 때처럼 돌로 굳어져 버렸을지도 모른다. 그는 괴물의 비친 영상/이미지를 보고 이 괴물을 처치하는 이른바 '간접적 형상화 방식'에 의존함으로써 결국 현실에서 살아남은 것이다. 예술 작업이란 단순히 메시지를 전달하는 선전적 선동적 활동이 아닌, 좀더 복합적으로 매개되는 우회적 창출 행위다. 나아가 이것은 사회역사적인 현실과 깊게 얽혀 있다.

여기에서 예술 작업은, 그것이 개념 구분을 통해 대상의 충일성을 손상시키는 것이 아니라 상상력의 도움으로 대상의 충일성을 밀도 있게 드러낸다는 점에서, 학문적 작업과는 구분된다. 즉 학문적 인식이 가시적인 것과 경험적인 것 그리고 계량 가능한 것에 집중하는 반면, 예술적 묘사는 보이는 것뿐만 아니라 보이지 않는 것을 그 현재顯在 형식Präsenzform 속에서 암시하면서 드러낸다. 학문이 대상을 규정하고 분류하며 구분하고 배열하는 것이라면, 예술은 상상적 의식에 힘입어 그 대상을 밀도와 충일성 아래 형상화하는 것이다. 즉 표현적으로 대응하는 것이다.

그리하여 예술의 방법은 학문의 그것에 비해 비논리적이고 비체계적일 수는 있지만, 그래서 간접적이고 우회적이긴 하지만, 바로 그 때문에 더 구체적이면서 포괄적이다. 개인적 진실과 사회적 현실은 예술적 표현에서 하나로 만나는 것이다. 예술은 사회적 비진리가 강제하는 삶의 죽음에 대항하는 형상 부여적인 것이다.

화가 피카소에서처럼 작가 바이스에서도 개인적 표현 의지와 사회적 비진리는 합해져 예술적 진리가 된다. 이것은 등장인물 중 하나인 1인칭 화자가 작가로서 자신의 정체성을 확립해 가는 데서 가장 잘 나타난다고 할 수 있다. 그는 다른 인물들과 같이 〈게르니카〉를 보면서 현실의 폭력과 억압 그리고 무기력을 다시 성찰하게 되지만, 이들 동료와는 달리 이때의 경험을 소설 텍스트 내의 서사적 연관항으로 전환하고 다시 배열하면서 역사적 현실을 객관적으로 기록하게 되고, 이렇게 기록된 것을 통해 현실의 실상을 더 명료하게 이해하게 되는 것이다. 여기에서 1인칭 화자는, 나아가 바이스는 왜 〈게르니카〉에는 이 그림을 있게 한 폭력의 주체가 없는지, 왜 예술을 상징하는 페가수스는 날아가 버리고 구멍 뚫린 상처의 흔적만 남아 있는지 묻는다. 그리고 이 물음을 통해 예술은 과연 무엇을 표현하며, 또한 어떤 방향으로 나아가야 하는지 알고자 한다.

1인칭 화자는, 위에서 보았듯이, 방패를 거울삼아 메두사를 물리치는 페르세우스의 방식이 곧 피카소의 현실대결법이 되었다고 해석한다. 피카소 역시 페가수스를 부재 속에 드러냄으로써, 마치 메두사를 물리친 페르세우스처럼, 죽음을 강요하는 역사 현실에 저항한다. 마찬가지로 소설의 등장인물들은 상처로 남은 페가수스의 흔적을 적극적으로 해석함으로써 피카소 예술의 의미를 그들 자신의 현재적 현실로 불러들인다. 인간 현실은 이 현실에 다가서는 사람을 마비시키는 메두사를 닮아 있다. 이 메두사 현실을 우리는 외면할 것이 아니라 정면에서 대결해야 한다. 표현은 이렇게 대결하기 위한 매체다. 그것은 파악할 수 없는 대상을 비로소 파악할 수 있게 만들기 때문이다.

3.4.4. 페르세우스의 방패

페가수스가 사라진 후에 남은 상처의 흔적, 그것은 아직 채워지지 못한 예술의 꿈이다. 그것은 충분히 지각되지도 않았고 완전히 예감되지도 못했지만 엄연한 인간 현실을 이룬다. 아직 표현되지 못한 것은 여기에 없다. 예술은 이 부재하는 상처로 자리한다. 예술은 지금 여기에 있지 않은 것의 흔적으로 여기에 있다.

예술은 단순히 창조가 아니라 흔적 찾기Spurensuche다. 그것은 이미 알려진 것을 전혀 다르게 묘사하고, 아직 알려지지 않은 것을 새로이 발견함으로써 메두사 같은 현실과 대결한다. 그럼으로써 예술 현실은 삶의 현실에 대항하는 사회적 안티테제가 된다. 예술은 미메시스적 저항 심급mimetische Widerstandsinstanz이다. 페르세우스의 기지를 읽으면서 바이스는, 등장인물들이 해석해 보이듯이, 예술의 기원에 대한 모범적 모델을 본다.

> 페르세우스, 단테, 피카소는 그들의 거울에서 포착한 것, 즉 메두사의 머리, 지옥의 영역들, 게르니카의 파괴를 전승해 주면서 스스로 치유된 자로 남는다(*ÄdW*, I, 339).

〈게르니카〉에 대한 등장인물들의 해석은 파시즘적 파괴에 대한 항의로만 이해되어선 곤란하다. 이런 비판적 수용의 중심에는 오히려 예술의 묘사 능력 혹은 그 무능력에 대한 어떤 도저한 성찰이 담겨 있다. 말하자면 그것은 예술의 근본적 지향과 목표에 대한 고민이다.

피카소가 대상과 주체의 정서적 일치 속에서 역사적 현실의 측량하기 힘든 고통을 〈게르니카〉에 형상화했듯이, 소설의 인물들 역시 이 그림의 다양한 의미 차원을 고조된 상상력으로 해명하려고 한다. 그리고 이것은 궁극적으로 이 소설을 있게 한 바이스의 글쓰기 실천으로 수렴된다. 다시 말해 피카소가 다차원적 그림언어로 파악할 수 있는 것뿐만 아니라 파악할 수 없는 것을 드러내었듯이, 바이스 역시 고도로 집중된 소설언어로써 알려지고 친숙한 것뿐만 아니라 알려지지 않고 낯선 것에게 표현 형식을 부여한다. 대상과 주체, 체험한 것과 표현한 것의 일치는 이렇게 생겨난다. 이 일치를 통해 두 예술가는, 각자가 선택한 매체의 차이에도 불구하고, 경험 현실과 상상 현실을 심미적 통일성 아래 통합하는 데 성공하는 것이다.

그런데 이 형상화 원리는 회화나 문학에만 나타나는 게 아니다. 그것은 예술 일반의 표현 한계와 가능성 그리고 그 지향을 주제화한다. 내가 주목하는 것은 바로 이 점이다.

가차 없는 그러면서 상상적인 묘사를 통해 예술은 언제나 사회정치적 관계항에 대한 비판적 안티테제가 된다. 여기에서 예술은 단순히 지나간 잔혹의 증인뿐만 아니라 무엇보다 다가오는 잔혹성에 대한 예민한 촉수다. 왜냐하면 그것은, 바이스가 쓰고 있듯이, 잔혹한 와해와 마비를 거스르는 표현인 한, 하나의 '계시요 예시'(*NB*, II, 187)이기 때문이다.[127] 예술은 과거의 재앙뿐만 아니라 미래의 재앙에 대한 예감적 계시다. 이미 있었던 것과 지금 있는 것뿐만 아니라 앞으로 있게 될 것과 부재하는 것까지 암시함으로써 그것은 어두운 시대의 기억의 경고비가 되는 것이다. 메두사 같은 현실은 이런 경고와 예시 속에서 마침내 조금씩 치유될 수 있을지도 모른다. 예술은 기억의 치유적 거울이다. 그것은 '의식과 인식의 빛'을(*ÄdW*, I, 336) 담고 있기에 우리는 이 거울에서 '현실의 괴물과도 같은 발호'를(*ÄdW*, I, 341) 정면으로 바라볼 수 있게 되는 것이다.

예술은 사회적 무질서를 치유하는 하나의 길이다. 그러나 길은 결코 가

---

127 빛은, 〈게르니카〉에 그려진 등불 든 여자나 천장이 암시하듯이, 계몽과 자유를 위한 해방적 잠재력을 드러낸다. 피카소의 〈미노타우루스Minotauromachie〉에 묘사된 아이의 빛처럼, 〈게르니카〉에서도 단초적이긴 하나 희망이 암시된다. 이러한 암시는 '꺼져 가는' '전등'에 '또 다른 믿을 만한 기름램프'가 더해질 때, 나타난다(*ÄdW*, I, 336). 그래서 수용자는 심미적 성찰로부터 인식의 빛을 얻고, 이 인식의 빛에 기대어 파시즘 권력자들의 비행非行을 다차원성 속에서 확인할 수 있다.

까운 것이 아니다. 바이스는 이 길이 참으로 멀고, 나아가 사람의 영육을 고갈시키는 지난至難한 것임을 잘 안다. 그러면서 동시에 사회적 화해로 나아가는 그 길이, 역사의 발전을 단순히 주장하거나 그저 믿음으로써가 아니라, 예술을 통해 파악 가능한 것으로 묘사될 때, 비로소 짧아질 수도 있음을 확신한다. 그의 글쓰기 실천은 이렇게 얻어진 통찰, 다시 말해 기성의 비진리에 대한 미메시스적 반대 기획 속에서만 더 나은 삶이 실현될 수 있을 것이라는 오랜 반성의 결과로 보인다. 미메시스적 반대 기획이란, 이미 살펴보았듯이, 결핍 혹은 부재에 대한 표현적 참여에 다름 아니다. 바로 이 점에서 나는 이 글의 처음 — '근원으로부터의 거리이자 이어짐'으로서의 심미적 가상의 문제로 다시 돌아간다.

예술은 사실과 경험으로부터 출발한다. 그러나 그것이 현상 세계에 포박되는 것은 아니다. 그렇듯이 어떤 이상적 세계 혹은 아름다운 가상의 세계만 드러내는 것도 아니다. 예술 묘사의 1차적 대상은 말할 것도 없이 경험 현실이다. 그러나 그것은 감각적으로 감지되는 현실의 다양성을 어떤 의미 있는 연관항으로 번역하면서 사실의 특수성에 일반적 지평을 부여한다. 그러나 이때의 일반성은, 아리스토텔레스가 역사 서술의 특수성과 비교하여 보여 주었듯이, 실제로 일어난 것이라기보다는 차라리 '일어날 수 있는 것'을 향한다. 일어날 수 있는 것은 단순히 우발적인 것이 아니라, '개연성 혹은 필연성의 규칙에 따라 가능한 것'[128]이란 뜻이다. 그리하여 예술적 가상은 지금 여기에는 없으나 앞으로 있을 수 있는 것, 그리하여 언젠가 일어날 수 있는 것을 보편적이고 필연적인 원리 아래 드러내 보이는 것이다. 그것은 아직 실현되지 않은, 그러나 머지않아 실현될 수도 있는 삶의 잠재적 가능성에 관계한다.

예술적 가상은 이미 실현된 것이 아니라 실현될 수 있는 것, 따라서 아

---

128 Aristoteles: *Poetik*, Übersetzt von M. Fuhrmann, Stuttgart 1982, S. 29.

직 실현되지 않은 것에 관계한다. 아직 실현되지 않은 것이란 말의 엄격한 의미에서 부재다. 그러나 이 부재는 전적인 결여가 아니다. 그것은 언젠가는 존재할 만한 혹은 존재할 수도 있는 것으로서의 부재다. 더 정확히 말하자면, 그것은 존재 가운데 잠재하는 부재다. 예술은 지금 여기에 있는 것의 토대 위에서 아직 있지 않은 것과 쉼 없이 교류한다. 이 교류를 통해 그것은 존재 속의 부재를, 부재하는 존재를 드러낸다. 예술은 있는 현실 가운데 있지 않은 현실을 탐구하고, 같은 현실 가운데서의 전혀 다른 현실을 모색하는 것이다.

그리하여 예술 현실은 '최대한으로 확장된 삶의 가능성'으로 이해된다. 이에 반해 생활 현실은 '최소한으로 축소된 사실 현실 — 가시적 현상 세계'로 파악된다. 예술 현실은 가상을 통해 부재에 참여함으로써 현실의 작은 일부를 이루면서 동시에 이 작은 테두리를 넘어가는 보편적 현실이 된다. 이 확대된 심미 세계에서 생활 현실과 예술 현실은 다른 것이 결코 아니다. 예술은 지금 여기의 협소한 현실에서 암시되는 좀더 넓고 깊은 세계의 가능성에 대한 탐구다.

예술은 더 넓고 깊은 삶의 가능성에 대한 탐구로서 오늘날 심각한 균열을 앓고 있다. 예술의 거울은 더 이상 온전한 형태가 아니다. 그것은 드문드문 짜 맞춰진 파편의 모습을 띤다. 게다가 거울의 모습 역시 실체로서가 아니라 가상으로 나타난다. 우리는 이제 부서진 거울 조각 몇 개를 든 채, 이 거울에 어린 가상을 바라보며 현실의 온전한 모습을 그려 내야 한다. 가상의 이미지에서 있는 현실뿐만 아니라 있지 않은 현실, 이미 온 것이 아니라 오지 않은 그러나 올 수도 있는 현실을 예감하면서 불러들이고자 한다. 파편으로 남은 거울 조각을 엉성하게 짜 맞추며 우리는 그 위에 드러난 왜곡된 이미지를, 마치 거기에 근원으로 난 길이 암시되어 있기라도 하는 것처럼, 부단히 해독해 내어야 한다.

이 파편 현실 가운데서 우리는 있어야 할 현실을 꿈꾼다. 마치 폭력의 가해자를 그리지 않음으로써 그 야만성을 드러낸 피카소처럼, 또 그런 피카소의 그림을 힘겨운 수용 과정 속에서 비로소 이해하는 소설 속 인물들처럼, 우리는 예술에서 오늘의 삶의 질서가 온전한 것이 아니라 계속해서 고쳐져야 함을, 그래서 지금까지와는 다르게 조직되어야 함을 느낀다.

우리는 잔혹 현실을 똑바로 쳐다보기 어렵다. 그것은, 마치 쳐다보는 모든 것을 화석화하는 메두사처럼, 우리를 굳어 버리게 하기 때문이다. 바로 그 때문에 우리는 '이것이 현실일 수도 있다' 혹은 '이것이 인간처럼 보인다' 혹은 '이것이 인생 아닌가'라고 쓰고 그리고 지음으로써 삶의 현실을 견뎌 낸다. 마치 방패에 비친 메두사를 보고 그 머리를 베어 내는 페르세우스처럼, 우리는 언어와 색채, 돌과 흙 같은 질료에 현실을 담아, 이 현실에 비유의 형식을 부여함으로써, 이 현실을 이겨 내고자 한다. 예술은 페르세우스의 방패와도 같은 것이다.

있는 현실과 있어야 할 현실 사이에는 늘 간극이 있다. 이 간극이 존재하는 한, 예술가는 그리고 그를 바라보는 우리는 불행할 수밖에 없다. 존재와 당위 사이에 균열이 있는 한, 현실과의 불화는 피할 길 없다. 그러나 예술가의 불행의식은 행복한 천형天刑일 수도 있다. 그것이 천형인 것은 그가 표현하는 것의 불가피한 불충분성 때문이고, 그럼에도 그것이 행복일 수 있는 것은, 표현으로 하여 삶은 조금씩 쇄신될 수도 있기 때문이다. 균열된 현실과 취약한 언어는 그를 절망하게 하면서 또한 일어서게 한다. 그의 불행의식은 현실과의 불화의 원인이 되면서 또한 헛되이 찾아드는, 잠시 행복한 이유가 되기도 한다. 그 행복한 불화 속에서 예술가는 늘 의식한다. 표현되어야 할 것은 아직 표현되어 있지 않다고. 표현된 것은 표현되어야 할 것에 비해 사소하기 그지없고, 표현되어져야 할 것은 표현된 것에 비해 광대하다고. 표현되어야 할 것이 표현되지 않은 한, 우리는 아직 예술의 시대 그 이전에 있다. 왜냐하면 표현되지 않은 모든 것은 상처요 부채인 까닭이다.

삶의 소리 없는 아우성은 온전히 표현되지 않았다. 표현되어야 할 이 땅의 아우성이 제 목소리를 찾지 못하는 한, 인간의 상처는 아직 치유되지 못한 것이다. 우리를 일컬어, '그들 역시 예술의 전前 시대에 살았었다'라고 후대의 누군가가 말하게 되는 것을 나는 정녕 원하지 않는다. 표현된 것과 표현해야 할 것, 쓰여진 것과 써야 할 것, 그려진 것과 그려야 할 것, 만들어진 것과 만들어져야 할 것, 그사이에 침묵의 빈틈은 자리하고, 이 말없는 자리를 표현의 몸으로, 형상의 실천으로 예술은 메우고자 한다. 예술은 짊어져야 할 표현의 부채 앞에 있다.

우리는 날갯짓 하는 페가수스를 보기 위해 부단히 쓰고 그리고 만들며 춤추고 또한 노래해야 한다. 인간은 표현되어야 할 하나의 상처다. 인류사의 첫날처럼 벌거벗은 몸으로, 그러나 근원과 등진 채, 우리는 아직 표현되지 않은 상처 앞에 떨며 서 있다.

4. 영화적 글쓰기

19세기 말 이래 일어난 지각 형식의 급변에는 과학 기술의 비약적 발전이 결정적 역할을 한다. 이 지각적 급변과 더불어 생활 세계에서는 전래적 의미연관성의 해체와 사회적 소외가 가속화된다. 이러한 정황은 예술의 생산과 소비에서도 일어난다. 발터 벤야민의 말을 빌리자면, 진품성이나 원본의 지금 여기, 전시 가치나 정관靜觀 같은 개념들이 아우라의 파괴 아래 더 이상 쓸모없게 되는 것은 전통적 경험과 가치의 이 같은 광범위한 해체에 이어져 있다. 전래적 서술 방식이 연속성과 개별성의 효과를 겨냥하고, 그럼으로써 여러 요소를 유기적 통일성 속에서 인과 관계에 따라 결합시켰다면, 이런 기존의 서술 방식은 이제 기술화된 일상 세계와 더 이상 보조를 맞출 수 없게 된다. 그리하여 자족성과 완결성 그리고 통일성을 중시하는 전통적 규범과 원칙은 더 이상 현실에 적절치 않는 것으로 입증된다.

변화된 현실은 변화된 지각을 요구한다. 이것은 새로운 관점과 시각과 방법의 도움을 통해 비로소 획득될 수 있다. 여기에서 기술은 지금까지처럼 예술 적대적인 것이 아니라 확대된 표현 가능성을 위한 중요한 응용 수단으로 간주된다. 기술적 합리성은 더 이상 지배의 합리성과 등치되는 것이 아니라 지각 확장을 위한 독자적 잠재력으로 탐색될 수 있기 때문이다. 기술을 예술에 낯선 것으로 간주하는 생각들은 산업사회에서 설득력을 갖기 어렵기 때문이다.

지금의 세계는 기술적 합리성으로 철저히 조직되어 있고, 그러니 만큼 기술의 가능성과 한계를 동시에 고려해야 한다. 기술/산업/과학과의 정면 대결로부터 자본주의적 야만성에 대한 납득할 만한 대안 기획Gegenentwurf의 가능성도 입안될 수 있다. 산업적 기술이건 심미 내적innerästhetisch 기술이든, 기술은 이제 더 이상 예술 생산의 대립물로서 파악되어선 안 된다. 그것은 변화된 현실에 대한 변화된 관점을 촉진할 수 있는 중대한 요소로서 적극 수용되어야 한다.

4. 1. 시공간의 탈경계화

새로운 기술적 응용 가능성은 예술의 매체와 그 기능 또한 급격하게 변화시켰다. 예술의 기능 변화적 과정에서 재생 매체는 하나의 전환점이라고 할 수 있다. 그 대표적인 예가 사진과 영화다. 그중에서도 영화로 야기된 영향력은 문학적, 미학적 영역의 변화들 가운데 단연 두드러진다. 왜냐하면 영화에서 예술의 과학화는 거의 가장 완벽하게 실현되었다고 할 수 있기 때문이다. 영화는 육안이 할 수 있는 것보다 훨씬 높은 수준에서 묘사의 객관성을 포함하기 때문이다.

예를 들어 확대와 축소, 펼침과 접힘, 격리와 중단 등과 같은 — 이것은 카메라맨이나 감독의 의도에 따라 그때그때 다르게 적용될 수 있는데 — 기제Apparat의 다양한 기술적 가능성들로 기대어 영화 제작자는 상당한 정도의 사태 묘사력을 가질 수 있다. 영화가 초래한 지각 형식의 엄청난 충격에 대해 벤야민은 유명한 예술작품 논문에서 다음과 같이 쓴다.

> 영화는 시각적 인지 세계의 전 영역에서, 그리고 청각적 세계의 전 영역에서도 〔…〕 통각의 심화를 야기하게 되었다. 영화가 보여 주는 성취가 회화나 장면에서 묘사되는 성취보다 훨씬 정확하고 훨씬 다양한 관점 아래 분석될 수 있다는 사실은 이런 사태의 뒷면일 뿐이다.[129]

예술작품의 기술적 복제 가능성은 집단적 감각 지각의 방식뿐만 아니라 인간의 전체적 현존 방식에 영향을 끼친다. 이것을 예술과 관련하여 서술하면 이렇다. 심미적 생산 조건의 변화와 함께 등장하는 예술의 위기로부터, 벤야민이 입증하듯이, 예술작품의 안과 밖에서는 일련의 연속적 변화가 일어난다. 그것은 전통적 예술 형식의 해체, 새 매체의 출현, 수용 경험의 심리적 구조에 자리하는 감정이입의 해체 등에서 잘 확인된다.

나아가 예술 생산의 변화된 조건은 예술의 과학적이고 기술적인 그리고 정치적인 환산 가능성 혹은 위치 재설정의 필요성으로 이어진다. 서사적 서술 형식 역시 복제 가능성이 야기한 이처럼 변화된 매체 조건으로부터 무관하지 않다. 오히려 정반대다. 예를 들어 되블린이 소설 《알렉산더 광장》에서 새로운 서사 기법으로 1920년대 '소설의 위기'에 대응한 이래,[130]

---

129 Benjamin, Walter: Das Kunstwerk im Zeitalter seiner technischen Reproduzierbarkeit, in: GS, Bd. I.2, h. v. R. Tiedemann und H. Schweppenhäuser. Frankfurt/M. 1974, S. 498f.

130 Kaemmerling, Ekkehard: Die filmische Schreibweise, in: Prangel, Matthias(Hg.): *Materialien zu Alfred Döblin "Berlin Alexanderplatz"*, Frankfurt/M. 1975.

영화에 고유한 보기와 묘사하기의 방식은 소설의 글쓰기 방식에도 엄청난 영향을 미쳤다는 사실은 널리 알려져 있다. 이 글쓰기 방식 가운데 '영화적 글쓰기'란 어떻게 특징지어질 수 있는가? 그것은 어떻게 이해되고 정의될 수 있는가? 여기에 대해서는 우선, 비록 소묘적이긴 하나, '영화에 고유한 묘사 방식'을 조사하는 것이 필요하다.

영화적 묘사 기술이란 무엇보다도 대립되는, 말하자면 시간적이고 공간적으로 떨어져 있는 다양한 소재 층위들의 병치 위에 자리한다. 그것은 근접 촬영/클로즈업으로 어떻게 제각각의 이미지나 겹치는 이미지(오버랩)를 다루는지에 따라 쉼 없이 변화하는 관점과 시각 그리고 거리를 현실 재현에 사용한다. 불일치한 구성 요소들의 병치 속에서 다양한 사건들은 영화적 묘사에서 동시에 혹은 후시적後時的/nachzeitig으로 (특히 몽타주 기법에서) 등장한다. 그 때문에 이전에는 완결되고 폐쇄된 총체성으로 여겨졌던 예술적 단위가 여기서는 이질적 모티프와 소재 층위의 역동적 혼융으로 인해 와해되고 파괴되어 버린다. 영화 양식에서 이전 것은 그 후에 나타나고 뒤의 것은 그 앞에 나타날 수 있기 때문에, 시간과 시간, 공간과 공간의 경계가 사라지고, 그래서 결국에는 시간과 공간의 경계마저 사라지게 되는 것이다.

시간과 공간의 탈경계화는 영화적 서술 방식에 특징적이다. 이 점에 대해 아르놀트 하우저는 '시간의 공간화'라는 개념으로 설명한다.

> 영화가 다른 예술들과 가장 본질적으로 구분되는 것은, 영화의 세계상에서는 공간과 시간이 유동적 경계를 갖는다는 점에 있다. 말하자면 공간에는 유사 시간적 성격이 있고, 시간에는 어느 정도 공간적 성격이 있는 것이다. 이질적인, 공간적으로 분리된 사건들의 동시성을 체험함으로써 비로소 관객은 어떤 부유적浮遊的 상태 — 시간과 공간 사이에서 움직이고, 두 질서의 범주들을 제각각으로 요구하는 유동적 상태를 겪게 된다. 사물의 가까움과 멀리 있음을 동시에 느낌으로써, 말하자면 시간 속에서 서로 가깝고 공간

속에서 서로 멀리 있음으로써, 그러한 시간-공간성이 구성되고, 시간의 이차원성이 구성된다. 이 시간의 이차원성은 영화의 고유한 매체이고, 영화적 대상 형성의 근본 범주다.[131]

영화적 양식의 유동적 성격은 시공간적으로 떨어진 사건들의 동시적 경험을 가능하게 한다. 그 때문에 영화 양식에서는 시간의 공간화 — 시간적으로 분리된 사건들이 나란히 자리하는 것과, 공간의 시간화 — 공간적으로 서로 연결된 사건들이 연달아 자리하는 현상이 나타난다. 새로운 시공간성의 이런 체험과 함께 지각의 쇄신도 일어난다.

그러나 영화적 구성 원리의 이런 특성을 서사적 서술 방식으로 직접 옮겨 놓을 순 없다. 영화적 묘사 기술을 사건이나 체험 혹은 감정이나 사고와 같은 이질적 요소들의 결합으로 이해한다면, 현대의 거의 모든 예술작품들은, 적어도 넓은 의미에서 보자면, '영화적'으로 작용한다고 말할 수 있기 때문이다. 여기에 '글쓰기' 개념이 곁들어진다면, 그것은 더 불분명해질 수 있다. 따라서 이 글에서 내가 사용하는 '영화적 글쓰기'란 술어는 개념적으로 더 명료하게 규정되어야 한다.

영화적 글쓰기 개념을 나는, 위에서 언급한 하우저의 정의에 의지하여 다음의 두 조건이 '동시에' 충족될 때, 쓰려고 한다. 첫째, 시간적, 공간적으로 분리된 현상이나 체험을 동시적으로 그래서 밀접하게 병치시켜 묘사할 때. 둘째, 서사적 이미지를 묘사할 때, 영화의 편집 작업에서와는 달리, 너무도 매끈하여 그 절단면을 알아보기 힘들 때. 이때의 서술은 마치 기술적 조작으로 스크린의 영상 이미지가 연속적으로 나타나는 것과 유사하다. 요약하자면, 이렇게 된다. 영화적 글쓰기 개념을 사용하기 위한 두 가지 전제조건이란 다른 시간 차원과 공간 차원에서 일어나는 서로 다른 사건들

131 Hauser, Arnold: *Sozialgeschichte der Kunst und Literatur*, a.a.O., S. 1007. und S. 1011. Siehe auch ders.: *Soziologie der Kunst*, 2 Aufl., München 1978, S. 670ff.

의 동시적이고 균열 없는 결합이다. 다시 말해 그것은 '이질적인 것의 유동적 동시성'이다.

바이스에게 영화적 글쓰기는 새로운 것이 아니다. 그것은 또《저항의 미학》에만 한정되는 것도 아니다. 그 기법은 이미 초기의 산문작품 이래로 계속하여 실천되던 것이다. 그것은 무엇보다 경직된 표현 형식에 대한 급진적 회의에서 생겨났다. 그에 대한 좋은 예가 미시적 소설인《마부의 몸의 그림자》(1960)다. 이 작품에서 주변 현실과, 이 현실에 자리하는 소설 인물들은, 마치 영화 카메라에 의한 것처럼, 1인칭 인물의 기계적 기록 관점 아래 서술된다. 작품이 여러 쪽에 걸쳐 단락 구분 없는 문장 블록으로 나뉘어져 있거나, 꿈결 같은 장면들이 서로 삼투해 있는 대목들 — 이것들은 그 자체로 영화적 연쇄sequence를 상기시켜 주는데 — 은 시각적 청각적 인상들에 대한 최대한도의 정확한 기록 속에서 시도된다. 그러나 그의 영화적 글쓰기는, 나의 생각으로는, 실험적 글쓰기를 시도했던 초기 경험에 의해 강화된 채, 소설 삼부작에서 가장 철저하고도 세련되게 실행된다고 할 수 있다.

실제로《저항의 미학》에서는 진행 기술, 편집 기술, 오버랩 기술 같은 영화적 묘사 기술로 파악될 수 있는 텍스트 부분이 여러 군데 나타난다. 예를 들어 다섯에서 서른 개에 이르는 단락 — 그것은 대개 10쪽의 길이인데 — 은, 표면적으로 보면, 분명하게 나눠진 채 대조된다. 단락으로 나눠지지 않은 텍스트 블록들은 정확히 영화의 연속물에 상응한다. 그것은 한 장章이 되기에는 너무 짧지만, 몇 개의 모티프로 환원시키기에는 너무 길고 또 긴밀하다. 특히 개별 연속물을 배열하고 결합할 때, 바이스는 편집 기술이나 오버랩 기술 같은 영화 방식을 이야기 언어의 질료 안으로 삽입해 버린다(fade in).

여기에는 두 가지 이유가 있을 것이다. 첫째, 영화적 묘사 기술에 대한 그의 선호는, 전기적으로 고찰하면, 1940년대 말 화가로서 활동할 때 겪었던 예술적 실존적 위기를 극복하려는 욕구에서 나온 것일 것이다. 둘째, 그것은, 예술사적으로 고찰하면, 복잡한 삶의 상황과 이 상황에서 나온 변화된 지각 형식을 포괄적 기술화에 기대어 형상화하려는 예술 실천적 노력에 의해 동기화되었다고 볼 수 있다.

이질적 장면들이 연속적으로 등장하는 영화적 묘사 방식에서 바이스는 현실 세계의 다층성을 텍스트 단락의 드높은 긴장감 아래 표현할 수 있는 가능성을 본다. 이 표현 가능성이란 이질적 소재나 사건들을 삽입하거나, 동시적 장면들을 분리된 텍스트 단락으로 분산하는 데 있다. 그에게 중요한 것은 발전된 기술을 무시하는 것이 아니라 이 기술을 어떻게 자신의 글쓰기 안으로 받아들여 확대된 묘사력을 얻을 수 있는가였다. 그 때문에 영화적 글쓰기 기술은 단순히 회화예술과 문학 사이의 중개물로서가 아니라, 사회의 숨겨진 메커니즘을 더 정확하게 표현해야 할 때 반드시 요구되는 도구로서 입증되는 것이다.

공간적, 시간적으로 떨어진 사건의 동시성은, 예를 들어 소설의 I부 끝에 나오는 마르카우어와 호단, 그리고 다른 사람들 사이의 격렬한 대화를 묘사할 때, 선명하게 나타난다. 여기에서 마르카우어는 모스크바 재판의 잔혹한 불합리성을 지적하는 반면에, 다른 인물들은 그 왜곡상을 정당화한다.

> 레닌이 당의 총아라고 불렀던 부하린은 자그마한 복사용 연필로 자기 변론문에 대한 노트를, 열에 들뜬 채, 적고 있었고, 그때 퀸토Quinto와 몬탈반Montalban 그리고 외인부대인 이탈리아의 '검은 화살' 여단이 무너졌고, 무어인으로 구성된 군대가 공화국 전선을 완전히 박살냈으며, 세계 언론은 독일 비행단의 폭격에 즈음하여 스페인 시민전쟁의 종말이 임박했다고 말하기 시작했다. 3월 12일 저녁 6시경 부하린의 마지막 말이, 장갑차가 쿵쾅대며 진동하는 가운데 오스트리아로 진군해 들어오는 6만 5천 명의 군인들이 내는 저벅거리는 군홧발 소리 아래로 묻혀 버렸다. 1분 1분이 어떻게 지나가는지 그때 공시되었고, 오후 4시경 브라우나우Braunau에서 태어난 그자〔히틀러

를 말함)가 인Inn 강을 지나갔고, 이제 그의 이 고향 도시로부터 대중들이 광장에서 기다리는 린츠로 향해 갔다. 부하린은 한 시간 동안 말을 했고, 나는 이제 결론에 이르렀소, 나는 조국 앞에, 당 앞에 그리고 전 인민 앞에 무릎을 꿇소, 라고 말했다. 시청 발코니에서는 히믈러라는 자가 벌써 등장했고, 우리는, 그는 이렇게 외쳤는데, 우리의 지도자를 배출한 독일 땅의 이곳이 이제 구원되었고, 그가 이 위대한 고향으로 돌아왔음을 자랑스럽게 생각합니다. 칸디다 빌라의 홀은 사람들로 북적거렸고, 창문은 어두운 정원 쪽으로 열렸으며, 청중의 얼굴은 굳어져 있었고, 입을 꽉 깨물고 두 눈을 찌푸리고 있었다. 그들 대부분은 독일과 오스트리아 그리고 체코슬로바키아 출신이었고, 다양한 사투리였지만, 라디오에서 쏟아져 나오는 것과 똑같은 말을 쓰고 있었으며, 그들은 지난 수년 동안 불법적 정치 행위를 한 터였고, 많은 사람들이 감옥에 있었고, 또 많은 사람들은 이미 오래전부터 망명 생활을 하고 있었으며, 모두는 말에 의한 이 이데올로기적 싸움이 지나간 분리선을 느꼈다. 우리는 모든 말을 이해했지만, 그러나 그 말이 적의 입에서 나왔기에, 그 말을 우리 스스로 번역하지 않으면 안 되는 것처럼 보였다(*ÄdW*, I, 300).

위의 인용문에는 다양한 사건들 — 모스크바 재판과 그 재판 동안 행해진 부하린의 변론문, 스페인 시민전쟁에서의 패배, 히틀러 군대의 오스트리아 진군, 그리고 여러 나라에서 모여든 군중들의 열광적 반응 등이 거의 동시에 묘사되어 있다. 그것은 마치 빠르게 움직이는 카메라의 각도에 포착된 영화 장면들처럼, 단 한 쪽밖에 되지 않는 좁은 공간에 극도로 촘촘하고도 긴밀하게 묘사되어 있다. 이 같은 장면은 조금 뒤 304쪽에서도 반복된다.

시간적, 공간적으로 다른 모티프의 동시적 제시 속에서 과거에 일어난 그때그때의 사건들은 그 자체에 한정되는 것이 아니라 다른 사건들과 이어지고, 이런 연결 속에서 파시즘의 위협 아래 놓인 등장인물들의 현재 상황도 암시된다. 그리하여 한편으로는 위기 상황에 직면한 저항 투사들의 암담한 현실이 강조되고, 다른 한편으로는 서로 다른 역사적 사건들 사이에 일정한 연속성이 존재한다는 사실이 비춰지는 것이다. 말하자면, 소비에트 연합에서의 스탈린 법정이 지닌 잔혹한 부조리와, 스페인의 여러 저항 단체가 맞닥뜨린 패배, 세계 언론의 순응적 보도 그리고 히틀러 군대의 오스트리아 입성을 환호하는 대중들의 맹목성 등이 나란히 묘사되는 것이다. 한편에서는 자신의 무죄를 유죄로 자인해야 하는 순정한 혁명가의 진실이 있는가 하면, 다른 한편에서는 다가올 대량 학살을 '구원'으로 선전하는 책동가들의 거짓이 자리한다. 한편에서는 자유를 위한 그 많은 자발적 지원에도 불구하고 패배하게 된 양식 있는 인간들이 있고, 다른 한편에서는 독재자를 앞다투어 환대하는 무모하고도 어리석은 무리가 있다. 서로 이어지는 사건과 견해들의 밀접한 서술 속에서 현실에 대한 전혀 새로운 현실 해석의 가능성이 나타난다.

'전혀 새로운 현실 해석의 가능성'이란 역사를 지금까지와는 다르게 폭력과 우둔화의 반복으로 파악하는 것이다. 이 폭력을 야기하는 것은 독재자뿐만 아니다. 이들만큼이나 큰 잘못을 저지르는 것은 이 독재자에 현혹된 대중의 무지다. 대중적 기만은 나라나 민족의 경계도 모른다('그들 대부분은 독일과 오스트리아 그리고 체코슬로바키아 출신이었고'). 그들은 똑같은 말을 쓴다('그들은 다양한 사투리였지만, 라디오에서 쏟아져 나오는 것과 똑같은 말을 쓰고 있었으며'). 바이스의 서술은 다양한 사건과 사람들의 이처럼 다른 행동 반응을 나란히 병치시켜 놓고 있다. 이 이질적인 것의 병치 속에서 그는 모든 역설과 퇴행의 핵심을, 스쳐 지나가듯, 이렇게 잠시 건드린다. "모두는 말에 의한 이 이데올로기적 싸움이 지나간 분리선을 느꼈다. 모든 말을 우리는 이해했지만, 그러나 그 말이 적의 입에서 나왔기에, 그 말을 우리 스스로 번역하지 않으면 안 되는 것처럼 보였다."

시공간을 넘어서 반복되는 이 역사적 파행의 근본은 '이데올로기적 싸움이 지나가는 분리선'이다. 이 분리선은 '말'로 인한 것이다. 그리하여 소설의 등장인물들은 횡행하는 이 모든 말을 번역해서 인식해야 할 필요성을 느낀다.

4. 2. 이질적인 것의 동시성

새로운 해석적 가능성은 역사의 억압 연관성이 단순히 논증적으로 설명되는 것이 아니라 이미지적으로 묘사된다는 사실에 의해 실질적으로 얻어진다. 즉 이미지적 묘사를 통해 시공간적으로 전혀 무관한 듯 떨어져 일어난 역사적 사건들을 상상적인 것의 시각적 구체성 아래 재조합함으로써 표현하는 것이다.[132] 이것은 물론 영화적 서술 기법에서 오는 것이다.

서로 다른 사건들은 영화적 오버랩으로 인해 연속적 배열 속에서 긴장감을 고조시키며 거론된다. 어긋나는 소재 요소의 이 빈틈없는 동시성에 즈음하여 독자는 어떤 부유적浮遊的 상태 — 가까운 것이 물러나고 먼 것이 가까이 다가오는 듯한 상태를 경험한다. 이를 통해 과거 이전의 것과 과거 사이에, 또 과거와 현재 사이에 새 관계가 만들어진다. 이질적인 것의 이 촘촘한 구성 속에서 독자는 얼핏 보아 서로 다른 사건들의 이 정태성이 형성의 역동성으로 변형될 수 있다는 인식에 도달한다. 이것은 영화적 서술에 고유한 긴장감과, 이 긴장감을 야기하는 집중적 묘사 덕분이다. 이 묘사로 인해 수용자는 이질적인 것의 병치Nebeneinander와 더불어 동질적인 것의 후치Nacheinander를 경험한다. 이러한 경험은 영화적 묘사의 유동적 형식 원리에서 온다. 여기에서 독자는 묘사된 사건뿐만 아니라 이 사건을 바라보는 자기 자신의 현실과도 새롭게 직면한다. 영화적 서술 속에서 그는 세

132 여기에서 몸짓과 표정의 묘사('청중들의 얼굴은')나 장소 묘사('발코니에서는'과 '홀은 사람으로 북적거렸고')가 큰 역할을 한다. 바이스의 영화적 글쓰기는 사물을 시각적 생생함 속에서 표현하는 그림적/이미지적 소설언어와 밀접하게 연결된다. 그림언어의 의미에 대해서는 IV부 1장 2절에서 자세히 논의될 것이다.

계를 다르게 경험할 수 있는 가능성을 얻는 것이다.

영화적 서술 방식이 다른 소재 층위의 동시적 병치 아래 새로운 현실 시각을 제시하는 한, 그것은 브레히트의 서사극Episches Theater을 연상시킨다고 할 수 있다. 서사극 이론 역시, 이 이론의 핵심을 가장 예리하게 파악했던 한 사람이었던 벤야민에 따르자면, '진행 과정의 중단을 통해' 그 상태를 '발견하는' 데 있기 때문이다.[133]

줄거리의 경과가 중단 아래 제시되는 서사극적 방식은 근본적으로 영화적 묘사 기술과 동일하다. 사실상 서사극에 나타나는 예술 수단의 과학화는 영화에 적지 않게 힘입은 것이다.[134] 마치 서사극이 진행되는 사건의 의도적 중단을 통해 상황을 평상시와 다르게 묘사함으로써 새 관점을 가능하게 하듯이, 영화적 글쓰기 역시 이질적인 행동 연쇄를 서사적 중단 속에서 동시적으로 혹은 나란히 서술하면서 자연적 사건 진행에서와는 다르게 나타나게 한다. 이를 통해 두 묘사 방식은 그때까지 자명하게 나타난 사건의 맥락이 사실은 얼마나 자명하지 않은 낯선 것인가를 보여 준다. 그러니까 그것은 대상에 단순히 자연주의적인 의미에서 감정이입을 하도록 하는 것이 아니라, 낯선 관점 아래 이 대상을 새로이 발견하도록 요구하는 것이다.

서로 다른 시간 차원과 공간 차원 그리고 경험 차원 사이의 영화적 결합은 그러나 서사극에서의 결합보다는 훨씬 유동적이라고 할 수 있을지도 모른다. 왜냐하면 영화에서 이질적 요소들은 서로 분명하게 분리된다기보다는 밀접하게 이어지고, 따라서 그 간극을 알아채기 어렵기 때문이다. 소재 단편Materialfragmente의 이러한 상호 삼투적 이월/전이ineinander Übergleiten는

133 Benjamin, Walter: Was ist das epische Theater? (1), (2), in: ders.: Gesammelte Schriften, Bd. II, 2, h. v. Tiedemann und H. Schweppenhäuser, Frankfurt/M. 1977, S. 522, 535.

134 Vgl. Witte, Karsten: Brecht und Film, in: Arnold, Heinz Ludwig(Hg.): *Text+Kritik. Bertolt Brecht I*, 2.Aufl. München 1978, S. 81-99.

다음의 인용문에서도 잘 나타난다.

> 당의 식당에서 나의 아버지는 체코슬로바키아에 있는 독일사민당 책임자인 타우브Taub와 아직 상의 중이었다. 압류된 차량으로 다른 간부임원과 함께 바르샤바까지 가서, 거기서 다시 스웨덴으로 날아갈 참이었던 이 책임자는 아버지에게, 자기가 스톡홀름으로 가는 즉시 내 부모가 여행할 수 있도록 주선하겠다고 확언해 주었다. 우리는, 아버지는 이렇게 말했는데, 바르샤바에 도착해서 거기서부터 그 책임자가 어떤 지시 사항을 남겨놓을 스웨덴 영사관으로 가도록 하겠소. 그렇지만 아무런 영향력 없는 무리에 속한 우리가 어떻게 폴란드를 통과해 스웨덴 영사에게 우리 일을 내보일 수 있겠소, 그는 이렇게 말하며 어머니 입으로 커피 접시를 가져갔다. 그녀 눈앞에서는 여러 사람들의 등이 떠올랐는데, 그 등은 넓고 둥글거나 굶주려 여윈 것이었는데, 맨살이거나 누더기로 덮여 있었고, 그녀는 이 등이 어떻게 보이지 않는 힘에 맞아 그 앞으로 내동댕이쳐졌는지, 또 어떻게 이들이 손을 깊게 파묻은 채 구덩이 안으로 사라졌는지 떠올렸는데, 이들 몸에서는 희미한 빛이 쏟아 나오고 있었다. 나의 아버지는, 어머니의 머리 뒤편을 받친 채, 그녀에게 조심스레 빵을 건넸고, 그런 다음 턱을 닦아 주었다. 39년 3월 말 나의 부모는 슐레지엔과 체코 지방 그리고 폴란드가 인접하는 이른바 삼국경 지대에 성공적으로 도착할 수 있었다(*ÄdW*, III, 10f.).

다양한 사건들이 다양한 서술 방식 속에서 연속물을 이루며 빠르게 충돌하며 뒤섞이고 있다. 다양한 서술 방식이란 이렇다. '당의 식당에서는 〔…〕'은 아버지에 대한 1인칭 화자의 보고적 진술이고, '우리 역시 〔…〕 시도해야 했다'는 당 책임자와 (혹은 1인칭 화자와) 대화를 나누는 아버지의 직접적 진술이다. '그는 어머니 입에 커피 잔을 가져가면서 〔…〕'는 병든 어머니를 돌보는 아버지의 체험화법이고, '그녀의 눈앞에서는 〔…〕 떠올랐는데'는 고통받는 어머니의 과거에 대한 환각적 화법이다. 그 외에도 간호하는 아버지의 일에 대한 체험적 화법이 다시 등장하고('나의 아버지는 어머니의 머리

뒤편을 받친 채 〔…〕'), 마지막으로는 부모의 성공한 탈출에 대한 보고적 진술이 나온다('39년 3월 말경 〔…〕').

공간적이고 시간적으로 다르게 등장하는 사건들이 서로 뒤섞인 형식 아래 나타난다. 이질적인 진술 방식과 공간성(체코와 탈출 중의 장소 그리고 슐레지엔 지방)의 결합에 맞게 서로 다른 이야기 시간(1939년, 1940년, 다시 1939년) 역시 밀접하게 교차한다. 마치 다양한 장면들이 동시적으로 엮어진 피터 브뢰겔Pieter Brueghel의 〈농부들의 춤〉(1568)처럼, 이질적 사건들이 좁은 단락 안에 분리하기 어려울 정도로 뒤섞여 있는 것이다.

이러한 묘사 방식은 그 자체로 텍스트적 긴장을 고조시킨다. 여기에 대해 요헨 포그트는, 그는 이 작품에서의 영화적 글쓰기를 처음 지적한 한 사람이기도 한데, 다음과 같이 설득력 있게 쓰고 있다.

> 다른 시간 차원과 다른 경험 차원이〔말하자면 다른 1인칭 기능이〕 선명하게 거리를 유지하는 회고 속에서 보고되지도 않고, 그렇다고 서로 분명한 경계를 이루며 대조되지도 않는다. 오히려 그것은, 마치 줌 기능을 가진 영화 촬영에서처럼, 서로 미끄러지듯이 하나에서 다음으로 넘어간다. 이것은 독자에게 하나의 도전이 되는데, 이 도전 때문에 독자는 원칙적으로 서술 과정의 모든 지점에서 차원과 기능 사이의 이 긴장을 함께 읽으면서, 가능성에 따라, 해결하지 않으면 안 된다.[135]

영화적 글쓰기에서는 이야기되는 것의 서사적 흐름과 서사적 중단 사이에 긴장이 있다. 그리고 이 긴장이 텍스트 자체의 리듬을 발생시킨다. 이때의 리듬이란 독서의 리듬이면서 느낌의 리듬이기도 하다. 서로 다른 사건들의 연쇄는 읽기와 감정의 역동적 움직임 속에서 밀접하게 병치되면서 서술된다.

---

135 Vogt, Jochen: Wie könnte dies alles geschildert werden?, a.a.O., S. 77.

여기에서 이야기 시간은 단순히 경험적 시간이 아니다. 왜냐하면 이 이야기 시간에서는 끊임없는 연속성 아래 똑같이 유지되는 어떤 절대적 척도가 부여될 수 없기 때문이다. 오히려 우리는, 마치 영화에서처럼, 매우 이질적이고 모순에 찬 것들을 한꺼번에 같은 공간 안에서 체험할 수 있거나, 거꾸로 아주 비슷한 것을 너무도 멀리 떨어진 장소에서 동시에 체험할 수 있다. 서로 잇따르는 사건들의 속도는 너무도 빨리 변하는 것이어서, 그것은 마치 중단이나 비약 혹은 역전의 불특정한 진행 법칙을 따르는 것처럼 보인다. 그 때문에 줄거리의 역전적 전개는 그 순차적 전개와 밀접하게 이어진다.

마찬가지로 줄거리의 순차적 전개도 반드시 연대기적 순서의 틀에 종속되진 않는다. 이렇듯이 역전될 수 있는 시간 개념의 응용은 분명 경험적 시간 질서의 연대기적 한계를 넘어선다. 그래서 영화적 사건의 운동성은 그 극단으로까지 나간다.[136] 독자는 이 같은 빠른 장면 전환에 자극받아 이야기 과정의 모든 단계에 적극적으로 참여하면서 이 과정 자체를 해명하고자 애쓴다.

시간적으로 분리된 사건은 영화적 서술 방식에서 동시적으로 나타나고, 평행적으로 진행되는 동시적 사건들은 후차적으로 연이어 등장한다. 그렇다고 해서 이렇게 묘사된 사건들이 영화에서처럼 강한 유동성으로 특징지어진다고 말하기는 어렵다. 왜냐하면 소설에서 이야기된 것은 언어적으로 배열된 일련의 문장들로 구성되기 때문이다. 또 묘사된 것의 움직임은 물론 읽기의 속도에 의해서도 영향받는다. 그리고 그 움직임은 영화적 글쓰

136 연대기적 줄거리 진행의 연속성에 상치되는 영화적 서술 방식에서의 시간 개념은 벤야민의 역사철학에 나타나는 불연속적 시간 개념을 생각나게 한다. 왜냐하면 그의 역사철학은 '언제나 동일한 것의 회귀'로서의 역사의 악순환을 메시아적 구원에의 희망 아래 폭파하는 것을 목표로 삼고 있기 때문이다. 그러나 영화적 시간 개념에서 이질적인 것의 동시성은 운동성에 의해 강조되는 반면, 벤야민에게서는 '섬광처럼 터지는' '세속적 각성profane Erleuchtung'에 의한 인식의 생산적 파괴력이 강조된다. 바로 이 점에 이 둘 사이의 차이가 있다. 절대적 시간 개념에 대한 비판적 고찰은 제리코 부분 — IV부 3장에서도 논의된다.

기로 가속화된다. 영화적 서술로 인해 서로 다른 시간 단락과 공간 단락의 동시적 흐름이 가능해지기 때문이다.

그렇다면 이 영화적 글쓰기를 추동하는 것은 무엇인가? 이질적 소재 요소를 서사적 다층성 속에서 동질적으로 만드는 서사 심급은 어떻게 파악될 수 있는가? 《저항의 미학》의 이런 복잡한 서사 기술을 린트너는 '화자의 현재적 의식 지평'이라는 개념으로 설득력 있게 논증한 바 있다.

> 그러나 공간적으로 또 시간적으로 분리되어 있는 차원들은 여기에서, 다른 경우에서처럼, 화자의 어떤 '현재하는 의식 지평'에 결부되어 있다. 이 결부는 그때그때의 역사적 순간을 동질화하는 동시성에 복무한다. 공간적으로 그리고 시간적으로 떨어져 있는 것은 연이어 이야기되는 것의 지금 여기 안으로 편입된다.[137]

저항 텍스트에서 1인칭 화자는 이야기되는 대상에 대한 서술의 주권을 가진다. 이 주권은, 그가 묘사되는 사건의 서사적 흐름 안으로 들어감으로써, 얻어진다. 그럼으로써 그는 자기 자신의 경험뿐만 아니라 다른 사람의 경험도 다채롭게 묘사할 수 있다. 서로 다른 시간 차원과 장소 차원에 자리한 이질적 대상들은 화자의 깨어 있는 의식 지평에 힘입어 거칠게 대립되기보다는 동질적 분위기 속에서 서로 결합되는 것이다.

이 이질적 경험 요소를 하나로 모으는 것은 대상이 아니라 주체이고, 이 주체의 '지금 여기에 현재하는 의식'이다. 지금 여기의 주체적 서술 의식이 세계의 이질성을 일정한 통일성으로 변형시킨다.

137 Lindner, Burkhardt: Halluzinatorischer Realismus, a.a.O., S. 177. 강조는 부르크하르트 린트너; auch ders., Ich Konjunktiv Futur I oder die Wiederkehr des Exils, in: Götze, Karl-Heinz/Scherpe, Klaus R.(Hg.): *Die "Ästhetik des Widerstands" lesen*, a.a.O., S. 89. 개별적 매체가 아니라 이른바 '집단적 주체'로서 지칭될 수 있는 1인칭 화자의 기능은, 그가 서로 다른 무대와 토론 그리고 행동을 통합적 관점 아래 매개할 때, 결정적 역할을 한다. 여기에 대해서는 III부 5장 "합창적 다성성"에서 다룰 것이다.

4. 3. 현재적 의식

여기에서 모든 이질적 사건을 동질적 다양성 속에서 성찰의 대상으로 삼는 것은 물론 이야기하는 '나' — 1인칭 화자다. 그는 하나의 통합적 조직 심급으로 입증된다. 이야기하는 1인칭 인물의 이러한 기능은 점점 줄어드는 '이야기 되는 나'의 기능과는 대조되면서 점차 늘어나는데, 이것은 그가 글 쓰는 작자로서 소설 II부에서 브레히트의 엥겔브레크트Engelbrekt 기획에 참여하기 시작할 때, 잘 나타난다.

영화적 글쓰기는 1인칭 화자의 (그리고 작가의) 현재하는 의식에 기대어, 그리고 끊임없이 움직이는 시점에 의해 지탱된다. 그래서 묘사된 사건의 사회역사적 연관항은 경직된 균열이 아닌 서로 이월되는 혼융 속에서 표현된다. 독자는 빈틈없이 교차되는 장면 연쇄로 인해 하나의 텍스트 단락에서 다음의 텍스트 단락으로, 마치 하나의 방에서 다른 방으로 건너가듯이, 자연스럽게 옮아간다. 그래서 그는 사건들을, 영화 속 장면처럼, 감각적이고 직관적으로 관찰하는 듯한 인상을 받는다. 영화적 글쓰기에서 공간 차원과 시간 차원 그리고 경험 차원은 물 흐르는 듯한 유동적 경계를 갖는 것이다. 바로 이 유동적 결합 때문에 바이스의 영화적 글쓰기는 몽타주 방식과 선명하게 구분된다.[138]

---

138 현대의 실험적 묘사 방식의 한 총괄 개념으로서 몽타주 개념은, 잘 알려져 있듯이, 부르주아 미학과 마르크시스트 미학에 똑같이 관계된다. 그 때문에 여기에 대해서는 좀더 상세한 개념 규정이 필요하다. 몽타주 방식에서 서로 다른 소재 층위는 그렇게 매끈하게 가공되지 않는다. 그래서 그 연결점은 쉽게 알 수 있다. 즉 이질적 소재들은 미끄러지듯 융합되기보다는 거칠게 조합되어 있고, 그 때문에 오히려 격리된 파편물처럼 나타난다. 이에 반해 소설 텍스트의 장면 블록은 바이스의 서사적 묘사 의지 안에 결속되어 있고, 그래서 그 결합 지점을 쉽게 알아보기 어렵다. Lindner, Burkhardt: Halluzinatorischer Realismus, a.a.O., S. 176f. 몽타주 개념에 대한 정확한 규정에 대해서는, Lindner, Burkhardt/Schlichting, Hans Burkhard: Die Destruktion der Bilder. Differenzierungen im Montagebegriff, *alternativ*, Heft 120/21(1978), S. 209-224. 이러한 이유에서 몽타주 개념은 《저항의 미학》의 서술 방식의 특징으로서는 부적절하다고 말할 수 있다. 나아가 이질적인 것의 동시성을 가능하게 하는 것은 전통적 문학적 이야기에

이야기되는 것의 다양한 소재 층위가 화자의 현재적 의식에 삽입되어 있다는 사실은 현실 해명을 위한 작가의 지속적 노력과 밀접하게 관계한다. 그는 역사적 과정의 모순된 사건과 인물들을 끊임없이 서사적 맥락 속으로 번역해 냄으로써 무형적이고 흩어진 것으로부터 어떤 연관 관계를 찾아내고, 이 관계의 복잡한 성격을 밝혀내고자 한다. 이런 노력은, 단순화하면, 두 가지 효과를 겨냥한다. 첫째, 묘사된 것의 있을 수 있는 개인화와 심리화가 저지된다. 둘째, 존재와 현실의 불변성이 형성의 진행성으로 변모된다. 대립과 모순에 찬 불가해한 대상은 서사적 서술 의지에 매개되어 해명될 수 있고 파악할 수 있는 무엇으로 변모하는 것이다. 이 변모란 다름 아닌 시적 서사적 변용이다. 이 심미적 변용에 힘입어 우리는 세계를 그나마 이해할 만한 것으로 받아들이는 순간을 경험한다. 이 점에서 바이스

고유한 것이 아니라, 영화적 기술에 고유한 것이다. 그러니 만큼 이 소설은 영화적이다. 그러나 이야기되는 것은 말할 것도 없이 작가의 서사적 의식에 결부되어 있기 때문에, 영화적 서술 기술과는 다른 심급, 말하자면 이야기하기의 서사적 심급이 있어야 한다. 이런 이유에서 '영화적 글쓰기' 개념은 소설의 몇 장면을 정확하게 설명하는 데 적절하지 않나 여겨진다.

이와 연관하여 언급되어야 할 것은 소설 텍스트의 몽타주 방식에 대한 루트거 클라센과 요헨 보그트의 근본적인 분석이다. 이들이 다음과 같이 썼을 때, 그것은 설득력 있게 들린다. '이 기록물들은 텍스트 안에서 비문학적 현실의 격리될 수 있는 파편으로서 결코 인식되는 것이 아니라, 서술의 흐름 속에 포함되어 있기 때문에 이 흐름은 중단되지 않는다.' Claßen, Ludger/Vogt, Jochen: "Kein Roman überhaupt?" Beobachtungen zur Prosaform der *"Ästhetik des Widerstands"*, in: Stephan, Alexander(Hg.): *Die Ästhetik des Widerstands*, a.a.O., S. 156. 그러나 대조 몽타주나 평행 몽타주, 상징적 평행 몽타주 그리고 신속 몽타주montage rapide 등과 같은 다양한 몽타주 형식 사이의 범주적 차이점을 전제하는 이들의 몽타주 분석에서는, 예를 들어 어떻게 그리고 어떤 심급을 통해 거친 소재 질료들이 몽타주 아래 서사적 흐름 안으로 유입될 수 있는가에 대한 답변은 없다. 슈테판 마이어는 영화적 글쓰기와 '통합적 이야기하기'라는 개념을 이분법적으로 대립시키면서, 이 두 개념 중 통합적 이야기하기를 선호한다(Meyer, Stephan: Kunst als Widerstands, a.a.O., S. 57ff.). 이에 반해 게니아 슐츠는 영화적 묘사 방식의 가능성을 단지 '이름 짓기의 쾌락'에, 말하자면 '등기/등록의 기술'에, 비록 '영화적 글쓰기'란 개념을 한 장의 제목으로 쓰고 있긴 하지만, 한정시킨다(Schulz, Genia: *"Die Ästhetik des Widerstands"*, a.a.O., S. 127). 그러나 영화적 글쓰기는 단순히 몽타주 방식과 등치될 수도 없고, 그렇다고 그것이 표면적 현실의 묘사로 제한될 수도 없다. 오히려 그것은, 이 논문에서 필자가 시도한 대로, 확대된 묘사 가능성을 탐색하려는 실험적 수행적 글쓰기 전략이란 관점 아래 파악되는 것이 더 적절하지 않나 여겨진다.

의 영화적 글쓰기는 마르셀 프루스트나 제임스 조이스 혹은 버지니아 울프 같은 현대 작가의 독백적 서사 방식과 구분된다고 말할 수도 있겠다.

물론 이러한 규정은 너무도 듬성하여 때로는 쓸모없는 것이 아닌가 여겨지기도 한다. 왜냐하면 이들 작가들은 이미 그 나름으로 현대소설사의 고유한 정점을 이루고 있기 때문이다. 그렇다는 것은 몇 마디 개념이나 언급으로 이들의 넓고 깊은 작품 세계가 구분될 수 없을뿐더러, 설령 구분된다고 해도 이때의 지적이란 것이, 각각의 세계가 갖는 의미론적 다채로움에 비하면, 아무것도 아니라는 뜻이기도 하다.

그러나 그렇다고 해도 가끔은, 말하자면 한 작가가 소설사 전체의 위상학에서 대략 어떤 위치에 자리하는가를 가늠하기 위해, 이런 단순화된 구분도 필요하다고 나는 생각한다. 그런 점에서 이 구분은 제임스 조이스의 《율리시스》에서의 내적 독백과 같은 이야기 방식에도 해당될 것이다. 이 작품에서 모든 인물과 사건들은 통제되지 않은 생각과 연상의 그치지 않는 물결 속에서 내적 독백의 형식으로 서술된다. 그래서 내적 경험의 유동성은 주체를 움직이는 매체가 무엇인지 구분할 수 없을 지경에까지 극단화하기도 한다. 물론 《저항의 미학》에서도 내적 독백의 형식으로 분류될 수 있는 몇몇 장면들—예를 들면 스웨덴에서 베를린으로 향하는 비쇼프의 여행 같은 — 이 있다는 것은 부정할 수 없다. 그러나 《저항의 미학》은, 이미 언급했듯이, 작가의 현재하는 의식과 이 의식의 해명 의지에 철저하게 이바지한다.

이질적 사건들의 동시적 등장은 소설 II부에 나타나는 1인칭 화자와 로잘린데 폰 오시츠키와의 다음 대화에서 잘 나타난다. 여기에서 간과할 수 없는 것은 오시츠키 자신의 보고에서 '영화'란 단어가 등장한다는 사실이다. 말하자면 그녀의 회고조 기억은 영화적 장면 전환cut back과 비교될 수 있다.[139]

우리는 다시 국도에 도착했지요, 그녀는 빠른 걸음으로 빌라가 있는 언덕 방향으로 갔어요, 내가 내 아버지를 마지막으로 본 지 벌써 7년이 지났군요, 그녀는 말했는데, 그가 테겔 감옥소로, 뭐라고 하나요, 옮기기 전에, 그때만 해도 그는 잘 먹고 지냈죠, 외투와 모자를 가지고, 목도리와 넥타이도 있고, 하지만 그 후로, 그것은 마치 영화에서와 같았는데, 서로 겹치는 장면들이 내게 밀려들었죠, 그것은 존넨부르크 수용소에 있을 때의 점점 더 섬뜩하고 가면 같은 모습이었죠, 여기서 그는 562번이란 숫자가 적힌, 가슴 쪽이 기워진 큼직한 누더기 조각을 걸친 채, 헐렁한 옷을 입고, 퀭한 눈, 꽉 다문 입술로 대열을 지으며, 제5동 건물의 동쪽 날개에서, 삽을 들고 자기 몸조차 거의 가눌 수 없었지요, 그러다가 파펜부르크 에스트베겐에서, 네덜란드 국경 가까이에 있는 엠스Ems에서, 웅크리고 앉아 감자를 깎고 있었고, 그런 다음 34년 끝 무렵에는 거의 해골이 되다시피 깡말라, 간이 나무침대에 누워 있었으며, 그 다음에는 검은 제복 사이에 매달린 채, 백묵처럼 창백해져, 한 눈은 부어오르고 이는 함몰된 채, 아직 낫지 않은 부서진 다리를 비스듬히 질질 끌면서 있었고, 그 다음에는 두 장의 사진에서, 죽은 자와 같은 그의 해골과 대조적으로 건강하여 터질 듯한 함순Hamsun의 얼굴이 보였지요, 그는 갇힌 자들을 조롱하고 저주했어요, 우리 쪽의 한 사람은 이 작가에 대한 수상에 반대하는 투쟁을 수개월 동안 했습니다, 나는 침을 뱉고 구역질을 했다오, 그는 이렇게 말했는데, 내가 한때 사랑했던 배고픔이나 판Pan, 빅토리아와 같은 그의 책들을 나는 찢어 버렸습니다, 그러고 나서 38년 2월 그는 다시 한번 시민군으로 변장한 채 아직 살아 있는 시체로서, 베를린 중앙 배심재판정에 섰고, 옆모습을 보면, 머리를 힘겹게 들고 있는데, 그런 후에는 그가 어떻게 헛간의 더러운 구석에 누워 있던가라는 생각이 떠올랐지요, 어중간한 판자벽 뒤에는 그를 지키는 문병인이 있었고, 병원 정원에는 피어나는 장미나무가 서 있었는데, 그때는 38년 5월 4일이었는데, 오후 3시경 가톨릭 수녀가 와서 그에 대한 기원을 우리에게, 우리를 위한 기원

139 Claßen, Ludger/Vogt, Jochen: “Kein Roman überhaupt?”, a.a.O., S. 154f.

을 암송했고, 그런 다음에는 어떤 익명의 조각가가 그의 주검이 놓인 방으로 밤에 몰래 들어가 그의 얼굴을 본떠 외부로 가져나온 마지막 석고 조각에 이르기까지, 이 가면은 너무도 낯설고 차가웠지만, 실러와 블레이크의 데드마스크를 닮아 있었죠. 우리는 그 길을 올라갔지요, 그리고 지금, 그녀는 말했는데, 나와 함께 시작할 수 있는 것은 더 이상 아무도 없어요(*ÄdW*, II, 135).

인용된 텍스트 부분의 모든 사건은 구체적 시간과 장소에 결부된다. 모든 사건은 오직 정확한 장소적 시간적 결속과 관련되어 기억되고 묘사된다. 여기에서 장소는 단순히 사람과 아무런 관계도 없는 물리적 공간으로서가 아니라, 위치를 추적하는 그의 활동에 기여하는 어떤 상징적 환경으로 간주된다. 이 장소들 중의 하나가, 소설 안에서 보면, 베를린 플룩가街에 있는 부엌이고, 바른스도르프의 부엌이며 코피 집의 부엌이라고 할 수 있다.[140]

위에 서술된 이런저런 삽화들은 오시츠키 아버지의 고통스러운 삶을 보여 준다. 그 삽화들은 그때그때의 장면을 마치 순간 촬영처럼 급히 변화시키는 그녀의 보고에 의해 그만큼 신속한 연대기적 연쇄 아래 추적될 수 있다. 이런 보고의 중심은 그에게 자행된 나치 정권의 범죄적 행위다. 이 폭력 행위는 개별적으로 조목조목 암시된다. 이질적인 사건들은 고도로 농축된 문장 구조 아래 제시되고, 그 때문에 서로 겹쳐지는 억압의 전체적 맥락이 강조된다. 여기에서 확인할 수 있는 것은 영화적 글쓰기가 단순히 '물리적 현실의 구제'를[141] — 이 점에서 크라카우어는 영화의 고유성을 본다 — 장

140 소설 속 장소가 갖는 정확한 의미에 대해서는 Rector, Martin: Örtlichkeit und Phantasie, a.a.O., S. 109.

141 Kracauer, Siegfried: *Theorie des Films. Die Errettung der äußeren Wirklichkeit*(Originaltitel: *Theorie of Film. The Redemption of physical Reality*, New York 1960), übers. v. F. Walter und R. Zellschan, 2. Aufl. Frankfurt/M. 1993, S. 389.

려할 뿐만 아니라, 카메라와는 다르게 세계의 내부 측면에 다가갈 수 있는 통로를 만든다는 점이다. 그러니까 영화적 글쓰기를 통해 수년에 걸친 오시츠키 아버지의 육체적, 심리적 고통사가 상상적 이미지의 동시적 생생함 아래 선명하게 현재화하고, 이런 현재화를 가능하게 한 객관적 거리로 인해 어떤 치유의 가능성이 모색되는 것이다.

여기에서 묘사된 사건의 절단면은 거의 알아보기 어렵다. 오히려 그것은 이야기되는 사건의 서사적 흐름 속에 혼융되어 있다. 그러므로 바이스는 저항의 역사를 단순히 조립하는 것에 그치는 것이 아니라, 과거의 이질적 사건들이 생생한 다면성 아래 글 쓰는 현재로 접목되게 만드는 것이다.

바이스는 영화적 글쓰기를 통해 총체적 형상화 원칙과 분화된 몽타주 개념, 이 둘 사이에 난 중간 길을 가고자 시도한다. 여기에서 다른 공간적, 시간적, 경험적 차원들은, 알아볼 수 있는 절단면 없이, 서로 뒤섞이고 있다. 그래서 영화적 글쓰기는 마치 물 흐르듯, 어떤 제한이나 경계도 없이, 불연속적으로 움직인다. 이 유동적 흐름 속에서 그것은 연속성 아래 펼쳐지는 경험적 시간 질서에 거스른다. 수용미학적 효과는 여기에서 생겨난다. 즉 유동적 단절 속에서 독자는 기존의 지각적 구조를 교정하는 반성적 계기를 갖는다. 이질적인 것의 동시성 속에서, 또 동질적인 것의 후차성 속에서 독자는 자기 자신뿐만 아니라 자기가 연루된 세계를 지금까지와는 다르게 경험하게 되는 것이다. 마치 독자가 영화적 서술에서 자기 교정의 기회를 갖듯이, 바이스 역시 영화적 묘사에서 자신과 세계를 다르게 구성할 기회를 갖는다.

영화적 서술 방식은 의심할 여지없이 아방가르드 영화 제작자로 활동한, 거의 10년에 걸친 바이스의 실험 활동과 깊은 관련을 가진다. 그러나 그것은, 그의 작업이 현실 해명에의 의지에 의해 유도된다는 점에서, 초기 아방가르디스트들뿐만 아니라 현대의 작가들과도 일정하게 구분되는 것이기도 하다. 바이스의 글쓰기 기획은 해명과 해독의 계몽적 요구 아래 철저히 복무한다. 그는 그 모든 언어적 무기력과 현실적 마비에도 불구하고, 글에 의지하여 분열된 세계의 만화경적 모습에 선명함을 부여하려는 시도를 멈추지 않는다.

사물을 묘사한다는 것은 바이스에게 그것을 밝히고자 시도한다는 뜻이다. 글쓰기란 그에게 해명적 정식화를 통해 이미 존재하는 가치와 질서를 거스르는 일이다. 영화적 쓰기란 이질적 현실상을 동시적으로 드러내고, 동시적으로 나타나는 것을 기이한 병치 아래 이질적으로 보여 줌으로써 현실의 본성을 포착하려는 예술 실천적 전략에 다름 아니다.

5. 합창적 다성성—이야기의 구성 원리

> 우리 사는 정치적 현실에 대해 뭔가 파악할 수 있다면,
> 희미하게 번지는, 그래서 언제나 낱개로 얻을 수 있는
> 이 소재는 어떻게, 연속성에 대한 요구를 지닌 채,
> 글자 이미지로 전환될 수 있는가.
> — 페터 바이스(ÄdW, I, 135)

《저항의 미학》은, 앞서 보았듯이, 바이스의 실험적 서술 전략에서 온 것이다. 이 작품의 서사 구조에 대한 예증적 연구가 어느 정도 전제된 후에야 비로소 텍스트의 정치적, 예술 이론적 내용도 좀더 정확하게 이해될 수 있을 것이다. 그의 서술 방식이 영화적 글쓰기 이외에 아마도 가장 명료하게 나타나는 곳은 1인칭 화자의 다층적 구조에서일 것이다.

화자의 구성과 관련하여 다음에서는 두 측면이 논의된다. 첫째, 1인칭 인물의 기능은 어떻게 '글 쓰는 증인'으로서 — 그는 바이스의 의식적 서사 전략에서 결과하는데 — 서사 이론적으로 설명될 수 있는가. 여기에서 입증되는 사실은 그의 개인적 서사 시점이 익명적이고 집단적인 시점과 결부

되어 있다는 사실이다. 그리고 이 점은 전통적 서사 모델로 이해되기 어렵다. 둘째, 이를 통해 바이스는 어떻게 역사적 현실의 다층성에 대응하는가. 이러한 문제는 소설 삼부작의 결말 부분에 잘 나타난다. 이런 논의를 통해 나는 실험적 글쓰기로 부정 현실과 대결하려는 작가의 의도를 분명하게 스케치해 보고자 한다. 여기에서 그의 글쓰기는 아방가르드의 재활성화된 전략으로 자리한다.

5. 1. '집단적 주체'—1인칭 화자

정치와 글쓰기는 내게 하나다.
— 페터 바이스(NB, II, 56f.)

《저항의 미학》 삼부작에서 이야기 시점의 복잡성은 1인칭 서술 기능과 연관된다. 그런데 이 1인칭 서술 기능이 가진 의미는 이야기 상황(1인칭 형식/3인칭 형식)이나 이야기 시점(전지적/개인적) 같은 서사 기술의 전통적 설명 모델로 소진되지 않는다. 왜냐하면 1인칭 인물은 이야기 진행의 중심에 서 있지도 않고, 그렇다고 작가의 나팔수 역할을 하는 것도 아니기 때문이다. 그러나 그럼에도 소설 텍스트는 대체로 1인칭 소설로 지칭되고, 이때 그는 이야기 주체(작가)에 의해 전기적이면서 동시에 허구적인 인물로 움직이는 것이다. 여기에는 더 면밀한 분석이 필요하다.

5. 1. 1. 수용자에서 생산자로

《저항의 미학》을 지탱하는 복잡한 이야기 구조는, 1인칭 인물이 정치적 반파시즘 운동과 아방가르드적 예술 실험을 글 속에서, 더욱이 이 글쓰기를 허구적 소설 기획과 연관시킴으로써 통합시키려고 할 때, 강화된다. 그때까지 지배적이던 예술 수용이 이 대목에서 직접적 예술 생산으로 전환되는 일이 일어나기 때문이다. 이러한 전환에서 등장인물로서의 '나'와 화자로서의 '나' 사이에 자리하던 경계선은 사라진다. 예술 수용자에서 예술 생산자로 옮겨 가는 1인칭 화자의 이 패러다임 전환은, 줄거리 측면에서 보면, 스페인 시민전쟁에서의 패배를 겪고 난 후 일어난다.

> 여름 몇 달 사이에 그리그는 떠났고, 마르카우어는 체포되었으며, 호단은 앓고 있던 지병의 격렬한 경련을 겪고 있었고, 내게는 미래의 작업으로 간주하던 일을 위한 토대가, 정확히 이름할 순 없었지만, 확고해져 갔다. 이 모든 생각과 경험들을 표현할 수 있게 한 단 한 가지 음색이 나타났다. 단어 혹은 그림은, 그때그때 필요에 따라, 그 매체가 될지도 몰랐다(*ÄdW*, I, 305).

> 내게 설정된 과제를 나는 내 자신을 위해 해선 안 되었고, 나는 그것을 다른 많은 사람에게도 작용하는, 그래서 우리 모두에게 사안을 해명해 줄 하나의 힘으로 이해했다. 이 첨예한 각성 상태를 우리는 함께 가지고 있었다. 우리는 자포자기했지만, 그러나 바로 이 상태가 괴물처럼 쇄도하는 기계적 우월성을 견뎌 낼 수 있게 해 주는 것임을 알았다(*ÄdW*, I, 305).

스페인 시민전쟁과 모스크바 재판을 겪고 난 후 당이나 인민전선에서 일어나는 불화와 퇴행에 대한 '나'의 감수성은 더 예민해진다. 1인칭 화자가 처한 위태로운 상황으로 인해 그의 실존적 정치적 방향성은 크게 흔들린다. 그는 이 '모든 사고와 경험'에 '단어 혹은 그림으로' '표현을 부여함으로써' 이 같은 위기를 극복하려 한다. 그 때문에 그는 우선 말이나 그림, 스케치나 목소리와 같은 서로 다른 소재 요소로 역사의 포괄적인 망을 포착하고, 이를 객관적으로 드러내는 일에 몰두한다. 그러나 이런 역사적 복합성을 그는 자의적이거나 처음부터 정해진 목적에 희생시키지 않는다. 오히려 그는 이 현실을 모순적 다양성 속에서 문학적으로 드러내고자 애쓴다. 이것은 물론 간단한 과제가 아니다.

이런 과제를 1인칭 주인공이 떠맡는 방식은 이렇다. 그는, 하일만의 편지에서 언급되듯이(*ÄdW*, III, 199f.), '감각의 탈규칙화'를 즉물적 서사 입장과 결합시키는 형상화 원칙을 가동시킨다(합리적 요소와 비합리적 요소를 하나로 모으는 바이스의 서사적 입장에 대해서는, 특히 소설언어에 대한 구상과 관련하여, V부 1장 2절 "어떤 다른 언어"에서 자세히 다룰 것이다). 여기에서 '즉물적 서사 입장'을 리얼리즘의 이성적 정신이라고 한다면, '감각의 탈규칙화'란 상상력이라고 볼 수 있다.

핵심은 즉물성과 상상력, 이성과 감각의 심미적 통합 가능성이다. 현실의 참혹상에 대해서는 단순히 사실주의적인 서술 방식으로 해결될 수도 없거니와, 반대로 환상적 서술 방식에 기댄 감성적 이미지만으로 대응될 수도 없다. 1인칭 주인공은 예술적 표현 욕구와 정치적 행동 욕구를 글 속에서 매개함으로써 경험적 객관 세계에 반기를 든다. 이때 그는 자신을 '하나의 조직화하는 심급' — 보고 듣고 느끼고 경험한 다양한 소재에 적절한 형식을 부여하는 형상화 심급으로 파악한다. 조직화하고 형상화하는 심급이란 창작 주체이고, 그러는 한 그것은 예술적 주체와 다르지 않다. 1인칭 인물의 이 복잡한 성격은 더 명료하게 설명될 수 없는가?

이야기 시점의 다양성은 단순히 1인칭 인물의 것이라고 말하기 어렵다. 그것은 오히려 화자와 관련되고, 그점에서 작가의 입장과 겹친다. 바이스는 이 1인칭 인물에게 보통 같으면 전지적 화자에게나 있을 능력을 부여한다. 그는 한 사람의 연대기 서술자로서 공통의 경험과 사고를 재현한다. 이를 통해 여러 대립물과 다양한 견해의 차이는 지양된다. 그러나 이러한 이해는 소설 텍스트의 서사 구조적 복합성을 온전히 인식하기엔 충분치 않다. 더 자세히 살펴보면, 이야기 구조는 이보다 훨씬 복잡한 것으로 나타나기 때문이다. 1인칭 인물은 한편으로 여러 자리에서 유사 전지적quasi-auktorial 기능을 부여받는다. 그러나 다른 한편으로 소설 삼부작은 전지적 작가 논평 대신에 지극히 사적인 서사 시점 아래 서술된다. 다뤄지는 대상에 대하여 1인칭 심급은 여러 성찰과 가치 평가를 하고 있는데, 이 일을, 적어도 등장인물의 발전 상태로 보면, 또 이야기 중개자로서의 기능적 관점에서 보면, 감당하기 어려운 것으로 보인다.

1인칭 인물의 이 익명적 성격에 대해 바이스는 한 인터뷰에서 다음과 같이 말한다. "소설 속의 '나'는 어떤 이름도 없습니다. 그가 어떤 모습인지에 대해서는 어디서도 서술되지 않아요. 익명성은 매우 의식적으로 고안된 것입니다. 1인칭 인물은 자기 주변의 사건을 흡수하고 다시 재현해야 합니다."[142] 1인칭 이야기 시점의 익명성에 대한 린트너는 다음과 같이 언급한다. "익명성, 그것은 실제적 자전적 작가와, 모든 것을 한꺼번에 말할 수 있는 환상적 인물 사이의 교차 지점이다. 1인칭 인물은 작가가 측량할 길 없는 깊이까지 내려뜨리는 측연測鉛, 혹은, 현대적 비유를 쓰자면, 이미 살았던 과거의 몸속으로 집어넣는 특별히 만들어진 탐침探針으로 파악될 수 있다."[143]

이 1인칭 인물에는 이름이 붙여지지 않는다. 그는 이야기되는 자아로서 물리적으로 현존해 있고, 그 때문에 소설 인물들 중의 하나에 분명 속한다. 그러나 그는 대개 논란 많은 의견 교환의 뒤편에 머문다. 이렇게 의견을 교환을 하는 것은 그 자신이 아니라 주변의 인물들이다. 서로 다른 진술들은 매우 드문 경우에만 분리되어 대조된다.

1인칭 인물이 전하는 이야기의 윤곽은 간접적이거나 체험적인 화법에 의해 자주 지워진다. 이야기되는 자아가 때로는 사건이나 줄거리로부터 물러나긴 하지만, 적어도 이야기 심급으로서의 그는 완전히 사라지지 않는다. 이렇게 물러나는 것은 예를 들어 소설의 마지막 부분이다(*ÄdW*, III, 169-248). 여기에서 그는 완전히 제 모습을 감춘다. 1인칭이 자신에 대해 보고하는 곳에서조차 그것은 대체로 익명적이고 비규정적인 '우리' 속에서 이뤄

---

142 Peter Weiss im Gesprächt mit Wend Kässens und Michael Töteberg, in: *Peter Weiss im Gespräch*, a.a.O., S. 247.

143 Lindner, Burkhardt: Halluzinatorischer Realismus, a.a.O., S. 184.

진다. 그래서 독자는, 글을 읽는 도중에, 이 진술의 주체가 누구인지 묻지 않을 수 없다. 1인칭 화자의 이 집단적 특성은, 소설의 각 부 각 장을 이루는 첫 문장이 어떻게 시작되는가 생각해 보면, 분명하게 드러난다.

> 여러 무리로 휘몰린 채, 서로 뒤엉키거나 파편들로 터지면서, 마치 토르소처럼, 버티는 팔과 찢긴 허리, 딱지 앉은 조각들이 그 형태를 암시하면서, 언제나 싸움을 잉태하면서, 피하고, 힘껏 뒤로 던지고, 공격하고, 방어하고, 몸을 쭉 뻗거나 웅크리면서, 여기저기서 지워지면서, 그러나 여전히 한 발은 자유롭게 버티고 선 채, 등은 돌리고, 장딴지의 윤곽은 공통의 움직임을 위해 팽팽히 긴장시킨 채, 돌로부터 여러 몸들이 우리 주변으로 솟아올랐다(*ÄdW*, I, 7).

> 새까만 나무(烏木)로 된 수염 기른 난쟁이가 주먹으로 등잔을 든 채 날 비추었다(*ÄdW*, II, 7).

> 그녀는 눈 속에서 무릎을 꿇었지만, 그러나 그것은 차갑진 않았다(*ÄdW*, III, 7).

인용문에서 눈에 띄는 것은 그 어떤 문장도 화자 주체를 강조하는 '나'라는 주어로 시작하지 않는다는 사실이다. 사건들은 보고하듯이, 그래서 즉물적으로 묘사된다. 그럼으로써 강조되는 것은 서술의 객관성이다. 예를 들어 3번째 인용문은 소설 속 인물인 어머니의 상황을 보여 주는데, 이것 역시 직접적 설명이 아닌 하나의 암시로 언급된다. 이렇게 암시된 내용은 이야기가 어느 정도 펼쳐진 후에나 분명해진다. 그 때문에 독자는 여러 이야기 차원들을 상당한 긴장감 속에서 추적하게 된다. 그러고는 15행이 지난 다음에야 여기서 언급된 그녀가 1인칭 인물의 어머니라는 사실을 알게 된다. '어머니의 얼굴은 텅 빈 듯했고, 꺼칠꺼칠했으며, 그녀의 입은 반쯤 벌려져 있었고 〔…〕'(*ÄdW*, III, 7.).

이러한 이유에서 《저항의 미학》은 1인칭 인물에 의해 이야기되지만, 이 허구적 화자는 개인적 존재라기보다는 문화적 능력을 얻고자 애쓰는 사회적 개인으로 정의될 수 있다. 그는 이야기하는 동안 물리적으로 완전히 현재함으로써 연대기 서술자로서 수많은 목소리와 생각들을 대변하고, 나아가 이를 하나로 포괄하면서 지속적으로 성찰한다. 그는 일종의 집단적 교차점으로 자리하기에, 이 교차점에서는 자전적 작가와 허구적 인물이 서로 만난다. 이런 집단적 사회적 기능 때문에 소설의 서사 심급은 그 이전 산문에서의 주관적 화자와 뚜렷하게 구분된다. 이것은 1인칭 화자와 작가가 반드시 일치하는 것이 아니라는 점을 설명해 준다. 이미 《노트북 1960-1970》에서 이런 차이는 언급되었다. "작자는 자기가 자신에 대해 뭔가 말한다는 것을 꾸미고, 그래서 가끔 사실은 그가 자기에 대해 말하는 것처럼 읽히기도 한다. 그러나 그는 다른 사람에 대해서, 즉 작자가 쓰는 순간에 생각해 내는 사람들에 대해 말하는 것이다"(*NB*, I, 46).

이러한 진술에서 작가 자신의 인물과 1인칭 인물의 분리가 확인될 수 있다. 이 분리는 그러나 소설을 써 가는 중에 계속 지양된다. 작가뿐만 아니라 1인칭 인물과도 구분되는 1인칭 화자의 허구적 이야기는 케테 함부르크 Käte Hamburger가 말한 '지속적으로 동요하는 서사 기능'을 상기시킨다. 이 개념으로 함부르크는 허구적 이야기하기와 현실 진술의 차이점을 다음과 같이 논증했다. '이야기된 것과 이야기하기 사이에는 어떤 연관 관계, 말하자면 진술 관계가 있는 것이 아니라 기능 연관항이 있다'.[144] 다른 식으로 말하여, 허구적 이야기하기의 주체는 주객 관계에서 연유한 진술 주체가 아니라 기능 주체이고, 이 기능 주체는 작가나 소설 인물과 등치되어선 곤란하다.

144 Hamburger, Käte: *Die Logik der Dichtung*, 2. stark veränderte Aufl., Stuttgart 1968, S. 113.

5. 1. 2. '집광렌즈' 혹은 '반향판'

《저항의 미학》에서도 진술 주체, 더 정확히 말하여 1인칭 인물이 사라져 버리는 곳이 몇 군데 있다. 예를 들어 로테 비쇼프가 베를린으로 건너가는 일에 대한 삽화에서, 또 '붉은 예배당Roten Kapelle'의 박살과, 플뢰첸제에서 일어난 저항 투사들의 처형에 대한 보고에서 이야기되는 자아는 완전히 사라진다.

여기에서 1인칭 화자는 집단적 경험과 기억의 소실점으로 자리한다. 그러나 대부분의 경우 그는 묘사되는 사건 앞에 완전히 현재한다. 비록 그는 1인칭 인물이나 작가로부터 독립해 있지는 않지만, 그렇다고 이들과 동일시되면 곤란하다. 함부르크의 설명 모델은, 그것이 허구적 이야기하기와 현실 진술의 차이점을 전제하는 한, 저항소설의 다층적 서술 방식을 선명하게 드러내기에 불충분해 보인다. 극도로 복잡한 이 작품의 서사 구조를 지금까지의 학위논문 저자 가운데 내 생각으로 가장 철저하고도 설득력 있게 분석한 옌스 비르크마이어Jens Birkmeyer는 개체와 집단 사이에 자리하는 1인칭 화자의 양극성을 다음과 같이 설명한다. 이 설명은 그가 슈탄첼F. K. Stanzel의 서사 이론 — '인칭'(나-그의 관계)과 '시점'(내부 시점/외부 시점) 그리고 '방식Modus'(화자/반성자)이라는 세 구성 요소 아래 전개되는 — 과 비판적으로 대결하면서 이뤄진다.

> 상당할 정도로 탈개인화된 '나' — 이것은 그러나 육체적으로 그리고 지적으로 현재하는데 — 의 발전은 근본적으로 정당한 연대기 서술자의 역할, 믿을 만한 증인 자격 나아가 축소된 1인칭 심급의 이야기 능력과 보고자 능력을 확대시킨다. 화자의 양극성이란 화자가 한편으로 작가의 자전적 특징이 결부된 프롤레타리아 등장인물로서 자리하고, 다른 한편으로 집단적 기억Mémoire collective이라는 연대기 기록자의 기능을 상당히 탈심리화하여 받아들인 점에 있다. 화자의 이 양극성은 바이스가 의식적으로 설정한 서사 전략으로 간주될 수 있다.[145]

《저항의 미학》에 나오는 1인칭 인물은 결코 권위적이고 전지전능한 인물이 아니다. 그는 모든 장소에 나타나지도 않고, 그렇다고 사건의 앞과 뒷면을 동시에 보는 것도 아니다. 그의 시점은 완전히 사적이고 개별적인 관점으로 제한된다. 그러나 그것이 주관적 경험의 전기적 요소로 조건지어지는 것은 아니다. 긍정적으로 보면, 1인칭 인물은 익명적 인간으로서 체험된 주관성뿐만 아니라 허구적 집단성을 체현한다. 그는 '비규정적 우리'로서 집단적인 것을 개인적으로 구현하는 것이다. 그래서 그의 진술은 주관적 경험의 차원을 넘어 일반적 의식화와 인식 형성에 참여한다. 그리고 이 허구적 집단성이 그의 위치 가치를 특징짓는다.

허구적 집단성으로 인해 1인칭 인물은 전기적인 그러면서 동시에 구성된 인물로서 여러 사건을 결합한 채 표현할 수 있고, 나아가 개별적 운명의 무구속성과 집단적 운명의 일반성 사이에 놓인 분리선을 지양할 수 있다. 이런 이유에서 비르크마이어는 그의 기능을 '프리즘적 이야기 심급' 혹은 '집광렌즈'라고 적절하게 지칭한다.

> 1인칭 화자 상황과 철저한 개인적 시점을 결정함으로 인해 한편으로 자서전과 허구성의 차원에서 나타나는 자전적 요소들을 직설법과 접속법(가정법)의 변증법으로 형상화할 수 있는 가능성이 생겨나게 되고, 다른 한편으로 어렵게 얻어진 사건들의 총체성을, 그러나 전지적 화자의 이데올로기적 요청이란 부담을 끼침 없이, 심미적으로 대상화할 수 있는 프리즘적 이야기 심급이 작동할 수 있게 된다.
>
> 그〔1인칭 인물〕는 집광렌즈로 기능하는데, 이 집광렌즈를 통해 모든 기억은 지울 수 없는 집단적 기억으로서의 인상을 남긴다. 그래서 지배적 이야기 원리는 직선적이 아니라 복합적으로, 유기적이 아니라 연상적으로, 줄거리 중심적으로가 아니라 다원근법적으로 놓인다.[146]

---

145 Birkmeyer, Jens: *Bilder des Schreckens*, a.a.O., S. 74.

146 Ebd., S. 73, 75.

보고되는 사건에서 1인칭 화자는 한편으로 늘 현재하면서, 다른 한편으로 묘사 대상으로부터 거리를 둔다. 집단적 주체로서 자신을 통해 사건의 전체성이 실감 있게, 그러면서도 허구적으로 촉매되는 것이다. 그리하여 1인칭 화자는 마치 그 속으로 모든 것이 모여들어 연소되는 '집광렌즈'와도 같다. 서사 구조의 이런 다층적 차원 때문에 그는 하나의 통합적 심급으로서 사고와 견해 그리고 사건의 강력하고 분산적인 소재 층위에 다가가서, 이를 명료한 윤곽 아래 드러내어 새롭게 성찰할 수 있게 된다. 다른 식으로 말해 바이스는 주인공의 고전적 중심화를 실험적 서사 전략으로 상대화함으로써 이야기 시점이 특정한 인물로 제한되는 폐단을 피하는 것이다.

1인칭 인물의 이 익명성은 개인적 시각을 집단적 시점으로 변모시킨다. 나아가 익명적 집단성은 다성적 서사 구조를 지닌 소설의 문체적/양식적 특성에 기여한다. 다성적 서사 구조란 미하일 바흐친이 '소설 미학의 대화적 화법 다양성'이라고 칭했던 것이기도 하다.

> 소설은 인위적으로 조직된 화법 다양성이고 때로는 언어 다양성이며 개인적 목소리 다양성이다. 통일적 국민(민족) 언어가 사회적 방언들로, 여러 모임의 진술 방식이나 직업 속어, 장르 언어, 여러 세대와 연령층의 언어로, 이해利害 집단의 언어와 권위의 언어, 연구회나 유행의 언어로 내적으로 분열되는 것, 그래서 그것이 사회정치적 활동의 언어로까지 번지는 것(매일매일에는 그 자신의 표어가 있고, 그 단어집이 있고 억양이 있다) — 모든 언어가 그 역사적 현존의 그때그때 순간에 내적으로 분화되는 것은 소설 장르의 필연적 전제조건이다. 말하자면, 소설은 사회적 화법 다양성과, 이 다양성의 바탕에서 발생한 개별적 목소리의 다양성을 가진, 모사되고 표현되어야 할 대상과 의미의 전체 세계를, 그 주제를 편성한다orchestrieren.[147]

147 Bachtin, Michail M.: *Die Ästhetik des Wortes*, hrsg. und eingel. v. R. Grübel. Übers. v. R. Grübel u. S. Reese, Frankfurt/M. 1979, S. 157.

소설은 사회역사적 세계의 이질성을 묘사한다. 그래서 통일 언어나 단일 언어로 작성될 수 없다. 거기에는 개인적 목소리와 더불어 사회적 진술/화법이 서로 뒤섞인 채 역동적으로 교차하고 중첩되고 삼투하는 까닭이다. 그래서 소설이란 장르는 부득불 다양한 진술과 화법의 상호 혼융적 분할과 결합으로 구성되는 것이다. 개인적 목소리의 다양성과 사회적 진술의 다양성, 이 둘 사이의 부단한 대화적 성격이 소설언어를 구성한다.[148]

이것을《저항의 미학》의 맥락에서 풀어쓰면 이렇게 될 것이다. 다양한 견해와 입장들이 서로 만나고 엇갈리는 가운데 등장인물들은 때때로 합의점에 도달하기도 하고, 때로는 더 심한 갈등에 처하기도 한다. 예를 들어 코피는 예술작품의 내용적 파당성을 요구하고, 하일만은 작품의 필연적 다양성을 옹호한다. 그러나 이 둘 사이의 견해 차이는 이런저런 격론 속에서 합의점을 찾기도 한다. 바이스의 소설언어는 편성술적으로 통합된 다양성의 언어다. 혹은 이질성의 편성술적 통합체다. 여기에서 언어적 삶의 사실적 역동성을 구성하는 것은, 바흐친에 따르면, 구심적 힘과 원심적 힘이라는 두 요소다. "분할과 화법 다양성은, 언어가 살아 있고 스스로 전개되는 한, 확대되고 심화된다. 언어의 구심적 힘과 더불어, 말하자면 언어적 이데올로기적 중심화와 통일화와 더불어 탈중심화와 차이화의 중단 없는 과정이 일어난다."[149]

---

148 이야기되는 자아가 이야기하는 심급으로서 서술하는 이런 다양한 진술 방식을 로저 호프만은, 프로이트와 라캉 이론에 기대어, '부재하는 것의 서술'이라고 지칭한다. Roger Hofmann: *Beschreibungen des Abwesenden. Lektüren nach Lacan*, Frankfurt/M. 1996, S. 250. 이런 이유에서 그는《저항의 미학》이 '즉각적이고 자유롭게 자라나며 불협 화음적인 요소들을 모델적이고 방법적이며 조화적인 요소들에 복속시키지 않는 어떤 비규제적 미학'을 고수한다고 주장한다. 그의 논의는, 그것이 바이스적 저항미학을 해체주의적이고 후기구조주의적 의미지평 속에서 설득력 있게 재해석해 보인다는 점에서, 흥미롭다.

149 언어의 구심적 힘과 원심적 힘이 역동적 상호작용 속에서 교차하는 장소를 바흐친은 웃음의 민중 문화에서, 더 정확히 말하여, 라블레적 작품이 보여 주듯이, 강제 없이 열린 시장 언어에서 찾는다. 개방성과 일탈의 원심적 언어를 겨냥하는 민중 언어와 그 웃음은, 그에 의하면, 전래적 규범과 가치 그리고 독단을 문제시한다. 그래서 이 언어에서는 공식적

언어의 구심적 힘이 일원화와 중심화를 겨냥한다면, 언어의 원심적 힘은 탈중심화와 차이화를 목표로 한다고 할 수 있다. 구심적 언어가 통일 언어의 중심화된 규범 체계에 상응한다면, 원심적 언어는 사회역사적 진술의 다양성과 관계하다. 이 때문에 원심적 언어는 통일 언어의 중심화하는 경향에 반이데올로기적으로 맞선다. 언어의 역동성은 상반되는 이 두 힘의 충돌과 이 충돌에서 발생하는 에너지로 일어난다. 언어의 이 역동적 과정으로 인해 모든 진술은 생활 세계의 생생한 다채성에 참여한다.

바이스 소설언어가 내장한 합창적 다성성 역시 이런 맥락에서 이해될 수 있다. 그의 소설 문체를 이루는 것은 중심화하는 통일 언어(단일 언어)가 아니라, 탈중심화하는 다채성의 언어다. 그는 다양한 목소리와 화법을 자신의 소설 기획 안으로 전환시킴으로써 기존 관계의 정당화에 기여하는 지배적 통일 언어 — 중심화하는 공식 언어에 저항한다. 공식 언어란 언어의 다채성을 장려하는 것이 아니라 그 단일성을 강제하는 이데올로기적 언어이기 때문이다.

바이스는, 앞서 보았듯이, 체험화법이나 직접화법, 간접화법 혹은 보고화법 같은 매우 다양한 양식을 소설에서 사용한다. 그렇다는 것은 그가 소설 단어의 대화적이면서도 논란 많은 성격 — 그 근본적 이질성을 정확히 인식했을 뿐만 아니라 적극적으로 응용했다는 것을 뜻한다. 왜냐하면 소설언어란 어떤 독백적 형식을 나타내는 것이 아니라, 다성적인 목소리를 동시에 내는 것이고, 이 다성적 목소리를 통해 낯선 말과의 대화적 상호작용 속에서 단성적 의미론의 있을 수 있는 강제 구조에 반기를 들기 때문이다.

고급 문화에 대한 카니발적 기쁨의 전복이 일어나는 것이다. 라블레와 더불어 소설언어는 합창적 다성성으로서의 그 모범적 형식을 얻는다. 이 합창적 다성성의 언어로 우리는 기존 질서의 경직성과 불변성에 저항하면서 어떤 급진적 혁신과 전환을 도모할 수도 있는 것이다. 여기에 대해서는 Bachtin, Michail M: *Rabelais und seine Welt. Volkskultur als Gegenkultur*, übers. v. G. Leupold, Frankfurt/M. 1995, S. 237, 316ff.

소설의 언어는 근본적으로 다채로운 반발과 항쟁의 언어다. 바로 이런 근본적 이질성에 힘입어 그것은 기존의 규범과 서열 제도에 부단히 거스른다. 목소리의 다성성은 곧 사물 자체의 고갈될 수 없는 다양성과 충일성에 상응한다. 이 점에서 소설언어는 현실 정합적이다. 1인칭 인물이 예술적, 문학적 형상화에의 충동을 표현하는 다음 문장은 소설의 서사 형식이 지닌 합창적 다성성을 예시적으로 보여 준다.

> 이 대화에 대한 노트 작성은 마치 합창에서와 같이 구술되었다. 나는 로게비나 슈르룁의 목소리만 들었던 것이 아니라, 언급되고 떠오른, 그래서 그때 형태를 갖춘 모든 사람들의 목소리도 들었다. 나는 공동의 생각을 진술하는 연대기 기록자로서 나의 새로운 활동을 시작했다. 도서관에서 빌려 온 책들이 무더기로 내 책상 위에 쌓여 있었고, 나는 그저 어렴풋이 감지했던 것을 보충했다. 처음에 나는 수풀 덤불 속에서 거의 알아볼 수 없이 세워진 단순한 표지판 이상은 찾지 못했지만, 그러나 이 표지판으로부터 측량이 시도되었고, 더 넓고 지금까지 알려지지 않은 지역에 대한 대략적 개념을 매개하는 이런저런 결합 관계가 만들어졌다. 그때부터 나의 의식은 글쓰기 과정에 대한 생각으로 가득 찼고, 그것은 충동과 진술, 기억의 이미지와 행동의 계기들에 대한 기록 작업이었으며, 지금까지 행해진 모든 것은 준비 연습에 불과했고, 모든 흔들거리는 것, 파편처럼 부서진 것, 여러 의미를 가진 것, 비등하는 모든 독백들은 내 사고와 성찰을 위한 반향판이 되었다. 나는 체로 쳐서 가려진, 여과된, 겉으로 보기에 관계없는 것들을 목차로 분류한 하나의 메커니즘 속을, 감지하거나 겪었던 것을 문장으로 정리하고, 끊임없이 정식을 찾아 헤매며, 명료성을 추구하는 메커니즘 속을 응시했고, 그러면서 늘 다시 새로운 명료성의 층위로 나아갔다(*ÄdW*, II, 306).

위의 인용된 구절은 화자 자신의, 나아가 작가 자신의 소설시학으로 읽힐 수 있을 것이다. 1인칭 주인공은 연대기 기록자로서 공동의 경험과 생각과 성찰을 관찰하고 매개하고 다시 적음으로써 가장 적절한 표현 형식을 찾아 헤맨다. 현실 역사 그리고 예술 역사에서 온 경험하고 배운 것들은 그에게 더 나은 발전을 위한 일종의 '반향판'으로 자리한다.

화자의 글쓰기는 '충동과 진술, 기억의 이미지와 행동의 계기들에 대한 기록 작업'이다. 여기에서 그는 '모든 흔들거리는 것, 파편처럼 부서진 것, 여러 의미를 가진 것, 비등하는 모든 독백들'을 배제하지 않는다. 삶의 가능성이란 이미 있어 온 것의 되풀이가 아니라 새로운 것의 천착과 포용에서 생겨나기 때문이다. 이런 천착은 비공식적이고 일탈적이며 이질적인 영역을 향한다. 그러니 그것은 개방적이고 원심적이며 탈중심적일 수밖에 없다. 소설의 언어는 이 탈중심화에 적극적이다. 지배의 언어가 주변의 경험들을 자기 중심적으로 포괄하는 반면에, 소설의 언어는 비동질적이고 균열되며 모순된 경험 요소들에 열려 있다. 소설언어란 근본적으로 타자성의 언어인 까닭이다. 작가는 알려지지 않은 타자적 영역을 그 균열 속에서 드러내고 그 개방성 속에서 포용하면서 동일성의 이데올로기적 강제를 거스른다.

1인칭 화자는, 그가 사용하는 다채성의 언어에 맞게, 개인적 목소리가 아닌 집단적 목소리를 가진다. 그는 조직화하는 서술 심급으로서 파편처럼 흩어지고 억눌린 것으로부터 일정한 결합을 만들어 내고, 이 결합을 통해 역사적으로 놓쳐 버린 것의 내밀한 목소리를 복원시킨다.

문학의 목소리는 말의 근본적 의미에서 여하한의 중심화 운동에 저항한다. 모든 중심화란 지배적 공식적 관점이고, 그러는 한 그것은 지배자의 담론이기 쉽기 때문이다. 그것은 삶의 실상을 외면하는 신화이자 이데올로기로 작용한다. 그러므로 시학이란 대상을 선악으로 구분하는 데 자족하는 대신, 균열되고 모순된 것을 적극 포용하고 이에 대해 이야기한다. 이때 중요한 것은 다성적 이야기 방식이, 앞 장에서 언급했듯이, 1인칭 화자의 현재하는 의식 지평 아래 머무른다는 사실을 잊지 않는 것이다. 바이스의 소설언어는 깨어 있는 의식으로 인해 늘 제어된다. 그래서 그는 역사적 사건의 어지러운 다양성을 '마치 합창에서처럼' 일정한 일관성 아래 표현할 수 있는 것이다. 이야기 형식이 지닌 합창적 다성성에 대해 린트너는 이렇게 언급한다.

> 다성적 서사적 흐름이 이질적 소재 층위를 동질화한다. 그것은 서사 이론적으로 화자의 현재적 의식 흐름에 상응하고, 예술 이론적으로는 보편주의적 교양 충동과 일치한다. 다른 시간 차원을 때로는 한 문장에 집약시키는 대담한 결합 역시 명시적 몽타주 기법의 표현이 아니라 그런 다성적, 합창적 이야기하기의 결과다.[150]

이야기하는 주체의 현재하는 의식 지평은 《저항의 미학》에서 궁극적 의미 심급이다. 1인칭 화자는 이 각성한 의식 덕분에, 그 많은 화법 방식에도 불구하고, 소설의 모든 줄거리를 추동하는 지각적, 인식적 초점이 된다. 그는 이름 없는 인물들의 찢겨진 삶에서 나오는 다양한 목소리를 자신의 시학적 의식 안으로 결합함으로써 주관성의 협소한 차원을 넘어설 수 있게 된다. 그가 '집광렌즈'처럼 이질적 요소를 하나로 수렴시키고, '반향판'처럼 여러 작은 소리를 하나의 큰 소리로 되울릴 수 있는 것은 그 때문이다. 말하자면 그는 현재하는 의식적 연속성 속에서 1인칭 서술의 진실성 요구와 전지적 서술의 객관성 요구를 하나로 묶는 서사 심급으로 기능하는 것이다.

이 현재하는 의식은 결국 현세적 관계 개선에 대한 관심 이외에 다른 것이 아니다. 그는 관계없는 것처럼 보이는 갖가지 경험들을 의미 있는 질서로 변모시킴으로써 좀더 나은 삶의 가능성을 타진하는 것이다. 그래서 그는 삶의 충일성과 다양성을 합창적 다성성 아래 편성한다. 《저항의 미학》은 이런 서사적 대편성의 반성적 결과물이다.

---

150 Lindner, Burkhardt: Nach dem Ende der Wiederentdeckungen, a.a.O., S. 42f.

5.1.3. 다원근법

나아가 다성적 이야기 방식은 소설 텍스트의 모든 행동 차원을 관통하는 다성적 담론적 구조 원리와도 연결된다.[151] 예를 들어 인물들의 다양한 입장들은 단일 원근법적 형식이 아닌 다원근법적multiperspektiv 형식 속에서 서술된다. 이 때문에 특정한 하나의 화법 방식이 지배할 수 없다. 이것은 바이스의 언어가 다성적이고 탈중심적이며 원심적인 데서 이미 드러나는 것이었다. 그의 이야기 방식은 어떤 열린, 그래서 부정적인 변증법에 의해 이끌린다. 이 열린 변증법은 모순과 대립을 단순히 긍정성 아래 지양하는 것이 아니라 해소하기 힘든 복잡성 속에서 중재한다. 소설의 언어는 근본적으로 단성적 동질성의 언어가 아니라 다성적 이질성의 언어인 까닭이다.

다성적 소설언어 속에서 이런저런 사건들은 너무나 역동적이어서 중앙화와 탈중앙화, 통일화와 이질화라는 상투적 이분법을 넘어선다. 그것은 이 두 요소들 중의 어느 하나로 귀결되는 것이 아니라, 두 요소 사이의 긴장 관계를 이용하면서 움직인다. 역동성이란 이 긴장에서 나온 에너지를 뜻하고, 변증법이란 이 긴장을 육화한 사유의 방법이 될 것이다. 다성적 역동성에서 바이스의 언어는 예술과 문화를 서열화하는 여하한의 동질성 이데올로기에 저항한다.

바이스는 불협 화음의 현실을 동질화의 지배 아래 두는 것이 아니라 합창적 다성성 속에서 있는 그대로 드러낸다. 이 다성적 이야기 방식은 조이스적 '내적 독백' 같은 서술 방식과는 분명하게 구분된다. 이 점에 대해 비르크마이어는 '담론적 독백' 혹은 '다성적 단성성vielstimmige Monologizität' 같은 개념으로 설명한다.

151 《저항의 미학》이 가진 담론적 특성에 대해 처음 언급한 사람은 알프레드 안데르슈다. 작품의 대화적 요소는, 그가 옳게 지적하듯이, 형식 규정적이다. 그래서 그는 이 소설을 '담론적 사고의 소설'로 부른다. Andersch, Alfred: Wie man widersteht. Reichtum und Tiefe von Peter Weiss, in: ders., *Öffentlicher Brief an einen sowjetischen Schriftsteller, das Überholte betreffend. Reportagen und Aufsätze*, Zürich 1977, S. 149.

> 바이스의 소설 삼부작에 구성적인 사실은, 사건의 다원근법적 묘사가 언제나 화자 자아의 유일한 화법 유형에 종속되어 있다는 것, 그 때문에 이런 제시 방식 역시 여기서는 담론적 독백으로 특징지어져야 한다는 점이다. 담론적 독백이란 텍스트의 지극히 이질적인 화법 양식 — 체험화법, 직접화법, 독백, 대화 등과 같은 — 을 화자의 단순 논리적mono-logisch 의식 연속성 아래 동질화한다. 그러는 한 표현되는 목소리의 다채성은 화자의 단성적 통일성으로 초점 맞춰지는데, 이때 화자는 다성적 독백성으로 자리한다. 그러한 긴장 관계는 번갈아 나타나는 분산된 목소리와 주도권을 쥔 화자의 단성적 성찰 흐름 사이의 모순에서 나온다. 바이스에게서 다성적 말하기는, 역설적이게도, 오직 쉼 없는 연속 독백에서만 실현될 수 있다. 이 성찰 흐름의 밖에서는 어떤 말하기도 불가능하다. 말하자면, 화자 독백과 목소리의 다양성은 오직 서로 교차하면서 자리하지 나란히 자리하지 않는다.[152]

소설 삼부작의 이야기 방식에는 독백과 대화, 체험 화법과 간접화법 그리고 보고 화법 등과 같은 여러 서술 양식이 속한다. 이야기되는 허구의 망에는 이 다양한 종류의 서술 형식들이 서로 삼투하며 흐른다. 이것은 1인칭 화자가 (혹은 작가가) 이런저런 형식을 유동적으로 취하는 데서 잘 나타난다.

그러나 이야기 시점은 완전히 개인적이다. 왜냐하면 이야기하는 것과 이야기되는 것은 화자 심급의 단성적 성찰 의식 아래 통합되기 때문이다. 다른 식으로 말하면, 사건과 꿈, 해석과 대화 혹은 추측 같은 이질적 소재층을 다양성 아래 모으고 결합하는 복잡한 서술 방식은 서사 각도의 끊임없는 변화를 초래한다. 그러나 화자의 서술 시점은 성찰적 의식 지평으로 인해 변하지 않는다. 이 성찰적 의식은 그가 예술적, 정치적 정체성을 부단히 추구하는 까닭이다. 성찰적 의지는 물론 작가의 해명 의지에서 오고, 이 점은 앞서 언급했듯이 포스트모더니즘적 글쓰기와의 분명한 변별점을 이

152 Birkmeyer, Jens: *Bilder des Schreckens*, a.a.O., S. 83.

룬다.

비록 개인적이지만 다원근법적 서술 방식으로 인해 묘사되는 행동이나 사건은 1인칭 화자의 체험 관점 안으로 완전히 융합된다. 그는 지치지 않는 성찰력에 기대, 비르크마이어가 옳게 적었듯이, '프리즘적 반사경으로서, 사건과 담론의 수동적 수용자일 뿐만 아니라 적극적 생산자'로 역할한다.[153] 그는 그 모든 이질적 관점과 견해 차이에도 불구하고 자아의 내적 움직임뿐만 아니라 다른 인물들의 내적 삶까지도 아주 세세한 부분까지 느끼고 생각하고 해명하고 판단할 수 있게 되는 것이다.

그리하여 1인칭 화자는 일종의 집단적 반사경 혹은 투광기로 자리한다고 할 수 있다. 그는 마치 다른 인물들이 보고 생각하고 이해하는 것과 똑같이 보고 생각하고 이해한다. 여기에서 체험된 화법과 간접적 화법, 독백과 대화, 성찰과 담론은 뒤섞여 있다. 이 뒤섞인 서사망 속에서 소설 삼부작에 본질적인 특징 ― 전통적 텍스트의 형식주의적 틀을 넘어가는 이야기 구조의 합창적 다성성이 있다. 이런 이유에서 바이스의 다성적 소설 미학은 부르주아 예술 이해의 순응적 규범에 어긋날 뿐만 아니라 사회주의 리얼리즘의 싫증 모르는 독단에도 거스르는 서사적 대항 기획이 된다.

1인칭 화자의 비의적 구조는 독자로 하여금 한편으로는 해석의 아포리아로 쉼 없이 빠져들게 하고, 다른 한편으로는 줄거리 전개에 대한 해석적 참여를 적극적으로 요구한다. 여기에서 다음과 같은 질문, 말하자면 왜 바이스는 그렇게 복잡한 1인칭 서사 구조를 사용했는가와 같은 질문이 대두한다. 분명 반사광적 서술 기능이 갖는 의미는 전통적 서사 모델로는 고갈될 수 없는 것이다.

《저항의 미학》의 서사 방식은 아마도 좀더 넓은 맥락 ― 사회정치적 현실의 점증하는 복합성에 즈음하여 개인의 경험이 상실되는 근대적 역사 현

153 Ebd., S. 77.

상의 의미를 고찰함으로써 어느 정도 설명될 수 있을지도 모른다. 이러한 논의에서 결정적 역할을 하는 이론가는 발터 벤야민이다. 그는 현대의 산업화와 기술화로 인한 경험 동일성의 파괴와 이로 인한 서사 전통의 위기에서 소설가의 사회적 위치 가치가 근본적인 변화를 겪게 된다는 점을 역사철학적으로 논거했기 때문이다. 예를 들어 〈베를린 알렉산더 광장〉(1930)이나 〈이야기꾼〉(1936) 같은 논문에서 그는 이야기의 몰락, 나아가 20세기의 소설의 위기를 논증하는데, 이 위기는 무엇보다도 개인의 소외 경험과 파편화 경험으로부터 기인한다. 이야기하기의 본질적 양상을 구성하는 경험 전달의 능력은, 그에 의하면, 고독한 방에서의 개인의 격리와 함께 중단된다.

> 모든 경우에서 화자(이야기꾼)는 듣는 사람에게 조언을 주는 사람이다. 그러나 '조언을 줄 줄 아는 일'이 오늘날 구닥다리처럼 들리기 시작한다면, 그렇게 된 책임은 경험의 전달 가능성이 줄어들었기 때문이다. 그 결과 우리는 우리 자신에게 그리고 다른 사람에게 어떤 조언도 할 줄 모른다.[154]

현대의 소설작가는 더 이상 일반적 경험을 다루기 어렵다. 그의 작품은, 간단히 말해, 대표적 성격을 갖기 어렵게 되었기 때문이다. 그는 다른 사람의 삶이나 그 경험에 대해 쉽게 예증적으로 말하거나 쓸 수 없다. 작가 역시 사회적 격리와 경험의 엄청난 빈곤 속에서 살고 있고, 그래서 그가 드러낼 수 있는 것은 파편화된 삶의 상태일 뿐이다. 이것은 자본주의적 시장 원리나 이런 원리 아래 움직이는 상품 세계적 대중문화 아래에서는 더 그렇다.

작가가 전달하는 전래적 권위와 경험의 진실성은 매순간 제공되는 정보의 물결 속에서 어쩔 수 없이 하나의 엉성한 조각으로 자리한다. 그러니 작가의 말이란 더 이상 지혜의 메시지라기보다는 정보의 단자單子에 불과하다. 이러한 현대적 정황은, 벤야민이 적듯이, 구전적口傳的 이야기의 종말

---

154 Benjamin, Walter: Der Erzähler, in: ders.: GS, Bd. II, 2., Frankfurt/M. 1977, S. 442.

을 초래하고, 급기야 소설의 위기를 불러일으킨다. 경험 정체성의 이런 쇠락에 즈음하여 작가는 무엇을 할 수 있는가? 그 하나는 더 이상 생활 세계적 진실 자체가 아니라 이 진실의 상실을 실험적 이야기 방식으로 상쇄하는 것이 될는지도 모른다. 바이스의 서사 전략은, 근현대 소설사의 맥락에서 보면, 이 같은 문제의식에 닿아 있다고 할 수 있다.

사회적 위기의 징후가 원하든 원하지 않든 문학 구조에 침전되어 있는 것이 맞다면, 《저항의 미학》에 나타난 복잡한 서사 구조가 근대 이후의 현실이 보여 준 광범위한 의미 상실에 대한 작가의 오랜 고민과 그 대결에서 결과했다는 사실은 자명한 것인지도 모른다. 이것은 파시즘에 대한 그의 개인적이고 사회적인 경험으로 강화된 것이었다. 특히 1960년대에 아우슈비츠 상흔과 직면한 이후 — 이것은 바이스가 그 당시 열린 뉘른베르크 전범 재판에 방청객으로 참석한 것을 말한다 — 그는 어떤 형식이 현실의 끔찍함을 드러내는 데 가장 적절한지 자주 질문한다.

소설의 1인칭 인물 역시, 이미 연대기 작가로서 자기 소임을 고백하기 전에, 역사적 사건의 복합성이 어떻게 재구성될 수 있는지 늘 자문하곤 한다. 이런 질문은 저항소설과 똑같은 시기에 작성된 《노트북》에서도 확인된다.

> 이 모든 것은, 내게 인내심을 주기도 한 그 모든 단순화에서 벗어나, 어떻게 서술될 수 있는가, 라고 나는 생각했다. 우리가 철저히 살았던 이것은 어떻게 해석되어, 우리가 그 속에서 우리 자신을 다시 인식할 수 있을 것인가, 라고 나는 자문했다. 그에 대한 형식은 아마도 괴물 같을 것이고, 그래서 현기증을 유발할지도 모른다. 그 형식은 가장 짧은 노정路程에 대한 묘사조차 이미 얼마나 불충분한 것인지 알게 할 것이다. 왜냐하면 모든 지나간 방향은 그 나름의 다의성을 열어 주었기 때문이다(*ÄdW*, I, 130).

괴물처럼 끔찍한 것이 주변에서 막 생겨나고 있고, 쉼 없이 자신을 드러내면서 끔찍한 형상을 취하고, 스스로 변하다가 갑자기 생경한 희망을 일깨우

> 고, 그러다 다시 이 희망을 충격적 엄습으로 다시 깨부순다면, 어떻게 우리는 아직도 소설을 써야 하고 무엇을 고안하며 어떤 것을 생각해 낼 수 있을 것인가? 진짜로 일어난 것이 계속해서 우리를 환상적인 힘으로 압도한다면, 우리는 어떻게 진실하지 않는 것에 골몰할 수 있을 것인가?(*NB*, II, 59)

바이스에게 무엇보다 중요한 것은 압도적 현실과, 이 현실의 괴물 같은 성격을 견뎌 낼 수 있는 어떤 적절한 이야기 형식을 고안해 내는 일이다. 역사를 추동하는 것은, 그것이 덜 지각되면 덜 지각될수록 더 광폭하게 작동하기 때문이다. 거꾸로 말해, 우리가 현실의 끔찍함을 더 예리하게 자각하면 할수록 현실의 폭력성은 줄어들 수 있을 것이기 때문이다. 그래서 그는 모든 희망을 압도적인 힘으로 파괴하는 현실에 어떤 대항체 — 심미적 형상물을 대응시키고자 한다.

바이스는 쉽게 접근하기 힘든 현실의 풍부한 소재에 알맞은 형상물을 부여함으로써 이 현실에 대항하려고 한다. 그러니 예술작품이란 곧 현실 대항체에 다르지 않다. 이런 서사 형식은, 그가 고백한 대로, 아마도 '어떤 끔찍할 정도로 괴물 같은 책'에서나 가능할 것이다(*NB*, II, 227). 그래서 이 책은 진부한 모사리얼리즘이나 무책임한 심미주의의 틀을 훨씬 넘어서야 한다. 현실의 기괴함은, 이 현실을 묘사하는 예술이 현실처럼 똑같이 괴물과 같아질 때, 비로소 어느 정도 대응될 수 있다. 예술은 괴물 같은 현실과 닮은 괴물이어야 한다. 끔찍한 현실처럼 예술 자체도 끔찍스러워야 한다.

그리하여 바이스는 두루 체험된 것이 어떻게 적절하게 파악되고 해석될 수 있는지 늘 질의한다. '어떻게 이 모든 것이 서술될 수 있는가', '진짜로 일어난 것이 계속해서 우리를 환상적인 힘으로 압도한다면, 우리는 어떻게 진실하지 않는 것에 골몰할 수 있을 것인가?' 압도적 현실의 이 기괴함을 견뎌 내려면 예술은 묘사하기 힘든 회색지대 속으로 들어가야 한다.

저항소설의 농축된 문장 구조와 함께 1인칭 화자의 복잡한 서술 방식 역시 이런 맥락에서 이해될 수 있다. 그것은, 앞서 분석했듯이, 개인적 화자의 주관적 관점 위에 놓인 것도 아니고 — 왜냐하면 그것은 경험적 감각의 직접성을 넘어서기 때문에 — 그렇다고 전지적 화자의 올림퍼스적 관점 위에 놓인 것도 아니다 — 왜냐하면 화자가 대상에 대해 반드시 최대한의 주권성을 가지고 행동하지는 않기 때문에 —. 그는 소설에서 전개되는 거의 모든 사건과 사고 그리고 대화를 관찰하고 지시하고 논평한다. 이것은 그의 글쓰기에도 해당된다. 즉 그는 글쓰기 작업 역시 반성적 성찰의 대상으로 삼는다. 이런 서술 방식은 무엇보다 역사적 현실의 악마성을 형식 부여 속에서, 그러니까 이야기를 통해 극복하려는 작가의 형상 의지에서 나온다. 역사Geschichte/history에 대항하여 문학에서는 여러 역사들Geschichten/Narration — '이야기들'이 있을 뿐이다(독일어 Geschichte에는 '이야기'와 '역사'라는 두 가지 뜻이 있다. 역사도 넓은 의미에서 보면 '하나의 이야기'에 불과하다고 할 수 있다. 그러는 한 문학의 이야기는 역사의 사건보다 훨씬 넓은 범주를 갖는다). 문학의 다양한 이야기는 그 자체로 단일한 현실사에 저항적이다.

문학적 저항을 위해 바이스는 '무감각Anästhesie'을 자신의 예술적 형상 원리로 작동시킨다(*ÄdW*, I, 83, III, 207). 여기에서 무감각이란 둔감함이 아니라 냉정함에 가깝다. 그것은 고양된 감정으로 대상에 감정이입하면서도, 동시에 이 감정이입으로부터 거리를 유지하는 의식으로 파악될 수 있다.[155] 고통을 언어로 번역할 때, 무감각의 태도는 예술적 형상화의 전제조건이다.[156]

바이스는 감정이입적이면서 동시에 거리 유지적 태도를 가진 채, 마치 1인칭 화자처럼, 허구보다 더 허구적인 현실의 잔혹상을 관통해 들어간다.

---

155 Lindner, Burkhardt: Anästhesie. Die dantesche "Ästhetik des Widerstands"und die "Ermittlung", in: Garbers, Jürgen u.a.(Hg.): *Ästhetik, Revolte, Widerstand*. a.a.O., S. 114-128.

156 예를 들어 수용미학자인 야우스가 '거리를 두는 행위는 심미적 경험에서 표상하는 의식의 형태 창출적 행위이기도 하다'라고 쓸 때(Jauß, Hans Robert: *Ästhetische Erfahrung und literarische Hermeneutik*, Frankfurt/M. 1991, S. 83), 거리를 두면서 동시에 형상을 창출하는 행위는 심미적 감상 차원뿐만 아니라 심미적 생산 차원에도 해당될 것이다.

그는 파악할 길 없는 현실의 소재층에 무기력하게 압도되는 것이 아니라, 예술적 형태를 부여하면서 어떻게든 대응하려 하고, 이런 대응 속에서 이 현실을 이겨 내는 길을 모색하는 것이다. 그리하여 무감각은 명징한 인식을 위한 형상화의 원리로 자리한다. 이 원리는 작가의 근본 프로그램으로서 소설쓰기에 타당하다. 나아가 그것은, 작품 내적으로 고찰하면, 브레히트와의 만남에서 영향받는다. 1인칭 인물은 나중에 스웨덴 농민지도자인 엥겔브레크트에 대한 브레히트의 작업에 관여하기 때문이다.

사실상 바이스는 1인칭 인물에게 거의 소진될 줄 모르는 이해력과 준비성을 갖도록 배려하는데, 이 이해력을 통해 소설 화자는 역사적 과정을 전달하는 데 필요한 도덕적 순결성을 보장받는다. 그러나 이 화자를, 우르줄라 호이켄캄프가 그러하듯이, 천사로서, 말하자면 '거의 초인간적 도덕성의 심급으로서' 지칭하는 것은 어색해 보인다.[157] 왜냐하면 그의 도덕적 순수성은 완전히 사회역사적 현실 맥락에 뿌리내리고 있기 때문이다. 1인칭 주인공은 늘 느끼고 평가하고 행동하는 존재이고, 역사적 현실에서 자신의 예술적, 정치적 정체성을 글로 입증하려는 인물이다. 그 때문에 그는 철저하게 지상적地上的이고 현세적인 인물이다. 이런 특징 덕분에 그는 결국 다른 등장인물의 충실한 동반자가 될 수 있다. 기괴한 현실에 대항하여 주인공은 내재적 글쓰기로 자신의 다양한 경험을 읽고 해석하고 씀으로써 작가로 발전해 간다. 그리하여 과거는 기억된 이야기 보고를 통해 서사적으로 재구성된다.

1인칭 화자는 글을 쓰면서 소설의 사건 차원에서 행위하고, '집단적 주체'로 자리한 자신의 예술적, 정치적 길을 걷고자 노력한다. 그는 참여하고

157 이런 이유에서 1인칭 인물을 벤야민적 '새로운 천사angelus novus' 개념과 연결시킨 호이켄캄프의 테제는 도덕성의 해석 영역에 지나치게 포박된 것으로 보인다. Heukenkamp, Ursula: Angelus Novus oder der Erzähler in der "Ästhetik des Widerstands", in: Krenzlin, Nobert(Hg.): *"Ästhetik des Widerstands", Erfahrungen mit dem Roman von Peter Weiss*, Berlin/DDR 1987, S. 109f.

개입하고 조직하는 글쓰기의 실행자다. 그는 글 속에서 아직 발굴되지 않은 역사적 과정의 익명적 목소리를 빛 밖으로 드러내는 사회적 촉매제다. 바로 이 점에 그의 신뢰할 만한 진실성이 있다.

다음에서는 바이스의 실험적 서술 전략이 소설 안에서 어떻게 구현되는지 알아보기 위해 《저항의 미학》 결말 부분을 분석한다. 여기에서 1인칭 인물은 더 이상 예술 수용자가 아니다. 그는 예술 생산자로서, 즉 글을 쓰는 이야기 심급으로 등장한다. 이것을 나는 예술과 저항이라는, 이 작품을 관통하는 핵심 주제와 관련하여 서사 이론적으로 논의하려 한다.

5. 2. 자기 서술의 무대화—결말 부분 분석

글을 쓸 때, 나는 저 밖의 타당한 건물에 대한 하나의 대안을 세운다.
— 페터 바이스, 《회복기》

《저항의 미학》의 III부에서 1인칭 인물은 글을 쓰며 행동하는 자로 발전해 간다. 이러한 발전은 서술 방식의 근본 변화를 야기한다. 예술 분석과 역사적 정치적 논쟁, 묘사적 보고 같은 다양한 이야기 층위가 I부에서는 상대적으로 뚜렷이 구분되는 반면, II부에서는 이 층위의 더욱 혼재된 매개를 확인할 수 있다. III부에서는 이 요소들이 거의 전적으로 지배하기 때문에, 성찰이나 분석, 보고나 격론 같은 이질적 소재는 1인칭 화자 안으로 결속된다. 이 같은 구조 변화는 그가 자신의 고유한 정체성 추구를 지금까지보다 훨씬 능동적으로 시도함을 뜻한다.

5. 2. 1. 이야기 과거와 글쓰기 현재의 교차

《저항의 미학》 III부의 끝(*ÄdW*, III, 260-268)에서 1인칭 화자의 글쓰기 현재는 조건적 형식 — 가정법적 형태 아래 제시된다. 즉 화자는 작가로서 활동하게 될 미래의 계획을 현재의 관점 아래 서술한다. 그러니까 그는 독자가 지금《저항의 미학》이란 작품으로 읽고 있는 바로 이 책을 소설 안에서 쓰게 되는 것이다. 여기에서 1인칭 인물과 화자(나아가 바이스), 이야기되는 시간(과거)과 이야기하는 시간(현재)의 관계는 명시적으로 주제화된다. 이것은 작품 해석이라는 수용적 차원의 어려움을 예비한다.

> 그리하여 우리 편에서 보면 그 논란은 자기 능력으로 도달할 수 있는 것이 모든 선사된 것보다 더 견고하다는 확신으로 끝났다. 그럼에도 불구하고 평화가 오기 전 그 당시 동맹의 분할과 전선의 균열에 누가 책임있는지 내가 자문했을 때, 양측은 그들에게 가능했고 그들 진실 개념으로 제약된 것만을 했었을 것이라고 나는 대답할 것이다. 한참 지난 후 나는, 그토록 많던 광기와 절망감으로 행한 그 모든 것들 가운데 아직 지속되는 것이 무엇인지 다시 한번 조사할 것이다. 그리고 이런 회고에서 나는, 그 5월 7일에 이미 어떤 불협 화음을 환호 속에서 들었음을, 그래서 안도하며 내지르는 함성이 패배에 대한 충격의 표현인 것처럼 우리에겐 여겨졌고, 그래서 우리는 이제 그 모든 좌초한 노력의 한가운데 있을 것이라고 확신할 것이며, 그 때문에 우리는 쉼 없이 결정을 요구하는 그 거친 목소리가 이미 그 당시에 옳았음을 인식하게 될지도 모른다(*ÄdW*, III, 260).

결말 부분의 이야기 방식은 직설법에서 접속법(가정법)으로의 현저한 변화가 일어난다. 즉 전선戰線과 동맹의 분열에 대한 1인칭 화자의 물음은 직설법적으로 쓰인 반면에('내가 〔…〕 라고 자문했을 때 〔…〕'), 그 답변은 이와 대조적으로 접속법적 회고 속에서 나타난다('내가 〔…〕 라고 대답할 것이다 〔…〕'). 현재형에서 접속법적 미래 1형식으로의 이런 시점 변화는 소설의 결말 구성을 지배하는 특징이다.[158] 이 같은 변화에서 작가 심급과 1인칭 인물의

158 여기에 대해서는 Lindner, Burkhardt: Ich Konjunktiv Futur I oder die Wiederkehr des Exils, in: Götze, Karl-Heinz /Scherpe, Klaus R.(Hg.): *Die "Ästhetik des Widerstands" lesen*, a.a.O., S. 85-94.

모순은 분명히 나타난다. 그는 간접적 화법 상황에서 상상된 회고를 통해 그 뒤의 시점, 말하자면 소설을 적는 현재를 선취하는 것이다. 더 자세히 들여다보자.

> 나의 경험을 해석할 수 있기 위해 내가 도달해야 할 한참 떨어진 거리에서 되돌아보면, 그 경험이 끝날 무렵의 충격을 느낄 수 있을지도 모른다. 그 당시 전쟁의 끔찍한 결과가 내게 그랬듯이, 그렇게 많은 시간이 다시 한번 지나갔을 때, 끊임없이 흐르는 이 변화가 얼마나 깊게 감지될 수 있는지 이 시간 개념에 대해 말하는 것은 이전에도 종종 우리의 일과였다. 망명의 여러 해를 서술하려는 오랫동안의 시도로부터 떠올라, 나는 뒤따르는 그 모든 오류와 알력을 인식하면서 똑같은 피로에 빠질지도 모르며, 이 피로는 우리 모두를 위한 길이 갈라졌을 때 언젠가 나를 덮쳤던 것과 같을 수 있을 것이다(*ÄdW*, III, 260f.).

여기에서 화자는 과거의 망명 경험을 오늘의 관점에서 쓰고 해석한다. 그러면서 이전에 가졌던 예술정치적 입장을 회고적 관점 아래 새롭게 검증한다. 즉 그의 글은 이중적으로 이뤄진다. 첫째, 소설 속에서 소설 기획에 몰두하는 작가로서 자리하는 1인칭 주인공에 의해. 둘째, 소설 밖에서 이 소설을 완결짓는 작가 바이스에 의해. 이런 의미에서 그의 쓰기는 이중적으로 수행적이다. 그는 관찰된 내용을 보고하고 전달하는 단순 연대기 기록자에서 예술 생산자로의 전환 단계를 경험한다. 그것은 서사 이론적으로 보면 줄거리의 직선적 발전 논리를 분쇄하는 다원근법 덕분에 이뤄지고, 서사실천적으로 보면 생산미학적 글쓰기에 기대 이전의 과오와 불화를 재구성하는 것이다. 이 재구성은 시간이 흐르는 사이에 가능하게 된 비판적 거리감 — 객관적 회상 능력으로 인한 것이다.

그리하여 1인칭 주인공의 작가적 활동은 이제 더 이상 예술작품과의 교류에 제한되지 않는다. 그것은 경험한 것을 심미적 형상물로 전환/번역시키는 데로 뻗어 나간다. 여기에 대해 바이스는 이렇게 말한다. '내가 무엇일 수 있고, 또 무엇이길 원했는지 여기에서 추체험됩니다.'[159] 왜냐하면 예술은 '놓쳐 버린 것에 대한 기억'(아도르노) 이외의 다른 것이 아니기 때문이다.

예술 수용자에서 예술 생산자로 나아가는 1인칭 주인공의 패러다임 변화는 글쓰기를 사라지고 죽은 것들의 주술 행위로 파악하는 작가의 성찰과 밀접하게 관련된다. 왜냐하면 그의 글쓰기는 역사적으로 놓쳐 버린 것의 복구를 겨냥하기 때문이다. 작가는 자신을 외화外化시켜 역사에서 구제되지 못한 목소리를 살아 있도록 일깨운다. 이것을 호프만은 이렇게 표현한다. "창출하는 자는, 작가든 예술가든 관계없이, '자기 자신의 밖에서' 탈육화Entkörperung하면서 하나의 타자를 얻게 되는데, 이 타자는 외화의 이런 우회로를 통해서만 도달될 수 있다."[160]

글을 쓰는 자는, 게니아 슐츠가 비유적으로 언급하듯이, '죽은 자의 진술을 번역하며 언어의 강을 지나가는 뱃사공'이다.[161] 글쓰기에서 저자/산자는 죽은 자와 만난다. 왜냐하면 "글이란 무해한 것이 아니라, 반복하고 이중화하고 탈취함으로써 죽은 자를 '움직이게' 하고, 공격하고 일정하게 다루기 때문이다."[162]

---

159 Manfred Haiduk im Gespräch mit Peter Weiss über "Die Ästhetik des Widerstands", in: *Peter Weiss im Gespräch*, a.a.O., S. 210. 이런 의미에서 롤프 미하엘리스와의 대담에서 나온, 여러 가지 논란을 일으킨 '소망된 자서전Wunschautobiographie'이란 개념이 도출될 수 있다(Peter Weiss im Gespräch mit Rolf Michaelis über seinen politischen Gleichnisroman, in: *Peter Weiss im Gespräch*, a.a.O., S. 217). 그러나 이 개념이 소설 삼부작에 얼마나 맞는지는 따져 볼 일이다.

160 Hofmann, Roger: *Beschreibungen des Abwesenden*, a.a.O., S. 274.

161 Schulz, Genia: Der Tod in Texten von Peter Weiss, in: *Merkur 12/1989*, S. 1052. 다음의 글에도 실렸다. Garbers, Jürgen u.a.(Hg.): *Ästhetik Revolte Widerstand*, a.a.O., S. 168.

162 Ebd., S. 1049. 이런 납득할 만한 정식화에도 불구하고, 슐츠의 주장은 《저항의 미학》이 지닌 의미론적 결정 불가능성을 여전히 고수한다. 예를 들면 그녀가 다음과 같이 적을 때다. "한 텍스트의 진실은 그 주장에도 있는 것이 아니고, 주장의 포기에 있는 것도 아니다. 그것은 이 두 축 사이의 해체적 움직임에 있다"(Ebd., S. 1053). 이 작품의 의미 층위가 비규정

죽은 자는 글 속에 최후의 말을 남긴다.[163] 글은 죽은 자의 비명碑銘이다. 그래서 산 자는 글에서 죽은 자의 흔적과 놓쳐 버린 것의 궤적을 다시 찾으려 한다. 글이란 사멸하고 상실된 것을 죽은 자가 누린 한때의 생생함 속에서 다시 붙잡아 두려는 기억의 무대다. 글쓰기란 삶과 죽음, 의식과 무의식의 그 어떤 경계도 모르기 때문에, 그것은 주술적 기억을 통해 산 자에 대한 애도의 작업을 행할 수 있다. 산 자/예술가와 죽은 자/소멸의 만남은 예술 창출의 추동력인 것이다. 그리하여 바이스는 적는다. '예술에 다가가는 것과 죽음을 생각하는 것은 연결되어 있다'(*ÄdW*, I, 80).

소설의 1인칭 주인공은 글을 통해 나중의 시간 차원에서 나온 경험을 이전의 시간 단면 안으로 옮긴다. 그래서 과거의 흩어진 의미 층위에 새로운 생기를 부여한다. 역사적으로 두루 겪은 것을 문학적으로 가공하는 가운데 그는 혼란에 찬 무정형 현실에 거슬러 자신을 새롭게 설계하는 것이다. 현재에 대한 입장 정리는 그 후에야 가능하다. 이것은 시대의 의미에 대한 작가의 견해와 상응한다.

> 현재는 취소할 수 없는 과거의 일을 늘 다시 급작스럽게 내 앞에 내밀 것이고, 두루 체험한 이것들이 뒤따라온 것에 의해 뒤덮일 수 있지 않는가, 그래서 뒤에 생긴 인식으로 각인된 회상이 원래의 상황에 정녕 부합하는 것인가라는 질문이 생길 것이다. 내가 당시 생각해 낸 것이 빤히 들여다보일 만큼 미래의 서투름으로 뒤덮이는 것을 보게 될지도 모르며, 45년 5월에 우리가 여전히 지녔던 개방성 대신 편협한 마음과 폐쇄된 상태가 있게 될지도 모른다(*ÄdW*, III, 261).

적으로 남는다는 사실은 분명해 보인다. 그러나 텍스트는 그 자체로서가 아니라 수용자의 해석 속에서 자신의 (잠정적이고도) 궁극적인 의미를 — 왜냐하면 일정한 의미란 해석학적 과정성 속에서 불가피하므로 — 발견한다는 것이 사실이라면, 텍스트의 의미 층위는 그 다성적 긴장에도 불구하고 확고하게 파악되어야 한다. 이것이 글쓰기의 윤리고 텍스트의 윤리다.

163 Heiner Müller: *Werke 1. Die Gedichte*, hrsg. v. Frank Hörnigk, Frankfurt/M. 1998, S. 23.

접속법 양식에서 1인칭 주인공은 자기가 겪은 내용을 나중의 시점 아래 해명하려고 한다. 그러니 여기에서는 두 개의 경험 지평(1945/1973)이 뒤섞인다. 이야기 관점은 과거의 이야기되는 시간으로부터 벗어나 소설을 쓰는 직접적 현재로 자리를 옮긴다. 그래서 이야기되는 과거와 이 이야기를 쓰는 현재가 교차/삼투하면서 하나로 된다. 이야기하는 주체가 이 이야기의 대상과 무관한 듯 뒤로 물러나 있는 것이 아니라 이 이야기를 전달하는 심급으로서, 이야기되는 과거의 대상만큼이나 주체 자신을 전면에 내세워 서술하고 반성하면서 사건이 전달되는 것이다. 이것은 일종의 '자기 서술의 상연화Inszenierung der Selbstbeschreibung'이며 무대화다.

자기 서술의 상연화란 서술을 통해 자기 자신을 성찰의 무대 위로 올리는 것이다. 그래서 그것은 자기 성찰이자 자기 반성의 행위에 다름 아니다. 사실 작가의 모든 서술에는 이런 자기 서술적 측면이 있다. 자기 서술적 측면은 그 자체로 자전적 요소를 이룬다. 모든 문학작품이 넓은 의미에서, 명시적이든 암묵적이든, 일종의 '자서전'이 되는 것은 그 때문이다.

서술 문제란 다른 한편으로 진리 문제이기도 하다. 어떤 대상도, 어떤 현실이나 인간도 한두 개념으로 포착될 수 없는 것이라면, 묘사에서 중요한 것은 대상만이 아니다. 이 대상보다 더 중요한 것은 어쩌면 이 대상을 묘사하는 주체 자신인지도 모른다. 그런 점에서 모든 서술은 대상 서술이면서 자기 서술이다. 적어도 자기 서술적 측면을 내포한다. 이때 자기 서술이란 자기 반성을 뜻한다. 왜냐하면 자기 서술은 자기 자신에 대한 성찰력에서 오는 것이기 때문이다. 이런 방법론적 전환을 통해 이야기되는 과거와 글 쓰는 현재, 기억된 과거와 선취된 미래 사이의 거리는 점차 해소된다. 1인칭 화자는 작가로서 소설을 쓰는 자신의 미래적 계획을 현재 속에서 상상하고 가늠한다. 이런 역동적 구조에서 '미래로의 미리 보기Vorschau ins Zukünftige'는 곧 '기억된 되돌아보기erinnerte Rückblick'로 기능한다. 그는 기억하면서 쓰고 쓰면서 기억하는 것이다. 문학과 현실, 예술과 정치는 이런 식으로 만난다. 이렇게 만나 미학과 윤리는 하나가 된다. 화자의 글쓰기는 지난 삶을 기억하면서 이 삶으로 하여금 기억하게 하는 자기 서술의 반성적 무대화이다.

기억하는 글쓰기 속에서 1인칭 주인공은 살아남은 자로서 역사적 현실의 지옥에 짓눌리는 대신 그것을 다시금 형상화하는 데로 나아간다. 여기에서 이야기와 기억, 글쓰기와 기억은 대체될 수 없는 역할을 한다. 지나간 사건의 개인적, 집단적 경험은 그의 글에 매개되어 소설 텍스트의 허구적 의미 구조로 변형되는 것이다. 그것은 무형적인 것의 형태화이고, '이름 짓기'이며(I부 1장에서 다루었듯이), '돌의 인간화'에 다름 아니다(이것은 IV부 1장 페르가몬 수용과 관련하여 다뤄진다). 나아가 이렇게 이야기된 텍스트는 축적되어 문화적 기억의 바탕이 된다. 왜냐하면 문학 텍스트는, 기록물이나 기념비와 더불어, '뒤에 사고하기Nachdenken'와 '미리 사고하기Vordenken'를 위한 집단적 기억의 의미론적 창고이기 때문이다. 그러므로 이야기하기와 기억하기, 쓰기와 기억은 서로 어우러지면서 개인적이고 사회적인 정체성을 유지하는 공동의 문화적 놀이에 속한다.[164]

이야기 과거와 글쓰기 현재 사이의 시학적 융합에 구성적인 것은, 비르크마이어가 옳게 정식화하듯이, '기억된 미리보기와 미리 보는 기억 사이의 〔…〕 필연적인 양식적 괄호'다.[165] 이 괄호를 통해 화자와 작가의 동일성은 서사 기법적으로 생산된다. 그러나, 하이두크가 적듯이, 그 동일성은 단순히 '변증법적으로 지양되지' 않는다.[166] 왜냐하면, 비르크마이어가 언급하듯이, '화자와 작가의 접근은', '계획된 글쓰기 기획에 대한 소설 내부의

164 Schmidt, Siegfried J.: Gedächtnisforschungen: Positionen, Probleme, Perspektiven, in: ders.(Hg.): *Gedächtnis. Probleme und Perspektiven der interdisziplinären Gedächtnisforschung*, 3. Aufl. Frankfurt/M. 1996, S. 38; ders.: Gedächtnis-Erzählen-Identität, in: Assmann, Aleida/Harth, Dietrich(Hg.): *Mnemosyne. Formen und Funktionen kultureller Erinnerung*, Frankfurt/M. 1991, S. 388f.

165 Birkmeyer, Jens: *Bilder des Schreckens*, a.a.O., S. 90.

166 Haiduk, Manfred: Dokument oder Fiktion, a.a.O., S. 74.

미리보기가 상상된 기억으로 나타나는 하나의 매듭(고리) 때문에, 결코 완전한 일치로 모아지지는 않는 까닭이다'.[167]

그리하여 허구적 화자는, 두 서사 심급 사에는 비록 확연한 유추 관계가 성립하지만, 단순히 작가의 투사물로 파악될 수 없다. 이것은 엄격한 개인적 시점에 의한 상투적 회상을 피하려 한 작가의 서술 전략에서 기인한다. 린트너와의 대화에서 그는 다음과 같이 대답한다.

> 화자는 그가 글을 쓰는 현재로 갑자기 들어오고, 동시에 몸을 돌려 소설의 내부적 차원에서 미래로 들어가는 걸 시도하지요. 나는 그 어떤 상투적 회상도 하려고 하지 않았습니다. 그건 동일한 시간 차원에 머물러야 했어요. 말하자면, 그들 모두가 투쟁하고, 또 그로 인해 대부분의 사람들이 몰락해 갔던 목표가 중단되었을 때, 대체 어디에서 어디로 갈 수 있었을까요? 왜 삶의 상황은 더 나아지지 못했나요?[168]

상상된 시간 교차 속에서 독자는 간단히 두 가지를 경험한다. 첫째, 과거에서 이야기되는 자아와 현재에서 이야기하는 자아 사이의 시간적 거리가 해체된다. 둘째, 이야기 과정과 이야기 전략 자체에 대한 자기 성찰이 묘사의 중심부로 옮겨진다. 왜 1인칭 화자는 이야기되는 과거와 글 쓰는 현재의 시간적 거리를 지양함으로써 쓰는 일을 자기 성찰의 대상으로 삼는가? 이것은 현실에 대한 그의 경험 — 1945년의 역사적 과정이 중단되는 사실과 관련되는 것으로 보인다.

5.2.2. 계속되는 전쟁

1945년이란 시점은 소설의 인물들에겐 일종의 시대적 절단면으로 나타난다. 그것은, 대부분의 동시대인에게 그러했듯이, 어떤 유토피아적 전망을

167 Birkmeyer, Jens: a.a.O., S. 92f.

168 Peter Weiss im Gespräch mit Burkhardt Lindner, a.a.O., S. 285.

가진 '0시Stunde Null'로서, 말하자면 해방으로서 자리하는 게 아니다. 오히려 그것은 무기력한 시대의 재귀환으로 여겨진다. 국제노동자연맹이나 반파시즘 저항 투사들이 싸웠던 독재적 민족국가라는 이전의 배치 관계는 기이한 소외감 속에서 다시 강대국 열강의 이분법으로, 말하자면 미국의 자본주의적 블록과 소비에트의 사회주의적 블록으로 자리만 바뀐 것이다. 그리하여 새 시대의 실질적 출발은 이뤄지지 못한다.

1945년 이후 역사의 이 재앙적 전개 앞에서 과거에 시도된 모든 저항의 의미는 쓸모없는 것으로 느껴진다. 적어도 《저항의 미학》의 등장인물들에게는 그렇게 느껴진다. 이들은 전망 부재의 이 같은 상황에서 극도의 절망감과 방향 상실감에 시달린다. 그런데 이것은 히틀러 나치즘에 대한 일반 대중들의 무지 — '환호 속에 담긴 불협 화음'에서(*ÄdW*, III, 260) 이미 감지할 수 있는 것이었다. 《저항의 미학》 결말의 전체 분위기를 규정하는 것은 이런 되풀이되는 무기력이다.

> 망명이 끝났을 때 하나의 발판이라도 있는 것처럼 여겨졌지만, 어디에서라도 확고한 자리를 잡는 게 중요해졌을 때는 마치 발아래 땅이 꺼지는 것처럼 여겨졌다(*ÄdW*, III, 261).

> 돈의 지배에 비해 노동은 자신의 초라함을 보여 줄 것이다. 매각된 서구의 언론은 동구의 가난을 사회주의적 계획경제 탓으로 전가할 것이다. 돈 있는 나라들은 급속히 번영하는 반면에 사회주의는 궁핍하게 남을 것이다. 인위적 과잉, 바쁜 투기 활동은 이념적 노력을 업신여길 것이다. 시장에서의 무제한적 가능성이 정치적 엄격성을 인간적대적으로 나타나게 할 것이다. 〔…〕 어디에서도 사회주의는 성공적으로 나타나지 못할지도 모른다(*ÄdW*, III, 264).

위의 인용문은 1989년 동구 붕괴 이후 널리 퍼지게 된 지식인들의, 특히 좌파 지식인들의 무기력감을 바이스가 예언한 것은 아닌가 하는 느낌을 갖게 한다. 이것은 파시즘과 망명의 끝이 사실상 한 시대의 새 시작이 아니라 단지 다가오는 재앙과 또 다른 전쟁의 구태의연한 출발점임을 보여 준다. 그래서 1인칭 화자는 이렇게 말한다. "'새롭게 타오르는 전쟁이 시작되었다. 웃음과 평화의 노랫소리가 아직 사그라지기도 전에, 자본주의와 사회주의는 대치하게 되었다"(*ÄdW*, III, 262).

여기에서 언급할 만한 사실은 망명/파시즘과 소설 작업의 시작 사이에 놀라운 평형 관계가 자리한다는 점이다. 즉 망명 시간의 종착역은 실제로 끝나 가는 소설 텍스트와 일치한다(1945/1981). 그럼으로써 암시되는 것은 역사적 과정의 억압적 연속성이다.

흔히 말하는 역사 발전이란 사실은, 사후事後에post festum 밝혀지듯이, 새로운 야만성으로의 깊은 퇴락인 것으로 판명난다. 그리하여 파시즘의 지옥 이후 역사 낙관주의는 선불리 기대될 수도 없거니와, 그렇다고 역사철학적 종말론으로 귀결되어서도 안 된다. 더 나은 삶의 조건conditio humana에 대한 희망은 다름 아닌 이 희망의 현실적 어려움에 대한 처절한 인식 속에서 비로소 시작할 것이기 때문이다. 이 첨예한 역사의식에 힘입어 소설의 결말 부분은 인류사적 해방 투쟁이라는 시대 이월적 이미지 속에서 다시 소설의 시작 부분에 주도 모티프적으로 이어진다.

> 나는 페르가몬 부조물 앞으로 갈 것이고, 그 부조물에서는 땅의 아들딸들이 폭력에 저항해 일어날 것이고, 이 폭력은 그들이 싸워 쟁취했던 것을 늘 다시 빼앗으려 들 것이며, 코피Coppi의 부모와 내 부모가 돌 더미에 묶인 것을 나는 보게 될 것이고, 공장과 조선소 그리고 광산에서 쿵쾅대며 나팔 부는 소리가 들려올 것이고, 금고 뚜껑이 갈라지고 감옥문이 쾅 열리고, 쇠 입힌 구두 소리가 내는 소음이 한결같이 그들 주위를 에워쌀 것이고, 자동권총의 화약 터지는 소리가 탕탕거릴 것이며, 돌이 허공으로 어지러이 날고, 불이 나고 피가 흐르며, 수염 난 얼굴과 주름 잡힌 얼굴은 이마 위로 작은 램프를

든 채, 검은 얼굴은 번쩍거리는 이를 드러내고, 노란 얼굴은 인피靭皮로 엮인 투구를 쓰고, 젊은 얼굴은 여전히 어린 모습으로 쇄도하다가 다시 연기 아래로 잠길 것이며, 이 긴 싸움에서 그들은 눈이 멀어, 위에 항거하고, 뒤엉킨 채 쓰러지기도 하면서, 저 위의 그들처럼, 서로를 질식시키고 짓밟으면서, 무거운 무기를 질질 끌면서, 서로 뒹굴며 몸을 갈기갈기 찢길 것이고, 그러면 하일만은 랭보를 인용할 것이고, 코피는 선언문을 연설할 것이며, 그 무리의 한 자리는 비어 있게 될 것이고, 사자 앞발이 다시 거기에, 모두가 볼 수 있도록 걸릴 것이고, 그들이 저 아래에서 멈추지 않는 한, 사자 털가죽을 보지 못할 것이며, 저 빈자리를 채워 줄 두드러진 어떤 것도 오지 않을 것이고, 그들 스스로 이것을 거머쥘 수 있도록, 그래서 팔을 높게 쳐들고 이리저리 움직이며, 강력해지지 않으면 안 될 것이며, 이 움직임으로 그들은 자신을 짓누르는 그 끔찍한 압박을 마침내 던져 버릴 수 있을 것이다(*ÄdW*, III, 267f.).

우리 주변에서, 무리로 내몰린 채, 서로 뒤섞이거나 파편들로 파열된 채, 토르소처럼, 돌에서부터 몸들이 튀어 올랐다(*ÄdW*, I, 7).

《저항의 미학》 결말 부분은, 마치 수미쌍관首尾雙關처럼, 작품의 시작 부분과 다시 이어진다. 이 두 부분을 잇는 것은 상상력의 원환 운동이다. 이 원환 운동 속에서 1인칭 주인공의 예시적 시선과, 역사적으로 거리를 둔 작가 시점의 회상적 시선은 서로 뒤섞인다. 그 효과는 두 가지다. 고대古代 이후로 계속되는 억압 상황은 한편으로 이야기되는 현재까지 이어지면서 연속적 고통을 만들어 낸다. 다른 한편으로 이를 통해 어떤 유토피아적 비전이 표현된다. 이 비전은 오직 지배 메커니즘에 대한 저항으로부터 실현될 수 있을지도 모른다.

'엄청난 싸움'이, '그 완성을 상기시키며, 무형태로 다시 추락하기도 하면서', 이전처럼 그 이후에도 일어나고 있다(*ÄdW*, I, 7). 억압과 저항, 무형태와 명료화 사이의 긴장은 거의 항구적이다. 이 긴장 관계는 균열로 가득 찬 역사적 과정의 연속성과 불연속성을 구성한다. 소설의 유토피아적 비전은 여기에서 현실 세계에 대치하는 하나의 완결적 구성 모델이 아니다. 그것은 기존 질서에 대한 대항적 이미지Gegenbild — 부단한 기억 속에서 무형태에 부여된 심미적 형상에 의해서만 구체화될지도 모른다. 더 나은 삶의 질서는 처음부터 주어진 것이 아니라 오직 당사자 자신들의 노력에 의해서만 겨냥될 수 있다. "저 빈자리를 채워 줄 두드러진 어떤 것도 오지 않을 것이고, 그들 스스로 이것을 거머쥘 수 있도록, 그래서 팔을 높게 쳐들고 이리저리 움직이며, 강력해지지 않으면 안 될 것이며 〔…〕."

현실의 분규 앞에서 우리는 놀라 뒤로 물러나선 안 된다. 오히려 부단히 느끼고 생각하고 행동해야 하며, 자신의 꿈을 생활 세계 속으로 끊임없이 번역해야 한다. 이것은 마치 페르가몬 제단의 빈 사자 앞발 자리가 관찰자에 의해 미래의 어느 날에 채워져야 하는 것과 같다. 왜냐하면 삶의 현실이 모순과 부정의로 끝없이 되풀이된다면, 이 삶에 의한 삶의 구제란 결코 없기 때문이다. 역사는 역사 자체에 의해 저절로 쇄신될 수 없기 때문이다.

이 같은 연속적 폭력과 지배의 관계 상황을 발견하고, '그 빈자리를 채우는' 방식은 1인칭 주인공에게 글쓰기 활동이다. 발터 옌스가 적절하게 언급했듯이, "매개되지 않은 정치적 활동에서가 아니라, 〔…〕 기억과 유토피아적 진술 속에서, 포기될 수 없는 '무엇이 아닌Nicht mehr'의 소환 속에서, 그리고 마찬가지로 포기될 수 없는 '아직도 아닌Noch nicht'의 선취 속에서"[169] 그는 실존과 문학의 사회적 잠재력을 입증하고자 한다. 개입적 쓰기를 통해 그는 억압과 지배 없는 삶을 쟁취하기 위한 싸움에 참여하는 것이다. 여기에서 그의 과제는 무엇보다도 배제된 것에게 본래의 목소리를 돌려주는

169 Jens, Walter: Herakles als Nothelfer, a.a.O., S. 293.

데 있다. 왜냐하면 글쓰기는 치유적 기억 속에서 억압되고 죽은 것을 살려내는 일종의 애도 작업이기 때문이다. 아래의 글은 이 점을 잘 보여 준다.

> 그들 사이의 내게 무엇이 일어났는지 적게 된다면, 그것은 이 그림자 같은 것을 포함할 것이다. 글쓰기로 나는 그들과 친숙해지도록 할 것이다. 그러나 그것은 끔찍스러운 것을 지닐 테지만, 그 어떤 것 앞에서도 그것이 내게 일으킨 공포를 나는 결코 가지지 않을 것인데, 왜냐하면 그럴 경우 그들이 나를 죽일 수도 있기 때문이다. 나의 글쓰기로 나는 그들로 하여금 말하게 할 것이다. 그들이 내게 결코 말하지 않았던 것을 나는 쓸 것이다. 나는 그들에게 내가 결코 묻지 않았던 것을 물을 것이다. 나는 그들 비밀요원에게 다가가 그들의 진짜 이름을 되돌려 줄 것이다. 내가 그 후에 겪은 경험과 그들의 나중 행동에 대한 지식을 가지고 나는 그들에게 다가갈 것이다. 내가 그때에도 잘못 생각하게 된다면, 그것은 잘못이 그 일부였던 그들의 본성과 일치할지도 모른다. 나는 속삭여 대는 그들의 중얼거리는 독백을, 그들의 나쁜 꿈을 알아낼 것이지만, 그들은 아마도 자신을 알아보지 못할지도 모르며, 나는 저 지워진 얼굴로부터 그들 삶의 기호를 읽어 낼 수 있기 위해 어떻게 내가 한때 안타까이 기다렸는지 알게 될 것이다(*ÄdW*, III, 265f.).

이야기하는 자아의 상상 속에서 미래의 글쓰기 내용과 그 방식이 드러난다. 그 내용은 모순과 불화의 계기로 뒤덮여 있다. 그러나 그는 반파시즘 저항사가 겪은 이 모순된 현실에 대항하여 이름 없이 사라진 사람들의 좌초된 꿈을 상기하려 한다. 그는 글을 쓰면서 '그들이 결코 말하지 않았던 것을 말하게 하고', '그들에게 결코 묻지 않았던 것에 대해 묻고자' 한다. 이렇게 말을 걸고 질문을 던짐으로써 그는 그들에게 '참된 이름을' '돌려주려' 한다. 그러니까 그는 글쓰기에서, 브레히트가 적었듯이, '과정 뒤의 과정을 인간 사이의 과정'으로 파악하려고 하는 것이다.[170] 인간 삶의 과정이

170 Brecht, Bertolt: *Schriften zum Theater I*, in: Gesammelte Werke in 20 Bd., Bd. 15, Frankfurt/M.

란 일차적 혹은 단일한 차원이 아닌 다차적이고 복합적 차원으로 얽혀 있기 때문이다.

그러므로 1인칭 주어를 추동하는 것은 목적론적 역사 발전에 대한 소박한 믿음이 아니다.[171] 오히려 그것은 기억이고, 기억 속의 기록이며, 이 기억을 육화한 기록적 글쓰기다. 그는 개입적 글쓰기 속에서 역사적 현실의 잔혹상과 직면한다. 그러니까 그는 역사를 서술하고 변화시키는 동기를 계급투쟁적 행동에서가 아니라 이 행동의 변용된 실천 방식인 글쓰기에서 찾는 것이다. 글쓰기란 그에게 삶의 변화를 위한 예술적 행동이다.

여기에서 1인칭 주인공의 글쓰기 기획은 두 가지 차원에서 수행된다. 첫째는 사회정치적 차원이고, 둘째는 심미적, 문화적 차원이다. 글은, 그것이 기억을 통해 과거를 되돌아보고 이 과거를 상상적으로 재건하는 가운데 더 나은 미래에 대한 시야를 열어 준다. 그리하여 포괄적 소재 층위에 대한 문학적 형상화는 자기 구성뿐만 아니라 현실 구성에 기여하는 것이다. 이때 예술적 표현 욕구와 정치적 행동 욕구는 표현에서 하나로 만난다. 이러한 통합은 예술과 저항, 문학과 사회의 매개 가능성에 대한 작가의 구상에 상응한다. 그리하여 글쓰기는 자기 성찰을 위한 그리고 확대된 현실 인식을 위한 배양기를 마련해 준다. 그는 자신의 실존적 경험과 이 경험에 침전된 집단적 기억의 흔적을 글로 현재화함으로써 현실의 중첩적 과정에서 무엇이 일어나는지, 무엇이 반복되는 억압 체계를 자연스럽게 나타나게 하는지 해명해 보고자 한다.

1967, S. 256.

171 이런 의미에서 바이스의 역사 이해는 초기의 기계론적 발전 개념을, 예를 들어 희곡작품 〈망명 중의 트로츠키〉에 암시되듯이, 벗어난다고 할 수 있다. "실패와 환멸 때문에 내가 지금의 패배 뒤에 서린 모든 억압된 자들의 상승을 볼 수 없는 것이 아니오. 이것은 어떤 유토피아적 예언이 아니오. 그것은 변증법적 유물론의 명징한 예시豫視인 것이오. 나는 대중의 혁명적 힘에 대한 신뢰를 결코 잃지 않았소. 그렇지만 우리는 기나긴 전쟁을 준비해야 하오."(Weiss, Peter: Trotzki im Exil, in: *Stücke II/2*, Frankfurt/M. 1977, S. 514).

글은 그 자체로 참여하고 개입하며 조직한다. 글쓰기를 매개로 《저항의 미학》 화자는 지배의 역사에 저항적 역사의 대안적 이미지를 대치시킨다. 글쓰기의 문법이란 이미 알려진 진리의 서술이 아닌 알려지지 않은 진리의 발견에 있다. 글은 미지의 영역으로 내려감으로써 다른 세계의 법정을 세운다. 예술은 아무도 말하지 않은 것을 말하게 하고, 아무도 묻지 않는 것을 조사하는 대항 법정Gegentribunal이다. 그것은 기억을 통해 과거를 되돌아봄으로써 다가오는 미래를 선취한다. 그래서 과정 뒤의 과정 안으로 침투해 들어가는 것이다.

이런 식으로 1인칭 화자는 문학적 애도 작업에 참여한다. 문학적 애도 작업이란 역사적으로 놓쳐 버린 것을 기억으로 또 표현으로 복구하는 데 있다. 역사의 빈자리는 예술적 형식 부여 속에서, 마치 페르가몬 제단의 잘려 나간 자리가 부단한 해석 속에 밝혀져야 하듯이, 계속 채워져야 한다.

IV. 예술은 한계 경험의 변용에서 태어난다

· · · · · · · · · ·

내 고통의 기억은 영원할 것이니,
언제나 아도니스여,
나를 지금 뒤흔든 슬픔을 흉내 내어
네 죽음의 모습도 해가 바뀔 때마다 새로워질 테고
너의 피는 그러나 꽃으로 변할 것이니
— 오비드Ovid(B.C.43-A.D.18)

· · · · · · · · · ·

변용變容 또는 변신變身/Metamorphose이란 개념은 그리스어의 어원(metamórphosis)에서 주로 '형상 변화 — 한 인간이 동물이나 식물 또는 무생명적 자연물로 변하는 것'을 의미한다.[172] 이 개념의 의미 지평에는 무엇보다 신화적 형상 변모나 형태 변질의 개념이 속한다. 오비드는, 비록 변신의 전설을 문학적으로 서술한 첫 번째 시인은 아니었지만, 그의 작품 《변신》에서 신화적 형상 변모라는 이 개념을 문학적 원형으로 발전시킨 작가라고 할 수 있다.[173] 이때 이후 고대의 신화 개념은, 예술사적 문학사적 관점에서 보면, 다양한 변화를 겪는다.

이 같은 경향은 특히 19-20세기를 지나가는 동안 상당히 분화되면서 개념 규정에서의 의미 손상을 피할 수 없게 된다. 너무나 다양한 분야에서 너무나 다양한 형태로 수십, 수백 년 동안 변화가 이뤄져 왔기에 변형 개념의 포괄적 이해는 더 이상 어렵게 되어 버린지도 모른다. 그리하여 변형 개념의 정확한 인식은 이 개념과 이 개념이 자리한 신화에 대한, 근본적으로 이질적이고 심미적으로 성찰적인 태도를 함께 고려할 것을 요구한다. 이런 문제의식에서 보면, 변형 묘사에서는, 조형예술적이건 문학적이건 간에,

---

172 Schweikle, Günther und Irmgard(Hg.): *Metzler Literaturlexikon, Begriffe und Definitionen*, 2., überarb. Aufl. Stuttgart 1990, S. 301.

173 Vgl. *Historische Wörterbuch der Philosophie*, Bd. 5. 1980, S. 1177.

모든 의미론적 인플레이션에도 불구하고 하나의 공통점이 있지 않나 여겨진다. 그 공통점이란 변화 혹은 변형에의 의지다. 이 의지는 하나의 상태에서 다른 상태에로, 더 정확히 말하여 더 나은 상태로의 전환을 이루려는 열망으로부터 생겨난다. 변신에의 이 욕구는 개인적으로 보면 자기 갱신에의 실존적 감행을 보여 주는 것이고, 집단적으로 보면 사회적 변화에 대한 개방적, 소통적, 이성적 의지를 나타낸 것이라고 말할 수 있다.

예술은, 미리 한마디로 요약하자면, 한계적 경험을 변형한 데서 생겨난다고 할 수 있다. 예술은 곧 변형 행위다. 이러한 인식은 바이스에게 초기 창작 시절부터 이미 나타난다. 그는 젊은 날의 친구였던 골드슈미트에게 보낸 1939년의 한 편지에서 이렇게 적는다. "네가 그림을 그리든, 글을 쓰든, 그것은 꿈이 생겨나듯이, 언젠가 외부의 어떤 인상에 의해 결실 맺어 마술처럼 변용되고 형식화되어 하나의 확고한 작품으로 된다네."[174] 이러한 생각은 젊은 시절부터 그림 그리기에 몰두했고, 콜라주 기법을 구사하거나 각종 해프닝 혹은 실험 영화에 참여하기도 했으며, 그 후에는 현실참여 극작가로서 여러 문제적 연극작품을 썼고, 종국적으로는 장편소설에 몰두하는 등, 있을 수 있는 거의 모든 매체를 통해 예술의 표현 가능성을 극대화하고자 노력했던 그에게 일관되게 나타난다. 그런 노력의 최종 산물은 물론 그가 10년 동안 공들여 썼던 마지막 소설《저항의 미학》이다.

이 작품에 나타난 변용 개념은, 특히 예술 이해와 관련하여, 내 생각에는 매우 중요한 예술철학적 문제의식을 담고 있는 것으로 보인다. 그러나 그것은 지금까지 제대로 된 주의를 끌지 못했고, 따라서 정당한 평가를 경험하지 못했다. 바이스의 변용 개념은, 고전적이거나 현대적인 작품들의 변신 신화에서 흔히 나타나듯이, 가령 오비드나 로트레아몽 아니면 이오네스코의 작품에서 보이듯이, 인간과 자연의 영역에서 나타난 형상 변화와

---

174 Weiss, Peter: *Briefe an Hermann Levin Goldschmidt und Robert Jungk*, hrsg. von Beat Mazenauer, Leipzig 1992, S. 98.

는 무관하다. 오히려 그것은 서사적 형상 원칙과 관계있는 것이다. 이 서사적 원칙을 추동하는 것은 기존의 가치와 질서에 대한 사회개혁적 계몽적 관심이고, 이 관심은 바로 그의 예술 이해를 지탱하는 변형적 서술 의지로부터 온다고 할 수 있다.

바이스의 변형 의지는 상징적 매개의 객관화하는 힘을 글쓰기에서 예증하고자 한 데서 온다. 이런 점에서 그의 글쓰기 구상은, 앞서 언급했듯이, 20세기 초 초현실주의자들의 글쓰기 모델과 구분된다. 이들은 이른바 자동적 글쓰기라는 방법으로 대상을 연상적 비유 아래 자유롭게 다루었고, 그래서 그 예술 강령은 지배 질서에 대한 '메아리 없는 소리'와도 같았다. 그러나 바이스는 글을 쓰면서, 즉 무형적 사물에 형식을 부여함으로써 사회정치적 억압 체계를 '어떤 신화적이고 거의 종교적인 어두움 아래 감싸는' 것이 아니라 '선명한 파악 가능성 속에서 드러나게' 한다(*NB*, I, 813). 구조적 강제의 현실 메커니즘을 그 세부적 정밀성 아래 심미적 형상으로 전환시킴으로써 그는 사회역사적 조건의 억압성을 추적하고자 한 것이다. 이때 현실의 열악성은 더 이상 신화적이고 비의적 베일 속에 은폐되지 않는다. 그것은 차라리 표현적 윤곽 아래 자신의 모호한 껍질을 벗는다.

그러므로 바이스의 변용 개념은 그 어떤 우주론적이고 신학적인 표상을 알지 못한다. 그것은 형이상학적으로 감싸여 있거나 대상을 초지상적으로 숭고화하는 것이 아니라, 지상적地上的 삶의 세계를 교정하고 갱신시키려는 지칠 줄 모르는 관심에 의해 유도된다. 그의 관심은 근본적으로 세속적이다. 또 구체적이다. 그는 표현 행위 속에서 대상의 속성을 부단하게 묻고 해명하며 진단하고 분석한다. 바로 이 점에서 그의 변용 개념은 고유한 경험적 현실적 무늬를 갖는다.

《저항의 미학》에 나타난 변신 개념은 예술작품에 대한 심미적 경험과, 이 경험에 대한 다양한 해석 작업에서 잘 나타난다. 코피, 하일만 그리고 1인칭 인물은 이 해석의 주체들이다. 이들의 해석적 관심은 파시즘 지배하의 위기 상황에서 펼쳐진다. 그러니까 절박한 생활상의 필요 — 강압 현실의 현재가 그들 심미적 경험의 내용과 성격을 특징짓는 것이다. 그들은 이런 경험으로부터 나오는 느낌과 자극 그리고 인상을 실제 상황에 적용하고, 나아가 정치적 행동의 차원으로 전환시킴으로써 심미적 경험 내용을 생활 실천적 계기가 되도록 노력한다. 이러한 노력에서 핵심은 '표현된 것(예술작품)에 대한 다시 표현하기(해석)'이다. 이것은 그 자체로 예술적 변형의 과정이고, 이 과정이란 상징적 객관화이며, 이 객관화는 해석을 통해 이뤄진다. 나중에 작가로 성장하는 1인칭 화자의 글쓰기는 이 같은 상징적 객관화의 가장 적극적 형태라고 할 것이다. 여기에는 일반적 맥락에서의 접근이 필요하다.

사람은 매일 매 순간 수많은 자극에 둘러싸인 채, 이 자극을 받고 겪으며 살아간다. 외부 세계와의 접촉은 감각적 자극과의 이런 지속적 만남에서 일어난다. 그런데 이 만남이 적극적으로 일어날 때가 있다. 그것은 외부 자극을 단순히 받아들이는 데 그치는 것이 아니라, 또는 그것에 휘둘린 채 살아가는 데 그치는 것이 아니라, 그것을 의미 있는 것으로 가공시킬 때다.

예를 들어 글을 쓰거나 표현하는 것은 이런 적극적 의미화 활동 — 상징적 의미 구성의 대표적 과정이다. 예술가는 외적 자극을 의미 있는 구성물로 변용시킴으로써 자신과 세계의 관계를 새롭게 구축하고 조직한다. 이 의미화 활동은 예술적 형상화의 토대가 되지만, 넓게 보면 문명화 과정 자체가 이런 틀 아래에서 이뤄진다. 상징적 의미 구성 행위는 곧 문명사적 과정을 이루는 것이다. 이것은 문화철학자 에른스트 카시러가 《상징적 형식의 철학》에서 전개한 통찰의 하나이기도 하다. 혼돈된 것을 상징 형식에 기대어 질서 정연한 의미 구조로 매개하려는 욕구는 인간 현존의 근본 특성이다.[175]

---

175 Cassirer, Ernst: Philosophie der symbolischen Formen. Erster Teil: Die Sprache(1923), 7 Aufl., Darmstadt 1977; Zweiter Teil: *Das mythische Denken*(1925), 7 Aufl., Darmstadt 1977, *Dritter Teil:*

예술적 변형 과정은 단순히 밀폐된 공간에서 일어나는 것이 아니라, 위기에 찬 현실 속에서 이 현실에 고통당하면서, 그러나 이것에 단순히 휘둘리는 것이 아니라 그와 적극적으로 대결하는 가운데 일어난다. 이것은 수용미학적(작품 감상적) 차원에서도 일어나지만, 생산미학적(작품 창출적) 차원에서 더욱 본격적으로 일어난다. 이것은,《저항의 미학》 안에서 보면, 예술작품의 전취 과정이 수동적 해석에 그치는 것이 아니라 적극적으로, 말하자면 '집단적 주체'로 자리하는 1인칭 화자의 글쓰기를 통해서 이뤄지는 데서 잘 나타난다.

예술작품에 대한 수용적, 생산적 전취 과정은 때때로 분리될 수 있지만, 대개 분리되기 어려울 만큼 서로 얽혀 있다. 바이스의 변신 구상은 아마도 1인칭 화자의 글쓰기 작업에서 가장 분명하게 나타난다고 해야 할 것이다. 그것은 한 상태에서 어떤 다른 상태로의 전환 또는 발전을 전제하는 변형/변신이 그의 쓰기에서 일어나기 때문이다.

예술작품의 경험과 이 경험으로부터 획득된 인식의 지평이 다시 화자 자신의 생활 세계에 적극적으로 결부됨으로써, 변형의 이념은 개인적이고 정치적인 그리고 문화적인 정체성을 형성하는 데로 이어진다(수용미학적 차원). 이런 연관 관계는, 1인칭 화자가 실제적이고 심미적인 전율 경험을 언어적 형상물로 옮길 때, 좀더 적극화된다(생산미학적 차원). 이 같은 변형 과정은 마치 예술가가, 이 소설에 등장하는 이름 없는 조각가나 카프카 아니면 화가 제리코가 보여 주듯이, 자기 경험을 조각물이나 소설작품 혹은 그림과 같은 예술적 형상물로 변형시킴으로써 잔혹 현실을 그 나름으로 극복하고자 하는 것과 같다. 현실의 심미적 경험과 이 경험의 예술적 형상화를 통해 소설의 나는 정치 현실에 대한 저항적 에너지를 획득하면서, 이 에너지의 힘으로 파시스트적 야만을 거스를 수 있게 되는 것이다.

Phänomenologie der Erkenntnis(1929), 8 Aufl., Darmstadt 1982.

아래의 글에서 필자는 다양한 변신 개념을 규정하는 이념사적, 예술사적 전제조건들을 분석하려고 하지 않는다.[176] 이것은 고대로부터 시작하여 르네상스, 바로크 그리고 고전주의를 지나 현대에 이르기까지의 모든 시기를 역사적으로 관통하면서 진행되는 변신 소재의 다양한 수용 방식을 재구성할 것을 요구하기 때문이다. 나의 논의 맥락에서 중요한 것은 바이스의 변신 개념이 주체적이고 사회적인 갱신의 예술적 형상 원리로서 어떻게 《저항의 미학》에서 전개되고 있는가라는 점을 구체적으로 논의하는 일이다.

더 자세히 말하자면 이렇다. 그때그때의 작품 해석에 의존하여 첫째, 페르가몬 부조물과 관련하여 예술은 사회정치적 지배 질서에 어떻게 대응하는가? 둘째, 삶의 강제 질서와 예술이 카프카 재해석에서는 어떻게 서로 이어지면서 어긋나는가? 셋째, 역사적 현실의 파국 상황에서 예술은 어떤 역할을 하는가? 이 모두는, 그 제재나 방식은 제각각이지만, '한계 경험의 변용으로서의 예술'이라는 이 글의 주제의식을 입증하는 것으로 드러날 것이다. 예술은 경계와 지평의 창출인 것이다.

분석의 중심에 놓인 것은 단순히 억압자와 피억압자 사이의 계급투쟁이나, 사회정치적 체제의 질식할 듯한 메커니즘, 아니면 몰락과 생존 사이의 어떤 위협적 순간에 대한 서술이 아니다. 삶의 부당한 질서를 폭로하고 진리의 진정성을 옹호하는 일은 그 나름으로 의미를 갖는다. 아니 '그 나름의 의미'를 갖는 데 그치는 게 아니라, 처음부터 일정한 희생을 전제하는 험난한 일이다. 그래서 그것은 그 일부도 이행하기 쉽지 않은 힘든 것이고, 그 점에서 예술의 핵심일 수도 있다. 리얼리즘의 정신은, 그 해석과 입장의 분분함과는 무관하게, 항구적으로 견지되고 거듭 상기되어야 할 예술의 근

176 예술사에 나타난 변신 모티프의 개념 변화에 대해 이념사적으로 방향을 잡기 위해서는 다음의 글을 참고할 것. Lichtenstern, Christa: *Metamorphose in der Kunst des 19. und 20. Jahrhunderts*, Weinheim 1992, S. 1ff.

본 가치다.

더 근본적인 물음의 하나는 예술이, 그것이 조각이든 그림이든 문학이든 간에, 현실의 배후 — 역사의 어두운 장章을 어떻게 변형적으로 형상화하면서 이와 대결하는지, 그럼으로써 이 대결로부터 어떻게 탄생하는가라는 것이다. 역사의 어두운 장이란 고대의 억압 사회에서부터 시작하여(페르가몬 제단과 관련하여) 난파된 배의 재앙적 사건을 지나(제리코의 그림과 관련하여), 전능한 체제 앞에서의 무기력이라는 일상적 경험에 이르기까지(카프카의 문제의식과 관련하여) 드넓게 걸쳐 있는 억압의 연속사를 말한다.

이러한 일련의 논의에서 입증되는 사실은, 예술이 극한 경험의 변형 속에서 그 원천을 갖는다는 점이다. 예술은 잔혹한 현실을 가차 없는 시선으로 인식하고 그 변형 가능성을 표현함으로써 역사의 공포에 대항한다. 그것은 고통과의 대결 — 한계적 고통의 심미적 변용을 통해 태어나는 것이다.

1. 고통의 그림언어적 변용: 페르가몬 제단

고통의 변용 …
— 바이스(ÄdW, I, 8)

예술을 단 한 구절로 정의한다면, 무엇이 될까? 그것은 아마도 '고통의 변용'이라고 해야 할지도 모른다. 물론 '기쁨과 행복의 변용'도 있다. 그러나 기쁨은 인간의 삶에서 그리 오래가지 않는다. 그것은 짧고 허약하며 믿기 어려운 것이다. 더 오래 지속되는 것은 기쁨이 아니라 슬픔이다. 기쁨이 있다면, 그것은 차라리 슬픔의 한 중지 혹은 그 잠재 혹은 그 막간극이라고 말해야 할지도 모른다. 그리하여 슬픔과 기쁨이 현실에 나란히 있는 것이 아니라 슬픔과 이 슬픔의 정지로서의 짧고 헛된 기쁨이 있는 것이다. 그런

오늘날의 〈페르가몬 제단〉, 베를린.

점에서 예술은 기쁨의 변용이라기보다는 고통과 슬픔의 변용이다. 그리고 이 변용 속에서 잠시의 기쁨 — 행복도 자리한다고 할 것이다. 그러므로 예술의 행복은 고통과 슬픔의 변용에 있다.

1999년 봄에 학위논문을 제출하고 난 뒤 찾아간 베를린의 이 제단 앞에서
나의 감정은 착잡했다. 나는 한편으로 그 규모와 복원 기술에 놀랐고,
다른 한편으로 왜 이것이 원래의 그 자리가 아닌 베를린에 있는지 당혹스러웠다.

1.1. 몰락과 표현 사이

글을 시작하기 전에 페르가몬 제단에 대해 간략한 설명이 필요할 듯하다. 이 제단은 원래 현재의 터키 지역에 있던 고대 그리스 시대의 도시 성채 Akropolis 유적의 일부다. 오이메네스Eumenes 2세(B.C.197-B.C.159) 치하 당시 페

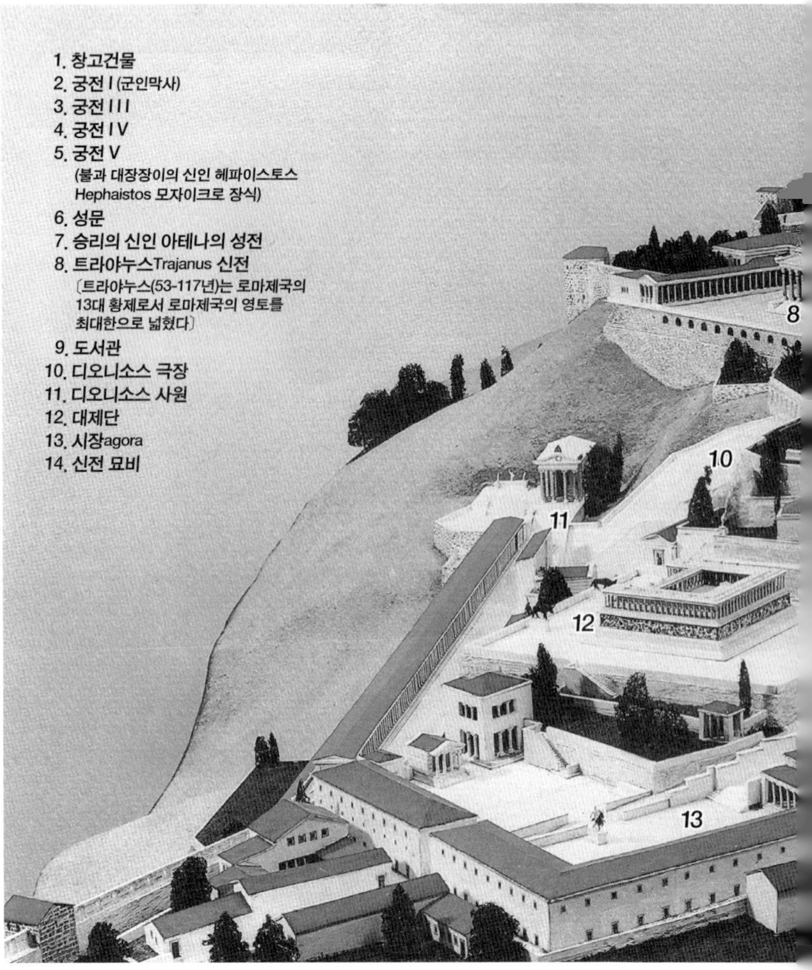

르가몬 제국은 로마와 동맹하여 제3차 마케도니아 전쟁에서 승리했고, 이때 이후 로마의 도움 없이 갈라디아인과의 싸움에서도 승리함으로써 체제의 존속성을 확보하게 된다. 제국의 지배자들은 그들의 승리와 제신諸神의 영속성을 기념하기 위해, 또 그들 도시를 정복한 도시의 전리품으로 치장

페르가몬의 아크로폴리스 복원 모델.

함으로써 학문과 예술 그리고 문화의 중심지로 만들기 위해, 기원전 164년에서 기원전 156년 사이에 120미터 길이의 이 거대한 제단을 축조했다.

페르가몬 제단은 그리스 신화에 나오는, 제신과 거인들의 싸움을 묘사한 여러 부조물과 조각상으로 구성되어 있다. 1878년 고고학자 알렉산더

1878년 페르가몬 제단의 발굴 당시 모습.

콘체Alexander Conze가 처음 주목했고, 그 후 카를 후만Carl Humann과 함께 발굴하기 시작한 이 제단은 나중에 베를린으로 옮겨졌다. 그것은 런던의 파르테논 부조물과 더불어 현재 남아 있는 고대 그리스 시대의 가장 장대한 부조물로 평가된다.

남겨진 것은 모두 이렇다. 황량한 것은 패배만이 아니다.
승리도, 인간 역사의 족적도 쓸쓸하다.

1.1.1. 침묵과 죽음을 넘어

《저항의 미학》 I부 처음부터 작가는 독자의 시선을 곧장 페르가몬 벽면에 조각된 여러 장면으로 이끈다. 이 벽면에는 여러 신과 거인족의 싸움 장면이 일렬로 연결된 채 전시되어 있다. 전체주의 현실에 반대하는 세 주인공

거인족의 싸움 장면.

들은 이 부조물을 마주 보며 감상하는데, 여기에 대해 작가는 극히 농축된 텍스트 형식으로 이렇게 묘사한다.

> 우리 주위의 여기저기서 여러 몸들이 돌로부터 일어서고, 합쳐져 무리가 되었다가, 다시 서로를 삼키거나 파편으로 산산조각 나고, 그래서 토로소로, 부축된 팔과 찢긴 허리와, 상처로 딱지 진 덩어리 속에서 형태를 암시할 뿐, 언제나 싸울 자세를 취하며, 피하고, 뒤로 던지며, 공격하고, 방어하면서, 몸을 폈다가 다시 구부리고, 여기저기서 죽어 가지만, 앞으로 버티고 선 자유

거인과 싸우는 아테나. 제우스의 딸 아테나가 알키오네우스를 가이아(땅의 여신)에게서 떼놓고 있다.
그러나 가이아 없이 알키오네우스는 죽는다. 오른쪽 위로 나타난 것은 나이키(승리의 여신)다.

> 로운 발, 돌아선 등, 그리고 장딴지의 윤곽은 한결같이 어떤 움직임 속에 팽팽하게 긴장되어 있다. 거대한 싸움은, 회색의 벽으로부터 떠오르며, 자기의 완성을 기억하며, 무형태로 다시 추락한다(*ÄdW*, I, 7).

우선 눈에 띄는 것은 읽기를 어렵게 만드는 특이한 문장론적 구조다. 모든 문장은 다양한 형태의 부문장으로 이루어진 채 극도로 농축된 형식 속에 나타난다. 이런 복잡한 형식은 독자의 호흡을 숨 가쁘게 하면서 책읽기의 속도를 떨어뜨린다. 그것은, 하나하나 음을 끊어 연주하는 스타카토처럼, 병렬적 분사구문 속에서('삼키거나', '파편으로 산산조각 나고', '암시하며', '피하고', '뒤로 던지며' 등) 완결되지 않은 형식을 연이어 만들면서 최고도의 역동적 분위기를 자아낸다.

마치 대리석에 새겨진 인물들이 제단의 거대한 부조물과 조각 장식을 연이어 구성하듯, 모든 문장과 구절은 한편으로 빈번한 쉼표로 나눠지면서도 다른 한편으로 묶인 형식들 아래 내용적으로 긴밀히 결합되어 있다. 돌에 새겨진 인물들의 적극적 움직임이 연이어지듯이, 문장론적 구조는 단어와 단어, 구절과 구절로 빈틈없이 이어지는 것이다. 그리하여 제단의 형상 구조와 이 구조를 서술하는 문장론적 형식이 상응하면서 역동적 효과를 유발한다. 이 집약된 문장 구조로 인해 헬레니즘 시대의 이 위대한 부조물은 강력한 영향력을 가진 심미적 형상물로서 자리한다. 파편들의 덩어리에 묘사된 인물들은 여기에서 절멸과 구제, 몰락과 표현 사이에서 막 변화하고 변신하려는 찰나에 있는 듯이 느껴진다.

> 휘감기는 다리, 비늘로 뒤덮이고, 한 떼의 뱀이 도처에 널려 있어, 배와 목을 질식시키려고, 혀를 날름대며, 송곳 같은 이를 드러낸 채, 벌거벗은 가슴을 향해 달려든다. 창조되었지만, 다시 죽어 가는 이 얼굴들, 강력하지만 산산조각 나 버린 손들, 넓게 펼쳐졌으나, 둔탁한 바위에서 물에 빠진 날개, 돌처럼 굳어진 눈빛, 절규하듯 벌어진 입술, 이 발걸음, 쿵쿵대며 구르는 소리들, 무거운 무기로 후려치고, 무장한 바퀴가 굴러가고, 내던져진 번개 다발들, 짓밟아 산산조각 나고, 저항하고 다시 무너져 내리는 것, 낱알 같은 덩어리로부터 다시 솟구쳐 오르는, 이 끝없는 안간힘(*ÄdW*, I, 7).

페르가몬 제단에는 제우스의 신들과 거인족의 싸움이 묘사되어 있다. 제우스 신들이 올림퍼스의 여러 신들이라면, 거인족이란 거세된 우라노스의 피로부터 태어난 땅의 아들들이다. 이들 몸의 세부는 '저항하고 다시 무너져 내리는 것' 사이에 있다. 작가의 소설언어는 이 모든 움직임을 극도의 물질성 속에서 생생하고도 구체적으로 표현한다.[177] 소설 텍스트의 블록에 단락 구분이 없듯이, 싸움의 이런저런 장면들 역시 감각적 직접성 속에서 서로 밀접하게 결합되어 있고, 이런 결합을 통해 그것은 매우 불안정하면서도 역동적 효과를 고조시킨다. 여기에서 부조물의 인물들은, '온몸이 찢기고 박멸되는' '무자비한 경쟁에 노출된 채', 몰락 직전에 놓여 있다. 완성과 미완성, 형태와 무형태, 창조와 소멸을 오가면서 제신과 이 제신에 저항하는 거인족 사이의 무자비한 싸움이 숨 막히는 연속성 아래에서 진행되는 것이다.

주의할 것은 등장인물의 관심을 촉발시키는 것이 올림퍼스의 제신이라기보다는 땅 위의 거인들이라는 사실이다. 땅의 여신인 가이아Gaia/Ge 주위로는 거인들이 모여 있고, 이 거인들에 대치해 있는 것이 신의 형상들이다. 이 제신은 최고의 신인 제우스를 에워싸고 있다. 등장인물들의 시선은 여기에서 승리자인 제신을 향해 있는 것이 아니다. 오히려 그들은 패배자인 거인들에 주목한다. 왜냐하면 등장인물들 역시, 제신 앞에서 거인들이 그러하듯이, 파시즘적 현실에서 소멸될 위기에 처해 있기 때문이다.

제신의 무리는 이들이 옹호하는 제우스처럼 세계사의 지배자를 대변한다. 그래서 제단의 중심부에 묘사되어 있다. 이에 비해 거인족은 주로 이 벽면의 가장자리에 위치해 있거나, 중심에 있다 해도 제신에게 압도된 형국이다. 그러나 이들을 서술하는 작가의 시각은 조금 다르다. 즉 서술의 중심부에는 제신이 아니라 거인족이 자리하는 것이다. 등장인물들은 제신

177 바이스 소설언어의 육체적 물질성은 라블레의 '육체시학'을 떠올리게 한다. 라블레의 육체시학은, 바흐친이 보여 주듯이, 물질적이고 육체적인 모티프로 특징지어진다. 유물론자로서 이 두 작가는, 간단히 말해, 아래로부터 시작하는 변화에 대한 갈망을 가진다는 점에서 공통점을 지니는 것으로 보인다. 그러나 바이스의 소설언어가 역사적 현실의 경악성을 그 현재적präsentisch 의식 지평 아래 포착하려 한 반면, 라블레와 이 라블레를 해석하는 바흐친의 시학은 카니발적 웃음이 지닌 축제적이고 민중적인 저항 이데올로기를 통해 공식문화의 전복과 패러디를 지향한다. 이 점에서 두 저자의 차이가 드러난다.

에 굴복한 거인족과 자신들을 동일시한다. 이들은 거인족의 상황에 자신들의 감정을 이입함으로써 신화적 형상과 이 형상을 바라보는 자신들 사이에 어떤 내적, 정서적 일치가 일어나게 한다. 이러한 동일시는 헤라클레스 형상에서 더 분명히 나타난다. 왜냐하면 헤라클레스는 한편으로 제신에 속하면서 다른 한편으로 제신의 이 부당한 지배 관계에 저항하는 인간화된 영웅을 상징적으로 대변하기 때문이다. 이런 이유로 헤라클레스는 파시즘 위협에 저항하는 정치적 행동의 한 모범으로 간주되고 수용된다.

제신과의 이 숨 막히는 싸움에서 거인족은 절멸의 위기에 처해 있다. 이들은 제신의 절대적 위력 때문에 언제라도 죽을 수 있다. 이 치명적 위협에도 불구하고 '낟알 같은 덩어리로부터 다시금 솟구쳐 오르는, 이 끝없는 안간힘'은 그들의 얼굴과 눈빛, 입술 그리고 손에서 표현된다. 비록 절멸될 지경에 처할지라도 그들은 몰락과 구제 사이에서 끊임없이 움직이면서 자기 자신을 표현하려고 애 쓰는 것이다. 그러니 빈사瀕死의 몰락에 대항한다는 것은 곧 그들에게 생존에의 의지를 뜻하고, 이 의지는 화석화된 침묵으로부터 벗어나는 데 있다. 그리고 이 벗어남은 다름 아닌 표현 — 예술적 형식과 형상을 통해서다. 그러므로 표현은 곧 싸움이고, 형상화란 곧 침묵과 죽음을 넘어서는 일이다. 한편으로 고통과 침묵과 죽음과 몰락과 절멸이 있다면, 다른 한편으로 표현과 형상과 움직임과 싸움과 저항과 생명이 자리한다.

움직이는 표현의 어떤 동적 질서를 나타낸다. 이 질서는 무의미한 혼돈에 대응하는 의미 있는 몸부림이다. 그래서 그것은 아름답다. 모든 움직임은 아름답다. 움직이는 표현도 아름답다. 왜냐하면 그것은 살아 있음의 증거인 까닭이다. 여기에서 표현의 의지는 곧 삶의 의지 — 생명을 향한 욕구임을 나는 본다. 표현에 대한 거인족의 이런 의지를 읽어 내는 사람은 젊은 저항 투사들이다. 그들은 부조물에 새겨진 형상의 의미를 역사적 상황으로 전이시킴으로써 이 묘사 상황을 경험 현실에 맞게 재해석하고자 애쓴다. 첨예한 지각과 상상력을 통해 그들은 이 장면에서 지워진 흔적들 — 표현과 생명을 얻으려는 근원적 충동의 계기를 해독해 내려고 하는 것이다. 이 해독을 통해 과거의 예술작품과 현재의 수용자 사이에 교감의 다리가 놓인다.

> 오직 한 군데에 바닥이 뚫려 있었고, 여기로부터 땅의 마신魔神이 솟구쳐 올랐는데, 그 얼굴은 눈동자 밑에서 쪼개진 채 떨어져 나갔고, 육중한 가슴은 엷은 베일에 감싸여 있으며, 찢겨 나간 손목은 무엇인가 찾는 듯 들려 있었고, 다른 손은 무엇인가 제지하려는 듯 돌 모퉁이에서 솟아오르고, 긴 관절의 옹이 진 손가락이, 앞으로 튀어나오려는 듯, 위로 뻗어 있는데, 이것은 마치 흙 아래 놓인 채 엄지 없이 펴진 여자의 손목을 잡으려는 것처럼 보였고, 그들〔등장인물들〕은 부조의 처마 박공 밑을 따라가면서, 새겨진 글자의 지워진 흔적들을 찾았으며, 얇은 철사 테두리로 된 안경을 낀, 근시안의 코피 얼굴은 그 글자 부호로 다가갔고, 하일만은, 가져온 책의 도움으로, 이 부호를 해독했다. 〔…〕 열다섯 살의 하일만은, 모든 불확실성을 거부하며 입증되지 않은 어떤 해석도 용납하지 않았지만, 때로는 감각의 의식적 탈규칙화에 대한 시적 요구를 고수했고, 그래서 학자이자 견자見者가 되려고 했는데, 우리는 그를 우리의 랭보라고 불렀고 〔…〕(*ÄdW*, I, 8).

위에서 포착된 것은 돌에 새겨진 인물들, 특히 대지의 여신 가이아를 표현한 부조물의 장대한 인상뿐만 아니라 소설 인물들이 행하는 해석적 노력이다. 이들의 비판적 수용 태도는 소설의 전체 구상에서 매우 중요하다. 여기에는 두 측면이 있다. 첫째, 명료성에 대한 철저한 요구이고, 둘째, '감각의 의식적 탈규칙화'라는 랭보적 명제다. 감각적 경험 내용은 규칙과 정리定理를 벗어날 만큼 풍요롭고 다양하다. 이 풍요로운 다양성은 그러나 무원칙 속에서, 마치 그것이 혼돈인 양, 내버려져선 곤란하다. 오히려 그것은 언어에 의해 부단하게 규명되고 섬세하게 표현되어야 한다. 불분명한 경험이 명료한 질서를 얻게 되는 것은 언어적 정식화를 통해서다.

그렇다는 것은 우선 감각적 경험을 언어로 최대한 명료하게 드러내야 하고, 이렇게 드러난 명료성으로부터 감각은 다시 거리를 유지해야 한다는 뜻이다. 참된 명료성은 규칙과 탈규칙의 부단한 왕래를 통해 비로소 획득되는 것이기 때문이다. 언어적 표현은 바로 이런 획득의 매체다. 감각적 직관과 비판적 거리의 동시적 충족에 대한 이 요구는 곧이어 논의할 그림언어Bildersprache에 대한 작가의 생각에 잘 구현되어 있다. 왜냐하면 그의 그림언어는 도상(이미지)의 가시적 조소성과 언어의 추상적 성찰성을 결합하고자 하기 때문이다. 등장인물들은 언어의 명료성과 감각의 탈규칙화라는, 서로 모순적으로 보이는 이런 자세를 겸비함으로써 한편으로 비합리적인 것에 개념적 분석 없이 접근할 수 있게 되고, 다른 한편으로 그럼에도 불구하고 반성적 성찰에 의지하여 이러한 감정적 몰두로부터 한 걸음 물러설 수 있게 되는 것이다.

본능적 직관과 비판적 성찰의 해석 방식은 코피와 하일만의 능동적 수용 태도를 특징짓는다. 이 반성적 태도 아래 그들은 거대한 부조물의 수수께끼 같은 문자부호들과 가이아의 잘려 나간 얼굴이 무엇을 뜻하는지, 그들이 처한 시대 현실에서 그것이 과연 어떤 의미를 지니는지 해명하고자 애쓴다. 그러기에 이들의 해석 작업은 간단치 않다. 그것은 힘겨운 탐구와 고단한 각성의 기나긴 과정이며, 이 오랜 과정을 통해 그들은 대상의 의미를 하나씩 전취해 간다. 근시의 눈으로 해석하려는 코피의 노력과 갈라지고 잘려 나간 파편 덩어리지만 여전히 웅장한 페르가몬 부조물의 선명한 대비가 보여 주듯이, 관찰하는 사람과 관찰되는 대상 사이에는 작지 않은 균열 — 체념과 무기력이 자리하는 것이다.

이러한 체념은 소설 내부에서 어머니인 가이아에 닿으려는 거인 알키오네우스의 절망적 시도에서도 반복된다. 그래서 등장인물들은 알키오네우스 앞에서 한편으로 같은 '일가一家'(종족)로서의 친화성을 느끼면서, 다른

알키오네우스.

팔다리가 뱀에 감기고 머리칼이 아테나에게 잡힌 채 고통스러워하는 거인 알키오네우스의 모습. 굽이치는 머릿결과 이마의 주름, 눈동자와 코와 벌어진 입술 그리고 고개의 비스듬한 각도… 어떻게 이토록 생생하게 돌조각으로 표현할 수 있을까? 그는 어머니 가이아에게 다가서고자 절망적으로 애쓴다.

한편으로 신적 위력이 지닌 무자비함 앞에서의 무력증을 동시에 느낀다. 이것은 다음 구절에 잘 묘사되어 있다.

> 그녀〔가이아〕는 하늘을 뜻하는 우라노스와, 바다를 뜻하는 폰토스, 그리고 모든 산맥을 창조했다. 그녀는 거인들 — 티탄과 키클로펜 그리고 에린넨을 낳았다. 이것은 우리의 일가다. 우리는 땅에 사는 것의 역사를 조사했다. 우리는 땅으로부터 몸을 뻗고 있는, 그들 쪽을 다시 살펴보았다. 풀어헤쳐진 머리가 그녀를 감싸고 흘렀다. 어깨 위에 그녀는 석류 열매 한 접시를 가득 지고 있었다. 잎사귀와 포도송이가 그녀 목을 휘감았다. 위쪽 옆으로 향

가이아, 부분.

아들을 놓친 가이아의 얼굴은 뜯겨져 있다. 고통의 흔적은 부재하는 것으로만 존재하는 것일까? 우리는 그녀(대지)의 슬픔을 상상적으로 읽어 내야 한다.

한 얼굴의 투박한 표면에서는 은총을 갈구하는 입의 가장자리가 언뜻 보일 듯했다. 턱에서 목 언저리까지 상처가 나 있었다. 그녀가 사랑하는 아들 알키오네우스는, 몸을 돌린 채, 무릎을 꿇고, 그녀로부터 비스듬히 떨어져 있었다. 그의 왼손 끄트머리가 그녀를 어루만졌다. 그의 왼쪽 발은, 산산조각 난 채, 펴진 다리에 매달려, 그녀에 닿아 있었다. 허벅지와 하체, 배와 가슴은 경련을 일으킬 듯 팽팽하게 긴장되어 있었다. 독사가 그의 갈빗대 사이를 물어 생긴 찢겨진 작은 상처에서는 죽음의 고통이 어른거렸다. 그의 어깨로부터 물총새가 날개 치며 날아오르고, 이 날갯짓 때문에 그가 쓰러지는 것도 잠시 멈춘 듯했다. 찢겨진 얼굴의 윤곽은, 목과 투구 아래 숨겨진 머릿결의 뻣뻣한 선과 더불어, 아테나의 무자비함을 말해 주었다(*ÄdW*, I, 10).

제신의 뱀은, 거인 알키오네우스의 왼쪽 팔과 오른쪽 다리를 감은 채, 그의 가슴을 물어뜯는다. 알키오네우스는, 극도의 긴장 속에서, 그러나 그에게 생명을 부여하는 대지의 신과 어떻게든 맞닿고자 애쓴다. 그렇지만 제우스의 딸 아테나는 이 적의 머리를 힘들이지 않고 끌어올린다. 알키오네우스의 몸은, 뱀에 감긴 채, 고통으로 구부려진다. 절망적으로 애원하듯 오른팔을 치켜든 가이아의 노력도 여기서는 헛되어 보인다.

알키오네우스의 무기력한 몸짓은 가이아의 공허한 노력에 상응하는 것처럼 보인다. 즉 땅 위에 사는 자로서 그는 고통과 죽음의 공포에도 불구하고 신에 저항하지만, 그의 힘은 신에 비하면 너무도 허약해 보인다. 장엄하게 펼쳐지는 이 어지러운 장면은, 알렉산더 호놀트가 바르게 해석하듯이, 관찰되는 대상만의 싸움으로 그치지 않는다. 그것은 이 대상을 관찰하는 자들의 현실적 싸움으로 전이된다. 다시 말해 등장인물들은 심미적 경험의 투쟁적 내용이 자신들이 처한 실제 현실에서 어떤 의미를 지니는지 묻게 되는 것이다. 그리하여 살아남기 위한 거인들의 노력은 무언어적 현실 앞에서 그저 이 현실에 질식되는 것이 아니라 어떻게 표현에 기대 시대와 역사를 견뎌 낼 것인가라는 등장인물의 고민으로 이어지는 것이다.

어머니 대지와의 이 접촉은 매 순간순간 이지러질 수 있고, 알키오네우스의 전설적 불멸성은 이 대지와 접촉하는 데 달려 있다. 육체적 사건의 이 드라마는 묘사된 순간을 넘어서는데, 이 순간 속에서 사건의 드라마는 구부러진 몸처럼 말없는 죽음의 싸움에 마찬가지로 포박되어 있다. 그래서 이 불안정하고 부당한 장면은 관찰자로 하여금 폭력 앞에서 침묵해 버린 몸의 고통을 말하라고 요구한다.[178]

[178]인용한 텍스트 단락은 거인 알키오네우스와 여신 아테나 사이에 벌어지는 긴장에 찬 싸움의 순간을 제시한다. 이 싸움의 기본 국면은 어떤 점에서 라오콘상의 이미지를 떠올리게 한다. 마치 라오콘과 그 두 아들이 뱀에 감겨 질식해 가는 위기의 순간에서도 살기 위해 애쓰듯이, 알키오네우스 역시 절멸의 위협에 반발하며 생존을 위한 싸움을 포기하지 않는다.[179]

여기서 생존을 향한 싸움은 곧 표현을 위한 싸움에 다름 아니다. 몸의 다양한 움직임들 — 구부러짐과 펼쳐짐 그리고 그 팽팽한 긴장은 시각적인 것의 상상적 조소성 아래 너무도 생생하게 묘사되어 있다. 그래서 관찰자는, 그리고 이를 읽는 독자 역시, 마치 이 싸움 장면을 바로 눈앞에서 직접 보는 듯한 환각에 빠져든다. 이 환각 속에서 감각은 쉽게 자신의 규칙을 벗어나고, 경험은 흔히 있는 합리적 분석 틀을 넘어선다. 그러면서 이 모든 것은 일정한 제어 — 표현에의 이성적 제어라는 예술의 원리 아래 복속된다. 말하자면 감각의 의식적 탈규칙화와 경험에 대한 해명적 의지는 분리되지 않는다. 오히려 이 둘은 등장인물들의 고양된 수용 방식에 의해 변증법적으로 결합되는 것이다. 예술의 표현은 고통의 침묵과 죽음을 넘어서기 위한 것이다.

1.1.2. 야만의 기념비

소설의 등장인물들은 이 변증법적 수용 원칙을 예술 경험에 적용함으로써 그들 자신과 부조물에 묘사된 사건 사이의 분리선을 지양하고자 애쓴다.

---

178 Honold, Alexander: Das Gedächtnis der Bilder. Zur Ästhetik der Memoria bei Peter Weiss, in: Honold, Alexander/Schreiber, Ulrich(Hg.): *Die Bilderwelt des Peter Weiss*, Hamburg; Berlin 1995, S. 103.

179 아테나에 대항하는 거인 알키오네우스는 사실상, 로마 바티칸에 전시된 라오콘상의 제사장 라오콘과 나란히 놓고 보면, 모티프적으로나 표현력 그리고 예술적 정도에 있어 놀라울 정도로 유사한 몸짓과 자세를 보여 준다. 다시 말해 알키오네우스는 또 다른 라오콘의 모습을 하고 있는 것이다. 여기에 대해서는 Andreae, Bernard: *Laokoon und die Kunst von Pergamon. Die Hybris der Giganten*, Frankfurt/M. 1991.

그러나 이들의 개별적 관점은, 수용 작업의 경과가 보여 주듯이, 처음부터 일치하는 건 아니다. 그것은 하나의 진술과 반대진술 속에서 상호적으로 작용하고, 이 상호작용을 통해 서사적 연관항의 합창적 다성성 아래 통합된다. 이 통합을 이루는 것은 어떤 조화론적 타협적 태도가 아니다. 그것은 차라리 문제 제기적 시각에 가깝다. 이런 시각으로 그들은 현실의 배후, 사건의 은폐된 국면을 투시하려 한다.

하일만은 그 대표적 예다. 그는 예술의 조화를 말하는 자란 억압된 자가 아니라 지배자와 이들에 봉사하는 전문가들이라고 지적한다. 이들 특권계층은 아름다움을 자주 들먹이지만, 이 아름다움은 노예처럼 살아가는 피지배자들에겐 완전히 '마술적 어둠'(*ÄdW*, I, 9) 아래 놓여 있다.

> 전문가들은 예술에 대해 말하고, 움직임의 조화와 몸짓의 얽힘을 칭찬하지만, 교양 개념을 알지 못하는 다른 사람들은 열린 채 찢겨진 목구멍을 남모르게 주시하고, 맹수의 앞발이 제 몸을 치는 것을 느꼈다. 예술작품은 특권 가진 자들에게 즐거움을 주지만, 다른 사람들은 엄격하게 서열화된 법칙 아래 자신들이 분리되어 있음을 감지했다(*ÄdW*, I, 9).

예술을 반드시 가진 자 또는 전문가만의 몫이라고 간주하는 것은 편협한 생각일 것이다. 높은 학식이 없거나 내세울 재력을 갖지 않아도 예술의 즐거움을 누리는 사람들도 분명 있다. 그리고 이 즐거움은, 학식이나 재산의 유무와 관계없이, 나날의 생활 속에서 자유를 구가하고 스스로 책임을 감당할 때, '심미적으로 구현된' 것이 된다. 그러나 이와는 별개로 현실에서 예술은 대체로 가진 자 또는 지배하는 자의 몫이었다는 사실도 부정할 수 없다. 예술과 문화는 수백 수천 년 동안 그 자체로 특권의 지표로서 수용되고 치장되고 유포되고 공시公示되어 왔다. 적어도 지배적 현상에 있어서는 늘 그러했다고 할 수 있다. 그래서 배우지 못하고 힘없는 이들은 배타적으로 그어진 경계선 밖에서 '맹수의 앞발이 제 몸을 치는 것을 느껴야'

했던 것이다.

계층적, 계급적 관심이 서로 다른 수용 태도와 평가를 조건짓는다. 그러나 모든 예술 향유가 이렇게 이뤄지는 것은 아니다. 하일만은 계층적 관심에 의한 단순 매개를 넘어서는 예술 수용의 예도 본다. 이것은, 그가 예술작품이란 '그들 자신의 상징성으로부터' 관찰되어야 한다고 주장할 때, 나타난다(*ÄdW*, I, 9). 여기에 대해 코피는, 예술작품 역시 "야외에서가 아니라 왕실의 전승 기념물 사이에 배치되어 방패와 투구, 칼과 창이 누구로부터 빼앗아 왔는지 알려 준다"고 반박한다(*ÄdW*, I, 9). 예술작품은 그 자체의 상징성에도 불구하고, 전체적으로 보면 결국에는 지배자에 봉사하기 위해 만들어지고 수집된다는 것이다. 물론 그렇다. 그러나 이것으로 문화적 유산의 의미는 고갈되는 것인가? 그렇지 않다.

예를 들어 노예가 된 갈리아인이 세운 사원의 조각품들은 단순히 지배 이데올로기를 드러내는 것으로 그 의미가 고갈되지 않는다. 이런 면도 물론 있다. 그러나 그것은 공식적 지배 문화의 특권적 일부로 작용하면서도 동시에 그들 역사의 비극을 반영하는 것이기도 하다. 아래의 인용문은 읽어 보자.

> 전쟁에서 중요한 것은 오직 왕의 지배 영역을 확고하게 하는 일이었다. 지상의 정령과 마주한 제신은 일정한 힘의 관계에 대한 생각을 생생하게 견지했다. 이름 없는 무수한 군인들은, 지배층의 도구로서, 오랜 싸움에서 이름 없는 다른 사람들을 괴롭혔고, 이 군인들로 채워진 부조물은 그들 봉사자에 대한 생각을 바꾸었을 것이며, 그들의 지위도 두드러지게 했지만, 그러나 승리를 한 것은 전사戰士들이 아니라 왕들이었고, 이긴 자들은 제신과 같은 반면 피지배자들은 이들 신에 의해 경멸되었다. 특혜를 누리는 사람들은 어떤 신도 없다고 생각했는데, 그것은 가면을 쓴 그들이 자기 자신을 알았기 때문이다. 그들은 그럴수록 더욱 화려함과 위엄으로 자신들을 치장하려 했다. 예술은 이들의 지위와 권능에 초자연적 외관을 부여하는 데 기여했다.

그들의 완전성에 대한 그 어떤 의심도 생겨나선 안 되었다(*ÄdW*, I, 9f.).

그리스의 소국가를 정복한 아탈리드 왕국은 예술과 학문을 장려함으로써 그들의 정치적 권력을 치장할 필요성을 느낀다. 그래서 '야만적인' 갈리아인과의 싸움에서 승리한 후, 그들은 웅장하고 화려한 기념비를 곳곳에 세운다. 페르가몬 부조물은 그런 결과로 생겨난 시설의 하나이고, 여기에 묘사된 제신과 거인족의 싸움은 바로 그런 내용을 담고 있는 것이다.

제국의 새 지배자들은 벽의 표면에 이 싸움을 묘사함으로써 갈리아인에 대한 한때의 승리를 '무시간적 지속성의 차원 속으로' '옮겨 놓는다'. 이를 통해 아탈리드 왕조의 지배자는 한편으로 갈리아인에 대한 승리를 기념하고자 했고, 다른 한편으로 정치적 질서의 불멸성을 대외에 과시하고자 의도했다. 말하자면 그것은 공식적 지배 질서의 정당성을 대내외적으로 선전하고 영구화하기 위한 이데올로기적 시도인 셈이다. 그래서 정치적 상위층은 페르가몬 부조물에서 불멸의 제신과 유사한 지위를 누리는 것으로 묘사된다. 그에 반해 정복당한 갈리아인은 제신에 대항하는 거인족과 동일시된다. 그러니까 페르가몬 왕국은 자신의 '권력 행사를 예술작품의 아우라로' '장식하기' 위해 제신과 거인족의 신화적 싸움을 담은 엄청난 규모의 제우스 사원을 필요로 했던 것이다(*ÄdW*, I, 49).

그러므로 페르가몬 제단은 삶의 적대적 권력 양상을 이데올로기적으로 정당화한다. 예술사가 막스 쿤체가 올바르게 지적했듯이, "이 제단 뒤에는 신화를 상징으로 사용하는, 말하자면 신적 질서와 광포한 힘 그리고 거친 야만성을 대립되는 것으로 선택한 지배자의 생각이 숨겨져 있다".[180] 여기에서 예술가들은 지배 담론에 봉사하는 것으로 기능한다. 그들은 노동으로 지배자의 승리를 찬미하고, 이들 계층에게 초지상적이고 초자연적인 휘

---

180 Kunze, Max: *Der Pergamonaltar. Seine Geschichte, Entdeckung und Rekonstruktion*, Mainz 1992, S. 22.

광을 부여함으로써 기존 질서의 영속화에 기여한다. 여기에서 드러나는 것은 예술작품이 단순히 소통의 부호가 아니라 무엇보다 지배와 권력의 부호라는 사실이다. 그러면서 그것은, 하일만이 지적하듯이, 지배되는 것 — 권력 아래 짓밟히는 익명의 고통스러운 삶을 우회적으로 암시한다. 고상한 것 그리고 아름다운 것은 곰팡내 나고 퀴퀴하며 습기 많은 것과 결코 무관하지 않는 것이다. 이것은 어떻게 일어나는가? 그것은 좀더 복잡한 경로를 통과한다.

얼핏 보아 자명한 사실은, 예술작품이란 이 작품을 만들고 세웠던 사람들의 흔적을 거의 또는 조금도 남기지 않는다는 점이다. 페르가몬 건립에 종사했던 사람들은 대부분 노동자들이고, 따라서 그들은 산 위의 '신성한' 궁전에서 이뤄지던 통치 행위로부터 전적으로 격리되어 있었다. 숱한 대리석을 수레로 나르고 자로 재며 망치로 부쉈던 이름 없는 다수를 상기시켜 주는 것은 오늘날 아무것도 없다. 바이스의 이런 독법은 고대사회를 최고도의 문화적 전개 시기로 칭송한 전통적 이해와는 뚜렷이 구분된다. 이런 거슬러 읽기는 아래에서도 이어진다.

> 저 아래 도시의 골목에서 방앗간과 대장간 그리고 가내수공업을 운영했던 사람들, 시장에서 공장에서 그리고 항구의 선창에서 일했던 사람들은 영구히 남지 못했다. 〔…〕 메네크라테스나 디오니사데스 그리고 오레스테스 같은 대가들 가운데 몇몇 이름만 확실히 전해졌고, 네모진 돌에 그림을 그렸고 컴퍼스와 송곳으로 자를 곳을 정했으며, 머리 다발이나 근육의 핏줄 무늬 같은 데서 완벽한 예술 이해를 실천했던 사람들의 이름은 전해지지 않았고, 대리석을 나르고 그 큰 덩어리를 소 마차에 싣고 끌었던 부역 노동자들을 알려 주는 것은 아무것도 없었다(*ÄdW*, I, 12).

페르가몬 제단의 건립과 관련하여 우리가 기억하는 사람은 고작 몇 사람들의 이름뿐이다. 그것도 그 당시의 왕이나 귀족과 같은 지배자, 아니면 그 제단을 2천여 년 후에 발굴한 고고학자나 이런 발굴을 지시한 비스마르크 같은 고위 정치가가 있을 뿐이다. 그 외에 또 누가 있는가? 물론 있기는 있다. 에피고노스Epigonos 같이 당시 유명했던 한두 예술가나 안티고노스Antigonos 같은 철학자의 이름이 가끔씩, 소개서의 한구석에서 지나가는 투로, 잠시 언급되기도 한다. 그러나 그것이 전부다.

이들 이외에 이 페르가몬 정원의 터를 잡고, 그 무거운 주춧돌을 나르고 그 기둥을 세웠으며 그 흙을 짐져 날랐던 사람들은 다들 어디로 갔는가? 거기를 오가며 그 뛰어난 조각상을 빚었고, 디오니소스 극장에서 지배자들이 환호할 때 말없이 음식을 준비하던 사람들. 혹은 도서관 안으로 들어가지 못해 그 옆을 기웃거리거나, 누군가 빌린 책에 대해 풍문처럼 그저 듣기만 했던 사람들. 아니면 매일 밤 성문 앞을 지키거나 제단에서 기도를 올렸고, 성 안이 아니라 그 밖에서 노숙하거나, 노점에서 배추와 감자를 팔며 생계를 이어 가던 사람들. 매일매일 먹을 것과 잘 곳을 걱정하며 일하고 웃고 얘기하며 물 마시던 사람들은 어디로 다 가 버렸는가? 이 도시의 성채를 만들었던, 그러나 그 안이 아니라 변두리에 밀려나 살았던 다수의 평민들을 우리는 기억하지 못한다. 이들의 이름과 그 족적을 알려 주는 것은 이제 아무 데도 없다. 그들은 전적으로 부재한다.

예술은 근본적으로 뿌리 뽑힌 자의 그 뿌리에 대한 기록 행위다. 그러나 더 근본적으로 그것은 살아남은 자가 행하는, 이미 떠나간 자들의 족적을 더듬는 재발견의 행위다. 그것은 흔적 없이 사라져 간 삶과 노동의 애환 — 망치와 끌과 자와 삽과 수레의 흔적을 기억하려 한다. 문화란 지배와 권력의 악취일 뿐. 그러나 그 악취에서 비지배와 탈권력의 가능성도 자리한다. 진정한 문화란 단순히 기존의 문화 밖에서 시작하는 것이 아니라 그 악취 한가운데서, 그러나 이 기성 질서와 대결하는 가운데 시작한다.

1.1.3. '문화적 자본'의 배제

끌로 돌을 파내면서 무수한 조각상을 빚었던 사람들은 그 작품을 향유하기는커녕, 이것이 전시된 건물에 들어설 수조차 없었다. '향유' 혹은 '감상' 혹은 '입장入場'은 그들의 언어가 아니었다. 설령 그랬다고 해도, 이들의 물품은 '단지 축제일에만 접근될 수 있었을 뿐이다'(*ÄdW*, I, 12). 그래서 코피는 이 작품들에서 이데올로기의 작동을 본다. 이에 반해 하일만은 이보다 열린 관점을 자기 해석의 출발점으로 삼는다. 코피(와 그의 어머니)가 기존의 평가 기준으로 작품을 해석한다면, 하일만은, 앞서 언급했듯이, 감각의 탈규칙화와 합리적 분석의 융합을 겨냥한다. 그는 코피처럼 예술작품의 의미 층위를 미리 규정된 구조로 파악하지 않는다. 그는 작품을 원래의 이데올로기적 기능으로부터 독립시켜 그 자체로, 그러나 비판적 시각 아래, 이해하려 한다.

이를 위해 필요한 것은 작품 내용을 주어진 가치척도 아래 정렬시키는 것이 아니라 그 직접적 인상에 자신을 맡기는 일이다. 이런 불편부당不偏不黨한 태도로 그는 고대사회의 대다수 구성원들이 단순히 경제적, 정치적으로만 억압된 것이 아니라 문화적으로도 억압되었음을 인식한다.

> 짓밟혀 땅에 처박히는 것은 그들의 운명이었고, 이들의 침묵과 마비는 계속 감지될 수 있었다. 이오니아 국가의 실제 담당자였던 그들은 읽고 쓸 줄 몰랐고, 예술적 활동에서 배제되어 있었으며 오직 혜택받은 소수층에게 풍요를 제공하고, 정신의 엘리트에게 한가함을 제공하는 데 쓸모 있을 뿐이었다. 천상적인 것의 현존은 그들에게 도달하기 어려운 것이었고, 무릎 꿇은 짐승 같은 존재 속에서 그들은 자신을 찾아볼 수 있었다. 조잡함과 멸시, 혹사와 학대가 그들의 특징이 되었다(*ÄdW*, I, 13).

이 글의 중심에 있는 것은 '악에 대한 선의 싸움'도 아니고 '(서로 다른) 계급들 사이의 투쟁'도 아니다(*ÄdW*, I, 13). 바이스의 계급 이해는 물질적 토대와 이데올로기적 상부구조의 이분법적 차이를 전제하는 전통적 의미의 계급 개념으로 환원되기 어렵다. 이것은 특히 하일만의 해석에서 확인된다. 페르가몬 제국의 억압 메커니즘은, 하일만에 의하면, 너무도 철저하게 관철되어 있어서, 피지배자에게 물질적 토대만 박탈하는 것이 아니라 글을 읽고 쓰는 기회까지 강탈한다. 말하지만 그들은 경제적 자본에서와 마찬가지로, 피에르 부르디외에 기대자면, 교육의 기회나 언어 능력 같은 '문화적 자본'으로부터도 배제되는 것이다.

이렇게 해석하는 소설의 등장인물은 페르가몬 제국의 피지배자와는 다소 다르다. 이들은 가진 것 하나 없는 가난한 자로서 경제적 자본이 박탈되긴 했지만, 그렇다고 고대 거주민의 삶과 같은 삶을 사는 것은 아니다. 이들처럼 문화적 자본마저 박탈된 것은 아니기 때문이다. 오히려 그들은 교양 자본을 최대한 적극적으로 이용한다. 그들은 유연한 해석을 통해 예술 대상에 대해서뿐만이 아니라 복잡한 현실의 맥락을 바르게 평가하는 상태로 나아간다. 이렇게 나아가는 에너지의 원천은 그들의 심미적 경험이다. 이 심미적 경험으로 축적되는 그들의 현실 인식이고 정치경제적 의식이다. 이것은 그 자체로 예술적 문화적 자본을 이룬다. 문화적 자본의 이 같은 축적을 통해 그들은 사회화 과정에서, 의식적이든 무의식이든, 계급 특징적으로 주어지는 가능성 — 부르디외가 '하비투스habitus' 개념으로 지칭한[181] — 을 확대하고 심화하는 것이다. 부당한 권력에의 저항 의식은 이런 심화와 확대에서 생겨난다.

그러므로 등장인물들의 저항 투쟁은 사회적 정의와 정치적 자유의 직접적 실현만 겨냥하지 않는다. 그들은 무엇보다 예술 문화적 향유에서의 기회 균등의 권리를 지향한다. 자유와 정의란 당위성의 확인만으로 실현되

181 Bourdieu, Pierre: *Zur Soziologie der symbolischen Formen*, 5. Aufl. Frankfurt/M. 1994, bes. S. 125ff., ders.: *Die feinen Unterschiede. Kritik der gesellschaftlichen Urteilskraft*, 9. Aufl., Frankfurt/M. 1997, bes. S. 277ff.

는 게 아니다. 그것은 그 필요성을 공감하고 자각하며 동의할 뿐만 아니라 제도적으로 구체화하는 데서 비로소 실현되기 시작한다. 예술과 문화는 이 공감과 자각의 계기를 비강제적/자율적으로 매개한다. 제도적 구현도 이 공감과 자각 속에서 시작될 수 있다.

이런 의미에서 자유, 평등, 정의 그리고 분배 같은 인권 이념은 사회정치적 역사적 차원에서뿐만 아니라 예술적 문화적 차원에서 동시다발적으로 접근되어야 한다. 계급투쟁이나 저항 개념의 바이스적 교정은, 한 인터뷰가 보여 주듯이, 이런 맥락에서 주목되어야 한다. "노동계급이란 개념은 더 이상 존재하지 않았다. 파시즘 전체주의에 대항해 투쟁했고 스페인에 있었으며 지하에서 일했던 사람들은 실존적 공존성과 상호 유대를 경험했지만, 계급 소속성에 근거한 결속성을 경험하진 않았다. 〔일체의〕 억압에 대항하여 싸우는 것, 이것이 가장 중요했다."[182] 그러니까 계급 소속성 자체가 중요하지 않다는 것이 아니라 계급 소속성을 일부로 하는 좀더 폭넓은 의미의 상호 연대가 더 중대한 것이다. 평화나 공존, 관용과 사랑 같은 개념은 이런 보편적 연대를 위한 가장 알려진 인권 가치에 해당할 것이다.

인권을 위한 싸움은 사회정치적으로 혹은 경제적으로 제한될 수 없다. 그렇다고 그것이 정신적, 문화적 차원에서만 해결될 수 있는 것도 아니다. 필요한 것은 편향되지 않은 혹은 덜 편향된 관점을 가지려고 하는 일이다. 덜 협소한 관점을 가지려고 노력하는 일이다. 적극적으로 말하면, 그것은 얼마나 더 열린 관점을 견지할 수 있느냐의 문제다. 이것은 일체적 강제에 대항하는 보편적 자유의 충동이고, 이 충동은, 간단히 말해, 개인적 자율의 의지와 사회적 책임의 의식으로 구성된다고 할 수 있다. 자유를 향한 시민적 유대는 이 자율과 책임이 조화롭게 맞물릴 때 제대로 형성될 수 있을 것이다.

---

182 Peter Weiss im Gespräch mit Burkhardt Lindner, in: *Peter Weiss im Gespräch*, hrsg. v. Rainer Gerlach und Matthias Richter, Frankfurt/Main 1986, S. 265f.

그러나 인류의 역사는 그렇지 못했다. 그 현실은 공존적 유대가 형성되기 어려웠던 억압의 되풀이였기 때문이다. 이것은 고대사회를 지배했던 압제와 문화적 왜곡 현상이, 페르가몬 제단에 대한 그 이후의 수용사가 보여주듯이, 현대에 이르기까지 결코 멈추지 않았다는 불행한 사실에서도 확인된다.

> 그러나 페르가몬 제단의 이후 역사 또한 부동산 소유자들의 사업 욕심으로 규정되었다. 서남아시아 권력 변화의 퇴적물 아래 파묻혀 있던 형상 파편들이 발굴되었을 때, 이 물건들의 가치를 이용할 줄 알았던 사람들은 다시 지배자, 즉 계몽된 자들이었지만, 가축 치던 사람이나 유목민 그리고 사원 건축자의 후손들은 페르가몬의 위대함에서 먼지 외에는 아무것도 갖질 못했다. 그러나 그점을 한탄할 필요는 없어, 라고 하일만은 말했는데, 왜냐하면 헬레니즘 문화의 귀중품들을 현대 세계의 왕릉에 보존하는 것이 신화적 잡동사니 속에 흔적 없이 묻어 두는 것보다는 나을 수 있기 때문이지(*ÄdW*, I, 13).

문화적 유산의 역사적 경로와, 이 경로에 담긴 착잡하고도 역설적인 의미를 추적하는 바이스의 시각은 정확해 보인다. 문화적 귀중품처럼 가치 있는 것을 짓고 세우며 즐기는 자가 지배계급인 것처럼, 이들을 파내어 빛 아래로 드러내는 자 또한 유복한 계층에 속한다. 그리하여 제단을 세웠던 무명無名의 사람들은, 이 모든 향유의 권리로부터 격리된 채, '먼지 외에는 더 이상 어떤 것도 갖지 못한다'. 페르가몬 제단은, 그것이 세워질 때 억압된 자들의 희생을 요구했듯이, 수용의 기나긴 역사에서도 몇 되지 않는 특혜자들에 의해 찬미되고 이용되고 보존되어 온 것이다. 이것이 인간의 현실이고 문화사의 현실이다. 이것은 19세기 말 프로이센 제국이 이 제단을 발굴할 때도 크게 다르지 않았다. 즉 아탈리드 제국이 갈리아에 대한 승리 이후 페르가몬 제단을 세웠듯이, 19세기 말의 독일 역시 막 창건된 제국의 영광을 기념하기 위해 이 제단의 대대적 복원에 적극적으로 참여했던 것이다(*ÄdW*, I, 51f.).

잇따른 군사적 승리 이후 1871년 프로이센은 마침내 독일 제국을 수립했고, 이에 따라 새 제국의 수도로 정해진 베를린은 모든 분야에서 새로운 정치적, 문화적, 이념적 정당성을 필요로 했다. 고대 유적의 발굴과 수집은 이런 정치적 요구를 충족시킬 수 있는 중요한 문화적 치장거리였다. 당시 오스만 제국의 그리스 유적 관련 법률은 유적의 모조품만 해외로 반출할 수 있도록 허락했고, 따라서 고고학적 활동은 '소유'가 아니라 '연구'로 제한되어 있었다. 그러나 프로이센은 제국의 수립과 더불어 오스만 제국에 대한 영향력을 증가시켰고, 이에 따라 페르가몬의 발굴 허가도 한층 손쉽게 얻을 수 있었다. 비스마르크까지 개입했던 수차례의 협상에서 독일은 결국, 고작 2만 마르크를 지불한 후, 페르가몬의 모든 발굴물을 베를린으로 옮겨 갈 수 있었던 것이다.

후세에 이뤄지는 문화적 요구와 정치적 의도가 물론 전부 무의미한 것은 아니다. 그것은 점점 심해지는 파괴와 훼손으로부터 정신적 유산을 보호하고 보존하는 순기능도 지닌다. 그러나 예술작품은 그것이 만들어졌던 곳에 있을 때, 적어도 그 역사적 맥락과 관련하여 고찰되고 감상될 때, 정당한 빛을 발한다. 원래 만들어진 곳에 있을 때, 작품의 발생과 현재적 의미 사이에는 간극이 적거나, 적어도 다른 곳에서보다는 상대적으로 더 적을 것이기 때문이다. 그러나 이 간극은, 작품이 발생한 곳으로부터 멀어지면서, 또 원래의 시점을 경과하면서, 점점 커져 간다. 즉 의미의 왜곡이 시작되는 것이다.

그러나 다른 한편으로 작품이 발생한 곳에 있을 때라도, 그것이 제대로 이해되지 못한다면, 이런 왜곡이 없다고 할 수 없다. 마찬가지로 작품이 발생한 곳으로부터 떨어져 있다 해도, 그것의 본래적 의미에 대한 해석적 수용력이 있다면, 반드시 왜곡되어 있다고 말하기 어렵다. 그렇다는 것은 작품의 소유-발생 장소-근원적 의미보다는 이해-수용 현실-해석의 객관성-감상자의 현재가 중요하다는 뜻이 된다. 오늘의 수용자가 행하는 작품에 대한 현재적 경험의 객관적 내용이 이 글의 관심사가 되는 것은 이 때문이다. 언제 어느 때 그리고 어떤 형태에서도 있을 수 있는 의미의 이 다층적 왜곡 가능성은, 인간의 삶이 주로 정치경제적 권력적 관심 아래 추동된다는 것을 인정한다면, 현실적으로 어느 정도 불가피한 것이라고 말해야 할지도 모른다. 그리하여 문화적 유산의 일방적 전취와 그 편향된 향유는 예술의 발생사만큼이나 그 수용사도 규정하는 것이다. 인류의 문화사를 사실상 지배하는 것은, 적어도 몇 가지 예외적 경우를 제외한다면, 가상이요 거짓인 것이다.

어떤 관점의 기원과 그 속에 든 가정에 대해 문제 제기하는 것은 매우 중요하다. 그렇지 않을 경우, 사고의 기존 모형은 언제라도 도그마로 전락할 수 있다. 예술과 그 발생적 기원, 문화와 그 수용의 있을 수 있는 왜곡 과정을 이 글이 추적하는 것은 이 때문이다.

문화와 지배가상Herrschaftsschein의 이데올로기적 연관성은, 위에서 보았듯이, 체제의 항구적 존속을 문화재에서 보장받으려 한 페르가몬 제국의 요구에서도 나타나고, 이 유적을 발굴한 프로이센 제국의 정치적 의도에서도 드러나며, 나아가 뒤이은 역사적 파행 현상에서도 확인된다. 국가사회주의(나치즘)의 문화 정책은 그 한 예에 불과하다. 이런 왜곡 현상 앞에서 하일만은 '그 어떤 탄식도 할 필요가 없다'고 단호하게 대답한다. 페르가몬 제단의 의미는 갈리아(옛날 소아시아의 지명)인에 대한 페르가몬 사람들의 상징적 승전비로서, 또 제국의 항구적 존속에 대한 자부심의 표현으로서 완전히 고갈될 수 없다. 그 같은 해석은 문화 재생산의 위탁자(지배계층)가 지닌 이데올로기적 의도에는 일치하지만, 심미적 형상물에 고유한 저항적 계기를 간과하기 때문이다.

심미적 형상물의 저항적 계기란 무엇인가? 페르가몬 부조물에 묘사된 싸움 장면에는, 지배자들이 의도했듯이, 갈리아인에 대한 그들의 승리를 암시하는 관점이 곳곳에 들어 있다. 그러나 이 작품에는 외부로부터 주어진 사명과 메시지를 거부하는 어떤 계기가 전혀 없는 것은 아니다. 그 계기란 곧 '심미적인 것의 잠재력'이고, 이 잠재력이란 비판적 성찰적 요소를 뜻한다. 나는 이 계기를, 아도르노의 말을 빌려, '부정적否定的/negativ'이라고 지칭하고 싶다.

심미적인 것의 부정적 계기에 힘입어 예술은 세계의 전체 국면을 매개할 뿐만 아니라 이 매개의 조건 자체를 밖으로 드러낸다. 그것은 단순히 세계 해명이 아니라, 미학자 마르틴 젤이 언급하듯이, '해명의 방식들'을 '해명한다'. 이 해명의 방식들을 그는 말없이 행해지는 예술의 '허구화하는 표현'에서 본다.[183] 예술에서 표현은 곧 드러냄이자 해명이고, 그래서 부정이고 저항이다. 이 부정적 현재화를 통해 예술은 원래의 주어진 기능적 연관항으로부터 벗어날 수 있다. 그래서 자신이 연루된 관계 양상을 기존의 규범으로부터 벗어난 관점에서 비판적으로 묘사할 수 있게 되는 것이다. 예술의 이 저항적 계기는 나아가 예술가의 모순에 찬 사회적 지위에서 그 유사성을 만난다. 즉 예술가는 세속적 권력의 장場 안에 속하지만, 그러나 표현 수단을 통해 이 권력을 거스른다.

위에서 언급한 부르디외는 지식인이 사회에서 차지하는 특이한 국면을 '지배되는 위치에서의 지배하는 자'로서[184] 지칭한 바 있지만, 이것은 예술

183 Seel, Martin: Kunst, Wahrheit, Welterschließung, in: Koppe, Franz(Hg.): *Perspektiven der Kunstphilosophie*, Frankfurt/M. 1991, S. 66. 칸트 그리고 하버마스와 연관하여 설정된 요제프 프뤼흐틀의 테제는 마르틴 젤과는 다른 강조점을 띠고 있지만, 그의 언급 역시, 그가 다음과 같이 썼을 때, 유사한 것으로 보인다. 심미적 대상 또는 예술작품은 그 방식('어떻게')을 지시함으로써 내용('무엇')과 성찰적으로 교류한다. Josef Früchtl: Ästhetische Erfahrung und Einheit der Vernunft. Thesen im Anschluß an Kant und Habermas, in: Koppe, Franz(Hg.): *Perspektiven der Kunstphilosophie*, a.a.O., S. 161.

184 Bourdieu, Pierre: *Satz und Gegensatz. Über die Verantwortung des Intellektuellen*, Frankfurt/M. 1993, S. 39.

가에게도 어느 정도 해당된다고 할 것이다. 왜냐하면 예술가 역시 지식인의 한 유형으로서 한편으로는 세속적 권력의 지배를 받으면서도, 다른 한편으로는 표현을 통해 이 권력을 거스르기 때문이다. 그는 형식 부여를 통해 기존 권력을 거스르는 대항 권력적 싸움을 수행한다. 이것은 마치 예술작품이 사회역사적으로 조건지어지면서도 자율적 계기에 기대어 외적 강제와 지시를 벗어나는 것과 똑같다. 그러니까 예술가는 지배와 비지배 사이에 자리하는 자신의 존재론적 모순성을 체현한다. 이 존재론적 모순은 개인과 사회, 자율과 구속의 긴장 속에서 산출되는 예술작품의 내적 역학에 상응한다.

그리하여 예술가는 자신의 이중적 지위를 통해 사회적 소외 그룹의 관점을 대변하고, 이런 활동에 힘입어 예술은, 원하든 원치 않든, 억눌린 자의 목소리를 대변하는 문화적 심급이 된다. 예술에서 지배자의 기성 권력뿐만 아니라 피지배자의 대항 권력이 드러나는 것은 이 때문이다. 그러나 예술의 저항적 계기는 처음부터 명약관화하게 주어지는 것이 아니다. 그것은, 아래의 글이 보여 주듯, 수용자가 스스로 해독하여 이 작품에 의미를 부여할 때, 비로소 생겨나는 것이다.

> 페르가몬 부조물이 그 지배층을 부정했다는 것, 그 작품이 누구를 찬미하고 누가 경멸할 만한가를 충분할 정도로 명백히 보여 주진 않았지만, 그때 우리는 그렇게 다듬어진 돌들을 생각했고, 신적인 것들의 얼굴 특징은 굳어 있고 차가웠으며, 그 모습은 크기에서나 접근하기 어려움에 있어 비현실적이었고, 그에 반해 쓰러진 자들은 그 모든 왜곡에도 불구하고, 불안과 고통으로 특징지어져 있지만, 여전히 인간적으로 남아 있었다. 그 때문에 그 작품을 만든 장인들은 이들의 편에 있지 않는가라고 코피는 물었고, 그들은 분명 이 도시의 저 아래서 들끓던 봉기에 열려 있거나 반기를 들었으며, 그래서 파괴나 저항은 도처에서 조각된 형태나 움직임 그리고 대조를 고무시키는 것으로 자리했다(*ÄdW*, I, 49).

익명의 페르가몬 제단 조각가는 지배층의 정치적, 심미적 이상에 충실한 부조물을 만들어 낸다. 거기에는 사회정치적 갈등이나 현실의 비참함 대신 지배 관계의 숭고함과 권력 체제의 항구성이 강조되어 표현된다.

그러나 이것으로 끝나지는 않는다. 이 부조물은, 위 인용문이 보여 주듯이, '누구를 찬미하고 누가 경멸할 만한가를 충분할 정도로 명백하게 보여 주진 않'는다. 그러나 다른 한편으로 거기에 표현된 신들의 얼굴은 '굳어 있고 차갑게' 나타나며, 그 모습은 '크기에서나 접근하기 어려움에 있어 비현실적'으로 여겨진다. 이에 반해 억눌린 자들은 '그 모든 왜곡에도 불구하고' '인간적'으로 나타난다. 그리하여 예술가는 지배자의 목적에 부합되는 작품을 창조하지만, 이 작품은 내적 역학 속에서 원래의 순응적 역할로부터 벗어나는 것이다. 심미적인 것의 자율적 계기란 이런 해방의 에너지를 지칭한다고 할 것이고, 이때의 에너지는, 그것이 기존의 질서에 역행한다는 점에서, '부정적'이다. 심미적인 것의 이 부정적 계기는 무엇보다 등장인물들의 적극적 해석에 의해 도출된다.

1. 1. 4. 지성사 — 배제와 축출의 메커니즘

그러므로 페르가몬 제단에서 읽어 낼 수 있는 것은 권력 장치의 자기 찬미적 의도뿐만 아니다. 거기에는 무엇보다 억압된 삶의 숨죽인 목소리가 배어 있다. 이 목소리는 삶의 충동과 표현에의 의지에 다름 아니다. 바로 이 의지가 심미적인 것의 부정적 계기를 이룬다. 부정적 계기로 인해 예술작품은, 외적 강제와 내적 형식의 불완전성에도 불구하고, 자기 고유의 표현력을 얻는 것이다.

예술은 기존 관계를 거스르는 저항적 진술력을 갖는다. 예술이 현실의 전경前景뿐만 아니라 배후까지 드러낸다는 것, 대상을 드러낼 뿐만 아니라 이 드러냄의 조건 역시 문제시한다는 것은 바로 이런 의미에서다. 예술은 삶의 전체에 근접하는 활동인 것이다. 국가발생의 역사와 지배계층의 신격화 그리고 억압된 자들의 저항이 구성하는 전체적 의미 관계는 페르가몬 부조물에서 착잡하게 얽혀 있는 것이다. 예술과 문화는 이 착잡함 — 모순과 역설의 자기 이반적 계기 속에서 힘겹게 창출되는 것이다.

예술의 부정적 계기가 지배자로부터의 독립을 가능하게 한다면, 이 계기는, 바이스에 따르자면, '구체적 경험을 관찰하고 기록하는' 예술가의 '수공업적 능력'으로부터 '비의도적으로' 나온다(*ÄdW*, I, 73).[185] 예술가는 권력관계에 대한 깨어 있는 의식에 기대어 피억압자의 모멸과 학대를 인식하고, 이 인식의 내용을 구체적 묘사로 표현한다. 그래서 잘된 작품에는 현실의 메커니즘이 최고도의 즉물성 아래 진단되고 해명되며 분석되고 검토된다. 부정적 계기는 이 같은 재평가를 추동하는 에너지다. 부정성이 작품에 내재하는 것이라면, 그것은 한두 요소를 보완하고 변화시키는 데 그치는 것이 아니라 '존재하는 것의 전체에 대한 전면적 검토', 또는 이 검토에의 의지를 뜻한다고 말해야 한다.

그러는 한 예술의 부정성은 '급진적radical'이다. 급진성이란 곧 철저성이다. 우리가 예술의 급진적 부정성을 말할 수 있다면, 이 부정성은 아마도 예술이 대상 비판과 자기 비판을 동시에 수행한다는 것, 그래서 때로는 예술 자체의 부정성을 해체할 정도로 비판의 극한에까지 나아가기 때문일 것이다. 예술의 부정성은 전면적이고 우회적이며 자기 회귀적이다.

단순히 진보적이거나 과격해서가 아니라, 삶의 전체에 대한 반성을 통해 현재적 삶의 새로운 출발을 언제나 감행한다는 점에서 예술은 급진적이다. 이 급진성은, 예술 내부적 차원에서 보면 내용과 형식, 표현과 기법

---

185 예술작품의 부정적 계기와 관련하여 아도르노와 바이스의, 미묘하지만 중요한 견해 차이가 이 점에서 드러난다. 즉 아도르노가 비의도적 의도성으로서의 예술의 부정적 계기를 작품에 부여했다면, 바이스는, 비록 비의도적이기는 하나, 예술가의 형상 의지와 준비성 속에 그 부정적 계기가 있다고 본다. 자명한 사실은 그런 계기를 작품으로부터 궁극적으로 읽어 내어야 할 사람이 수용자라는 점이다. 어떻게 읽고 다시 쓰느냐는 무엇이 쓰여졌는가 만큼이나 중요하다.

의 혁신을 더 유기적으로 하는 데 있고, 예술 외부적 차원에서 보면 심미성의 저항적 계기를 더 나은 삶의 가능성과 관련짓는 데 있다. 예술의 부정성이 논리적 거부나 정치적 입장 차이를 넘어 '다른 현실의 기획'이 되는 것은 이 때문이다. 예술 현실은 부정적不正的 현실을 부정적否定的으로 탄원하는 심미적 안티테제다. 이 안티테제를 통해 예술은 피억압자의 말없는 고통에 대한 믿을 만한 증거 자료가 된다.

그러나 현실을 기록하고 고발하는 예술과 정신의 역사에서도, 바이스의 통찰력이 보여 주듯, 폭력과 왜곡이 없는 것은 아니다. 이것은 참담한 일이지만, 사실이다. 단지 그것은 은폐될 뿐이다. "정신의 이러한 제국은 폭력에 의해 생겨났으며, 예술과 철학의 모든 진실 밑에는 폭력이 근거해 있었다. 자행된 폭력이 크고 심하면 심할수록 잔혹성의 지배 또한 더욱더 광포하게 되었다"(*ÄdW*, I, 43). 예술작품은 단순히 아름다운 재화가 아니라 농축된 모순의 덩어리인 것이다. 예술의 생산은 억압의 권력 관계적 확대재생산과 분리될 수 없기 때문이다. 예술은 단순히 사회역사적 진공 상태가 아닌 권력과 폭력의 자기장磁氣場 안에서 발생하며, 이 자기장에서 역설적이게도 부정적 현실과 대면한다. 심미적 진리는 역사 현실에 대한 부정적 해체적 비판에서 비로소 생긴다.

그러므로 예술은 모략과 술책으로 가득 찬, 그러나 거듭 읽어야 할 반성의 보물창고다. 그런데 이것은 작품에만 해당되는 게 아니다. 그것은 예술과 철학, 지식과 담론, 정신과 역사를 줄곧 동반한다. 삶의 적대적 모순은, 이 모순을 의문시한다고 하는 인류의 지성사/정신사 그 전체를 관통하는 것이다. 모순과 역설의 아포리아는 지성사 자체의 불변 요소다. 말하자면 '역사적이고 인간학적인 상수historische und anthropologische Konstante'라고나 할까. 그점에서 구원은 처음부터 인류사의 이름에 어울리지 않는 것인지도 모른다. 세계사는 항구적 원숭이극Affentheater으로 끝날지도 모른다. 그리하여 문화 결정체로서의 지식과 담론의 체계 역시 억압의 연속사를 이루고,

동일성의 신화를 구현한다. 그것 역시 배제와 축출의 메커니즘에 종속되어 있기 때문이다.

여기에서 나는 바이스의 소설시학적 통찰이 권력과 지식, 담론과 지배의 내적 연관성을 지적했던 미셸 푸코M. Foucault의 사고 단초와 연결될 수 있고, 나아가 종교와 제의에 담긴 폭력의 연관성을 진단한 르네 지라르R. Girard의 사회인류학적 분석 정신과 이어짐을 확인한다.[186] 지식과 담론의 체계는 지배적 권력 논리에 복종함으로써 그것의 정전화와 안정화에 기여한다. 이때 지식과 담론, 예술과 문화의 발생사와 수용사에서 눈에 띄는 현상이 일어난다. 그것은 담론과 권력, 예술과 거짓, 문화와 폭력의 공모 관계이다. 예술과 문화, 철학과 담론의 발생과 전승은 폭력과 죄악의 역사적 연관항 속에서 깊이 얽혀 있다. 그것은, 계보학적으로 보아, 억압과 착취의 메커니즘으로부터 완전히 독립되어 있는 게 결코 아니다. 차라리 그것은 잔혹한 자연사와 일치한다.[187] 왜냐하면 현실의 역사나 정치 권력은 상징과 담론의 암묵적 동의 아래 비로소 행사되기 때문이다.

정치와 이데올로기, 권력과 담론, 현실과 예술은 서로 규정하면서 동시에 규정되는 가운데 자기 근거를 마련한다. 즉 정당성의 토대를 당사자의 밖으로부터 가져오는 것이 아니라, 당사자 간의 밀착을 통해 스스로 마련하는 '토대 설정의 메커니즘Begründungsmechanismus'을 그것은 형성하는 것이다. 이런 밀착이 합의가 아닌 공모의 형식을 띠는 것은 당연하다. 이 둘의 만남으로 촉진되는 것은 이성적 방향으로의 상호 개선이 아니라 권력 지배를 위한 상호 부패인 까닭이다. 여기에서 예술과 철학은 단순히 지배 이데올로기를 장식하거나 권력 논리를 정당화하는 데 그치지 않는다. 오히

---

186 Michel Foucault: *Wahnsinn und Gesellschaft*, Frankfurt/M. 1973; ders., *Überwachen und Strafen. Die Geburt des Gefängnisses*, Frankfurt/M. 1977; Girard, René: *Das Heilige und die Gewalt*, Frankfurt/M. 1992.

187 Vgl. Konersmann, Ralf: Kulturgeschichte als Naturgeschichte. Zum Darstellungsverfahren Walter Benjamins, in: *Allgemeine Zeitschrift für Philosophie 20*(1995), S. 199-210.

려 이데올로기와 권력의 논리 자체를 앞장서서 생산해 낸다. 예술 역시, 적어도 성찰되지 않는다면, 권력과 지배의 형식일 뿐이다.

예술 문화적 산물에는 손상된 삶과 부당한 역사의 흔적이 각인되어 있다. 그 속에는, 마치 대지의 여신인 가이아의 얼굴이 잘려 나가 있듯이, 역사가 긁어 놓은 상처가 새겨져 있다. 예술작품은 표현된 상처다. 예술은 권력과 폭력의 메커니즘으로부터 생겨나지만, 그러나 이 메커니즘에 저항하기도 한다. 예술적 저항은 무엇보다 상처에 대한 묘사를 통해 이뤄진다. 이 묘사를 통해 그것은 현실의 균열에 일정하게 대응한다. 예술은 표현의 계기에 힘입어 권력의 담론을 거스르는 것이다. 주의해야 할 것은, 이때의 반기/반역이 '사실적 반역'이 아니라 '상상적 반역'이란 점이다. 그러니 만치 그것은 작품의 수용자에 의해 느껴지고 읽히며 해석되어야 한다. 거슬러 읽기의 필요성은 여기에서 생겨난다.

우리는 승리자의 문화유산에서 피억압자의 숨죽인 역사를 해명해 낼 수 있어야 한다. 예술작품은 단순히 도취와 향유의 대상이 아니다. 향유가 예술 경험의 중요한 계기임엔 틀림없다. 그러나 심미적 경험에는 향유 이상의 복합적 요소가 작용한다. 예술과의 만남은 무엇보다 힘겨운 현실 해명의 즐거운 작업이요 역사의 재발견 과정이다. 그리고 이 해명과 재발견은 궁극적으로 수용자 자신의 현실적 위치 — 각 개인의 실존적 위상학을 재정향하는 데로 이어져야 한다. 예술과 폭력의 공모 관계에 대한 바이스의 글은 벤야민의 어떤 생각을 상기시킨다.

> 왜냐하면 문화적 유산으로부터 우리가 보는 것, 그것은 잔혹함 없이 생각하기 어려운 유래로부터 예외 없이 온 것이다. 문화재가 있게 된 것은 그것을 창출한 위대한 천재들의 노고 못지않게 그 동시대에 살았던 사람들의 이름 없는 강제노동에 힘입은 것이다. 야만의 기록물이지 않은 문화의 기록물은 결코 없다. 문화재가 야만으로부터 자유롭지 않듯이, 한 사람으로부터 다른 사람으로 옮겨 가는 전승의 과정 역시 야만으로부터 자유로울 수 없다.[188]

문화적 유산이 폭력과 야만으로부터 해방된 적은 결코 없다. 페르가몬 제단이 지배 이데올로기 아래 건립되었을 뿐만 아니라 보존되고 전승되었듯이, 예술 형상물 역시 일정한 권력 관계 안에서 자리한다. 그래서 그것은 죄악의 연관항에서 자유롭지 못하다.

그러나 예술은 권력 관계의 일부이면서도 동시에 거기에 대항한다. 그것은 지배적 규범과 담론을 거스르면서 기꺼이 공식 문화의 밖에 선다. 그것은 본질적으로 비공식적이고 규범 이반적이다. 바로 이 비공식성과 부정성 때문에 예술은 인류의 역사를 재앙의 역사로서 폭로할 뿐만 아니라 재앙의 이 항구적 순환을 분쇄하고자 한다. 역사에 연속되는 것이 있다면, 그것은 폭력과 재앙일 뿐이다. 동일성의 역사란 곧 폭력의 역사이고, 연속성의 담론이란 곧 재앙의 담론이다. 예술은 여기에 저항한다. 그러나 이 저항적 계기는 단지 알레고리적으로 구성된다. 그렇다는 것은 역사가 자신의 폐허를 스스로 밝히는 것이 아니라 수용자가 직접 역사의 이 숨겨진 암호를 읽어 내고 깨달으며 문제시해야 한다는 뜻이다. 그만큼 수용자의 적극적, 능동적 각성이 예술 문화의 이해에서 결정적인 것이다(이것을 벤야민은 '깨어나는erwachen' 과정 — 역사의 각성 과정으로 보았다). 문화적 산물의 야만성으로부터 해방될 수 있는 것은 예술의 창작/생산 과정 이상으로 그 수용/해석 과정에서인 것이다. 독자의 공감과 이해, 해석과 반성은 이 때문에 새삼

---

188 Benjamin, Walter: Über den Begriff der Geschichte, in: GS Bd.I, 2., a.a.O., S. 696. 비슷한 문장은 에두아르드 푹스에 대한 벤야민의 글에서도 발견된다. Ders.: Eduard Fuchs, der Sammler und der Historiker, in: GS, Bd.II, 2, a.a.O., S. 477. 바이스는 한 인터뷰에서 벤야민의 영향을 부인했지만(Peter Weiss im Gesprächt mit Burkhardt Lindner, in: *Peter Weiss im Gespräch*, a.a.O., S. 163), 작품의 여러 곳에서 그 사상적 친화성이 확인된다. 이 두 사람의 관련성은 여러 논문에서 다루어졌다. 여기에 대해서는 Rainer Koch: Konstruktionsbedingungen eines wahren Bildes der Vergangenheit. *"Die Ästhetik des Widerstands"* im Licht der geschichtsphilosophischen Thesen Benjamins, in: Internationalen Peter-Weiss-Gesellschaft(Hg.): *Ästhetik, Revolte und Widerstand(Ergänzungsband)*, a.a.O., S. 268-280; Honold, Alexander: Trümmer und Allegorie. Konstruktion historischer Bedeutung bei Walter Benjamin und Peter Weiss, in: *Peter Weiss Jahrbuch I*, a.a.O., S. 59-85.

강조될 필요가 있다.

정확한 해석과 깊은 이해로부터 현실에의 새로운 시각도 가능하고, 이 시각에서 의미는 다시 창출될 수 있다. 현실의 야만성에 대한 거리감은 이런 시각과 의미의 축적에서 얻어질 수 있을지도 모른다. 예술의 부정적 계기는, 그것이 현실에의 성찰을 촉구한다는 점에서, 이미 얼마만큼의 해방적 잠재력을 내포한다. 예술은 폭력과 죄악의 보편적 연관항으로부터 나오면서 동시에 표현적 개입을 통해 이 연관항에 저항하는 것이다. 그것은 부정 현실을 부정적否定的으로 개입하고 재조직한다. 그러므로 권력 관계적 오염 가능성을 고려함 없이 예술사에 대한 바른 이해에 도달하기 어렵다. 그렇듯이 문화의 새 가능성은, 오직 지배의 공모 관계적 위험성을 직시하는 가운데 조금씩 타진될 수 있다. 코피의 어머니는 이렇게 묻는다.

> 우리가 보기에 이 모든 건축물들은 오직 혹사와 결핍에 이어져 있다는 것, 그래서 그 작품에 자족하는 사람들에 대한 억눌린 분노와 이어져 있다는 사실로부터 우리는 어떻게 벗어나야 하는가, 라고 그녀〔코피의 어머니〕는 물었다(*ÄdW*, I, 36).

> 예술작품이 만들어질 때 지불해야 했던 고통스러운 짐은 모든 시대에 반감을 일으키는 무엇을 이 작품에 부여하지 않는가(*ÄdW*, I, 50).

예술은 단순히 어떤 선의로 생겨나거나 고상하게 존재하는 게 아니다. 그 속에는 오히려 '어떤 반감을 일으킬 만한 것' — 창출 시의 고통스러운 사연을 암시하는 어떤 부정적인 것이 들어 있다. 이 부정적인 것은 수용자에게 실망이나 환멸 혹은 불쾌감을 야기할 수 있다. 이 거부감 앞에서 등장인물들은 작품이 어떻게 발생했고, 어떤 목적을 위해 존재하며, 권력과 지배의 이데올로기와는 어떤 관계에 있는지, 그래서 궁극적으로 수용자의 현재적 삶에 그것이 어떤 의미를 지니는지 묻지 않으면 안 된다. 이 불편한 물음으로부터 예술이 연루된 폭력의 연관 관계가 탐색되고 폭로된다. 예술은 '혹사와 결핍'에 깊게 '이어져 있는' 것이다.

예술과 권력의 이 같은 공존은, 앞서 살펴보았듯이, 사회에 자리하는 예술가의 양가적 위치에서 평행선을 발견한다. 예술가가 활동할 수 있는 것은, 특히 대략적으로 말하여 1800년대 이전 시대에서 그것은, 왕과 제후 그리고 성직자를 포함한 후원자의 도움 덕분이다. 이런 신분적, 경제적 종속은 물론 근대 이전의 예술가적 운명을 특징짓는 것이지만, 오늘의 시대에서도 전혀 없다고 말할 수는 없다. 차라리 그것은 이전보다 훨씬 복잡미묘한 형태로 반복되고 있다고 보는 것이 옳을지도 모른다.

예를 들어 1850년대 이전의 화가가 왕실이나 궁정 아니면 귀족의 대저택에서 기생한 식객食客이었다면, 그 이후의 화가는 상류계층의 이 같은 후원과 공식 이데올로기를 벗어나 이들의 안이한 현실 이해나 위선 그리고 탐욕을 폭로하고 고발하는 방향으로 행동한다. 기존 아카데미즘에 대한 화가들의 비판도, 1870년을 전후로 한 인상주의자들이 보여 주듯이, 이렇게 해서 나온 것이다. 그러나 인상파 역시 화상畵商이나 미술관 관장, 수집 취미를 가진 부호나 은행가의 '인정'과 '지원' 그리고 그 '헌신' 없이는 성공하기 어려웠을 것이다.

지배층과 피지배층 사이의 착잡한 위치 속에서 예술가는 자기 작업을 해 나간다. 이 이율배반적 상황에서 그가 만든 작품은 그러나 '독자적 가치'를 소유한다(*ÄdW*, I, 73). 여기에서 '독자적 가치'란, 위에서 언급한 말로 다시 표현하자면 부정적 계기가 될 것이고, 일반적으로 말하자면 '자율성'이라고 할 것이다. 예술은 독자적 가치로 말미암아 권력 관계에 개입할 수 있고, 그 이데올로기를 넘을 수 있다. 예술가는 자신의 존재론적 자율성과 예술의 자율성에 대한 믿음 속에서 사회적 갈등의 '불순하고 죄스러운 것'을 드러낼 수 있다(*ÄdW*, I, 73). 이처럼 복잡한 얼개를 포착하는 데는 예리한 지각력과 상상력이 필요하다. 그래서 하일만은 이렇게 주장한다. "페르가몬에서 생겨난 것 같은 예술작품은 언제나 새롭게 그리고 다시 해석되어야 한다고, 그럼으로써 어떤 전복이 이뤄지고, 흙에서 태어난 것이 어둠과 노예 상태로부터 깨어나 그 진실한 모습을 스스로 보일 수 있어야 한다"(*ÄdW*, I, 53).

이런 비판적 수용을 통해 등장인물들이 얻은 확신의 하나는 결국 작품 해석에서 종결적이고 완성된 확실성은 없다는 사실이다. 왜냐하면 예술은, 적어도 그것이 좋은 작품인 한, '어떤 이해된 의미'라는 해석학적 가정 아래 종속되기보다는 일방적 분류와 서열화를 거스르는 내적 요구에 열려 있기 때문이다.

의미론적 다층성에 대한 이 요구는 예술의 성격이면서 예술이 구현하는 삶 자체의 성격이기도 하다. 그러니까 복합성은 작품을 각인하면서 삶을 각인 짓는다. 물론 간단명료한 것도 예술의 미덕임에는 틀림없다. 그것은 마치 단순소박한 것이 삶에서도 하나의 미덕인 것과 같다. 그러나 예술의 명료성은 복합성을 외면하거나 경시한 명료성이 아니다. 그것은 복합성에 열린 명료성이다. 예술의 명료성이란 단일한 명료성이 아니라 다의성을 관통하고 포용한 명료성인 것이다. 일차원적 명료성이란 대상의 표피화 혹은 상투화에 불과하다.

그러므로 예술의 다의미적 요구는 모든 해석적 환원에 대한 거부에 다름 아니다. 이것은 그러나, 해체 이론에서 보여지듯이, 무한한 비결정성하의 극단적 의미 유희를 옹호하지 않는다. 해체주의적 실천이 사회적 구속력이나 현실적 토대 없이 이뤄진다면, 《저항의 미학》에서의 해석 작업은 언제나 글 쓰는 주체의 (그리고 작가의) 깨어 있는 의식 위에 근거해 있고, 이 의식은 다시 현실적이고 사회적인 것의 개선을 향한 부단한 관심 아래 움직이기 때문이다.

예술작품의 의미 구조는 종결될 수 있는 것도 아니고, 처음부터 끝까지 동질적인 것도 아니다. 그것은 삶의 다양성에 상응하여 다층적이지만, 그렇다고 여하한의 규정적 시도를 벗어나는 것도 아니다. 의미의 참된 정체성identity은 사후적事後的으로 추가되고 보완되는 가운데 잠시 확인될 수 있을 뿐이다. 그러니 만큼 그것은 위태롭고, 때로는 임의적이기도 하다. 그러나 현실의 심층에 상수가 없는 것이 아니다.

《저항의 미학》은, 간단히 말하여, 인간 삶의 이런 의미론적 상수를 포착하려는 시도의 하나로 간주될 수 있다. 바이스는 글쓰기를 통해 인간-현실-역사-예술을 있는 그대로의 충일성 아래 드러내고자 한다. 삶의 현실을 단순히 미화하고 신성화하는 것이 아니라 그 모순과 다층성 속에서 묘사하고, 이 모순의 메커니즘 아래 억눌린 잊힌 것들의 권리를 복원해 내고자 애쓰는 것이다. 더 나은 사회의 가능성은 이런 복원에서 비롯될 것이기 때문이다. 작가의 그리고 등장인물들의 거슬러 읽기는 이 현실 갱신적 의지로부터 나온다. 그는 역류逆流의 독법으로 억눌린 자들이 '어둠과 굴종의 상태'로부터 깨어나 '그 참된 모습 속에서 드러나기'를 갈구한다.

예술은 완결된 확증 속에서가 아니라 거듭되는 재검토와 해석의 노력 속에서, 그러나 의미론적 폐쇄성과 개방성의 긴장 관계가 결코 해소됨 없이, 지속적으로 새롭게 이해되어야 한다. 이것은 페르가몬 제단의 발생사와 수용사에 얽힌 여러 문제들을 이해하는 데서와 마찬가지로 페르가몬 부조물에 대한 해석 방식에서도 잘 나타난다. 더 자세히 들여다보자.

1.2. 그림언어—돌의 인간화

소설에서 일어난 것은 내게 무대 위의 사건처럼 상상될 수 있다.
나는 시각적으로 정향된 그림인간이다.
— 바이스(하이두크와의 대화에서, 1974)

그림과 시, 회화와 텍스트의 상호 관계에 대한 고전적 문제는 무엇보다도 심미적 중대 요소들의 지속적 분화가 일어났던 18세기 이후에 수면 위로 떠오른다. 이때부터 예술의 본질과 그 현상 방식 그리고 전제조건에 대한 물음이 본격적으로 제기된 것이다.[189]

그러나 이 물음 이전에 지배적이었던 생각은 '시는 회화와 같이ut pictura poesis'라던 호라츠의 원리였다. 이 원리는, 고대 이후 회화와 문학이 상호작용하면서 서로를 풍부하게 만든다는 관점 아래 회화와 문학의 동격화를 옹호한 것이다. 그러나 이 동격화에 폐단이 없는 것은 아니다. 그것은 심미적 경험의 매체 관련성을 은폐시켰기 때문이다.

1.2.1. 시와 회화

시와 회화의 상호 연관성에 대한 18세기의 물음은 호라츠의 원리에 대한 비판으로부터 시작된다. 이 비판의 대표적 예는 독일의 작가이자 연극 이론가이던 레싱이 《라오콘, 또는 회화와 시학의 경계에 대하여》(1766)에서 전개한 논의에 잘 나타난다. 그는 호라츠 이후 견지되어 온 모방 미학적 전통에 대항하여 시와 회화의 불명료한 경계를 제거하려고 한다. 즉 두 매체의 차이와 이 차이가 지닌 심미적 효과라는 문제에 몰두함으로써 예술을 더 이상 도식적/지시적 차원에서가 아니라 매체 미학적/기능적 차원에서 처음으로 고찰하게 된 것이다. 그래서 그의 시도는 흔히 그림과 텍스트의 상호 관계에 대한 매체 미학적 문제 제기에서 하나의 분기점으로 간주된다.

그러나 레싱의 문제의식은 두 상징 체계의 상호작용에 대한 것이라기보다는 시학을 옹호하기 위해 회화의 매체적 특성을 원하든 원치 않든 얼마만큼 평가절하한 것이고, 이런 평가절하를 통해 상징 체계에 대한 이원화된 구분을 목표로 한 것이었다. 이 때문에 그의 질의에서는 두 매체가 얼마나 생산적으로 상호작용하는가라는 문제는 고려되지 않거나 부분적으로

---

189 Stierle, Karlheinz: Das bequeme Verhältnis. Lessings Laokoon und die Entdeckung des ästhetischen Mediums, in: Gebauer, Gunter(Hg.): *Das Laokoon-Projekt, Pläne zu einer semiotischen Ästhetik*, Stuttgart 1984, S. 23f.

고려된다.

좀더 넓은 맥락에서 보면, 회화와 시학, 그림과 언어의 상호 관계를 정확하고 면밀하게 규정하는 것은 간단하지 않다. 흔히 그러하듯, 언어를 순전한 연속성으로 파악하는 반면에 그림을 순전한 동시성으로 파악하는 것은 사태를 지나치게 단순화시킨 것으로 보인다. 왜냐하면 시간적으로 뒤따르는 것은 의미 차이를 지닌 가장 작은 언어적 단위로서의 개별적 음소지만, 그 연속성은 말(단어)의 동시성 속으로 통합되며, 이 단어의 동시성은 문장의 동시성 속으로 다시 통합되기 때문이다. 모든 언어적 진술을 이해할 때, 우리는, 루카 지울리아니가 설득력 있게 논거하듯이, '순수한 연속성이 결코 아니라 연속성과 동시성의 복잡한 변증법과 관계하며, 이 관계에서 의미는 언제나 동시성의 차원에서 만들어진다. 의미는 결코 시간적 순서에 의해서가 아니라 언제나 공시적인, 다시 말해 동시적으로 느껴진 지평 속에서만 발생하기 때문이다'.[190] 마찬가지로 동시성은 회화에 고유한 특성이라기보다는 공간에 공존하는 대상을 바라보는 관찰자의 지각 형식과 더 밀접하게 관련된다. 그러므로 지각 방식은 단순히 동시적이라기보다는 그림의 표면에서 점진적이고 무의식적으로 펼쳐진다고 할 수 있다.

그러나 부인할 수 없는 사실은 표현되어야 할 모든 것이 적어도 회화에서는 화면 자체 위에 사실적으로 나타난다는 점이고, 그에 반해 시학에서의 메시지는 암시적으로 드러나 시간의 경과와 더불어 점진적으로 전개된다는 점이다.[191] 그리하여 우리는 다음과 같이 요약해서 말할 수 있다. 회화의 중요한 특징들이 나란히 있는 가운데 시각적으로 드러나는 것이라면, 시의 중요한 특징들은 뒤이어 나타나는 가운데 점차적으로 펼쳐진다. 즉 병렬성 속의 시각적

---

190 Giuliani, Luca: Laokoon in der Höhle des Polyphem. Zur einfachen Form des Erzählens in Bild und Text, in: *poetica*, Bd. 28, Heft 1-2, 1996, S. 18.

191 Gebauer, Gunter: Symbolstrukturen und die Grenzen der Kunst. Zu Lessings Kritik der Darstellungsfähigkeit künstlerischer Symbole, in: ders.(Hg.): *Das Laokoon-Projekt*, a.a.O., S. 148f. und S. 154f, auch Stierle, Karlheinz: a.a.O., S. 44.

현전성이 회화를 특징짓는다면, 후차성後次性 속의 점진적 전개성이 시학을 특징짓는다.

그러나 개별 매체의 이 특성보다 더 중요한 것은 회화적 현전성과 언어적 점진성의 융합 가능성에 대한 탐구다. 이 융합 가능성을 구현하는 언어를 나는 '그림언어Bildersprache'로 부르려 한다. 다시 말해 그림언어란 '대상을 동시적 연속성 속에서, 그래서 최대한의 시각적 현재성 아래 회화적으로 드러내면서 연속적 점진성 아래 서사적으로 펼쳐 보이는 언어'를 지칭한다. 그것은 동시성이라는 회화적 특성과 연속성이라는 서사적 특성을 함께 충족시킨다. 그러는 한 그림언어는 분명 모순된 것이다. 그러나 이 모순을 지양하고자 하는 노력 때문에 그림언어의 표현력과 그 효과는 극대화된다고도 말할 수 있다.

이런 맥락에서 보면, 바이스의《저항의 미학》은 주목할 만하다. 특히 그의 회화적 묘사는 바로 이 문제에 대한 소설 미학적 대응 방식을 작품에서 실질적으로 보여 주기 때문이다. 이 글에서 나의 주된 관심은 하나 — 서로 다른 매체의 상호작용을 통한 표현 가능성이 이 작품에서 어떻게 극대화되고 있는지, 특히 페르가몬 묘사 장면과 관련하여 그림언어의 표현력이 어떻게 상승적으로 작용하는지 살펴보는 데 있다.

그림과 텍스트, 이미지와 언어의 관계에서 바이스에게 중요한 것은 어느 하나가 다른 하나에 대해 매체 특징적 우위를 갖는가를 결정하는 것이 아니라, 이 두 매체가 어떻게 변증법적으로 상승적으로 작용하는가라는 문제다. 이런 점에서 그가 형상화한 그림과 영화, 산문 텍스트와 희곡작품 그리고 소설은 그림과 언어의 다면적인, 다시 말해 때로는 갈등적이고 때로는 보완적인 긴장 관계의 산물로 규정될 수 있다. 물론 그림에 대한 이해 역시 작가가 걸어온 시대적 예술적 단계에 따라 다르게 나타난다고 할 수 있다. 그러나 그것은, 대체로 보아, 다른 매체에 대해 그림이 갖는 변증법적 관계의 성격에 따라 특징지어질 수 있다. 예를 들어 〈라오콘, 또는 언어의 한계에 대하여〉(1965)라는 글에서 그는 그림을 자기 연관적이라고 파악한 데 반해, 말은 사회적으로 개입하는 매체로 이해했고, 이 때문에 그림에 대한 말의 우위성을 분명하게 지적한다. 여기에서 그가 거리를 두는 것은 부정적 의미의 그림, 즉 자기 반영의 나르시시즘적 매체로서의 그림이지 직접적 현전성現前性/Präsenz이라는 긍정적 의미에서의 그림이 아니다.

확실한 점은 바이스가 상호작용하면서 서로 보완하는 교정적 임무를 그림과 언어에 부여했다는 사실이다. 이질적 매체의 상호 보완성 또는 실험적 통합은 작품 내적/매체 미학적으로 보면 예술이 최고도의 묘사 가능성을 실현하는 데 기여할 것이고,[192] 작품 외적/현실 맥락적으로 보면 '삶의 육체성'이 억압되는 디지털 시대에 '기호의 물질적 토대'를 복원시키는 데 기여할 것이다. 이런 점에서 그의 소설언어는, 특히 《저항의 미학》에서 구사된 그것은 동시성과 연속성을 통합시키는 그림언어의 특징을 특출하게 구현한다고 나는 생각한다.

이 그림언어에서 대상은 그림처럼 시각적으로 분명하고 조각처럼 만질 수 있을 듯이 입체적으로 나타나면서도, 동시에 문학처럼 시간적 경과 속에서 점진적으로 펼쳐진다. 이것은 현실의 역사적 사건과 그 비참함을 심미적으로 드러내려는 바이스의 소설적 의도에 잘 부합한다. 그가 소설 텍스트에서 문학작품보다는 조형예술 작품들을 더 많이 끌어들여 해석하고 있다는 점도 회화적 선명성에 대한 서사적 선호와 무관하지 않을 것이다. 시지각으로 구성되는 회화란 그 자체로 가장 감각적이고 본능적인 장르이기 때문이다(귀를 통해 감상하는 음악 역시 감성과 정서에 호소한다는 점에서 본능적이

192 조형예술과 문학, 그림과 텍스트의 다매체적 상호 매체적 구성이 지닌 여러 가지 의미를 알기 위해서는 예술사와 문예학, 기호학과 철학 등 학제 간 연구가 전제되어야 함은 자명하다. 여기에 대해서는 Harms, Wolfgang(Hg.): *Text und Bild, Bild und Text*. DFG-Symposium mit 179 Abbildungen, Stuttgart 1990; Ritter-Santini, Lea(Hg.): *Mit den Augen geschrieben. Von gedichteten und erzählten Bildern*, München/Wien 1991; Eicher, Thomas/Bleckmann, Ulf(Hg.): *Intermedialität. Vom Bild zum Text*, Bielefeld 1994.

고 관능적이지만, 음표를 통한 그 표현 과정은 회화와는 다르게 고도로 수학적이고 추상적이다. 그래서 음악에 대해 말로 설명하기란 회화보다 더 어렵지 않나 여겨진다).

그러므로 그림에 대한 해석을 소설언어로 묘사한다면, 그것은 그 자체로 회화적 동시성과 서사적 연속성을 통합시키는 실험적 예가 아닐 수 없다. 바이스의 그림언어는 대상을 서사적 언어의 진행성 속에서 드러내고, 이 진행성과 더불어 회화의 시각적 생생함을 동시에 현재화하려는 서술 욕구로부터 생겨난 것이다. 사실의 세부에까지 최대한 근접하려는 이런 그림언어적 묘사 형태는 아마도 작품의 맨 처음에 가장 분명하게 나타나지 않는가 여겨진다. 여기에서 거인족은 자신을 절멸시키려는 제신諸神의 위협에 대항하여 싸운다. 생존을 위한 이 싸움은 자기 표현에 의지한다.

> 가면 같은 얼굴로, 서로 붙잡고 또 밀치면서, 서로 죽이면서, 위로 기어오르고, 말에서 떨어지며, 고삐에 얽혀, 벗겨진 온 몸은 어디서나 다칠 수 있고, 다시 올림피아적 냉정함 속에서도 감격해 있는, 누구도 이겨 낼 수 없는 바다 괴물로서, 그라이프〔독수리 머리와 날개에 사자 몸을 지닌 괴수〕와 켄타우어로 나타나지만, 그러나 고통과 절망으로 얼굴을 찌푸리며, 그렇게 서로 싸우고 주어진 명령 아래 행동하고, 꿈꾸며, 광기 어린 격렬함 속에서도 요동 없이, 들릴 듯 말 듯한 으르렁거림 속에서 말없이, 이 모든 것을 고통의 변형물이 되도록 엮으면서, 두려움에 떨고, 노려보면서, 참고 견디고, 깨어나길 기다리면서, 끊임없는 인고와 쉼 없는 저항 속에서, 위협을 억누르며, 결정을 해야 하는, 전례 없는 중압감 아래, 극도의 긴장 속에서(*ÄdW*, I, 7f.).

부조물에 묘사된 인물들은 끔찍한 싸움 속에서 절멸과 구원, 죽음과 생존, 파괴와 표현 사이를 오고간다. 이 위태로운 상황은 고도로 집중된 언어 때문에 더욱 극대화된 느낌을 준다. 단어와 구절이 연이어 터져 나오고, 이렇게 이어지는 말들 때문에 한편으로 싸움의 긴장이 고조되지만, 이 긴장은 다른 한편으로 단어와 단어, 구절과 구절을 나누는 수많은 쉼표에 의해 다시 해소된다. 이 역동적 문장 구조에서 주된 역할을 하는 것은 빈번히 사용되는 현재와 완료의 분사 형식이다('붙잡고', '밀치면서', '죽이면서', '위로 기어 오르고', '얽힌 채' 등).

이렇게 촘촘하게 구축된 병렬 구조는 크게 보아 두 가지 방향에서 작용한다. 첫째, 그것은 묘사된 행동과 자세의 표현적 강렬성을 강화시킨다. 둘째, 그것은 개별 부분들의 정태적 격리보다는 그 상호 관계 또는 충돌의 상태를 강조한다. 그리하여 여러 이질적 장면들이 역동성 아래 숨 막힐 정도로 연달아 열거되면서 소설의 요소들은 어떤 통일적 전체상을 이룬다. 그리고 이렇게 만들어진 전체는 파편적으로 위치하면서 어지럽게, 그래서 자의적인 것처럼 나타나는 부조물의 각 부분들과 현격한 대조를 이룬다. 바이스 소설 미학의 한 지향은 이 '이질적이면서 통일적인 전체'라고 할 수 있을지도 모른다. 이러한 소설 미학의 핵심 내용은, 단순화한다면, 위에서 언급한 '고통의 변형'이 될 것이다. 예술은 삶의 이질적 통일성 속에서 고통을 의미화하는 변형 작업인 까닭이다.

여기에서 바이스의 소설언어는 그림을 닮아 있다. 그림에서처럼 단어들 역시 문장론적/형식적으로 너무도 촘촘히 자리하고 있어서, 그 다양한 관계와 뒤얽힘은 서로 분리시키기 어렵다. 그것은 마치 회화에서처럼 감각적 가시성과 입체성을 구현하고 있고, 그러면서도 문학에서처럼 시간적 연속성과 순차성 아래 나타난다. 모든 단어와 구절 그리고 문장은 대리석 형상들이 보여 주는 여러 종류의 활발한 움직임에 상응하면서 역동화되는 것이다. 그리하여 그림언어의 생생함과 선명함은 이 글을 읽는 독자에게 최대한의 구체성과 직접성의 인상을 불러일으킨다. 우리는 그림을 보듯 생생하게 문장을 읽고, 이 단어와 구절을 발음하면서 거인과 제신이 서로 부딪쳐 싸우고 찢고 누르고 밀치면서 쿵쾅대는 절명의 순간을, 마치 눈앞에서 보는 듯, 상상하며 그려 보게 되는 것이다.

1.2.2. 기호의 물질성/육체성

이때 보는 것과 읽는 것, 듣는 것과 상상하는 것은 둘이 아니다. 그것은 하나로 공존한다. 감각들은 서로 얽히면서 공존의 형식 안으로 녹아든다. 이 감각들의 공존을 통해 묘사된 대상은 마치 우리의 눈과 귀, 머리와 가슴 앞으로 몰려오는 듯하다. 장면의 이 전면적 현현에 그림언어의 전면성이 호응하는 것이다. 이것은 이질적 감각을 통합하는 그림언어 덕분이다. 거인들의 절망적 생존 상황이 통감각적 그림언어에 실려 극적으로 표현되는 것이다.

> 한 손은, 거친 바닥으로부터 뻗은 채, 칼집을 잡으려 하고, 텅 빈 표면을 지나 어깨와 이어지고, 상처투성이의 얼굴, 갈라진 틈, 크게 벌린 입, 공허하게 응시하는 시선, 곱슬곱슬한 수염으로 흘러내리고, 폭풍처럼 어지럽게 주름진 옷, 이 모든 것은 신산스러운 종말과 그 근원에 가까이 있다. 모든 개별적인 것은 그 표현을 보존하고, 쉽게 부서질 듯한 조각물의 파편들, 이들로부터 전체가 읽힐 수 있으며, 매끈한 표면 옆으로 거친 몸통들, 근육과 근육의 움직임은 활기를 띠고, 채찍이 가해진 마구를 진 경쟁마들, 둥근 방패와 곧추세워진 창, 타원형의 금간 머리, 여기저기서 뒤흔들리며, 승리한 듯 치켜진 팔, 도약 중인 발꿈치, 상의를 휘날리며, 불끈 쥔 주먹, 이젠 없어진 칼, 더부룩한 털의 개, 사람의 허리와 목덜미를 문 주둥이, 넘어진 한 사람, 발톱 끝을 치켜든 야수, 덮쳐 오는 사자의 눈을 가리키면서, 한 여전사를 보호하며, 치려고 앞발을 휘두르며, 새의 발톱 같은 손, 육중한 이마 위로 솟아난 뿔 〔…〕(*ÄdW*, I, 7).

위의 단락에서 두드러지는 것은 기호의 육체성이다. 기호의 육체성이란 그림언어의 조소성彫塑性에서 온다. 바이스의 그림언어는 한편으로 조각된 형상물들의 육체 일부를 구체적으로 가리키고('손', '어깨', '얼굴'과 '입', '눈' 등), 다른 한편으로 이들의 움직임 혹은 자세를 가리킨다('뻗은 채', '잡으려 하고',

'크게 벌린', '공허하게 응시하는' 등). 그리하여 그의 언어는 몸의 육체성을 물질적으로 구현한다. 소설의 허구적, 추상적 기호가 몸의 구체적 생생함을 닮아 있는 것이다.

몸의 시각적 현전성과 구체적 생생함을 묘사한다는 의미에서 바이스의 소설언어는 확실히 물질화된 형식을 얻는다. 그것은 언어기호이기에 근본적으로 추상적이지만, 이때의 기호가 그림 같은 것이기에 구체적이다. 그것은 구체성과 추상성, 물질성과 정신성, 사실성과 상상성을 하나로 결합시킨다. 여기에서 우리는 '그림언어의 물질적 형식'을 말할 수 있다. 상황의 절박성과 이로 인한 긴장은 그림언어의 이 같은 상호 결합 — 매체 미학적 변증법에서 생겨난다. 그래서 그림언어는 거인들이 처한 위협적 상황을 최고도의 긴박성 아래 표현하는 데 적절해 보인다. 글자와 그림의 이 공통된 토대는, 호놀트가 옳게 지적하듯이, '육체성 속에 — 무엇보다도 고통 때문에 일그러지고 긴장된 채 저항하는 몸의 경험 속에 있다'.[193] 작품 안에서 끌로 파내고 돌로 새기며 각인하는 것과 같은 비유가 자주 등장하는 것도 그림언어의 이 육체성과 밀접하게 관련될 것이다.

고도로 농축된 그림언어의 이 거대한 텍스트를 읽어 가노라면 우리는 묘사되는 사건 자체가, 그리고 이 사건으로 상상되는 이미지가, 마치 입상立像처럼 만져질 듯, 가까이서 나타나는 듯한 환영 속에 빠져드는 느낌을 갖는다. 돌의 부조물은 강밀한 언어로 인해 마치 유기체인 것처럼 변모되고, 이 살아 숨 쉬는 유기체는 과거의 굳어 버린 형상들을 생명이 있는 듯이 소생시키는 것이다. 그리하여 우리가 읽는 것은, 이 텍스트가 독자로 하여금 상상적으로 보게 만들려는 바로 그것이 된다. 다시 말해 언어적 텍스트로 묘사된 것은 조형적으로 너무나 생생하게 나타나서, 마치 그것이 '이야기된 그림' 또는 '그림으로 된 텍스트'인 것처럼 여겨지는 것이다. 그리하

---

193 Honold, Alexander: *Das Gedächtnis der Bilder*, a.a.O., S. 106.

여 독자는 단순히 쓰여진 것을 읽는 것이 아니라, 쓰여진 것을 그 직접적 현재성 속에서 읽고 그리며 상상하는 것이다.

그러므로 우리는 그림언어를 통해 읽는 것을 상상하고, 상상하는 것을 보게 된다. 그림언어의 이 시각적 조소성은 한편으로 표현적 가능성의 확대에 기여하고, 다른 한편으로 언어화 과정에서 불가피한 대상의 추상화를 막거나 줄이는 기능을 한다. 말하자면 어떤 대안적 표현 방식으로 작용한다고나 할까. 소설의 인물들이 고조된 감흥 속에서 대상을 수용하고 비판할 수 있게 되는 것은 그림언어의 이 조소적 효과와 무관하지 않다.

> 쟁쟁거리는 나직한 소리, 사그락거리는 소리가 여기저기서 다시 울리고, 저벅대는 발자국의 울림과 목소리가 그 순간 오랫동안 우리를 감쌌고, 그런 다음 새로운 싸움소리만 가깝게 들리고, 우리 시선은 가죽신을 신은 발가락을 지나, 넘어진 자의 해골로부터 멀어지며, 어떤 죽은 자로 미끄러져 갔는데, 그의 마비된 손은 그 머리털을 움켜쥔 여신의 팔 위에 힘없이 얹혀 있었다(*ÄdW*, I, 8).

> 그렇게 희미한 빛 속에서 우리는 맞아 쓰러진 자들과 죽어 가는 자들을 보았다. 한 패배한 자의 어깨 위에 그를 물어뜯는 개가 서 있었고, 이 죽어 가는 자의 입은 반쯤 열린 채 숨을 내쉬고 있었다. 그의 왼손은 덮쳐 오는, 가죽옷 입은 아르테미스의 발 아래 맥없이 놓여 있었고, 그의 오른팔은, 어떻든 막아 보겠다는 듯, 아직도 올려져 있었으나, 그의 허리는 이미 차가웠고, 그의 다리는 해면 덩어리처럼 푸석푸석해져 있었다. 우리는 몽둥이로 내려치는 소리, 귀를 찢는 듯 빽빽거리는 호각 소리와 끙끙대는 신음 소리, 철퍼덕하며 피 흐르는 소리를 들었다(*ÄdW*, I, 13f.).

촘촘한 언어는 밀려들듯 덮쳐 오며 대담한 역동성을 구현한다. 이 역동성 아래 싸움의 전체 국면은 정태적이지도 않고 정연하지도 않다. 오히려 그것은, 마치 개별적 부분들이 곧 찾아들 급격한 변화를 예비하는 것처럼,

최고도로 요동치는 듯하다. 각각의 장면들은 밀도 높은 표현성 아래 서술되어 있어서, 수용자는 이 싸움이 바로 눈앞에서 일어나는 것처럼 체험하는 듯한 인상을 받는다. 여기에서 중요한 것은, '우리에게', '우리의 시선', '우리' 등의 단어가 보여 주듯이, 수용 방식의 집단성이다. 코피Coppi나 그의 어머니, 하일만 그리고 1인칭 화자 같은 개별 인물들은 '집단적 우리' 속에 자신을 숨김으로써 주관적 견해를 대변하기보다는 초개인적, 사회적 견해를 대표한다. 그럼으로써 소설 텍스트는 인상과 관점의 연대성을 거듭 드러낸다.

이런 고조된 영향력에 큰 역할을 하는 것은, 위에서 언급했듯이, 스타카토적 문장 구조와 육체적 기호('발꿈치', '해골', '손', '팔' 등)가 있다. 그러나 그 외에도 중요한 것은 빈번하게 사용되는 각종 의성어들이다. '쟁쟁거리는 나직한 소리', '사그락거리는 소리', '저벅대는 발자국의 울림', '귀를 찢는 듯한 호각 소리', '철퍼덕하는 소리'는 그 몇 가지 예다. 공간적이면서도 시간적이고, 시각적이면서도 음향적인 기호들이 결합해 내는 공감각적 작용 아래 소설 텍스트는 회화적 조소성이라는 생생한 효과를 유발하고 있다. 그리하여 소설언어는 고양된 통일성 — 혼란에서도 가능한 어떤 질서를 모색하는 듯하다.

여기에서 보듯이, 그림언어는 대상을 개념적으로 설명하거나 추론적으로 논구하지 않는다. 그 대신 그림이나 영상, 이미지나 도상처럼 생생하고 선명하게 표현한다. 그림과 이미지를 통해 그것은 대상의 외연뿐만 아니라 내포까지, 그러니까 사물의 숨겨진 속성과 그 전체적 함의를 드러내는 것이다. 사물의 밀도density는 개념적으로 파악되거나 규정될 수 없기 때문이다. 그것은 늘 일대일 지시 관계를 넘어선다. 예를 들어 장미는 '장미'라는 말 속에 온전히 담길 수 없다. 사랑은 늘 '사랑'이란 말을 넘어선다. 언어는 언어 이상의 것이다. 참된 언어는 언어가 있기 이전과 있고 난 다음 — 침묵과 미지에 열려 있는 것이고, 또 열려 있어야 한다. 그래야 언어적 지시 체계에 깃든 동일화 원리를 거스를 수 있다. 그림언어는 조소적 구체성으로 인해 언어의 이 동일성 강제를 넘어설 수 있다. 혹은 줄일 수 있다. 지시성은 언어의 한 주요 요소지만, 그러나 그것은 기본적 기능일 따름이다. 언어는 지시적 기능에 의존하면서도 이 지시 기능이 전제하는 일반화의 환원 논리를 벗어나 사물의 전체 — 세계의 타자성과 보편성으로 나아가야 한다.

그림언어적 텍스트는, 그것이 최고도의 감각적 현재성 아래 보여지는 것처럼, 그렇게 읽히고 상상된다. 묘사된 것은 단순히 읽힐 뿐만 아니라 보여지고 상상되며 느껴지고 공감되는 것이다. 그림으로써 그것은 반쯤 겪어지고 반쯤 생각된다.[194] 즉 절반의 경험과 절반의 상상 속에서 수용되는 것이다. 그리하여 대상은 경험과 상상의 구분되기 어려운 결합을 통해 마침내 살아 움직이기 시작한다. 움직이는 몸짓과 이 몸짓을 담은 표현은 언어 그림에서 구성적이다. 이 몸짓의 운동 때문에 언어적인 것과 회화적인 것, 논리적인 것과 감각적인 것이 융합하면서 하나로 되는 것이다.[195]

---

194 비트겐슈타인의 언어 이론에 의지하여 폴 리쾨르는 '보는 일' 또는 보기를 메타포(비유)의 본질적 특성으로 이해하고, 비유적으로 보는 일을 '반쯤의 생각과 반쯤의 경험'으로 특징짓는다. Ricoeur, Paul(Hg.): *Die lebendige Metapher*, 2. ergänzte Aufl. München 1991, S. 204. 왜냐하면 'A를 B로서 본다'라는 뜻은 'A를 B로서 보면서 동시에 A를 B로서 보지 않는다'라는 뜻이기 때문이다. A를 B로서 본다는 것은 언제나 'A는 B가 아니다'라는 사실을 포함한다. 여기에서 메타포에 구성적인 특징 — 규칙 위반을 통한 의미 한계의 초월이 나타난다. 비유적 표현 방식을 간단히 말해 '회화적 충일성과 언어적 의미의 매개'로 정의할 수 있다면, 이 비유 개념과 바이스의 그림언어가 어느 정도 상통하지 않는가 여겨진다. 바이스의 그림언어가 비유로 빈번히 채색되어 있다는 사실은 우연이 아니다. 그러나 그것이 비유적 다의성보다는 시각적 회화성을 겨냥하는 반면, 메타포 개념은 관계의 비유적(형상적) 친화성에 대한 간접적 서술로 의미론적 확대를 의도한다는 점에서, 이 둘은 차이가 난다고 할 것이다.

195 언어적인 것과 회화적인 것, 논리적인 것과 감각적인 것은 사실 그리 멀리 떨어져 있는 게 아니다. 신화적 차원에서 고찰할 때, 이 둘은 '동일 근원적'이라 할 수 있다. 즉 그것은 동일한 근원을 갖는다. 이러한 맥락에서 카시러의 〈언어와 신화〉라는 글이 언급될 수 있다. 이 글에서 그는 언어적인 것과 신화적인 것, 논리적인 것과 회화적인 것이 어떻게 근원적으로 밀접하게 이어지는지, 이 결합이 직접적 감각 직관의 정신적 가공에 의해, 다시 말해 상징적 매개를 통한 대상의 객관화 과정 속에서 어떻게 분화되는지 설명하고자 했다. Cassirer, Ernst:

그림언어는 가시성과 비가시성, 정태성과 역동성, 감각과 상상력을 하나로 이으면서 대상의 밀도에 다가간다. 이것을 '그림언어의 미메시스적 운동'이라고 말할 수 있을까. 페르가몬 부조물의 신화적 세계가 생생하고 역동적인 다양성 아래 나타나는 것은 그림언어의 이 미메시스적 성격 때문이다. 그래서 등장인물들은 이 조각 장면들이, 마치 살아 움직이는 것처럼, '진동하는' 것으로 추체험한다.

> 우리는 다시 한번 부조물로 몸을 돌렸는데, 이 부조물은 벽면의 테두리 곳곳에서 곧 일어날 엄청난 변화의 순간을 묘사하고 있었고, 이 변화의 순간에 결집된 힘은 돌이킬 수 없는 결과를 예감하게 했다. 던지기 직전의 창과, 윙윙거리기 전의 곤봉과, 달리기 전의 발걸음과, 격렬하게 맞부딪치기 전에 치켜든 팔을 보면서 우리의 시선은 한 인물에서 다른 인물로, 한 상황에서 다음 상황으로 옮아갔고, 그러자 벽면의 테두리 전체에서 돌이 덜덜거리며 진동하기 시작했다(*ÄdW*, I, 11).

묘사된 행동과 사건들은 문장론적으로 연속적이지만, 내용적으로는 통일적이지 않다. 또는 다르게 말하여, 시각적으로 분리되어 있지만 의미론적으로는 연속적이다. 완결되지 않은 콜라주 기법에서처럼, 소설의 형상들은 언제라도 다시 변하고 옮겨 갈 수 있을 것 같은 병렬성 아래 축조되어 있다. 그래서 개별 요소들은 단순히 회화적 병렬성 아래 있지도 않고, 그렇다고 서사적 순차성 아래 전개되지도 않는다. 오히려 그것은 서로 삼투하는 듯한 경향 속에서 병렬성과 순차성을 동시에 구현하는 듯 나타난다. 그것이 정태적 인상을 주기보다는 '만들어지고 있는 어떤 기관'처럼 서로 치환될 수 있는 듯한 인상을 주는 것은 그 때문일 것이다. 화면에 나타난 요소들은 상호작용하며 서로 교류하는 것처럼 움직이고, 이런 모습을 새긴

Sprache und Mythos, in: ders.: *Wesen und Wirkung des Symbolbegriffs*, Darmstadt 1977, S. 71-167.

공간 역시 이에 상응하여 움직이는 듯하다. 그리하여 글자도 이미지도, 그리고 이 글자와 이미지가 새겨진 형상과 공간도 '덜덜거리며 진동하는' 것이다.

움직임은 물질의 속성이자 이 물질을 관찰하고 조직하는 의식의 속성이기도 하다. 그림언어는 물질과 의식의 근본적 역동성을 구현한다. 이 역동성을 우리는 하나의 개념으로 규정할 수 있을까? 이것을 나는 '명료한 상징성을 지닌 동시적 후차성後次性', 또는 '조소적 진행성을 가진 연속적 동시성eine gleichzeitige Nachzeitlichkeit mit anschaulicher Symbolik oder eine sukzessive Simultaneität mit plastischer Prozesshaftigkeit'이라고 지칭하고 싶다.

여기에서 '동시적 후차성'이나 '연속적 동시성'이란 개념은, 엄격하게 보면, 이율배반적이다. 동시적으로 나타나는 것은 사후적으로 보충되거나 보완될 수 없고, 연속적인 것은 동시적으로 나타날 수 없기 때문이다. 그러나 그림언어는 이 모순된 요구 — 동시성과 연속성, 구체성과 추상성, 회화적인 것과 언어적인 것을 하나로 결합한다. 이것이 그림과 텍스트의 변증법적 융합이다. 위에서 언급한 언어화된 그림 또는 그림이 된 텍스트란 이런 융합적 표현 형식을 지칭한 것이다.

바이스의 소설 텍스트는, 적어도 페르가몬의 해석 장면들은 '그림으로까지 변모된 언어 텍스트'라고 할 수 있을 듯하다. 그것은 회화적 정경을 그림언어에 담아 그 극단적 역동성에까지 이르도록 한다. 이 때문에 부조물에 밴 원래의 경직성은 텍스트 안에서 완전히 내파內波되어 버리는 듯하다. 등장인물들은 이 조각물 앞에서 창이 내던져지고, 곤봉이 내리쳐지며, 전사들이 뛰어오르고, 팔이 치켜올려지는 것을 상상한다. 아니 이렇게 상상할 수 있도록 작가는 자신의 지각력을 등장인물에 이입시켜 묘사한다. 그래서 모든 형상과 몸짓은 쉼 없이 움직이는 듯 나타난다. 대상의 이런 움직임에 상응하여 관찰자의 시선 또한 부단히 움직인다. 부조물의 어느 한 지점에 머무르는 것이 아니라, 하나의 순간에서 다음 순간으로, '한 인물에서 다음 인물로, 한 상황에서 다음의 상황으로' 그것은 계속 옮아가는 것이다.

이렇게 옮아가는 가운데 거인족의 싸움 장면은 새로운 차원을 얻는다. 이 생생한 동시성의 차원이 절멸과 생존, 파괴와 표현의 변증법적 이미지 공간을 창출해 낸다. 묘사된 것은 서사적인 것의 상상적 볼거리로서, 우베 슈바이케르트가 언급했듯이, "끌로 새긴 듯한 대담한 언어 속에서 그림의 동시성을 극적 순차성으로 번역시키며 페르가몬 제단을 눈앞에 드러내는데", 이 드러냄의 현재화는 "신화적이거나 예술사적 재구성을 겨냥하는 것이 아니라 죽어 있는 역사의 연속성으로부터 과거의 순간을 폭파시켜 끄집어 낸다".[196]

부조물 위의 이질적 요소들을 서사적으로 결합시키는 그림언어적 묘사는, 나의 생각으로, 세 가지 차원으로부터 온다. 첫째, 소재적 차원에서 보면, 편재하는 싸움 장면은 벽면 테두리를 따라가면서 다양한 인물과 그 몸짓 그리고 자세에서 구현된다. 둘째, 형식적 차원에서 보면, 싸움이라는 소재가 병렬적으로 구성되듯, 문장의 구조 역시 병렬문 형식으로 긴밀하게 구축되어 있다. 단락 구분도 없는 텍스트 블록은 싸움의 긴박감을 더해 주고, 이 긴박감 아래 사건의 동시성과 이질성 그리고 줄거리의 통일성이 강조된다. 그러나 이보다 중요한 것은 셋째, 의미론적 차원에서 이루어지는 것이다. 즉 소재적 연속성과 문장론적 병렬성 아래 이뤄지는 의미화 작업은 작가의 현실쇄신적 관심에서 나온다. 기존 현실이란 되풀이되는 억압과 퇴행의 역사를 뜻한다. 이 역사는, 그것이 알 수 없는 힘에 휘둘리며 맹목적으로 전개된다는 점에서, 신화적이다. 바이스는 이 신화적 맹목성의 억압적 순환 굴레를 파괴하고자 한다.

새로운 형상, 새로운 질서, 새로운 삶과 역사의 가능성은 이런 내파에

---

196 Schweikert, Uwe: Kunst als Widerstand, Widerstand der Kunst, in: Arnold, Heinz Ludwig(Hg.): *Peter Weiss*, a.a.O., S. 107.

의해 탄생될지도 모른다. 그것은 정태적 물질의 덩어리로부터 유동적인, 그래서 변화할 수 있고 갱신될 수 있는 형태로 옮아감으로써 실현될 수 있다. 그러므로 묘사된 것의 이질적이고 경직된 요소에 역동성을 부여하는 것은 변화에의 작가적 의지다. 이 형상 의지란, 앞서 언급했듯이, '고통의 변형'에 있다. 물질적, 육체적 기호란 결국 삶의 변형을 위한 것이다.

1.2.3. 돌의 인간화

바이스가 그림언어로 표현하는 것은 정지한 것 또는 완결되거나 굳어 버린 것으로서의 대상이 아니다. 그것은 지속적 변화 가운데 있는, 따라서 형성 중인 대상이다. 이 대상이 어떻게 새 형태를 얻는지 묘사하기 위해 그는 그 대상이 나타내는 것을, 이것이 어떻게 자기 표현을 통해 스스로 변형되는가를 보여 준다. 그는 글을 쓰면서, 메를로 퐁티가 세잔과 관련하여 적었듯이, 그 이전에는 존재한 적이 없는 '어떤 형상적 의미a figurative sense'를 무형적 사물에 부여하는 것이다.[197] 그는 생명 없는 것을 생명 있는 것으로, 그래서 살아 숨 쉬는 것으로 만든다. 표현을 통해 영혼의 숨결을 받음으로써 말없는 것 — 생명의 권리가 박탈된 것은 화석화된 세계에서 벗어나 살아 움직이는 세계로 들어선다. 예술적 형상 의지란 삶에의 의지, 이 삶을 위한 변형 의지와 다르지 않다.

작가는 쓰면서 무형적인 것을 유형적인 것으로, 화석화된 것을 생명 있는 것으로 변형시킨다. 예술은 무생명적 존재의 생명화 — 돌의 인간화Anthropo-morphisierung des Petromorphen다.[198] 그것은 굳어 있고 죽은 것에 영혼을 불어넣음으로써 물질의 말없는 덩어리를 살아 꿈틀대도록, 그래서 자신을

---

197 Merleau-Ponty, Maurice: Cézanne's Doubt, in: *Sence and Non-Sense*, translated, by Hubert L. Dreyfus and Patricia Allen Dreyfus, Northwestern University Press, 1964, S. 20.

198 Vgl. Arendt, Hannah: *Vom Lebens des Geistes*, Bd.1: Das Denken, München 1979, S. 114. 아렌트는 이 글에서 브루노 스넬의 논조를 따른다. Snell, Bruno: *Die Entdeckung des Geistes*, 3. Aufl., Hamburg 1955, S. 268.

스스로 표현하도록 만든다. 예술은 무형적 혼돈에 대한 형식적 개입이다. 이 개입은 비인간적인 것을 인간화하는 충동이기도 하다.

바이스는 소설언어로 항구적 재앙의 역사와 그 고통을 표현한다. 이 표현은, 적어도 그것이 납득할 만한 진정성을 지니고 있다면, 방식과 매체가 어떠하건, 예술에 정당한 존재 이유를 부여할 수 있다. 역사가 억압과 저항의 항구적 순환으로 이뤄진다면, 이 순환의 틀은, 아래에 적혀 있듯이, 모든 봉기에도 변하지 않은 채 남아 있기 때문이다.

> 고대 노예제 사회의 법률들은 여전히 존속했다. 그 많은 봉기에도 불구하고 무수한 백성은 언제나 다시 지배계층을 위해 전쟁터로 나가지 않으면 안 되었다. 2천 년 이상의 세월이 흘러갔고, 그동안 징집된 농부의 아들들과 전쟁터의 갖가지 사업에 동원된 죄수들이 지휘관의 명령에 따라 소아시아를 가로질러 행군했고, 숱한 전쟁터에서 피를 흘렸으며, 이 싸움에서 어떤 사람은 몰락하고 다른 사람은 찬탈자로서 신분 상승을 경험했다. 20년 전에 와서야 비로소 우리의 아버지들은 그 끔찍한 학살로부터 벗어나게 됐지만, 기나긴 살인의 전前 역사 이래 새로운 시작을 위한 신호가 주어졌던 10월〔러시아 10월 혁명〕 이후의 시기는 극히 짧았다. 지배층은 늘 자신을 위한 권리를 갖고 있었고, 또 다른 세력이 그들을 교체할 때까지 헤게모니를 주장했으며, 우리는 이들에게 굴복해 순응하는 일 외엔 달리 할 수 있는 것이 없었다(*ÄdW*, I, 43).

고대 억압 사회의 법률들은, 하일만이 암시하듯이, 과거에만 제한되는 것이 아니다. 그것은 등장인물들의 역사적 현실 — 1940년대 파시즘 현실에까지 뻗쳐 있다. 역사의 메커니즘은 폭력과 굴욕의 순환 질서로서 여전히 강고하게 자리한다. 물론 '새로운 시작을 위한 어떤 신호가 주어졌던' 시기가 없었던 것은 아니다. 러시아의 10월 혁명이나, 훨씬 그 이전의 아리스토니코스 봉기는 바로 그런 시기였다.[199]

---

199 페르가몬 제단이 세워지기 전과 세워진 후 고대 그리스 로마 시절에 여러 봉기가

그러나 그런 변화의 시기는 '지극히 짧았다'. 얼핏 보아 역사의 진보로 나타났던 그 사건들은 피지배자들의 권력 인수로 발전하지 못했고, 그렇다고 억압의 견고한 메커니즘을 뒤흔들지도 못했다. 오히려 그것은 하나의 권력 계층이 또 하나의 다른 권력 계층으로 교체되는 작은 계기가 되었을 뿐이다. 그리하여 모순과 패배, 부패와 억압의 연쇄 고리로 된 역사의 실상은, 그 모든 봉기와 반역에도 불구하고, 그로 인한 고통의 그 오랜 누적에도 불구하고, 고대 이후 2천 년 이상이나 변함없이 지속된다. 인간 사회의 항구적 원리는 평화가 아니라 폭력이고, 화해가 아니라 지배이며, 공존이 아니라 억압인 셈이다. 벤야민이 적었듯이, "억압된 자들의 전통이 우리에게 알려 주는 것은 우리가 살고 있는 '예외적 상황'이 하나의 규칙이라는 사실이다".[200]

억압과 고통은 인간 삶의 예외적 상황이 아니라 평상적 사태다. 부정의와 부패와 지배와 강제는 현실의 상수常數다. 삶의 위기는 예외적인 것이 아니라 항시적으로 되풀이되는 불변 사항이다. 그리하여 '위기는 평상화된다'. 많은 비정상적인 것들이 정상적으로 나타나는 것이 인류의 역사인 것이다.

여기에서 확인하는 것은 어둠과 어둠, 폭력과 폭력으로 중첩되는 역사의 실체에 대한 묵시록이다. 그 실체는 어둡고 암울하다. 인간의 역사는 단

일어났다. 아리스토니코스Aristonikos 봉기는 이 가운데 하나로 지배적 귀족계급의 억압과 알력에 대항하여 일어난 것이었다. 여기에 대해서는 Schindler, Wolfgang: Der große Fries des Pergamonaltars-Peter Weiss' Deutungen in der Sicht des Klassischen Archäologen, in: Krenzlin, Norbert(Hg.): *"Ästhetik des Widerstands"*, a.a.O., S. 38f.

200 Benjamin, Walter: Über den Begriff der Geschichte, a.a.O., S. 697. 바이스의 역사 이해는, 내가 보기에, 나선형과 폭파 사이의 부단한 동요 속에서 기존의 것을 글쓰기로 갱신하고자 하는 데 있다. 그 반면에 벤야민의 역사 이해는 재앙의 연속성으로서의 역사를 내파시키겠다는 메시아적 관심으로 깊게 침윤되어 있다. 바이스가 지상적이고 예술적이며 문화적이라면, 벤야민은 신학적이고 역사철학적이다. 그러나 이 두 문필가/이론가는, 이들이 사회역사적 맥락의 물질적 바탕을 결코 떠나지 않는다는 점에서, 같은 길 위에 서 있는 것으로 보인다.

순히 진보하거나, 혹은 퇴행하지 않는다. 그것은 하나의 어둠으로부터 또 하나의 어둠으로 부단히 옮아가고, 하나의 폭력으로부터 또 하나의 폭력으로 지속될 뿐이다. 그렇다고 거기에 빛과 평화가 전혀 없는 것은 물론 아니다. 그것은 단지 어둠과 어둠 혹은 폭력과 폭력 사이에 때로는 예기치 않게, 때로는 각성된 집단 의지에 의해 찾아올 뿐이다. 그러나 그것도 잠시다. 빛은 현실에서 오래가지 못한다. 그러므로 깨어 있지 않다면, 그래서 순환사의 이 어두운 상수를 직시하지 못한다면, 폭력은 언제든 다시 엄습할 수 있다. 자신과 대상을 부단히 반성하지 않는다면, 열린 정체성으로 타자성을 이해하고 그와 대결하며 포용하지 못한다면, 잠시의 빛과 평화마저 순식간에 검은 피로 변모할 수 있다. 그것이 인간의 삶이고 현실의 역사다.

바이스는 인간의 역사를 장식하거나 신화화하지 않는다. 그는 지배층의 잔혹한 멸시와 억압을 적나라한 실상 그대로 드러낸다. 그럼으로써 그는, 요스트 헤르만트가 적절하게 지적하듯이, '그 어떤 미화와 허위화를 통해 거짓의 항구적 순환에 자신을 얽혀 들게 하기보다는 화장하지 않은 진리의 맨 얼굴을 똑바로 쳐다보려고' 한다.[201] 왜냐하면 '우리가 받아들이는 모든 거짓은 우리 자신의 거짓'이기 때문이다.[202]

현실의 거짓을 알아차리는 것도 쉬운 건 아니다. 그러나 더 어려운 것은 거짓을 '거짓'이라고 지적하는 일이다. 여기에는 용기와 희생이 따른다. 무엇보다 근본적인 것은 무엇이 진리인지 정확히 인식하는 일이다. 이것은 진리의 공부에서 나오기보다는 현실의 공부에서 나온다. 현실의 진리란 진리 자체라기보다는 현실에서 버무려지는 까닭이다. 사람이 말하는 진리가 절반의 진리일 때가 많은 것도 그 때문이다. 그래서 그것은 늘 보충되

---

201 Hermand, Jost: Das Floß der Medusa, a. a. O., S. 112.

202 Peter Weiss, *Rekonvaleszenz*, Frankfurt/M. 1991, S. 208.

고 갱신되어야 할 것으로 자리한다. 인간은 절반의 진리와 온전한 거짓 사이에서 늘 서성인다. 그렇다고 한다면, 진리로의 접근은 온전한 진리를 강변함으로써가 아니라 있는 거짓과 있을 수 있는 거짓 가능성을 지적하는 데서 시작한다고 해야 한다. 바이스의 작가적 에토스ethos는 바로 이 점에 있다.

어떤 것도 미화하거나 이상화하는 대신 사실에 밀착하는 것, 그리고 이 사실 밀착을 통해 최소한의 거짓도 허용하지 않겠다는 것, 그래서 이 의지가 온전한 진리를 보장할 수 없다 해도 적어도 거짓은 최소화한다는 믿음에 바로 바이스의 예술적 진실이 있다. 완전한 거짓과 절반의 진리 사이에서, 이 균열을 가감 없이 묘사함으로써, 그는 역사의 어두운 진실에 대응하는 것이다.

바이스는 피비린내 나는 참패와 모순 그리고 삶의 난관을 은폐하는 것이 아니라 그림처럼 생생한 묘사 아래 이를 현재화함으로써 역사의 항구적 정체 구조停滯構造를 부각시킨다. 그는 한편으로 미화된 현실에 대항하고, 다른 한편으로 이 핍진한 서술을 통해 독자로 하여금 역사의 어두운 장章들과 대면하게 한다. 빛은 현실의 어둠과 정면으로 마주할 때 잠시 생겨난다. 그렇듯이 등장인물들은 좌절된 꿈의 파편들 속에서 변혁을 위한 어떤 힘이 저장되어 있음을 본다. 이들에게 역사는 단순히 진보적이지도 않고, 그렇다고 퇴행적인 것도 아니다. 오히려 그것은 나선형 모양으로 전개된다. 역사의 가능성은 그저 주어지는 것이 아니라, 보는 자와 읽는 자가 스스로 발견해야 한다. 그래서 등장인물들은 자신들을 패배한 자와 동일시하는 가운데 '나선형적 전개 모습 속에서' '출구 없음이 아니라' '새로운 조처를 위한 싹'을 발견해 낸다(*ÄdW*, I, 74).

예술에 대한 이들의 열정적 관심도 이 같은 맥락에서 이해될 수 있다. 왜냐하면 예술의 역사 역시 현실의 역사처럼 나선형 모양으로 전개되기 때문이다. 이 나선형에서 그들은 지배와 예술, 폭력과 문화의 공존뿐만 아니라 현실의 역사와는 전혀 다른, 새로운 시작과 변화를 위한 단초를 본다.

> 예술의 역사 역시 하나의 나선형을 닮았고, 이 나선형 속에서 움직이면서 우리는 늘 이전의 것에 가까이 있었고, 모든 구성 요소는 여기에서 끊임없이 새로 조절되고 변주되는 것을 보았으며, 우리에게 어떤 중요한 변화가 있는 경우, 그 변화는 예술이 지닌 처음 가치를 우리가 재발견하는 데서 왔는데, 왜냐하면 예술이란, 사상이 있게 된 이후, 우리의 충동과 성찰이 하나가 되어 만들어지는, 모든 사람들의 소유물이기 때문이었다(*ÄdW*, I, 75f.).

예술사는, 바이스가 해석하듯이, 모든 요소가 반복되는 듯하지만, 그러나 '끊임없이 새롭게 조절되고 변주되는' 나선형의 형태를 취한다. 이것은 아프리카 조각상이나 인디아 가면 같은 원시 예술이 어떤 점에서는 오늘날의 예술도 따라잡기 힘든 색채와 양식을 갖고 있다는 사실에서 잘 나타난다. 알타미라나 라스코의 동굴벽화, 아니면 크레타 섬의 프레스코화가 그 좋은 예다. 이들은 너무나 사실적이어서 그 묘사 방식은 20세기의 아방가르드 예술을 선취한 듯한 느낌을 준다(*ÄdW*, I, 75). 그러나 이 모든 변주에도 '예술이 갖는 처음의 가치'를 가리키는 항구적 요소는 있다. 그것은 기성의 체계에 대한 변화-교정-갱신-변형의 계기다.

수많은 시인과 화가와 철학자가 알려 주는 예술과 학문 그리고 문화의 역사는 그 자체로 의미가 충일한 역사가 아니다. 그것은 차라리 모순과 균열로 가득 차 있고, 변화의 계기란 그 때문에 흠집투성이의 현실 곳곳에 자리한다. 거기에는 한 상태로부터 다른 상태로의 '과도기'와 '그 시대의 분출' 그리고 '사회적 변혁'을 지시하는 관점이 숨겨져 있다(*ÄdW*, I, 76). 중요한 것은 이 모든 다채로운 외양에서 하나의 납득할 만한 질서를 발견해 내는 일이다. 이 일을 하는 것은 물론 예술의 생산자이고 감상자다. 특히 감상자는 작품 해석을 통해 이 발견에 동참한다. 소설 속 등장인물이 1차 수용자라고 한다면, 이 글의 독자인 우리는 2차 수용자가 된다.

수용자로서 등장인물들은 서로 묻고 대답하는 가운데 예술사의 통일 원리를 발견해 내려고 애쓴다. 예술적으로 또 문화적으로 전래되는 것을 다시 느끼고 읽으며 다르게 기록하는 일은 그들이 선택한 심미적 경험의 실천 방식이다. 이 방식은 무엇보다 수용자 자신의 느낌과 언어와 사고를 작품에 투입하는 것으로 시작된다. "예술과 문학을 자기 것으로 만들고자 한다면, 우리는 이것을 늘 거슬러 다뤄야 한다. 즉 이들 문학예술과 관련된 모든 사전事前 권리를 배제하면서, 우리는 우리 자신의 요구를 이 작품 안으로 집어넣어야 한다"(*ÄdW*, I, 41). 자기 느낌이 메아리처럼 울리지 않는다면, 그 작품은 의미 있게 되기 어렵다. 적어도 수용 주체에게는 그렇다.

한 예술작품은, 그것에 투여한 주체의 실존적 느낌을 반향판처럼 되울릴 수 있을 때, 비로소 객관적 의미를 갖는다. 예술 경험의 객관성이란 실존적 느낌의 절실성으로부터 시작되는 것이다. 예술 문화의 힘겨운 전취 속에서 등장인물들은 사회 변화를 위한 포괄적 관점을 찾아내려 한다. 그들은 자신들이 처한 현실의 폭력적 관계항을 밝히면서 그 악순환 고리를 끊어 내고자 한다.

그러므로 등장인물들의 예술 문화적 이해는 '언제나 동일한 것의 반복'이라는 근원사적 강제의 재수용을 뜻하지 않는다. 그것은 어떤 다른 현실 — 새로운 역사를 구축하기 위한 적극적 참여를 의미한다. 이런 참여는 수용자가 자신의 요구를 예술적 산물에 투입시킴으로써만 가능하다. 열린 지각력을 통한 대상 이해가 이 수용의 일반적, 소극적 형식이라면, 다른 표현에의 시도는 이 수용의 특수하고 적극적 형식이 된다. 글쓰기는 한 작품의 수용에서 촉발되어 또 다른 작품을 창출하려는 적극적 자기 투입의 방식이다. 삶은 자기 표현으로부터 거듭난다. 바로 이 점에서 우리는 이 글의 출발점으로 돌아간다. 그 출발점이란 절명絶命의 상황에서 이뤄지는 표현 획득을 위한 싸움이고, 그림언어는 이 생존의 싸움에서 사용된 작가의 무기다.

그림언어의 입체적 조소성으로 인해 등장인물은 (그리고 독자 역시) 부조물의 형상들은 마치 손으로 잡는 듯한 인상을 받는다. 거인족의 싸움 장면으로 빨려드는 듯한 환각 속에서 그들은 이들의 신화 세계와 자신들의 현실 세계 사이의 경계가 지워짐을 느낀다. 그러면서 파편으로만 남은 대리석 형상에서 누락된 부분이 보충되고 새롭게 해석되어야 함을 느낀다. 예술의 역사가 현실의 역사와 무관한 게 결코 아니라면, 예술 세계의 결손은 곧 사람 사는 현실 세계의 결손을 뜻하기 때문이다. 결손은 현실 세계와 예술 세계의 공통분모다. 다른 현실의 가능성도 기존 현실을 묘사한 예술 속에서 가능할 것이고, 이 현실의 예시를 통해 아직 실현 안 된 역사의 바른 모습도 선취될 수 있을 것이다. 그러므로 잘려 나간 조각이 어떠한지 떠올리는 것은 곧 오늘에 누락된 다른 현실과 다른 역사를 그려 보는 일이기도 하다.

다른 현실과 역사의 가능성은, 이미 언급했듯이, 억압의 연속사 — 동일성의 신화와 단절함으로써 시작될 수 있다. 이 단절은, 작품 내적으로 보면, 등장인물의 적극적 해석으로부터 나오며, 이 해석 작업은 거슬러 읽는 데 있다. 이 역류逆流의 독법은 그러나 단순히 이미 있는 것의 재확인이 아니다. 그것은 자기의 느낌과 언어 그리고 사고를 작품에 투입하고, 이렇게 투입된 것으로부터 나온 결과를 하나의 창출적 에너지로서 자신의 생활세계 속으로 다시 통합시킴으로써 가능하다.

이 역류하는 독해를 통해 소설의 등장인물들은 궁극적으로 자신에게 '결여된 어떤 상(이미지)'으로 가닿고자 한다(*ÄdW*, I, 55). 이 결여된 이미지란 물론 등장인물의 현재에 누락된 것이다. 그것은 지금의 현실에서 이뤄지지 못한 것 — 다른 현실이고, 이 다른 현실로 가능한 다른 역사일 것이며, 이 다른 역사 아래 실현될 어떤 다른 삶의 좀더 큰 가능성이 될 것이다. 이 다른 삶에서 사물과 인간, 인간과 인간, 인간과 자연은 평화롭게 공존하게 될는지도 모른다. 역류의 예술 문화적 독해는 궁극적으로 다른 현실과 다른 역사 그리고 다른 삶을 위한 것이다.

확연한 사실은 이 화해와 평화의 공동체에서 심미적 성찰과 정치적 경험은 결코 분리되지 않는다는 점이다. 그것은 서로 작용하면서 어떤 높은 수준에서 내적 결합을 이룰 것이다. 예술과 문화의 작업은 부정적, 저항적, 비판적 계기 속에서 공존의 삶을 지향한다. 적어도 살아 있는 것들이 얽힌 고통의 맥락을 밝히는 데 기여한다면, 예술과 문화는 그 나름의 의미를 가진다고 할 것이다. 그러므로 예술 경험은 삶의 전율을 제어하고 이데올로기적 가상을 허무는 에너지의 배양기다.

2. 강제 질서의 해명: 카프카의 《성城》

작가는 악취를 말한다.
— 카프카(일기, 1910-1923)

우리는 매일 일하고 먹고 자고 놀고 읽고 쓰고 노래하는 가운데 기도하며 다시 잠이 든다. 이 모든 활동은 분리하기 어려울 정도로 깊게 얽혀 있다. 그래서 하나는 그 자체로 행해지는 것 같으면서도 사실 다른 것과 따로 있는 게 아니다. 그것은 다른 하나와 직간접적으로 이어져 다음의 일을 준비하거나 그것에 귀결되곤 한다. 그러면서 이 모든 요소는 인간이 행하는 현실 대응의 방식 — 삶의 실존적 양식을 이룬다. 그러니까 인간의 삶은 현실에서 느끼고 생각하고 행동하는 가운데 자기 생활을 조형하는 데 있다. 인간은 자기가 속한 세계에 제약되면서도 이 제약 속에서도 대상을 이해하고 자신을 표현하면서 현실을 만들어 간다.

문화는 이렇게 만들어진 의미의 총체 — 개인적, 사회적 의미 형식의 전체라고 할 수 있다. 그것은 다양한 경험을 이런저런 형식 속에 드러내면서

의미를 만들어 간다. 문화가 이런 의미 구성적 활동의 전체라고 한다면, 문학은 이 의미 활동을 언어로 행하는 방식이라고 말할 수 있다. 읽기와 쓰기는 문학 활동의 기본 형태다.

글 읽기가 텍스트에 대한 이해와 해석의 작업이라면, 글쓰기는 이 해석에 기대어 또 다른 텍스트를 산출하는 작업이다. 그런 점에서 쓰기는 읽기보다 능동적인 의미화 작업이라고 할 수 있다. 그것은 무정형의 경험에 형태를 부여함으로써 의미를 만들어 가는 일이다. 의미의 생성이 물론 해석 활동에서 전혀 일어나지 않는 건 아니다. 해석 역시 창작만큼이나 새 의미의 창출에 관계한다. 그러나 의미 산출이 적극화되는 것은 아무래도 표현의 객관화 작용에서라고 말해야 한다. 단지 이 객관화는, 그것이 일정 수준의 훈련을 전제하는 것이기에, 읽기에서보다 덜 일반적이라는 것, 그래서 소수에게만 접근될 수 있다는 한계가 있다. 어쨌건 사람은 이미 쓴 것을 읽고 다시 쓰는 가운데 문학적, 문화적 경험을 한다. 그래서 현실과 세계를 지금까지와는 다르게 이해하는 것이다.

여기에서 핵심은 다른 감각과 다른 사고 그리고 이를 통한 다른 언어의 창출 가능성이다. 이 다른 느낌과 사고를 담은 다른 언어로 우리는 사람 사는 현실의 의미를, 반드시 실체화하지 않고도, 늘 새롭게 규명할 수 있다. 그러므로 글쓰기는 문학적이면서도 문화적인 의미 생산의 한 방식이다. 읽고 쓰는 문학적 생산 과정은 다른 느낌과 생각 그리고 다른 스타일을 통한 다른 세계의 질서화 과정인 것이다. 《저항의 미학》에서 바이스가 프란츠 카프카 읽기로써 행하는 것도 이와 비슷한 것으로 보인다.

카프카의 《성城/*Das Schloß*》은, 그의 다른 작품들이 그러하듯, 지금까지 여러 주제 아래 매우 다양한 시각에서 분석되어 왔다. 그래서 그 많은 해석들 가운데 어떤 하나의 해석도 다른 해석을 전적으로 지양하는 것처럼 보이지 않는다. '해석의 갈등'(폴 리쾨르)은, 적어도 카프카에 관한 한, 제거되기 어려운 듯하다. 그리하여 때로는 모든 해석적 공격에 대한 텍스트의 저향이 카프카 작품 자체의 질적 특징인 것처럼 여겨지기도 한다. 그렇지만 이 이질적 견해들은 늘 새로운 통찰을 다층성 아래 매개시키면서 작품과 이 작품이 묘사한 현실에 대한 독자의 지식을 증가시켜 왔다. 그것은 때때로 혼란과 당혹감을 야기하면서 작품의 원칙적 해석 가능성에 대한 의문을 초래하기도 했다. 《성》의 핵심 역시 그 모든 해석적 시도에도 불구하고 이런 시도와 무관한 것으로 남는 건 아닌가 생각되기도 한다. 그러나 텍스트에 대한 '올바른' 접근을 방해하지 않을 해석은 어떻게 획득될 수 있는가라는 물음 또한 버릴 수 없다.

이 장에서는 모든 해석적 접근 가능성의 밖에 놓여 있는 것 같은 카프카의 《성》을 바이스가 《저항의 미학》에서 어떻게 이해하고 있는지, 이런 이해에서 '다르게 읽기와 쓰기'는 어떻게 기능하는지를 분석하려고 한다. 그의 시도는 크게 보아 두 단계에서 이뤄진다. 첫째 단계는 소설의 등장인물에 의한 카프카 작품의 '거슬러 읽기die Gegen-Lektüre'이고(2장 2절), 둘째 단계는 이렇게 거슬러 읽은 것을 1인칭 화자가 '다르게 쓰는das Anders-Schreiben'(2장 3절) 것이다.

여기에서 중요한 것은 바이스가 어떻게 '카프카와 더불어 그리고 그에 거스르면서mit und gegen Kafka' 읽고 해석할 뿐만 아니라 다시 쓰는가다. 이것은 마치 바이스를 통해 카프카가 읽힐 뿐만 아니라, 나아가 바이스 자신 역시 읽힌다는 사실과 평행 관계를 이룬다. 이 읽기와 쓰기에서 바이스는 젊은 시절부터 심취해 왔던 카프카의 작품을 현실과는 동떨어진 것으로 폄하하지도 않고, 관점 없는 것으로 비하하지도 않는다. 카프카의 작품은 그에게 일의적 의미를 규정하는 것이 불가능해 보이지만, 그럼에도 강렬한 글쓰기를 통해 어떤 납득할 만한 해석의 모범을 제시하는 것으로 이해된다. 여기에서 글쓰기는 새로운 문화 의미론을 형성하기 위한 하나의 실천 방식으로 입증된다.

2.1. 억압 체계

스페인으로 향하기 전 1인칭 화자는 베를린의 한적한 지역인 바른스도르프에서 며칠 보낸다. 거기에서 그는 파시즘의 압도적 힘을 견뎌 내려면 무얼 할 수 있을지 곰곰이 생각한다. 친구 코피와 하일만과 함께 그는 그림과 문학 그리고 공부에 몰두하는데, 이때 쌓았던 많은 것은 '조만간 어떤 조처가 취해질 수 있는 삶의 한 태도로' 축적된다.

이 공부 과정에서는 피터 브뢰겔의 여러 그림들, 이를테면 〈사육제와 금식일의 싸움〉(1559), 〈바벨탑의 건축〉(1563) 그리고 〈이카루스가 추락하는 풍경〉(1558년경) 등이 등장한다. 카프카 작품과 만나는 것은 이 무렵에 일어난다. 브뢰겔과 카프카의 작품에 나타난 장면들은 분주한 시장의 일상 풍경을 공간적 구체성 아래 묘사하는데, 이러한 장면은 다시 그가 사는 바른스도르프의 주변 환경과 잘 어울리며 나타난다.

> 소도시 바른스도르프는 보헤미아의 가을 빛 속에서 16세기의 플랑드르 지방 풍경과 잘 어우러졌고, 카프카를 읽던 그 뒤의 여러 날 동안에도 여기 묘사된 마을과 성은 이 황량하고 음울한 소시민적 농가의 모습처럼 보였다. 브뢰겔과 카프카는 세계의 풍경을 섬세하고도 투명하게, 그러나 지상의 색조 속에서, 묘사했고, 이미지는 밝고도 어두워서 그 영향은 대단했으며, 전체적으로 보면 무거웠으나 빛났고, 그 세부에서 아주 선명했다. 그들의 리얼리즘은 일정한 장소와 지역에 붙박혀 있어서 이 장소들은 금세 알아차릴 수 있었지만, 동시에 그것은 지금까지 보여진 모든 것이 다시 빠져나갔고, 모든 것은 일상적 직감과 몸짓, 움직임으로 가득 차 있었으며, 모든 것이 전형적이어서 중요하고도 중심적인 것을 보여 주면서도, 이렇게 보여 주는 바로 그 순간 이미 낯설고 기이하게 작용하며 나타나는 것이었다(*ÄdW*, I, 172).

브뢰겔의 그림이 16세기의 플랑드르 지방 풍경을 세부적 정교함 아래 묘사하고 있듯이, 카프카의 소설 《성》은 '지금 여기의 주변 환경'이 지닌 음울한 황량함과, 이 황량함 아래 자리한 '세계의 풍경'을 '섬세하고 투명하게, 그러나 지상의 색조 속에서' 묘사한다. 두 작품의 영상 이미지는 '그 개별적 요소들에 있어' '빛나고 아주 선명하여' '금세 알아볼 수 있는' 것이다. 그러나 이 선명함은 단일적 의미의 선명함이 아니다. '일상적인 직감과 몸짓, 움직임으로 가득 차 있는' 그들의 리얼리즘은 지극히 섬세하여 '지금까지 보여진 모든 것이 다시' 빠져나간다. 카프카의 글이나 브뢰겔의 그림은 현실 세계를 세부적이면서 동시에 알레고리적으로 드러내는 것이다.

이 두 작품에서 영상이미지는 미세하게 그러나 낯설게 작동한다. 그래서 그것은 단순히 모사리얼리즘으로 해소될 수도 없고, 그렇다고 심미주의로 환원되기도 어렵다. 이 애매하고도 다층적인 작품 앞에서 등장인물들의 예술 이해는 이런저런 어려움에 봉착하게 된다. 그러면서 소설의 줄거리가 전개되면서 브뢰겔 그림에 대한 관찰보다는 카프카 작품에 대한 읽기가 점점 더 많은 비중을 차지하게 된다. 이 문학작품을 주인공은 자기 성찰의 주된 대상으로 삼는다.

> 잠잘 곳이 없다는 사실에 놀란다는 것, 미처 생각지 못한 이런 일이 갑작스레 일어난다는 것은 토지측량사에 대한 이야기에서 하나의 지속적 사실이 되었다. 자기 의지가 무엇인가 할 수 있는 어떤 영역에 대한 생각은 더 이상 여기에 있지 않았다. 토지측량사가 도착한 마을은 어떤 것도 의문시하지 않는 사람들이 사는 거주지였다. 비록 성은 보이는 곳에 있었지만, 〔…〕 그러나 그것은 접근할 수 있는 모든 가능성의 밖에 완전히 있었다. 고통스러운 사실은 처음부터 이런 분리가 확고하다는 것, 그래서 그 성으로 다가갈 수 없다는 법칙이 왜 타당한지에 대해 어떤 생각도 떠오르지 않는다는 점이었다. 여기 마을 아래 사는 그들은 모두, 그리고 여기로 여행 온 토지측량사 역시, 그들 세계와 저 주인의 세계 사이의 강요된 거리를 범할 수 없는 무엇으로 받아들였다. 내가 이 책을 읽는 여러 날 동안 〔…〕 나는 내 자신과 나와

> 연관된 사람들의 특징과 특성을 알게 됐는데, 이 특징은 이전에는 내가 밀쳐 뒀거나 피상적으로만 이해했던 것이다(*ÄdW*, I, 175).

등장인물들이 브뢰겔 그림에서 경험한 끔찍한 일은 카프카 소설의 미로 같은 현실에서도 반복된다. 그림 현실과 소설 현실 사이에는 일정한 평형 관계가 성립하는 것이다. 마을의 거주민과 성의 관리에게 일어나는 것은 그 자체로 확고한 것으로 보인다. 그것은 불변적이어서 등장인물로 하여금 '미처 생각하지 못한 일이 갑작스럽게 일어난다는 것'도 '어떤 지속적 사실'인 것처럼 여기게 한다.

산 위의 성과 그 아래의 마을 — 이 두 지역의 거리는 건너가기 어렵다. 마을의 거주민뿐만 아니라 토지측량사에게도 성은, 비록 그것이 마을에서 보이는 곳에 자리해 있지만, '접근할 수 있는 모든 가능성의 밖에 완전히 있는' 것으로 나타난다. 그들은 이 억압적 삶의 복잡한 상황 가운데 그 일부만 지각하고 경험하기 때문이다. 그리하여 마을에서는 누구도 '그 성으로 다가갈 수 없다는 법칙이 왜 타당할 수 있는지' 묻지 않는다. 주인공은 마을 거주민의 세계와 성곽 주인의 세계 사이에 놓인 완고한 분리를 자기 상황으로 받아들이면서, 이전에는 갖지 못했던 인식에 도달한다.

그 인식이란 세계의 전적인 불투명성이다. 이 불투명성은 현실의 표피가 아닌 그 심층에 자리한다. 이 심층에 자리하면서 그것은 카프카 소설의 토지측량사와 거주민뿐만이 아니라 이 소설을 읽고 있는 등장인물마저 지배한다. 그점에서 그것은 거의 필연적인 억압 체계다.

> 토지측량사는 자신이 노동자라는 것, 그래서 종속되어 있다는 것을 말했고, 그가 이 성에 취직하러 왔다는 것, 그 때문에 신분이 상승하여 자기 계층 밖의 무엇을 얻는 게 중요치 않으며, 단지 자기 활동으로 인정받길 원했다. 그는 자신을 하인으로 만들고, 그에게 일감 주는 사람을 유일한 지배인으로 만드는 체계에 저항함으로써가 아니라, 단지 그 자신의 존재로 존중되길 원

했기 때문에, 우리 각자가 이 자족감의 강제에 얼마나 노출되어 있는지, 또 자기 상황을 아무런 위로 없이 자기 보존적 충동에서 옹호한 사람들이 얼마나 많은지 상기시켰다. 거절하고 저항하며 투쟁한다면 그들의 빵이 빼앗길 것이라고, 공장과 작업장의 소유주가 준 일에 대해 감사해야 함을 사람들은 불안 속에 말했고, 그래서 그들은 결코 그 압도적 힘에 저항할 수 없을 것이라는 것, 단지 복종 속에서 짓밟힌 채 순종하며 살아야 한다는 것, 어떤 권리도 없으며, 항변한다면 그들에의 유린만 있으리라는 생각으로 그들의 모든 의식은 형성되었다(*ÄdW*, I, 175f.).

위의 텍스트는 무기력에 빠진 토지측량사의 상황을 상세히 묘사한다. 그는 하인 또는 종복으로서의 자기 자신과 사용자로서의 성의 지배자 사이에 있는 체계적인 차이를 분명히 인식한다. 그것은 그가 원한 차이가 아니라 외적으로 강제된 차이이고, 이 차이의 체계 구조다. 그는 이 강제된 질서 체계에 항거하지 않는다. 그가 하려는 것은 그저 그의 계급적 조건에서 허락되는 한두 가지 일이다. 이 일이란 '자기 활동에서 인정받는 것', 아니면 '그 자신의 존재로서 존중되는 것'이다.

여기에서 의문스러운 것은 지배 질서의 우위에 대한 저항뿐만 아니라, 이 저항의 여부 이전에 자기 활동에 대한 권리의 주장이 과연 얼마나 관철될 수 있는가라는 점이다. 왜냐하면 사용자使用者에 대한 어떤 저항도 이 강제 체계에서는 '그들의 밥벌이를 빼앗을 것이기' 때문이다. 그리하여 카프카의 인물들은 지배자의 요구 — '사람은 만족하는 노동자를 갖길 원한다'(*ÄdW*, I, 176)라는 지배층의 일방적 요구를 충족시키는 일 외에 다른 길을 발견하지 못한다. 굴욕과 경멸로부터 벗어나려는 노력은 그들을 내쫓기는 신세로 전락시킬 것이기 때문이다. 이것은 등장인물의 하나인 프리다의 삶에서 잘 확인된다.

한때 성의 관리였던 클람Klamm의 연인이었고 지금은 토지측량사의 동반자인 프리다는 더 이상 성적 학대를 받지 않기 위해 독립을 결정한 대가로 몰락해 가는 것이다. 이것이 곧 작가가 말한 '자족감의 강제Zwang der Genügsamkeit' 상태다. '자기 분수를 지킨다'고 말하는 많은 경우는 사실 자발적 결정과 책임의 감정에서 오기보다는 '자족하게끔 되어 있는', 그래서 자족하지 않을 수 없는 강제성의 결과다.

자족감의 강제란 자기 충족으로 강요된 안락한 상황이다. 이 안락한 강제 질서에서 사람은 자기의 출신/계급 밖으로 나가기 어렵고, 자기 사는 생활 체제에 저항할 수도 없다. 그는 자기 먹는 빵이 어디에서 만들어지고, 누가 만들며 어떻게 유통되고 분배되는지 물어선 안 된다. 그에게 허락된 유일한 것은 오직 빵을 준 사람에 대한 감사 표시다. 권리의 행사와 저항의 실행이 아니라 순종과 굴복의 되풀이가 이들의 일인 것이다. 여기에서 카프카 소설을 이렇게 읽는 사람은 물론 1인칭 화자다. 그는 물리적 지배 형식의 구조적 본질을 예리하게 인식한다. 이 가차 없는 시각에서 밝혀지는 사실은, 그의 독해가 카프카 세계를 설명할 수 없는 대상으로 보거나, 정치적으로 성찰되지 않은 주관주의로 간주하는 기존의 해석과 분명한 차이를 보인다는 점이다.

《저항의 미학》에서 이뤄진 카프카에 대한 새 평가는 신비주의적이거나 신학적으로 이뤄지지도 않고, 그렇다고 실존주의적으로 채색되지도 않는다.[203] 카프카 인물들은, 소설의 나는 이렇게 해석하는데, 억압 체계 아래 때로는 신화적으로 감싸져 있고, 때로는 운명적으로 소외된 것처럼 나타난다. 그러나 그들은 고통의 배후인 사회역사적 연관성을 놓치지 않는다. 더욱이 주인공은 소설에 묘사된 굴욕 상태로부터 자신과 동료들이 처한 파시즘적 억압 현실을 읽어 낸다. 그는 카프카적 인물들이 삶의 폐해를

---

203 바이스의 카프카 수용에서 보이는 실존주의적 관점은 주로 그의 초기와 중기에 나타난다. 카프카에 대한 비판적 수용은, 만프레드 하이두크가 정확하게 언급했듯이, 40년대의 전기적傳記的 동일시로부터 50년대의 정서적 거리 두기를 지나 60년대 후반 이후의 생산적 대결로 전개되는 양상을 보인다. Haiduk, Manfred: Identifikation und Distanz, Aspekte der Kafka-Rezeption bei Peter Weiss, in: *Weimarer Beiträge*, Heft 6, 1984, S. 919ff.

무기력하게 받아들인다고 판단하지만, 그러나 이런 비참과 무기력이 마을 거주자뿐만 아니라 파시즘 지배하의 자기 자신들에게도 해당됨을 분명하게 인식하는 것이다.

> 영원히 부탁하는 자와 노예 사이에서, 비참과 굴욕은 저기보다는 우리에게서 훨씬 컸기 때문에 믿기 어려울 정도로 작동하는 전체 무기력은 우리에게도, 저 마을에서보다 아마 훨씬 더 강력하게, 짓눌렀음에 틀림없다. 우리가 처한 이 질서에서 우리 능력에 한참 못 미치는 일을 해야 하는 강제성은 그 마을의 생활 방식과 마찬가지로 우리 자신의 경험들을 특징지었다. 나 자신과 나의 부모, 코피의 부모뿐만 아니라 여러 작업장에 서 있었던 내 옆의 모든 사람들 역시 언제나 이런 굴욕에 처해 있었다(*ÄdW*, I, 176).

주인공은 카프카 인물들의 출구 없는 상황 속으로 들어가 이들의 현실을 공감한다. 그러면서 이들뿐만 아니라 자신과 코피, 하일만 그리고 이들 부모 같은, 그가 잘 아는 사람들 또한 비참한 생활에 연루되어 있음을 인식한다. 비참과 무기력은 삶을 황폐화시키면서 카프카 소설의 마을 사람들뿐만 아니라 이 소설을 읽는 전체주의하의 저항 투사들에게도 영향을 준다. 그러니까 주인공들이 살고 있는 사실적, 역사적 현실과, 이들이 읽고 있는 소설적, 허구적 현실 사이에는, 적어도 권력 질서의 강제적 성격에서만큼은, 어떤 차이도 없는 것이다.

여기에 대해 바이스는《작업일지》에 이렇게 쓴다. '카프카에 대하여: 여기에서 우리는 늘 종속된 인간만 본다. 우리 자신이 이런 인물이다. 우리의 무기력을 극복하는 일. 앞으로 나아가려는 카프카의 시도. 우리는 더 멀리 도달했는가?'(*NB*, II, 210) 권력의 체계는 도처에서 익명적으로 작용하고, 그 기이한 힘 아래 당사자가 겪는 고통은 언어적 지각적 능력을 넘어선다. '익명의 심급은', 바이스가《회복기》에서 썼듯이, '우리를 넘어 높이, 서열화된 채 도달할 수 없는 곳에서, 그 모든 책임을 벗어난 것처럼 보인다'.[204] 사회정치적 강제 체계는 확연한 이름을 갖지 않는다. 그러면서도 그것은 '서열화된 채', '우리를 넘어 높이', '도달할 수 없는 곳에서' 작동한다. 그러나 이 결과에 대해 그것은 어떤 책임도 지지 않는다. 권력의 장치, 권력의 지배가 무서운 것은 이 무형의 파급력 때문이다.

이러한 맥락에서 '카프카가 썼던 것은 프롤레타리아 소설이었다'(*ÄdW*, I, 179)라고 바이스가 적었을 때, 이 프롤레타리아 개념은 좀더 신중하게 취급되어야 할 것으로 보인다. 왜냐하면 이 개념은, 적어도 《저항의 미학》에서 사용된 그 함의는, 전통적 의미에서 그러하듯이, 생산 수단을 사용하지 않은 사람들에게만 한정되는 건 아니기 때문이다. 오히려 그것은 현실 개선에 대한 지속적 관심 속에서 노동자와 이들 상황이 처한 근본 성격을 투시하려는 사람들 모두를, 그들이 어디에서 일하고 또 어디 출신이건 간에, 포괄한다. 이 확대된 프롤레타리아 개념은, 더 나아가면, '독립적으로 사고하는 모든 사람들'(*ÄdW*, I, 337)로서의 지성인 혹은 시민 개념에 대한 이해와도 연관될 수 있을 것이다. 이러한 점은 속류 마르크시즘적 시각과는 다르게, 《저항의 미학》이 강력한 사회정치적 근거를 지니면서도 계급주의적 정치철학이나 모사리얼리즘의 시각 위에 서 있지 않음을 증거해 준다.

어찌되었건 삶의 강제 질서 앞에서 등장인물들은, 이 질서가 그들을 의식 없는 우매함으로 빠져들게 한다는 것을 인식하지만, 그러나 그럼에도 불우한 자의 편에 서겠다는 원칙을 포기하지 않는다. 카프카의 서술 역시 이 원칙에 충실하다. 그것은 억압과 고통을 사무적일 만큼 냉정하게 표현함으로써 등장인물들을 말 못할 당혹과 불안으로 빠뜨린다.

> 은총에 의해 우리가 출구를 찾을 수 있다는 널리 퍼진 망상과 충격으로부터 카프카의 책은 출발했기에, 이 책에서 독자는 자기의 전체 문제가 드러나 있음을 보았고, 그래서 불안하고 당혹스러웠다. 우리는 아마 우리의 정

204 Peter Weiss: *Rekonvaleszenz*, Frankfurt/M. 1991, S. 155.

> 치적 수단에 의존할 수 있을 것이고, 이 구속 상태에서 우리를 끌어낼 전망에 대해 말할 수 있었지만, 그러나 우리는 토지측량사가 처한 것과 같은 옹색함을 느꼈다. 우리는 누가 이 성에 사는지, 거기서 자신의 완전성을 구가하는 사람이 누구인지 이 책의 저자〔카프카〕가 더 명백히 진술하지 않는 것을 질타할 수 있었고, 그가 우리 지배자를 신화적이고 거의 종교적인 어둠 아래 감싸고 있다는 것, 그리고 이 성의 내부를 폭로하지도 않고, 그것을 무너뜨리기 위한 준비도 보여 주지 않았다는 사실을 비판할 수 있었지만, 그러나 내가 이전에 들었던 — 이것은 지금 떠오르는데 — 이 반발은 무의미했는데, 그 이유는 그가 서술했던 원리는 충분히 통찰력 있어서 그 일관된 묘사 방식으로 훨씬 더 강한 내적 참여를 불러일으켰기 때문이다(*ÄdW*, I, 176f.).

위에서 눈에 띄는 것은, 주인공의 카프카 독법이 전래적 이해 방식과는 판이한 차이를 보인다는 사실이다. 그의 해석은, 예를 들어 카프카의 서술 실험을 외면하는 사회주의 리얼리즘의 관점에서 이뤄지는 것도 아니고, 예술 엘리트적 아방가르드주의를 선호하는 비역사적 관점 아래 펼쳐지는 것도 아니다. 예술 판단에서 주인공은, 리얼리즘 논쟁의 근시안적 평자들처럼 진부한 견해와 편협한 사고에 사로잡혀 있지 않다. 그렇다고 그가 개별 학문으로서의 자기 지식으로부터 출발하는 신학적, 심리적 해석 방식을 따르지도 않는다. 그의 관점은 이보다 훨씬 폭넓고 유연하다.

1인칭 주인공은, 유연한 수용력에 힘입어 말하자면, '고양된 현실상'에 열려 있다(*ÄdW*, I, 177). 그는 경험 현실에 철저하면서도 이렇게 지각되는 현실이 전체 현실의 일부임을 잘 안다. 인간 현실의 복합성을 인식하면서도 이 복합성이 지금 여기의 경험적 구체로부터 시작되어야 함을 깊게 자각한다. 그리하여 그는 현실적이되 현실주의에 빠지지 않고, 실험 우호적이되 아방가르드주의로 귀착하지 않는다. 이처럼 열린 감수성으로 그는 현실의 비참함을 거부하는 것이 아니라, 이 질곡 앞에 소극적인 현실의 끔찍함에 대해, 끔찍함의 척결을 위해 왜 한 번도 스스로 개입하지 않는지 자괴감을 느낀다. 그래서 그는 이렇게 쓴다. "카프카의 책에서 읽은 것은 내게 절망을 일으킨 것이 아니라 나 자신을 부끄럽게 했다"(*ÄdW*, I, 177).

1인칭 화자는 카프카에게 명백성이 결여되었다든가 그가 어두운 신비 속에 빠져 있다고 비난하지 않는다. 이 작가는 오히려 '충분히 통찰력 있고', 그 때문에 '일관된 묘사 방식으로 훨씬 더 강한 내적 참여를 불러일으킨다'고 그는 진단한다. 권력의 강제 질서가 굳어 있다면, 이 굳은 질서를 인식하는 것은 굳은 인식이 아니라 부드러운 감각이다. 이 부드러운 감각에서 견고한 인식이 자라난다.

2. 2. 거슬러 읽기

오늘의 현존 상태를 의문시하는 더 넓은 지평 아래 있지 않을 때, 그래서 좀더 깊은 현실관에 열려 있지 않을 때, 우리는 기존과 다르게 느끼고 다르게 생각하기 어렵다. 다르게 느끼고 다르게 생각할 수 있을 때, 우리는 비로소 다른 언어를 구사할 수 있다. 쓴다는 것의 의미는 기존의 것을 재생하고 반복하지 않는 데 있다. 상투성과 진부성은 문학의 최대 적이다. 부단히 다르게 느끼고 생각하고, 이 다른 감각과 사고를 통해 다르게 표현할 수 있을 때, 그 실천은 비로소 문학적 문화적 의미를 지닐 수 있다. 다르게 읽고 새롭게 쓸 수 없다면, 우리는 문화의 형성적 가능성을 말할 수 없다.

바이스의 거슬러 읽기가 적용된 카프카의 문학 세계는 일정한 의미를 쉽게 매개하지 않는다. 오히려 그것은 즉물적 언어로 단일한 의미 확정을 빠져나가는 것을 다시 파악한다. '이것은 저것을 의미한다'는 식의 틀로 대상을 단정짓는 것이 아니라, 그래서 그렇게 확정된 것에 자족하는 것이 아니라, 그 모든 가능성을 고려하면서도 카프카는 최대한의 명징성 아래 현실을 드러낸다. 이것은 글쓰기의 우위성에서 온다. 글쓰기의 우위성이란 표현적 강렬성Ausdrucksintensität에 대한 믿음에서 나온다. 이 믿음으로 다의성은 '아무래도 상관없는 것'으로 사라지는 것이 아니라 삶의 필수적인 것으로 구제된다. 이런 점에서 바이스의 카프카 읽기는 쓰기를 카프카 삶의 유일한 열정으로 파악한 들뢰즈/가타리의 분석과 얼마쯤 상통하는 듯 보인다. "글쓰기는 언제나 하나의 문지방(교차점)을 넘어서고, 여기서는 더 높거나 더 낮은 단계 없이 오직 강렬성의 문지방이 있을 뿐이며, 이 순서는 어떤 방향에서 그것을 넘어서는가에 달려 있다."[205]

들뢰즈와 가타리는 이 책에서 '위대한 문학'의 지배적 억압적 성격에 대하여 '집단적, 혁명적 소수의 문학'을 대조시킨다. 그들은 억압된 '탈영토화의 언어'가 지닌 정치성을 미시적 차원(개인적이고 심리적인 관점)에서뿐만이 아니라 거시적 차원(사회역사적 관점)으로부터 분석하면서, 사회적이고 심리적인 것, 정치적이고 예술적인 것이 반드시 대립되는 것이 아님을 보여 준다. 단순히 이것 아니면 저것이라는 대치 속에서가 아니라 '이것과 저것-그리고'의 매개를 통해 삶의 전체 현실이 강조되는 것이다. 그러는 한, 이들의 논의는 경청될 필요가 있어 보인다. 카프카가 놓쳐 버리고 흘려보낸 것에 표현을 부여하듯이, 바이스 역시 표현 형식을 통해 무정형적인 것의 황무지로 파고든다. 글쓰기란 '아우성에 문장론을 부여하는 것' 외의 아무것도 아니기 때문이다.[206] 작가는 형식 부여를 통해 현존하는 공식적인 것을 탈영토화하고, 억압되어 부재하는 것을 재영토화한다.

여기에서 밝혀지는 것은, 문화 의미론으로 나아가는 글쓰기의 세 가지 요건이다. 그것은 첫째, 탈영토화된 언어의 정치성을 지녀야 하고(언어적 차원), 둘째, 확대된 현실관을 지녀야 하며(현실 이해의 차원), 셋째, 탈영토화된 언어와 확대된 현실관 속에서 기존과는 다른 글쓰기가 이뤄져야 한다(형식

205 Deleuze, Gilles/Guattari, Félix: *Kafka, Für eine kleine Literatur*, Übers. v. Burkhart Kroeber, Frankfurt/M 1976, S. 57.

206 Ebd., S. 37.

적, 방법적 차원). 이 세 요건을 충족시킬 수 있을 때, 글은 독자로 하여금 내적 동의와 참여를 촉발시킬 수 있다.

좋은 글은 확대된 현실 이해 아래 감각과 사고의 문지방을 넘어설 수 있어야 한다. 다른 언어는 이 경계 이월에서 마련된다. 다른 언어에서는 사회적인 것과 심리적인 것, 정치적인 것과 예술적인 것이 하나로 만나기 때문이다. 이런 통합 아래 글은 인간과 인간, 인간과 자연, 인간과 지구의 공진화가 보장되는 비폭력적 삶의 가능성을 구현할 수 있을 것이다.

이런 식으로 카프카는 그를 해석하고 쓰는 또 다른 카프카의 또 다른 책에 의해, 또 다른 정신과 의식과 스타일 속에서 다시 살아남는다. 마치 카프카를 바이스가 읽고, 이 바이스를 우리가 읽듯이. 그리고 이 카프카를 읽은 들뢰즈/가타리가 미래의 비평가를 예비하듯이. 한 명의 뛰어난 작가에는 이처럼 과거의 작가가 숨어 있고 동시에 미래의 작가가 예비된다. 문학사가 그렇고 비평사가 그렇다. 예술사와 문화사는 이와 다를 것인가? 그렇지 않다. 더 나은 문화의 가능성은 오직 카프카와 이 카프카를 읽는 현재의 그리고 미래의 또 다른 카프카를 통해 가능할 것이다. 이렇듯이 작가는 다르게 쓰기의 문화론에 의지하여 시대의 침묵과 무정형 그리고 죽음을 넘어서게 된다. 이것이 정신의 궤적이고 지성사의 존재 이유다.

열려 있는 그러면서도 비판적 독해를 통해 주인공은 카프카의 책에서 자본주의 세계의 관료주의나 신적 은총을 얻기 위한 개인의 집요한 노력, 아니면 권위주의적 권력을 거스르는 싸움이나 무의식의 재현 등으로 소진될 수 없는 전체적 현실이 최대한으로 명료하게 묘사되어 있다고 판단한다. 접근 불가능한 성城이 난공불락의 질서를 드러낸다면, 이 억압 질서는 카프카의 차가운 언어, 이 언어의 양식화된 즉물성 덕분이다. 그리하여 1인칭 화자는 카프카의 언어에서 '우리 문제의 전체가 구체적으로 드러남'을 보게 된다(*ÄdW*, I, 176). 이런 역류적 독해는 여타의 경직된 분류 틀과는 분명 구분된다. 이것은 특히 1인칭 화자에서 잘 나타난다. 나아가 이런 해석은, 앞장에서 보았듯이, 후기아방가르디스트로서의 바이스의 실험적 서술 전략과도 상통한다.

등장인물의 거슬러 읽기는 클라우스 노이크란츠의 소설《베딩에서의 바리케이드》에 대한 예리하고도 유연한 수용 방식에서도 나타난다. 이 작품을 소설의 '나'는 카프카 책과 비교하면서 읽는다.

> 누르스름한 한 권으로 카프카의 책은 이런저런 도덕적이고 윤리적이며 철학적인 표상들이 결합하고 교차하는 가운데 끊임없이 분화된 사고방식으로 가득 차 있었고, 현상의 의미와 활동의 의도에 대한 쉼 없는 물음으로 차 있었는 데 반해, 노이크란츠의 작은 투쟁서는, 1마르크짜리 붉은 소설Roten Romane 시리즈로서, 질문하는 대신 답변만 했고, 허무주의에 대응하고 고통에 대한 실질적 방어책을 세우라고 촉구했으며, 직접 싸움에 뛰어들라고 우리를 독려했고, 그래서 우리의 거리에 살았던 사람이라면 누구라도 이해할 수 있었다. 이 책에는 성찰이나 우회로를 위한 시간은 없었고, 무엇을 해야 하는가라는 문제는 다 끝나 분명했으며, 카프카의 마을 위로 불길하고도 운명적으로 솟아오르던 것이 베딩의 거주자에게는 계급에 의해 조건지어진 명료한 억압 과정이었다. 카프카의 책이 천천히 환상 속에서 형태를 얻을 수 있었던 유동적 소재로 이뤄져 있다면, 노이크란츠의 책은 사람이 직접 부딪칠 수 있는 대상이었다(*ÄdW*, I, 180f.).

주인공은 카프카의《성》과 노이크란츠의《베딩에서의 바리케이드》를 비교하여 읽으면서 이 두 책을 특징짓는 차이점을 발견한다. 카프카 책에서 현실이 쉼 없이 변화하는 다층성 아래 나타난다면, 노이크란츠 책에서 그것은 마치 '각진 블록'처럼 뚜렷한 윤곽과 규정을 지닌 채 나타난다. 카프카의 책이 '이런저런 도덕적이고 윤리적이며 철학적인 표상들이 결합하고 교차하는 가운데 끊임없이 분화된 사고방식으로 가득 차 있었고, 현상의 의미와 활동의 의도에 대한 쉼 없는 물음으로 차 있었다'면, 노이크란츠의 '투쟁서'에 결정적인 것은 직접적 지시와 완결된 답변이다. 여기에는 다각도의 '성찰이나 우회로를 위한 시간'이 주어지지 않는다. 그 때문에 이것은 질의하거나 질문하는 대신 설명하고 주장하며 촉구한다. 이에 반해 카프카의 책은 현상 세계의 의미를 끊임없이 묻고 회의하는 가운데 독자로 하여금 늘 다르게 생각하도록 만든다.

여기에서 특징적인 사실은 '유동적 소재'로 된 카프카의 책과 확고한 '대상'으로서의 노이크란츠의 책을 소설의 등장인물들은 상호 적대적 관점이 아닌, 있을 수 있는 보완의 관점 아래 파악한다는 점이다. 이것은 작가가 확대된 리얼리즘의 시각으로 두 작품의 성취에 주목하는 데서 가능하다.

> 다른 사람들이 정신적 산물을 불신과 과소평가로 대해 왔듯이, 이전의 나 역시 예술과 문학에 몰두하는 것을, 실천적 일과 비교하여 때로는 하나의 도피이고 자기 격리라고 여겼다. 지금 비교한 이 두 책은 어떻게 차이가 서로에게 의존하는지, 어떻게 서로를 보충하며 다른 것 없이 있기 어려운지 명백히 보여 줬다. 카프카의 책을 읽을 때, 나는 우리의 나날의 경과나 포장 창고, 조립 공장 그리고 새벽 4시 반 교대가 끝난 후 사람으로 가득 찬 전철을 타고 가는 일로부터 멀어지지 않았고, 노이크란츠의 책에 나타난 물질적 폭력은, 만약 이 폭력 뒤에 이념이 자리하지 않았다면, 사소하게 되었을 것이다. 미로 같은 것이나 비유적인 것 역시 우리에겐, 직접 감지할 수 있는 것으로 우리 앞에 존재하는 것과 대결할 때처럼, 그렇게 가까웠다. 탐구하는 일과 방어하는 싸움은 동일한 입장의 두 측면이었다(*ÄdW*, I, 182).

카프카 책에서 비규정적이고 알레고리적으로 나타나는 것은 노이크란츠 책에서는 사실적 즉물성 아래 나타난다. 노이크란츠는 경찰청을 폭력의 익명적 원천으로 직접 간주한다. 소설의 인물들은 이 경찰청으로 진입해 들어가는 것을 꺼리지 않는데, 이러한 점은 카프카의 토지측량사에게 의문스럽게 나타난다. 하지만 노이크란츠의 인물들은 '그들이 적대 세력의 중심부로 침투해 들어갈 수 있다는 점을 모범적으로' 보여 주기도 한다 (*ÄdW*, I, 181). 이것은 물론 지배 질서와 권력 구조에 대한 용기 있는 개입이기도 하다.

소설의 주인공들은 카프카가 묘사하는 황폐하고도 파멸적인 상황에서 단순히 마을의 거주민뿐만 아니라 그들 자신과 그들이 잘 아는 사람들 역시 처해 있는 고통스러운 현실을 새삼 인식한다. 그렇듯이 노이크란츠의 서술에도, 현실을 단순화하는 한계를 지닌 채로, 사안의 핵심을 파고드는 장점이 전혀 없는 것이 아니다. 그렇다는 것은, 결국 노이크란츠의 책이나 카프카의 책이 단순히 대립적인 것에 그치는 것이 아니라 보충적이라는 사실을 암시한다. 적어도 소설에 나타나는 등장인물들의 해석적 시각은 이렇듯 보완적이다. 그래서 주인공은 적는다. "미로 같은 것이나 비유적인 것 역시 우리에겐, 직접 감지할 수 있는 것으로 우리 앞에 존재하는 것과 대결할 때처럼, 그렇게 가까웠다. 탐구하는 일과 방어하는 싸움은 동일한 입장의 두 측면이었다." 투쟁과 탐구, 저항과 묘사는 별개의 일이 아니다. 이 둘은 삶의 얼개 속에서 복합적으로 얽혀 있다. 이 얼개를 구성하는 것은 각 개인의 감각과 사고와 행동과 표현과 언어다.

삶의 지배 질서는 변함없이 안정된 것으로 나타나고, 이 안정성은 카프카의 즉물적 언어에서 위장된 야수성을 드러낸다. 그렇듯이 노이크란츠의 투쟁적 묘사에서도 배울 만한 것은 분명 있다. 그것은 사실적 구체에 대한 밀착이다. 그리하여 역류적 작품 독해에서 확실한 점은 카프카의 비유성이나 노이크란츠의 직접성이 전적으로 이질적인 것이 아니라 상호작용 아래 서로의 결핍을 보완하고 그 미비를 벌충한다는 사실이다. 그러므로 중요한 것은, 그 방향이 어떠하든, 대립적으로 보여지는 것이 반드시 그리고 언제나 다른 것은 아니라는 점이다. 더 좋은 것은 다른 것을 배제한 어떤 것의 일방적 선택이 아니라 이 양자를 적정한 수준에서 융합하고 포용하는 일이다. 이것은 1인칭 화자의 해석 내용이면서 이 등장인물을 소설에서 형상화한 바이스의 서술 방향이기도 하다.

결국 바이스의 해석 시도는, 카프카 연구에서 흔히 있듯이, 원인과 결과, 가해자와 피해자가 구분되지 않는 출구 없는 세계 상황 또는 그 해석 불가능성 속에 사로잡혀 있는 것이 아니다. 오히려 그는 카프카 서술의 복합적 관계항을 비판적으로 읽으면서, 이 관계항을 한결같은 해명적 요구 아래 끊임없이 거슬러 읽는다. 1인칭 화자는 바로 이런 요구를 글쓰기에서 직접 수행해 간다.

바이스의 거슬러 읽기는 기존 관례의 결을 철저히 역행한다. 그의 독해법은 최근(1990년대) 독일에서 이뤄진, 카프카에 대한 이런저런 해석 시도와도 구분된다. 예를 들어 미하엘 뮐러는 한 논문에서 일정한 이해를 전제하는 해석학적 강제에 저항하면서 이 작가의 작품을 해석할 수 없는 것으로 간주한다. 그럼으로써 그는 자신이 경고하는 모순적 해석의 무정부주의에 스스로 빠진다. 이런 점에서 그의 분석은 모든 이해의 시도를 의문시하는 전래적 해석 틀로부터 그렇게 멀리 있지 않아 보인다.[207] 그러나 더 넓은 맥락에서 보면 삶의 많은 것이 온전히 말해질 수 없다는 사실 역시 우리는 인정해야 한다.

그러나 동시에 더 중요한 사실은 말해질 수 없는 삶의 복합성 앞에서 이 말할 수 없는 것을 인정하면서도 우리는 다시 이 말할 수 없는 것을 일정한 표현 속에서 어떤 형식을 통해 어떻게든 드러낼 수 있어야 한다. 그것이 표현의 과제고, 글쓰기의 윤리다. 표현될 수 없는 세계의 실체는 표현될 수 있다는 극미의 가능성 속에서 비로소 인간화하기 때문이다. 이것이 예술과 문화의 궁극적 존재 이유다.

나는 삶의 모든 것이 이해될 수 있고, 모든 것이 언어로 표현될 수 있다고 생각하지 않는다. 그러나 그렇다고 해서 삶이 아무렇게나 규정되어도

207 Müller, Michael: Das Schloß, in: Arnold, Heinz Ludwig(Hg.): *Franz Kafka*, a.a.O., S. 237.

좋다는, 해석과 입장의 무정부주의를 옹호하지도 않는다. 카프카를 다른 언어로 다르게 그리고 또 새롭게 번역하는 시도는 거듭 행해져야 한다. 이때 필요한 것은 삶과 사회에 대한 다른 느낌과 사고, 그리고 이를 담은 다른 형식과 구성과 스타일을 부단하게 고안하고 창출해 내는 일이다. 그것이 문학의 과제이고, 크게는 문화적 실천의 소임이다. 거슬러 읽기를 통한 다르게 쓰기는 종국적으로《저항의 미학》에 나타난 문화 구상으로 통합된다. 이 점은 다음 절에서 논의된다.

2.3. 다르게 읽고 다르게 쓰기

> 땅 위의 건물 한 채 — 우리는 무엇을 다르게 세울 수 있는가?
> 그러나 낮은 집채들보다는 더 높은 목표와,
> 흐린 노동의 날보다는 더 선명한 표현을 가진 집을.
> — 카프카,《성》

작품이 야기하는 불안과 당혹감 때문에 1인칭 화자는 절망의 나락으로 침몰하지 않는다. 그는 오히려 이 충격을 자기 사는 사회의 역사적 맥락과 이 맥락 속의 위기 상황을 더 명료하게 인식하는 계기로 삼는다. 이 전환의 계기는, 수용자가 예술작품에서 지각의 심화와 확대를 경험할 때, 일어난다. 심미적 경험에서 오는 여러 자극은 서로 통합되면서 예술적 주체의 현실 해명적 노력에 의미 있는 자양으로 자리하는 것이다. 이것은 노이크란츠의《베딩에서의 바리케이드》와 비교되면서 행해지는, 카프카의《성》에 대한 해석에서 잘 확인된다. 카프카에 대한 주인공의 경험은, 그러나 노이크란츠에서의 그것과는 다르게, 읽기에만 그치는 것이 아니라 쓰기로 이어진다.

카프카 소설을 지배하는 몰락과 무기력의 분위기에서 주인공은, 이미 언급했듯이, 피폐한 마을의 거주민뿐만 아니라 무엇보다 자기 자신을 재발견한다. 이러한 재발견은 노이크란츠 소설에서 그가 악에 대항하는 사람들의 용기를 보는 데서 변주된다. 인정을 받으려는 토지측량사의 갈망이나, 직접적 개입에 대한 노동자의 호소는 결국 같은 입장의 다른 방법을 표현한 것이기 때문이다. 이 입장들은 미로처럼 왜곡된 일상의 병리학을 폭로하고 이에 저항한 것이다. 얼핏 보기에 대립적으로 나타나는 이 두 책은 그러므로 현실 세계에 대해 똑같이 중요한 타당성을 지니는 것이다. 이 거슬러 읽기를 통해 지금까지 낯선 것으로 경험된 일은 친숙한 것으로 수용되고, 친숙한 것으로 경험된 일은 낯선 것으로 나타난다. 역류적 해석의 예술 전취는 사고와 경험의 진부한 틀을 교정하고 갱신하는 데 이바지한다.

교정과 갱신의 과정을 통해 예술적 주체는 자기 자신을, 그리고 자기 속한 현실을 그때까지와는 다르게 지각하고, 그럼으로써 새롭게 변모시킬 발판을 마련한다. 그것은 나와 타자가 만나 충돌하면서 어울리고, 이 어울림 아래 타자 경험이 자기 경험으로 변전變轉되는 의미론적 가공 과정 — 의미 창출의 변형 과정이다.

소설 내적 차원에서 보면, 주인공의 관심은 예술 경험이 진행됨에 따라 독자로서의 수동적 수용자로부터 이야기꾼으로서의 능동적 생산자로 변모해 간다. 거슬러 읽음으로써 그는 '다르게 쓰는 자'로 성숙해 가는 것이다. 이것은 '심미적 경험의 변형력'으로 지칭될 수 있을지도 모른다. 심미적 경험은 보고 듣고 읽으며 다시 기록하는 가운데 삶의 깊이와 넓이를 더해 간다. 오직 확장되고 심화되는 것에 심미적 에너지의 파급력이 있는 것이다. 이것은 카프카와 노이크란츠에 대한 아래의 비판적 해석에서 뚜렷하게 확인된다.

여기 바른스도르프에서 여기저기 돌아다니던 며칠 동안 지금까지 퇴행 방

> 식으로만 여겨졌던 예술의 기준들은 더 큰 선명성과 자명성을 얻게 되었고, 그래서 책을 읽거나 그림을 연구할 때, 나는 더 이상 격리된, 그래서 전문가들만 도달할 수 있는 특별한 영역으로 나아가지 않았고, 이때 보였던 그 모든 것은 오히려 내 일상적 경험 속으로 끼어들었다. 노이크란츠의 보고문 같은 소설을 읽을 때 나는 이미 글쓰기 활동을 일종의 도구로, 하나의 직업으로 생각할 수 있었다. 이전에 나는 쿠퍼Cooper와 데포Defoe, 디킨스Dickens와 매리엇Marryat, 멜빌Melville, 스위프트Swift, 포Poe, 콘래드Conrad 그리고 잭 런던Jack London을 읽었는데, 《베딩에서의 바리케이드》는 어떤 것을 기록하고 보여지게끔 만들고픈 욕구를 일으킨 첫 작품이었다. 우회하거나 과장하지 않고, 열린 채 그리고 자기 입장을 지닌 채, 나는 그 일에 몰두하려 했고, 샤르펜베르크에서 그것을 내 글로 묶어 내려고 했다. 소설《성》은 오랫동안 고여 있던 불안과 막 싹트던 앎에의 욕구를 불러일으켰다. 그 책은 가슴을 짓눌렀고, 어쩔 수 없이 내 허약성과 나태를 깨닫게 했다(*ÄdW*, I, 182f.).

예술 감상이 진행됨에 따라 주인공은 작품과의 교류가 특별한 분야의 일이며 특권층만 향유하는 일이라는 이전의 관점과 점차 거리를 두게 된다. 그래서 책을 읽고 그림을 보는 동안 '예술의 기준'은 그에게 점차 '더 큰 선명성과 자명성'을 얻는다.

이러한 사실은 소설 내부적으로 보자면, 1인칭 화자가 '글쓰기의 활동을 하나의 도구로서, 즉 하나의 직업으로서' 이해하고, 자기 자신을 '직업적으로 글 쓰는 사람'으로 파악하면서 현실적 개입과 저항을 글로 실행하게 될 때, 그 구체적 윤곽을 보이기 시작한다(*ÄdW*, II, 169). 이 점에서 화자의 거슬러 읽기는 — 이 점은 아마도 《저항의 미학》의 주된 특징이 될 것인데 — 글쓰기 실천으로 발전한다. 이 실천의 내용은 '다르게 읽기로서의 다르게 쓰기'다. 마치 카프카가 비밀의 언어가 아닌 해명의 언어로 세계에 대응하듯이, 주인공 역시 다르게 읽고 다르게 씀으로써 가늠하기 힘든 삶에 자기 나름으로 대응한다. 화자의 이 글쓰기는 바이스의 고도로 의식적인 태도 아래 추동된다. 그러니까 글쓰기는, 그 주체가 카프카든 바이스든 아니면 소설 속의 1인칭 화자든 간에, 어리석고 피폐한 현실에 대한 가장 절실한 대응 방식의 하나가 되는 것이다.

주인공은 예술의 전취를 글쓰기로 적극화하면서 심미적 경험에서 우러나는 에너지를 사회정치적 현실 인식과 문화적 통찰로 변모시킨다. 이 점에서 그의 실천은 표현 형식을 찾기 위한 바이스의 절망적 노력, 나아가 이야기에 대한 카프카의 열망과 비교될 수 있다.

> 언어는 어떤 불가능한 것 — 이 불가능성에 대한 저항으로부터만 생겨날 수 있는 불가능한 것으로 나타난다.[208]

> 모든 사람이 우리를 필요 이상으로 생각하지만, 그러나 아무도 그것을 이야기하지는 않을 것이며, 그들은 이것을 말하는 걸 회피한다.[209]

> 표현을 찾기 위한 노력 속에서 우리가 얽혀 있던 부서진 것, 분리된 것들은 극복되어야 했다. 우리는 예술에서 진실한 것이 무엇인지 물었고, 이 진실한 것은 자기의 감각과 신경을 꿰뚫고 지나간 질료여야 한다고 생각했다(*ÄdW*, I, 183).

위의 인용구는 문학적 글쓰기와 표현에 대한 작가의 이해를 명시한다. 그러면서 카프카의 글쓰기 행동이 얼마나 바이스의 그것에 근접하는 것인지 잘 보여 준다. 즉 그의 글쓰기의 중심에는 전방위적으로 관리되고 억압된 인간의 현존 상황이 자리한다.

---

208 Peter Weiss: Laokoon oder Über die Grenzen der Sprache. in: ders., *Rapporte*, Frankfurt/M. 1968, S. 170.

209 Kafka, Franz: *Das Schloß*, Gesammelte Werke, hrsg. von Max Brod,(erstmals 1935), Frankfurt/M. 1983, S. 178.

그러나 이 모든 무의미와 전망 부재에도 불구하고 카프카는 사회적 비진리가 강제하는 개인적 상처를 지극히 즉물적인 묘사 속에 드러낸다. 이것은 그가 다른 현실과 다른 세계에 대한 희망을, 적어도 글을 쓰는 동안에는, 결코 포기하지 않았음을 증거해 준다. 현실은 인간을 언제라도 압도할 수 있고, 따라서 이 현실을 묘사하기란 지극히 어려운 일이지만, 그러나 이런 회의가 자폐나 몰락의 이유일 수는 없다. 오히려 그것은 새 시도를 위한 생산적 계기가 된다. 아도르노가 옳게 언급했듯이, 카프카 이외의 어느 누구도 그의 시대에 언어 경제를 통해 '세계의 지옥 같은 균열을 꽃피어나듯 드러나게'[210] 할 수 없었다.

카프카 예술의 특이성은, 많은 문학적 진실이 그러하듯이, 전적인 희망 부재에도 불구하고 현존하는 것의 오명을 거울 같은 책Spiegelschrift으로 드러내었다는 점에 있다. 그의 언어는 생각할 수 없는 것들의 극단적 현실을 견뎌 내는 수단 이외의 다른 것이 아니다. 그의 글쓰기 작업을 규정하는 것도 바로 이것 — 여하한의 심미주의와 인위성을 거스르는 표현의 강렬성이다. 그 표현 의지는 너무도 강렬하고 견고하여 마치 기계처럼 확고부동하게 느껴진다. 이런 이유에서 우리는 카프카의 표현 의지를, 들뢰즈/가타리의 말을 빌려, '집단적 표현 기계Ausdrucksmaschine'라고 부를 수 있을지도 모른다.

카프카는 개입적 표현 기계고 역행적 묘사 기계이며 저항적 서술 기계다. 이것은 바이스의 서술 방식에도 그대로 적용될 수 있을 것이다. 카프카가 '최후의, 얼마 되지 않은, 사라지고 있는, 원래는 전혀 있지 않은 희망'[211]을 위해 극도의 즉물성으로 글을 썼듯이, 바이스 역시 회의와 절망 속에서도 최대한의 정확성으로 쓰는 일 외의 다른 의미와 출구를 삶에서 찾기 어

---

210 Adorno, Theodor W.: Aufzeichnungen zu Kafka, in: ders.: *Kulturkritik und Gesellschaft I*, GS Bd. 10. I., Frankfurt/M. 1977, S. 284.

211 Kafka, Franz: *Das Schloß*, a.a.O., S. 109.

려웠던 것 같다. 바로 이 점은 그의 대담한 묘사가 보여 주는 집요함과 성실성에서 이미 확인되는 것이었다. 카프카와 바이스는 모두 삶의 강제 질서를 비교할 바 없이 정밀하고도 집요하게 형상화하는 데 성공했다. 그점에서 이들은 권력 관계의 탐침探針이자 억압 현실의 지진계로 자리한다.

그러나 카프카와 바이스에서 차이점이 없는 것은 아니다. 카프카에게 주체와 현실의 거리는 알레고리적 서술 방식으로 인해 자주 불명료하게 나타나는 반면 — 이것을 우리는 마을 거주민과 성의 주인의 관계에서 본 적 있다 — 바이스에게 이 거리는 고양된 해명 의지 덕분에 카프카에서보다 더 명하게 드러난다. 그렇다는 것은 카프카에게 주체와 사회성의 지시 관계가 없다는 것이 아니라, 바이스의 의식적 태도로 말미암아 그에게는 카프카에게서보다 더 높은 현실 해명적 요구가 있음을 뜻한다. 현실 해명적 요구는 변화에 대한 세속적 관심에서 온다. 편재하는 익명의 권력과 그 괴물적 파괴성은 두 작가에게서 다 같이 의문시되고 폭로된다. 그러나 이 대상은 바이스에게 비의적 베일에 싸인 채 해석 불가능한 현상으로 취급되지 않는다. 오히려 그것은 현재하는 표현 의식에 의해 파악할 수 있고, 따라서 변화될 수 있는 것으로 이해된다. 그러니까 현실은 더 이상 설명 불가능한 수수께끼로서가 아니라 계속 탐구되어야 할 필연성으로 간주되는 것이다. 그러나 카프카에게 이 점은, 그의 텍스트가 가진 특유의 모호성으로 인해, 바이스의 경우보다 상대적으로 약하게 나타난다.

현실 해명에의 의지가 곧 현실의 변화로 이어지긴 어렵다. 글쓰기는 마치 겨자씨를 돌밭에 뿌리는 일과 같다고나 할까. 아니면 마른 땅에 쏟아붓는 한 바가지의 물이 되는 것인가? 그 씨는 여느 다른 씨들보다 훨씬 작고, 이 씨가 뿌려지는 땅은 그 어느 토양보다 척박하다. 그러나 어떤 씨는 모질게 피어나 그 메마른 한구석을 촉촉하고도 윤기 있는 땅으로 변모시킬 수도 있다. 세상의 모래땅이 사람 살 만한 옥토로 변하게 되는 것은 그 한참 뒤의 일일 것이다. 글쓰기는 침묵과 죽음과 무의미의 황무지에서 내지르는 여린 생명의 '여기 있다'는, '여기 살아 숨 쉰다'는 절규다. 단지 바라는 것은 이 절규의 어조가 더 낮아지고, 이렇게 낮아진 어조가 즐겁고도 기쁜 화음 몇 마디를 담았으면 하는 일이다.

글쓰기는 무희망 자체가 아니라 무희망의 어떤 다른 가능성에 대한 표현이다. 그러는 한 바이스의 글은 묘사의 강렬성 속에서 불가능한 희망의 지양 가능성을 암시한다. 이 글의 가능성은 고통당하는 자들에게 책임지려는 그의 도덕적 각오를 알려 준다.

> 왜냐하면 예술과 문학을 정복하려던 우리의 노력은 지금껏 문학예술로부터 격리되어 온 사람들과의 연대의식을 강화하는 것 외의 다른 목적과 진리를 가질 수 없었기 때문이다. 만약 예술작품의 고유한 가치에 굴복하려 했다면 우리는 진공 상태로 빠지는 위험에 처했을 테지만, 우리의 배움과 우리의 공부는 오직 우리 삶의 영역이 지닌 조건과 특이성, 그 행동 방식과의 상호작용 속에서 비로소 결실 있게 될 수 있었다. 〔…〕 그러나 그 해에 무엇이 우리를 특히 매료시켰고, 무엇이 우리 의식의 확장에 기여했던가를 우리는 자신의 힘으로 설명해야 했고, 이때의 주제는 우리 삶을 조건짓는 애매성과 논란 그리고 모순이었다. 현실의 감각적 수용이 중시된 여기에서 소설과 시 그리고 그림에서 온 자극들은 대개 우리의 체험과 상상력에 결합되었고, 이때 우리는 무엇보다 우리 자신과의 일치에 도달할 수 있었다(*ÄdW*, I, 184).

예술을 통해 사회적 연대의식을 강화하는 주인공(그리고 나아가 소설 인물들)의 시도는, 그가 심미적 경험에서의 자극과 인식을 '예술작품의 고유한 가치'로 간주하지 않고 오히려 자기 삶의 조건으로 전환하는 데서, 시작된다. 그러니까 그의 관심은 예술적 묘사가 삶의 상황에 대해 갖는 관련성의 성격에 놓여 있다. 그는 작품에 묘사된 내용을 자신의 계층적, 노동적 경험과 연결지으면서 심미적 경험을 자기 성찰과 현실 탐색의 계기로 삼는 것이다.

여기에서 확인되는 사실은, 바이스가 예술 경험을 지각 확장을 위한 성찰적 계기로 삼는다는 점이다. 그는 작품의 내용에 독단적이거나 환원주의적으로 접근하지 않는다. 그는 심미적 경험을 지각적 경험 틀을 교정하고 갱신하기 위한 하나의 모델로 간주한다. 그래서 자기가 읽고 본 작품의 소재로부터 허구적 현실과 그 인물뿐만 아니라 자기 자신과 자기가 이웃한 다른 사람들의 현실적, 현재적 상황을 투시할 수 있는 반성적 자료를 끄집어낸다. 이렇게 하여 작가와 독자, 허구적 작품 현실과 현재적 사실 현실은 하나로 만난다.

추출된 작품의 의미는 역동적 해석 작업 아래 용해됨으로써 수용자는 현실의 오류와 행동의 실책을 줄일 수 있다. 글쓰기는 부정 현실에 대한 실천적 응전의 한 방식인 것이다. 이 방식은, 여러 우회로를 지나는 채로, 결국 삶의 근본적 공존성 — 인간과 인간, 인간과 사물, 인간과 자연의 근본적 상호 의존성을 구현하는 데로 나아간다. 이것은 문화가 지향하는 의미론의 근본 방향과 다르지 않다.

2.4. 심미적 문화 의미론

주인공의 글쓰기를 지탱하는 에너지는, 《저항의 미학》에 분명히 서술되듯이, 삶의 '근본적 변화, 어떤 새로운 현존의 건설을 위한 열망과 결합되어' 있다(*ÄdW*, I, 170). 그러니까 그의 관심은 '우리 삶을 조건짓는 애매성과 논란 그리고 모순의 테마'를 극도의 선명성 아래 지칠 때까지 드러내는 형상 의지로부터 나온다. 쓰인 것의 객관화된 형식에서 삶의 애매성과 모순은 더 분명하게 인식될 수 있기 때문이다.

권력과 지배의 강제 질서는 소설의 마을 거주자들만 억누르는 게 아니다. 그것은 소설 안과 마찬가지로 그밖의 사람들 — 현실의 사람들까지 희생시킨다. 이러한 왜곡상은 명료한 표현 형식에 실려 더 이상 불가사의한 미로로서가 아니라 파악할 수 있는 현상으로 변형된다. 이 점으로부터 글은 능동적 개입을 위한 발판을 만들어 내고, 이 발판 위에서 그는 굴종적 현실에 저항할 수 있게 된다.

그러므로 1인칭 주인공의 글쓰기는 '심미적인 것의 저항 형식'에 깊이 뿌리박혀 있다. 심미적인 것의 저항 형식이란, 그것이 복합 현실에 형식을 부여하며 이뤄진다는 점에서 '심미적'이고, 이 심미적 형식의 힘으로 부정적 세계를 거스른다는 점에서 '저항적'이다. 그리고 이 모든 활동을 지탱하는 것은 거듭 강조하거니와 현실에의 해명 의지이자 변화에의 열망이다. (그러나, 어떤 관점에서 보면, 이런 저항과 변화 그리고 해명의 사회적 요구를 전혀 의식하지 않고도, 그러니까 현실과 완전히 격리된 듯 보이는 상태에서도 여전히 정치적일 수도 있을 것이다. 정치적인 것의 가능성이 반드시 정치나 제도나 법률이나 계몽적 요청을 통해서만 모색되는 것일까? 반드시 그렇지는 않을 것이다. 한국 사회처럼 집단 이데올로기가 강한 곳에서는 오히려 비정치적인 경우와 마찬가지로 지나친 정치성 혹은 사회성 혹은 역사성이 감각과 사고의 가능성을, 그리하여 결국에는 삶의 가능성까지 협애화한다고 말할 수 있다. 좁고 답답한 삶에서 문학과 예술은 얼마나 트여 있을까? 그러므로 심미적 저항은 저항의 이 있을 수 있는 의도와 요청까지 지워 버리는 것을 포함할 때, 좀더 온전한 형태를 지닐 수 있는 것이다. 왜냐하면 이때 그것은 여하한의 원칙이나 명제로 내세우지 않아도 이미 생활 속에서 개개인이 그 나름으로 실행하는 자연스러운 단계에 있을 것이기 때문이다.)

바이스의 글쓰기 방식은 저항 투쟁의 사회정치적 행동 연관항으로부터 결코 이탈하지 않는다. 그러는 한 그것은 철저히 '이성적으로 구조화되어' 있다. 이것을 바이스는 《저항의 미학》에서 '일시적인 것, 설명할 수 없이 나타나는 것에 이성적 제약성eine Vernunftsbedingtheit을 부여하는 원칙'이라고 (*ÄdW*, I, 171) 적고 있다. 바로 이 심미적 이성의 저항 의지가, 모든 의혹과 주저에도 불구하고, 《저항의 미학》을 처음부터 끝까지 희망 속에 끌고 가는 핵심적 동력이지 않나 여겨진다.

바이스에게 글은 삶의 애매성을 가공하고 극복하려는 세계 해명적 활동이다. 이 활동은, 카프카와 노이크란츠 작품에 대한 역류적 해석에서 보았듯이, 아방가르드적이고 리얼리즘적인 예술 개념의 통합에서 문화 이해의 다른 지평을 여는 데로 발전한다. 새로운 문화 의미론은 이때 만들어진다.

그러나 새로운 문화의 의미는 '단순히 지금까지 특권을 가지고 지배층에 봉사했던 사람들의 손으로부터' '문화 가치를 넘겨받는' 데 있지 않다. 그렇다고 그것이 '문화의 탈정치화'를(*ÄdW*, I, 188) 겨냥하는 것도 아니다. 그것은 비판적 예술 경험을 통해 역사적으로 누락된 정치적 문화 또는 문화적 정치를 지금 여기의 현실 속에서 복원하려고 한다. 이것을 1인칭 화자는 아방가르드적이고 실험적인 서술 원칙과 리얼리즘적이고 명징한 서술 원칙을 하나로 모으면서 수행한다. 엄격한 현실성과 제약 없는 환상은 글을 쓰는 작자에게 둘이 아니다. 그것은 하나로 이어지고, 또 이어질 수 있어야 한다. 그는 둘 중의 어느 하나를 선호하는 것이 아니라, 글로써 그 융합을 시도한다. 그가 구상한 문화 개념도 여기에서 온다.

문화 혁명에 대한 1인칭 화자의 물음에 대해 그의 아버지가 다음과 같이 대답할 때, 소설 속의 문화 이해는 선명하게 구체화된다. 즉 문화 혁명에는 '자유로운 발의Initiative의 학교와 창조적 활동 교육에 대한 (로자) 룩셈베르크의 생각과, 메커니즘과 권위적 교육을 부정하는 그람시의 생각'이 결합되어 있다(*ÄdW*, I, 188). 그러므로 새롭게 부각되는 문화 구상은, 더 나은 삶에 대한 공동의 감각을 훼손함 없이, 어떻게 개인의 자유로운 의견과 사회의 비판적 잠재력을 동시에 장려할 수 있는가라는 문제로 수렴된다.

글쓰기가 상징적 매개의 문학 활동이라면, 이 활동은 분명 문화적 의미를 창출하는 데 큰 역할을 한다. 왜냐하면 글은 우리를 역겹게 하거나 매혹시키는 대상을 파악 가능한 의미로 전환시킴으로써 경험된 것을 새로운 관점 아래 관찰하고 반성하는 어떤 전환적 계기를 만들어 내기 때문이다. 글은 명료한 표현을 통해 심미적 인식뿐만 아니라 문화적 행동 능력을 장려한다. 직접적 대상을 상징적으로 매개함으로써 인간은 자기의 정체성을 구성하고, 자기 사는 세계를 새로 설계할 기회를 얻는다. 그러는 한 글쓰기는 새로운 문화 의미론의 형성에 기여한다고 할 수 있다. 이 문화 의미론은, 개인의 고유성과 자발성을 포기함 없이, 권력의 지배 메커니즘을 거스르는 데 있다.

여기에서 건전한 문화는 이중적 비판력을 지닌다. 그것은 대상에 대한 비판뿐만 아니라 대상을 비판하는 심급으로서의 자기 자신에 대한 비판까지 포함한다. 즉 대상 비판적이자 자기 비판적이다. 혹은 객체 비판적이자 주체 비판적이기도 하다. 왜냐하면 이중적 비판 속에서 우리는 권위와 체계에 대한 그람시적 저항과, 창조와 자발성에 대한 룩셈베르크적 옹호를 결합시킬 수 있기 때문이다. 그리하여 바른 문화는 기존의 척도를 완결된 형식으로서가 아니라 그 과정성 속에서 파악하고, 따라서 늘 다시 확대되어야 할 것으로 설정한다. 화자의 아버지는 말한다. '우리를 계속 형성할 수 있는 것은 아직도 창출되어야 한다'(*ÄdW*, I, 188). 열린 문화는 우리를 만드는 가운데, 우리 스스로 그것을 만들어 가야 한다.

참된 글은 인간의 감각과 신경, 세포와 근육을 지나 생활의 크고 작은 파문을 담는다. 삶의 내장을 드러내지 못한 글은 좋은 글이 아니다. 그점에서 그것은 철저하게 물질과 자료의 구체적 바탕 위에 자리한다. 이 물질적, 경험적 토대 위에서 그것은 대상 비판적이고 자기 성찰적이다. 혹은 대상 비판 속에서 개인의 자발성을 장려하고, 이 같은 자기 성찰을 통해 공동체의 정의로 나아간다.

그러므로 글을 통한 새 문화론은 주체에만 사로잡혀 있는 것도 아니고, 그렇다고 주체 밖의 어떤 것에 인도되는 것도 아니다. 그것은 낯선 것으로부터 자기를 격리시키지 않듯이, 자기에게 친숙한 것만 고집하지도 않는다. 참된 문화 의미론은 대상 비판과 주체 성찰 속에서 자기와 타자, 친숙한 것과 낯선 것의 대립을 넘어, 이 둘 사이의 긴장 관계를 현재적 삶의 갱신적 에너지로 전화轉化시킬 줄 안다. 문화의 체질은 이 부단한 자기 갱신력 속에서 비로소 건전해진다. 주체의 갱신력이란 곧 자기 반성력이다. 이 자기 반성력은, 여기에도 여러 계기가 작용하지만, 가장 전형적으로는 심미적 경험에서 연마되는 것이다. 왜냐하면 예술의 반성력은 사회가 아닌 개인으로부터 출발하고, 외적/외면적으로 부과되는 것이 아니라 내적/내면적으로 창출하는 것이기 때문이다.

삶의 척도는 이미 만들어진 것이 아니라 앞으로 계속 만들어져야 한다. 그래서 그것은 부단한 형성성 — 자기 형성의 과정성 속에서 오직 잠정적으로만 가늠된다. 알려지지 않은 것 그리고 무형적인 것과 교류하는 가운데 문화 의미론은 이것에 명료한 윤곽을 부여한다. 그러면서 자기 안으로 포용하고 육화한다. 성숙한 문화에서 개인의 창조적 발의에 대한 존중과 이 발의의 있을 수 있는 무원칙성에 대한 연대적 비판은 융합된다.[212] 자발성과 조직, 개별적 고유성과 공동체적 권위는 상호 제약적이고 때로는 상호 모순적으로 작용하지만, 그것이 높은 수준에서는 하나의 민주적 원리로 제도 속에 표현될 수 있고, 이렇게 제도적 표현을 얻을 때 시민문화는 비로소 건전하게 만들어지기 시작할 것이다.

우리 스스로 만들고 또 우리 자신을 만들어 갈 삶의 척도는 여전히 마련되어야 한다. 이것은, 지금껏 보았듯이, 바이스의 카프카 읽기에서 잘 나타나는 것이었다. 카프카는 시대적 사건에 대해 절대적으로 정당한 견해를 갖기 어렵다고 여긴 반면, 바이스는 그 근본적 해독 불가능성에 대해 지침 없는 해명의 요구를 대응시킨다. 이때 삶의 복합적 국면은 누구도 빠져나올 수 없는 권력의 소용돌이로 묘사되는 것이 아니라, 그 모든 제어 불능성에도 불구하고 계속 해석되고 탐구되어야 할 대상으로 나타난다. 이런 생각은 때때로 바이스가 현실에 대해 지나치게 소박하게 사고한 것은

212 Schnädelbach, Herbert: Plädoyer für eine kritische Kulturphilosophie, in: *Information Philosophie 4*(1992), S. 313.

아닌가, 그의 인식 틀은 어쩌면 기계적이지 않는가 여기게 하기도 한다. 그러나 현실 해명의 요구는, 그것이 '사실적으로 경험되어서'가 아니라 사람이 '좀더 현명하게 그래서 정신을 잃지 않고 살아가려면 반드시 전제되는 당위이자 필연성'이다. 그점에서 그것은 이해될 수 있고, 또 동의할 만해 보인다. 이해될 수 없는 애매성과 그로 인한 비극적 궁핍이 아니라 해명과 근거 제시의 생존적 필연성이 바이스의 카프카 이해에서 우위를 점하는 것이다.

그러나 바이스의 문화 구상은, 가령 에른스트 블로흐E. Bloch가 그러하듯이, 예술을 통한 이상적 사회 관계의 유토피아적 선취를 겨냥하지 않는다. 그것은 권력 메커니즘에 거스르는 대항적 기획으로서 결국 글을 통해 소설 텍스트 안으로 통합된다. 그는 예술과 문화의 내용을 자기 성찰의 대상으로 삼고, 이 성찰에 기대어 세계를 인식하고 변화시킬 수 있다는 희망으로 자기 자신과 사회와 만난다. 그는 예술 경험을 자기 현실에 끊임없이 적용시킴으로써 기존의 지각 관습을 뒤흔들고, 이런 충격 속에서 기존의 지평을 넘어선 의미 관계의 새로운 가능성을 타진하는 것이다. 중요한 것은 경험 지평 안의 사건을 어떻게 그리고 얼마나 자주 경험 지평 밖의 시선으로 검토할 수 있는가다. 자기와 사회를 외부의 시선으로 바라볼 수 있을 때, 인간도 문화도 조금씩 성숙해질 수 있다. 그러므로 예술 문화의 경험은 '역사의 압박에 민감한 모든 사람들'을 '변형시킨다'(*ÄdW*, I, 188).

바이스 문학의 강렬성은 미학과 정치적 관여가 더 이상 분리될 수 없는 어떤 지점을 현실 해명의 집요한 의지 속에서 글로써 고수한다는 점에 있다. 그는 현존하는 것의 갱신적 가능성을 글쓰기의 심미적 저항 형식으로 입증하고자 노력한다. 소설에서의 '내'가 작품과의 상호작용으로부터 이 작용의 내용을 글로 표현하며 삶을 기획하듯이, 바이스 역시 작가적 정체성을 자기 검증적이고 현실 비판적인 글의 조건에 쉼 없이 결부시킨다. 그러는 한 예술 전취는 '문화적 무의식'(피에르 부르디외)에 감춰진 저항적인 것의 의미론을 해방시킨다는 뜻이기도 하다. 올바른 문화적 정치 또는 정치적 문화의 가능성은 아마도 그 다음에야 올 것이다. 심미적 저항의 문화 의미론이 가진 어떤 의미도 이 옆에 자리한다.

그러므로 새로운 문화론이 개인성의 자유로운 발의와 집단적 기획의 있을 수 있는 경직성에 대한 비판을 매개하는 데 있다면, 가장 구체적인 삶의 개별적 사연에 주목하고 이를 기억하며 발굴함으로써 이 둘을 결합하는 글쓰기 작업은 분명 새로운 문화를 형성하는 데 중대한 기여를 한다고 해야 한다. 바로 이 점에 《저항의 미학》을 주도 모티프적으로 관통하는 예술 문화적 전취의 본래적 의미가 놓여 있다. 개인과 사회, 자유와 책임, 감각과 이성을 하나의 건전한 방식 — 비강제적이고 자발적 형태로 매개하는 데 예술과 문화의 핵심이 있다. 이 핵심이란 심미적 경험이다.

글은 이 심미적 경험을 의미 있는 형태로 결정화하는 일이면서, 그 자체로 심미적으로 경험되는 일이다. 예술이 고통의 변형으로부터 창출된다면, 다르게 읽고 다시 쓰는 것은 이 창출의 문학적 방식이며, 이런 의미 창출로부터 문화는 시민적 토대를 쌓아 간다.

3. 재앙의 비전적 현재화: 제리코의 〈메두사의 뗏목〉

꿈의 역사는 아직 쓰여야 하고, 이 역사에의 통찰을 연다는 것은 자연에 사로잡혀 있다는 미신을 역사적 통찰로 확고히 부수는 것을 뜻한다. 꿈꾸기는 역사에 참여한다.
— 발터 벤야민, 〈꿈의 키치〉

페르가몬 제단에 대한 해석 작업처럼, 테오도르 제리코Théodore Géricault의 그림 〈메두사의 뗏목Le Radeau de la Méduse〉(1818/19)에 대한 해석 역시 바이스의 해

테오도르 제리코의 〈메두사의 뗏목〉, 1818/1819년, 491x716cm, 파리 루브르 박물관.

대서양 한가운데 당신이 난파되었다면, 그래서 흔들리는 뗏목 위에 목숨을 의지하고 있다면, 그리고 희망은 아스라한 지평 너머에 자리하고 함께 탄 사람들은 추위와 굶주림과 암흑 속에 하나둘 죽어 가고 있다면, 그때 당신은 어떻게 할 것인가? 절망과 체념 사이에서 깃발을 흔들며 구조를 청할 것인가, 아니면 죽은 자를 보듬고 생각에 잠길 것인가? 그것도 아니면 덮쳐 오는 파도를 마주보며 매 순간순간을 그저 견뎌 낼 것인가? 어느 것이나 살아남기 위한 처절한 몸부림이다.

명적 서술 의지 아래 자리한다. 이 의지는, 간단히 말하여, 역사적 한계 경험을 예술작품으로 변용시키는 데 있다.

이 장에서 다룰 문제는 사실 이곳만이 아니라 소설 전체를 관통하는 것이다. 그것은 두 가지로 나눠질 수 있다. 첫째, 어떻게 하여, 또 어떤 원리 아래 환각과 비전 그리고 환상과 같은 심리적 힘들이 소설 텍스트 안에서 이해되고 형상화되는가? 여기에서 '환각적 리얼리즘halluzinatiorischer Realismus'은 작품의 형상 원리로서 심리적/내면적으로 각인되어 있을 뿐만 아니라 의식적/이성적으로 동원된다(3장 1절). 둘째, 작가 바이스 그리고 화가 제리코의 개인적이고 역사적인 경험들이 환각적 환상에 의해 어떻게 예술작품으로 변형되는가?(3장 2절)

〈메두사의 뗏목〉에 대한 전취 과정은 분명 1인칭 등장인물의 비판적 수용에 의해 매개된다. 결정적인 것은 표현에 대한 그의 욕구다. 이 욕구는, 그가 시대의 비참에 형식을 부여함으로써, 그래서 이 비참을 극복하려는 데서 나온다. 이것은 제리코에게 나타나는 것이면서 동시에 이 그림을 감상하는 1인칭 화자에게도 해당된다. 형식 부여의 의지는《저항의 미학》에 대한 화자/작가의 글쓰기에서 실현되기 때문이다. 여기에서 예술 표현은 '한 시대의 질환'에 대한 기호 부여로 입증된다(*ÄdW*, II, 23).

3.1. '환각적 리얼리즘'—이성의 형상 형식

《저항의 미학》 첫째 권은, 1인칭 화자가 페르가몬 박물관을 방문하여 이 제단을 감상하는 일로부터 스페인으로 가서 그곳 국제여단에 가입한 후 저항 투쟁을 벌이는 일까지 묘사한다. 이 묘사는 결국 스페인에서의 인민전선의 실패로 끝난다.

한 구급대에서 일하며 스페인 시민전쟁에서 투쟁하다 돌아온 후 1인

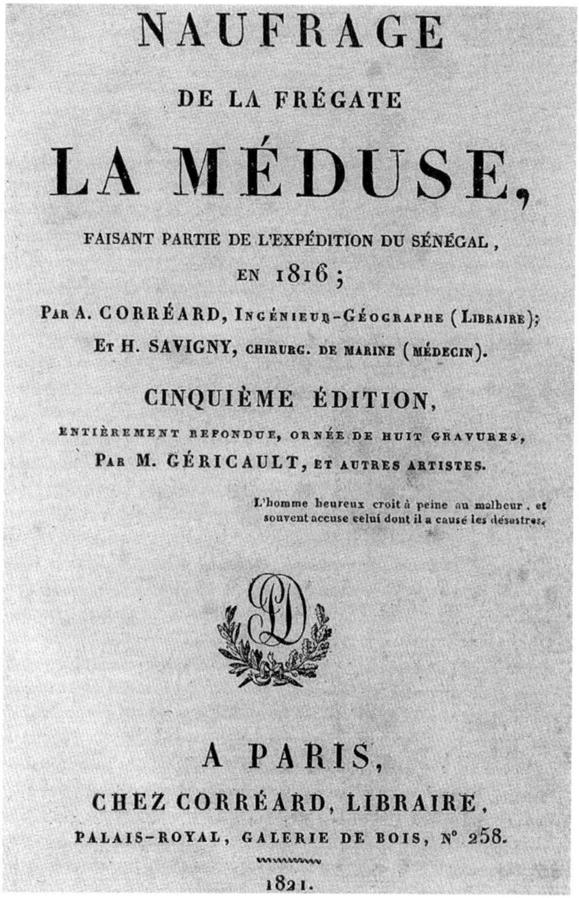

NAUFRAGE

DE LA FRÉGATE

LA MÉDUSE,

FAISANT PARTIE DE L'EXPÉDITION DU SÉNÉGAL,

EN 1816;

PAR A. CORRÉARD, INGÉNIEUR-GÉOGRAPHE (LIBRAIRE);

ET H. SAVIGNY, CHIRURG. DE MARINE (MÉDECIN).

CINQUIÈME ÉDITION,

ENTIÈREMENT REFONDUE, ORNÉE DE HUIT GRAVURES,

PAR M. GÉRICAULT, ET AUTRES ARTISTES.

L'homme heureux croit à peine au malheur, et souvent accuse celui dont il a causé les désastres.

A PARIS,

CHEZ CORRÉARD, LIBRAIRE,

PALAIS-ROYAL, GALERIE DE BOIS, N° 258.

1821.

코레아르와 사비니의 《메두사의 뗏목》(1821년) 프랑스판 표지.

칭 화자는 — 그동안 하일만과 코피 같은 인물들은 독일의 지하부대에 남게 되는데 — 파리에 머물면서 극심한 절망에 휩싸인다. 그는 스웨덴 출신의 은행가 아슈베르크 집에서 도피처를 마련한 다음, 그의 개인 도서관에서 전함 '메두사의 뗏목'의 침몰 경위를 기록한 책 한 권을 접한다. 이 책은 침몰에서 살아남은 두 사람 — 코레아르Corréard와 사비니Savigny라는 이들이 보고한 것인데, 그것은 《1816년 세네갈로 항해 중이던 함선 메두사의 난파》라는 긴 제목을 가진 독일어판이었다.

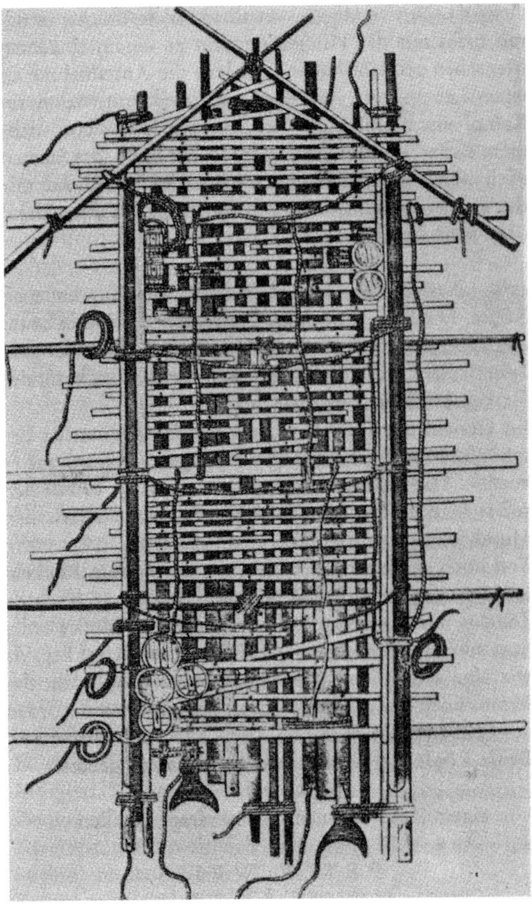

《메두사의 뗏목》에 대한 구성 소묘,
코레아르와사비니의 책에서 인용.

3.1.1. 도덕적 상상력

광활한 바다에 난파된 사람들의 절망적 상황을 묘사하면서, 그리고 이 보도를 접한 독자로서의 화가 제리코를 떠올려 주면서《저항의 미학》첫째 권의 뒷부분과 둘째 권의 첫 부분은 서로 이어지며 구성된다.

> 1816년 7월 2일, 함장의 무능력과 선원들의 게으름 때문에 프랑스 전함선단의 기함旗艦 메두사는 세네갈로 항해하던 도중 블랑 곶 부근에서 좌초되었다. 갑판에 있던 약 300명의 식민지 군인들과 이주민들 가운데 구조보트에

> 탈 수 있는 인원은 절반도 채 못 되었다. 선장과 고급장교 그리고 영향력 있는 승무원은 힘으로 그 보트를 차지했다. 그래서 나머지 사람들은 굵은 널빤지와 돛대로 얽은 뗏목으로 몰려들었다. 구조보트가 이 뗏목을 끌었지만, 파도가 밀려올 때 밧줄이 끊겨 뗏목은 표류했고, 이 뗏목에서 굶어죽거나 갈증에 시달리며 서로 싸웠던 150여 명 가운데, 12일이 지나자, 열다섯 명만 살아남게 되었다(*ÄdW*, I, 343f.).

> 1817년 11월, 메두사 침몰에 관한 책이 막 출간됐을 때, 이 책에 깊이 빠져든 그 독자〔제리코〕는 그가 사는 시대가 어떻게 펼쳐지는지 이 책에서 보았고, 편협한 특성의 한 제국이 어떻게 고루함과 이기심 그리고 탐욕으로부터 자라나게 되는지 보았고, 여기에서 부당 이득자와 그 희생자는 누구인지 알게 되었다(*ÄdW*, II, 9).

프랑스의 기선 메두사는 1816년 여름, 프랑스에서 아프리카로 항해하던 중 아프리카의 한 해안가에서 좌초된다. 코레아르와 사비니의 책은 이 난파현장을 기록하고 있다. 그것은 눈앞에 닥쳐온 죽음과 이 죽음을 넘어 살아남기 위한 싸움을 추적한다. 이 절망적 투쟁에서 무엇이 의미 있고, 무엇이 무의미한지 이 책은 생생하고도 적확하게 서술하고 있다.

제리코는 이 보고문을 읽고서 난파의 '과정을 여러 단계로 분해하고 싶은' 욕구를 느끼고, 그래서 이런 욕구가 담긴 스케치를 그린다(*ÄdW*, II, 10). 그는 두 생존자의 보고서에 근거하여 이 끔찍한 운명의 침몰을 웅대한 크기의 〈메두사의 뗏목〉(491×716cm)으로 형상화해 낸다. 그의 욕구는 역사적 재앙을 그림으로 변형하고 번역해 내는 데 있다. 그것은 고양된 상상력을 통해 이뤄진다. 화가의 상상력은 그가 난파당한 이들의 처지가 되어 봄으로써, 말하자면 그들의 고통 속으로 감정이입함으로써 전개된다.

감정이입이란 정서적 자리 옮김이다. 즉 타자의 처지 속으로 자신을 들여놓음으로써 그 상황을 이해하려는 능력이다. 이 상상적 감정이입의 능력

제리코, 〈통 위로 올라서는 인물 연구〉, 1819년.

현실의 비참함을 재현하기 위해 제리코 역시, 마치 피카소가 그러했던 것처럼,
수백, 수천 장의 스케치를 그리며 각 인물의 몸짓과 표정과 자세와 위치를 탐구해야 했다.
걸작은 그런 열정이 고갈될 무렵 거의 예외적으로 생겨난다.

제리코, 〈뗏목 위의 반란〉, 1818년.

은 사실 예술이 가진 도덕적 힘의 토대다. 감정이입적 상상력이 지닌 도덕성에 대해 존 듀이는 '상상력은 도덕적 선의 위대한 도구다The imagination is the great instrument of moral good'라는 셸리의 문장을 다음과 같이 바꾸어 쓴 적이 있다. '상상력은 선의 중요한 도구다. 동료에 대한 한 사람의 생각과 태도가 자기 자신을 그들의 입장에 상상적으로 놓을 수 있는 힘에 달려 있다고 말하는 것은, 적건 많건, 상식적이다.'[213]

213 원문은 이렇다. "Imagination is the chief instrument of the good. It is more or less a commonplace to say that a person's ideas and treatment of his fellows are dependent upon his power to put himself imaginatively in their place." Dewey, John: *Art as Experience*, New York: Milton, Balch & Co., 1934, S. 348; Deutsche Ausgabe, *Kunst als Erfahrung*, Frankfurt/M. 1988, S. 401. 마르타 너스바움은 최근 한

감정이입의 능력은 그 자체로 도덕성의 증표다. 왜냐하면 그것은 자기의 위치를 넘어 타자로 옮아간다는 뜻이고, 이 타자의 자리에서 자기 자신을 다시 헤아린다는 뜻이기 때문이다. 그렇다는 것은 감정이입적 행위를 통해 인간은 개별적 경험과 주관적 인식의 편협성을 넘어선다는 뜻이다. 그래서 이미 윤리적이다. 이런 위치 변경을 통해 제리코는 난파자들 가운데 자기가 있음을 본다.

> 그〔제리코〕는 그녀 옆에 누운 자기를 보았고, 이 순간을 그렸으며, 이 난파자들은, 시체에 둘러싸인 채, 뗏목 앞쪽에 있었다. 그녀는 의식이 없는 듯했고, 그는 그녀를 한 팔로 안고, 다른 팔로 벌거벗은 한 아기를, 비록 이 뗏목에서 아이는 보이지 않았지만, 안고 있었다. 그래서 뗏목은 점점 더 자기 자신의 세계가 되었다. 그는 여자의 몸을 두르고, 아이를 자기 쪽으로 껴안았으며, 밤에는 그런 자세로 잠들었고, 그가 깨어났을 때, 자기 팔이 텅 비어 있음을 어렴풋이 알게 되었고, 한참 뒤에야 그는 두 눈을 뜬 다음, 파도가 그 여자와 아이를 빼앗아 가 버렸다는 걸 알게 되었다. 뗏목에 남은 사람들의 숫자가 적으면 적어질수록, 화가는 그림의 최종판을 위해 그가 필요로 했던 정신의 집중에 더 가까이 다가갔다(*ÄdW*, II, 16).

난파자들의 고통은 측량할 길이 없다. 그것은 그 어떤 합리성이나 언어의 세계를 통해서도 결코 파악되기 어렵다. 이들의 역사적 재앙과 그 절망에 조금이라도 다가가려면 무엇보다 그 상황이 사려 깊게 생각되어야 한다. 성 가족聖家族 — 한 아이를 가진 부부의 모티프를 생각하게 하는 위의 묘사는 어떤 실재하는 세계라기보다는 난파자들의 경험이 작가에 의해 상상된 세계, 즉 재구성된 허구적 세계다.

책에서 문학적 상상력과 도덕의 관계를 '시적 정의Poetic Justice'라는 개념으로 정초하고자 했다. Nussbaum, Martha: *Poetic Justice: The literary Imagination and Public Life*, Boston 1995.

화가 제리코는 상상을 통해 난파자들의 상황 속으로 들어감으로써 그 사건이 도대체 어떠한지, 그들 경험은 얼마나 잔혹한지 추체험하려고 한다. 그것은 상상화된 자기 개입 또는 역지사지易地思之의 체험이다. 이 추체험을 통해 그는 '그녀 옆에 자기 자신이 누워 있음'을 보게 되고, 이 생존자들의 보고문 속에서 '비명소리와 배의 몸체가 부딪쳐 쿵쾅대는 소리'를 듣는다(*ÄdW*, II, 11). 난파의 재앙적 상황은 이런 식으로 '점점 더' 화가 '자신의 세계로' 전염된다.

상상력이란 곧 감정이입의 능력이다. 그것은 타자 속으로 자신을 옮겨 넣음으로써 이들의 감정과 생각을 공유하는 인간적 능력이다. 따라서 그것은 주관적 경험 속에서 이 경험적 차원을 넘어 타자로 열리는 이월적 표상의 객관 능력이고, 이 이월적 능력은 상호 주체적이고 인간 관계적으로 구조화되어 있다. 즉 사회적이다. 이 점에서 그것은 윤리적이기도 하다. 감정이입의 능력은 주체 이월적 사회화의 능력인 것이다. 이런 감정이입을 통해 제리코는 회화사에 유례없는 그림을 완성한다.

> 13일의 낮과 밤의 고통을 처절하게 체험하지 않았더라면 그〔화가〕는 완성의 순간을 맞이하지 못했을 것이고, 살아남은 자들을 그 온전성 속에서 묘사하지도 못했을 것이다. 여전히 세부적 사항이 그를 사로잡았고, 그래서 완결시키겠다는 구상으로부터 거리를 갖게 되었다. 〔…〕 두어 주일 동안 그는 대상 자체를 모사하는 것이 아니라 객체를 더듬을 때 생기는 감정과 꿈의 표상들을 표현하려 애썼다. 그는 바닥에 꿇어앉아, 문을 걸어 잠근 채, 자기 비밀 속에서 오직 혼자, 종이와 씨름했고, 2-3일 동안 아무것도 먹거나 마시지 않았으며, 환각에 사로잡힌 채, 널빤지 위를 이리저리 기어 다녔고, 그런 그에게 열 살 때 잃은 어머니가 나타나기도 했는데, 이럴 때면 어머니에 대한 그리움이 물밀 듯이 강렬하게 그를 사로잡았고, 그래서 그는 그녀의 흔적을 더듬었으며 〔…〕 그의 현존, 그것은 이 뗏목에서 미끄러져 사라지는 것이었고, 그는 어머니를 대신하던, 삼촌의 아내였던 그녀를 안타까이 그리워

제리코, 〈메두사의 뗏목〉 그림 왼쪽 아래, 체념한 남자의 모습.

덮쳐 오는 물결 앞에서, 파도에 흔들리는 뗏목의 한 켠에 앉아, 주검을 보듬고,
그는 무엇을 할 수 있는가? 그가 만약 당신이라면, 무엇을 하겠는가?

제리코, 〈메두사의 뗏목〉 부분.

아무도 보이지 않는 곳을 향해 입고 있던 옷마저 벗어 흔들 때, 우리는 과연 무엇을 바라는가?
생존은 이 편의 것이 되어 줄 것인가?

> 했으며, 그의 아이를 밴 이 여인을 거부하며 떠났기 때문에, 죄책감이 그의 마음을 찢어 놓았다(*ÄdW*, II, 17).

그림의 창조 과정에서 제리코에게 중요한 것은 난파의 재앙에 노출된 자들의 고통을 유보 없이 그래서 철저하게 추체험하는 일이다. 이것은 그가 "땅바닥에 꿇어앉아, 문을 걸어 잠근 채, 자기 비밀 속에서 오직 혼자, 종이와 씨름했고, 2-3일 동안 아무것도 먹거나 마시지 않았으며, 환각에 사로잡힌 채, 널빤지 위를 이리저리 기어 다닐 때", 잘 나타난다.

그러나 다른 사람의 체험을 온전히 체험할 수는 없다. 시간과 상황, 사건의 성격과 밀도 그리고 주체의 상태에 따라 그 어떤 체험도 전적으로 동일할 수 없기 때문이다. 가장 절실한 것들은 공유되기 어렵지 않는가? 그래서 가장 중요하고 절실한 것들은 '이름 없이 혼자다'고 릴케는 노래했다. 실존적으로 절실한 모든 것은 고정된 형상과 범주, 언어와 개념과 교리를 넘어서는 까닭이다. 그러니 완전한 감정이입이란 처음부터 불가능한 것이라고 말해야 한다. 그리하여 제리코는 단순한 유용성이나 합리성으로 포착할 수 없는 내적 비전과 연상 속으로 점점 더 깊이 침잠한다. 바이스가 썼듯이, '꿈은 충일성으로부터 우리 자신일 수 있는 무엇을 벗겨 내는 데 도움을 주기' 때문이다(*NB*, II, 859).

깨어 있는 세계는 일정한 관점 아래 운용되고, 일정한 논리 아래 존속한다. 낮의 명징성이란 대개 논리의 추상화에 다름 아니다. 여기에는 사물 자체의 밀도와 다채성이 휘발되어 있다. 하나의 시각이나 형상 그리고 범주는, 더 큰 관점 아래서 보면, 단지 한 국면에 불과한 것이다. 그러므로 낮의 논리는 깨어나기 이전의 원형을 향해야 한다.

깨어 있는 영역이 명령하고 규율하는 낮의 세계라면, 밤의 세계는 이렇게 규율될 수 없는 무정형의 광대한 영역이다. 그것은 꿈과 비전 그리고 연상으로 가득 찬 가늠할 수 없는 세계이고, 따라서 어둠과 혼돈, 애매성과 비합리가 지배한다. 낮이 세계의 일부라면, 밤은 세계의 전체다. 예술가는 낮의 명징한 세계에서 밤의 비전적 세계를 느끼고 생각하며 포용하고 표현한다. 제리코는 상상적 침잠을 통해 온갖 규칙으로 짜이고 계측되는 각성의 세계로부터 무규칙성과 불합리의 어두운 세계로 다가선다. 이 꿈의 세계에서 여러 다른 이미지들 — 난파자와 그 고통, 화가 자신과 어머니 그리고 사랑하던 여인 등이 순서 없이 떠오른다. 이것들은 선명하게 분리되어 있는 것이 아니라 무질서하게 뒤엉켜 있다.

삶에는 수많은 변수와 동력학이 존재한다. 이 동력학에서 각각의 구성요소는 삶의 전체에 걸쳐 이어진다. 그것은 서로 작용하면서 변화, 유지되고, 반응, 출현한다. 문제는 삶의 구조적 양상pattern이 지닌 생성의 역학을 어떻게 포착하느냐다. 예술가의 상상에서 낮과 밤은, 리얼리즘과 반리얼리즘은 하나로 파악된다. 그것은 절대적 대립자로서가 아니라 서로 보완하는, 그래서 궁극적으로는 같을 수 있는 것의 다른 양면이기 때문이다. 대립자의 상호작용은 삶의 내재적 맥락 — 자연의 모든 변화를 구성한다. 소설의 내가 낮의 세계에서도 밤의 세계에 열려 있으려 하고, 화가 제리코가 대상을 모사하는 것이 아니라 그 밑도 아래 '감정과 꿈의 표상들'을 드러내려 하는 것은 이 때문이다. 예술이 밤을 구현함으로써 낮의 규율을 위반하게 되는 것은 이 대목에서다. 밤의 연상과 표상을 포용할 수 있을 때, 낮은 전체성의 양상 아래 좀더 온전해진다.

고통은 산술적 논리나 개념적 틀로 접근하기 어렵다. 제리코는 환각과 환상의 추감각Nachempfinden을 통해 대상을 경험한다. 타인의 처지 속으로 들어감으로써 그는 난파자들의 상처 입은 경험을 뒤좇으려 한다. 여기에서 확인하는 것은 사회적인 것의 병리학과 개인적인 것의 병리학, 이 둘 사이의 경계가 밑도 있는 추체험으로 얼마만큼 지양된다는 사실이다. 환각적 환상에 근거하여 둘은 서로 교차하고, 이 교차에서 시대적 병리학의 전체가 성찰되는 것이다. 그리하여 그는 난파자들에 대한 연민 속에서 자기가 떠나보낸 가족에 대한 죄책감을 느끼고, 시대의 부당성에 대한 분노로부터 잃어버린 어머니에 대한 그리움을 깨닫는다. 사회적 병리학과 개인적 병리학, 정치적 불안이나 실존적 근심은 그리 선명하게 구분될 수 없는 것이다. 사회정치적인 것은 삶의 객관적 대상이라기보다는 이 삶 자체를 구성하는 여러 차원들 중의 하나일 뿐이고, 이 차원은 오직 개별적/개인적/실존적으로만 감지된다.

개인적인 것과 집단적인 것, 인간적인 것과 사회적인 것은 밀접하게 얽혀 있다. 개인적 병리학의 사회적 차원에 대한 점증하는 의식에 힘입어 제리코는 마침내 그 시대의 폐해를 설득력 있게 표현할 수 있게 된다.

> 식민지의 반역과 수병들의 폭동, 부패한 국가의 권리 침해가 그의 국외자적 상태와 정신착란의 발작에서 이미 나타났던 동기를 일깨워 주었다. 열병 속에서 그는 이 모든 것을 받아들여 그 자체로 작동하게 했고, 그려진 것이 시대를 증거하는 기록이 되도록 애쓰다가 거의 실신할 지경이 되기도 했다 (*ÄdW*, I, 347).

그림에 묘사된 인물들의 고통은 한편으로 부패한 국가 체제와 그 억압적 식민 통치를 암시하고, 다른 한편으로 그것은 제리코의 사적 불안과 근심으로 연결된다. 외부 세계의 집단적 고통과 이 고통을 추체험하는 화가의 개인적 불안 사이에는 감정적 평행 관계가 존재하는 것이다. 이 일치에 근거하여 화가는 난파자들의 위기 상황 속으로 감정이입해 들어가고, 이 몰입을 통해 그 자신이 난파자가 된 듯한 착란에 시달리기도 한다. 개인의 실존적 열병과 사회의 체제적 파행은 상호 유발적이다. 사회적 체제의 왜곡 아래 바른 인성이 체현되기 어렵듯이, 개인들의 거짓 관계 위에 건전한 공동체가 자리하기 힘들다. 개인과 사회, 부분과 전체는 관계의 그물망을 이루면서 서로 적응하고 서로에게 영향을 주고받으며 변화한다.

그러나 이런 감정이입에도 제리코가 이 난파자들과 완전히 일치하는 것은 아니다. 그는 이들과는 다르게 자신의 심리적 균열을 형식감정Formgefühl 혹은 양식감정Stilgefühl에 기대어 작품으로 전환시키기 때문이다. 작품의 형상화란 이런 전환과 변형의 과정을 뜻한다. 그는 개인적, 사회적 절망 상태를 심미적 형상물이라는 객관적 형태로 번역하면서 고통의 실체를, 그것이 그 개인의 것이건 사회의 것이건 간에, 더 정확하게 인식하게 되는 것이다. 고통의 완화 혹은 그 극복은 그 다음의 일일 것이다.

3.1.2. 허구적인 것의 진실

심미적 경험은 궁극적으로 일치와 거리의 경험이다. 혹은 공감과 이견異見의 경험이다. 그것이 일치하는 것은 대상에 대한 주체의 감정이입에서 오고, 그럼에도 거리가 생기는 것은 주체와 대상이란 제각각으로 자리하는 까닭이다. 예술의 경험은 단순히 주객의 일치를 위한 것도 아니고, 그 거리감의 확인에 있는 것도 아니다. 그것은 일치와 거리, 그사이의 착잡한 얽힘에 대한, 삶의 복합적 구조와 얼개에 대한 각성이요 인식이다.

심미적 경험에서 조화를 말할 때, 이 조화는 쉽게 도달될 수 있는 게 아니다. 또 순수하게 구성되지도 않는다. 오히려 그것은 이질적 요소 사이의 갈등과 충돌, 균열과 이반이 끊임없이 요동하면서 관계를 맺고 보완하면서 만들어진다. 심미적 경험의 조화란 무갈등적 화해가 아니라 갈등을 통한 잠정적 균형의 조직화다. 그러니 이때의 조화는 대상과 주체의 상응이면서 감정과 정신의 상응이기도 하다. 그리고 이 상응은, 큰 맥락에서 보자면, 나와 세계의 조화, 나아가 인간과 자연의 화응의 일부다. 그러니까 심미적 조화란 조화 일반의 단초적 경험, 다시 말해 삶의 그물망 전체에 대한 하나의 시초이자 발판인 것이다. 그렇다는 것은 심미적 경험에서 느끼고 생각해야 할 것이 무한하다는 뜻이다.

그리하여 심미적 경험에서 중요한 것은 대상 작품에 명시된 것뿐만 아니라 무엇보다 암시된 것을 읽어 내는 것이다. 이러한 독해는 대상에 대한 독해이면서 이 대상을 감상하는 주체 자신에 대한 독해다. 결국 심미적 경험은 대상 읽기이자 주체 읽기인 것이다. 아니 대상 읽기와 주체 읽기를 통해 삶의 조화를 조직하고, 그 거리를 확보하려는 노력이다.

예술 경험에서 우리는 대상에 담긴 것을 추출하는 것 이상으로 이 대상에 자기 자신을 투영하기도 한다. 작품에서 우리가 만나는 것은 예술가와 그 세계 그리고 그가 바라본 인간이기도 하면서 무엇보다도 나 자신인 것이다. 강조되어야 할 것은, 바이스의 환각적 환상이 사회정치적, 역사적 연관성을 결코 상실하지 않는다는 사실이다. 이것은 제리코의 창작 과정에서 1차적으로 드러나는 것이지만, 2차적으로는 이 화가의 작품을 이해하는 소설 속 인물들의 해석 작업에서 확인되는 바이기도 하다. 이 해석 작업이란 제리코에 대한 작가의 독해 방식이다.

작가는 환상이나 정신분열 같은 성분들에 주의하지만, 그러나 이 성분들이 현실적 토대를 벗어나지 않게 한다. 그래서 대상은 경험의 분명한 윤곽 아래 조명되는 것이다. 이것은 다음 문장에서도 확인된다.

> 모든 삶의 연관 관계에서 빠져나온 상태에서도 화가는 자기의 상황을 다시 인식했다. 그는 죽어 가는 사람의 목과 허벅지를 이빨로 물어뜯는 일이 어떻게 가능한지 상상하려고 애썼고, 우골리노가 아들 몸을 물어뜯는 장면을 그리면서, 마치 뗏목 위의 사람들이 짧은 기도로 그러했듯이, 그 장면을 감수하는 걸 그는 배웠다. 〔…〕 뗏목의 나무판자 위로 쓸려 가면서, 구름 같은 파도 물결 속에서, 제리코는 찢긴 가슴 속으로 어떤 손이 들어오는 것을, 작별하려고 그가 전에 껴안았던 사람의 심장을 움켜쥐는 것을 느꼈다(*ÄdW*, II, 16).

환각적 감정이입은 제리코가 일하는 방식이다. 그는 상상적 자리 옮김을 통해 난파자들의 침몰 상황 속으로 들어가면서 자기 역시 이 재앙적 사건에 얽혀 있음을 느낀다. 그는 뿌리 뽑힌 이들의 삶이 어떠한지, 그들의 고통이 얼마나 격심한지 공감하려고 애쓴다. 이런 감정이입적 동일화는 그림 그리는 모든 단계에서 일어나지만, 그러나 그것은 간단하지 않다. 그것은 급기야 그에게 정신착란의 발작까지 일으키고, 이 발작은 인간 관계적, 사회적 소외를 초래하기도 한다. 그렇다 해도 그의 연상적 환각은 경험 현실적 조건으로부터 유리되지 않는다. 그는 '모든 삶의 연관항에서 빠져나온 상태에서도' 예술적 저항의 정언명령 — 고통의 기원해야 할 의무를 잊지 않는다. 그래서 자신과 난파자 모두의 삶을 조건짓는 현실 맥락을 부단히 해부하는 것이다.

여기에서 확인되는 사실은, 제리코의 환각적 환상이 어떤 무의식적 형상 원리가 아니라 '의식적으로 적극화된 구성 원리'라는 점이다. 이것은 등장인물의 능동적 해석 작업에서 우선 확인되지만, 등장인물의 이러한 작업은 물론 작가 자신의 비판적 예술 이해로 가능하다. 화가의 환각적 환상은 의식적 형상 원리로서 작가의 서술 의지 이외에 다른 것이 아닌 것이다. 이것은 더 상세한 설명을 요구한다.

환각적 환상은 의식 영역보다는 무의식 영역에 가까이 있다고 간주된다. 물론 그렇다. 환각의 상상적 세계에서 주체는 외부 세계의 고통과 상흔을 심리적으로 가공하면서 다독이고 제어한다. 영혼적, 정신적 현실에서 신경증 환자와 예술가는 나란히 자리한다. 고통의 가공과 그 제어 과정은 유사하기 때문이다. 그러나 신경증 환자가 고통을 가족이나 의사에게 고백하고 진술함으로써 치유한다면, 예술가는 그 고통을 일정한 형태로 변모시킨다. 이 점에서 이 둘의 차이가 있다. 마찬가지로 예술가의 비전적, 환상적 현실은, 신경증적 환자에게 그러하듯이, 심리주의적으로만 고착된 것이 아니다. 그것은 그보다 더 넓은 영역 — 연상과 착란을 포함하는 꿈의 세계에 가깝다.

바이스는 이런 요소들을 비실제적 현실의 소실점으로서가 아니라, 표현 의지 아래 심미적으로 전환시킨다. 이러한 전환에서 상처는, 물론 이 상처는 논리와 개념을 자주 넘어서지만, 대체로 보아 일정하게 파악되고 제어할 수 있는 것으로 나타난다. 심리적 내부 세계도 합리적, 도덕적 검열을 통해 배제될 것이 아니라 언어 속에서 그러나 언어를 넘어 표현되어야 한다. 거꾸로 말해, 삶의 상처는, 그것이 비전과 환각 그리고 환상의 힘에 기댈 때, 그 윤곽을 드러낸다.

그러므로 환각적 환상은 온전한 현실에 다가서기 위해 바이스가 동원하는 한 방법이라고 할 수 있다. 마치 그의 리얼리즘 개념이 형식 파괴적이고 실험적인 요소를 포용하듯이, 그래서 이 포용으로 현실 시각을 확대하려고 하듯이, 환각적 환상에 대한 그의 구상 역시 더 넓은 현실을 포괄하려는 하나의 시도인 것이다. 그는 환각적 리얼리즘을 통해, 린트너가 진단했듯이, '비전과 환각으로 압도되는 예술적 환상의 내적 위험을 다큐멘터리 같은 정확한 표현 영역에 결합시키고자' 한다.[214] 여기에서 나는 그의 예술 작업이 자동적이고 무의식적으로 행해지는 일종의 '방어기제Abwehroperation'가 아니라 고통스러운 경험을 심미적으로 변형시키는, 그래서 현실의 사안을 그 나름으로 '완수하기 위해 행하는 일Abarbeitungsoperation'임을 확인한다.그러니 만큼 그것은 '의식적이고 전진적'이다.[215]

그러므로 방어기제와는 다르게 완수기제에는 견딜 수 없는 고통의 경험을 견딜 수 있는 것으로 만드는, 그래서 일정하게 대응하고 이 대응을 통

214 Lindner, Burkhardt: Anästhesie, a.a.O., S. 127.

215 이 완수 행위에 대해 정신분석학자 라플랑슈와 퐁탈리스는 '방어 메커니즘Abwehrmechanismen' 이란 용어를 대응시킨다. 완수 행위든 방어 메커니즘이든, 이 두 개념은 다 같이 방어 갈등을 제어하는 자아의 메커니즘이라고 할 수 있다. 그러나 차이점도 있다. 방어 메커니즘이, 이들의 정의에 따르자면, '내적 긴장의 즉각적 축소'를 '자동적이고 무의식적으로' 겨냥한다면, 완수기제Abarbeitungsmechanism는 '고통스러운 경험으로부터 전진적으로 해방되기 위해' '가능성의 실현'을 목표로 한다. 그러므로 완수기제는 '긴장을 수거하거나 거절하는 것도 아니고, 그렇다고 그것을 위험 없는 것으로 만드는 것도 아니다', 오히려 그것은 '내적 조건을 변모시킴으로써 점차적으로 긴장을 해소하고자' 한다. Laplanche, Jean/Pontalis, J.-B.: *Das Vokabular der Psychoanalyse*, 13. Aufl.(erstmals 1973) Frankfurt/M. 1996, S. 17f. 그러니 현실 해명의 의지로 추동되는 바이스의 표현적 노력은 완수기제에 의한다고 할 수 있을 것이다.

해 결국 극복할 수 있는 무엇으로 변모시키는 어떤 '진보적' 계기가 들어 있다고 할 수 있다. 이런 점에서 라플랑슈와 퐁탈리스가 말한 완수기제에는 예술의 변형 의지와 비교될 수 있는 무엇이 있는 것이다. 이 무엇이란 무정형의 대상에 표현/형식을 부여함으로써 그 대상을 바꾸려는 의식적이고도 적극적인 변형 의지다. 이 점을 내가 바이스의 환각적 환상에 적용시키는 것은 그 때문이다. 마찬가지의 이유로 그에게 나타난 꿈의 이미지를 이성이나 현실 충실과 대립되는 것으로 파악하는 것은 잘못된 것일 것이다. 그에게 꿈의 이미지는 현실에 모순되는 것이 아니라 현실의 중대한 요소로서, 무엇보다 이성에 나타날 수 있는 해악의 교정책으로 자리한다.

꿈과 환각은 합리적 사고의 기계론적 위험성에 대한 보완 관계 아래 있다. 이성이나 환상은, 더 넓고 더 온전한 현실의 관점에서 보면, 하나의 국면에 불과하다. 그것은 서로 보완되어야 하고, 그 자체로 부정되거나 긍정될 것이 아니라 이런 보완을 통해 더 깊고 넓은 삶의 지평으로 나아가는 데로 수렴되어야 한다. 꿈과 현실, 허구화된 것과 경험된 것은 서로 이반하는 것이 아니라 밀접하게 연관된다. 이 점을 바이스는 '《저항의 미학》의 네 번째 권'이라고 칭한 노트(1971-1980)에서 다음과 같이 쓴 적이 있다.

> 나는 정신분열자이고, 8년 이상 이 소설을 쓰면서 나를 지탱해 왔다. 예술적으로 생산된 것이 내 유일한 삶이 된 것처럼 여겨지고, 이 소설에서 일어난 모든 것은 내게 진실했다. 〔…〕 허구로 생각된 것과 직접적으로 경험한 것 사이에는, 되돌아보면, 어떤 차이가 있는가. 이 둘 사이에 차이는 더 이상 파악될 수 없고, 더 이상 제어될 수도 없다. 현실적인 것과 꾸며낸 것은, 지나간 것으로서, 똑같다(*NB*, II, 872).

현실이 말로 충분하게 파악될 수 없다면, 그것은 현실적인 것과 허구적인 것, 경험적인 것과 환상적인 것이 일치할 때까지, 그래서 이 일치에서 어떤 다른 현실이 열릴 때까지 계속 환상화되어야 한다. 그러면서 이 환상은 자신이 선 자리 — 현실의 경험적 토대 위로 다시 돌아와야 한다. "현실적인 것과 꾸며낸 것은, 지나간 것으로서, 똑같다." 라플랑슈와 퐁탈리스가 적었듯이, "실재하는 것das Reale이 그 양상들Modalitäten 중 하나에서 결함 있는 것으로, 즉 단순한 허구로 입증된다면, 우리는 다른 어딘가에서 이 허구의 토대를 만드는 어떤 실재하는 것을 찾아내야 한다".[216]

옳고 선하며 아름다운 질서를 포기할 수 없는 한, 우리는 언어와 개념과 이해를 빠져나가는 것과 늘 다시 관계해야 한다. 그렇다고 한다면, 예술로써 현실을 해명하려는 이성적 요구는 포기할 수 없다. '우리의 유일한 무기는', 바이스가 적었듯이, 바로 '이성'이기 때문이다(*NB*, I, 649). 그가 순식간에 사라지는 것에 대해 '이성을 통한 제약 가능성'을 말한 것도 이런 이유에서일 것이다. 그의 리얼리즘은 삶의 가장 깊은 층위 — 무의식적 본능과 충동의 영역까지 나아갈 정도로 '비현실적으로' 보이지만, 그러나 바로 이 비현실이 현실의 어두운 일부이고 그 배후라는 점에서, 그것은 드넓은 현실에 열려 있다. 환상적인 것과 환각적인 것은 즉물적 언어 아래 포섭됨으로써 바이스의 리얼리즘은 '확대된 리얼리즘'을 구현한다. 《저항의 미학》은 이렇게 확대된 리얼리즘의 구현체다. 소설적 진실에서 허구와 실재, 환상과 경험은 구분될 수 없다.

그러므로 심리 분석은, 바이스의 경우, 개인적 콤플렉스를 폭로하기 위한 도구가 아니라 심미적 변용의 실천 방식이다. 그것은 개인적 경험과 시대의 역사에서 축출되고 억압된 것들을 정확하게 인식하고 더 잘 제어하기 사용된다. 그러므로 무의식적 비가시적 현실은, 비록 확증되기 어려우나, 부단히 독해되어야 한다. 환각적 환상의 서술 원리는 단순히 외상적 경험의 심리적 가공 방식이 아니라 심미적 이성의 형상 형식인 것이다. 이 점에서 바이스의 구상은 꿈에 대한 전래적 이해와 구분된다. 왜냐하면 이것은,

216 Laplanche, Jean/Pontalis, J.-B.: *Urphantasie. Phantasien über den Ursprung, Ursprünge der Phantasie*(erstmals 1985), Frankfurt/M. 1992, S. 26.

단순화하면, 행동과 꿈, 현실과 상상의 분리로 특징지어지기 때문이다. 이 분야의 대표적 연구자인 엘리자베트 렌크는 개인의 내면에서 일어나는 꿈과 행동의 분리에서 문학적 현대modernity를 본다. 그녀의 분석은, 로트레아몽과 루이스 카롤에 관한 한, 설득력 있는 것으로 보인다. 왜냐하면 이들 작품에서는, 그녀가 지적하듯이, 현대적 꿈의 형식이 이 꿈을 수천 년간 동반했던 담론과 분리되고, 이 분리를 통해 '예술이 그 자체로 도덕적 심급이어야 한다는 의무로부터 해방된다'는 사실이 다뤄지기 때문이다.[217]

꿈을 그린 문학에서는 '어떤 중심적인, 꿈과 깨어 있음의 상태를 통합시키는 이성적 인성人性'이 더 이상 존재하지 않는다고 하는 렌크의 주장은[218] 그러나 이 두 극의 매개 가능성을 단순화한 것으로 보인다. 왜냐하면 흔히 '문학적 근대'를 개시한 것으로 간주되는 보들레르나 로트레아몽 같은 뛰어난 작가들에게서뿐만 아니라, 이런 문학적 근대를 아방가르드적 유산 속에서 물려받은 바이스 같은 작가에게도 중요한 것은 꿈과 이성의 분리가 아니기 때문이다. 핵심적인 문제는 이 둘이 어떻게 어울리며 삶의 복합성을 드러낼 수 있는가, 꿈과 현실의 이런 혼융을 위해 문학언어의 묘사적 가능성은 어떻게 극대화될 수 있는가라는 점이다. 바이스의 예술심리학은 사회 현실의 대립물이 아닌, 보이는 현실과 마찬가지로 보이지 않는 현실을 탐사하기 위한 필연적 보완 매체인 것이다.

바이스의 환각적 환상은, 위에서 보았듯이, 특히 제리코의 창작 과정에 대한 묘사에 잘 적용될 수 있다. 왜냐하면 이 장면은 한편으로 대상에 대한 상상적 동일화를 꾀하면서도 다른 한편으로 대상에의 의식적 거리를 유지함으로써 고통의 냉정한 객관화를 지향하기 때문이다. 화가는 감정이입적 상상력을 통해 자기 경험을 역사적 사건과 연결시킨다. 그리고 이런

---

217 Lenk, Elisabeth: *Die unbewußte Gesellschaft, Über die mimetische Grundstruktur in der Literatur und im Traum*, München 1983, S. 255.

218 Ebd., S. 259.

연결에서 대상과 예술가 사이에는 하나의 연관점 — 정서적 일치와 이 일치를 통한 교감이 발생한다. 그는 이 교감에 의지하여 다른 사람들의 고통을 사실적 진실성 속에서 심미적 형식으로 번역할 수 있게 된다.

결국 우리는 꿈과 환상을 통해 다른 현실 — 아직 실현되지 않은 역사에 참여한다. 이 쓰이지 않은 다른 역사란 인간이 자기 고유성을 지키는 데서, 이 고유성을 지키고자 노력하는 데서 시작한다. 그리하여 바이스는 쓴다. "자기를 방어하는 인간이 살아 있는 한, 환상은 살아 있다"(*ÄdW*, I, 339). 이 점은 다음 장에서 수용적 관점 아래 더 자세히 논의된다.

3. 2. 시대 질병의 기호화

> 그러나 그는 자신의 예술언어 외에 아무것도 가지지 않았고,
> 이 언어는 한 시대의 질환을 묘사하는 것 이상으로 벌거벗은
> 자기 신경이 겪은 고통에 대한 기호를 부여하는 데 기여했다.
> — 바이스(ÄdW, I, 23)

아이슈만과 함께 1인칭 화자가 〈메두사의 뗏목〉을 감상할 때 처해 있던 삶의 상황은 실존적 절망과 심리적 균열로 특징지어진다. 그의 무력감은 스페인 전쟁에서 겪은 자기 진영 안의 내분과 싸움에서 유래하는데, 이 패배감 때문에 그는 자기가 도대체 무얼 위해 싸웠던가 다시 묻게 된다. 그는 정치적 자유와 사회적 정의의 실현에 대해 회의하면서 방향 상실의 위기 속으로 빠져든다. 제리코 그림과의 만남은 바로 이 시점에서 일어난다.

1인칭 주인공은 현실 정치의 패배에서 생겨난 회의와 절망을 견뎌 내려고 여러 예술작품들, 이를테면 피카소의 〈게르니카〉(1937)나 들라크루아의 〈자유가 민중을 이끈다〉(1830), 아니면 아돌프 폰 멘첼의 〈압연 공장〉(1875)이나 에드바르 뭉크의 〈귀가하는 노동자〉(1913/1915) 같은 그림 세계 속으로 들어간다. 이들 그림은 예외 없이 끔찍한 역사적 사건 혹은 사회적으로 소

뭉크, 〈길 위의 노동자〉, 1916년.

외된 자들의 일상 생활을 묘사하고 있다. 제리코의 그림은 그 가운데 그의 시선을 가장 오래 끈 작품이라고 할 수 있다.

3. 2. 1. 연대기적 시간의 내파

맨 처음 보았을 때 〈메두사의 뗏목〉은 그 엄청난 크기(491×716cm)와 어두운 색조 때문에 주인공에게 '불안감과 꽉 막힌 듯한 느낌'을 불러일으킨다(*ÄdW*, II, 21). 그것은 난파당한 사람들의 고통과 절망을 묘사하고 있지만, 동시에 이 고통이 어려 있는 듯한 우울하고 모호하며 어두운 심리적 꿈의 과정을 엿보게 한다. 이 어두운 캔버스 앞에서 그는 놀라움과 당혹감을 불안스레 느낀다. 그러면서 이 그림에 어떤 '빛의 실마리'가 있지 않을까, 그것이 있다면 어디 있을까를 물으며 찾아내고자 애쓴다(*ÄdW*, II, 21). 왜냐하면 이 빛의 싹으로부터 그 또한 실존적 무기력과 사회적 소외로부터 벗어날 수 있을 것이기 때문이다.

그리하여 소설의 주인공은 환각적 환상을 통해, 마치 이 화가가 고양된 감정이입 속에서 재앙적 사건을 추체험하며 형상화했듯이, 난파자가 겪는 물리적 심리적 고통 속으로 자기 자신을 옮겨 놓는다.

> 나의 모든 생각은 대립되는 충동들로 휩싸여 있었기 때문에, 확고함과 책임 있는 일로부터 뛰쳐나와 전체 상황에 대한 조감을 얻으려는 노력은 당시 소득 없는 것으로 여겨졌고, 그래서 나는 이성적이고 유용한 것에 대한 물음을 제쳐 두고, 의미 없이 덮치는 충동에 자신을 맡겼다. 이때 나는 그토록 촘촘하게 얽히고 뒤엉킨 퇴적물 더미를 관통해 내가 지나가야 함을, 여기서 조금만 움직여도 사그락대며 곧장 터질 것임을 알았고, 날 에워싸고 있는 것은 단지 얽힌 사건들과 이미지의 망이 아니었고, 시간은 마치 터질 듯이 있었으며, 나는 이 시간의 지층을 파헤치며 이 시간을 가루가 되도록 이(齒)로 곱씹어야 할 것처럼 여겨졌다. 그러나 무엇인가에 사로잡힌 듯한 이 도취 상태에서도 어떤 규칙과 척도에 대한 갈망은 계속 자리했다(*ÄdW*, II, 15).

멀리 지평선으로 사라질 듯 구명선은 떠나가고 있고, 난파자들은 이 구명선을 붙잡으려고 뗏목에서 일어나 몸을 세우고 있다. 이들 뒤로는 뗏목을 당장이라도 집어삼킬 듯한 파도가 무리지어 닥치고 있다. 〈메두사의 뗏목〉은 내용적/의미론적 차원에서와 마찬가지로 형식적/문장론적 차원에서도 고찰될 수 있다.

내용적으로 보자면, 이 그림에는 죽음의 위협과 이 위협에서 살아남으려는 사람들의 절망적 싸움이 순간적 계기 속에서 일정한 평형을 이루고 있다. 형식적으로 고찰하자면, 색채와 형상(인물) 그리고 선과 같은 다양한 요소들이 복잡한 화면 구성에서 서로 관계하며 얽혀 있다. 개별 요소들은 너무도 '촘촘하게 연결되어서' 마치 '조금만 움직여도 곧바로 사그락거리며 곧장 터질 듯한 소리를 낼 수 있다'는 인상을 준다. 인물이나 색채는 한편으로, 레싱에 기대어 말하자면, '앞서 간 것과 뒤따르는 것이 가장 분명하게 드러나는' '공존적 구성 속에서' '행동의 유일무이한 순간'을 표현하고 있고,[219] 다른 한편으로 살아 꿈틀대는 바로 이 역동적 구조로 인해 시간적 정태성을 내파시키는 듯하다.

회화의 역동적 구조는, 페르가몬 제단 해석에서 이미 분석했듯이, 무엇보다 그림언어의 동시적 순차성으로 인해 강화된다. 이 점에서 회화와 심미적 경험의 시간 구조의 관계에 대해 고찰한 미하엘 호프만의 어떤 생각은 비판될 수 있다. 그는 절대적 순간을 회화에 고유한 시간 구조로 간주하고, 이 절대적 순간 속에서 회화언어는 연대기적 시간의 화석화된 연속성을 내파한다고 해석한다.[220] 그는 환각적 형상화 방법에 대해서도 절대적 순간을 부여하는데, 환각의 이 절대적 순간은 '전래적인 연대기적이고 연속적인 시간 이해의 변화'를 '조건짓는다'.[221] 나아가 그는 심미적 경험의 시간 구조 역시 경험 세계의 연속적 시간에 대립시키면서 이 심미적 경험 시간을 정지된 것으로, 즉 절대적 순간으로 간주한다.[222]

절대적 순간의 시간 구조를 때로는 회화에서 찾기도 하고, 때로는 환각적 서술 방식에서 찾기도 하며, 더 나아가 심미적 경험에서 찾는다는 것은 회화와 환각적 서술 그리고 심미적 경험에 고유한 개별적 변별성을 범주적 구분 없이 일반화하는 오류를 범했다는 뜻이 된다. 그의 분석에서 심미적 경험과 그 시간에서 핵심적인 문제들이 해명되지 않은 채로 남아 있는 것은 그 때문이다.

심미적 경험의 시간 구조에서 핵심적인 문제란 어떤 것인가? 그것은 예를 들어 환각적 환상과 절대적 순간이란 어떤 관계에 있고, 회화의 시간 구

---

219 Lessing, Gotthold Ephraim: *Lessings Werke*, Schriften II, hrsg. v. Kurt Wölfel, 3. Aufl. Frankfurt/M. 1986, S. 90.

220 Hofmann, Michael: *Ästhetische Erfahrung in der historischen Krise*, a.a.O., S. 90.; ders.: Der ältere Sohn des Laokoon, a.a.O., S. 44ff.

221 Hofmann, Michael: *Ästhetische Erfahrung in der historischen Krise*, Ebd.

222 Ebd., S. 323ff.

조가 반드시 절대적 순간으로 지칭될 수 있는지, 만약 그렇다면 그 이유는 무엇인지, 나아가 심미적 경험이 어떤 식으로 무시간적 순간에 일어나는 것인지와 같은 것이다. 심미적 경험은 물리적 직선적 시간을 거스르면서 급작스럽고도 파열적으로 일어나는 것은 사실이지만, 그렇다고 해서 그것이 전적으로 시간 틀의 밖에서 자리하는 것은 아니기 때문이다. 이런 이유에서 "예술적 주체는 무시간적 순간 속에서 화석화된 시간의 삼투 불가능한 연속성을 극복하고 그 경직된 세계에 어떤 대척적 기획 — 죽음의 경직성으로부터 해방된 생각을 불러일으키는 — 을 부여하는 능력을 가진다"고 그가 썼을 때,[223] 이 진술은 그리 선명하게 보이지 않는다.

바이스의 예술적 전개 과정이 화석화된 무형의 시간과 이 무형적 시간에서 벗어나기 위한 표현 쟁취의 싸움 사이에 걸쳐 있다는 것, 그런 점에서 화석화된 시간과 유동적 시간, 물리적 시간과 절대적 시간의 개념 구분은 매우 중요하다. 호프만의 분석은 이 점에 닿아 있다. 그러나 그것은 예술적 주체가 어떻게 순간의 절대 시간에서 예술을 경험할 수 있는지, 이 예술 경험에서 물리적 시간의 경직된 연속성은 어떻게 극복될 수 있는지 전혀 논의하지 않는다.

예술작품과 아우라에 대한 벤야민의 통찰 이후 우리는 심미적 경험이 마치 '섬광처럼blitzhaft', 다시 말해 물리적 시간의 기계적 연속성을 파쇄하는 순간적 가상 속에서 일어난다는 사실에 친숙해 있다. 그러나 이것은 심미적 경험이 아무런 현실적 연관성 없이 일어난다는 뜻은 아니다. 오히려 예술 경험은 비일상적일 정도로 강렬화된 감정적 고조 아래 일어나고, 바로 그 때문에 우리는 이 비범한 경험에서 시간이 정지해 버린 듯한 느낌을 갖게 되는 것이다(카를 하인츠 보러가 전개한 '심미적 경험의 급작성Plötzlichkeit' 개념이나 제임스 조이스의 '에피파니epiphany' 개념은 이런 맥락에서 이해될 수 있다). 예술적 주체

223 Hofmann, Michael: Zerbersten, Zersägen, Sprengen. Zeit-Bilder im literarischen Werk von Peter Weiss, in: Honold, Alexander/Schreiber, Ulrich(Hg.): *Die Bilderwelt des Peter Weiss*, a.a.O., S. 98.

와 심미적 경험 그리고 그 시간 구조의 삼각 관계가 갖는 의미는 몇 가지 개념적 술어로 해소될 문제가 아니라 훨씬 명료하고도 체계적으로 해명되어야 할 예술철학적 핵심 문제 중의 하나다.

심미적인 것의 어떤 내적 역학 때문에 예술 경험자가 절대적 시간 구조의 연속성을 극복할 수 있는가에 대한 명백하고도 설득력 있는 답변을 제시하기란 간단치 않다. 그렇지만 그것은 나와 우리의 경험에 의해, 그리고 현재적 현실 속에서 늘 새롭게 탐색되어야 한다. 예술작품과 이 작품을 경험하는 주체가 어떻게 감성적이고도 이성적인 상호작용 속에서 자신과 자신이 속한 인간 관계 그리고 이 관계의 총합으로서의 사회를 변모시켜 가는가 하는 것은 그 자체로 지극히 복잡하고 역동적인 과정이다. 이 역동적 과정의 세 가지 중심축은 작품과 수용 주체 그리고 사회다. 나는 이 축의 상호작용에, 이 상호작용을 통한 지각적 확대와 사고적 심화의 변형 과정에 주목하려고 한다.

해명되어야 할 이런저런 문제에도 불구하고, 주인공은 〈메두사의 뗏목〉을 보면서 '마치 시간 또한 파열하는 듯' 느끼고, '이 시간의 지층을 파헤치면서 이 시간을 가루가 되도록 이로 곱씹어야 하는 것처럼' 느낀다. 왜냐하면 그림 구조의 복잡성은 그 어떤 일의적 규정도 빠져나가 버리기 때문이다. 이 의미론적 다층성은 확정된 어떤 입장도 불허하는 그림의 열린 형식으로 인해 배가된다. 제리코의 그림은 구성적 차원에서 다층적이고, 내용적 차원에서 다의적으로 나타나는 것이다. 그래서 그림 전체를 몇 가지 술어로 조감하긴 어렵다. 의미론적이며 형식론적인 이 복합성 때문에 〈메두사의 뗏목〉은 직접적 효과를 겨냥하는 들라크루아의 〈자유가 민중을 이끈다〉와 선명하게 대조된다.

> 들라크루아는 그림 인물이 정면에서 관찰자를 향하도록 했고, 함께 싸우자는 그의 외침은 반쯤 주저하고 반쯤 흥미 유발적인 태도 때문에 누그러져

들라크루아, 〈자유가 민중을 이끈다〉(이 그림은 〈바리케이드 위의 자유〉로 불리기도 한다), 1830년.

있었다. 제리코는 이런 직접적 선동을 포기했고, 그래서 난파자들은 대부분 뒤를 향해 몸을 돌린 채 있었고, 오직 자신들을 위해 있었으며, 한 손으로 죽은 자를 감싼 채 앞쪽을 향해 앉은 한 사람은 피폐와 슬픔 속에 빠져 있었고, 뗏목은 마치 물에 빠져 죽어 가는 사람의 시선에 비친 것처럼 보였으며, 그들을 구조하는 일은 너무도 까마득하여, 고안해 내어야 할 것처럼 여겨졌다(*ÄdW*, I, 344f.).

그러나 제리코의 그림은 기성사회에 대한 위험한 공격이 되었다. 그것은 7×5미터의 거대한 크기로 살롱에 걸린 그밖의 작품들을 이미 압도했고, 그 때문에 관료층의 부패와 냉소주의 그리고 정부의 탐욕을 폭로한 그 주제는 지배층에겐 견딜 수 없는 것이었다(*ÄdW*, I, 343).

물론 들라크루아의 현실 묘사가 모두 직접적인 것은 아니다. 그러나 적어도 〈자유가 민중을 이끈다〉라는 작품은, 위에서 서술한 대로, 직접적이고 선동적인 효과를 겨냥한다고 할 수 있다. 이에 반해 제리코의 처리 방식은 절망스러운 고통의 한순간을 수세적守勢的으로, 그러니까 내밀하고 뉘앙스 풍부하게 그린다. 그리하여 이 그림에서는 낙담과 생존, 체념과 열광 사이에 놓인 가장 극적이고 위태로운 삶의 순간이 포착되어 있는 것이다.

삶에는 그 어떤 성찰 이전에 선택을 해야만 하는 절박한 순간이 더러 있다. 이 순간에 체념은 곳곳을 채우고, 이 체념 가운데 열광이 아주 드물게 찾아온다고 할 것이다. 삶은 편재하는 좌초와 잠시의 열광 사이를 오간다. 이 왕복의 고통스럽고도 즐거운, 대체로 위태롭고 드물게 신비한 순간을 제리코는 강렬한 색채와 복합적 구성으로 보여 준다. 고통은 이런 구성 아래 직접적으로 현전現前하는 것이 아니라 화면에 배인 채, 어떤 분위기를 이루며, 간접적으로 암시된다. 이 색채의 묵시록을 통해 그는 몰락과 생존, 절망과 희망 사이에 부유하는 인간의 암울한 현실을 표현한다. 제리코의 그림이 직접적 효과에 친숙한 관찰자의 기대 지평을 벗어나는 것은 이 때문이다. 나아가 형이상학적 접근이나 진보 낙관주의적 역사 이해에도 그것은 대립된다. 그림의 현실은 '관료층의 부패와 냉소주의 그리고 정부의 탐욕을 폭로하는' 사회정치적 폭파력을 내장하기 때문이다. 〈메두사의 뗏목〉은 부르봉 복고왕정의 잔혹성을 암시하면서 '기성사회'에 대한 '위험스러운 공격'이 된다.

재앙적 사건의 다층적 묘사를 통해 제리코는 자기 삶의 실존적 고민뿐만 아니라 시대의 사회정치적 비참 또한 드러낸다. 이 시대의 잔혹성은 나아가 그 당시 서유럽 식민주의가 일궈놓은 세계사적 현실 — 서구 제국주의의 근간을 구성한다. 결국 난파선의 비극에는 개인적 요소뿐만 아니라 사회역사적 요소가 깃들어 있고, 프랑스 식민주의뿐만 아니라 서구 근대사의 자기모순 일반이 농축되어 있는 것이다. 이런 관계망 전체의 암시 속에서 제리코는 '그려진 것을 증거의 기록물로 만들고자'(*ÄdW*, I, 347) 한다. 그의 예술적 요구는, 마치 주인공이 그림을 보며 사후적事後的으로 역사의 '증인'이 되는 것처럼(*ÄdW*, II, 23), 어느 정도 충족된다. 예술가는 개인적인 것과 사회적인 것의 병리학을 심미적 형상물로 변형시킴으로써 자기 작품과 그 수용자 모두를 시대의 증인으로 만드는 것이다. 그리하여 예술은, 아도르노가 썼듯이, 아직 상환되지 않은 행복에의 약속이 된다.

3.2.2. 예술 경험의 경로

가능하다고 여겨지는 것이 현실에서 모두 실현되는 것은 아니다. 많은 가능한 것은 그저 가능한 상태로, 다시 말해 실현되지 않은 채로 지속될 뿐이다. 그리고 불가능한 것은 변함없이 불가능한 채로 내내 남아 있다. 그러니 실제로 구현되는 것은 삶의 전체 가능성 가운데 지극히 작은 일부라고 말해야 한다. 예술은 극미極微의 희망을 약속하는 것과 같다. 그러니 그 약속이란 지켜지기보다는 지켜지지 못할 경우가 훨씬 더 많다. 예술은 지켜지지 않을 약속을 헛되이 시도하는 부질없고도 부질없는 일인지도 모른다.

그러나 다시 한번 더 강조하여, 예술은 가능한 것의 불가능성을 보여 줌으로써 불가능한 것의 가능성을 암시한다. 그럼으로써 그것은 아직 오지 않은 희망, 아직 실현되지 않은 선, 아직 구현되지 않은 공동체를 약속한다. 그러나 이 약속이 지켜지기보다는 지켜지지 않을 때가 더 많다. 그런 점에서 그것은 허망한 일이지 않을 수 없다. 예술의 상상적, 허구적 약속마저 헛된 것으로 만드는 것이 인간의 현실이다. 그러나 심미적 진실은 이 허망한 현실의 뿌리조차 숨기지 않는다는 데 있다. 바로 이 점을 심미적 경험은 미리 보여 준다. 주인공의 예술 전취도 이런 과정을 밟는다.

> 해안가가 보였고, 포르투갈 성채의 오랜 폐허가 자리한 아르갱 섬이 보이자 난파자들은 구명보트가 돌아오지 않을까, 아니면 메아리가 부르고, 르와르나 아르귀스호號가 그들을 찾아내지 않을까 생각했다. 그러나 그 어떤 도움도 없이, 밤은 찾아왔다. 거대한 파도가 우리를 덮쳤다. 때로는 앞으로 때로는 뒤로 내동댕이쳐지면서 우리는, 매 순간 숨 쉬려고 애쓰면서, 갑판 위로 쓸려 간 사람들의 아우성을 들으며, 동이 트길 간절히 기다렸다(*ÄdW*, II, 13).

제리코 그림을 감상하면서 등장인물들은, 마치 제리코가 생존자의 난파 기록을 읽으면서 어떻게 그 사건을 서술할 것인지 준비했듯이, 환각적 상상력에 기대어 난파자들의 상황 속으로 자신을 옮겨 놓는다. 그래서 난파자의 상황과 동일시되는 데 성공한다. 1인칭 화자는 이렇게 쓴다. '거대한 파도가 우리를 덮쳤고', '우리는 동이 트길 간절히 기다렸다'. 소설의 인물들은 이미 그림 속 난파자들과 하나가 되어 있다. 난파자들은 등장인물들에게 더 이상 '그들'이 아니라 '우리'로 여겨진다. 이제 파도는 뗏목 위의 사람들에게만 밀려오는 것이 아니라 등장인물들에게도 덮쳐 오고, 그래서 이들은 아우성치는 난파자들과 함께 새벽을 기다리는 것이다.

여기에서 주의할 것은 '우리'라는 표현이다. 이 단어에서 보듯이, 주인공은 난파의 재앙이 마치 자기 자신 속에서, 또 자기 사는 현실에서 일어난 것처럼 느낀다. 이때의 동일화 감정은 단수가 아니라 복수로 경험된다. 예술 경험은 단순히 개인적 차원에서 일어나는 것이 아니라 개인적 차원으로 엮인 집단적 형식 아래 일어나고 이 집단적 형식으로 확대되고 심화되는 것이다.[224] 심미적 경험 지평의 고양화라고나 할까. 이 경험 지평의 고양

224 이런 이유에서 1인칭 화자의 작품 수용이 집단적으로서가 아니라 개인적이고 심리적으로 일어난다는 게니아 슐츠의 분석은 비판될 수 있다. 바이스의 소설언어가 지닌 간접성에 대한 그녀의 분석은 언어 이해에서 중요한 기여로 보이지만 이 소설 텍스트의 사회정치적 의미가 정확히 고려된 것으로는 보이지 않는다. Schulz, Genia: *"Die Ästhetik des Widerstands"*, a.a.O., S. 69.

에 기대어 수용자의 감각과 사고는 개별적 주관적 차원을 넘어서게 된다. 주인공은 한편으로 그림이 묘사하는 역사적 경험을 사후적으로 느끼면서, 다른 한편으로 화가의 실존적 체험과 그 창작 과정을 자신 속에서, 자신의 환각적 환상을 통해 추체험하며 재구성한다.

추감각적 표상력nachempfindende Vorstellung은 사후적으로 느끼려는 상상력이다. 그것은 '최고도의 정서적 강밀성'을 통해 대상과 주체가 '일치'함으로써 가능하다(*ÄdW*, I, 347). 이 일치는 정서적 자리 옮김sich-hineinversetzen을 통해 가능하다. 주인공은 그림이 야기하는 정서적 감동에 자기를 맡긴 채 내밀하게 농축된 그림의 의미 속으로 감정이입해 들어간다. 이때 주인공의 추체험은 화가가 느꼈던 공감적 체험에 상응한다. 이 상응을 통해 그는, 마치 뢴트겐 빛처럼, 보이는 것에서 보이지 않는 것을 떠올리고, 묘사된 것 가운데 묘사되지 않은 것을 볼 수 있는 것이다. 그는 환각적 환상 속에서 화가의 절망과 이 절망이 객관화된 그림과 대면하게 된다. 여기에서 독자가 경험하는 것은, 뷔르거가 옳게 언급하듯이, 현실적이면서 동시에 허구적인 서로 다른 차원들의 얽힘이다. "그림의 '허구적' 세계와 (소설 속) 화자의 '실제적 세계'는 난파자들에 대한 제리코의 '비실제적' 동일시나 화가의 '실제적' 창조 과정과 똑같은 차원 아래 있다."[225]

허구적 실제적 차원들의 복잡한 얽힘은, 그것이 심미적 경험의 역학을 선명하게 드러낸다는 점에서, 상술될 필요가 있다. 제리코는 상상력을 통해 주객의 일치에 닿고자 노력하고, 이 환각적 일치 속에서 난파자의 고통을 그림 안에 표현한다. 그렇듯이 1인칭 화자는 추감각적 상상력으로 제리코의 초안과 스케치를, 그 속에 녹아든 화가의 절망을 그림 해석에서 부각시키려고 한다. 여기에서 예술 전취의 다양한 차원이 교차한다. 실제적이고 허구적인 차원의 얽힘은 동시적 병렬성 아래 나타나는 여러 다른 관점

---

225 Bürger, Peter: Über die Wirklichkeit der Kunst. Zur Ästhetik in der *"Ästhetik des Widerstands"*, in: Stephan, Alexander(Hg.): *Die Ästhetik des Widerstands*, a.a.O., S. 291.

들 — 코레아르/사비니, 제리코 그리고 소설 주인공, 나아가 작가 바이스의 관점들과 얼마만큼 상응하거나 일치한다. 이 다층적 관점 아래 제리코 해석을 구성하는 전체 요소들, 다시 말해 난파자들에 대한 코레아르와 사비니의 보고문, 화가 제리코의 이 보고문의 읽기, 화가의 사전 작업과 그림 창작, 그의 생애의 이야기, 그리고 마지막으로 소설 속 등장인물에 의한 이 그림의 감상 등이 이어지면서 중첩되는 것이다.

다양한 시간과 공간에서 일어나는 이질적 사건들과 이 사건들에 대한 감상과 해석 그리고 재구성은 소설작품을 읽는 과정에서의 극적 효과를 강화시키면서, 마치 합창 때의 다성적 울림처럼, 서로 병렬적으로 나란히 놓이거나, 또는 후차적으로 차례차례 펼쳐진다. 서로 얽힌 이 같은 관점들 때문에 독자는 때때로 소설 속의 주어가 뗏목 위의 난파자들을 말하는지, 혹은 제리코를 가리키는지, 아니면 화자나 등장인물 전체를 의미하는지 쉽게 판단하기 어렵다(상이한 현실 차원의 겹침에서는, 페르가몬 제단에 대한 해석에서 앞서 언급했듯이, 회화의 정태적 관계에 역동성을 부여하려는 소설의 그림언어가 중요한 역할을 한다).

여기에서 예술작품의 전취 과정은, 크게 보아, 생산적 차원과 수용적 차원에서 3중적으로 행해진다고 볼 수 있다. 그것은 첫째, 보고자에 의한 경험된 사건의 역사적 재구성, 둘째, 이 보고서를 읽은 화가에 의한 회화적 재구성, 셋째, 그림에 대한 등장인물의 서사적 재해석으로 이뤄진다. 3중적으로 행해지는 생산과 수용 그리고 재생산의 전취 과정은, 차례대로 더 세분하면, 다음과 같다.

a. 메두사 호의 난파: 예술작품(그림)의 창작을 위한 거친 자료로서의 역사적 사건
b. 역사적 사건에 대한 코레아르/사비니의 언어적 재구성: 첫 번째 생산물(사실적 보고문)

c. 코레아르/사비니의 보고서를 제리코가 읽음: 첫 번째 수용
d. 읽은 보고서의 내용을 제리코가 회화적으로 재구성: 두 번째 생산물로서의 그림 〈메두사의 뗏목〉이 생겨남
e. 코레아르/사비니의 보고문을 소설의 1인칭 화자/등장인물이 읽으면서 제리코의 그림을 감상함: 두 번째 수용
f. 제리코 그림에 대한 등장인물의 경험을 바이스가 서사적으로 재구성함(1인칭 화자의 적극적 개입): 세 번째 생산물로서의《저항의 미학》이라는 소설 텍스트
g. 독자의 소설 텍스트 읽기: 세 번째 수용

그러므로《저항의 미학은》은, 지금까지 보았듯이, 세 번에 걸친 생산과 세 번에 걸친 수용의 결과물로 자리한다. 이것은 이 작품을 지금 읽고 있는 독자 — 필자는 그 독자들 가운데 한 명이다 — 에 의해 세 번째로 수용되고 있다. 그리고 이 수용의 한 결과로서 바이스의 제리코 읽기를 다루는 지금의 이 글은 네 번째 생산물로 볼 수 있다. 이것으로 끝나는 것일까? 그렇지 않다. 필자의 지금 이 글을 누군가 읽고 어느 다가오는 날에 또 다른 형태의 글을 쓴다면, 그것은 네 번째 수용이 일어날 것이고, 이것은 또 다섯 번째의 생산물을 창출하는 데로 이어질 수도 있다. 이렇듯 읽고 쓰고 다시 읽고 쓰는 심미적 경험의 경로는 무한하게 이어진다. 그 가운데 물론 빼어난 경우만 예술사와 지성사를 이룰 것이다.

생산수용적으로 전개되는 역사적 사건의 예술적 재구성을 뷔르거는 '전취의 과정성'으로 부른다.[226] 이 점에서 그는 설득력 있게도 이상주의(관념론) 미학에 대하여 바이스 미학이 가진 분명한 차이점을 본다. 왜냐하면 이상주의 미학에서 예술작품은, 바이스의 전취 방식과는 다르게, 현실과 분리된 가상의 왕국으로 간주됨으로써 작품의 생산과 수용을 이루는 경험

226 Ebd., S. 287.

적, 현실적 과정이 은폐되기 때문이다.

그러나 뷔르거의 해석 관점에 결함이 없는 것은 아니다. 그는 무엇보다도 코레아르/사비니에 의한 첫 번째 생산 과정을 간과하고 있다. 역사적 사건의 재구성은 결국 1인칭 화자/작가가 글로 집필하는 소설 텍스트의 서사적 구조로 통합된다. 그러나 그렇다고 해도 거기에는 제리코의 그림 생산이 있고, 이 생산에 전제되는 코레아르/사비니에의 보고문 읽기가 있으며, 이 두 사람의 보고문은 역사적 경험에 대한 수용적 기록의 중대한 결과다. 그리고 이 결과는 제리코-소설의 등장인물-독자로 이어지는 심미적 수용의 첫 출발점이다.《저항의 미학》에서의 생산적 수용적 전취 과정이 극도로 다층적인 이유는 이 때문이다. 그리고 이 모든 것은 다시 이 삼부작에 대한 또 다른 독자의 또 다른 수용과 생산으로 이어져 있고, 이 수용과 생산은 또 다른 미래의 독자를 기다리는 것이다.

글은 언제나 미래의 독자와 만나는 가운데, 그 만남을 기약하는 가운데 잠시 완성된다. 그런 점에서 책은 현재와 미래의 책이다. 책의 의미란 지금의 독자와 앞으로 올 독자의 해석적 참여에 의해 한시적으로 파악된다. 이 해석과 재창조의 참여에서 작품의 의미론적 경계선은 무한하게 확장된다. 참된 예술은 미래의 관점과 시각 그리고 그 참여에 열려 있다. 작품의 수용과 생산의 과정은 이렇게 무한정으로 이어질 수 있고, 생산과 수용의 이 무한한 전취 과정은 그 자체로 인간 삶의 자기 형성적 양식을 이루고, 나아가 문화와 역사의 가장 빛나는 부분을 이룬다. 왜냐하면 문화라는 것도 자기 형성적 에너지로 축적되는 의미론의 총체인 까닭이다.

삶의 여러 차원들은 복합적 관점 또는 다원근법Multiperspektive에 의해 톱니바퀴처럼 맞물려 있다. 이 다원근법에서 현실과 비현실, 논리와 환상은 반드시 구분되는 게 아니다. 오히려 소설은 사실 현실과 환상 현실, 전면성과 배후성의 등가적 통합을 겨냥한다. 그럼으로써 사고와 행동의 확정적 틀을 내파시키는 데 기여한다. 왜냐하면 여하한의 확정 혹은 단정이란 단일 원근법의 소산인 까닭이다. 다원근법적 소설언어는 이질적 관점의 교차를 통해 현실의 복합성을 그 풍요로움 속에서 파악한다. 《저항의 미학》에서 그림 관찰과 꿈의 비전 그리고 초현실적 장면들이 자주 등장하는 것도 이와 관계한다.

바이스는 다원근법 묘사로 세계의 '또 다른 무대anderen Schauplatz'(프로이트)를 포함하는 '최대한의 현실'을 묘사한다(*ÄdW*, I, 81). 그러므로 그의 글이 상상적이거나 환각적인 것만을 추구한다거나, 상상적인 것과 현실적인 것의 손쉬운 종합을 통해 어떤 초현실surréalité에 도달한다고 말하는 것은 옳지 않다. 그것은 차라리 린트너가 지적했듯이, '저항의 보편적이고 역사적인 담론'과 밀접하게 연관된다.[227] 이런 점에서, 거듭 확인하는 바지만, 바이스의 글쓰기와 초현실주의자들의 자동적 글쓰기에는 분명한 간극이 있다.

바이스는 환상과 이성, 꿈과 현실을 뒤섞음으로써 삶의 복합 현실을 드러낸다. 이것은, 앞서 언급했듯이, 대상의 복합성을 이해할 만한 연관항 아래 파악하려는 이성적 요구에서 온다. 그는 글쓰기를 이성적 의지 아래 종속시키면서 예술 활동의 사회정치적 역사적 토대를 결코 잊지 않는다. 그의 글은 상상적 감정이입과 성찰적 형상화 의지 사이에서 움직이면서도 어떤 윤리적 원칙, 말하자면 이성적 사회에의 정언명령을 떠나지 않는다. 그래서 그의 시선은 정해진 규범과 가치를 상투적으로 반복하는 것이 아니라, 바로 이 가치에 의해 배제되고 억압된 것들이 어디에 머무는지 주목하는 것이다. 어떤 규범 속에서 이 규범의 밖을 헤아리고, 일정한 가치 속에서 이 가치의 가장자리를 그의 글은 지향하는 것이다.

227 Lindner, Burkhardt: Nach dem Ende der Wiederentdeckungen, a.a.O., S. 43.

3.2.3. 자기 치료

참된 글은 중심적 원근법Zentralperspektive을 해체시킨다. 이것은 단일 시점만 허용하기 때문이다. 바이스는 중심 해체적 글쓰기로 비전과 합리의 전래적 경계선을 없애면서도 이성적 사회를 향한 윤리적 요구를 외면하지 않는다. 이것은 모순된 것이다. 그러나 이 모순된 요구는 화가의 창조 과정을 그가 어떻게 묘사하는가에서 모순된 것이 아니라 오히려 절실하게 필요한 것임이 드러난다. 그리고 이 창조 과정은, 그림에 대한 감상 경험이 글쓰기 속에서 소설 텍스트로 전이될 때, 되풀이된다.

> 그는 모든 세부에서 실상에 일치하는 듯 보이지만, 그러나 캔버스에 그려진 것처럼 그렇게 결코 발생하지 않았던 이미지를 투사投射했다. 그렇지만 실제 사건을 예술의 여러 층위로 전환시킬 때, 그는 결정적 순간에 하나의 기념비를 세우는 데 성공했다. 그는 두루 체험한 것을 자신의 현재 속으로 밀어 넣었고, 그렇게 결정화된 그림을 본 우리는 그 순간들을 새롭게 살아나게 했다. 그래서 그림이 생겨난 상황과는 다른 무엇이 늘 보였고, 지나간 것에 대한 하나의 우화가, 하나의 관조가 나타났다(*ÄdW*, I, 348).

경험의 변형이란 예술가에게, 위에 적혀 있듯이, '실제 사건을 예술의 여러 층위로 전환시키는 일' 외의 다른 것이 아니다. 화가 제리코는 '두루 체험한 것'을 형식 부여를 통해 '자기 자신의 현재' 속으로 옮겨 넣음으로써 '그 순간들을 새롭게 살아나게 한다'. 주체는 감정적 고양을 통해 대상과 하나가 되면서 이 대상을 이전과는 다르게 겪게 되고, 이렇게 겪은 내용은 형식의 옷을 입고 객관화된다. 이 객관화된 거리감으로부터 지나간 경험은 새롭게, 마치 '하나의 우화'처럼 '관조' 속에서 고찰되는 것이다.

여기에서 확실한 것은 예술의 창조 과정이 하나의 작품을 만드는 일이면서 그 자체로 주체의 심미적 경험이 된다는 사실이다. 그러니까 예술가는 심미적 경험의 이중적 수행자다. 즉 그는 생산적 차원과 수용적 차원에서 심미적 경험을 두 겹으로 실행하는 사람이다. 그는 작품을 만들면서 심미적으로 경험하듯이, 이렇게 만들어진 작품을 느끼고 받아들이면서 심미적으로 경험하는 것이다. 화가는 삶의 경험을 심미적 구조로 변형시키는 가운데 대상의 동일시로부터 대상의 객관화로 옮아간다. 이 옮아감/전이는 감정적이면서 동시에 이성적이고, 정서적이면서 동시에 성찰적이다. 왜냐하면 그것은 한편으로 대상에 대한 감정적 몰입을 요구하면서, 다른 한편으로 이때의 감정적 몰입이 형식적 매개 속에서 객관적 틀로 변형되기 때문이다. 작품은 이 형식적 변형의 산물이다. 의미는 이 결과물에 담긴 내용이고, 성찰과 반성은 이런 내용을 냉정하게 되돌아보는 일이다.

그러므로 심미적 경험이란 정서적이고 성찰적이며, 감성적이며 이성적인 경험의 교차이고 이 교차적 경험의 경계 속에서 그 밖을 경험하는 일이다. 예술은 경험의 최전선 — 그 한계를 실험하는 변형의 마당이기 때문이다. 그것은 감각과 사고의 가장자리에서 의미의 새로운 영역과 지평을 열어 나간다. 우리는 예술에 기대어 감각과 사고의 문지방을 넘어 경험의 경계 저쪽으로 나아가는 것이다. 그것은 주관의 객관화를 통한 자기 변형의 경험이다. 이 변형적 경험으로 인해 소설의 등장인물들은 그림의 요소들이 새롭게 살아나는 것을 느낀다. 그리고 이 새로움은 그 자체로 삶의 우화가 된다. "그리하여 그림이 생겨나는 상황과는 다른 무엇이 늘 나타났고, 과거에 대한 하나의 우화가, 하나의 관조가 생겨났다." 개인적이고 역사적 경험을 통해서뿐만 아니라 이 경험의 적극적 변형을 통해, 다시 말해 고통의 경험을 심미적 형상물로 번역함으로써 제리코는 출구 없는 현실에서 벗어날 힘을 얻는다. 이것은 주인공의 글쓰기에도 해당된다. 즉 그는 글을 쓰면서 '모든 말을' '끔찍한 신음으로 만들었던' 강요된 침묵 상황을 견뎌 내려고 한다(*ÄdW*, II, 23).

그러므로 제리코의 회화 작업이나 1인칭 화자의 문학 작업은 다 같이 굳어 있는 혀 — 현실의 침묵에 대한 미메시스적 대항 기획Gegenentwurf이다. 화가는 그리면서 실존적 중압감을 상대화하고, 이 상대화를 통해 그 압박을 견뎌 낼 수 있게 된다. 그리하여 그림 그리기는 어떤 '도구' — '경직성에 대한 저항'의 수단으로 입증된다.

> 그를 위한 어떤 도움, 어떤 구원도 있지 않았고, 그의 마음에 저장된 전례 없는 에너지도 그림이 그려질 때만 때때로 안도감을 주었으며, 그리는 일은 잠시 지나친 내적 압력을 이겨 낼 수 있는 도구였고, 광기는 경직성에 대한 저항으로서 늘 그를 덮쳤다. 억압과 파괴의 체제에 개입하려 했던 그는 자신이 패배자로 몰락해 가는 걸 보았다. 그러나 어떻게 예술에서 격리와 패배를 이겨 낸 가치들이 창출될 수 있는지, 어떻게 우울을 비전의 형상화로 이겨 낼 수 있을지 내게 결코 그리 분명치 않았다. 아마도 그는 어떤 힘이 자신을 억누르는지 이해 못한지도 모르고, 또 낙담이 너무 컸기에 자유롭게 구사된 기호를 해석해 줄 열쇠를 단념했는지도 모르지만, 그러나 회화적 언어로 그가 다른 사람이 갈 길을 준비했다는 사실을 인식할 만큼은 충분히 의식적으로 손 작업을 행하고 있었다(*ÄdW*, II, 32f.).

그림으로써 제리코는 자기 삶을 조건짓는 심리적 중압과 사회적 황량함을 제어하려고 한다. 그는 패배한 자와 억눌린 자들에게 어울릴 회화적 형식을 부여함으로써 '억압과 파괴의 체제로' '개입하고자' 하고, 이 개입을 통해 개인적이고 사회적인 삶의 '우울을 이겨 내고자' 애쓴다. 예술은 우울을 다독이는 방식이다.

여기에서 보듯이, 회화는 '제어'하고 '개입'하며 '이겨 내는' 방식이다. 예술은 압도적 현실에 대한 실존적 대응의 한 방식인 것이다. 이런 대응을 통해 주체는 자신을 위로하고 현실을 견뎌 낸다. '그림을 그린다는 것은', 바이스가 《노트북》에서 적었듯이, '자기 치료'인 것이다(*NB*, II, 464). 그러나 이 자기 치료는 그리는 일에만 한정되는 것이 아니라 쓰는 일에도 해당된다.[288] 사실상 예술 일반이, 크게 보면, '일종의 치료법'이라고 할 수 있다.

예를 들어 미국의 예술철학자 굿맨은 다음의 문장에서 이 같은 생각을 대변한다. "예술은 완화제일 뿐만 아니라 치료이며, 좋은 현실에 대한 보상물과 더불어 악한 현실에 대한 방어물을 우리에게 준다. 극장과 박물관은 이때 보건성의 부처部處로 기능한다."[229] 예술은 자기 치료이자 사회 치료의 한 방법이다. 아니 더 정확하게 말하면, 그것은 자기 치료를 통한 자기 양육이자 자기 배려self-care의 기술이다. 이것은 모두 자기를 키우는 일에 관여하는 까닭이다.

제리코는 자신의 실존적 절망과 현실의 역사적 고통에 적절한 형식을 부여함으로써 삶의 내외적 압력을 이겨 내고, 사회적 억압의 메커니즘에 개입한다. 그림 그리기란 이 개입의 활동이고, 비전의 형상화는 이 활동의 방법이며, 이 형상화의 원리가 바로 환각적 리얼리즘이다. 이것은 환각과 환상의 무의식 영역에 열려 있다는 점에서 비이성적이지만, 무의식의 영역을 형식 아래 포섭한다는 점에서 이성적이다. 그래서 환각적 리얼리즘은 '이성의 형상화 형식'이 된다. 이 형상화 형식에 기대어 그는 개인적 삶과 시대의 경험이 유발한 상흔으로부터 어느 정도 벗어난다. 이 상흔을 표현 속에서 객관적으로 성찰할 수 있기 때문이다. 여기에서 회화의 언어는 제반 억압과 체제의 폐해를 견뎌 내는 의미 있는 수단으로 기능한다. 그러니 예술 창조는 단순히 개인의 사적 위로에 머무는 게 아니다. 그것은 개인의 상처를 어루만짐으로써 이 개인들로 구성된 사회와 역사의 치유로 나아간다. 예술은 삶 전체를 다독이는 하나의 현실적 대응 방식인 것이다. 이 점이 작가의 예술 이해를 지탱하는 근본 토대다.

소설의 1인칭 화자는 그 때문에, 화가 제리코가 그러하듯, 절대적 환상 추구와 비타협적 현실 투쟁 사이를, 그 어느 한편으로 치중됨 없이, 부단히

---

228 Peter Weiss, *Rekonvaleszenz*, a.a.O., S. 124.

229 Goodman, Nelson: *Sprachen der Kunst, Entwurf einer Symboltheorie*(Languages of Art. An Approach to an Theory of Symbols, Indianapolis 2. Aufl. 1976), Frankfurt/M. 1997. S. 227.

오고간다. 예술의 길과 정치의 길에는 어떤 차이도 없다고 믿기 때문이다.

> 입당入黨에 대한 생각은 무제한적 발견에 대한 욕구와 결합되어 있었고, 나는 그려진 화면 앞에 내가 서 있음을, 내가 제리코와 들라크루아, 쿠르베와 밀레와 만나는 것을 보았고, 결집된 조직 안으로, 타협 없는 싸움으로 나아가길 원했으며, 동시에 환상의 절대적 자유 속으로 들어가고자 원했다. 퐁트 로얄 다리를 건너면서 나는 당으로 가는 길과 예술로 가는 길이 하나라는 것을, 결코 분리될 수 없는 것임을 생각했고, 그래서 정치적 결정이나 적 앞에서의 비타협 그리고 상상의 작용, 이 모두는 결합되어 하나가 되었다 (*ÄdW*, I, 19)

소설의 나는 그림과 책과의 숱한 경험을 자기 경험의 일부로 만들면서 이 경험 내용이 어떻게 현실에 대해 그리고 자기 삶에 대해 말을 건네는지 추출해 낸다. 이런 현실 인식은 그가 올바른 삶을 설정하고 지향하는 데 도움을 준다. 한 개인의 가능성이란 한 시대의 가능성에 의해 제약되고, 이 시대의 제약은 각 개인의 삶을 규정하는 가장 강력한 외적 틀이 된다면, 예술의 경험은 개인적이고 사회적인 제약의 이 같은 확인을 통해, 그리고 이 제약에도 불구하고 있을 수 있는 어떤 작은 가능성 — 편재한 불가능성 속에서의 지극히 미미한 가능성을 어렵게 탐색하게 한다. 이 탐색을 통해 그것은 한 개인과 시대가 자리한 좌표축의 전체 윤곽을 그려 보이면서 한 켠에서의 이 작은 가능성에 수용자를 이어 준다. 각성의 계기는 이 작은 가능성과의 우연한 만남에서 매우 드물게 생겨난다.

심미적 경험은 자아의 전체와 세계의 전체 사이에 놓인 희미하고도 끊어지기 쉬운 끈을 이어 준다. 이 만남에서 절대적 환상과 사회적 구속력, 예술적 자유와 정치적 책임은 따로 있지 않다. 그래서 소설의 나는 '당으로 들어가는 길과 예술로 나아가는 길이 하나임을, 결코 분리될 수 없는 것임'을 생각하고, '정치적 결정이나 적 앞에서의 비타협 그리고 상상의 작용,

이 모두가 하나로 결합됨'을 느낀다. 정치적 입장과 심미적 형식화는 깊은 의미에서 동의어인 것이다. 이 심미적 반성이 좋은 삶, 그래서 선한 삶의 가능성으로 이어져 있다면, 그것은 동시에 정치적으로 정당한 윤리적인 길이기도 하다. 미학과 윤리는 이상적인 경우 일치한다. 아름다움의 어떤 추구는 정치적으로도 정당하고 윤리적으로도 선할 수 있는 것이다. 그러나 그것은, 다시 한번 더 강조하여, 매우 드물게 도달할 수 있다.

거듭 강조해야 할 사실은 정치적 입장의 표명 방식도, 적어도 이 행동 주체가 예술가라면, 심미적 형상화라는 경로를 통해 이뤄질 수 있고, 또 이뤄져야 한다는 점이다. 물론 삶의 현장은 그 어떤 언어나 성찰도 용납하지 않을 만큼 절박하고 긴급할 때가 많다. 폭력과 비참은, 나라와 장소와 시간을 불문하고, 언제 어디서나 일어날 수 있고, 또 실제로 일어난다. 그런 의미에서 모든 이론적 탐구는, 예술이든 학문이든, 궁극적으로 야만적 현실을 거스르는 실천이어야 한다.

그러나 행동의 선택 역시 종국적으로 삶의 인간화를 지향해야 한다. 이 삶의 인간화로부터 행복이 마련되며, 이때의 행복이란 무엇보다 감각과 사고의 유연함에서 오는 것이라면, 이 유연함은 무엇보다 언어와 표현의 유연함으로부터 시작된다는 것을, 그리고 이 유연한 언어와 표현의 바탕이 다름 아닌 성찰이라는 것을 우리는 인정해야 한다. 언어와 표현과 성찰이 결국에는 실천의 목표이자 바탕으로서의 유연한 생활 양식Lebensstil을 만드는 것이다. 너무 미세하거나 느리거나 먼 것들은 단일 원근법으로 포착되지 않는다. 심미적 경험은 이 단일 원근법에 저항한다. 예술의 언어는 근본적으로 다원근법적이기 때문이다.

유연성이 높아질수록 세계 통찰의 능력은 더 커진다. 그러나 그것이 반드시 현실 적응을 잘하는 것은 아닐 것이다. 그렇지만 가치의 보편성이 감각과 사고의 유연성의 한도 내에서 생겨난다는 것은 사실이다. 예술의 유연한 표현이란 그 자체로 감각과 사고의 유연함이고, 유연한 감각과 사고는 나아가 행동의 유연함 — 선한 행동의 가능성을 예비한다. 이 점에서 예술의 표현은 그 자체로 윤리적 실천의 형식이다. 그러나 그것은, 예술언어가 간접적 표현을 선호하고, 이 표현을 선택하는 사람이 소수라는 점에서, 매우 제한적이지 않을 수 없다. 그러나 이런 제약에도 불구하고 사회정치적 입장은 예술이 다루어야 할 하나의 대상이라기보다는 이미 그 구성 성분이라고 봐야 한다.

정치적 입장이나 사회적 개입 역시 심미적 실천의 방식 안으로 용해되어야 한다는 요구는, 간단히 말해 두 가지를 뜻한다. 1차적으로 심미적 표현의 방법과 가능성이 그처럼 다양할 수 있다는 것이고, 2차적으로 표현의 다양한 길을 예술적 주체 스스로, 그러니까 그 나름의 언어와 관점과 스타일의 창출 속에서 탐구해야 한다는 것이다. 표현 방식의 가능성이란 곧 삶의 양식적 가능성이기 때문이다. 1인칭 화자는 예술 경험에 기대어 경험 현실을 그 나름으로 재구성한다. 이 형상화로부터 그는 자신과 다른 사람들의 고통을 의미 있는 무엇으로 변형시킨다. 마치 피카소와 제리코가 현실 적 전율 앞에서 가차 없는 표현으로 자신들의 절망을 형상화했듯이, 소설의 나 역시 '지옥의 폭력' 앞에서 자신의 절망을 글로 극복하려고 한다 (*ÄdW*, II, 22). 예술 작업은, 작가가 적고 있듯이, '지각할 수 있는 것의 한계를 넘어서기 위한 현저한 기호'인 것이다(*ÄdW*, II, 28).

예술은 메두사 머리 같은 잔혹 현실을 신화적 베일 아래 감추는 것이 아니라 그 파악 가능성 속에서 새로운 의미로 번역해 낸다. 때로는 무형적이고 때로는 파악할 수 없는 고통을 형태 있고 파악할 수 있는 것으로 전환시킴으로써 그것은 그 극복 가능성을 타진하고, 이런 타진을 통해 현실 대응의 좀더 적절한 방법을 수용자에게 암시한다. 그러니까 예술은 한계 경험의 변형을 통해 그 경험과 대결하는 것이다. 예술은 한계 경험의 변형으로부터 태어난다. 이 변형적 대결을 바이스는 글로 수행한다. 그는 글의 미메시스적 능력에 기대어 파악하기 어려운 개인적 경험과 역사적 사건들을 생생하게 보여 줌으로써 어떻게든 제어 가능한 무엇으로 바꾼다. 마치 아도니스의 피가 오비드의 펜 끝에서 꽃으로 변모하듯이,[230] 어둠의 침묵과 돌의 냉기가 글 속에서 따뜻하고 인간화된 무엇으로 말하기 시작하는 것이다.

우리는 세계의 폭력과 한 움큼의 열망 사이에서, 생계의 뗏목 위에 나날의 목숨을 부지한 채, 현실의 파도를 힘겹게 넘어선다. 예술은 개인적, 사회적인 정황을 표현 속에서 어떤 의미로 변모시킨다. 심미적 에너지는 이 의미를 만드는 것이면서 이렇게 만들어진 의미의 밀도로부터 생겨나는 것이기도 하다. 예술적 주체가, 그리고 그가 묘사한 현실이 조금씩 변하는 것은 이 에너지 때문이다. 그러므로 표현을 통한 예술의 변형은 곧 주체의 변형이자 현실의 변형이다. 심미적 주체는 표현으로 스스로를 변화시키면서 자기가 속한 현실을 변화시킨다. 예술은 자아와 현재의 변화에 참여하는 것이다. 변형적 글쓰기를 통해 소설의 나는 몰락과 갱생 사이에 난 예술의 길을 선택한다.

그러므로 글쓰기는 현실의 권력에 대항하는 반권력反權力으로서 현실의 관계를 갱신시킨다. 예술은 묘사 불가능한 삶의 고통을 그 파악 가능성 아래 포착하고 변형시키기 위해 경험을 성찰하고, 이렇게 성찰된 내용을 새롭게 조직한다. 그것은 시대의 질환에 대응하여 '그럼에도 불구하고' 행해지는 실천적 현실 대응법이다. 예술의 길은 변형의 길이다.

---

230 오비드의 《변신》에는 이런 아름다운 표현이 있다. "내 고통의 기억은 남아 있네/언제나, 아도니스여. 해마다 새로워진 네 죽음의 모습/만들어지네. 지금 날 뒤흔드는 탄식을 본뜨면서/그러나 네 피는 꽃으로 변할 것이네"(Ovid: *Metamorphosen*, Epos in 15 Büchern, übers. u. hrsg. von Hermann Breitenbach, 2. Aufl. Zürich/Stuttgart 1964).

V. 수난의 기억

· · · · · · · · · ·

우리 언어의 저편에 놓인 것을 그러나
어떻게 〔…〕 우리의 어휘 안으로 가져올 수 있는가.
— 바이스(ÄdW, III, 25)

· · · · · · · · · ·

《저항의 미학》 III부는 흔히 '지옥의 방랑Hadeswanderung'으로 불린다(*NB*, II, 661, 761). 이 부분은 무엇보다 파시즘하의 저항 투사들이 겪는 좌절을 서술한다. 코피나 하일만 그리고 호단 같은 저항 투사들은 대부분 처형 장소인 플뢰첸제Plötzensee에서 죽고, 1인칭 화자의 어머니는 망명 도중에 삶을 마감하며, 비쇼프와 1인칭 화자는 이 끔찍한 경험에 대한 기억을 간직한 채 살아남는다. 이 두 사람의 고통사苦痛史는 그러나, 지금까지와는 다르게, 더 이상 심미적 경험의 틀 안에서 일어나는 것이 아니라 파시즘 현실을 서사적으로 변형시키는 가운데 일어난다.[231] 여기에서 소설 텍스트는 일종의 추도사 혹은 경고비로서 흔적 없이 사라져 간 희생자들을 기억한다. 이것은, 사건의 줄거리가 1인칭 화자의 글에 실려 묘사됨으로써, 훨씬 더 생생하게 행해진다.

이 글의 중심에는 어머니의 비전Visionen이 자리한다. 이 비전은 파시즘의 범죄에 결부되어 있다. 그녀의 정신착란과 넋 나간 상태는 특히 III부의 첫

231 《노트북》의 몇몇 구절은 제III부에 나타나는 1인칭 화자의 글쓰기가 저항적 미학이라는 전체 기획에서 어떤 위치 가치를 갖는지 알려 준다. "《저항의 미학》 III부에서 미학은 쓰기와 보기의 종류를 규정한다. 미학은 더 이상 예술작품이나 표현 분석에서 정의되는 것이 아니라 직접 반영된다"(*NB*, II, 781); "〔지금까지의〕 인식들의 적용이 시도된다. 저항의 미학으로의 길을 서술하는 것이 더 이상 중요한 것이 아니라, 이 미학이 전체 직관(보도, 서술)의 바탕으로 자리한다. 이제 시선은 미학으로부터 사건으로 향한다"(*NB*, II, 782).

부분을 지배한다. 그녀를 묘사할 때 바이스는 화가와 산문가에서 시작하여 영화감독과 극작가를 거쳐 장편소설가에 걸친 그의 예술적 발전 과정을 관통하는 핵심적인 질문 — '묘사할 수 없는 것의 묘사 가능성'이란 문제를 다시 던진다. 이것을 풀어쓰면 이렇다.

파시즘 같은, 아마도 20세기에서 가장 악독한 폭력 지배의 예가 될 메커니즘은 어떻게 문학적으로 묘사될 수 있는가? 상상하기조차 힘든 이 끔찍한 사건에서 인류사의 정신과 문화는 그동안 자임하던 인간성의 가치 — 계몽과 이성, 진정과 위로와 역사 발전에 대한 신뢰가 산산조각 나는 것을 목격했다. 그럼에도 어떻게 정신과 문화가 다시 일어설 수 있는가? 아니 다시 일어설 수 있다고 말할 수 있는가? 어떻게 시와 문학과 예술과 철학에서 '아직도' 믿을 만한 근거가 있다고 말할 수 있고, 이렇게 말해도 용서될 수 있는 것인가?

《저항의 미학》의 1인칭 화자는 이 참담한 현실을 명징하면서도 비전적인 언어로 이겨 내고자 한다(1장). 예술의 한계와 가능성에 대한 물음은 알브레히트 뒤러의 〈멜랑콜리아 I〉에 대한 등장인물들의 해석에서 계속된다. 여기에서는 예술과 므네모시네, 기억과 문화의 관계가 고찰된다. 예술은 기억에 기대어 말할 수 없는 것 속으로 삼투함으로써 억압되고 배제된 것을 다시 불러일으킨다. 그 다음에는 므네모시네를 '예술의 공장'으로 파악한 바이스의 생각뿐만 아니라, 문화 작업을 통해 현실에 개입하는 그의 사회문화적 기획이 펼쳐진다(2장).

1. 어머니의 고통과 홀로코스트 묘사

오 아우성으로 된 상형문자여,
죽음의 출입문에 적힌.
— 넬리 작스, 〈아우성으로 된 풍경〉

파시즘 폭력에 시달린 경험으로 말미암아 1인칭 화자의 어머니는 정신착란과 언어 상실에 시달린다. 그녀의 실어증은, 간단히 보면, 언어 상실을 뜻하지만, 그렇다고 표현력의 결핍을 뜻하는 것이 아니다. 그녀에게 체험된 일의 전달 능력은 배제되어 있지만, 그럼에도 그녀는, 자세히 들여다보면, 다가오는 재앙을 정확히 인식한다. 여기에서 그녀의 몸이 지닌 지각력 — 육체 지각력은 큰 역할을 한다. 말하자면 몸의 언어가 그녀에게는 말의 언어를 대신하는 것이다. 어머니는 몸의 말없는 언어로 타인의 고통에 다가서려고 한다. 그녀는 넋 나간 침묵에도 불구하고 자기 자신의 표현 방식을 몸으로 고수하는 것이다.

여기에서 어머니의 몸은 기억의 기호로 입증된다(1장 1절). 천천히 그러나 점진적으로 죽어 가는 그녀의 모습 앞에서 1인칭 화자는 예술의 능력을 회의하게 되고, 그 때문에 묘사 가능성의 경계로, 그래서 묘사 불가능성의 의미에 대한 물음으로 나아간다. 이 경계선에서 그는 그러나 묘사 불가능성의 무기력에 굴복하는 것이 아니라, 어머니의 고통을 추체험할 수 없다는 무력감을 오히려 더욱 표현에 매진해야 할 이유로 받아들인다. 무력감의 직시가 재출발을 위한 에너지의 원천이 되는 것이다. 이 시도에서 그는 '어떤 새롭고 다른 언어'를 찾아 헤맨다. 새롭고 다른 언어란 알려지고 익숙한 것이 아니라 알려지지 않고 벗어나는 것을 포용하는 언어다. 그러려면 그것은 즉물적이면서 동시에 상상적이어야 한다.

새롭고 다른 언어에 기대어 1인칭 화자는 현실의 끔찍함을 정확히 묘사할 수 있게 된다. 상상할 수 없는 것을 표현의 명료성 아래 상상할 수 있는 것으로 번역하려는 노력 속에서 그는 자신에게 주어진 예술의 과제를 보는 것이다. 그리고 이 예술의 과제는 곧 문화의 과제와 다를 수 없다(1장 2절).

1. 1. 몸—기억의 기호

> 그밖에도 인간은 기호를 불러들일 수 있다.
> 기호는 그의 머리카락에 걸려 있고, 그의 눈에서 반짝이며,
> 그의 입술에서 춤추고, 그의 손가락 끝에서 자리 잡는다.
> 그는 몸 전체로 말한다.
> — 장 폴 사르트르, 《상황》

1인칭 화자의 어머니는, 독일 군대를 피해 달아날 때, 끔찍하고도 잔혹한 여러 경험을 겪는다. 그리고 이때의 경험은 그녀에게 일평생 상흔으로 작용한다. 이것은 이미 III부의 도입부에서 그 파고드는 환각적 묘사를 통해 잘 나타난다.

> 그녀는 눈 속에 무릎을 꿇었지만, 그러나 그것은 차갑지 않았다. 아마도 그것은 하얀, 하얀 모래일 수 있었다. 그녀의 두 손은 그 속으로 점점 더 깊이 들어갔고, 하늘은 구름으로 잔뜩 덮여 있었지만, 햇볕은 눈이 멀 정도로 밝았다. 팔은 팔꿈치까지 깊숙이 들어갔다가 다시 올라왔고, 그러자 두 손에는 눈송이가 흩날렸다. 위로 솟구쳤다가 내리는 동작이 규칙적으로 계속 이어졌다. 그녀 앞에서 다른 사람들도 무릎을 꿇고 있었고, 그녀는 다 해진 회색수건을 둘러맨 사람들의 등을 보았고, 아무것도 신지 않은 맨발들을 보았으며, 하얀 눈에 반쯤 묻힌 여러 발바닥과 발가락을 보았고, 그러자 두 손은 더 깊게 내려갔다. 바다로부터 몸을 돌린 채, 그녀가 꿇어앉은 곳은 해안가임에 틀림없었고, 그 가장자리는 가까이 있었지만, 그러나 파도가 철썩이는 소리는 들리지 않았다. 완전한 고요가 지배했다(*ÄdW*, III, 7).

나치 군인들의 야수적 학살을 겪은 후 어머니는 언어 상실에 빠진다. 이러한 경험은 그녀를 완전한 침묵으로 몰아갔고, 이때 이후 그녀는 정신착란과 넋 나간 상태에 휩싸인다. 수용소 현실에 대한 예감으로 더 시달리면 시달릴수록 그녀는 더 극심하게 환각적 모습에 짓눌린다. 위의 인용문은 그녀가 처한 이런 넋 빠진 상황을 비전적 언어 속에서 묘사한다. 그림 같은 이미지로 찬 이 언어에서 의식과 꿈, 현실과 상상력은 혼재한다.

작가의 환각적 묘사 방식은 모든 사실주의적 모방이미지를 뛰어넘는다. 그 때문에 이 환각적 서술에서 어머니의 상흔은 생생하게 구현된다. 이때 어머니는 참을 수 있는 영역의 끝 — 거의 견디기 어려운 전달의 경계선에 처해 있기 때문에, 외부 세계에 완전히 무감각하다. 그래서 '눈 속에서도' 그녀는 '차갑지 않게' 느끼는 것이다.

1.1.1. 상흔적 경험

왜 화자의 어머니는 할 말을 잃고 넋 나가게 되었는가? 그것은 그녀가 남편과 함께 독일 군대를 피해 프라하에서 스웨덴으로 도망가면서 겪었던 여러 가지 상흔적 경험 때문이다. 이러한 경험은, 모두 합치면, 세 번에 걸쳐 일어난다. 첫째, 메리슈 오스트라우Mährisch Ostrau에서다. 여기에서 이 부부는 다른 유대인 무역상이나 수공업자들과 함께 체포되어 감옥으로 끌려간다(*ÄdW*, III, 11ff.). 두 번째는 고를리체Gorlice 부근에서 일어난다. 여기에서 군인들은 유대인을 포함한 피난민 무리를 체포하는데, 이때 화자의 아버지는 1915년 1차 세계대전의 참전 용사증을 보여 줌으로써 통행증을 발급받을 수 있게 된다(*ÄdW*, III, 16f.). 세 번째는 루블린Rublin 방향으로 갈 때다. 이때 어머니는 하루 종일 사라졌다가, 총살되기 직전 무덤을 파는 유대인들 사이에서 다시 발견된다(*ÄdW*, III, 18). 이런 일련의 사건 이후 그녀는 정신착란과 혼절의 기나긴 침묵 속으로 빠져든다.

어머니가 겪은 체험은 쉽게 이해되기 어렵다. 소설에 등장하는 인물들

카린 보예.

—1인칭 화자뿐만 아니라 그의 아버지, 나아가 카린 보예는 그녀의 증상을 알아내기 위해 여러 방법으로 접근한다. 예를 들어 아버지는 '수학적 산정'을 통해(*ÄdW*, III, 14) 그녀가 겪은 것을 조사한다. 즉 어머니의 상태란 불완전한 정보지만 고통당한 이들의 수를 정확히 열거함으로써 밝혀질 수 있다고 그는 가정한다. 그것은 통계적으로 정향된 분석이고, '합리적 설명 모델'이다. 그는 이 통계적 합리적 모델로 상상을 넘어서는 개인적 고통의 요인을 해명하려는 것이다. 그는 히틀러 집권을 도왔던 독일 대기업가들에게 책임이 있다고 간주하고, 이들의 이름을 차례로 거론한다(*ÄdW*, III, 125ff.; *NB*, II, 788ff.).[232]

> 어머니가 부엌 구석의 벽 선반에서 접시를 집어 들고 창가 옆 식탁으로 가져왔을 때, 그〔아버지〕는 자신을 짓누르던 이름을 불렀고, 이 이름은 마치 그렇게 울려야 하는 것처럼 날카롭고도 거짓되게 들렸다. 아이였을 때, 나는 이미 그 이름을 들은 적 있는데, 그들은 아버지가 참전한 전쟁 동안 정부산업위원회에 들어가 전쟁 준비를 채근했다. 〔…〕 그들은 전쟁에서도, 또 곤궁의 시절에도 손해를 입지 않았고, 항거한 자들을 진압한 후 곧바로 생산을 다시 완전 가동시킬 수 있었고, 돈을 넣어 국가기관에 들어갔으며, 국회의원이나 장관을 동맹자로 앞세우거나, 스스로 내각 관직을 차지하기도 했다. 크루프Krupp, 티센Thyssen, 키르도르프Kirdorf, 슈티네스Stinnes, 푀글러Vögler, 만네스만Mannesmann은 나치 정당의 돈을 댄 반볼셰비즘 동맹을 구축했고, 그

232 이러한 맥락에서 1960년대 제3세계 민중에 대한 바이스의 공감도 이해될 수 있다. 왜냐하면 이들 민중 역시 유대인 대량 학살에 책임이 있는 자본주의 체제에서, 또 서구 자본의 지원을 등에 업은 군부 독재 아래 여전히 고통받고 있다고 그는 확신했기 때문이다.

들 중 일부는 그 회원이 되었다. 그 이름들은 부엌 구석에서 덜거덕대는 낮은 소리와는 대조적으로 들렸다(*ÄdW*, III, 126).

마치 주문呪文으로 악령을 불러내는 듯한 위의 장면에서 화자의 아버지는 대기업가들의 이름을 하나하나 부른다. 왜냐하면 이들이 독일 파시즘의 발흥에 책임 있다고 그는 간주하기 때문이다. 그런데 1인칭 화자는 이들의 이름을 어린 시절부터 잘 알고 있었다.

잘 알려진 이 세계적인 기업가들은 1930년대에 가장 강력한 산업 자본가에 속했다. 그들은, 1인칭 인물은 이렇게 해석하는데, '전쟁에서도 손해를 보지 않았고, 어려운 시절에도 손해를 보지 않았으며', '돈을 넣어 국가 기관에 들어갔다'. 제3제국 시절 그들은 자본주의 체제의 충실한 실행자로서 재정적으로뿐만 아니라 정치적으로도 히틀러의 권력 장악에 깊게 관여한다. 그러니 그들은 나치 정당의 핵심적 공모자인 셈이다. 물론 히틀러 집권에 책임 있는 것은 이들만이 아니다. 독일의 대기업뿐만 아니라 아버지를 포함한 노동자 계층 또한 적잖은 책임이 있다. 왜냐하면 이들은 파시즘 권력의 흥융을 막지 못했기 때문이다. 이렇게 된 요인은 어디에 있는가. 그 하나의 원인은 노동자 운동의 패배와 정당 내부적 정치의 불화에서도 연유한다(*ÄdW*, III, 128f.). 그리하여 나치즘은 선거를 통해, 말하자면 '합법적으로' 권력을 쟁취하게 된다.

이 대자본가들은, 1인칭 인물의 눈에는, 너무도 강력한 모습으로 나타난다. 그래서 그는 이들의 풍요에서 어떤 전원시적 형태가 아니라, 또 '어떤 세밀하게 그려진 붉은 벽돌 굴뚝과 겉치레 미세화'가 아니라, '대리석과 철강으로 된, 연기로 그을려진 아성과 요새'를(*ÄdW*, III, 126f.) 본다. 이처럼 강력한 자본가들이 나치 독재에 봉사함으로써 민주주의를 희생시킨다. 그러므로 파시즘 권력의 불행한 전개에 책임을 져야 하는 것은 바로 이들이다. 이 점에서 이들의 이름을 열거하는 아버지의 생각은 이해될 수 있다. 그러나 이 통계적인 방법은 어머니의 극단적 상황 앞에서 부적절하고 '도달하기 어려운' 것으로 판명난다. 이런 정황을 1인칭 화자는 이렇게 적는다.

> 나의 어머니는 아버지가 보고하는 것으로부터, 비록 이것이 절박하게 들렸지만, 아무것도 받아들이지 않는 것처럼 보였다. 그녀는, 더 이상 도달할 수 없는 것처럼, 닳아빠진 초록 우단으로 씌워진 등받이 의자에 앉아 있었다(*ÄdW*, III, 14).

아버지는 어머니의 불안을 추체험하기 위해 자본가들의 이름을 호명하며 나치즘의 배후 인물을 열거한다. 그러나 어머니는 이런 열거에도 불구하고 아무것도 받아들이지 못하는 듯 보인다. 왜냐하면 이름과 사실의 열거는 자료를 바탕으로 한 사료 편찬적historiographisch 서술을 닮아 있기 때문이고, 이 사료 편찬적 서술은 불합리한 사건의 경과와 이 경과의 내밀한 파괴력을 온전히 포착하지 못하기 때문이다. 어머니가 경험했던 끔찍한 사실은 그녀를 완전히 경직시켜 버린다.

1인칭 화자의 어머니는 외부 세계와의 그 어떤 접촉 가능성도 상실하고 만다. 그녀는 정상적이고 잘 알려진 영역으로 돌아가는 모든 길을 거부함으로써 결코 파악할 수 없는 미지의 영역 안에 머문다. 말하자면 그녀의 체험은 모든 인과적 설명 틀을 넘어서 있는 것이다. 그 때문에 아버지의 통계적 진술은 그녀에게 다가갈 수 없다. 산술화하는 담론의 모든 도식은 끔찍한 상처 앞에서 좌초하는 듯 보인다. 이런 과정을 통해 거듭 강조되는 것은 기록적, 통계적, 수치적 방식으로 해명하려는 노력의 무모함이다. 그래서 1인칭 화자는 아버지의 설명 시도가 과연 적절한지 자문한다.

> 검증될 수 있는 것, 수열과 순서에 속하는 것을 고수하는 것이 아버지의 의지였다면, 나의 어머니는 우리를 둘러싼 모든 것으로부터 멀어졌다. 그러나 이성을 간직한 우리보다 그녀가 더 많은 걸 알지 않는가, 우리 규범으로 설

명할 수 있는 모든 것은 이처럼 싹트는 생각의 근본적 변화 앞에서 취약하지 않는가라는 질문 때문에 우리는 흔들렸다(*ÄdW*, III, 16).

아버지가 말하는 동안, 나는 무엇보다 그의 말이 우리를 에워싼 것과 얼마나 상치하는지 느꼈다. 명료한 것, 결코 반박할 수 없는 것에 대한 요구 속에서 그는 어머니가 했던 경험들을 훨씬 더 큰 어둠으로 몰아갔다. 비록 우리 앞에 늘 숨어 있으나 우리 삶을 규정하는 폭력을 그는 불러냈다. 이것은 우리가 파악할 수 없는 어머니의 내적 세계와는 반대로 전적으로 합리적인 것이었다(*ÄdW*, III, 125).

이미 언급했듯이, 어머니의 상흔에 대하여 아버지는 수학적이고 통계적으로 정향된 설명 모델을 고수한다. 이에 반해 어머니는 잔혹상으로 가득 찬 자기 세계에 깊숙이 빠져 있다. 그래서 외적 세계의 모든 영향에 자신을 차단시킨다. 그리하여 아버지의 합리주의적 접근 방식은 어머니의 상흔을 제대로 평가할 수 없다. 그것은 개인적 체험의 유일무이성을 일반적 설명 틀 아래 종속시키고, 그 경험을 '훨씬 더 큰 어둠'으로 몰고 가기 때문이다. 그러니까 현상학적으로 열거되는 아버지의 외부 세계와, 침묵에 빠진 어머니의 내면 세계 사이에는 그 어떤 접점도 자리하지 못하는 것이다. 그래서 아버지의 노력은 결국 수포로 돌아간다. 그의 분석 방식은, 1인칭 화자가 보기에, 어머니 상태와 '일치할 수 없는 것'으로 나타나는 것이다.

합리주의적으로 정향된 아버지의 설명 모델 앞에서 1인칭 화자는 착잡하다. 왜냐하면 그는 아버지 모델의 장단점을 알기 때문이다. 그는 어머니의 고통이 파시즘 폭력의 야만성에 기인하고, 그래서 일상적 관점과 상상을 넘어서 있다는 것, 이 때문에 합리적 방식으로 파시즘의 폐해를 파악하려는 것은 처음부터 불가능하다는 것을 분명하게 인식하다. 그러나 이것은 아버지의 접근 방식이 전혀 타당하지 않다는 뜻은 아니다. 자료적, 수치적 접근은 대상의 정확한 이해에 필수적이기 때문이다. 아버지의 오류는 어머니의 상흔이 오직 산술적, 통계적 설명 모델로 완전히 파악될 수 있다는 믿음에 있지 이 모델 자체에 있는 것은 아니다. 이런 설명의 시도는 어머니의 고통 앞에서 무기력한 것으로 판명나지만, 그러나 1인칭 화자는 그 장점 — 사실을 밝히려는 해명 의지를 포기하지 않는다. 이것은 어머니의 상흔과 그 증상을 서술하기 전에 작가가 얼마나 정신분석학이나 신경학에 오랫동안 골몰했는가에서 잘 나타난다(*NB*, II, 783-785).

그리하여 1인칭 화자는 '명료한 것, 결코 반박할 수 없는 것에 대한 요구'가 납득할 만하다고 간주하면서, 경험적으로 객관화하려는 아버지의 노력을 받아들인다. 그러면서 어머니의 고통과 죽음에 대해 아버지는 이렇게 반응할 수밖에 없었을 것이라고 이해한다.

파시즘적 야만성의 경험은 어머니가 치유할 수 없는 정신 상실에 빠지는 원인이 된다. 그녀는 급기야 육체적으로도 허물어지는 지경에까지 이른다. 이런 영육적 붕괴는 그녀가 괴물 같은 시대의 폭력 앞에서 추방된 자들과 자신을 동일시하는 일을 스스로 선택함으로써 가속화된다. 즉 그녀는 나치주의자들의 대량 학살에 공동 책임을 느낌으로써 자발적으로 희생자들의 옆에 서고, 이들과 함께 머물기를 결정한다. 고통받는 자들과의 이런 동일시는 《저항의 미학》 I부 첫 부분의 끝에서 이미 나타나는데,[233] 이것은 III부 첫 부분의 시작에서는 자주 등장한다. 두 개의 단락을 언급하면 다음과 같다.

> 그러나 아직 국경을 지나기도 전에, 나의 부모는, 유대인 무역상과 수공업자들과 함께 체포되어 메리슈 오스트라우 감옥소로 넘겨졌다. 그들은 독일 민족의 일원으로 귀속될 수 있었지만, 그러나 나의 어머니는 추방된 사람들 사이에 있으려고 했다(*ÄdW*, III, 11f.).

233 "검은 머리카락 때문에 사람들이 몇 번이고 그녀[어머니]를 유대인으로 칭한 이후, 그녀는 스스로 유대인임을 선포했다고 말했는데, 이 때문에 어머니나 아버지는 바른스도르프에서 새 거주지를 찾는 게 어렵게 되었다"(*ÄdW*, II, 76).

> 한때 네 엄마는 하루 종일 사라지기도 했지, 라고 나의 아버지는 말했다. 그는 어머니를 눈보라 속에서, 일가를 잃은 유대인들 사이에서 다시 발견하였지. 그때 이후, 그는 이렇게 말했는데, 깊은 생각에 빠진 그녀 상태는 점점 심해졌지만, 그는 그 침묵이 거의 3개월 동안 벨로러시아Belo- rußland를 통과하는 동안 몸이 탈진했기 때문이라고 여겼다(*ÄdW*, III, 18).

당시는 유대인이 전 유럽에서 집단적으로 추방되던, 역사의 전례 없이 잔혹했던 시기다. 이 시기에 추방된 자들과 자기를 동일시하는 것은 말할 것도 없이 엄청난 고난을 요구했을 뿐만 아니라, 많은 경우 치명적 위험을 뜻했다. 그러나 어머니는 국적으로 신분을 밝힘으로써 이런 차별과 부당 대우로부터 홀로 벗어나는 걸 거부한다. 그녀는 자기 삶의 구제를 원치 않은 것이다. 그 대신 그녀는 추방된 무리에 소속되길 원한다. 죽음의 위협에 노출된 '추방된 자들 사이에서' 그녀는 자기의 거처를 느끼는 것이다.

1.1.2. 말없는 공감

이런 점에서 고통받는 자를 위한 어머니의 태도는 모범적으로 보인다. 그녀가 육체적으로나 심리적으로도 온전치 못함에도 연대적 행동을 보여 주었다는 사실을 감안하면, 그녀의 모습은 더 깊은 인상을 남긴다. 이런 윤리적 행동은 메리슈 오스트라우에서의 한 사건에서도 확인된다. 여기에서 그녀는 유대 상인이나 수공업자들과 함께 체포되어 감옥에 머문다.

> 나의 아버지는 좁은 감방에 대해 말했다. 내 어머니는 더듬듯 자기 손가락을 만졌다. 그녀는 돌 벽면의 가느다란 홈과 도톨도톨한 표면을 쓰다듬었다. 판자로 덮인 바닥에서 썩는 냄새가 올라왔다. 100명 남짓한 사람들이 그 감방에 몰아넣어져 있었다. 몇 개의 나무침대가 임시로 배분되었다. 거기엔 아이들과 젖먹이가 있는 여자들 그리고 병자가 누워 있었다. 비상용 대야가 넘겨졌다. 몇몇 노인들이 죽자, 서 있는 사람들 발 사이를 지나 문턱으로 끌

> 려갔다. 깨어 있거나 잠든 육체들이 서로 기댄 채 있었다. 나의 어머니는 짙은 온기를 느꼈고, 땀 흘리는 이 육체들에 속한 것처럼 느꼈다. [⋯] 그들 사이에 있다는 사실이 그녀에게 힘을 주었다. 썩은 악취는 그녀에게 꽃이 피는 것과 같았고, 그래서 그녀는 이 냄새를 깊이 들이켰으며, 이 유기체 속에 살아서, 결코 이 닫힌 곳의 밖으로 나가지 않았을 것이고, 이들과 떨어지는 것은 어쩌면 그녀의 타락이고 몰락이었는지도 모른다. 일주일이, 이렇게 아버지가 말하는 걸 나는 들었는데, 이 감옥에서 지나갔지. 수용소로 이송되기 위해 그녀가 뜰로 끌려 나와 줄 맞춰 서 있을 때, 아버지가 억지로 끌어내어, 독일 출신임을 증명할 수 있었던 사람들 무리 쪽으로 데려가지 않았더라면, 나의 어머니는 거기 그대로 있었을 것이다(*ÄdW*, III, 12).

어머니의 구금 상태는 아버지의 진술을 통해, 그리고 이 진술을 옮기는 1인칭 화자의 간접적 진술 아래 묘사된다. 어머니가 갇힌 이 좁은 감방에서는 '썩은 냄새'가 피어오르고, 노인이 죽어 가고 있으며, 많은 육체들이 '깨어 있거나 잠자면서' '서로 기댄 채' 있다. 100여 명이나 되는 사람들은 마치 짐승처럼 '몰아넣어져 있었다'. 이들 추방된 자 — 노인과 병자들 그리고 젖먹이를 안은 여자들 사이에서 어머니는 그러나 냉기가 아니라 '두터운 온기'를 느낀다. '이들과 떨어지는 것은 그녀의 타락이고 몰락이었는지도 모른다.' 그녀에게 몰락이 있다면, 그것은 이 수감자들과 떨어져 있는 것이다.

공동의 감정이 결핍의 경험을 공유하는 데서 생겨나는 것이라면, 어머니는 이 결핍의 고통을 공유하면서 내쫓긴 자들과 자신을 동일시하게 된다. 그래서 그녀는 밀려오는 악취를, 마치 '꽃이 피어나는 것'처럼, 기꺼이 들이마신다. 이 공감 어린 행동은 그녀의 의식에 일체감와 안전의 느낌을 선사한다.

이 대목에서 상세히 논의되어야 할 사실은 어머니 인물이 체현한 연대성의 성격이다. 그녀는, 소설 내적으로 보아, 1인칭 인물이나 코피 혹은 하일만과 같은, 세부적으로 묘사된 정치적 참여의 대표자에 속하지 않는다. 그녀는 육체적으로나 심리적으로 건강한 상태에 있는 것도 아니다. 실은 정반대다. 그녀는 위협에 노출된 인물들 가운데 가장 허약한 사람 중의 하나다. 바로 그런 인물이 자기 밀폐에 빠지거나, 보예처럼 스스로 목숨을 끊는 대신 고통받는 자와의 연대적 행동을 구현하는 것은 특이한 일이지 않을 수 없다. 게다가 그녀의 행동에는 어떤 과장도 없다. 희생자들에 대한 그녀의 결속감을 지탱하는 것은 슬로건적 정치적 주장도 아니고, 모호한 형이상학적 연민도 아니다. 그것은 경험에서 우러나온 유보 없는 공감이다. 따라서 그녀의 연대성은 이론적인 것이 아니라 생활 실천적인 것이고, 외면적으로 과시되는 것이 아니라 내면적으로 육화된 형태를 띤다. 이 점에 어머니 인물의 윤리적 특징이 있다.

어머니가 체현한 추방된 자들과의 동일시는 추상적, 개념적 언어로 주장되는 것이 아니라, 바이스의 언어에 실려 소설 텍스트로 구현되어 있다. 그러는 한 그녀의 연대적 실천은 정치적, 규범적 차원에서 '논의'되는 것이 아니라 경험적 차원에서 실제로 적용된 것이다. 저항의 이념이 어떻게 비인간적 극단 상황에서 구현될 수 있는가라는 문제가 주장되는 것이 아니라, 눈앞에 생생하게 실현된 형태로 드러나는 것이다. 바로 이 점에서 바이스의 심미적 정언명령이 지닌 윤리적 차원이 있다.

다시 짚고 넘어가자. 그의 윤리적 정언명령이란 무엇인가? 문학적 텍스트는 현실의 잔혹상을 자기 몸 안으로 받아들여sich-einverleiben, 이를 서술함으로써 심미적인 것의 윤리적 함의를 입증한다. 고통의 이 합체화 속에서 작가의 연대성 이해는 최상의 이미지를 획득하는데, 이 이미지는 이를테면 철학적 담론의 개념 규정적, 논증적 시도와는 명백하게 구분된다.[234] 무의

234 연대성solidarity에 대한 몇몇 동시대 철학자들의 개념 규정은 다음과 같이 거칠게 요약될 수 있다. 연대성 개념은 예를 들어 하버마스에게 '하나의 보편주의적 도덕의 구성 부분'으로서, '상호 주관적으로 공유되는 삶의 형식에서 밀접하게 관련되는 동료의 안녕'과 이어

식적이지만 연대적 몸짓에서 독자는 그녀가, 이 몸짓에서 깊은 인상을 받았던 카린 보예가 말하듯이, 단순히 '아픈' 것이 아니라 '넋이 나간' 것이라는 사실을 알 수 있다.

> 어떤 지점에선가, 그녀〔보예〕는 이렇게 말했는데, 나의 어머니는 우리 상상력의 한계를 넘어선 사람이라는 것이다. 아버지가 숫자를 세면서 떨쳐 버릴 수 있었던 것이 그녀에겐 가장 깊은 힘줄에까지 생생히 살아 있었다. 알려진 모든 것의 밖에 있는 그 무엇에 삶이 지배되어 있었기 때문에 그녀가 우

진다. 이때 그는 연대성 개념 이외에 정의正義를 '동일한 사안의 두 가지 측면'으로 요구한다(Habermas, Jürgen: *Erläuterungen zur Diskursethik*, 2. Aufl. Frankfurt/M. 1992, S. 70). 이에 반해 리처드 로티는 '오직 공동의 희망에 의해, 그리고 이 공통점으로 야기되는 신뢰'가 연대성 개념의 바탕에 깔려 있다고 말한다. 이 개념은 형이상학적 테제로부터 오는 것도 아니고, 인식 이론적 테제에서 오는 것도 아니다. 그것은 '끊임없이 변화하는 정황에 일치하는 자기 해석의 가능성'을 겨냥한다. 로티는 실용주의자로서 현실주의적 객관성 구상에 반대하면서, 자기가 속한 집단을 선호하는 자민족 중심주의적ethnozentrisch 측면을 선택한다(Rorty, Richard: *Solidarität oder Objektivität? Drei philosophische Essays*, übers/ v. J. Schulte, Stuttgart 1988, S. 26 und 31f.). 이에 반해 악셀 호네트에게 연대성 개념은 '하나의 상호 주관적 가치 지평'을 만들어 내는 인정認定 형식Anerkennungsform이며, 이 상호 주관적 가치 지평 속에서 자율적 주체는 대칭적 가치 평가 아래 다양한 삶의 길에 참여할 수 있다(Honneth, Axel: *Kampf um Anerkennung. Zur moralischen Grammatik sozialer Konflikte*, Frankfurt/M. 1994, S. 208ff.).

이 세 철학자에게 공통되는 것은 사회적 약자에 대한 연대적 참여의 조건을 규정하는 규칙의 규범적 체계를 규명하려는 노력이다. 이들은 복잡한 관계 상황을 '종합적으로 강제된 전체 안'으로 일반화/추상화하고 배열하면서 이 문제를 해결하고자 한다. 이것은 철학적 담론의 개념적 언어가 범주적으로 나뉜 세계의 논리적 해명과 주로 관계하는 데서 기인한 것이다. 이에 반해 시적 언어는 이미 알려진 사실을 단순히 재현/반영하는 것이 아니라 무제한적 감각 인상을 의미로 변형하는 걸 목표로 한다. 이것은 감각적 인상을 단순히 논증하거나 규정하는 것이 아니라, 살아 있는 조소성 속에서 묘사함으로써 이뤄진다. 이 때문에 그것은 말할 수 있는 것뿐만 아니라 말할 수 없는 것도, 그러나 사태의 다층성을 단순화함 없이, 표현할 수 있다. 바로 이 점에서 우리는 문학의 언어가 연대성 개념을 구현하는 데에도 철학적 담론의 언어보다 덜 손상적이라는 것, 그래서 더 구체적이라고 말해도 좋을 것이다. 그러나 이런 문제를 자세히 논의하기 위해서는 이와 관련된 주제의 복합체, 예를 들면 철학과 문학, 논리와 수사학의 장르 차이에 대한 문제에서부터 시작하여 일상적 언어와 시적 언어의 차이에 대한 문제를 지나 언어의 인식론적이고 심미적 기능에 대한 문제에 이르기까지 여러 가지 물음을 동시에 그리고 더 명료하게 해명할 수 있어야 한다. 이것은 다음의 장에서 '어떤 다른 언어'와 관련하여 다뤄진다.

> 리 사이에 현존하는 건 더 이상 불가능했을 것이다. 그녀는 넋 나간 여자였지만, 그렇다고 정신 장애자는 아니었으며, 그 이유는 그녀가 자기 속에 간직한 것이 하나의 진리였지만 우리에겐 여전히 이해되지 않는 하나의 끔찍한 진리였기 때문이고, 그러는 한 그녀는 예언자였지만, 그것은 은총의 의미가 아닌 끔찍한 저주의 의미에서였다(*ÄdW*, III, 24f.).

어머니의 상흔적 의식 상태는 매우 중요한 의미를 갖는다. 이 의미는, 소설 안에서는, 보예의 통찰에 의해 드러난다. 왜냐하면 그녀 역시 어머니처럼 부정적 현실의 와중에서 이 현실로부터 격리되어 있기 때문이다. 그러나 어머니와는 달리 보예는 언어 상실로 나가지 않는다. 대신 그녀는 자신의 일상적 마비와 무력감을 문학 작업으로 전환시킨다. 그러나 이 작업은 자살로 끝나고 만다. 이런 이유에서 보예는 어머니의 상흔을 잘 이해할 수 있다. 어머니는, 보예는 이렇게 말하는데, '모든 알려진 것의 밖에 있는 그 무엇에 지배되어' 있기 때문에, 그 고통은 흔히 있는 개념이나 해석 틀로 파악될 수 없다. 그녀는, 1인칭 화자의 직접화법이 알려 주듯이, '우리를 당혹하게 할 수 있었던 형안炯眼을 때때로 갖고' 있다(*ÄdW*, III, 25). 그래서 보예는 어머니를 '정신 장애자'가 아니라, '넋 나간 자'로 지칭한다. 그러니까 어머니는 '미래를 내다보는 사람이었지만, 그러나 은총의 의미에서가 아니라 끔찍한 저주의 의미에서' 그러했던 것이다.

어머니의 체험은 다양한 점에서 표상 능력의 한계를 넘어선다. '원시부족에게는 계시된 것으로 지칭될 무엇'이 그녀의 정신착란을 특징짓는다(*ÄdW*, III, 24). 어머니를 병든 사람이 아닌 계시받은 존재로 보는 보예의 시각은 그러나, 하일만이 옳게 요구하듯이, 형이상학적으로도, 또 종교적으로도 수용되어선 안 된다(*ÄdW*, III, 135, *NB*, II, 782). 넋 나간 그녀의 언어 부재는 현실의 가늠하기 힘든 비참으로부터 연유하기 때문이다. 그래서 그녀에겐 확대된 의미의 인식 능력이 있다고 1인칭 화자는 여긴다. 그녀는 마음속에 '어떤 끔찍한, 그러나 우리에겐 이해되기 어려운 진리'를 간직하고 있다(*ÄdW*, III, 25). 그러는 한 그녀의 상흔은, 1인칭 화자나 아버지가 보듯이, 사사롭거나 개인적인 것이 아니라 초개인적이고 사회적인 것으로 고찰될 수 있다. 그리하여 작가는 이렇게 묘사한다. '어머니 침상 옆에 우리가 앉아 있을 때, 때때로 그녀 속에서 하나의 개별적 인간이 아니라 바다 같은 사람들의 무리가 죽어 가는 것처럼 여겨졌다'(*ÄdW*, III, 129).

어머니의 넋 나간 상태는 단순히 개인적 상태에 기인한 것으로 볼 수 없다. 그녀는 자신의 심리적 성향에 무너지고 있지만, 이 심리적 성향은 동시대적 폭력 현실과 깊게 연루되어 있다.이 같은 폭력 현실의 중심에는 유대인의 대량 학살이 있다. 이 문명사적 폭력은 나치즘의 '학살 기계'에 의해 자행된 것이다. 이 전례 없는 고통의 희생자들을 대변하듯 아파함으로써 그녀는, 비유적으로 말하여, '영원히 계속되는 겨울'을 맞이한다(*ÄdW*, III, 129). 그녀는 '인간의 온전한 고통을 짊어지고 있고, 이 고통으로 인해 무너져 가는'(*NB*, II, 635) 것이다.

그러나 어머니의 상흔은 파시즘 아래 고통받는 자들에 대한 상징으로 그치는 게 아니다. 그녀는 수천 년 동안 가부장적 체제 아래 몰락해 간 여성들의 일반적 삶을 대변한다. 그래서 그녀는 '살해의 역사'로 자리하는 '인류의 역사' 전체에 상징적인 것이다(*ÄdW*, III, 47).[235] 인류사는 살육의 연속사

235 이런 점에서 어머니의 상흔을 개인적, 심리적 관점에서뿐만 아니라 성적 특이성의 관점에서, 그러나 소설 텍스트의 전체 연관항을 고려함 없이, 설명하려는 시도들은 비판될 수 있다. 저항소설에서는 지배자에 대한 항의 때문에, 이 지배자가 파시즘적 적대자건, 자기 진영의 정당 내부적 권력자건, 혹은 가부장적 체제의 파괴력이건 간에, 처형되거나 침묵하거나 자살하게 된 여성 인물들이 많이 등장한다. 이들이 남성 인물들보다 훨씬 더 혹독한 희생자임은 부정할 수 없다. 그 때문에 여성 인물들은, 비르기트 포이스트후버가 지적하듯이, '여성적 대항역사Gegengeschichte'로서 소설에 엮어져 있다고 할 수 있다〔Feusthuber, Birgit: Sprache und Erinnerungsvermögen. Weibliche Spurensuche in der "Ästhetik des Widerstands" von Peter Weiss, in: Garber, Jürgen u.a.(Hg.): *Ästhetik Revolte Widerstand*, a.a.O., S. 208〕. 그러나 소설 전체가 "아버지들의 압도적 힘과 그 힘에 '맹목적으로' 따르는 여성들에 대한 거부의 작품"이라는 그녀의 평가가 적절한지 의문이다(같은 책, 232쪽). 왜냐하면 바이스에게 중요한 것

다. 현실의 경험은 어머니가 가진 가능성의 자유로운 전개를 방해했고, 그 때문에 그녀는 이 경험 앞에서 마치 조각상처럼 굳은 듯 앉아 있다. 이런 모습에서 등장인물들은 인류의 고통사에 대한 어떤 대표적 이미지 — 집단적 주체의 이미지를 본다. 그녀는 말없는 고통 속에서도 몸으로, 또 자세와 태도로 무엇인가를 보여 주는 것이다. 그러므로 이 어머니가 잃은 것은 말로 하는 언어이지 표현의 언어 전체가 아니다.

> 내 어머니의 목숨을 부지했던 것, 그것은 이런 동의였고, 나락 속에서 머물다가 사라지는 일에 대한 이 말없는 수락이었다. 밤마다 부엌 옆방에서 나는 어머니가, 전혀 낯선 목소리로, 흐느끼는 것을 들었다(*ÄdW*, III, 19).

> 때때로 그녀는, 언어를 잃은 것이 아니라 그저 어떤 다른, 우리가 접근할 수 없는 표현 방식 아래 그녀가 숨어 있다는 점을 입증하기라도 하듯이, 단어 몇 개를 들먹이며 아버지 쪽으로 몸을 돌려, 그의 세계를 염두에 두면서, 그녀가 처한 영역에 대해 무엇인가 그에게 명백히 보이려고 했다. 그러나, 보예의 죽음 후처럼, 내 어머니가 돌아가시고 나서야 그런 충격이 마침내 나

은 남성 지배의 원천을 탐색하는 것이라기보다는 차라리 인간의 인간에 대한 지배를 가능하게 한 억압 체제의 조건과 그 전제에 대해 묻는 것이기 때문이다. 이것은 무엇보다 억압사에 대한 저항 투쟁에서 여성과 남성의 행동성격이 지닌 스펙트럼이 얼마나 다양하고 모순적으로 제시되는가에서 잘 드러난다. 소설의 저항적 의미는 단순히 남성 사회에 대한 반역에 있는 것이 아니다. 이런 점에서 이레네 될링의 주장은 명석하게 보인다. 왜냐하면 그녀는 소설에 나타나는 남성과 여성에 대한 취급상의 차이란 성 문제가 아니라 그보다 넓은 의미, 말하자면 사회정치적 연관항에서 찾으려고 하기 때문이다〔Dölling, Irene: Frauen im Klassenkampf-Klassenkampf und Geschlechterfrage in Peter Weiss' "Ästhetik des Widerstands", in: Krenzlin, Norbert(Hg.): *"Ästhetik des Widerstands"*, a.a.O., S. 47f. u. 52〕.

사회정치적 억압과 계급 분열, 성적 불균등 등의 복잡하기 그지없는 그물망 속에서 삶의 다양한 요소들은 서로를 강화시키거나 대립적으로 작동한다. 따라서 이 모든 요소들의 그물망을 고려하지 않고는 더 나은 삶의 질서를 위한 필요조건은 창출되기 어렵다. 페미니즘적 시각은 필요하지만, 그러나 그것은 더 넓은 가치 지평으로 나아가야지 여성적 정체성의 주장이나 성적 억압의 문제에만 국한해선 곤란하다. 여기에 대해서는 Fraser, Nancy: Es geht nicht darum, Frauen zu Männern zu machen. Nancy Fraser über Chancengleichheit im Zeitalter politischer Nullsummenspiele, in: *Frankfurter Rundschau*, am 9. Feb. 1998.

타났는데, 이 충격 때문에 우리는 얼마나 그녀를, 그 위급한 외침도 듣지 못한 채, 궁지에 빠뜨렸는지 알게 되었다(*ÄdW*, III, 123).

어머니가 겪은 전대미문의 사건은, 이미 언급했듯이, 너무도 강력하여 산술적 설명 모델을 넘어 간다. 그것은 여하한의 구분이나 정의定義 혹은 인위적 범주 틀을 벗어난다. 아버지의 수고는 그런 산술적, 통계적 노력의 예다. 그러나 이것은 그녀가 표현 능력을 완전히 상실했다는 것을 뜻하지 않는다. 고통은 그녀를 침묵으로 몰고 가지만, 그럼에도 그녀는 여러 방식과 경로를 통해 자신의 속마음을 드러낸다. '나락 속에 머물다가 사라지는 일에 대한 이 말없는 수락 속에서' 그녀는 '전혀 낯선 목소리로' '흐느끼는' 데(*ÄdW*, III, 19), 이것은 '어떤 다른, 우리가 접근할 수 없는 표현 방식 아래 그녀가 언어를 숨겼음을 증명하고 싶기라도 하는 것처럼' 보이는 것이다(*ÄdW*, III, 123).

화자의 어머니는 분명 언어를 가지고 있다. 그것은 평범한 사람들에게는 지극히 낯선 것이지만, 그래서 어쩌면 '언어'라고 말하기 어려운 것이기도 하지만, 그러나 거기엔 그 나름의 특징이 있다. 이 특징의 하나는 그것이 언어적으로 구조화되어 있다기보다는 차라리 몸짓을 닮아 있다는 점이다. 이것은 다음 글에서 확인된다.

내 어머니의 얼굴은 텅 빈 듯했고, 꺼칠했으며, 그녀의 입은 반쯤 열려 있고, 그 눈은 저 멀리 앞쪽을 응시했으며, 날 알아보지도 못했다. [⋯] 그때는 겨울이 아니었다. 그럼에도 그녀는 그녀 뒤에서 가죽처럼 질긴 무엇과 쩌렁쩌렁 쇳소리를 내는 무엇을 감지했고, 그것은 매복한 채 저기 기다리고 있었고, 그녀가 그것을 강하게 감지하면 할수록 몸을 돌려 피하기란 그만큼 더 어려웠다. 하지만 그것들은 머리와 발톱을 가졌고, 그녀를 죽이는 데는 손댈 필요조차 없다는 걸 그녀는 알고 있었다. [⋯] 그렇게 무릎 꿇은 채, 그녀는 수많은 등이 어떻게 움츠러드는지, 아이들의 발과 발가락이 어떻게 모래 속으로 파들어 가는지 보았는데, 아무도 주변을 돌아보지 않았다(*ÄdW*, III, 7).

위의 인용문이 보여 주듯이, 어머니는 점차 진행되는 죽음의 과정에서 완전히 내팽개쳐진 채 탈진한 상태에 있다. 그녀의 얼굴은, 가면을 쓴 것처럼, '텅 빈 듯했고, 꺼칠했으며', 그녀의 입은 '반쯤 열려 있고', 그 눈은 '저 멀리 앞쪽을 응시했'지만, 그러나 아무도 알아보지 못한다. 그녀의 얼굴 표정은 메두사 눈빛으로 돌이 된 사람들 같고, 땅의 신Ge처럼 완전히 꺼져 버린 듯하다.[236] 말하자면 그녀는 완전히 육탈된 육체를 가지고 있는 것이다.

1.1.3. 몸짓 증언

육체적, 정신적 탈진에도 불구하고 어머니는 익명의 폭력들이 어떻게 가까이 다가오는지 분명하게 예감하고 느낀다. 그녀는 이 폭력에 노출된 힘없는 사람들 틈에 머물면서 덮쳐 오는 재앙을 지각한다. 그러나 이 힘은 너무도 무자비하고 압도적이다. 그래서 그것은 '더 강하게' 감지하면 감지할수록, '그로부터 몸을 돌려 피하는 것은 불가능해' 보인다. 그들은 '매복한 채 저기 숨어 있으며', '머리와 발톱을 가지고 있고', '가죽처럼 질긴 것으로, 쉿쉿 소리를 내는 혓덩이 같은 것으로' 나타난다. 그래서 그것은, 맘만 먹으면, '손대지 않고도 그녀를 절멸시킬 수 있을 것같이' 보인다.

이 위협적 힘 앞에서 어머니는 아무 말도 하지 못한다. 그녀에게 언어적 표명은 더 이상 불가능하다. 대신 그녀는 지각하는 몸의 모습을 내보인다. 그리하여 그녀의 언어는 엄격하게 말해 부재하는 것이 아니라 몸의 증상

---

236 스톡홀름으로 돌아가는 길에 1인칭 화자는 페르가몬 신전에 묘사되어 있던 땅의 신 게Ge의 화석화된 얼굴을 상상적으로 떠올린다. 그는 넋 나간 어머니를 기억하면서, 올림퍼스 제신에 대항하여 아들의 몰락을 막으려던 이 여신을 생각하는 것이다. "스톡홀름으로 돌아가는 동안, 기차 안에서 나는 창밖을 쳐다보는 중에 땅의 여신, 게의 이 얼굴을, 손가락이 망가진 왼편 손목이 위로 솟구치는 걸 보았고, 저녁 풍경은 옆으로 스쳐 지나갔으며, 알키오네우스는, 가슴을 뱀에 물린 채, 비스듬히 추락했다"(*ÄdW*, III, 20).

언어적symptomsprachlich 표현에서 드러난다. 증상 언어적 표현이란 몸짓과 표정, 태도 또는 이해하기 힘든 중얼거림 같은 것들이다.[237] 역사의 외상적 경험은 어머니의 경우 말로 직접 드러나는 것이 아니라, 육체에 실려 몸짓의gestisch 표현으로 번역되는 것이다.

> 우리는 식탁 가에 요동도 없이 등받이 의자를 고수했던 어머니 곁에 앉았고, 나는 스톡홀름과 스페인, 파리에 대해 얘기했으며, 그 많은 사건에 대한 언급은 빈약하고 어머니의 침묵이 내 목소리를 마비시킬 듯했지만, 그래도 아버지는 계속 말하라고 청했고, 나는 그때, 아버지가 하신 것처럼, 우리가 말하는 것을 그녀가 이해하기라도 하는 것처럼, 어머니 쪽도 쳐다보며 말하는 걸 배웠다. 그녀의 왼팔은 마치 부러진 것처럼, 편 손바닥을 위로 향한 채 무릎에 놓여 있었고, 오른팔은 굅 팔꿈치 때문에 위로 들려져, 마치 가까이 오는 무엇을 제지하려는 듯한 어떤 몸짓이 되었다(*ÄdW*, III, 9).

어머니가 짊어진 삶의 짐은 상상하기 어려운 것이어서, 1인칭 화자와 그의 아버지는 그녀에게 다가가지 못한다. 화자는 침묵하는 어머니로 인해 자신의 진술이 마비되는 걸 느끼지만, 그럼에도 아버지의 격려에 힘입어 다시 어머니로 향한다. 그러나 그녀는 '등받이 의자를 요동도 않고' '고수한다'. 그녀의 왼팔은 '마치 부러진 듯하고', 그 오른팔은, '가까이 오고 있는 무엇을 제지하려는 듯' '위로 들려져' 있었다.

어머니의 육체는 일종의 공연된 기호inszeniertes Zeichen다. 그것은 읽히기보다는 차라리 보여지는 종류의 것이다. 그 몸짓은 불분명하다. 왜냐하면 그

237 이런 의미에서 어머니의 연대적 동일시를 '미메시스적 자세'로 지칭한 알퐁스 죌너의 견해는 동의할 만해 보인다. 이 연대적 행위를 근거로 그녀는, 그가 설득력 있게 적었듯이, '전체 소설에서 가장 어두우면서 동시에 가장 밝은 인물'이라고 말할 수 있을 듯하다(Söllner, Alfons: *Peter Weiss und die Deutschen. Die Entstehung einer politischen Ästhetik wider die Verdrängung*, Opladen 1988, S. 217).

것은, 무의식의 언어처럼, 말로 된verbale 언어가 가진 지시적 성격을 갖고 있지 않기 때문이다. 그럼에도 그것은 시각적으로 생생하게 나타난다. 왜냐하면 그것은 언어에 의한 의미론적 가공 없이, 육체적으로, 그러니까 몸짓 속에 현재하기 때문이다. 어머니의 이 육체 언어Körpersprache는 역사적 상흔의 언어적 묘사 불가능성과, 몸짓을 통한 그것의 상징화 가능성 사이에서 생겨난다. 그것은 말할 수 없는 것의 언어적 한계에 대한 육체적 저항으로 보인다. 이것은 1인칭 화자의 글쓰기가 묘사 불가능한 것에 대한 언어적 저항으로 자리하는 것과 유사한지도 모른다. 어머니의 몸은, 마치 '텅 빈 듯하고 꺼칠꺼칠한' 얼굴이나, 응시하는 눈빛 혹은 '마치 부서진 듯' 놓인 손이 보여 주듯이, 역사적 상흔을 자기 안에 품은 매체로 입증되는 것이다. 그리하여 그녀의 몸은 곧 기억의 몸이다. 최근의 한 연구가 설득력 있게 논증하듯이, "몸은 늘 의미 설정의 문화적 과정에서 만들어지는 구성물이자 결과로서, 이미 개인적이고 집단적인 기억을 포괄하는 회상의 대상인 것이다".[238]

기억의 문서보관소에는 책의 원천이나 자료 혹은 기념물만 속하는 것이 아니다. 역사적 경험은 무엇보다 인간의 몸에 새겨진다. 기억 작업은 지각된 것의 저장과 왜곡 그리고 생산의 경로를 통해 몸속에서 끊임없이 일어난다. 그래서 육체는 그 자체로 하나의 상징적 마당이고, 이 육체의 마당에서 역사적 고통의 흔적은 추적될 수 있다. 저항소설에 등장하는 어머니의

---

238 Öhlschläger, Claudia/Wiens, Birgit: Körper-Gedächtnis-Schrift. Eine Einleitung, in: dies.(Hg.): *Körper-Gedächtnis-Schrift. Der Körper als Medium kultureller Erinnerung*, Berlin 1997, S. 10. 문화적 기억 작업에서 몸이 갖는 위치 가치에 대한 물음이나, 몸과 그 의미를 통한 지각과 묘사의 가능성에 대한 물음은, 이 편서가 보여 주듯이, 이른바 디지털 혁명의 시대에 현실적으로 가장 중요한 주제 복합체의 하나를 이룬다. 이 복잡한 주제를 제대로 다루려면, 문예학과 연극, 예술학, 매체 이론, 인식론, 정치학과 같은 여러 이질적 영역에서의 분과 학문 통합적 공동 작업이 필수적이다. 여기에 대해서는 Angerer, Marie-Luise: Medienkörper/Körper-Medien: Erinnerungsspuren im Zeitalter der 'digitalen Evolution', in: Öhlschläger, Claudia/Wiens, Birgit(Hg.): *Körper-Gedächtnis-Schrift*, a.a.O., S. 277-290.

몸은 (그리고 화자 역시) 이 기억 활동에 적극적이다. 기억의 계기는 어머니의 경우 하나의 정태적 형식으로, 다시 말해 언어 없는 육체에서 제시되는 반면에, 화자의 경우 하나의 역동적 방법으로, 다시 말해 글쓰기로 실행된다. 어머니는 자신의 상처를 말의 언어가 아니라 몸짓의 언어로 표현하기 때문이다. 그래서 그녀의 몸은 기억의 기호로 기능한다. 육체는 상흔적 역사의 등기부 혹은 영사막Projektionsfläche인 셈이다. 철학자 메를로 퐁티가 적었듯이, 세계와 육체 사이에는 '그 어떤 경계가 있는 것이 아니라 하나의 접촉면'이 있는 것이다.[239]

육체는 단순히 '보는 것sehend'이 아니라 '보여지는 혹은 볼 수 있는sichtbar' 것이다. 육체는 더 이상 역사적, 문화적 경험의 너머에 있는 것이 아니라 세계의 관계 상황을 가시적, 경험적 현상 속에서 생생하게 되비춘다. 그것은 세계의 거울판으로서 자체 안에 집단적 기억의 기호를 갖는다. 문화를 육체가 지각하는 것의 문서화 과정이자 변형화 과정으로 지칭할 수 있다면, 어머니의 몸에는 재앙적 경험에서 온 상흔적 기억의 문화가 보존되어 있는 것이다. 이 상흔은 육체의 물리적 자국이자 20세기 문화의 정신적 상흔이기도 하다. 어머니의 몸짓은 사회적 상흔을 담은 과거의 각인刻印인 셈이다. 여기에 대한 더 분명한 예가 있다.

> 이 겨울로부터 벗어나자 그녀는 말했고, 나의 아버지는 그 말을 알아듣기 위해 어머니 입 쪽으로 귀를 갖다 대어야 했다. 그녀는 푸른 문 달린 하얀 집을 그에게 상기시켰는데, 그 집은, 아버지가 장교들에게 철십자훈장을 세 번이나 보여 주고, 이전의 참전자로서 자기 신분을 증명시킨 후에야 묵었던 곳이었다. 그날 밤 아버지는 잠이 들었고, 어머니는, 깬 채, 야전침대에 누워 있었으며, 열린 벽난로에서는 장작이 불탔고, 이런저런 중얼거리는 목소리

239 Merleau-Ponty, Maurice: *Das Sichtbare und das Unsichtbare*, Übers. v. R. Giuliani u. B. Waldenfels, 2. Aufl., München 1994, S. 339.

를 들을 수 있었으며, 장교들이 탁자에 앉아 술병을 비웠고, 이 중얼거림에서는 그 어떤 확실한 지시 사항도 담겨 있지 않았지만, 그러나 그녀는 앞으로 다가올 모든 것을 거기서 추출해 낼 수 있었고, 그래서 니만Nyman은, 얼마 전 그를 방문했을 때, 쿵쾅대거나 쉿쉿 하는 소리밖에 듣진 못하지만, 그래도 그녀는 증인이라고, 그녀는 그들〔군인들〕이 어떻게 셈하는지, 그들 손이 어떤 모양을 보이는지 점점 더 빠르게 알아보았고, 밤새도록, 그녀가 식탁을 향해 눈을 깜빡이면서, 밤새도록, 그들의 움직임을 보았고, 그들의 중얼거림과 웃음을 들었다고 그들〔아버지와 1인칭 화자〕에게 확증시켜 주었다(*ÄdW*, III, 129f.).

위의 장면은 피난 도중 체포되었을 때 화자 부모가 겪은 끔찍한 삽화를 묘사하고 있다. 이 삽화는 화자의 간접 서술법으로 제시된다. 비록 어머니에겐 어떤 전달 능력도 없었지만, 그녀는 '야전침상에 깬 채로 누워' '밤새도록' 장교들의 대화를 듣고 그 몸짓을 본다. 아버지는 잠들고 말지만, 어머니는 몸으로 보고 느끼고 듣고 감지하며 사태의 추이를 관찰하는 것이다. 말하자면 그것은 고조된 '육체 지각Körperwahrnehmung'이다. 이 몸의 지각을 통해 그녀는 최고도로 위험한 상태에서도 '앞으로 무엇이 다가올 것인지', '이 모든 돌아다니는 사람들의 목표가 무엇인지'(*ÄdW*, III, 129) 정확히 인식하는 것이다. 그 목표란 유대인 학살이다.[240]

어머니는 망상과 환영에 이끌린 채 넋 나간 상태이지만, 그래서 '어떤 비의적 차단' 속에(*NB*, II, 792) 머물지만, 그러나 보예와는 다르게 이 현실의 현장으로부터 등을 돌리지 않는다. 오히려 그녀는 여과되지 않은 육체적 지각력으로 역사적 사건의 배후 과정을 투시한다. 그리고 그럼으로써 지나

240 《노트북》에는 이렇게 적혀 있다. "어머니의 비전에서 시작하기 — 그녀는 완전히 말을 잃고, 어떤 혼미 상태에서 무감각하다. 그러나 모든 것을 보고, 1939년에 모든 것이 닥쳐 오리라는 것을 알며, 학살이 계획되어 있음을 형안으로, 환각적으로 알고 있었다"(*NB*, II, 763, 793).

간 것뿐만 아니라 다가오는 야만성을 인식할 수 있게 된다.[241] 그러므로 지각하는 몸과 사회적 세계는 부단히 상호작용한다. 이 고양된 육체적 지각력 덕분에 그녀는 군인들의 행동에서 집단 학살의 임박한 규모를 추론할 수 있는 것이다. 어머니가 이성의 척도를 넘어서는 역사적 지옥의 증인으로 자리하는 것은 우연이 아니다. 이 점에서 그녀의 시선은 화가의 시선을 닮았다. 왜냐하면 그녀가 보는 것은, 마치 화가처럼, 증언하는 일이기 때문이다(증인으로서의 어머니 인물은 이미 소설 텍스트의 III부의 첫 부분에서 나온다. *ÄdW*, III, 32).

어머니의 체험에는, 거듭 언급했듯이, 그 어떤 적절한 말을 찾기 어렵다. 그것은 언어로 쉽게 번역될 수 없다. 번역 불가능성이란 아포리아를 작가는, 어머니 인물로 하여금 말의 언어가 아닌 몸짓 언어를 통해 역사적 경험과 대면하게 함으로써, 빠져나간다. 여기서 육체는 각인된 상처의 장소로 나타난다. 그것은 잔혹한 역사에 손상된 생명에 대한 기억의 기호로 기능하는 것이다.

몸에는 시간이 남긴 상처가 새겨진다. 이것은 마치 쓰여진 텍스트에 고통의 역사가 등록되는 것과 같다. 인간의 몸이나 텍스트 몸체는 다 같이 '읽히는 대상'으로서 그 모든 문화적, 역사적 각인과 분리되어 생각될 수 없는 것이다. 이 둘 뒤에는 계속해서 해명되어야 할 기억의 흔적 — 상처와 흉터가 숨어 있다. 이런 식으로 어머니 몸은 사회적 기억의 기호로서 역사적 사건의 은폐된 과정을 밝혀 준다. 왜냐하면 한 시대의 증거적 능력은 바

---

241 흥미롭게도 쿠비네르트 에르벨은 학위논문에서 어머니의 말없는 육체 개념에 '금속적 체제'가 지닌 육체 없는 언어란 개념을 대응시킨다. 그러면서 언어와 육체의 불화란 개인성을 외면하고 압살하는 파시즘의 권력 구조에 기인한다고 설득력 있게 진단한다. 그러나 이 논의에서는 어머니의 말없는 육체가 육체 지각을 통해 어떻게 유사언어적 전달 기능을 떠맡게 되는가는 답변되지 않는다. 왜냐하면 그의 분석은 카메라 기술의 전문 용어에서 나온 몇몇 개념을 받아들이면서, 소설 인물이 어떤 시점을 갖는가라는 문제에 대해서만 집중하기 때문이다. Kubinert Erbel.: *Sprachlose Körper und körperlose Sprache. Studien zu "innerer" und "äußerer" Natur in "Die Ästhetik des Widerstands" von Peter Weiss*, St. Ingbert 1991, S. 137ff. u. 167ff.

로 이 몸에 결부된 기억의 능력에서 기인하기 때문이다. 더 정확히 말하여 기억의 능력은 몸에 결부되어 있으면서 더하게는 이 몸의 상처를 해석해 내는 묘사 능력에 달려 있다.

어머니 몸에 각인된 역사적 상흔을 1인칭 화자는 해석 작업을 통해, 또 글쓰기 속에서 접근 가능한 대상으로 만든다. 몸짓에 배인 억눌린 목소리를 소설 텍스트로 옮기면서 그는 상징적 질서의 어떤 빈틈 — 상상하기조차 힘든 외상을 읽을 수 있도록 만든다. 그리하여 묘사할 수 없는 것은 표현력에 의해 묘사될 수 있는 것으로, 파악할 수 없는 것은 파악할 만한 것으로 변모된다. 시인의 꿈Traum에는 상흔Traumata이 새겨져 있다.[242] 그러니 예술은 상흔의 추적이다. 왜냐하면 시인이란 역사의 상흔을 시의 꿈으로 대적對敵하는 자이기 때문이다. 그는, 나락에서 나락으로 떠돌아다니며, 시대의 상처를 언어로 변형시키고, 이런 변형을 통해 부정 현실에의 대항적 설계Gegenentwurf를 시도한다. 그가 다가오는 시대의 문턱에 서는 것은 이 저항적 경로를 통해서다. 예술에는 상흔이 꽃처럼 침전되어 있다. 시는 상처의 꽃이다. 예술은 아름다운 흉터다.

잔혹한 역사의 재현 불가능성은 오직 씀으로써, 기존과는 다르게 씀으로써만 치유될 수 있는지도 모른다. 잔혹한 달리 쓰기란 메두사 현실을 회피하는 것이 아니라 그와 정면으로 직면하는 데 있다. 바이스는 그림언어를 강렬하고도 밀도 있게 구사한다. 전통적, 모사적 서사 방법을 넘어서는 실험적 글쓰기로 그는 역사적 사건을 심미적 형식으로 전환시킨다. 역사의 왜곡상은 글쓰기에서, 이해 가능한 심미적 변형 속에서 새롭게, 현실보다 더 명료하게 드러나기 때문이다. 이 점은 아래에서 '어떤 다른 언어'라는 제목 아래 더 상세히 다뤄진다.

---

242 데리다가 쓴 한 문장은 이렇다. "사고事故 없는 시는 없고, 자신을 상처로 열어 보이지 않는 시란 없으며, 마찬가지로 무엇인가 다치게 하지 않는 시 또한 없다"(Derrida, Jacques: *Was ist Dichtung*. Übersetzt von García Düttmann, Berlin 1990, keine Seitenangabe).

1. 2. '어떤 다른 언어'

시는 어떤 타자에게 가려 하고, 이 타자를 필요로 하고,
상대를 필요로 한다. 그것은 타자를 찾고, 타자에게 말한다.
— 파울 첼란, 《자오선》

말할 수 없는 것, 서술할 수 없는 것, 그것은 그러나
말해지고 서술되어야 한다. 왜냐하면 그렇게 될 때,
그것은 생각되고 실행되며 체험되기 때문이다.
— 페터 바이스(NB, I, 352f.)

역사적 잔혹상에 사람은 통계적 설명 모델이나 모사리얼리즘적 방식으로 접근할 수 없다는 자각 이후 화자의 현실 이해나 역사 인식은 심하게 흔들린다. 이러한 충격은 극심한 고통 아래 죽어 가는 어머니의 모습에서 정점에 이른다. 그 어떤 이해의 개념이나 위로의 말도 어머니의 고통 앞에서는 군더더기에 불과하다는 사실은 그에게 예술의 가능성에 대한 근본적 의문을 제기한다.

> 지금까지 삶과 예술 사이에는 어떤 모순도 없었고, 오히려 현실은 예술에서 최고의 표현을 경험하는 것이었다. 그러나 어머니의 삶이 나로부터 멀어져 감에 따라, 예술 역시 나로부터 멀어져 가기 시작했다. 어머니와의 분리가 피할 수 없으면 없을수록, 예술적 수단은 내게 더 의문스럽고 낯설게 되었다. 내게 가장 가까웠던 어머니가 더 이상 자신을 드러내지 않을 때, 내가 어떻게 예술에서 여전히 친근함과 확실성을 찾아야 하겠는가. 이성으로부터, 예술의 정신적 지배로부터 더 이상 아무것도 남지 않았고, 기껏해야 예술이 생겨날 때 그 바탕에나 있을 육체적 종류의 움직임이 감지될 수 있었다. 그러나 어머니가 처한 죽음의 계율을 내가 외면하려고 애쓰면서도, 따뜻하게 데워진 우유가 반쯤 열린 딱지 앉은 입술 사이로 방울져 떨어질 때, 그래서 그것이 입에서 다시 흘러내릴 때, 지금 일어난 것을 전달할 수 있는 모든 형식은 내가 생각할 수 없는 것이 되었다(*ÄdW*, III, 130f.).

어머니의 침묵과 정신 부재는 모든 파악 가능성 그리고 묘사 가능성을 넘어선다. 그래서 그것은 소설의 화자에게 예술적 위기를 초래한다. 이 위기는 다가오는 그녀의 죽음 때문에 더 심해진다. 그래서 예술과 삶 사이에는 아무런 모순도 없다고 여겨 오던 그의 믿음도 심하게 요동친다. '현실의 속죄할 수 없는 범죄에 대한 대표적이고 상징적인 속죄 행위'로서의 그녀의 죽음 앞에서[243] 승리하는 것은 예술도 문화도 아니다. 그것은 무고한 자를 죽게 만든 파시즘적 야만성이다.

파시즘적 야만성, 그것은 무엇인가? 나치즘과 그 전체주의 체제의 가공할 만한 폭력성은 1940년을 전후하여, 그리고 2차 세계대전 이후에 어떤 파장을 야기했는가? 여기에는 좀더 넓은 시각에서의 지성사적, 문화사적 고찰이 필요하다. 이런 고찰의 중심에는 아우슈비츠 대량 학살이 있다.

1.2.1. 아우슈비츠라는 '문명 붕괴'

어머니가 죽어 가면서 예술의 정당성은 화자로부터 점차 멀어져 간다. "어머니와의 분리가 피할 수 없으면 없을수록, 예술적 수단은 내게 더 의문스럽고 낯설게 되었다." 예술은 현실의 비참을 이겨 내기 어렵다. 참혹한 세계에서 예술은 무기력할 수밖에 없다. 그리하여 그는 어떻게 표상할 수 없는 것을 올바르게 표상할 수 있고, 어떻게 묘사할 수 없는 것을 적절하게 묘사할 수 있는지, 그럼으로써 예술과 삶의 관계는 어떻게 새로 규정될 수 있는지 자문한다. 이 같은 물음은, 넓은 맥락에서 보면, 흔히 '문명 붕괴 Zivilisationsbruch'로 지칭되는 아우슈비츠의 경험 이후 예술과 문화가 어떤 기능을 가질 수 있는지에 대한 근본적인 물음과 얽혀 있다.[244] 여기에 대해서는 잠시 스케치할 필요가 있다.

---

243 Söllner, Alfons: *Peter Weiss und die Deutschen*, a.a.O., S. 218.

244 Vgl. Diner, Dan(Hg.): *Zivilisationsbruch. Denken nach Auschwitz*, Frankfurt/M. 1988.

아우슈비츠 학살 사건은 단순히 유대 종족의 말살 문제에 그치는 것이 아니다. 그것의 최대 피해자는 물론 유대인이었다고 할 수 있다. 그러나 거기에는 유대인 이외에도 집시나 동성애자, 장애인 그리고, 좀더 일반적으로는 노인이나 아이 그리고 여자 등 사회적 약자의 죽음이 얽혀 있다. 이들을 나치주의자들은, 마치 컨베이어 시스템에 의한 상품의 대량 생산에서처럼, 죽음의 대량 학살을 매우 체계적으로 자행했다. 그것은 그 이후 많은 지식인이 고백했듯이, '문명적 파국'이고 '인류사적 종말'의 사건이다.

그리하여 아우슈비츠는 지상적 삶에서의 악의 완성이란 극단적 비유까지 지닌다. 악의 이 극단적 한계 앞에서 문학과 예술 그리고 문화의 가능성이란 멈출 수밖에 없다. 그래서, 아도르노가 적절하게 정식화했듯이, '문화와 야만성 사이의 변증법의 종국적 단계'인[245] 아우슈비츠 경험 이후 우리는 이렇게 묻지 않을 수 없다. 아우슈비츠 이후 문학이란 무엇일 수 있고 무엇이어야 하는가? 아우슈비츠의 경험 이후에도 시란 여전히 타당할 수 있는가? 도대체 아우슈비츠 이후의 예술에서 인간이 아직도 기대할 것이 남아 있단 말인가? 수백만 명의 인간을 기계적으로 절멸시키는 역사의 이 전례 없는 재앙을 문화가 막지 못했다면, 도대체 이 문화란 어떻게 정의될 수 있단 말인가? 그것은 아직도 '문화'라는 명칭을 가질 만큼 가치 있는 무엇인 것인가?

예술가에 관한 한, 아우슈비츠 이후에는, 적어도 종국적으로 보면, 양자택일만 있는 것처럼 보인다. 즉 총체적 지배의 죽은 문화 속에서 계속해서 말없이 굳어 가는 것이거나, 아니면 '제2의 아우슈비츠'를 막는 데 작동할 수 있는 하나의 새로운 문화적 가능성을 생각해 내는 일이다. 문화의 여러 영역 가운데 예술이 가장 정채 있는 분야라고 한다면, 묘사와 표현의 새로운 수단을 고안해 내는 일은 그 자체로 기존 문화의 다른 가능성을 기획하

---

245 Adorno, Theodor W.: Kulturkritik und Gesellschaft, in: ders.: *Kulturkritik und Gesellschaft I*(GS. Bd. 10. 1), hrsg. v. R. Tiedemann, Frankfurt/M. 1977, S. 30.

는 일에서 결정적이지 않을 수 없다. 문화의 실패로서 아우슈비츠 이후 한 작가가 할 수 있고, 또 해야만 하는 것의 하나는 계속해서 쓰는 일 이외의 다른 것이 아닐 것이다. 왜냐하면 말할 수 없는 것 앞에서의 침묵이란 사태의 해명에 아무런 도움이 되지 않기 때문이다. 그 모든 묘사 불가능성에도 불구하고 인간의 역사는 고통의 역사로서 묘사될 수 있고 묘사되어야 한다. 마치 '아우슈비츠 이후에 시를 쓰는 것은 야만적이다'는 아도르노의 명언이 단순히 묘사 금지로 사물화될 수 없듯이,[246] 파시즘의 예술적 묘사 불가능성에 대한 바이스의 태도는, 그 깊은 회의와 절망에도 불구하고, 언어 부재에 포박된 것으로 이해되어선 안 된다.

---

246 이러한 맥락에서 '아우슈비츠의 고통을 시로 언급해선 안 된다'는 아도르노의 명언은 신중하게 취급될 필요가 있다. 왜냐하면 그것은 첫 발언(1951) 이후 반세기 이상이나 독일뿐만 아니라 서구 유럽 지식인의 의식과 활력을 빼앗는 막대한 영향력을 행사했기 때문이다. 2차 세계대전 이후 독일 문화에 대한 깊은 회의는 너무도 크고 넓게 퍼져서, 문화의 전래적 형식에 대한 혐오로부터 예술 문화의 일반적 철폐에 이르기까지 다양한 방식으로 전개되었다. 모든 것이 사소하거나 혹은 전혀 무의미하게 보이는 시절에 아도르노는 문화의 극단적 부정을 통해 그 재생 가능성을 검토하고자 했다. 이를 위해 필요했던 것은 자기 훼손의 위험을 무릅쓰고서라도 문화와 야만성의 공모 관계를 급진적 방식으로 폭로하고, 아데나워 시대의 복고적 분위기 속에서 둔감해진 공적 의식을 근본적으로 일깨우며, 나아가 문화 산업에 의한 아우슈비츠의 독점화 경향을 거역하는 일이었다. 새로운 문화의 시작은 오직 절대적으로 부정적不正的 현실의 근본적 부정否定에 의해서만 기대될 수 있을지도 모른다. 그 때문에 아우슈비츠 이후의 서정시에 대한 아도르노의 언급은 어떤 묘사 금지로서가 아니라, 클라우스 라에르만이 옳게 언급했듯이, '문화와 문화 비평의 기회와 형성 관점에 대한 숙고의 맥락에서' 이해되어야 한다〔Laermann, Klaus: "Nach Auschwitz ein Gedicht zu schreiben, ist barbarisch", Überlegungen zu einem Darstellungsverbot, in: Köppen, Manuel(Hg.): *Kunst und Literatur nach Auschwitz*, Berlin 1993, S. 11. Auch vgl. Claussen, Detlev: Nach Auschwitz. Über die Aktualität Adornos, in: Köppen, Manuel(Hg.), Ebd., S. 16-22〕.

약 10년 후 아도르노는《부정의 변증법》에서 자신의 이전 입장을 스스로 보충한다. 그는 아우슈비츠 이후 문화적 유산의 그 모든 무용성에도 불구하고 예술적 묘사의 복권을 다음과 같이 요구한 것이다. "항구적 고통은, 마치 고문당한 사람이 울부짖는 것과 똑같은 표현에의 권리를 갖는다. 그 때문에 아우슈비츠 이후 어떤 시도 더 이상 쓸 수 없을 것이라는 말은 잘못일 것이다"(Adorno, Theodor W.: *Negative Dialektik. Jargon der Eigentlichkeit*, GS Bd. 6., hrsg. v. R. Tiedemann, Frankfurt/M. 1977, S. 355; ders.: Engagement, in: ders.: *Notizen zur Literatur*, GS, Bd. II., hrsg. v. R. Tiedemann, Frankfurt/M. 1974, S. 422).

바이스의 글쓰기는 예술의 묘사력에 대한 소박한 확신('예술은 모든 것을 표현할 수 있다'라는) 위에 있지도 않고, 그렇다고 어떤 도덕적 당위성('예술은 무엇을 묘사해야 한다'라는) 위에 자리하지도 않는다. 그것은 여하한의 규정을 빠져나가는 현실 경험 앞에서 가질 수밖에 없는 예술의 무능에 대한 자각 — 묘사 불가능성이란 한계에의 거듭된 반성으로 침윤되어 있다. 그래서 그의 절망은 간단하지 않다. 그는 좌절하지만 그렇다고 포기하지 않으며, 계속 추구하지만 그렇다고 쉽게 낙관하지 않는다. 그는 '절망'이나 '희망'이란 단어조차 쓰길 꺼리는 듯하다. 차라리 그의 언어는 몸의 지각 속에 하나의 본능으로 혹은 어떤 불가항력으로 깊이 각인되어 있지, 그 밖으로 표출되지 않는다. 그의 서술 의지는 몸속 깊이 박혀 글을 쓰는 손끝에서 글로, 문장으로 방울져 표현되는 듯하다.

바이스의 글쓰기는 의심할 여지없이 좌초한 문화 경험 후의 예술적 시도다. 그 때문에 그의 작업은 새로운 문화에 대한 소박한 희망으로 채색되어 있는 것이 아니라, 모든 글쓰기 시도란 아우슈비츠 이후 언제든 무의미로 추락할 수 있다는 고통스러운 자각으로 특징지어진다. 그런 글이 무사無事한 것이 아니라 낙인과 상처로 차 있는 것은 차라리 자연스럽다. 그의 의식은 마치 불에 덴 듯 군데군데 흉터 진 모습이다. 이 훼손된 의식으로 인해 그의 글은 그만큼 집요해졌고, 바로 그 때문에 묘사 불가능성의 도저한 회의를 그가 이겨 낼 수 있었는지도 모른다. 말해질 수 없는 것에 대해서는, 비트겐슈타인과 더불어 동시에 그에 거슬러 말하자면, 침묵할 것이 아니라 오히려 계속 써야 한다. 왜냐하면 '의미와 진리란', 레만이 옳게 적었듯이, "언어 이전적 공간 속에 거주할 수 없기 때문이다. 의미는 차라리 언어적으로 표현되는 것을 '기다린다' ".[247]

모든 선명한 의식과 선명한 의미의 형성은 언어적 표현의 물질적 과정

247 Lehmann, Hans-Thies: Das Subjekt als Schrift. Hinweise zur französischen Texttheorie, in: *Merkur* *33*(1979), Heft 7, S. 667.

으로 짜인다. 오직 다르게 쓰고Umschreiben 계속해서 읽는 것Weiterlesen이 삶의 불확실한 관계 상황을, 그 모든 파악 불가능성에도 불구하고, 파악 가능한 것으로 만든다. 예술의 표현만이 침묵이란 부채를 넘어서게 한다. 표현할 수 없는 것은 아무것도 하지 않는 직무유기 속에서가 아니라 '표현할 수 없다'는 무기력의 자인 속에서 여전히 표현되어야 한다. 이때의 표현이란 곧 반성이고 갱신이며 교정이고 추구이며 시도다.

이러한 맥락에서 《저항의 미학》의 1인칭 화자가 모든 회의에도 불구하고 글쓰기를 하나의 저항 방식으로 선택하는 것 역시 이해될 수 있다. 그러나 이 선택은, 보예처럼, 고통의 강박관념에 자신을 맡기면서 이뤄지지 않는다. 그것은, 거듭 강조했듯이, 이성의 원칙을 고수함으로써 행해진다. 아버지의 설명 시도에 대한 그의 유보적 태도에서 드러나듯이, 그는 지나치게 산술적이고 통계적인 접근법을 신뢰하지 않는다. 그런 모델에서는 비합리적인 사실들이 상당 부분 빠져나가기 때문이다. 이성이 옹호될 만한 것이라면, 그 이성은 비합리적인 것을 포용할 만큼 유연해야 한다. 그렇듯이 감성은, 그것이 필요하고 정당하게 되려면, 감상으로 퇴행하는 것이 아니라 논리와 사고와 이성으로 나아가야 한다. 바이스의 실험적 글쓰기 전략이나 환각적 리얼리즘 혹은 이성의 형상 형식은 모두 이런 고민의 소산이라고 할 수 있다.

1.2.2. 그럼에도 불구하고 계속하기

1인칭 화자의 해명요구는 글쓰기에서 이뤄진다. 그는 상상할 수 없는 현실 차원들을 단순히 개념적 틀로 포착하려는 것이 아니라 소설 텍스트라는 서사적 연관항으로 번역함으로써 파시즘 권력의 잔혹 행위를 드러내고자 한다. 이것은 무엇보다 작가의 이성적, 계몽적 요청에서 나온다.[248] 그는

248 예를 들어 권력 메커니즘에 대한 뮌첸베르크의 비판과 그 절망에 즈음하여 1인칭 화자는 다음과 같이 대답한다. "그렇게 되어선 안 돼, 그럴 수 없어, 라고 나는 소리쳤는데, 왜냐

단순합리적 설명 모델을 넘어서는 한 시대의 상흔을 소설 특유의 서사적 포용력 속에서 현재적으로 만드는 것이다. 여기에서 밝혀지는 것은 글쓰기 작업이란 그에게 도덕적이고 정치적으로 정당한 삶의 길이란 점이다. 이것을 비르크마이어는 다음과 같이 정식화한다.

> 적절한 이야기의 불가능성에 대한 이야기는 이야기된 파악 불가능성의 확실한 구성 부분이다. 그러나 바이스에게 확고한 사실은 망각과 축출이라는 '제2의 죄과'에 빚지지 않는, 어떤 도덕적으로 정당하고 정치적으로 알맞은 하나의 길이 있다는 점이다. 말하자면 파악 불가능한 이미지들은 파악 불가능한 이미지로서 현재적으로 간직되고 전승되어야 한다는 점이다.[249]

표현에의 예술적 대담성은, 바이스에 따르면, 바로 작가가 자신의 표현적 무능력을 고백할 때 생겨난다. 예술의 원칙이란, 그가 한 대담에서 밝히듯이, 곧 '그럼에도 불구하고 계속하기Trotzdem-Weitermachen'에 있기 때문이다.[250] 예술은 저항에서 자신의 고유한 심급을 갖는다. 저항이야말로 예술의 본래적 심급이다. 다르게 말하면, 저항은 자기 자신의 미학을 가진다.[251]

예술은, 확실성이 좌초된 것으로 나타나는 바로 그 지점에서, 자기 묘사를 시작할 수 있다. 왜냐하면 예술의 언어란 다름 아닌 표현될 수 없고 아직 표현되지 않은 영역에 거주하기 때문이다. 그래서 호단은 이렇게 말한

하면 우린 정말이지 이성을 갖고 있기 때문이야. 이성이 승리할 거야, 뮌첸베르크의 웃음소리에 대하여 이렇게 말하는 걸 난 들었다"(*ÄdW*, II, 74).

249 Birkmeyer, Jens: *Bilder des Schreckens*, a.a.O., S. 282.

250 Peter Weiss im Gespräch mit Burkhardt Lindner: a.a.O., S. 278f.

251 여기에서 확인할 수 있는 사실은, 예술의 대상이란, 크렌츨린이 지적하듯이, 예술에만 환원될 수 없다는 점이다. 즉 예술의 대상이란 예술 자체가 아니라 삶의 전체다. 이런 이유에서 그는 자율성 예술 개념에 대한 바이스 미학의 분명한 변별성을 본다. 자율성 예술에서는 조화나 자유 혹은 유일무이성과 같은, 더 높은 형상화 차원에 자리한 기준들만 언급된다. Krenzlin, Norbert: "Die Ästhetik des Widerstands" von Peter Weiss –eine Herausforderung der marxistischen Ästhetik, in: *Weimarer Beiträge 30*(1984), H.3, S. 425.

다. '우리에게 그토록 자주 예술과 문학의 불가능성으로 보여진 것은 사실 작업을 위한 전제조건이고, 삶은 이 작업을 통해 가능할 수 있네'(*ÄdW*, III, 44). 그러므로 현실의 묘사 가능성뿐만 아니라 무엇보다 그 묘사 불가능성이 예술에게 존재해야 할 이유의 원천을 열어 주는 것이다. 이야기할 수 없는 상황 앞에서 작가에게는 계속 얘기하고 묘사하는 일 외에는 어떤 다른 길이 없다.

그러므로 바이스의 글쓰기는 '그 모든 것에도 불구하고 행하는 시도' 외의 다른 것이 아니다. 이 시도란 실제로 묘사할 수 없는 것을 묘사 가능성 속에서 환기하고, 이런 환기를 통해 그것을 파악할 수 있는 것으로 만드는 데 있다. 예술은 쫓아 버릴 수 없는 삶의 악령을 표현으로 쫓아 버리는 행위다. 이 표현이 없다면, 많은 것은 침묵과 무정형 속에 돌처럼 굳어 갈 것이다. 그리하여 예술은 표현 속에서 언어 부재의 미지 영역으로 침투해 들어간다. 그러는 한 언어는, 파울 첼란의 말을 빌리자면, '패배하지 않고' 아직 남아 있다.

> 언어는 패배하지 않고 남아 있다. 그래, 그 모든 것에도 불구하고. 그러나 그것은 이제 자신의 대답 없음을 관통해 지나가야 하고, 끔찍한 침묵을 지나가야 하며, 죽음을 가져오는 진술의 수천 어둠을 지나가야 한다.[252]

아우슈비츠 같은 미증유의 사건 앞에서는 그 어떤 서술 방식도 허황된 것처럼 보인다. 이러한 정황은 바이스를 우울과 의기소침, 절망과 무기력으로 몰고 간다. 그러나 그것이 그 잔혹상을 이야기로 객관화하려는 그의 시도를 막지는 못한다. 묘사 불가능성 앞에서 그의 경악은 침묵으로 잦아드는 것이 아니라 계속 묘사하겠다는 의지로 변형된다. 왜냐하면 '언어란

252 Celan, Paul: Ansprache anläßlich der Entgegennahme des Literaturpreises der Freien Hansestadt Bremen, in: ders.: *Gesammelte Werke* in fünf Bänden. 3. Bd., Frankfurt/M. 1983, S. 185f.

그에게', 〈라오콘 연설〉에 적혀 있듯이, '오직 이 불가능성을 거스르는 반역으로부터 생겨날 수 있는 불가능한 무엇으로 나타나기' 때문이다(*LÜ*, 170). 그러므로 표현은 수천 겹의 어둠을 관통해 가야 한다. 그것은 전적인 불가능성 속에서 시도되는 너무도 작은 가능성의 탐구다.

언어는 침묵을 강요하는 현실의 잔혹상을 처음부터 끝까지 관통해 나가야hindurchgehen 한다. 바이스는 글쓰기에서 자기 삶의 방향을 잡고, 그래서 그가 어디에 있는지, 또 어디로 갈 것인지 탐색한다. 그러는 한 그의 글쓰기는 수행적이다. 이 수행적 글쓰기를 통해 그는 어떤 다른 현실을 새롭게 기획하는 것이다. 이 점에서 문학은 그에게, 마치 첼란에게 그러했듯이, 급박한 메시지를 담아 강물에 띄우는 '병우편Flaschenpost' — '그것이 언젠가 어느 곳의 육지에, 어쩌면 마음의 나라에 닿을 수도 있으리라는, 그렇게 늘 희망적이진 않는 믿음 속에서 내버려진 우편'과도 같다.[253]

그리하여 1인칭 주인공은 언어 상실의 소용돌이에 글쓰기의 저항 행동을 대응시킨다. 말할 수 없는 것에 접근하기 위해 그는 침묵하는 것이 아니라 정반대로 계속 쓰고자 노력한다. 이것은 그가 언어 부재를 거스르면서

---

253 Celan, Paul: a.a.O., S. 186. S. 186. 물론 바이스와 첼란의 차이점은 정확하게 구분되어야 한다. 이 차이점은 언어에 대한 두 작가의 접근 방식에서 나타나지 않나 여겨진다. 첼란의 언어 곤경이, 포그트가 설득력 있게 지적하듯이, "하나의 매우 근본적이고 역사적으로 결정된, '언어적 의미화 능력의 위기'"로서 나타난다면, 바이스의 언어 문제는 "개인적이고 발전사적인, 추방이나 망명 같은 역사적 조건들로 인해 첨예화된 '정향 위기이자 표현 위기'"로 파악될 수 있다(Vogt, Jochen: Treffpunkt im Unendlichen? Über Peter Weiss und Paul Celan, in: *Peter Weiss Jahrbuch 4*, hrsg. v. Martin Rector und Jochen Vogt, Opladen 1995, S. 107f. 강조는 포그트).

다르게 표현하면 이렇다. 첼란이 역사적 경험에서 나오는 언어 자체의 문제에 몰두했다면, 바이스의 관심은 묘사 불가능한 역사적 사건에 대해 언어가 어떻게 '도구'로서 작동할 수 있는가라는 문제에 집중한다. 그 때문에 첼란의 언어는 희생자의 언어를 닮아 있다. 그래서 그것은 거의 침묵한 상태로 산산조각 나 있으며 수수께끼 같다. 이에 반해 바이스의 소설언어는 연대기 기술자의 언어를 닮아서 해명적이고 색출적이다. 비유적으로 말하자면, 첼란은 언어 경제를 통해 수용소 '뒤로' 들어간다면, 바이스는 언어적 밀도를 통해 수용소 '앞으로' 들어간다고나 할까. 그러나 바이스의 소설언어건 첼란의 시어건, 이 둘의 언어는 치명적 현실의 혼돈에 묘사의 정확한 선명성을 대응시키려는 예술적 시도다. 바로 여기에 두 작가의 공통점이 있는 것으로 보인다.

고통의 경험을 냉정하게 전달하면서 이루어진다. 이때 '어떤 새로운 그리고 다른 언어'를 고안하는 것은 결정적이다. 왜냐하면 파시즘 아래에서는 정치 체제뿐만 아니라 이 체제에 속한 언어 또한 광범위하게 왜곡되기 때문이다. 이 왜곡의 핵심은 사고의 이분법적 틀에 있다.

> 그러나 진리나 인간성 같은 말들은, 윤리나 도덕이란 개념처럼, 정치적 오용 때문에 거의 악명 높은 것이 되어 버렸다. 〔…〕 예술은, 호단의 말에 의하면, 정치로 충족되지 않는 무엇을 메우지 않으면 안 된다. 예술은 정치와 똑같은 공간에 있지만, 지난 수십 년 동안 정치는 우리의 소망에 일치하는 모든 것으로부터 너무 멀어져, 우리는 그 노선을 실패한 것으로 또 강제된 것으로 느낄 수 있었다. 내 어머니에게 무엇이 일어났는지 언젠가 서술될 수 있을 것이고, 그녀는 모든 것이 다가오는 걸 보았지만, 우리는 그저 그녀의 침묵만 체험했고, 군중이 살인자들에게 환호할 때, 여자들이 울부짖 듯 소리치면서 아이들을 추켜올려 이들이 축복하길 바랐을 때, 그녀는 우리를 기다리던 것이 무엇인지 이미 알고 있었을 것이다. 〔…〕 지금 우리에게 다가오는 것은 어떤 새로운 언어로만 표현될 수 있을 것이라고 나는 생각했다(*ÄdW*, III, 134f.).

나치즘의 권력 질서는, 한스-요하임 리버가 옳게 지적하듯이, '지배 요구의 독점성과 동시에 지배 영역의 무제한성'으로 특징지어진다.[254] 권력자는 자신의 독점성 요구를 삶의 모든 영역으로 펼치기 때문에 이런 요구에 영향받지 않는 공간이란 있기 어렵다. 개인적, 사회적 행동은 이 제약된 공간에서 일어난다. 권력의 구조는 중심주의적으로 구축되어 있고, 이 권력 구조의 언어는 목적합리적으로 조종된다. 그래서 공식 담론은 특권화된 몇 사람이나 소수를 위해 정당화와 안정화의 기능을 담당한다. 이 담론이

---

254 Lieber, Hans-Joachim: *Ideologie. Eine historisch-systematische Einführung*, Paderborn; München; Wien; Zürich 1985, S. 108.

이데올로기가 되는 것은 이 때문이다.

이데올로기는 곧 지배의 언어다. 지배의 공식 언어는 정치적 소망의 상투형을 선전하고 고정시킴으로써 지배 요구에 상응하게 기성의 행동 틀을 옹호하고, 이런 옹호를 통해 전체 사회의 총체적 획일화를 도모한다. 인간성이나 진리, 도덕과 윤리 같은 단어는 이 목적에 기여하는 정당화 메커니즘 아래에서 '불순하고 불온하며 상스러운 것'으로 매도된다. 모든 언어가 이데올로기적으로 오염되고 왜곡되는 것이다.

이 왜곡된 언어로는 어머니의 상흔과 고통을 제대로 묘사할 수 없다. 1인칭 화자의 모국어는 이 어머니를 죽인 살인자의 언어이기 때문이다.[255] 담론의 이 사회정치적 오용에 대항하여 그는 어떤 '새롭고도' '다른 언어'를 요청한다(*ÄdW*, III, 135, 149). 이 새롭고 다른 언어는 바이스의 예술 이해에서 매우 중요하다. 흥미로운 사실은 그가 새 언어의 두 층위를 범주적으로 구분지었다는 점이다. 즉 한편으로 정치적 담론의 '회색빛 언어'가 있고, 다른 한편으로 예술의 언어가 있다.

> 교만으로 된 말의 세계, 그것을 정치는 이용했고, 이 말의 세계가 한때 인간이 헌신했던 것을 죄다 탕진해 버렸기 때문에, 여기서는 주식 보도 같은 뉴스에서나 사용되는 말이 있었고, 오르내리는 숫자 덩이가 애를 쓰며 자리했고, 죽은 자에 대한 산 자들의 주식 항목이나, 방어자에 대한 포위군, 도망가는 자에 대한 공격자들의 항목이 언급됐고, 그 언어에서는 도시와 산과 바다를 서둘러 지칭하는 가운데 아우성치고 신음하고 피 흘리며 죽는 일들은 보이지 않았고, 거짓 사이에서 이 거짓을 자기 것 삼아 이리저리 배회하는 자들의 회색 언어가 있었는데, 바로 이 언어를 가지고 나는 말없이 일했

255 Buck, Theo: *Muttersprache, Mördersprache. Celan-Studien I*, Aachen 1993. 저항소설의 다른 곳에서 이와 유사한 표현이 있다는 점은 우연이 아니다. "그녀〔비쇼프〕는 적의 목소리를 들었지만, 그러나 그것은 그녀의 목소리였다"(*ÄdW*, III, 78). 희생자의 목소리는 적의 목소리와 겹쳐 있는 것이다.

고, 그래서 〔적절한〕 단어를 찾아내기란 참으로 어려운 일이었다. 나의 어머니가 표현하려 했던 것도 이 언어에 속했고, 포착할 수 있는 것이 가까이 오면 올수록 이 언어는 점점 더 얇아져 소용없이 되었고, 손을 대면 이미 잊힐 것처럼 위태로웠다(*ÄdW*, III, 148).

바이스의 범주 구분에 따르면, 두 가지의 언어 층위가 있다. 한편으로는 유용성이나 이해利害 원칙에 정향된 언어가 있다. 이 언어는 생활 세계의 통계적, 손익적 진술 체계에 결부되어 있거나, 아니면 정치적 지배 질서에 대한 봉사 관계에 있다. 그것은 (나쁜) 합리성 담론에 길들여져 있기 때문에 사물 세계의 충실한 전달이 아니라 그 전략적 서술에 관계한다. 왜곡된 정치나 '뉴스' 혹은 '주식 보도'나 전쟁 구호에서 흔히 나타나는 이것은 그 때문에 '수치적/이해관계적'이라고 지칭될 수 있다.

다른 한편으로 꿈 혹은 무의식의 언어가 있다. 이것을 우리는 '비수치적/환상적'이라고 지칭할 수 있을 것이다. 이것은 쉽게 포착하기 어렵고 접근하기도 어렵다. 그래서 그것은 '망각될 위기에 처해 있다'. 수치적 언어가 '교만으로 된 단어들의 세계' — 이것은 파시즘의 살인자들에게 환호했던 대중의 언어를 연상시킨다 — 로서 현실을 이해관계적 차원에서 파악한다면, 환상적 언어는 일종의 이미지적 세계로서 꿈과 감각 등 비합리적 영역에 닿아 있다.

그렇다면 바이스가 추구하는 '어떤 다른 언어'란 어느 쪽일까?

1.2.3. 불 지르는 말

손익적, 이해관계적 언어는 사실의 표면에 머물고, 일상적이고 경향적으로 타락되어 있다. 그에 반해 환상적 언어는 주관성의 심층 차원에 결부되어 있어 환원할 수 없는 의미를 가진다. 1인칭 화자가 '조용히' 작업하는 것은 이 뒤의 언어 — 환상적 심층언어다. 여기에 대해 바이스는 한쪽 뒤에서 쓴다.

> 근원으로부터 온 그것은 어떤 다른 언어였고, 꿈의 언어였다. 이 언어에는 말이 별로 없었고, 이미지가 거의 전부였으며, 들을 수 있는 것은 우리가 말을 제대로 하기 전의 시간에서 온 소리였다. 이 언어의 대부분은 느낌으로 조건지어진 것이었는데, 이 느낌들은 결코 정확히 규정될 수 없었기에, 여기의 모든 것은 교차되는 여러 격앙된 감정으로 이뤄져 있었고, 이 감정에서 놀라움과 잔혹함, 즐거움과 눈물은 섞여 있었으며, 창출되었으나 다시 조각난 채 흐르는 형상물들은 결코 서로 닮지 않았고, 그래서 숨겨진 유사성만 갖고 있었다(*ÄdW*, III, 149).

위의 구절에서 환상적 언어는 선명한 윤곽을 드러낸다. 그것은 어떤 '다른 언어' — 이미지로 된 '꿈의 언어'와 등치된다. 이 다른 언어는 유용성이나 수익성, 이해관계나 전략성에 대립된다. 그것은 한편으로 자기 해체 혹은 망각에 위협받고 있다. 그것은 '교차하는 격앙된 감정'으로 되어 있기 때문에, '이 감정에서는 놀라움과 잔혹함, 즐거움과 눈물은 섞여 있다'. 다른 한편으로 이 무정형적 성격으로 인해 그것은 파악할 수 없는 체험을 정당하게 평가할 수 있다. 1인칭 화자가 찾는 언어는 바로 이 환상적, 환각적 언어다. 이 언어는 말로 된 것이 아니라 이미지로 되어 있고, 그래서 말을 멈춘 것과 같다. 그것은 꿈결 같은 무의식의 영역에서 나오지만, 그렇다고 침묵에 포박된 것이 아니다. 차라리 그것은 침묵조차 자기 것으로 만드는 언어다. 이런 이유에서 새로운 언어는 파시즘의 잔혹한 실상을, 그러나 목적합리적 왜곡 없이, 표현할 수 있다.

그러므로 바이스의 언어는 시적 언어와 유사하다. 시적 언어란 본질적으로 말해진 것을 진술할 뿐만 아니라, 이미지적 성격에 기대어 말해진 것을 넘어가는 것 역시 암시하기 때문이다.[256] 그것은 현실의 표피뿐만 아니

256 문학 혹은 문학적 언어와 관련하여 잉게보르크 바흐만은 이와 비슷한 것을 쓴 적이 있다. "그런 식으로 문학은 〔…〕 언제나 우리의 열망이란 비축물로 장만하는 희망된 것, 원해진 것이다. 그런 식으로 그것은 알려지지 않은 경계의, 앞으로 열린 하나의 왕국이다. 우리

라 그 내부 혹은 배후까지 표현한다. 그래서 그것은 꿈처럼 보이지 않고 부재하는 것에도 참여하는 것이다.

시적 언어의 의미는 사실진술에서 소진될 수 없고, 그렇다고 확정된 의미의 검토로 고갈될 수도 없다. 시적 언어는 사실 정황을, 그 사실적 현재를 부인함 없이 폭로하면서도 은폐한다. 시어의 이 다층성은 사실 시적 언어뿐만 아니라 언어 일반에서도 나타난다. 왜냐하면 언어는, 정도의 차이는 있는 채로, 절대적으로 투명한 의미와 마찬가지로 불투명한 의미도 매개하는 까닭이다. 불투명한 의미의 의미론적 완결은 이뤄지기 어렵다. 그러므로 언어적 표현의 의미는, 특히 예술적 언어는, 메를로 퐁티가 보여 주듯이, '간접적이고' '암시적'이다.[257] 그것은 확정되어 있지도 않고, 미리 주어진 것도 아니다. 오히려 그것은 비규정적이고 삼투 불가능하다. 이 간접적 성격으로 인해 쓰기나 읽기뿐만 아니라 말하기와 듣기도, 베른하르트 발덴펠스가 메를로 퐁티에 대한 책의 한 서문에서 언급하듯이, '거울 앞의 이미지처럼 코드화와 탈코드화의 이중적 과정, 그 이상'인 것이다.[258]

의 갈망으로 인해 언어로 이미 만들어진 모든 것은 아직 말해지지 않은 것에 동시에 참여한다"(Bachmann, Ingeborg: Literatur als Utopie, in: dies.: *Werke*, Vierter Band, hrsg. von Christine Koschel u.a. 4. Aufl. München 1993, S. 258).

257 Merleau-Ponty, Maurice: Das mittelbare Sprechen und die Stimmen des Schweigens, in: ders.: *Das Auge und der Geist*. Philosophische Essays, übers. v. Hans Werner Arndt, Hamburg 1984, S.69-114, hier S. 73. 곁들여 말하자면, 언어의 간접성에 대한 메를로 퐁티의 생각은 그의 저작의 곳곳에서 발견된다. 즉 그것은 언어 분석에 제한되는 것이 아니라, (바이스에서와는 달리) 표현 활동 전반에 대한 구상에서부터 시작하여 몸의 행동 — 이것을 그는 '근원적 표현'으로 지칭한다 — 에 대한 지각 현상학적 성찰을 지나, 개인의 삶에 대한 성찰이나 역사철학에 이르기까지 폭넓게 걸쳐 있다. 이것은, 그가 다음과 같이 쓸 때도, 잘 확인된다. "개인적 삶, 표현하기, 인식과 역사는 오직 우회로를 통해 그리고 간접적으로 목표나 개념에 도달한다. 너무 의도적으로 찾는 것에 사람은 도달하지 못한다. 그와는 다르게 명상적 삶에서 이념과 가치의 본래적 원천을 발견한 사람에게 그 원천은 주어진 시간에 누락되지 않는다"(Ebd., S. 114).

258 Waldenfels, Bernhard: Einleitung zur deutschen Ausgabe, in: Merleau-Ponty, Maurice: *Die Prosa der Welt*. Übersetzt von Regula Giuliani, 2. Aufl. München 1993, S. 9. 흥미롭게도 발덴펠스는 언어의 간접성과 관련하여, 랭보 시학을 이루는 중심 개념의 하나인 '모든 감각들의 탈규칙화'을 지적하는데, 이 감각의 탈규칙화는, 앞서 살펴 보았듯이, 《저항의 미학》에서도 결정적 역할을 한다(*ÄdW*,

이러한 맥락에서 다른 언어에 대한 바이스의 관심은 언어의 간접성에 대한 관심으로 바꿔 쓸 수 있을지도 모른다. 비문학적 언어가 경험적 차원에서 이미 형성된 의미를 주로 반복한다면, 바이스의 다른 언어는 그 간접성에 근거하여 사물의 숨겨진 의미를 드러내고 해방시킨다. 그래서 그것은 유용성의 언어가 제외시키는 '아우성치고 신음하며 피 흘리고 죽는 것'을 (*ÄdW*, III, 148) 표현할 수 있는 것이다. 그러므로 그의 소설언어는 억눌린 자의 함성에 귀를 닫지 않는다.[259] 그것은 침묵으로 침윤된 언어의 빈 틈, 그 희미한 흔적을 추적한다. 다시 메를로 퐁티의 생각을 들어보자.

> 우리는 말하기를, 그것이 아직 밖으로 말해지기 전에, 그에 앞서 있는 그리고 언제나 이 말하기를 동반하는 침묵의 배경 위에서 고찰해야 하고, 이 침묵 없이 말은 결코 어떤 것도 말할 수 없다. 나아가 우리는 침묵의 이러한 실들 — 살아 있는 진술의 망이란 이 실들로 엮이는데 — 에 대한 육감을 발전시켜 가야 한다.[260]

문학적 언어는 경험적 사실의 복무에 있는 것도 아니다. 그렇다고 이 경험을 무시하지도 않는다. 문학언어에서는 다양한 의미 층위가 코드화와 탈코드화의 상호작용 속에서 생성된다. 그 때문에 그 언어는 이해의 확대된 조건을 만들어 낼 수 있다. 그것은 언급된 것뿐만 아니라 언급되지 않

I, 8).

259 이런 의미에서 옌스 비르크마이어가 《저항의 미학》을 '질식되고 억눌린 아우성의 미학'이라고 특징지은 것은 설득력 있어 보인다(Birkmeyer, Jens: *Bilder des Schreckens*, a.a.O., S. 286). 이에 반해 베른트 디테를레는 바이스의 이 소설을, 라오콘 모티프와 관련지으면서, '아우성의 미학'으로 지칭한다(Dieterle, Bernd: *Erzählte Bilder. Zum narrativen Umgang mit Gemälden*, Marburg 1988, S. 141ff.). 나는 바이스의 미학을 '개입적 글쓰기의 저항'이고, 이 저항은 '어둡고 부재하는 것에의 참여'를 통해 이뤄진다고 정의 내리고 싶다.

260 Merleau-Ponty, Maurice: Die Wissenschaft und die Erfahrung des Ausdrucks, in: ders.: *Die Prosa der Welt*, a.a.O., S. 67. 문체적으로 약간 다르지만, 내용적으로 유사한 정식은 위에서 언급했던 글에서도 확인된다. Ders.: Das mittelbare Sprechen und die Stimmen des Schweigens, a.a.O., S. 76.

은 것도 처리할 수 있다. 그리고 언급되지 않은 것은 계산적, 수치적, 손익적 말들의 세계로는 충분히 파악될 수 없는 것이다.

그러므로 문학언어는 어떤 생각을 단순히 '복사하며kopierend' 옮기는 것이 아니라 '생산하며herstellend' 전달한다. 그래서 시는 단어 자체가 아닌 단어와 단어 '사이에' 그리고 '그 뒤에' 있는 것을 통해 자신을 표현한다. 문학의 언어는 사물의 전면과 그 배후를, 사실적 현재의 거부 없이, 눈앞에 드러내는 것이다.

시적 언어는 표현된 것 속에서 아직 진술되지 않은 것을 암시하고, 이 암시를 통해 산문적 세계의 정상성正常性을 그 비정상성 속에서 뒤엎는다. 시학은, 메를로 퐁티가 적었듯이, '평상의 언어에 불을 지른다'.[261] 이런 식으로 그것은 정체성을 새롭게 구성하는 것이고 세계를 다시금 해명한다. 시학은 다름 아닌 구태의연한 정상성의 위반인 것이다. 시학의 문법은 사물의 선명함을 그 비일의성非一義性에서 찾는다. 이 점에서 우리는, 문학과 만날 때, 언급된 것 아래 언급되지 않은 것의 끈이 어디로 가는지 계속해서 물어야 한다.

이 대목에서 우리는 왜 소설의 화자가 다른 언어를 찾으려고 그토록 끈질기게 노력하는지 가늠할 수 있다. 그가 찾는 언어란 일의적 규정과 정의를 빠져나가는 것들에 자신을 닫지 않는 언어이기 때문이다.

> 내가 그〔호단〕에게 나의 문학적 작업에 대해 보고했을 때, 우리가 예술 활동에 남겨 둔 것과 아무 관계도 없어 보였던 영역의 질료들로 언어를 뒤섞는 일보다 더 중요한 것은 글쓰기에 없는 것처럼 내게 잠시 여겨졌다. 그래서 나는 이 모든 것이 한꺼번에 어떻게 표현될 수 있는지 다시 자문했다. 어머니의 낮고 비뚤어진 방에서 무엇이 일어났는지, 저 밖의 학교 운동장에서 나무들은 검게 젖은 채 어떻게 있었는지 호단에게 말하려고 할 때, 나는 빠

261 Merleau-Ponty, Maurice: Die indirekte Sprache, in: ders.: *Die Prosa der Welt*, a.a.O., S. 84.

져나가는 것들을 함께 포용하지 않으면 안 되었다. 낯설게 나타난 것은 그렇게 묘사될 수 있었다(*ÄdW*, III, 125).

어머니처럼 쫓겨난 사람들에게 어떤 형식을 부여하는 데서 1인칭 화자는 자신의 과제를 발견한다. 그러나 그녀의 상황이란, 거듭 언급했듯이, 여하한의 상상력과 표현력을 넘어서는 것이었다. 그의 절망은 여기에서 온다. 그러나 이 절망은 표현 가능성에 대한 종국적 포기가 아니다. 왜냐하면 표현할 수 없는 것은 그에게나 바이스에게 경직되거나 자기 포기할 이유가 될 수 없기 때문이다. 침묵은 곧 예술의 죽음인 까닭이다. "언어의 밖에 있다는 것은 죽는다는 뜻이다"(*LÜ*, 182f.) 그러므로 표현은 곧 삶이다. 살아남는다는 것은 자신을 말과 그림에 결부시킨다는 뜻이다. 묘사될 수 없는 것은 오직 언어와의 결합 속에서 다시 묘사되어야 한다. 미지의 혼돈에서 새로운 이해의 영토가 획득될 수 있는 것은 오직 표현을 통해서다. 산다는 것은 언어를 포기하지 않는다는 것이고, 표현을 계속한다는 뜻이다.

여기에서 특히 중요한 것은 사람이 살지 않는 영역에서 나온 질료를 언어와 엮는 것이다. 1인칭 화자는 일의적 규정을 빠져나가는 것들 — 본능적이고 무의식적이며 불쾌하고 불합리한 것을 비전적이면서도 명징한 예술언어로 포용하면서, 현실의 참혹상을 문학 형식 아래 제어하고자 한다. 바이스는 작가로서의 임무를, 《회복기》에서 썼듯이, '모든 모순과 요동치는 것들 그리고 교정된 것의 포용이고, 시각의 부단한 확장이며 규정된 것의 부정'에서 보았다(*Rek*, 179). 그는 비합리적이고 본능적이며 산정할 수 없는 것을 이성의 형상 원칙 아래 소설언어로 번역해 낸다. 그에게 중요한 것은 빠져나가는 것의 언어적 포용이다. 이 언어적 포용에서 현실의 참혹은 포착되면서 마침내 견뎌 낼 수 있게 된다. 글쓰기란 늘 다르게 쓰는 것이고, 이 다른 묘사로부터 생존의 근거도 마련된다.

다르게 쓰지 않고는 삶에서 빠져나가는 것을 그 어떤 식으로도 이해할 수도 없고, 포용할 수 없다. 그것은 마치 다르게 생각하지 않고는 그 어떤 자유의 공간도 창출할 수 없는 것과 같다. 그래서 바이스는 이성마저, 이 이성이 빠져나가는 것을 외면할 때, 문제시한다. 그러니까 그가 변호하는 것은 이성의 어떤 정해진 원리 자체가 아니라 확대된 이성 원리인 것이다. 그는 여하한의 확고부동한 것을 불순한 것으로 보았기 때문이다. 그러므로 쓴다는 것은 '언제나 다르게 쓰라'는 요청을 포함한다. 다르게 쓰지 않고서는 망실된 어떤 것도 결코 회복될 수 없고, 그 어떤 갱신의 가능성도 주어지지 않는다.

1인칭 화자의 이러한 글쓰기는, 소설 안에서 보자면, 기억의 작업과 밀접하게 이어진다. 기억의 작업은 무엇보다 뒤러의 〈멜랑콜리아 I〉에 대한 해석으로부터 문화 동맹의 창설에 이르기까지 걸쳐 있다. 다음 장에서 다뤄질 주제는 이것이다.

2. 기억의 예술과 문화의 기억

어떤 것도 지탱할 수 없을 때, 인내를 만들어 주는 구원자,
길의 안내자로서 기억 외에 무엇이 있는가.
— 바이스(ÄdW, I, 82)

기억의 문제는 심리학이나 정신치료에서뿐만이 아니라 예술론이나 문화론에서도 매우 중요한 주제의 하나라고 할 수 있다. 그러나 그 기능을 인문학적 차원이 아닌 자연과학적 차원에서 세분하는 것, 가령 사회생물학적, 인공두뇌학적 차원에서 구분하여 규명하는 것은 간단한 게 아니다. 그러나 이런 쪽에서의 접근은 반드시 필요한 것이기도 하다.

2.1. 기억의 문제

기억의 문제는 문학의 내부에서, 특히 나치의 유대인 학살Shoah과 관련하여 논의할 때, 더욱 복잡해진다. 그것은 예술이 그리고 언어가 과연 무엇을 또 얼마만큼 표현할 수 있고 표현해야 하는가라는 문제와 이어져 있고, 나아가면 표현할 수 없는 것에 대해서는 어떻게 대응해야 하는가와 같은, 예술철학적으로 핵심적인 문제에 닿아 있다. 나치의 유대인 학살을 묘사할 수 있는가 또는 묘사할 수 없는가라는 물음에서 일반적으로 동의할 수 있는 사실은, 이 물음을 다룬 몇 권의 책들이 보여 주듯이,[262] 역사적 사건의 야만성에 대한 기억은 가능한 한 생생하게 유지되어야 한다는 것, 그러나 어떤 묘사 형식에서 무엇이 그리고 어떻게 기억될 수 있고 또 기억되어야 하는가 하는 점은 여전히 논란거리라는 점이다. 왜냐하면 기억의 작업 자체가 일정한 배제와 축출을 전제하기 때문이다.

어떤 대상이나 사건을 이해할 수 없거나 상상하기 어려울 때, 기억은 대개 부분을 잊는 가운데 성립한다. 기억의 작업이 의례적 행사나 민족적, 국가적 단위에서 행해질 때, 특히 그렇다. 집단적 공식 문화는 한 사회나 국가에서 이뤄지는 기억 작업의 대표적 예다. 그것은 행위자와 피해자, 자아의 행동과 타자의 행동을 엄격하게 구분하는 가운데 자기 아닌 것이나 자기에게 해가 될 만한 부분들은 미리 제거하거나 체계적으로 억압한다. 그래서 기억은 곧 망각을, 의식적이든 무의식적이든, 동반하기도 하는 것이다. 이런 현상은 기억 작업이 집단적 차원에서, 그러니까 '전체'의 이름으로 행해질 때, 더욱 심하게 나타난다.

이 장에서 다루려는 기억의 문화에서는 기억 작업에 깃든 이 같은 모순과 오류에 우선 주의하고자 한다. 즉 예술적 표현을 통한 역사적 기억 작

262 Berg, Nicolas/Jochimsen, Jess/Stiegler, Bernd(Hg.): *Shoah. Formen der Erinnerung. Geschichte, Philosophie, Literatur, Kunst*. München 1996.

업의 다양성과 복합성을 의식하면서 공식 문화에 의해 외면되고 배제되는 상처와 폭력을 발굴하고자 한다. 이런 시도에서 드러나듯이, 집단적, 공식적 기억과 예술의 개별적, 비공식적 기억은 대치對峙한다.

국가의 공식적 기억이 역사를 단일화하고 사건을 획일화하면서 문화적 헤게모니를 겨냥한다면, 예술의 기억은 공식 문화의 이 일방주의를 문제시하면서 역사적 국면의 전체를 그 원형적 차원에서 드러내고자 한다. 그점에서 그것은 개별적이고 비공식적이며 비지배적이다. 예술의 기억은 지배저항적이고 반권력적이다. 그래서 어떤 타자적 가능성에 열려 있다. 다른 사회를 향한 다른 기억의 작업은 이 타자적 가능성의 일부다. 예술은 이미 존재하는 것 가운데 존재하지 않는 것을 기억함으로써 기존과는 다른 삶의 실현 가능성을 탐색하기 때문이다. 성숙된 시민문화는 이 같은 탐색을 장려하고 후원하는 문화다. 예술의 활동은 이 건전한 기억 문화를 위한 중요한 매체다.

기억을 통해 우리는 과거로부터 무엇을 배울 수 있으며, 이 배움에서 지금의 우리는 이전보다 더 나아질 수 있는가? 역사학자 미차 브룸릭은 나치 희생자를 위한 기념행사는 포기할 수 없는 것이라는 점에 동의하면서도, 그러나 그런 행사들이 지닐 수 있는 모든 도구화 가능성을 막기 위해 일체의 목적으로부터도 그 행사가 자유로워야 한다고 역설한다. 이 두 가지 조건을 충족시킬 수 있는 한 가지 예로서 그는 예술을 통한 기억을 언급한다. 왜냐하면 이것은 개인적이고도 공적이며, 자의식적이고도 표출적인 표현 형식이기 때문이다.[263] 그러나 그의 테제에서는 다음과 같은 문제들이 대답되지 않는다. 즉 예술에서의 기억이 어떻게, 작가 유렉 베커가 적절하게 지적하듯이, '사적인 일' 또는 '취미'로서의 자기 목적적 위험성을 넘어서서 왜곡되지 않은 집단 형식을 취할 수 있는가. 이런 물음에 대한 언급은

---

263 Brumlik, Micha: Trauerarbeit und kollektive Erinnerung, in: Köppen, Manuel(Hg.): *Kunst und Literatur nach Auschwitz*, Berlin 1993. S. 202f.

없다.[264]

예술의 표출적, 표현적 가능성은 어떻게 문화의 집단 기억과 이어지는가? 《저항의 미학》에서 1인칭 화자의 글쓰기 작업은 기억의 작업과 결부되어 있다. 이 기억 장면은 뒤러의 〈멜랑콜리아 I〉에 대한 해석으로부터 시작하여 문화 연대의 구축에 이르기까지 광범위하게 걸쳐 있다. 그러니까 그림 해석이건 문화예술적 활동이건, 이 모두는, 그것이 글에 의해 줄거리의 일부로 표현되고 이 표현이 서사적 형식을 담고 있다면, 넓게 보아 기억의 예술적 형상화가 된다. 이 점에서 바이스의 글쓰기는 기억의 문제에 대한 서사적 모범이 될 만하다. 그는 홀로코스트를 포함한 인류의 역사를 재앙의 항구적 반복으로 인식할 뿐만 아니라, 더 나아가 이때의 인식을 지극히 개인적이면서도 집단적인 문화 기억을 통해 저항의 소설 자체로 전환시키기 때문이다. 글쓰기는 그에게 또 1인칭 화자에게 이 전환의 방법이다. 화자의 글쓰기는 우리에게 역사의 무엇이 어떻게 기억되어야 하는가를 보여주는 의미 있는 모델로 보인다. 이 글에서는 예술의 기억 작업과 관련하여 크게 두 가지 문제가 논의된다.

첫째, 소설의 등장인물들이 뒤러의 동판화 〈멜랑콜리아 I〉을 어떻게 전래적 관점과는 다르게 해석하는가다. 여기에서 우울의 여성상은 더 이상 병리학적으로 관찰되는 것이 아니라 작업의 한가운데서 어떤 명상에 잠겨 있는 것으로 나타난다. 그리하여 그녀는, 비록 조용한 외관에도 불구하고, 조만간 일어날 변화를 예감하게 하는 것으로 간주된다. 다시 말해 그녀는 현실과 세계에 열려 있는 것이다. 이 세계 지향적 성찰 속에서 그녀는 무엇인가 만들고 구성한다. 여기에서 드러나는 사실은 바이스가 모든 의미론적 미로에도 그림의 다층적 연관항을 현실적 맥락 아래 파악한다는 점이다.

---

264 Köppen, Manuel(zgf.): Zur Zukunft des Erinnerns. Eine Diskussion mit Jurek Becker, Micha Brumlik, Elisabeth Domansky und Gerhard Schoenberner. Diskussionsleitung: Horst Denkler, in: Köppen, Manuel(Hg.): *Kunst und Literatur nach Auschwitz*, a.a.O., S. 208.

두 번째 물음은 어떻게 하여 기억의 활동이 과거나 현재와 관계할 뿐만 아니라 미래와도 관계하는지, 이 초시간적 연결망 아래 그것이 어떻게 억압된 것을 드러내면서 개인적이고 집단적인 사연의 발굴에 기여하는가다. 정치적 에너지로서 생산적 기억은 로테 비쇼프가 수업 시간에 역사를 얘기할 때, 그리고 1인칭 주인공이 역사를 글로 재구성할 때, 실행된다. 이들은 더 나은 삶의 조건을 기억의 예술 문화적 조직으로부터 창출하려고 하는 것이다. 여기에서 기억은 예술적 표현을 위해 그리고 문화적 의미 생산을 위해 고대로부터 연면히 지속되어 온 삶의 불가피한 에너지로 기능한다.

2. 2. 성찰적 노동인간: 뒤러의 〈멜랑콜리아 I〉

> 그러나 얼마나 많은 이야기가 삽과 집게, 짐수레를 말없이 다루는 가운데 숨겨져 있었고, 얼마나 많은 역사가 곤봉과 가죽끈, 바퀴와 지렛대, 쇠막대기와 통 그리고 미닫이와 화로 사이의 그 단순한 움직임 속에 저장되어 있었던가.
>
> — 페터 바이스(ÄdW, III, 45)

앞서 언급했듯이, 소설 속 나는 말을 잃은 어머니를 이해하기 위해 기존과는 다른 언어를 안출해 내고자 애쓴다. 때로는 비전적 언어를 통해, 때로는 명징한 언어 속에서 그는 박해받은 자들과 그 비참한 삶을 표현함으로써 과거에도 있었고 현재에도 남아 있는 끔찍한 실상을, 비록 단초적이나마, 정확하게 직시하고 정당하게 평가하려는 것이다. 여기에서 열쇠어는 표현이고 시도이고 해석이며 저항인 것 이상으로 기억이고 명상이며 노동이다.

2. 2. 1. 고요한 움직임

새로운 언어에 대한 요구 앞에서 화자는 모순에 빠져든다. 왜냐하면 그는 어머니의 고통을 올바르게 인식해야 한다는 도덕적 요구와, 이런 요구에도 그것을 완전히 포착하기 어렵다는 현실적 자각 사이에 처해 있기 때문

ENCOLIA I

이다. 어머니의 외상外傷은 일상적 맥락 관계를 한참 벗어난다. 그래서 그것은 언어로 표현될 수도 없고, 개념으로 전달되기도 어렵다. 그러나 그렇다고 해서 그녀에게 지각 능력이 사라진 것은 아니다. 그녀는 넋 나간 상태이지만, 그럼에도 무엇인가 끊임없이 듣고 표현한다.

어머니의 삶은 정신 부재에도 불구하고 경험적 맥락에서 완전히 분리된 게 아니다. 경험 현실이야말로 그녀 상흔의 의심할 여지없이 확고한 바탕이기 때문이다. 이 점에서 소설의 어머니 이미지와 뒤러의 〈멜랑콜리아 I〉에 나오는 여성상 사이에는 미묘한 친화성이 있다. 다음의 글을 읽어 보자.

> 그런 식으로 나의 어머니는, 마치 뒤러가 그린 것처럼, 저울과 모래시계, 시간을 알리는 종과 알 수 없는 부호가 적힌 칠판 아래에서, 머리를 괴고서, 무엇인가 생각에 잠겨, 아무도 다가가기 어려운 상태로, 언제까지나 머물러 있었다(*ÄdW*, III, 132).

1인칭 화자는 베를린과 스페인에서 호단과 이 그림에 대해 여러 번 얘기 나누었던 사실을 회고한다. 그러고는 어머니의 환각 상태를 뒤러 동판화에 새겨진 여인상의 모습과 비교한다. 왜냐하면 이 여인상 역시, 많은 측량기구로 둘러싸인 채, '무엇인가 생각에 잠겨, 아무도 다가가기 어려운 상태로' 앉아 있기 때문이다. 이것은 그의 어머니가 현실의 상처로 말문을 잃고 급기야 아무도 이해하지 못하는 정신착란의 증세로 빠져들어 간 것과 비슷하다. 어머니 같은 인물은 그러나, 호단에 따르자면, 비록 '엄청난 위험에 처해 있지만', '이 모든 상황에서도 궁극적 결과를 인식할 수 있는' '특이

뒤러, 〈멜랑콜리아 I〉.

자, 저울, 톱, 대패, 못… 온갖 작업도구들에 둘러싸인 채, 이 여인은 컴퍼스로 뭔가를 긁적이다가 왼팔로 머리를 괴고서 앞쪽을 응시한다. 응시하는 마음과 우울의 정신. 그것은 일하는 가운데 이 세계에 참여한다. 우울, 응시, 노동은 예술작업 속에서 하나로 결합된다.

하고 기이한 성향'을 가지고 있다(*ÄdW*, III, 132).

이 기이한 성향이란 무엇인가? 그것은 언어 부재 혹은 착란 상태에 깃든 어떤 예시적 능력이다. 그녀는 이 고양된 지각 능력으로 말미암아 보통 사람보다 '더 멀고 깊게' 현실을 인식할 수 있다.

> 이런 인간들에게는 오직 두 가지 가능성이 있으니, 그 하나는 점점 더 밀폐적으로 되어 자기 환각 속으로 물러나, 고독이 점차 다른 사람과의 공존적 의미를 빼앗아 갈 가능성이고, 다른 하나는 예술로 들어갈 가능성이다. 예술로 향한 이 길은 그러나 외부 세계로 향할 준비가 되어 있을 때만 열릴 수 있다. 이것이 없다면, 예술 영역으로의 출구는 더 이상 없다. 자기 폐쇄와 자기 개방 사이의 경계는, 이것은 하나의 치유를 약속하는데, 예술에서 늘 존재하며, 멜랑콜리아적 경향 속에서 자신을 드러낸다. 그리하여 명명할 수 없는 일에서의 이 같은 침잠은 예술작품에서 비상飛翔 이상으로 우리를 사로잡는 것처럼 여겨졌다(*ÄdW*, III, 132).

어머니는 넋 나간 상태에 있지만, 그러나 지각 능력을 상실하지 않는다. 이런 그녀에게서 1인칭 화자와 그의 스승 호단은 우울(멜랑콜리)과 심미적 인식의 깊은 연관성을 인식한다. 어머니 같은 인물에게는, 호단에 따르자면, 오직 두 길이 있다. 하나는 환각적 고립으로 빠져들면서 다른 사람과의 공존적 감각을 상실하게 되는 길이고, 다른 하나는 묘사될 수 없는 것을 묘사하고자 하는 예술로의 길이다. 두 등장인물은 이 후자, 다시 말해 예술의 길을 암묵적으로 옹호한다. 이것은 내부와 외부를 이어 주고, 주체와 객체를 매개하기 때문이다. '예술로 향한 이 길은 그러나 외부 세계로 향할 준비가 되어 있을 때만 열릴 수 있다.' 예술에서 외부로의 길은 곧 내부로의 길과 다르지 않다.

예술은 안과 밖, 나와 너를 이어 준다. 그렇듯이 그것은 여기와 저기, 물리학과 형이상학을 중재한다. 그러나 예술의 조화가 갈등을 배제한 타협이란 뜻은 아니다. 그것은 갈등에도 불구하고 타진되는 균형에의 추구라는 뜻이다. 예술은 대립적으로 여겨지는 두 축을 대립적으로 방치하는 것이 아니라 비대립적/화해적으로 매개한다.

아름다움은 이질적 요소들 사이의 이러한 매개, 이 매개의 결과로 자리하는 조화에서 만들어진다. 그러는 한 이 조화는 힘겨운 조화이고 위태로운 조화다. 예술의 조화란 지난至難한 조화인 것이다. 미는 이질성 속에서 도달된 높은 균형을 뜻한다. 외부 세계와의 연관성이 없이는 어떤 미도 형상화할 수 없다. 그러므로 예술의 길을 걷는다는 것은 '자기 폐쇄와 자기 개방의 경계' 위에 서는 일이고, 이 경계선에서 위태로운 균형을 유지한다는 뜻이다. 이 균형 속에서 명명할 수 없고 이해할 수 없는 것으로 들어가는 일을 회피하지 않는 것, 그것이 '예술가가 된다'는 말의 본뜻이다. 이것은 쉽지 않다. 그래서 우울은 불가피하다.

바이스는 한편으로 우울과 예술, 죽음에의 근접과 성찰의 깊은 연관성을 말한다. 그러나 그는 다른 한편으로, 또 다른 인물인 보예가 보여 주듯이, 외부 세계로부터의 격리에 주의한다. 이 점에서 그의 예술 이해는 심미주의적 예술의식과는 분명히 구분된다. 1인칭 화자가 〈멜랑콜리아 I〉을 환각적 분리가 아닌 예술적 묘사의 가능성으로 읽는 것은 이 때문이다. 다음 구절을 읽어 보자.

> 가죽끈으로 묶인 두꺼운 책 한 권이 여인의 팔 아래 놓여 있었고, 눈을 크게 뜨고 있었으며, 열쇠 꾸러미가 주름 많은 옷에 걸려 있었고, 너덜해진 돈주머니, 여기에 두 손목은 굵고 힘세게 보였으며, 조용히 앉아 있음에도 불구하고 중단된 것은 아무것도 없었고, 그래서 그녀는 일하다가 잠시 쉬면서 자기 계획을 숙고하는 듯 보였다. 그녀는 아직 완성되지 않은 집의 선반 위에 있었고, 얼핏 보아 그 집은 그녀가 직접 혹은 도와서 짓고 있는 듯했으며, 손에 쥔 컴퍼스는 그녀가 설계도를 그리고 있음을 암시했고, 발 주위에는 목수가 쓰는 도구들, 이를테면 톱자와 자(尺), 대패, 집게 그리고 망치와

뒤러, 〈멜랑콜리아 I〉 부분.

우울의 정신이 땀과 만나면 작품을 낳고, 사유 속에서 움직이면 성찰이 된다.
예술의 성찰력에 기대어 우리는 삶을 그리고 현실을 뚫는다.

> 큰못 몇 개가 놓여 있었다. 이 도구들은 그녀 바로 가까이 놓여 있었고, 그 중 어떤 것은 치마 끝으로 반쯤 덮여 있어서 그녀가 직접 사용했거나 방금 그 자리에 갖다 놓았음에 틀림없었다(*ÄdW*, III, 132f.).

동판화 〈멜랑콜리아 I〉이 지닌 도상 해석학적, 철학적, 종교적 그리고 자연과학적 의미에 대해서는, 지금까지의 허다한 연구가 보여 주듯이, 매우 복잡한 논의가 있다. 그 때문에 이 작품에서 한두 가지 의미를 추론하거나, 전체 의미를 몇 가지 개념으로 설명하는 것은 불가능하거나 무의미해 보인다.

그림의 여러 요소들은 기호와 의미의 쉽게 환원될 수 없는 관계에 붙박여 있다. 그래서 그것은 관찰자가 이 그림에 더 오래 몰두하면 할수록, 더 많은 의미를 산출하는 것처럼 보인다. 그리고 이렇게 산출된 의미는 때때로 모순되어 보이기도 한다. 그럼에도 바이스는 '원칙적 해석 불가'라는 흔히 있는 테제를 따르지 않는다. 오히려 그는, 등장인물들의 꼼꼼한 해석이 보여 주듯이, 이 해석 불가능성을 어떤 해석될 만한 이해의 연관항으로 바꾸어 놓는다. 이것은 그가 작품의 비의적 구조를 차례대로 해독함으로써 실행된다. 이 집요한 노력에서 그는 마침내 암호화된 그림에 대한 수긍할 만한 해석에 도달한다.

〈멜랑콜리아 I〉의 여러 요소들은 일의적 의미 배열을 불허한다. 그것은 자명하게 인지되지도 않고, 그래서 특정한 의미로 환원되기도 어렵다. 그러나 그렇다고 해서 아무렇게나 어지럽게 흩어져 있는 것은 아니다. 이 물건들은, 인물 옆에 자리한 이런저런 도구들이 보여 주듯이, 이 인물이 일할 때 사용하는 것이다. 컴퍼스와 톱자, 자, 대패, 집게, 망치 그리고 못 등은 '그녀 바로 가까이에 놓여 있고', 그 때문에 '그녀가 직접 사용했거나 방금 그 자리에 갖다 놓았음에 틀림없는' 것으로 보인다. 그것은 막 '그녀가 설계도를 그리고 있었다는 것'을 알려 준다. 다시 말해 그녀는 우울한 세계 고립의 순간에 고착된 것이 아니라, '노동의 와중에' 있는 것이다. 그래서 화자는 이렇게 쓴다. '조용히 앉아 있음에도 불구하고 정지해 있는 것은 그녀에게 아무것도 없다'.

마치 화자 어머니가 침묵 속에서도 고양된 지각력으로 파시즘 역사를 증언하듯이, 뒤러의 여인상 역시 외부 세계의 혼돈 앞에서 돌처럼 굳어 있는 게 아니라 일하면서 이 혼돈과 적극적으로 대면한다. 그녀의 명상적 모습은 최면 상태에 빠져 있거나 눈꺼풀 진 시선을 지닌, 말하자면 몽롱하고도 비현실적인 인간상과는 구분된다. 고전적 관점에서 보면, 우울한 인간상은 생활 세계의 활동 없이 오직 무성찰적 맹목성에 포박되어 있다.[265] 이

265 Böhme, Hartmut: *Albrecht Dürer. Melencolia I. Im Labyrinth der Deutung*, Frankfurt/M. 1989, S. 13.

에 반해 〈멜랑콜리아 I〉의 여인은 철저하게 현실에 결부된다. 적어도 이렇게 해석될 수 있다. 이런 이해 방식은 물론 소설의 등장인물들로부터 나오는데, 그것은 아래 문장에서도 이어진다.

> 그 여자가 발코니로 가기 위해 기어올라갔을 거칠게 잘린 사닥다리가 탑면에 기대 있었고, 이 건물은 선명하게 묘사되어 있었지만 거처라기보다는 명상의 장소로 보였으며, 이 모든 것이 확고하다고 해도 그러나 이 그림에는 어떤 다른 현실이 이미 알려진 것 속으로 들어오는 한순간이 묘사되어 있었다. 견고함을 지닌 기하학적 사물들은 특정 목적에 봉사하는 일상적 도구들을 밀치듯 놓여 있었고, 맷돌은 흘러가 버린 시간을 말했으며, 저울판은 텅 빈 채 요동치길 멈췄고, 종의 추는 정지한 채 매달려 있었으며, 바닷가 만에는 배들이 사멸한 듯 떠 있었고, 저 멀리 도시의 그 어떤 것도 움직이지 않았으나, 시간은 계속 흘러갔는데, 왜냐하면 탑 모서리에 걸린 모래시계에서는 작은 모래알이 반쯤 채워진 위쪽 용기로부터 아래쪽 용기로 새 나오고 있었기 때문인데, 그림 밖으로 이어진 종치는 끈은 언제라도 당겨질 수 있었다. 하늘에 걸린 빛화살 속에서 반짝이는 것은 무겁게 내리누르는 돌의 형태에 화응했고, 혜성 같은 불꽃은 토성 같은 별의 광채 속에서 빛나고 있었으며 〔…〕(*ÄdW*, III, 133).

동판화에 새겨진 건물과 도구들은 '모든 선명성에도 불구하고' 처음 보면 어떤 정적 상태 아래 나타난다. 거대한 바윗덩어리와 하나의 원 그리고 맷돌이나 탑 같은 대상물은 그 나름의 '확고함'과 견고함을 지닌 듯 보인다. 여인이 앉은 공간 역시 '주거지로서보다는' '명상의 장소'로서 고려된다. 또 맷돌은 '지나가 버린 시간'을 말해 주고 있고, 저울판은 '텅 비어 요동치길 멈췄고', 종의 추는 '움직이지 않고' 걸려 있으며, 해안가 곶의 배들은 '마치 사멸한 듯' 떠 있다. 얼핏 보면, 이 그림에서는 그 어떤 것도 움직이지 않는 것처럼 보이는 것이다.

그러나 다른 한편으로 이 그림에는 움직이는 것들도 분명히 있다. 모래시계 통에 담긴 모래 낱알은 위에서부터 아래로 쉼 없이 흘러내리고, 종에 달린 밧줄은 누군가가 당장에라도 당길 듯하다. 만약 이 그림에 역동성이 있다면, 그것은 절대적 정태성의 주변에 간과할 수 없는 방식으로 숨죽인 듯 자리하는 것이다. 그래서 화자는 확신에 차서 이렇게 말한다. '그러나 시간은 결코 멈추지 않았다.'

〈멜랑콜리아 I〉의 사물들은 전체적으로 보아 정태적 상태에 있지만, 동시에 이 정태성을 내파하는 순간도 암시한다. 그렇다면 문제는 정태성도 아니고 동태성도 아니다. 결정적인 것은 정태적 역동성 혹은 역동적 정태성이다. 정태적 역동성은 이 그림에서 사물의 한 폭발적, 생성적, 창출적 계기로 자리한다. 사물은 늘 정태성과 역동성, 멈춤과 움직임 사이에 걸려 있다. 이 사이의 긴장 속에서 그것은 늘 무엇이면서 그 이상이고자 한다. 사물이 그렇고 세계와 인간과 삶이 그렇다. 사물의 이 역동적 성격에 상응하는 것이 여러 자연 현상이다.

예를 들어 '빛화살 속에서 반짝이는 것'이나 별이 '혜성 같은 불꽃'으로 보이는 것은 살아 있음의 움직임, 이 움직임 속의 변화를 나타낸다. 그림 속의 순간은 정태적이지만, 이 정지된 순간은 불변의 것으로 굳어 있는 게 아니라 다가올 변화를 예비하거나 잉태하고 있는 것처럼 나타나는 것이다. 그래서 그것은 '하나의 다른 현실이 이미 알려진 것 속으로 밀쳐 들어오는' 한순간이 된다. 다시 말해 그것은 '고요 속의 움직임' 또는 '고요한 움직임'을 포함한다.

결국 〈멜랑콜리아 I〉의 여인은 고요 속에서 일하는 인간이다. 이 고요가 명상이고 반성이자 회고이고 성찰이라면, 일이란 실천이고 대비이며 응전이고 참여다. 그녀는 자기 밀폐 속에서 현실과 유리되어 있는 것이 아니라 고요와 운동, 성찰과 노동을 오가면서 그 나름으로 세계에 대응하는 것이다. 그리고 이렇게 대응하며 자기 자신을 부단히 변모시키려 한다. 따라서 그려진 순간은 하나의 교차점 또는 건널목이다. 이 건널목에서 어떤 인물은, 마치 하나의 현실이 다른 현실로 변모하듯이, 다른 인물로 변할 수도 있다. 인물 그 자체로 변화와 형성을 체현하는 것이다. 노동과 성찰은 이 주체적 자기 변형의 가장 중대한 계기다.

2.2.2. 쓸쓸한 연대

이 대목에서 눈에 띄는 것은 미세한 곳까지 나아가는 분석과 해석의 강밀성이다. 그림 속 사물들은 겹겹으로 포개져 있거나 뒤섞여 있지만, 그래서 다의미적이지만, 작자의 해석은 이른바 '모든 것이 좋다'는 식의 의미론적 무정부 상태로 빠져들지 않는다. 그는 해석적 자유의 유혹에 굴복하는 것이 아니라 이 복잡한 관계를 이해할 수 있는 형태로 번역해 낸다. 그럼으로써 확정짓기 힘든 해석에 납득할 만한 의미를 대응시키는 것이다. 이런 해석의 과정은 구체적이고 집요하며 끈질기고 정확하다. 그리하여 독자는, 그의 해석이 전개됨에 따라, 그림에서 추출할 수 있는 거의 모든 것이 이 묘사에 이미 들어 있는 것이 아닌가라는 인상을 받는다. 그림의 의미와 작가의 해석, 작가의 느낌과 독자의 느낌 사이에 어떤 간극도 발견하기 어려운 것이다. 그 이유는 무엇인가? 그것은 무엇보다 그림을 읽는 작가의 감수성에서 올 것이다. 더 나아가면, 작가의 이 해석에 반응하는 독자의 강밀한 감수성도 한몫할 것이다.

작가의 성실한 해석력에 힘입어 독자는 모래시계에서 흘러내리는 모래의 사그락거리는 소리와, 줄을 당기면 언제라도 울릴 것 같은 종소리를 음향적으로 상상할 수 있다. 이 같은 해석은 〈멜랑콜리아 I〉의 이해가 불가능하다는 통상적 견해를 의문시하도록 만든다. 그러나 다른 한편으로 작가/작중인물의 이런 해석 때문에 작품의 의미가 완전히 고갈되는 건 아니다. 단지 이 납득할 만한 관점에 기대어 우리는 접근 불가능이라는 해석론적 아포리아로부터 벗어날 수 있는 것이다.

그러나 이 벗어남은, 다시 한번 말하건대, 항구적 해방을 뜻하지 않는다. 작품은 이 선명한 측면에도 불구하고 또 다른 미궁을 내포하기 때문이다. 그리하여 의미론적 해방은, 적어도 좋은 작품에서의 그것은, 언제나 '잠시' 실현된다. 그러나 잠시의 해방이 새로운 해석과 이 해석을 통한 새로운 지평의 개시로 경험될 수 있다면, 대상에 대한 이해의 수준도 점차 더 높아질 것이다. 이해의 백분율을 높여 감에 따라 해석의 가능성과 불가능성의 간극도 점차 줄어들 것이다. 인식의 확장은 이렇게 줄어드는 간극의 경험에서 온다. 모호한 지평의 탐색으로부터 새 각성이 일어나는 것이다.

해석적 경계의 지속적 확장에서 우리는 이해할 수 있음과 마찬가지로 이해할 수 없음도 세계의 일부라는 사실을 확인한다. 그리고 이 둘은 해석의지에 매개되어 그림의 의미론적 요소를 구성한다. 이해의 심화와 인식의 발전은 이 경계 — 이해 가능과 이해 불가능 사이의 접경 지역에서 이뤄진다. 등장인물들은 이 그림의 명상적 형식으로부터 조만간 일어날 변화의 징후를 읽어 내는데, 이 징후는 삶/생명이 세 단계로 구분될 때 나타난다.

> 넓적한 것과 둥근 것이 자리해 있고, 네 가지 성분 — 불과 공기와 물과 흙이 보이며, 그 속에서 생명은 3단계로 나뉘어 있다. 완성의 단계는 거대한 여성상으로 암시되는데, 오른쪽으로, 지붕 아래 열린 다락방 계단에서, 댓돌 위에 앉아 석필과 석판을 쥔 동자童子상에서 첫 번째 의식이 있고, 몸을 웅크린 채 잠이 든, 머리가 평화스러운 양羊처럼 생긴 마른 개에서도 피조물 형태로 나타난다. 고요는 동물의 생명에서 나왔고, 생명은 아이에게서 에너지를 모아 형성의 과정으로 들어서고, 어리지만 힘차 보이는 아이의 얼굴은 무엇을 경청하듯 고개 숙이고 있고, 그 두 손은 결연히 필기구를 쥐고 있으며, 완성된 자인 여인의 등으로부터 정령의 날개는, 이 날개는 부드러운 솜털로서 아이의 특징이기도 한데, 높은 궁륭 쪽으로 솟구쳐 올랐다. 그러나 그녀는 초감각적 존재로 나타났고, 각종 도구와 열쇠 그리고 지갑을 지닌 인간적 현존으로 있었으며, 지상적인 것을 다루었고, 그녀의 옷은 작업으로

구겨져 있었으며, 그녀의 그늘진 얼굴은 세계와 격리된 것이 아니라 경험으로 차 있었고 〔…〕 연구하고 만들고 마지막에는 조사하는 일로 둘러싸인 채, 그녀는 유아기적 존재로부터 생겨나고 있었으며 〔…〕(*ÄdW*, III, 133f.).

뒤러의 〈멜랑콜리아 I〉에 나타난 생명은, 등장인물의 해석에 따르면, 세 단계로 나뉜다. 첫 번째 단계에서 대표적인 것은 개나 양 같은 동물이다. 이들은 평화로운 고요 속에 잠들어 있다. 두 번째 단계의 생명으로 천사상(동자상)이 등장하는데, 그는 필기도구를 '결연하게' 든 채 '어떤 형성의 과정으로 나아가기 위해' 석판에 무엇을 긁적인다. 즉 그것은 형성 단계에서 일어나는 배움과 연습의 한가운데 있다. 여인상은 세 번째 단계, 다시 말해 '완성의 단계'를 대표한다. 동물과 천사상이 인식과 지식의 전前 단계라면, 그것은 미성숙한 단계로 이해될 수 있을 것이다. 이에 반해 여인상은 인식으로 특징지어질 수 있다. 그러나 이 인식 때문에 우울은 발생한다. 그녀는, 인식의 끝에 흔히 그러하듯이, 세속적 지식의 한계를 분명히 알기 때문이다.

그러나 인식의 우울에도 불구하고 뒤러 동판화의 여인상은 세계 몰락의 환상에 사로잡혀 있지 않다. 그녀는 자기 성찰에 의지하여 사물의 새로운 질서를 찾고 있는 것으로 보인다. 왜냐하면 그녀는 일-작업-탐구에 몰두해 있기 때문이다. 그녀의 옷은 '작업으로 구겨져 있고', 지친 듯 보이는 얼굴은 반짝이는 시선을 지닌 채, '세계와 격리된 것이 아니라' '연구하고 만들며 궁극적으로 조사하는 일로' 에워싸여 있다. 이 점에서 여인상의 내향적 응시를 '압도적 슬픔과 압도적 기억의 결과로써' '외부 세계에 대한 맹목성을 암시하는' 것으로 캐롤 푸어가 간주할 때, 그것은 이 여인의 세계 연관적이고 구성적인 성격을 간과한 것이 된다.[266] 뒤러의 여인상은 '초감각

266 Poore, Carol: Mother Earth, Melancholia, and Mnemosyne: Women in Peter Weiss's Die Ästhetik des Widerstands, in: *The German Quarterly*, Vol. 58(1985), No 1, p. 79.

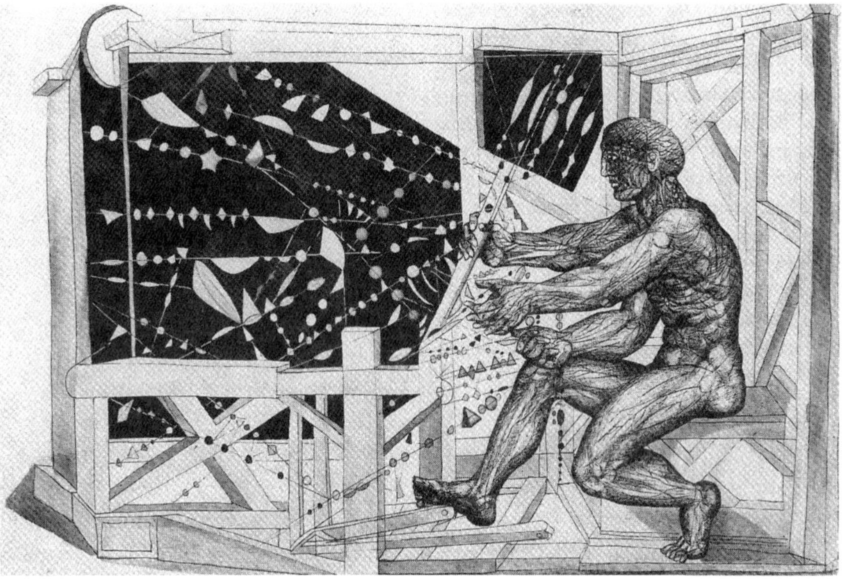

바이스, 〈베틀의자 I〉, 1947년, 묵화스케치, 31세 때의 작품.

'일이 곧 성찰'이 되는 하나의 활동이 있다면, 그것은 예술일지도 모른다.
예술은 노동 속에서 세계의 물리物理와 인간의 심리心理를 동시에 해명하는 일이기 때문이다.
그것은 인간의 영혼이 세계의 법칙과 합치되는 하나의 방식이다.

적 존재'로 보이기도 하지만, 그러나 이런 외양에도 그 태도와 작업 내용은 차라리 현실적이고 경험적이다. 이것은 그녀가 '여러 도구와 열쇠 그리고 돈주머니를 가지고' '지상적인 것'을 다루고 있다는 점에서 잘 확인된다. 그녀의 성격과 태도는 세계와 현실에 뿌리박고 있는 것이다.

〈멜랑콜리아 I〉의 여인상은 근본적으로 성찰적 인간의 노동하는 모습 혹은 노동하는 인간의 성찰적 모습이다. 이 점에서 뒤러의 구성적 인간상은 바이스가 젊은 시절 그린 〈베틀의자 I〉(1947)와 모티프적 유사성을 지닌 것으로 보인다. 흥미로운 사실은 뒤러 여인상의 현실적 성격이 소설의 어머니상에도 어느 정도 해당된다는 점이다. 그러니까 두 인물은 모두 외부 세계로부터 격리되거나 경험 현실을 무시하는 것이 아니라 오히려 이 현실을 부단하게, 몸의 언어를 통해 혹은 성찰적 노동 속에서 지각하고 관찰하고 증언하는 것이다. 성찰적 노동 자체가 삶의 성격을 언어로 진술하는 일이 아니라 몸을 통해 입증하는 일 아닌가.

뒤러의 여인상은 나른하고 자폐적인 영혼의 어떤 상태를 구현하지 않는다. 그녀의 조용한 태도에는 깊은 우울이 담겨 있다. 그러나 이 우울은 절망이나 체념으로 각인되어 있기보다는, 마치 미래 투시적 시선을 가진 것처럼, 삶을 구성하고 현실을 축조하겠다는 스토아적 의지로 차 있는 듯 보인다. 그런 점에서 '우울이란', 적어도 그것이 참되다면, 하르트무트 뵈메가 잘 지적했듯이, '사물의 사용과 창조로부터 능력과 사물의 의미를 묻는 데로 나아간다'.[267] 이 나아감 속에서 한편으로 인간 능력의 한계가 자각되고, 다른 한편으로 인간적 문제 제기의 무한성이 성찰되는 것이다. 이런 이유에서 뒤러적 우울은 의미를 암호화하는 비의적 강령과 관련되지 않는다. 그것은 차라리 사고를 더 의미 있는 실천으로 전환시키는 데 필요한 정신 상태다.

그러므로 우울하고 관조적인 의식은 말의 깊은 의미에서 외부 세계를 무시하지 않는다. 오히려 그것은, 예술사가 아비 바부르크가 적었듯이, '근대적 노동인간의 해방적이고 의식적인 에너지가 지닌 새로운 이상'을 구현한다고 말해야 한다.[268] 사실상 바부르크와 바이스는, 헤랄트 올브리히가 언급했듯이, 이들이 '계몽화하고 합리화하며 객관화하는 극복의 파토스'를 회화적 해석 작업에서 구하려 했다는 점에서, 공통점을 갖는다.[269] 므네모

---

267 Böhme, Hartmut: *Albrecht Dürer*, a.a.O., S. 52.

268 Warburg, Aby M.: Heidnisch-antike Weissagung in Wort und Bild zu Luthers Zeiten(1920), in: ders.: *Ausgewählte Schriften und Würdigungen*, hrsg. von Dieter Wuttke, 2. Aufl. Baden-Baden 1980, S. 260.

269 Olbrich, Harald: "Die Ästhetik des Widerstands" als Herausforderung: Zum Umgang mit bildender Kunst, in: Krenzlin, Nobert(Hg.): *"Ästhetik des Widerstands"*, a.a.O., S. 133. 참고로 말하면 올브리히 이전에 샤만트와 헤르딩이 바부르크와 바이스의 예술 이해적 친화성을 지적했다〔Schmandt, Peter: Anmerkungen aus der Zunft zu: Peter Weiss, Die Ästhetik des Widerstands, in: *Kritische Berichte* 7(1979) 2/3, S. 47; Herding, Klaus: Arbeit am Bild als Widerstandsleistung, in: Stephan, Alexander(Hg.):

시네라는 핵심 개념 아래 수만 점의 그림 자료를 수집했고, 이렇게 수집된 자료를 이른바 '열정/수난의 정식Pathosformel'이란 문제의식 아래 재배열함으로써 고대로부터 현대에 이르기까지 전해 내려오는 모든 예술적 표현의 해방적 유산을 해독하려 했던 바부르크의 문화학적 기획은 이런 맥락에서 참으로 흥미롭게 여겨진다.

바이스에게 멜랑콜리는 더 이상 수동적으로가 아니라 적극적으로 이해된다. 그것은 구성적이고 축조적이며 생산적인 기능을 하기 때문이다. 이러한 관점은 우울에 대한 뒤러의 견해가, 불행을 초래하는 것으로 우울을 고찰한 중세적 이해와 현저한 대립을 이루었다는 사실과 상응한다. 우울은 단순히 자폐와 소외의 기제가 아니다. 깊은 우울은 자기 심화를 통한 더 넓은 삶의 연대를 향한 것이다. 그리하여 〈멜랑콜리아 I〉의 여인상은 고독solitaire 속에서 연대solidaire를 꿈꾸는 예술가의 고유한 이미지와 정확하게 일치한다. 예술가는 자기 실존 속에서 정치적 개입과 심미적 성찰을 통합하는 인물이다. 이 말은 예술가가 고독해야 한다든가, 아니면 연대해야 한다는 말이 별 의미 없다는 뜻이다. 예술적 주체는 고독한 실존 속에서 세계와 연대한다. 그러니 그에게 고독과 연대는 분리될 수 없다. 예술가의 연대는 근본적으로 외로운 것이고, 외로운 것이어야 하고, 이 외로움을 감당할 수 있어야 한다. 예술가는 고독 속에서 세계와 연대해야 한다.

바이스는 한 인터뷰에서 이렇게 말한 적이 있다. "한편으로 예술가는 개입하고 정치적 사건에 참여하며, 다른 한편으로 자리에 앉아 때로는 우울과 절망에 빠진 채로 숙고하지만, 그러나 그는 계속 행하고, 일을 벌이며 성찰하고 무엇인가 정식화한다. 이것이 예술가의 상황이다."[270] 예술은 불가능성이라는 우울한 세계 인식에서 출발한다. 그러나 그는 비애에 사로

Die Ästhetik des Widerstands, a.a.O., S. 258f.).

270 Heinz Ludwig Arnold im Gespräch mit Peter Weiss, a.a.O., S. 53.

잡히지 않는다. 불가능한 것과 설명하기 어려운 것은 예술에서 배제되는 게 아니라 해명적 표현을 통해 포착 가능한 무엇으로 전환된다.

그러므로 우울은 예술적 인간의 창조적 계기다. 이런 이유에서 뒤러 여인상의 알레고리적 성격은 예술의 여신인 므네모시네와 이어진다. 이 점에서 바이스와 바부르크는 예술 인식론적으로도 만난다.

> 예술은, 호단이 말하길, 모든 철학과 이데올로기가 멈춘 곳에서 비로소 시작하며, 그것은 모든 살아 있는 것에 내재하는 비밀스러운 힘인 엔텔레키아로부터 생겨나, 이 살아 있는 것을 조절하고, 이것이 손상될 때 다시 만들어 내는데, 예술이 가진 기억의 기능이란 뇌 속에서, 보이는 것과 들리는 것의 중심부에서, 그리고 장소와 시간의 방향 설정을 통해 모든 지각된 것을 보존하고, 신경 자극으로 이렇게 지각된 것에 접근하는 데 있지만, 그러나 기억으로 이뤄진 사고 능력의 자취는 발견된 적이 없다네. 예술의 여신 므네모시네가 보호하는 므네메Mneme(기억)는 우리를 예술적 행동으로 이끌고, 우리가 세계의 현상으로부터 더 많은 것을 받아들이면 받아들일수록 우리는 그것을 더 풍부하게 결합할 수 있으며, 우리 문화의 상태는 바로 이 다양성으로부터 읽힐 수 있다네(*ÄdW*, III, 134).

예술은, 호단에 따르면, '모든 살아 있는 것에 내재하는 비밀스러운 힘인 엔텔레키아로부터 생겨난다'. 엔텔레키아란 소재Stoff 속에서 자기를 실현하는 형식이고, 자기 목표를 자기 안에 가지고 있는 무엇이다. 그것은 자기 발전과 자기 완성의 계기를 자신의 밖에서 가져오는 것이 아니라 바로 자기 안에 품고 있는 유기체의 힘이다. 그것은 원형 실현적 힘이고 형성력이다. 예술에는 이 자기 실현적 형성력이 있다. 이 힘이란 곧 기억이다. 혹은, 좀더 넓게 해석하여, 기억을 통한 반성력과 성찰력이다. 왜냐하면 예술은 바로 이 기억에, 이 기억의 구성 작용에 의존하기 때문이다.

예술은 살아 있는 것이 손상되거나 왜곡될 때, 그에 가장 적절한 표현을 부여함으로써 그것을 재생하고 복원하며 치유한다. 이 재생과 복원과 치유를 통해 그것은 대상의 본래성을, 본래적인 것의 충일성을 되살려 놓는다. 예술의 기억은 이 원형을 복원시키는 비밀스러운 에너지다. 그것은 경험하고 지각한 모든 것을 기호에 담아 형식화함으로써 경험과 지각의 내용을 문화적 전승물이 되게 하기 때문이다. 그러는 한 기억의 예술은 추상적 논증적 개념에 골몰하는 철학이나, 사고의 독점화 위에 자리한 이데올로기와는 분명히 구분된다. 그래서 호단은 말한다. "예술은 〔…〕 모든 철학과 이데올로기가 멈춘 곳에서 비로소 시작한다."

사회적으로 축출된 것, 역사적으로 배제된 것, 심리적으로 억압된 것은 모든 타자성의 이름이다. 이 타자성을 부활시키는 기억의 힘에 의해 예술은 문화의 의미론적 방향 잡기(定向)에 기여한다. 예술 작업의 다양성으로부터 '우리 문화의 상태가 읽힐 수 있다'는 호단의 말은 이런 맥락에서 이해될 수 있다.

이런 기억의 내용에는 물론 많은 것이 있다. 기쁨뿐만 아니라 슬픔이 있고, 자부심뿐만 아니라 허망함도 배어 있다. 그러나 이 가운데 중요한 것은 아직 이루지 못한 것들의 목록이다. 놓쳐 버린 것, 망실된 것, 패배하고 좌초한 것이 예술적 기억의 중심 내용이다. 그리하여 예술의 기억은 근본적으로 수난의 기억memoria passionis이 아닐 수 없다. 예술은 삶의 수난을 기억함으로써 그 원형을 복원하고 그 상실을 위무한다. 고통과 불의에 대한 예술의 기억 없이는 아마도 그 어떤 자유의 진술도 도덕적 근거를 갖기 어려울 것이다. 예술은 수난을 기억하는 열정의 정식定式이다.

위에서 인용된 글에서는 바이스의 시학 — 그의 문학관과 예술 이해를 주제적으로 관통하는 여러 중요한 개념들이 포착되어 있다. 그것은 므네모시네-예술-기억-저항-문화 작업 등이다. 이것은 하나의 문장으로 테제화될 수도 있을 것이다. 그것을 나는 이렇게 적고 싶다. 예술은 수난의 기억을 통한 인간성의 참여다. 그래서 그것은 문화적 실천의 중대한 일부를 이루고, 그점에서 윤리적이고 또 정치적이다.

뒤러의 동판화에 대한 해석 작업으로부터 나오는 므네모시네 이해는 궁극적으로 1인칭 화자의 글쓰기에 의해 예술적 행동으로 고양된다. 쓰기를 통해 소설 속의 나는 2차 세계대전 후 살아남은 다른 동료들과 함께 예술문화적 기획에 참여한다. 왜냐하면, 바이스가 썼듯이, '예술과 문화는 비판능력과 갱신의 의지 그리고 전망에의 능력을 포함하는 어떤 멀고 위대한 것을 의미하기' 때문이다(*NB*, II, 470). 예술-글쓰기-저항-문화라는 이 주제복합체의 중심에는 기억에 대한 작가의 구상이 자리하는 것이다. 그것은 인간의 지성과 정신에서 가장 빛나는 부분이다. 이 문제는 다음 장에서 다루어진다.

2. 3. 미래를 확보하는 현재의 재기억

미메시스는 현실을 기억으로 '번역한다'.
이 기억에서 예술은 사회적 제약 안에서 또 이 제약을 넘어
무엇이 존재하고 존재할 수 있는지 인식한다.
— 마르쿠제, 〈예술의 항구성〉

1인칭 주인공은 뒤러의 〈멜랑콜리아 I〉을 도전적 그림으로 간주한다. 이 동판화에 대한 이어지는 해석에서 중요한 것은 그림에 어떤 대상과 생물이 묘사되어 있는가라든가, 이것들이 무엇을 의미하는가와 같은 점이 아니다. 오히려 문제는 이 그림이 해석자의 현실에 어떤 관련성을 가지며, 그 의미론적 구성은 해석자의 현실 구성에 어떻게 작용하는가다. 왜냐하면 수용 현실과의 관련성이 없다면 예술의 궁극적 의미도 찾아질 수 없기 때문이다. 우리가 작품을 감상하고 읽는 이유는, 그것이 수용자의 현재적 삶에 어떤 대치될 수 없는 빛 — 반성적, 생성적, 쇄신적 의미를 던져 주는 까

닭이다.

이러한 해석 작업을 소설의 나는 글쓰기라는 좀더 구체화된 형식으로 변모시킨다. 기억은 이 변모의 추동체라고 할 수 있다. 다시 말해 그는 기억 속에서 글을 쓰고, 글을 쓰면서 다시 기억한다. 그는 기억의 글쓰기를 통해 예술적 형상화 작업에뿐만 아니라 이 작업을 가능하게 하는 문화적 변형의 과정에도 참여한다. 여기에서 필요한 것은 기억의 복잡한 메커니즘을 소설 텍스트의 구성적 원리로 이해하는 일이다. 이 점을 나는 최근의 기억 연구에서 추론된 몇 가지 결과에 기대어 좀더 자세히 다루고자 한다. 이어서 예술과 기억, 기억(력)과 문화의 내밀한 연관항에 대해 언급하고자 한다.[271]

2.3.1. 기억—저장과 생산

기억(력)의 구조나 기능의 문제에 대해서, 그리고 이때 중심 주제인 기억과 의식, 기억과 정체성의 관계 등과 같은 문제에 대해서 정확하게 기술한다는 것은 쉽지 않다. 왜냐하면 그것은, 특히 1980년대 이후 광범위하게 이뤄진 기억/회상의 연구가 보여 주듯이, 통합적 관점과 학제적 시야를 요구하기 때문이다. 이러한 연구는 단순히 심리학이나 예술사 혹은 철학에 국한된 것이 아니라, 신경생물학이나 신경생리학 그리고 인공두뇌학과 같은 다양한 자연과학적 성취까지 포괄한다.[272]

여기에서 특히 중요한 것은, 게르하르트 로트가 바르게 언급했듯이, 뇌

---

271 '기억'을 지칭하는 독일어로는 크게 'Erinnerung'과 'Gedächtnis'가 있다. 간단히 정리하여, Erinnerung이 단선적이면서도 기계적인 기억이라면, Gedächtnis는 '생각된 것dächtnis/denken'의 '덩어리Ge' 혹은 '전체' — 종합적, 통합적, 복합적 기억이라고 할 수 있다. 그래서 Gedächtnis는 Erinnerung보다 포괄적인 의미를 지니고, 그래서 '기억(력)', '회상'이라고 번역할 수도 있다. 기억에 대한 총체적 연구는 Gedächtnisforschung이라고 한다.

272 Schmidt, Siegfried J.: Gedächtnisforschungen: Positionen, Probleme, Perspektiven, in: ders.(Hg.): *Gedächtnis. Probleme und Perspektiven der interdisziplinären Gedächtnisforschung*, 3. Aufl. Frankfurt/M 1996, S. 9ff.

와 의식에 대한 연구를 동시에 진행함으로써 '신경세포 기계인 뇌와 의식적 지각 영역 사이의 존재론적 비약'을 막는 일이다.[273] 한때 문화의 가장 중요한 지표였던 글/인쇄 매체에 대해 전자 매체가 우위시되는 오늘날 어떻게 기억이 문화적 틀 속에서 의미 생산의 메커니즘으로 기능할 수 있는가에 대한 질문은, 문학예술의 표현 가능성과 관련해서, 나아가 인문학 전체의 앞으로의 가능성과 관련하여 중대한 것이지 않을 수 없다.

기억 활동을 설명하는 데는, 단순화하면, 두 개의 모델, 즉 저장의 모델과 생산의 모델이 있다. 저장 모델은 경험한 것이나 배운 것이 원하기만 한다면, 마치 서랍에서 꺼내 오듯, 언제나 불러들일 수 있다는 사실을 전제한다. 이것은 복잡한 지각 과정에서 일어나는 비교와 유추 그리고 결정의 여러 작동 과정을 간과한다. 그 때문에 그것은 지각적 체계를 사소한 재생 기계쯤으로 간주한다. 가령 문서보관소나 박물관 그리고 정보은행 같은, 오늘의 사회에서 흔히 쓰이는 현대적 비유들은 저장 모델에 대한 이 같은 생각을 대변한다.[274] 이에 반해 생산 모델은 기억의 작업이 객관적으로 저장할 수 있거나 계산할 수 있는 어떤 일관된 단위가 아니라고 가정한다. 왜냐하면 기억 속에서 경험이나 지각 그리고 지식은 상호작용하는 가운데 서로 연관되기 때문이다. 그러므로 기억이란, 페터 M. 헤즐이 바르게 언급하듯이, "그때그때 지각된 '행동'의 필연성과 관련되어 이뤄지는 현실적 생산'이고, '이 때문에 이전 경험의 정확한 재생은 쓸모없게 되어 버린다".[275]

기억은 다채로운 외적 자극을 끊임없이 가공하고 해석하면서 수용한다.

---

273 Roth, Gerhard: Die Konstitution von Bedeutung im Gehirn, in: Schmidt, Siegfried J.(Hg.): *Gedächtnisforschungen*, a.a.O., S. 369.

274 기억의 비유상에 대해서는 Assmann, Aleida: Zur Metaphorik der Erinnerung, in: Assmann, Aleida/Harth, Dietrich(Hg.): *Mnemosyne. Formen und Funktionen kultureller Erinnerung*, Frankfurt/M. 1991, S. 13-35.

275 Hejl, Peter M.: Wie Gesellschaften Erfahrungen machen oder: Was Gesellschaftstheorie zum Verständnis des Gedächtnisproblems beitragen kann, in: Schmidt, Siegfried J.(Hg.): *Gedächtnisforschungen*, a.a.O., S. 329f. 강조는 헤즐의 것.

그래서 그것은 단순히 저장 모델로 설명될 수 없다. 기억의 작업은 이전 경험에 대한 정태적 재생이 아니다. 그것은 지각하고 배우는 인지 체계가 주변 환경과 부단히 상호작용하는 역동적 변화의 과정이다. 그러므로 기억에서 만나는 과거는 이전 그대로의 과거 — 확정된 과거가 아니라 새로 구성된 과거에 가깝다. 우리가 흔히 과거라고 부르는 것은 정확히 말해 과거 그 자체가 아니라 기억을 통해 과거에 부여한 어떤 적극적 표상이다. 이것을 지그프리트 J. 슈미트는 다음과 같이 언급한다.

> 기억이란 과거에 의존하는 것이 아니며, 과거는 오직 '기억'의 방식으로 정체성을 획득한다. '기억은 현재하는 과거를 구성한다.' 바꿔 말해, 우리가 다루는 것은 과거가 아니라 과거라는 상태에 대해 우리가 만드는 표상들이 들어 있는 역사/이야기의 구성이다. 과거가 아니라 이 표상이 지시 차원을 부여한다.[276]

슈미트의 이 구성주의적 입장은 어느 정도 급진적 형식을 취한다. 왜냐하면 그는 과거 자체가 아니라 과거에 대한 표상을 중시하고, 대상의 사실적 진실성보다는 기억에 의한 사실의 구성적 성격을 더 고려하기 때문이다. 그러나 그의 테제는, 과거란 그 자체로 말하는 것이 아니라 해석자가 자기의 기억 표상에 기대 과거를 전취함으로써 비로소 드러난다는 사실을 우리가 고려하면, 동의될 수 있다. 그러니까 기억은 주어진 틀의 모사와 관계하는 것도 아니고, 체험을 있는 그대로 보존하지도 않는다. 그것은 근본적으로 일정한 행동의 연관항 아래 현재적 현실을 변화시키려는 재인식 활동이다. 그것은 앞으로 내다보는Vor-schau 동시에 뒤돌아보면서Nach-schau 지각적 영역을 심화하고 확대한다.[277]

---

276 Schmidt, Siegfried J.: *Gedächtnisforschungen*, a.a.O., S. 42. 강조는 Siegfried J. Schmidt의 것.

277 이런 맥락에서 분명한 사실은 기억의 생산적 과정이 예술작품의 창작에서는 '구체적

그러므로 기억은 그 자체로 하나의 생산적 과정이다. 그것은 다양한 경험과 외적 자극을 부단하게 수용하고 해석하고 가공함으로써 스스로 변화하면서 타자를 변형시키는 의미 생성의 역동적 경로를 지나간다. 기억은 단순히 보관이나 저장의 작업이 아니라 구성과 생산의 창출 작업인 것이다.

기억을 구성적 생산 활동으로 보는 이런 시각에는 사실상 20세기 전후반기를 통해 축적된 다양한 학문 분과에서의 인식 결과가 들어 있다. 예를 들어 그것은 컴퓨터 지능과 생물의 신경 시스템(신경계)의 차이에 대한 인지과학의 오랜 연구와 무관하지 않다. 그래서 그것은 생물학과 철학, 심리학과 물리학 그리고 신경과학 등 제반 분과의 학문적 성취를 비판적으로 종합하고 수용한 결과다. 이에 따르면, 기억의 과정은 앎과 인지의 과정과 이어져 있거나 그 일부를 이룬다. 그러므로 기억의 성격을 규정하려면 무엇보다 그 구조적 패턴을 파악하는 게 중요하다. 마음과 생명의 본질에 대한 깊은 직관과 아울러 기억, 지능 그리고 언어에 대한 통합적 연구는 이런 패턴의 파악에서 결정적이다(인지-정신-마음의 과정에 대한 그레고리 베이트슨Gregory Bateson이나 움베르토 마투라나Humberto Maturana의 논의는 이런 연구들 중에서 가장 뛰어난 업적의 예로 간주될 수 있을 것이다).

나아가 기억에 대한 논의는 문화의 바른 방향과 기준을 정하는 데 기여할 수 있고 또 기여해야 한다. 감각과 사고 그리고 언어의 기능과 역할이 인지 과정의 핵심 요소라면, 기억은 이 인지 과정을 추동하는 구성과 생산의 창출 작용이다. 이러한 문제는 다른 곳에서 더 자세히 논의되어야 한다. 이 자리에서 간단히 요약하자면 이렇다.

으로' 일어나고(작가가 직접 체험하므로), 이 작품에 대한 심미적 경험에서는 '좀더 일반적으로' 일어난다는 점이다(많은 독자가 수용하므로). 여기에 대해 야우스는 이렇게 썼다. "심미적 경험은 유토피아적 예견과 마찬가지로 회고적 재인식에서도 똑같이 작용한다. 그것은 미래의 경험을 기획할 뿐만 아니라 과거의 경험을 보존하면서 불완전한 세계를 완전하게 한다"(Jauß, Hans Robert: *Ästhetische Erfahrung und literarische Hermeneutik*, Frankfurt/M. 1991, S. 39).

기억은 이미 지나간 것을 그림이나 영상 또는 이미지의 형태로 불러냄으로써 오늘의 현실을 풍요롭게 만든다. 그것은 잊힌 것, 얼핏 보아 쓸모없는 것 그리고 부차적인 것에 회상의 빛을 던짐으로써 그 대상에 생명을 불어넣고, 이 생명의 입김으로 지나간 것을 현재의 살아 있는 목록으로 바꿔놓는다. 그리하여 '진실로 기억은', 앙리 베르그송이 100년 전에 이미 썼듯이, "현재가 과거로 되돌아가는 데 있는 게 아니라 오히려 그 반대로 과거가 현재의 앞으로 나아가는 데 있는 것이다". [278]

2.3.2. '대항적 아카이브'

베르그송의 이 같은 생각에서 그러나 한 걸음 더 나아가자. 기억은 과거와 현재로만 향하는 것이 아니라 이 두 차원을 넘어 미래로 뻗어 간다. 그것은 다채로운 영상과 이미지로 평소의 지각과 그 상투성을 침윤시킴으로써 과거에의 회상뿐만 아니라 미래에의 전망 역시 열어젖힌다. 예술은 기억과 망각의 이런 대차대조표를 헤아리면서 기존 현실을 교정하고, 이 교정을 통해 다가올 현실을 예비한다.

기억은 미래 현실을 예비하는 예술 활동이다. 그리하여 기억에서는 시간의 세 차원 — 과거와 현재 그리고 미래가 구분되기보다는 하나로 용해된다. 기억의 창조 활동 아래 과거는 현재가 되고, 이 현재화된 과거 속에서 미래는 소환된다. 경험이 기억될 때, 그리고 이 기억이 일정한 형식으로 표현될 때, 시간의 경계는 무화된다. 예술은 경험의 목록에 녹아 있는 좌절과 고통, 안타까움과 아스라함의 흔적을 초시간적으로 결정화하는 것이다. 그리하여 기억 속에서 과거로 돌아가는 것은 곧 미래로 나아감을 뜻한다. 기억의 인식 형식에서 과거로의 회상Rückschau과 미래에의 전망Vorschau은 하나로 통합된다.

---

278 Bergson, Henri: *Materie und Gedächtnis*(Erstauflage Paris 1896), Hamburg 1991, S. 239.

이런 이유에서 기억 작업은 예술의 생산과 수용에서 필요 불가결한 역할을 한다. 특히 작품 창작에서 기억은, 그것이 구성과 생산의 창출 활동인 한, 예술의 핵심적 형상화 원리로 기능한다. 예술이 기억의 여신인 므네모시네의 보호 아래 있다는 것은, 소설의 아래 구절이 보여 주듯이, 결코 우연이 아니다.

> 그 때문에, 하일만은 말하길, 진리를 대변하던 예술가들은 늘 추방되거나 감옥살이하거나, 권력자에게 자기 의견을 용기 있게 표명했을 때, 그 개방성 때문에 죽음의 대가를 지불해야 했네. 감옥과 고문, 작업 금지와 도피, 망명과 좌절은, 그가 말하길, 예술가가 지배자로부터 벗어나기 시작한 이후 그들의 운명이 되었네. 종합예술, 그는 계속 말하길, 종합문학은 우리 안에, 여신 므네모시네의 보호 아래 있고, 우리는 이 여신을 옳다고 여기네. 예술의 어머니인 그것은 곧 기억이라네. 그 모든 성취에서 우리 인식이 포함하는 것을 기억은 보호해 준다네. 그것은 우리의 움직임이 무엇을 갈망하는지 우리에게 속삭여 주네(*ÄdW*, I, 77).[279]

과거는 단순히 '이전에 일어난 사건'이 아니다. 그것은 현재와 만나는 가운데 이 현재에 살고 있는 주체의 태도와 생각과 문제의식에 따라 얼마든지 다르게 나타난다. 현재의 실존적 시간이 선택과 결단의 긴장으로 차 있다면, 과거는 이 긴장된 현재의 행동에서 새롭게 기억될 수 있다. 즉 새롭게 창출될 수 있다. 그러는 한 그것은 고착된 것이 아니다. 그것은 불변의 정태성 아래 나타나는 것이 아니라 변화하는 유동성 속에서 다가올 무엇까지 내포한다. 여기에서 현재의 긴장을 어떤 변화의 가능성으로 치환시키는 것이 기억이다. 새로운 기억이란 새로운 변화이고, 새로운 가능성의 조직화다.

---

279 작가의 《노트북》에도 비슷한 구절이 있다. '종합예술은 우리의 기억 — 므네모시네다' Peter Weiss, *NB*, II, S. 223.

기억의 심급에서 과거는 현재의 시간을 새로 형상화하고, 이 형상화를 통해 지금 여기를 교정한다. 과거는 예술의 기억 속에서 마치 대기의 숨결처럼 현재에 스며드는 것이다. 이를 발터 벤야민은 〈역사철학 테제〉에서 다음과 같이 아름다운 문장으로 표현한 적이 있다. "과거는 구원을 가리키는 비밀스러운 목록을 지닌다. 이전에 있었던 일을 에워싸고 있는 대기의 숨결이 우리 자신을 스쳐 가지 않는가? 우리가 듣는 그 목소리에 그때의 어떤 메아리가 잦아들고 있지 않은가?"[280] 예술은 과거의 잦아든 메아리를 지금 여기로 불러들인다. 그리고 이 불러들임 — 소환은 그 자체로 구원의 비밀스러운 목록을 담고 있다.

과거의 이미지는, 그러나 그것이 포착되지 않으면, 어느 순간에라도 사라질 수 있다. 언제라도 사라질 수 있는 과거의 영상을 예술은 기억 속에서 다시 현재화한다. 그러므로 지나간 것을 표현한다는 것은 단순히 사료편찬적 기록으로 그치는 게 아니다. 그것은, 벤야민이 적었듯이, '위기의 순간에 반짝이는 기억을 자기 것으로 만든다'는 뜻이다.[281] 절멸의 위험 앞에서 예술의 기억은 끊임없이, 바이스가 쓰듯이, '우리의 행동이 무엇을 갈망하는지 우리에게 속삭인다'. 그것은 싸움과 패배의 반복인 인간 현실을 우리의 눈앞에 상기시켜 줌으로써 재앙의 항구적 연속물인 역사를 해체시키고, 이런 해체를 통해 연대기적 역사와는 다른 역사의 모습을 새롭게 세우기 위한 토대를 마련하려고 한다. 그러므로 예술의 메모리아는 시간 지양적이고 역사 저항적이다. 예술은 수난의 기억 속에서 기존 역사와는 다른 역사를 꿈꾼다.

그러므로 예술의 기억 작업은, 린트너가 표현하듯이, '승리자가 패배자의 등에 쓰는, 그럼으로써 문화를 자신의 승리물로 합병하는 역사에 대한

---

280 Benjamin, Walter: Über den Begriff der Geschichte, GS, Bd.II, 2, S. 693.
281 Ebd., S. 695.

대항적 아카이브Gegen-Archiv'라고 할 수 있다.[282] 기억의 정치 문화적 잠재력은 바로 이 점에 있다. 예술과 문화는 기존 역사를 거스르는 문서보관소다. 그래서 그것은 바이스가 말한바 ― '인간성과 동일한 의미를 지니게' 된다.

> 예술은 인간성과 같은 의미를 지닌다네, 라고 호단은 말했는데, 왜냐하면 삶에 대한 참여 없이, 자포자기에 대항하는 끊임없는 싸움에의 참여 없이, 언제나 새로운 관점으로부터 상황을 규명하려는 충동 없이, 예술의 더 나은 영향력을 기대할 수 없기 때문이라네. 예술의 대답은 늘 끔찍했는데, 그것은 시간의 테제에 거스르는 유일한 것이었고, 숨겨진 모습 속에서도 현재보다 늘 앞서 갔으며, 삶의 왜곡상에 대하여 진실을 대응시켜 왔기 때문이네 (*ÄdW*, III, 134).

기억은 과거에 살지도 않고 미래에 거주하지도 않는다. 그것은 물리적 시간에 거스르면서 과거와 미래 사이의 현재라는 중간 지대에 있다. 기억은 가까이 있는 생생한 것을 자신으로부터 밀어내고, 멀리 있는 아련한 것을 자기 쪽으로 가져온다. 그러면서 과거의 감각적 인상들을 단순히 르포르타주로 만드는 게 아니라 주체의 관심과 관점 그리고 의도에 따라 다르게 배열하고 구성한다. 그럼으로써 그것은 연대기적 시간 경험의 기계적 연속성을 거스른다. 그러므로 기억은 도식적 틀의 단순한 재생이 아니다. 그것은 하나의 살아 있는 인지 작업이다. 이 작업에서 새로운 의미는 다시 생산되고 또 소멸한다. 여기에서 생산이 기억의 기능이라면, 소멸은 망각의 기능이다.

망각은 의미의 소멸과 축출로 작용한다. 기억뿐만 아니라 망각 역시 문화적 소통의 메커니즘이 갖는 본질적 요소다. 그리하여 한 사회는 포함과

282 Lindner, Burkhardt: Halluzinatorischer Realismus, a.a.O., S. 164.

배제로 이뤄지는 기억술적 패러다임의 부단한 교체로 구성된다.[283] 이 점에서 헤랄트 바인리히가 최근의 한 책에서 지적한 내용은 주목할 만해 보인다. 그는 망각을 예술사적, 문화사적 고찰 아래 기억과 동일한 자격을 지닌 것으로 언급하면서 망각의 예술이 합리적 정보 방어의 능력으로서 특히 오늘날에 필요하다는 것이다.[284] 왜냐하면 지금처럼 디지털화된 시대에서는 압도적 정보 제공으로 말미암아 바르게 기억하는 것 이상으로 선택과 여과를 통한 적절한 망각이 중요하기 때문이다. 그러나 예술의 문화사적 의미에서 망각이 기억과 동일한 기능을 할 수 있는지, 아니면 어떤 점에서 같고 어떤 점에서 다른지는 좀더 상세히 논의되어야 할 것이다.

어찌되었건 기억을 먹고 사는 예술은, 바이스가 적고 있듯이, 언제나 현재의 시간보다 '앞서 달리며', '숨겨진 모습 속에서도' '삶의 왜곡상에 대하여 진실을 대응시킨다'. 그것은 미증유의 잔혹 현실에 표현을 부여함으로써 억눌리고 축출된 것의 고유한 권리를 되돌린다. 예술은 박탈된 권리의 기억술적 복원 작업이다. 그것은 오래전에 잊히고 빼앗긴 것을 생산적 기억으로 재구성함으로써 기존 권력과는 다른 관계의 틀 — 다른 삶의 구성 가능성을 탐색하는 것이다. 예술이 기성 질서의 전복을 겨냥하는 것은 이 때문이다. 이 같은 전복으로 인해 예술의 기억은 지배 체계의 안정화를 도모하는 공식적 기억과는 분명히 구분된다. 즉 그것은 지배자의 담론도 아니고, 공식적 이데올로기도 아니다. 므네모시네는 숨죽인 자의 편에 서서 좌절된 열망의 폐허를 더듬는 전복적 대항 기억subversive Gegenerinnerung인 것이다. 그러는 한, 예술의 대답은 언제나 '끔찍할' 수 있다.

그러나 예술에는 더 넓고 깊은 삶과 인간의 가능성에 대한 염원 또한 담겨 있다. 그점에서 그것은 철저하게 '인간적'이다. 그리하여 예술은, 호단의

283 여기에 대해서는 Lachmann, Renate: Kultursemiotischer Prospekt, in: Haverkamp, Anselm/Lachmann, Renate(Hg.): *Memoria*, a.a.O., S. XVIIIff.

284 Weinrich, Weinrich: *Lethe. Kunst und Kritik des Vergessens*, München 1997, S. 266ff.

통찰처럼, '인간성Humanität과 같은 의미를 지니는' 것이다. 예술은 인간성의 작업이다. 그것은 인간성의, 인간성에 의한, 인간성을 위한 기억술적 창출 작업이다. 그래서 그것은 인간성과 다른 것이 될 수 없는 것으로 나타난다. 예술은 인간성과 동일 근원적인 것이다.

예술은 기억술적 기능에 의지하여 과거를 현재로 경험하고 현재를 미래로 느낀다. 그것은 기억 속에서 시간의 인위적 경계를 철폐함으로써 의례화된 지각 연쇄를 끊고, 경험적 시간에서 누락된 차원을 빛 아래 드러낸다. 꿈의 일이나 무정형의 것 그리고 무의식적인 것은 상투적 시간 이해에서는 드러나지 않기 때문이다. 예술은 이 경험 지평 안에서 초월적 실재를 상기시킨다. 초월적 실재란 현실의 원형이라고 할 수 있다. 예술은 이 원형을 기억하는 엔텔레키아다. 그러는 한 그것은 지나간 것을 빈 칸 없이 채우는 것이 아니라 아직 표현되지 않은, 그러나 미래를 지시하는 파편들을 드러내고 배열하고 정돈한다. 예술은 기억과 표현을 통한 삶의 고고학인 것이다. 그것은 지금 여기에 결핍된 것과 놓쳐 버린 것을 현재로 불러들임으로써, 이렇게 불러들인 것에 형식을 부여함으로써, 그것을 다시 숨 쉬게 한다. 지배 질서의 비판적 재구성은 이렇게 일어난다. 예술이 기존 관계에의 대항 또는 재조직화가 되는 것은 이 때문이다.

예술은 시간의 경과 속에서 사라져 버렸거나 무형태의 혼돈으로 소멸해 버린 사물에 그 나름의 윤곽을 부여함으로써 말없는 세계의 입이 스스로 말하게 한다. 예술은 기억의 전람회장Erinnerungsgalerie이다. 이 전람회장에는 잊힌 고통의 파편과 좌초된 열망의 흔적이 무수한 이미지의 형태로 전시된다. 이 기억의 전시회장은, 그것이 아직 상환되지 않은 것을 기억의 보호 아래 표현함으로써, 기성 질서에 저항적으로 작용한다. 예술은 고통의 기억이 숨을 내쉬고 들이쉬는 보석창고다. 그것은 기억의 회랑에서 새로운 현실 관계를 산출할 뿐만 아니라 오고 있는 미래의 것을 그 나름으로 보여준다. 그 때문에 예술에는 '기억된 미래'(크리스타 볼프)로 난 새 길이 열리는 것이다. 예술은 지나간 것과 다가올 것 사이, 과거적인 것과 미래적인 것 사이를 왕복하면서 망각을 재촉하는 사물화에 대항하고, 이 대항을 통해 기존과는 다른 현실상을 대응시키는 것이다.

기억의 작업은 《저항의 미학》이 수행하는 하나의 주도 모티프다. 그것은 뒤러의 〈멜랑콜리아 I〉에 대한 해석으로부터 문화 기획에 대한 인물들의 참여를 지나 '문화 동맹'의 설립에까지 걸쳐 있다. 강조되어야 할 것은 기억이 소설 텍스트에서의 담론 구성적 방법으로서(담론 자체가 아니라[285]) 작품 해석뿐만 아니라 문화적 의미 생산을 위해서도 결정적 역할을 한다는 사실이다.

작품에서 문화 구상이 갖는 의미는, 지금까지 크리스티안 프리치의 논문을 제외하면, 부분적이거나 가장자리에서만 논의되었다.[286] 이 글에서 나는 심미적 경험과 글쓰기 실천 그리고 기억 개념이 이루는 전체적 의미망 아래 그것을 다루려고 한다. 이 점에서 이 글의 문제의식과 역사학자 아벤트로트 부부의 그것은 구분된다. 즉 이들은 정치 문화적 운동과 연관된 노동 운동사라는 관점에서 문화 혁명을 주로 논의했는데,[287] 소설에 나타난 문화 혁명 개념은 바이마르 공화국에만 한정되는 것이 아니라 억압되

285 귄터 부처는 한 논문에서 '담론Diskurs'이란 복잡한 개념을 언어학자 에밀 방브니스트적 의미에서 '말하는 자와 듣는 자를 전제하는 진술'로 정의하면서, 기억을 '현재적으로 드러내는 담론'으로 지칭한다(Butzer; Günter: Erinnerung als Diskurs der Vergegenwärtigung in Peter Weiss' "Die Ästhetik des Widerstands", in: *Peter Weiss Jahrbuch 2*, hrsg. v. Rainer Koch u. a. Opladen 1993, S. 81; Benveniste, Emile: *Probleme der allgemeinen Sprachwissenschaft*. München 1974, S. 269). 그러나 이 제목은 내가 보기에, 기억이 어떤 진술 자체가 아니라 이 진술에 대한 하나의 방식이기 때문에, 설득력 없는 것으로 보인다.

286 Fritsch, Christian: Engramme aus der Spiegelgasse. Möglichkeiten und Grenzen der kulturrevolutionären Utopie, in: Götze, Karl-Heinz/Scherpe, Klaus R.(Hg.): *Die "Ästhetik des Widerstands" lesen*, a.a.O., S. 121-133.

287 Abendroth, Lisa/Abendroth, Wolfgang: Die "Ästhetik des Widerstands" als Beitrag zur Geschichte der Arbeiterbewegung, in: Götze, Karl-Heinz/Scherpe, Klaus R.(Hg.): *Die "Ästhetik des Widerstands" lesen,* a.a.O., S. 23.

고 유린된 사람들의 해방 운동 일반으로서, 그러니까 더 넓은 시각 아래 이해될 필요가 있다. 그것은 인간 역사의 전체 시기에 두루 통용되는 것이라고 말할 수 있기 때문이다.

기억을 통한 의미 생산이 자료 은행으로부터의 단순한 정보 추출이 아니라 주체의 자기 조직과 관련되어 있다면, 기억으로 교직되는 이야기 텍스트는 확실히 개인적이고 사회적인 정체성의 형성에 기여한다. 이야기를 통해 기억은 사회역사적 문화 의미론을 구성하는 것이다. 다르게 말하면 역사는 기억을 통해 자기 의미를 구성한다. 바이스는 삶의 가장자리로 밀려난 것, 역사에서 흩뿌려진 것을 불러 모음으로써 개별적 인물의 기억 작업을 사회적 무리의 집단 기억 위에 자리하게 한다. 그래서 등장인물의 모든 진술Reden과 그에 대응하는 진술Gegen-Reden은 집단적 기억의 문화라는 자기장磁氣場 안으로 포섭된다. 예술적 묘사의 가능성과 한계는 이 포섭 아래 논의되는 것이다.

2.3.3. 자기 쇄신적 문화

오늘의 대중매체 사회가 간단히 말해 '의사소통적 연관항의 비물질성'으로 점점 더 특징지어지고 있다면, 디지털 대중매체의 이 비물질적, 비역사적 경향에서 공공적 기억의 책임 있는 정치가 어떻게 가능할 수 있는가라는 문제는 현실적으로 중차대한 것이지 않을 수 없다.[288] 《저항의 미학》은, 기억의 사회정치성이라는 문제와 관련하여, 집단적 기억 형식에 대한 서사적 모범을 제공하는 것으로 보인다. 여기에서 바이스는 마치 벤야민처럼 승리의 흔적이 아니라 그 모든 노력의 진정성에도 불구하고 몰락해 간 인간들의 좌절과 그 흔적을 추적한다. 불우한 삶을 예술적 기억으로 복원시킴으로써 그는 지배의 역사에 해방의 역사를 대치시키고, 이 대치를 통해 더

288 Vgl. Schmidt, Siegfried J.: Von der Memoria zur Gedächtnispolitik. Zwischen Hypertext und Cyberspace: Was heißt individuelle und soziale Erinnerung? in: *Frankfurter Rundschau*, am 20. Feb. 1996.

나은 삶의 가능성을 타진하는 것이다. 그러나 이것은 소망의 차원에서 그렇다는 것이고, 현실은 대개 작가의 이런 작업에 주목하지 않는다. 현실의 실상은 훨씬 참혹하다. 작품의 마지막 줄거리는 이런 참혹한 실상에 놀라울 정도로 충실하다.

파시즘의 역사 경험은 살아남은 자들을 뭉치게 하는 것이 아니라 이 모두를 절망과 환멸 아래 흩어지게 한다. 대부분의 사람들은 무기력과 피폐감 때문에 살아가야 할 의미마저 찾지 못한다. 여기에 어떻게 공동체의 의미가, 이성적 사회의 실현 가능성이 차분하고도 지속적으로 성찰될 수 있겠는가. 이 뿌리 뽑힌 삶에서도 그러나 몇 사람은 민주적이고 인본적인 원칙이 실현될 수 있는 어떤 질서가 존재해야 하고, 또 존재할 수 있을 것이라는 희망을 포기하지 않는다. 그렇다면 낡은 문화의 폐허로부터, 그리고 이 문화의 이름으로 행해진 착취와 절멸의 역사로부터 과연 어떻게 새롭게 시작될 수 있다는 것인가?

현실 변화에 대한 이 등장인물들의 희구는 분명 문화 사업과 새로운 통일전선 구축에 대한 참여에서 잘 확인된다. 주의할 사실은 이때의 저항이 행위의 직접적 실행으로부터 시작되기보다는(이렇게 될 경우 행동은 쉽게 폭력으로 전환될 수 있다. 야만에 대항하는 행동 자체가 야만적으로 되는 것은 이 때문이다) 예술 문화적으로 탐색하는 가운데 이뤄진다는 점이다. 이때의 탐색이 기본적으로 감각과 사고의 정련화 과정이라면, 그것은 직접적 행동보다 더 신중하고 섬세할 것이다. 예술의 저항적 실천이 비폭력적이고 성찰적인 이유는, 그것이 마음의 훈련으로부터 시작하는 문화적 섬세화 과정이기 때문이다. 그리고 이 마음의 훈련은 감각과 이성, 사고와 행동의 동시적 검토를 전제한다.

기성 질서에 대항하는 방법은, 그것이 문화적 틀 안에서 검토되고 시작될 때, 있을 수 있는 오류를 최소화할 수 있지 않나 여겨진다. 소설의 문화사업은, 비쇼프와 풍크(베너)의 토론이 보여 주듯이, 바이마르 문화의 재앙적 결과에 대한 문제 제기와 함께 시작된다. 여기에서 "독일 문화에 대하여 무기력과 체념, 거짓과 패배 없이 말하는 것은 〔…〕 하나의 거짓이다"(*ÄdW*, III, 242).

> 그것은 피스카토르Piscator와 브레히트, 바일Weill과 아이슬러Eisler, 그로츠Grosz, 딕스Dix, 슐레머Schlemmer, 놀데Nolde, 베크만Beckmann 그리고 클레Klee, 되블린Döblin, 무질Musil, 블로흐Bloch, 얀Jahnn 아니면 벤야민의 저작만이 아니었고, 그 시대 문화적 삶을 구성했던 활력과 무제한적 환상 그리고 실험에 대한 즐거움으로부터 만들어진 전체 분위기였으며, 매일매일 새로운 발견이 있었고, 그래서 모든 사람을 매혹시킬 어떤 변혁이 곧 있으리라는 것을 우리는 확신했다네…. 그러나 어떻게 그런 일이 일어날 수 있었을까, 그〔풍크〕는 묻기를, 이런 문화적 융성과 더불어 사람의 본질 속에 있는 가장 저열하고 천박한 것이 확산되어, 몇 년 사이에 그 모든 지혜와 통찰보다 더 강력하게 돼 버린 일이. 더 좋은 그리고 정당한 삶을 향한 길 위의 이정표가 어떻게 그토록 쉽게 우매한 것으로 전락할 수 있었는지, 어떻게 이 비판적이고 시적인 정신이 난폭한 사람들에 의해 축출될 수 있었는지…. 100년은 족히 지속할 것 같았던 지적인 힘들이 갑자기 증발하여, 책이나 잡지, 그림이나 대화 그리고 토론을 통해 우리가 지었던 건축물이 어떻게 손바닥 뒤집듯 쉽게 해체될 수 있었는지, 그래서 경악과 공포 외에는 어떤 다른 것도 남지 않게 되었는지, 그것을 너는 네 자신에게 어떻게 설명할 수 있지, 라고 그는 물었다(*ÄdW*, III, 84f.).

피스카토르나 브레히트 같은 20세기 최고의 희곡작가들, 아이슬러 같은 음악가들, 그리고 딕스나 그로츠, 놀데나 베크만 그리고 클레와 같은 강렬하고도 실험적인 색채의 표현주의 화가들이 있었고, 여기에 되블린이나 무질처럼 현대사회의 병폐를 긴 호흡으로 진단한 거장적 소설가들도 있었다. 어디 그뿐인가? 블로흐 같은 뛰어난 철학자도 있었으며, 벤야민처럼 유례없는 문예 이론가도 그 시절에 활동하고 있었다. 이처럼 바이마르 공화국은 어느 누구도 그리고 어느 시대도 흉내낼 수 없을 만큼 다양하고 독특한 예술 문화를 문화의 거의 모든 영역에서 꽃피웠다.

그러나 이 모든 예술 장르는, 풍크가 지적하듯이, 몇 년 지나는 사이에 파시즘의 야만적 도구로 돌변하고 만다. 이 수수께끼 같은 역사의 경과에 대한 풍크의 물음에 비쇼프는 다음과 같이 대답한다. "정치가 실패했기 때문에 〔…〕 아마 문화도 우리에게서 빠져나갔을 거야"(*ÄdW*, III, 85). 그런지도 모른다. 아마도 그렇다고 말해야 할 것이다. 정치적, 제도적, 법률적 변혁 없이는 어떤 문화적 개혁도 불가능하다. 혹은 '정치적으로 올바르지' 못하다면, 문화는 언제든지 타락하거나 퇴행할 수 있다. 왜냐하면 자명한 일이지만, 예술과 문화는 사회적 정치 공간 안에서 움직이기 때문이다. 이것은 예술과 정치가 문화라는 동일 공간에서 자라난다는 것을 뜻한다. 예술적 묘사는, 정치적 기획이 예술적 환상의 무제한적 에너지를 포용할 수 있어야 하듯이, 사회정치적 역학 관계에 대한 시선을 거두어선 안 된다.

그러므로 예술적 침잠과 정치적 참여는 성숙한 문화의 공동 공간에서 함께 자란다. 이 문화가 '성숙하다'는 것은 개별 구성원이 자기 책임 아래 자발적 선택과 결정을 할 수 있다는 뜻이고, 그 공간이 '공동'이어야 하는 것은 개인의 자유와 책임으로 이뤄진 사회적 상호 관계 속에서 비로소 바른 정치와 예술 문화가 자라날 수 있다는 뜻이다. 여기에서 개인과 예술 문화는 영향을 주고받으면서 더 진실되고 더 선하며 더 아름다운 단계로 발전해 간다. 바로 이런 상호 교정과 상호 검토의 이성적 절차가 바이마르 문화에서는 광범위하게 누락되어 있었다. 그 때문에 과거 수십 년을 특징지었던 지적, 양심적 힘들은 마치 '손바닥을 뒤집듯이' 손쉽게 해체되어 버린 것이다. 그러므로 바른 삶의 길은 나치 전체주의자들의 우민 정책에 의해, 그리고 이 정책을 맹종한 어리석은 대중에 의해 파괴된 과거 문화의 폐허를 다시 냉정하고도 정확히 인식하게 될 때, 비로소 놓일 것이다.

소설에 묘사된 잔혹 현실에는 이전 사람들뿐만 아니라 동시대 인물들 역시 연루되어 있다. 이런 사태를 정확히 인식하려면, 무엇보다 현실을 제대로 평가할 수 있어야 한다. 그리고 이 평가에서 기준이 될 문화 개념이 공정하고 설득력 있어야 한다. 이 같은 문화 개념의 정립은, 소설 안에서 보면, 비쇼프와 1인칭 화자에 의해 이뤄진다. 즉 문화와 정치가 분리될 수 없다는 비쇼프의 테제는 예술과 삶, 미학과 저항이 상호 삼투해야 한다는 1인칭 화자의 핵심적 생각과 일치한다. 비쇼프의 이 생각은 저항소설의 마지막 장면(*ÄdW*, III, 239ff.)을 주제적으로 관통하는, 문화 연맹에 대한 호단의 구상에서 구체적 토대를 얻는다. 문화 개념이란 '언제나 자신을 새로이 하는, 미래를 지시하는 문화'다(*ÄdW*, III, 241).

자기 갱신적이고 미래 지시적인 문화는, '다른 언어'와 관련하여 앞서 언급했듯이, 오직 역사와 현실에서 빠져나가고 축출된 것을 포용함으로써 도달될 수 있다. 왜냐하면 '오늘날 우리 문화에 타당한 것은', 호단이 말하듯이, '접근하기 어려운 것, 구석진 것 그리고 침묵 속에 있는 것에서' 드러나기 때문이다(*ÄdW*, III, 241). 바이스가 적었듯이, '문화란 '감행하는 것zu wagen'이다. 읽기를 감행하고, 자기 자신의 어떤 견해를 감연히 믿으며, 자기 견해를 용감하게 표명하는 것이다'(*NB*, II, 233. 강조는 바이스의 것).

《저항의 미학》이 옹호하는 문화는 열려 있는, 그래서 자신을 늘 새로 만드는 통일적이고 보편적인 문화이다. 그것이 열려 있어야 하는 이유는 사회의 새로운 이상으로 난 길이란 미지의 낯선 것에 자신을 닫지 않는 데서 놓아지기 때문이다. 그럼에도 그것이 통일적이어야 하는 이유는 그 모든 견해 차이에도 불구하고 부정의不正義에 대항하는 힘의 결집을 위해 서로의 동의와 협력이 필요하기 때문이다. 이 개방적이고 통일적인 문화 구상에서 저항 개념은 핵심적이다. 예술과 정치는 함께 감으로써 성숙된 문화 사회를 실현할 수 있고, 이때 둘은 저항을 매개로 사회적 현존의 정당성을 찾기 때문이다.

그러므로 예술적, 정치적 저항의 지형학은 문화 사회라는 경계 없는 지도에서 그 완전성을 획득한다. 오직 개방적이고 통일적인, 다시 말해 깨어 있는 시민문화에서만 예술과 정치, 미학과 저항의 바람직한 통합이 생각될 수 있다.[289] 이런 확대된 문화 개념으로 소설의 등장인물들은 한편으로 각 개인의 비판적 발의권을 존중하고, 다른 한편으로 사회의 변혁을 위한 공동 전선을 구축한다. 여기로부터 재앙의 역사에서 살아남은 그들 삶의 의의도 확보될 것이다.

로테 비쇼프Lotte Bischoff.
그녀는 교육을 통해 역사의 실상을 알리려고 했다.

새로운 문화를 얻기 위한 등장인물들의 노력을 보여 주는 예는 두 가지로 나타난다. 그것은 첫째, 교육을 통해 역사 현실을 전달하려는 로테 비쇼프의 시도고, 둘째, 글로써 그 일에 동참하는 1인칭 화자의 시도다. 첫 번째 경우를 보자.

> 나중에 언젠가 그녀는 선생이 될 것이고, 전쟁이 끝나면 교육을 받은 후 그 당시 일이 어떠했는지 학생들에게 설명하게 될 것이다. 학생들은 거대한 대리석 기념비 앞에 서게 될 것이고, 도금된 이름 뒤에 무엇이 숨겨져 있는지 그녀는 이들에게 분명히 알려 주려고 할 것이다. 아마도 그들은 순서대로

289 Vgl. Fritsch, Christian: Engramme aus der Spiegelgasse, a.a.O., S. 128. 프리치는 예술과 혁명의 통합이란 오직 문화의 보편화된 토대 위에서만 가능하다는 점을 올바르게 지적한다. 그러나 이 개념을 소설 내부에서, 다시 말해 문화 동맹의 구상과 관련하여, 좀더 자세히 규정하는 데로 그는 나아가지 못한다. 크렌츨린의 논문에서도 이런 문제의식은 언급되지 않고 있다(Krenzlin, Norbert: "Die Ästhetik des Widerstands" von Peter Weiss -eine Herausforderung der marxistischen Ästhetik, a.a.O., S. 428f.). 그는 정치적 억압으로부터의 해방이 궁극적으로 문화적 해방으로 보완되어야 한다고 지적하지만, 그러나 이 지적은 단지 독일인민전선의 구상과 관련하여 이뤄진다(ders.: Ästhetik im Epochenumbruch, a.a.O., S. 97ff.).

> 박혀 있는 그 긴 알파벳의 행렬로부터 이름들을 찾아내야 할 것이다. 그녀가 한 사람으로부터 다른 사람으로 하나하나 이름을 되새기며 말할 때, 이 학생들이 그 이름을 잊지 않길 그녀는 바랄 것이다. 각자의 모습과 얼굴 그리고 행동은 마침내 뚜렷하게 드러나 학생들이 스스로 알아볼 수 있게 될 것이다. 〔…〕 지난 일들은 모험처럼 서술될 수 없을 것이고, 긴장으로 학생들의 관심을 끌어서도 안 될 것이며, 오히려 즉물적 묘사로 이들을 참여하게 해야만 할 것이다(*ÄdW*, III, 236f.).

위의 글은 접속법(가정법) 형식 아래 미래에의 전망을 서술하고 있다. 여기에서 비쇼프는 미래의 학생들에게 어떻게 자기가 겪은 파시즘의 현실을 말할 것인지, 반파시즘 저항에서 일어났던 고통과 좌절을 어떻게 진술할 것인지 생각한다. 침묵과 고통 혹은 자기 파괴로 무너져 간 대부분의 여성들과는 달리, 그녀는 지옥 같은 역사의 현실을 이겨 내어 결국 살아남는다. 그래서 지난 억압의 역사를 뒤 세대에게 전달하는 중개자 역할을 떠맡는다. 마치 그녀가 파시즘 현실에서 '동료들에게 길을 열어 주고, 이들이 지방에서 활동할 수 있는지 알아보는' 임무를 수행했듯이(*ÄdW*, III, 80), 전쟁이 끝난 후에도 그녀는 좌절된 저항사를 전승하는 매개자로서 자기 역할을 발견한 것이다.

2차 세계대전 후의 세계 질서는 주지하다시피 자본주의와 사회주의라는 두 정치 체제가 적대적으로 대립하는 혼돈을 수십 년 겪는다. 이런 혼란에서 그녀는 이름 없이 죽어 간 사람들이 어떤 의미를 갖는지, 과거의 비참과 현재의 혼돈 사이에는 어떤 연속성이 자리하는지 기억 속에서 알려 주려고 한다. 그러므로 그녀의 기억은 단순히 이전 시간에 대한 기억이 아니라 다가올 시간에 대한 기억이다. 그것은 과거와 미래를 동시에 껴안은 포괄적 기억이다. 그리하여 과거에의 회고적 기억은 미래에 대한 선취적 전망 속에 살아 있다. 기억의 역사 서술을 통한 비쇼프의 중개 역할은 1인칭 화자의 기억적 글쓰기에서 또 하나의 상응점을 발견한다.

2.3.4. '기억 공동체'

쓰여진 것이 새롭게 해석되어야 하듯이, 해석된 것은 다시 쓰여야 한다. 해석과 쓰기는 다른 삶의 가능성을 위해 자리한다. 다른 삶의 가능성이란 내적 세계와 외적 세계의 더 많은 영역을 성찰하는 데서 생긴다. 해석된 것은 지금까지와는 다르게 쓰여야 한다. 이 쓰기는 경험하고 배운 것을 하나의 기억할 만한 질서로 번역한다. 글쓰기는, 그것이 감각적 인상들을 텍스트적 의미로 변모시킨다는 점에서, 읽기와 말하기보다 더 적극적인 의미화 방법이다.

1인칭 주인공은 저항의 역사에서 일어난 경험과 문화적 전통의 변질을 소설이라는 허구적 서사 관계로 재배치하고 다시 정렬하면서 예술 문화의 의미를 새롭게 파악하려고 애쓴다. 기억의 글쓰기로 그는 마치 비쇼프처럼 보편적 문화의 가능성을 확신하게 되고, 이런 확신 아래 문화 동맹을 구축하고자 박차를 가한다. 이런 글쓰기의 예를 다음 인용문은 잘 보여 준다.

> 맷돌 위에서 뭔가 긁적이는 아이를 보았을 때, 내가 말하려는 바로부터 아직도 얼마나 멀리 떨어져 있는지 분명해졌다. 나 역시 석판을 가지고 쓰기를 배웠다. 내 책상에서 플레밍가타Fleminggata에 대해 철자를 하나씩 배울 때, 나는 브레멘의 브라우트 거리에 있던 초등학교 교실의, 해면으로 지워진 젖은 분필 냄새를 감지했고, 항구에서 들려오는 뱃고동 소리를 들었으며, 나의 생각은 그 둔탁한 소리에 자주 끊기곤 했다. 그러다가 이 겨울 다시 생각이 떠올라, 새 나오는 불확실성으로부터 어떤 현실의 구성으로 다시 돌아갔고, 그 현실 법칙을 어떻게 따를지 우리는 배웠다(*ÄdW*, III, 135f.).

이 글에서는 과거의 일정한 시점 — 1인칭 화자가 글쓰기를 배웠던 한 시점이 포착되어 있다. 여기에서 바이스의 소설언어는 프루스트의 그것과 매우 흡사한 듯 보인다. 즉 소설 속의 나는 〈멜랑콜리아 I〉에 그려진 뭔가 긁적이는 아이를 보면서 '초등학교 교실의, 해면으로 지워진 젖은 분필 냄새를 감지하게' 되고, '항구에서 들려오는 뱃고동을 들었으며, 그 둔탁한 소리에' 자기의 생각이 '자주 끊기곤 했음'을 회상한다. 그는 잃어버린, 그리하여 단편으로만 남은 지난 일들을 결합하여 한데 엮음으로써 무의미한 것으로 나타나던 일상의 사건들을 의미 있는 연관항으로 만든다. 이 이질적 요소들의 결합과 엮음과 변형은 기억의 작업에 다름 아니다. 이 작업은 마치 프루스트가 지난 시절의 파편적 경험들을 불수의적 기억mémoire involontaire으로 재구성하는 것과 비슷하다.

그러나 프루스트의 기억은 체험된 것을 의식적으로 지향하는 것이 아니라 일련의 연상적 사건과 사물을 무의식적이고도 비의도적으로 추적한다. 《잃어버린 시간을 찾아서》가 보여 주듯이, 작은 마들렌 맛이 일깨운 연상적 실마리는 그 좋은 예다. 프루스트의 기억은 시간 밖에 놓인 사물의 본질을 불수의적으로 겨냥한다. 왜냐하면 그에게는 '오직 부재하는 것이 상상의 대상일 수 있기 때문'이다.[290]

이와는 달리 바이스에게 기억의 작업은 현실 해명의 포기할 수 없는 요청 아래 있다. 그래서 그것은 이런 자기 목적을 적극적으로 의식하는 가운데 이뤄진다. 그는 깨어 있는 의식의 연속성 속에서 기억을 현실 구성적 기억으로 재조직화하고, 이 재조직화의 기억 기능을 현실 탐구의 중대한 계기로 삼는다. 구성적 기억을 통해 그는 '새 나오는 불확실성으로부터' '어떤 현실의 구성으로' 나아간다. 이때 현실 구성이란 곧 현실 개입이고 현실

---

290 Proust, Marcel: *Die wiedergefundene Zeit. Auf der Suche nach der verlorenen Zeit 7*, Frankfurt/M. 1984, S. 264. 여기에서 중요한 것은 한 작가의 다른 작가에 대한 우위를 입증하는 것이 아니다. 문제는 이들의 문학적 특성을 묘사 기술의 범주적 구분에 기대어 분명하게 드러내는 것이다. 이성적으로 조정되는 것이 아니라 완전히 감각적인 기억을 통해 프루스트는, 헤랄트 바인리히가 분석하듯이, 고대 유럽적 기억의 문화에서 배제되거나 거의 고려되지 않았던 미각과 후각 그리고 촉각과 같은 이른바 '낮은 감각들'에게 시적 특성을 부여했다. 그럼으로써 그는 시각이나 청각 같은 '좀더 높은 감각들'의 우월성을 무력화하고, 인간 영혼의 좀더 깊은 층위를 새로 발견하는 데 기여하게 된다(Weinrich, Herald, Gedächtniskultur-Kulturgedächtnis, in: *Merkur*, Nr. 508, 1991, S. 581).

참여다. 그러는 한 그것은 정치적이다. 그러나 이 정치적 개입은, 그것이 예술의 표현과 형식 그리고 구성으로 이어지는 것인 만큼, '심미적'이기도 하다. 바이스의 기억에서 정치적인 것과 심미적인 것이 분리되기 어려울 정도로 얽혀 있다고 말할 수 있는 것은 이런 이유에서다. 이때의 기억은 주관적이고 개인적이라기보다는 집단적이고 역사적이다. 더 정확하게 말하자면, 주관/개인으로부터 나오는 사회역사적인 것이다. 그래서 바이스의 기억은 프루스트나 베르그송보다는 벤야민이나 할프바흐에 더 가깝지 않나 여겨진다.[291]

바이스는 이름할 수 없는 영역으로의 침투를 두려워하지 않는다. 그는 언제나 어두운 나락과 침묵으로 시선을 던지고, 이 침묵에 형식을 부여하면서 현실의 절망을 다독인다. 희망의 싹은 이 침묵과 나락, 무정형의 어둠을 빠져나오려는 데서 싹틀 것이다. 그는 글쓰기로, 마치 뒤러가 회화로 종교개혁과 농민전쟁 같은 시대적 사건에 참여했듯이,[292] 야만적 현실에 개입한다. 이 글쓰기 실천이 가장 극적으로 나타나는 곳은 아마도 플뢰첸제에서의 처형 장면 묘사일 것이다.

> 검사가 판결문을 낭독했다. 그는 검은 외투와 검은 모자를 쓰고 있었다. 그 옆에 앉은 사람은 어두운 빛깔의 옷을 입었다. 목사는 할 수 있는 한 최대한의 열의로 기도했다. 그러나 리버타스는, 나를 놔 줘, 날 살려 줘, 라고 소리

291 이 점에 대해서는 다음의 좋은 논문을 참조할 것. Stéphane Moses: Eingedenken und Jetztzeit. Geschichtliches Bewußtsein im Spätwerk Walter Benjamins, in: Haverkamp, Anselm/Lachmann, Renate(Hg.): *Memoria*, a.a.O., S. 401. 모리스 할프바흐의 중요한 하나의 테제는 모든 기억이란 사회적이라는 것이다. 왜냐하면 각 개인의 사적 기억들은 이런 개인들로 구성된 사회적 무리가 기억하고자 원하는 것들에 의해 영향받아 형성되는 것이기 때문이다. Halbwachs, Maurice: *Das kollektive Gedächtnis*, übers. v. Holde Lhoest-Offermann, Frankfurt/M. 1985.

292 여기에 대한 하나의 예는 뒤러가 초안으로 그린 1525년도 목판화 〈농민전쟁을 위한 기념비〉다. 이 작품은 봉기한 농민들이 제후들에게 진압된 후 뒤러가 제후들에게 농민전쟁의 희생자를 위한 기념비를 건립하도록 제안한 후에 만들어졌다.

플뢰첸제Plötzensee 처형장의 내부(NB, II, 809).

얼마나 많은 목숨이 저 칼날 아래 떨어졌고, 얼마나 많은 공포와 전율이 그 무모한 선고와 헛된 기도 아래 잦아들었던가? 잔혹보다 오래가는 것은 정적靜寂이다.

지르기 시작했고, 그러자 모든 것이 빠르게 진행되면서 목사의 기도 소리를 앞질러 갔으며, 사형 집행인이 끈을 확 당기자 커튼이 중간에서 열리면서 반씩 나뉘었고, 윗도리를 벗어젖힌 세 사람이 헐렁바지를 장화 속에 집어넣은 채, 뒤쪽으로부터 불쑥 나타나서, 이 여자에게 다가왔고, 다리를 덜덜 떨던 그녀가 바로 서자, 구멍 난 널빤지가 머리에 씌워졌고, 이를 돌쩌귀에 거꾸로 매달아, 나무 받침대 주름 장식의 윗부분을 밑으로 끌어당기자 위에서부터 스르륵 소리를 내며 거대한 도끼의 비스듬한 날이 밑으로 내려왔고, 머리통이 몸에서 떨어져 나가자, 피에 뒤범벅된 채, 버들바구니 안으로 떨어졌다. 그렇게 떨어져 나갔음에도 목에서는 여전히 피가 솟구쳐 나왔고, 피로 얼룩진 하얀 윗도리를 입은 한 남자가 나타나 시각을 알려 주자, 그 검사는 처형된 자의 이름이 적힌 기록부에 갈고리 표시를 한 다음, 그 시각을 사망 증명서에 기입했다(*ÄdW*, III, 215).

위의 장면은 플뢰첸제 형무소에서 행해진 저항 단체 '로테 카펠레Rote Kapelle'(붉은 예배당)에 대한 처형 장면이다. 그것은 마치 르포르타주의 보고문처럼 지극히 즉물적인 언어로 묘사되고 있다. 이것을 문장론적으로 분석해 보면 이렇다.

첫 번째 세 개의 짧은 문장과 그 뒤의 긴 문장에는 많은 종결점과 다양한 동사가 부여되어 있다. 이것은 특히 다섯 번째 문장에서 '소리치기 시작하면서', '내버려 둬', '외쳤고', '빨리 지나가서' 등에서 잘 나타난다. 스타카토처럼 진행되는 문장의 속도는, 많은 따옴표에 힘입어, 일사천리로 진행되는 죽음의 무반성적 순간을 닮아 있다. 그 때문인가. 이 대목을 따라 읽다 보면, 독자로서 우리는 숨이 막힐 것 같은 느낌을 받는다. 이런 문장론적 연속성은, 죽음의 장면이 얼마나 급작스럽게 시작되고, 기계적으로 이어지면서 종결되는가를 잘 보여 준다는 점에서, 파시즘적 폭력의 무자비에 대한 생생한 증거가 된다. 저항 투사를 절멸시키는 잔혹한 제거 과정이 그 세부적 사실성 아래 두드러지는 것이다. 마치 거대한 공장에서 무수한 상품들이 끝도 없이 생산되듯이, 인간의 죽음이 아무런 오차도 없이 순식간에 양산되는 것이다.

이곳을 지배하는 것은 세심한 주의와 연민 어린 관심이 아니다. 그것은 무자비한 명령과 이 명령의 가차 없는 실행이다. 이런 과제를 추동하는 것은 절멸의 정치 체제 — 파시즘의 권력 기계다. 이 체제가 지닌 폭력의 메커니즘이다. 저항 투사들은 이 폭력의 체제에 잔혹하게 희생되고 만다. 1인칭 화자는 역사의 바로 이 상처를 드러낸다. '우리는', 바이스가 노트에서 언급하듯이, '말할 수 없고 스스로 전달할 수 없는 사람들을 위해 말을 한다'(*NB*, I, 430).

소설《저항의 미학》은 역사적으로 빠져나간 것들을 기억의 글로 복권시킨다. 그래서 쓰여진 작품은 오래된 것과 새로운 것, 죽은 자와 산 자, 축출된 것과 포함된 것이 서로 배제하는 것이 아니라 함께 만나는 기억의 상생 공간이다. 여기에서 확인하는 것은 작가의 글쓰기가 예술적 형상화 작업일 뿐만 아니라 문화적 의미 생산과 직결된다는 사실이다. 다시 말해 소설의 나는 구성적 기억을 통한 글쓰기의 매개 속에서 예술적 형상화를 지나 문화적 의미 창출로 건너간다. 왜냐하면 글은 형식 부여를 통해 심미적 성찰을 장려하고 문화적 행동 능력을 촉구하기 때문이다. 그것은 과거와 미래, 꿈과 사실, 미학과 저항을 하나로 잇는 기억의 실 꾸러미다. 여기에서 정치와 문화가 배치되는 것이 아니라 서로 일치한다. 글쓰기는 기억을 통한 현실의 실잣기 — 페넬로페의 작업인 것이다.

예술의 기억을 통해 문화를 형성하는 문제는, 이미 언급했듯이, 그러나 기억의 작업을 그 일부로 하는 더 큰 맥락 — 사회정치적 현실과의 관련성 아래 고찰되어야 한다. 현실은 잠시라도 방심하면 괴물로 변한다. 게다가 현실의 폭력에 책임지기는커녕 그 범죄를 외면하거나 심지어 경배할 때, 그것은 관련자에게만 고통스러운 것이 아니라 동시대의 모든 (양식 있는) 사람들에게 오욕이 된다. 그것은 현대의 민주주의에도 반하고, 인류의 미래에도 적신호가 아닐 수 없기 때문이다. 역사의 파행에 대한 신화화나 전범자戰犯者에 대한 숭배 그리고 미화된 민족사에 대한 충동에는, 우리가 지금도 도처에서 경험하듯이, 강고한 연속성이 있는 것이다. 그것은 언제든지 또 다른 군사주의나 식민전쟁 혹은 네오파시즘 정권의 등장을 예비할 수도 있다. 역사의 오용은 인종과 가치, 지역과 민족의 편견을 먹고 자라나기 때문이다.

그러므로 우리는 이런 편만한 감각적, 사고적, 가치론적 퇴행성에 대해 시민사회적 저항을 다양한 차원에서 다양한 방식으로 펼칠 필요가 있다. 이 저항의 기본 원리는, 크게 보면, 이성의 비판적, 계몽적 전통 아래 있고,

그 구체적 방식은 시민 운동의 저변 확대 — 이른바 풀뿌리 민주주의 운동의 일상적 실천과 이어진다고 할 것이다. 기억의 문화를 조직하려는 노력도 시민 저항의 이런 구체화된 한 방식이라고 할 수 있다.

문화가 카시러적 의미에서 '비완결적 변형 과정에서 표현되는 다수의 상징 형식들'로 이해될 수 있다면, 신화나 예술 그리고 학문과 함께 상징 형식의 네 번째 세계를 구성하는 언어는 문화의 형성Bildung(또는 교육)과 깊게 이어진다. 글은 과거의 경험과 학습의 내용을 표현하고, 이렇게 표현된 이야기는 언어화된 기억의 담지자로서 사회화 과정 속에서 다양한 구성원에게 배분된다. 글로 전래된 것은 문서의 형태로 보관되고 다시 생산됨으로써, 상징적으로 구조화된 인간의 경험 활동에서 중요한 요소가 된다. 작가는 글로 생활 세계의 상징들을 사용하고 해석하며 창출함으로써 다양한 감각 인상이 기억 속에 보관되고 다시 생산될 수 있도록 변형시키는 것이다. 이 변형에서 상호 주관적으로 동의할 수 있는 의미가 산출되고, 이 의미에 기대어 우리는 타인과 세계에 대한 더 넓고 깊은 이해에 다가서는 것이다.[293]

글쓰기는 형식 부여의 양식화하는stilisierend 힘에 의존한다. 그것은 근본적으로 양식화 작업Stilisierungsarbeit이다. 넓은 관점에서 보면, 모든 심미적 경험이 일종의 양식화 작업이라고 할 수도 있다. 시를 읽고 그림을 보고 음악을 들으며 삶을 돌보고, 이 삶의 양식을 더 깊고 밀도 있게 만들어 가는 것이 아니라면, 예술 경험이란 어디에 쓸 것인가? 심미적 경험은 마땅히 주체의 자기 양식화 작업에 기여해야 한다. 글은, 그것이 무정형적인 것의 형식화라는 점에서, 적극적 양식화의 좋은 예라고 할 수 있다. 그것은 과거를 회상하고 미래를 전망하는 가능성을 창출한다. 그래서 단순한 생산이 아닌 변형적 실천이다. 이 변형을 통해 그것은 문화적 상징의 의미화에 기여

293 Paetzold, Heinz: Die symbolische Ordnung der Kultur, in: Frede, Dorothea/Schmücker, Reinold(Hg.): *Ernst Cassirers Werk und Wirkung. Kultur und Philosophie*, Darmstadt 1997, S. 171.

한다. 글쓰기는 상징적 형식을 창출하고 생활 형식을 갱신하는 가운데 문화적 의미론의 변형 과정에 참여한다. 예술은 잠들지 않은 과거의 유령을 불러내어 그와 대결하고 그에 대해 성찰한다. 그럼으로써 그것은 고통의 기록보관소—수난의 기억물이 된다.

바이스는 사회와 문화를 이해하는 데 있어 역사적 진보 논리를 무조건 상정하지 않는다. 왜냐하면 삶의 영역에서, 그 영역이 개인에 속하든 사회에 속하든, 혁신의 변증법은 기존과는 다른 꿈과 다른 해석 그리고 다른 행동이 행해질 때, 아주 조금씩 실현될 수 있기 때문이다. 글은 이 타자를 자기 안으로 끌어들이는 포섭의 방식이다. 빠뜨린 것, 놓쳐 버린 것의 흔적은 일의적으로 확정될 수 없다. 그것은 오직 파편적으로 그리고 기억의 고고학을 통해 재구성될 수 있다. 기억을 통한 글쓰기는 나아가, 소설의 마지막 장면이 보여 주듯이, 다른 현실과 다른 문화의 형성 가능성과 이어진다. 문화란 근본적으로 한 사회가 자기 정체성을 만들기 위해, 그리고 이 정체성의 바른 방향을 설정하기 위해 요청되는 보편적 가치의 저장소이기 때문이다. 정의와 인권, 관용과 민주주의는 이런 가치의 몇 가지 예일 뿐이다. 그러므로 기억 없는 문화가 없듯이, 기억 없는 글쓰기 역시 생각할 수 없다. 우리는 기호를 사용하는 문화적 존재로서 모두 '기억의 공동체 Erinnerungsgemeinschaft'(피터 버그Peter Burke) 안에 산다.

그리하여 기억에는, 결론적으로 보아, 두 가지 성격이 부여된다. 첫째, 기억은 세계 해명을 위한 예술의 전제조건이면서, 둘째, 성찰적 시민문화는 그런 해명의 결과로 자리한다. 《저항의 미학》 삼부작은 역사의 고통스러운 경험을 기억 속에 공감하고 복원하려는 서사적 의지의 산물이다. 바이스는 인류사의 죄악과 그 희생자들을 사회문화적 기억술 속에서 우리의 눈앞으로 드러낸다. 그래서 마치 바부르크가 므네모시네 기획Mnemosyne-Atlas Projekt 아래 '공포로 특징지어져 있으나 심미적으로 제어된 고대의 충동'을 예술적 열정의 원천으로 삼았듯이, 그는 생성적, 창출적, 변형적 기억을 예술적 형상화의 에너지로 삼는다. 기억은 역사적으로 배제된 것을 복원시키고 짓눌린 문화적 가치를 세우는 것이기 때문이다. 이를 통해 그것은 지배와 배제의 권력을 거스르는 대항적 효소가 된다.

여기에서 소설은 역사의 쓰여진 경고비Menetekel — 삶의 저류底流가 갈망하는 또 다른 현실의 가능성으로 입증된다. 그러나 이 저류란 기이하고 오묘한 데 있는 것이 아니라 누구에게나 있는, 그러나 아직 실현되지 않은 무엇 — 공통의 감각sensus communis에서 온다. 글은 기억 속에서 타자를 포용하려는 상식의 확장에 다름 아니다. 해방적 시민문화란 바로 이런 상식이 자리하는 합리적 질서요 공간일 것이다. 바이스는 문화의 개인적이고 사회적인 정체성의 형성에 글쓰기로 참여한다. 글은 기억의 예술로서 문화의 기억물이다.

결론—다른 예술 문화를 위하여

불빛은 희미하고, 연필은 무디다.
나는 모든 것을 다르게 쓰고자 했는지도 모른다.
— 바이스(ÄdW, III, 210)

지나간 열망의 잔해는 쓸모없는 거죽이 아니다. 그것은 현재의 시선에 의해, 이 시선의 감정이입적 개입에 의해 언제라도 점화될 수 있는 구원의 불꽃이다. 과거의 몸체는 죽었지만, 그러나 그 아우성은 열린 눈과 귀를 가진 이에게 다시 울린다. 지나가 버린 것은 기억을 통해 현재적 시간의 폐허 속에 여전히 살아 있는 것이다. 우리는 그 불꽃을 글로 기억으로 다시 지핌으로써 오늘의 궁핍을 위로할 수도 있다.

페터 바이스의 글쓰기가 갖는 심미적 정언명령은 바로 이 점—오래된 것으로부터 새로운 것을 다시 소생시키는 데 있다. 패배하고 잊히고 무시하고 축출된 것이 먼지 나는 시간의 지층 아래 숨어 있다면, 망실된 이 모든 것을 그는 지금까지와는 다르게 읽고 해석하고 씀으로써 재생시키고자 한다. 이렇게 다르게 읽고 쓰는 가운데 그는 지배 질서의 공식 문화에 저항한다. 왜냐하면 이 권력의 질서란 역사적 과정의 연속성과 의미의 단일을,

마치 이것이 아무런 문 제도 없다는 듯이, 선전하고 유포하며 요구하고 장려하기 때문이다. 여기에서 진리는 독점되기 때문이다. 그러는 한 그것은 이데올로기적 허위다. 이 이데올로기적 가상에서 삶의 많은 것은 외면되고 경시될 뿐만 아니라 억압되고 배제된다. 글쓰기란 바이스에게 억압과 배제의 담론 메커니즘을 거스르는 적극적 실천 방식이고, 이 실천 속에서 그는 삶의 관계 상황을 새롭게 조직하고자 노력한다.

과거란 그저 주어지는 것이 아니라 지금 여기에서의 미래 확보적 기억을 통해 비로소 창출되는 것이라면, 과거의 어떤 부분은 기억의 글쓰기로 재생될 수 있다. 글쓰기 자체가 자기 형성적, 의미 창출적 엔텔레키아이기 때문이다. 바이스는 글을 통해 과거의 패배와 그 잔해를 소설 텍스트로 전환시킴으로써 물리적 시간 — 잊히고 억눌린 것을 비가역성 속에서 화석화시키는 시간의 폭력을 거스른다. 그는 놓쳐 버린 의미 층위를 발굴해 내면서 자기 자신과 현실을 변형시키고자 하는 것이다. 여기에서 글은 의미론적 변형의 매체로 입증된다. 그것은 시간의 나락과 망각을 넘어 이전 세계Vorswelt와 이후 세계Nachwelt, 오래된 것과 새로운 것, 죽은 것과 산 것을 결합시킨다. 그리하여 글은 그에게 단순히 심미주의적인 것이 아니라 개입하고 개시하며 조직하고 창출하는 활동인 것이다.

그렇다면《저항의 미학》에서 소설 속 화자의, 그리고 바이스의 글쓰기 작업은 어디로 나아가는가? 그것은 혼란스러운 것에 서사적 표현을 부여하면서 결국 무엇을 지향하는가? 그는 자신의 개입적 글쓰기에서 무엇을 변형시키고자 하는가?

1. '문화라는 토대'

바이스는, 그의 모델인 랭보와 횔덜린이 내외적 세계의 균열에 자기 목소리를 부여하면서 이를 극복하고자 했듯이, 쓰면서 현실의 모순을 이겨 내려 한다. 그리하여 그의 글은 몰락과 표현, 정체와 혁신 사이에서 움직이고, 그래서 결국 생존과 죽음을 오가며 이뤄지는 일종의 경계 넘기 Grenzüberschreitung가 된다. 이 부단한 경계 넘기에서 그것은 고통의 명징한 표현을 추구한다. 고통의 표현으로부터 구원의 길은 열린다.

여기에서 주제상으로 중요한 사실은 예술 활동으로서의 글쓰기가 새로운 문화 구상과 분리 불가능하게 결합되어 있다는 점이다. 글쓰기가 무형적인 것을 형태화하는 변형 행위라면, 그리고 문화가 예술의 기억으로 이뤄지는 의미 구성의 산물이라면, 글쓰기 실천은 말할 것도 없이 문화적 의미 창출의 중대한 부분이 아닐 수 없다. 무언어적인 것에 표현을 대응시키는 예술 활동은 문화적 과정에 참여하는 작가의 의지 외에 다른 것이 아니다. 《저항의 미학》의 다음 대목은 이 점을 잘 보여 준다.

> 무언어로부터 벗어나려는 시도는 우리 현존의 기능에 속하며, 이때 우리가 찾았던 것은 첫 번째 표현이었고, 기본적 견본이었으며, 이 견본으로부터 말없음을 극복하여 문화적 영역으로 들어서는 발걸음을 잴 수 있었다(*ÄdW*, I, 54).

쓰기란 어떤 것을 단순히 모방하거나 재생하는 것으로 그치는 게 아니다. 그것은 무엇인가 '되게 하고' '생겨나게 하는' 것이다. 왜냐하면 쓰기에서 대상은 어떤 다른 무엇으로 변하기 때문이다. 언어적 표현의 이 같은 시도는 무형적 화석화로부터의 한 출구를 나타낸다.

그러므로 글쓰기란 어떤 완결이나 정지가 아니라 불완전 속에서 이어지는 지속적 과정이다. 글쓰기의 내적 동력학은 바이스에게 무정형적이고 혼돈스러운 것을 사회적 기억 속에서 형태적이고 파악 가능한 것으로 변형시키는 노력에서 나온다. 그래서 그의 텍스트는 이미 있는 세계를 닮은 것이 아니라 평상시엔 알려지지 않는 사물의 숨은 양상들을 재인식적 기억력으로 발견해 낸다. 글쓰기는 파악할 수 없는 이미지를 포착하여 파악 가능한 새로운 단계로 들어 올리는 것이다. 그러는 한 글은 개인적으로 실천적이고, 사회적으로 개입적이며, 문화적으로 의미 창출적이다. 바이스의 소설언어는 중재하고 조직하는 힘이다. 그런 점에서 정치적 실천과 별개의 것이 아니라 그 다른 버전 — 변주 형식이라고 할 수 있다.

소설의 1인칭 화자는 예술 경험에서 감각적, 정서적 능력뿐만 아니라 인식적, 이성적 능력을 익혀 간다. 이렇게 익힌 능력에 기대어 그는 지각을 예각화하고 바른 행동을 수행할 가능성을 갖는다. 경험되고 익힌 것은 의미 구성적 쓰기 속에서 문화적 의미 창출과 이어지는 것이다. 여기에서 예술 경험은 관찰 외에 읽기와 쓰기에서 일어난다. 이쯤 되면 그것은 삶 자체의 '필연성'이 된다.

> 복사된 예술작품을 읽고 관찰하는 것은 현존에 속했다. 문학은 하나의 필연성이었다. 우리의 현존이란 문학 없이 살아갈 수 없다는 인상을 나는 얻게 되었다(*ÄdW*, I. 338).

> 글쓰기란 마치 작업대 옆에서의 수공업처럼 자명한 것이었고, 그것은 어떤 욕구라기보다는 하나의 필연성에 일치하는 것이었다(*ÄdW*, II, 98f.).

예술작품의 해석 시 바이스는 여러 관점의 다양한 층위를 결합시킨다. 여기에는, 줄이자면, 다섯 가지 층위가 있다. 첫째 예술작품의 사적 발생에 대한 검토, 둘째 이런 발생의 작품 외적 맥락, 셋째 예술작품 자체의 구조적 검토, 넷째 작가의 실존적 성향과 경험 그리고 문제의식, 마지막으로 다섯째 작품에 대한 수용자의 현재적 반응 방식과 그 파급력이다.

페르가몬 제단의 부조물에서부터 지오토, 브뢰겔 그리고 뒤러를 지나 제리코와 들라크루아, 고야와 메리옹Meryon 그리고 피카소에 이르기까지, 혹은 단테에서부터 랭보를 지나 카프카에 이르기까지 회화와 문학 등 여러 작품에 대한 해석적 시도는 지옥 같은 현실상을 재확인시켜 줄 뿐만 아니라, 무엇보다 지금까지 은폐되고 억눌려 온 것을 처음으로 드러낸다. 그리하여 등장인물들은 현실을 지옥의 장소로 경험하고 — 여기에서 베를린이나 파리 혹은 스톡홀름 같은 대도시의 경험은 전형적이다 — 자기 자신과 이 자기 사는 현실을 새롭게 구성할 가능성 또한 얻는다. 말하자면 예술작품과 수용자의 현재 사이에, 이들의 고양된 수용력으로 말미암아, 어떤 유추 관계가 발견되는 것이다. 이런 적극적 해석에 기대어 이들은 현실의 관계 상황에 대한 명료한 의식을 획득한다. 그러므로 예술 수용의 궁극적 의미는 현재에 대한 '현실적으로 중대한 연관 관계aktuellen Bezug'를 생산해 내는 데 있다.

그러나 심미적 경험은 말할 것도 없이 하나의 긴, 때로는 지루하고도 힘겨운 배움의 과정이 아닐 수 없다. 예술은 여러 다른 시각과 묘사 방식 속에서 관찰자를 부단히 불안하게 하고 당혹하게 만들기도 한다. 예술 경험은 고통을 통한 배움 혹은 고통의 배우기pathei mathos인 것이다. 예술은 현실 박탈적 진공 상태 속에서가 아니라 지금 여기에서 행동하는 자의 생활 조건과의 부단한 상호작용 속에서 일어난다. 그 때문에 그것은 행동하는 인간의 모순적 현실을 매개한다. 그러는 한 '예술은 육체의 호흡과 유사한 무엇이다'(*ÄdW*, III, 86). 예술 없다면, 더 나은 삶을 위한 화해의 가능성도 꿈꾸기 어렵다.

작품과의 밀도 있는 교류를 통해 인물들은 생활 세계의 다채로운 모순을 더 분명하게 파악하는 능력을 얻게 된다. 심미적 경험은 이런 식으로 어떤 실존적 변형을 중계한다. 이 중계의 내용은 물론 느끼고 생각하고 묻고 찾고 해석하며 밝히는 일이다. 그리고 이런 개별적 시도가 실존의 변화를 일으키고, 이런 실존적 변화가 쌓이고 쌓여 사회적 쇄신으로 이어진다. 그러니까 감각이나 사고, 질문, 해석, 이해, 해명 그리고 탐구는 사회문화적 변화를 위한 경로에서 불가결한 단계들이다. 그들은 심미적 경험의 이 절차적 섬세화 과정을 통해 자신을 새롭게 변화시키고, 사회정치적 전체 관계항에 대한 시야를 획득한다. 이러한 이유에서 이들의 작품 교류 방식은 전통적 교류 방식 — 기존의 해석 틀을 따름으로써 가치의 자기 갱신을 외면하는 순응적 태도와는 구분된다. 그것은 또 물질적, 경제적, 계급적 관점에서 현실을 재단하는 마르크시즘의 싫증 모르는 해석 방식과도 차이를 보인다.

《저항의 미학》에서의 해석 작업은 기나긴 교정과 갱신의 변형적 과정이다. 그래서 그것은 생생함과 활력으로 차 있다. 그들은 기존의 지배 지식과 공식 담론, 기성 가치와 권력 체계를 반복하는 것이 아니라 그 기만적, 정체적, 퇴행적, 수구적 성격을 끊임없이 문제시한다. 그럼으로써 그것은 현실의 모순과 균열 그리고 불화와 적극적으로 대결한다. 중요한 사실은 이 같은 전취 과정이 '밑 혹은 변두리로부터의 문화적 자기 결정'이란 관점 아래 이뤄진다는 점이다.

사회의 변화가 이 사회를 구성하는 전체 관계항의 근본적 변혁으로 실현될 수 있다면, 변화를 위한 소설에서의 시도는 예술과 문화의 해석 작업에서 출발한다. 왜냐하면 심미적 경험은 확대된 자기 규정을 위한 문화적 연습이기 때문이다. 새로운 사회로의 길에는 새로운 문화로의 길이 전제되는 까닭이다. 그래서 인물들은 문화적 유산을 다르게 읽고 해석한다. 그러면서 행동하는 자기의 현재와 이 해석이 어떤 관련성을 가지는지 고민한다. 현실의 역사를 다르게 읽고, 예술의 역사를 새롭게 쓰는 것은 새로운 문화적 정치 혹은 정치적 문화의 가능성을 위한 토대를 제공하는 것이다.

전혀 다른 삶의 형식과 이성적 시민문화는 그 다음에야 오게 될 것이다. 이런 이유에서 호단은 새로 생겨나야 할 문화란 '충돌/항쟁Widerstreit'의 성격을 갖는다고 말한다.

> 그〔호단〕는 이 나라에서 어떻게 다시 문화가 발생할 수 있는지 물었고, 그러고는 이전에 저항했던 사람들을 언급했다. 문화란 항쟁이고 반역이라네, 라고 그는 말했다. 저항의 의지가 존재하는 한, 문화 역시 존재할 것이네. 침묵에서는, 순응 속에서는 문화가 사라질 것이고, 그저 행사적인 것과 제의祭儀만 있게 될 것이네. 압도적 위력에도 불구하고 그저 몇 백 명이라도 항거를 고수한다면, 이것은 한 문화의 존재를 증거하는 거라네(*ÄdW*, III, 246).

위의 인용문에서 우리는 소설 삼부작에서 되풀이되는 핵심적 문제의식의 하나와 만난다. 그것은 사회적 변화와 문화적 혁신이 동일 근원적 현상이라는 사실이다. 그렇다는 것은 바이스가 저항 개념을 예술뿐만 아니라 문화와 결합시킨다는 뜻이다. 문화는 '어떤 행사적인 것이나 제의'와 관계하는 데 그치는 것이 아니라 무엇보다 '반역'과 '저항에의 의지'에 이어진다.

그러므로 한 문화의 존재를 증거하는 것은 이런 항거를 고수하는 사람들이 있는가 혹은 없는가에 달려 있다. 무언어와 수동성 그리고 자기 견해의 결핍은 지배 관계의 억압적 결과로써 수천 년에 걸쳐 고착된 것이다. 예술 문화의 시도는 이렇게 고착된 지배 관계를 뒤흔드는 데서 시작된다. 예술이 세계 해명을 통해 부정 현실에 저항하듯이, 지배 없는 문화의 가능성은 어둠에의 심미적 참여를 통해 실현될 수 있을 것이다.

사회적 불평등과 부정의의 해소는 문화적 배제의 극복을 전제한다. 그러는 한 문화는 삶의 근본적인 문제다. 이 점에서 바이스는 토대-상부구조라는 마르크시즘적 설명 틀을 뒤집으면서 사회적 해방을 위한 문화의 위치 가치를 강조한다. '문화란 상부구조가 아니라 인간적 행동의 토대다' (*NB*, II, 645).[294] 오직 사회적 변혁과 문화적 혁신의 동시적 수행만이 생활 세계의 더 나은 그리고 더 정당한 질서를 창출할 수 있는 것이다. 사회정치적 변화와 문화적 변화는, 그것이 상호적으로 작동하는 과정인 한, 양자택일적으로가 아니라 동시에 실행되어야 한다. 여기에서 바이스의 저항미학은 독특한 윤곽을 얻는다. 즉 사회 변혁의 길과 문화 혁신의 길은 다르지 않다. 이 두 개의 길을 하나로 모으는 것은 부정否定-저항-반역-거부-반성-성찰의 심미적 정신이고 그 잠재력이다. 반역은, 마치 저항이 미학의 바탕이듯이, 문화의 바탕이다.

그리하여 예술적 저항은 바이스에게 정치적 저항의 다른 표현인 셈이다. 다르게 말하여 문화의 보편적 토대 위에서 심미적 저항은 정치적 저항과 분리할 수 없을 정도로 얽혀 있는 것이다. 문화의 저항은 삶의 이성적 토대를 다지는 작업인 것이다.

예술과 정치의 상호 관계는 저항에 의해 매개되고, 이 매개에서 하나의 열린 그러면서 통일적인 인간성의 문화가 구성될 수 있다. 그러므로 저항 개념은 단지 정치적 헤게모니를 얻기 위한 계급투쟁의 의미에서가 아니라, 문화적 불이익 일반에 대한 문제 제기와의 관련성 아래 이해되어야 한다. 이런 문제 제기적 비판 능력을 키워 주는 것이 예술 경험이고 교양 교육이다. 문화의 근본에 있는 것도 바로 이 심미적 교양 교육이다. 이 같은 생각의 일부는 다음 인터뷰에서도 확인된다.

> 중요한 것은 매우 넓은 의미의 투쟁입니다. 정치적 억압으로부터의 해방뿐

---

294 문학 텍스트가 서구에서 출간되었다는 이유로 6년 동안 강제 노동 수용소행을 선고받았던 안드레이 시냡스키 또한 이와 유사한 글을 쓴 적이 있다. "예술은 1차적이고, 그것은 그 모든 창조의 바탕에 있다. (…) 현실은 상부구조고, 예술은 토대다." Sinjawskij, Andrej: Kunst und Wirklichkeit, in: *Das sichtbar Unsichtbare. Kunst zwischen Tradition und Freiheit. Texte zur Philosophie der Kunst*, Ostfildern 1994, S. 12.

만 아니라, 인간을 둘러싼 문화적 장애로부터의 해방이 중요합니다. 나는 온전한 교양 작업을 생각합니다. (…) 나는 반파시즘적 저항과 해방과 저항 일반의 '확대된' 주제를 결합했습니다.[295]

중요한 것은 가장 잔혹한 파시스트적 형식으로 표현되는 억압 메커니즘에 대한 저항이고, 심미적 재화를 계급 조건적으로 막는 상태를 극복하기 위한 시도다(*NB*, II, 419).

《저항의 미학》을 구성하는 행동과 사고의 갈래가 결국 선회하는 것은 하나의 포괄적 저항 구상이다. 이 구상은, 흔히 그러하듯이, 현실과 역사를 지배와 해방, 억압자와 피억압자 같은 거친 대립 아래 이원화하지 않는다. 그것은 무언어-이름 없음-혼돈-무형식에 대항하는 전면적 싸움이고, 침묵에 거슬러 목소리를 얻기 위한 표현적 투쟁에 가깝다. 무언어와 혼돈이란 곧 지배이자 억압이기 때문이다.

저항의 의미는, 계급투쟁이나 피억압자 같은 다른 개념들이 그렇듯이, 단순히 정치적 차원으로만 환원될 수 없다. 그것은 삶을 현혹시키는 관계 일반을 겨냥한다. 그래서 사회정치적 경제적 차원뿐만 아니라 이 차원을 그 일부로 하는 현실의 전체 차원으로 확대되어야 한다. 이성적 시민문화를 설계한다는 것은 정치경제적 억압 메커니즘을 거스르는 데 그치는 것이 아니라 삶의 비인간적 구조 전체에 대한 거부다. 문화적 향유의 불평등한 조건은 이런 비인간적 삶의 한 예에 불과하다.

295 Peter Weiss im Gespräch mit Burkhardt Lindner: a.a.O., S. 263f. 강조는 필자.

2. 기다림 속의 실천

그러므로 바이스 미학의 저항 개념은 정치적 참여에서부터 시작하여 예술적 표현을 지나 문화적 의미 창출에까지 걸친 포괄적인 의미를 내포한다. 이 포괄적 의미가, 그의 텍스트 안에서는, 결국 '온전한 삶의 자세'로 수렴한다고 할 수 있다.[296] 그렇다고 한다면, 저항이란 인간적 실존에 대해서뿐만 아니라 성숙한 문화 공동체를 위해서도 '구성적konstitutiv'이라고 말하지 않을 수 없다. 저항이나 항거는 주장이나 설명의 문제가 아니라 생활의 나날 속에 체화體化되고 육화되어야 할 문제 — 삶의 에토스ethos의 문제인 것이다.

따라서 사회적 쇄신을 위한 싸움은 문화적 변혁 아래 이뤄져야 한다. 그것은 문화적 혁신을 위한 싸움이 정치적, 제도적 개선을 통해 실행되어야 하는 것과 같은 논리다. 바이스는 이렇게 언급한다. "우리는 문학과 예술 그리고 표현으로 난 길을, 그 형식이 무엇이든 간에, 정치적 조직으로의 길과 동시에 정복해야 한다."[297] 소설의 주요 인물들 — 코피와 하일만 그리고 1인칭 화자의 고단한 학습 과정이 보여 주듯이, 배우고 연구하고 읽고 해석하는 일은 '처음부터 저항'이다(*ÄdW*, I, 53). 왜냐하면 사회정치적 해방을 위한 저항의 가치는 포괄적 삶의 자세로 수렴되고, 그러는 한 그것은 예술문화적 투쟁 속에서 구체화되기 때문이다.

여기에서 예술과 문화는 그 자체로 저항의 형식을 갖는다. 즉 예술과 문화는 저항적 실천 관련성 속에서 사회적 현존 권리를 찾는 것이다. '저항적 실천 관련성'이란 다르게 사고하고 다르게 표현하는 것을 뜻한다. 예술과 문화는 오직 다르게 사고하고 다르게 표현할 수 있을 때, 자신의 현존적,

296 Ebd.,S. 264.

297 Peter Weiss im Gespräch mit Heinz Ludwig Arnold: a.a.O., S. 52f.

사회적 정당성을 획득하는 것이다.

예술과 저항, 문화와 항쟁은 상호적으로 작동한다. 예술을 위한 저항과 문화를 위한 항쟁은 심미적 경험에서 하나의 동일한 변형 과정Transformationsprozeß을 이룬다. 저항과 부정, 항의와 비판을 더 나은 이성적 질서가 매개할 수 있다면, 이러한 매개의 심미적 형식은 기억을 통한 다른 읽기와 쓰기, 다른 해석과 표현이 된다. 거꾸로 이 다른 읽기와 쓰기가 삶의 이성적 질서를 매개할 수도 있을 것이다. 건전한 삶의 공동체란, 되풀이하건대, 예술의 기억을 통해 알 수 없는 것을 알 수 있는 것으로 만들고, 무형태적인 것에 일정한 형태를 부여하는 데 있다. 아니다. 이 말은 추상적이다. 더 구체적으로 쓰자. 건전한 시민 공동체란 이 공동체의 각 구성원이 저항과 반성, 부정과 비판을 자기 삶의 윤리적 태도로 육화하는 데 있다. 저항의 윤리적 육화 속에서 이성적 사회도 마침내 실현되는 것이다.

1944년 스톡홀름에서 독일 이주자들이 세운 문화 동맹은, 소설 안에서 보면, 공산주의자나 사회민주주의자 이외에도 부르주아 자유주의자와 모더니즘적 예술가 역시 받아들인다. 그래서 그것은 힘을 합쳐 반파시즘 전선을 형성하고자 했다. 이 문화 동맹의 목표는 심미적 모더니즘과 사회주의적 당파성을 결합하는 가운데 기존의 문화유산을 비판적으로 전취하는 데 있었다. 그러나 그 시도는, 종국적으로 보면, 좌초한 것으로 드러난다.[298] 예술과 정치를 문화 혁명적으로 통일시키려던 인물들의 생각은 채워지지 않은 희망으로 남는다. 《저항의 미학》은 이런 실패를 극도의 즉물적 언어로 서술한다. 그점에서 예술과 정치가 통일되기 어렵다는 점을 인정한다. 그러나 이 실패에서 망명과 투쟁, 미학과 저항의 관계가 현실에서

298 이 점을 아담 쿠크호프는 플뢰첸제에서 처형되기 전에 이렇게 고백한다. "그러나, 그는 이렇게 말했는데, 예술과 정치의 모순을 해소하려던 우리의 일은 성공하지 못했고, 그래서 우리가 우리의 노래를 짓밟은 건 아닌가라는 마야콥스키의 물음이 우리를 괴롭게 짓눌렀다네"(*ÄdW*, III, 191).

갖는 구속적拘束的 의미 또한 밝혀진다. 등장인물들은 '근본적 변화, 완전히 새로운 조직 형식'에 대한 희망을 결코 포기하지 않는다(*ÄdW*, III, 262).

2차 세계대전 이후 한편으로 통합의 실패 앞에서, 다른 한편으로 새로운 정치 권력의 재편에 즈음하여 1인칭 화자는 절망감을 느낀다. 이 절망적 상황에서 호단은 자살하기에 이른다. 1인칭 화자는 아래로부터 다시 시작하여 저항을 지속적 의무의 문제로 삼겠다고 다짐한다. 현실의 고통은 그 어떤 낙관주의도 불허하지만, 그는 억눌린 자들의 사연을 성실하게 표현하고, 이런 표현에서 자신의 개인적, 사회적 이유를 찾는다. 반파시즘 저항 운동과 예술적 전승물傳承物 사이에서 그는 늘 희망하는 사람으로 일하려고 한다.

> 여전히 우리는 우리의 희망을 고수하려고 했는데, 왜냐하면 희망 없이 더 이상 나아갈 수 없을 것이기 때문이었고, 그래서 나는 어떻게 우리가 그 뒤에도 이 희망을 늘 다시 갖게 되었는지, 그래서 비록 모든 기호가 이 희망에 언제나 거슬러도, 결코 이 희망을 허황된 것으로 여기지 않았는지, 어떻게 희망은 언제나 좌절보다 더 강했는지 보게 될 것인데, 왜냐하면 희망이란, 그래, 삶의 힘 그 자체 외의 다른 무엇이 아니었기 때문이다(*ÄdW*, III, 261).

> 희망은 남아 있게 될 것이다. 유토피아는 필연적으로 될 것이다. 뒷날에도 희망은 수없이 많이 불타오를 수 있을 것이고, 우월한 적들에게 질식당해도 다시 새롭게 일깨워질 것이다. 그리하여 희망의 영역은 우리 시대에 그랬던 것보다는 더 커질 것이고, 그래서 모든 대륙으로 퍼져 갈지도 모른다. 항의에의 그리고 방어에의 충동은 마비되지 않을 것이다. 지나간 것이 변경될 수 없듯이, 희망 역시 변경되지 않을 것이고, 우리가 어렸을 때 그 빛나는 희망을 품었던 사람들에게 우리는, 이것을 다시 불러 일깨우면서, 경의를 표할 수 있을 것이다(*ÄdW*, III, 265).

절망만 안겨 주는 현실에서도 이 절망이 최후의 말이어선 안 된다. 절망은 절망의 극복을 위한 출발점이어야 한다. 왜냐하면 희망이란, 그것이 현실에 사실 있기 때문에서가 아니라 사람이 살아가는 한 있지 않으면 안 되는 것이기에, 간직되어야 하기 때문이다. 희망에 관한 한, 그 어떤 다른 대안도 없다. 희망 없이는 한 발자국도 내딛을 수 없기 때문이다. 삶의 모든 몸짓과 언어와 표정 자체가 희망의 징후이고 증거인 까닭이다. 부당한 질서와 대면하기 위해서 희망은 무조건적으로 작동해야 한다.

그러나 이러한 희망 — '뒤흔들리는 질기고 담대한 희망'은(*ÄdW*, III, 266) 자동적으로 생겨나는 것이 아니다. 그것은 배움을 통해, 기나긴 인내 속에서 차근차근 획득되어야 할 무엇이다. 왜냐하면 희망을 질식시키는 현실이란 도대체 가늠할 수 없는 것 — 허구보다 더한 허구인 까닭이다. 그래서 우리는 희망을 그저 품는 것이 아니라 '품는 것을 배워야' 한다. 그렇게 되었을 때, '희망의 영역은 모든 대륙 위로 뻗치게 될지도 모른다'. 이때 희망은 어쩌면 '삶의 힘 그 자체' 이외에 다른 것이 아닐 수도 있다. 희망의 이런 동력화를 위해 화자는 글쓰기를 선택한다. 그러니 글은 그에게 예술적 실천의 방식인 셈이다. 역사적 저항의 패배에 거스르는 예술적 저항이 개입하고 조직하는 글쓰기 속에서 수행되는 것이다.

소설 속 화자는 이야기하고 쓰면서 개인적이고 역사적으로 놓쳐 버린 것들의 의미를 소생하려고 한다. 바로 이런 일깨움이, 아래 인용문에 적혀 있듯이, 그의 예술정치적 정체성의 전제를 이룬다.

> 그러나 내 기나긴 기다림의 의미는 정말이지 미래의 통찰로부터 이전의 일을 밝히는 것이 될 것이고, 그때가 되면 아마도 중요하게 될 것은 그 당시의 나를 이해하는 것이 결코 아니라, 이런저런 생각을 하던 나에게 더 가까이 다가가는 것일 텐데, 왜냐하면 우리가 자기를 계속 설계했다가 잊고 그러다가 다시 새롭게 발견하는 것이야말로 정녕 시간의 본질인 까닭이고, 그것은

모든 개별적 사안에 대한 탐구가 우리에게 부과했던 과정이며, 그래서 글쓰기란 이 과제를 내가 이행할 수 있을 활동일지도 모른다(*ÄdW*, III, 261).

절망과 무기력을 화자는 창작을 위해 지불해야 할 대가로 받아들이지 않는다. 오히려 그는 그 참담함을 희망을 위한 필연적 요소로 전환시킨다. 글은 이런 전환의 매체다. 의미란 이 전환을 통해 생산되는 내용이고, 작품은 그 형식이다.

오늘날처럼 고도로 분화한 기능적 사회에서 이성과 희망의 원칙을 고수하고, 이런 원칙 아래 더 나은 삶의 관계를 논증적으로 제시하는 일은 쉽지 않다. 그러나 더 어려운 일은 아마도 삶의 현실이 얼마나 왜곡된 채 전개되는지, 그래서 기존의 가치는 왜 지속적으로 교정되고 검토되어야 하는가와 같은 물음에 예술적으로 대답하는 일일 것이다. 이러한 의미에서 바이스의 글쓰기 작업은 비견하기 힘든 하나의 모범이지 않나 여겨진다. 그는 묘사 불가능한 현실을 묘사 불가능성 속에서, 그러나 표현적 언어의 강렬성으로, 표현한다. 더 멀리 나아갈 수 있고 나아가야만 한다는 바람은 희망 자체에 있는 것이 아니라 이 희망의 불가능성을 현실에서 확인하는 데서 생겨난다. 그러니 절망이란 더 이상 나아갈 수 없음의 확인이다.

그러나 이 확인은 역설적으로 더 나아갈 수 있다는 새로운 가능성을 위한 효모가 된다. 희망은, 우리가 절망의 뿌리와 원천을 정면으로 직시할 때, 비로소 우리의 것이 된다. 그래서 1인칭 화자는 저항사의 좌초된 흔적을 더듬고, 거기로부터 새로운 것을 발견하고 독해한다. 그것은 과거를 존중하는 일이다. 새로운 시각은 이 존중에서 온다. '우리가 지나간 것을 존중할 줄 모른다면, 오고 있는 그 어떤 것도 우리는 믿을 수 없다'(*ÄdW*, II, 37).

미래의 준비는 지나간 것의 존중으로부터 시작된다. 1인칭 화자는 과거의 흔적을 기억으로 불러들임으로써 자신을 새롭게 설계하고 재발견한다. 지난 꿈의 좌초가 남긴 흔적을 새로 읽고 다시 발견하며, 이렇게 발견된 것을 다음 행동을 위한 에너지로 삼는다는 것은 희망을 확보하기 위한 한 방식이다. 그는 글쓰기에서 이 방식을 구한다. 희망의 원리는 오직 부정적으로 생각될 수 있는지도 모른다. 바이스의 횔덜린이 말하듯이, '쓰면서 우리는 새 시대의 틈새에 자리한다'.[299] 이 횔덜린처럼 화자도 세계와 자기의 새로운 그림을 글로 설계한다. 그는 글쓰기라는 심미적 저항을 실행하면서 희망 품는 법을 배우는 것이다. 그리하여 글쓰기의 소실점은 말할 수 없는 것의 변두리 영역으로 내려간다. 이렇게 내려가 그것은 잊힌 것, 놓쳐 버린 것 그리고 억압된 것을 소생시킨다.

바이스는 글로써 신이 떠난 세계의 황량함을 포고하지도 않고, 어떤 유토피아를 선취적으로 입안한다고 여기지도 않는다. 그는 혼란스러운 사건에 표현을 부여함으로써 기존의 규범을 의문시한다. 그는 억압과 해방, 배제와 포함 같은 전체 사회적 문제나, 무언어와 표현, 몰락과 형식 같은 예술적 문제를 지속적 해명 의지에 기대어 언어적 형상물로 번역해 냄으로써 독자로 하여금 실제로 무엇이 일어났고, 또 무엇이 일어나고 있으며, 여기에서 은폐되거나 오용된 것은 무엇인지 계속 숙고하게 만든다. 그리하여 그의 글은 지금껏 지속되어 온 의미론적 상투성 체계를 폭파시키면서 여기에 자리하는 것과 저 멀리 떨어진 것 사이의 새로운 결합 관계를 만들어 낸다. 그것은 숨겨진 대상의 속성에 질의함으로써 그 나름의 투명한 질서를 갈망하는 일이다.

299 Weiss, Peter: *Hölderlin*, a.a.O., S. 308.

3. 대항 법정—심미적 에너지

바이스의 작가적 뛰어남은 표현 매체로서의 언어가 지닌 그 모든 결함에도 불구하고 침묵의 숭배나 말할 수 없는 것의 신화화로 빠져드는 대신 실험적 글쓰기로 예술의 묘사 가능성을 부단히 확대하고 심화하려고 노력했다는 사실에 있다. 그리고 실제로 그의 텍스트는 표현과 해독의 작업에 있어 작가 자신에게나 그 독자에게도 엄청난 도전이 된다.

역사나 현실 혹은 의미와 같은 개념들은 바이스에게 결코 결정하지 않아도 좋은 중립성 아래 있지 않다. 그것은 사람이 일정한 입장과 견해를 갖기 위해 어떻게든 결정하지 않으면 안 되는 무엇 — 정면으로 대결해야 할 불가피한 대상으로 간주된다. 그는 수행적 글쓰기로 자기 주변에서 무엇이 일어나는지, 거기에 누락된 것은 무엇인지 알아보고자 하고, 이런 검토 속에서 어떤 입장을 취할 수 있을지 성찰한다. 그 때문에 그의 글은 의미론적 결정 불가능성 속에서 무책임하게 부유浮遊하는 것이 아니라 사회적 폐해에 대한 저항적 자세를 하나의 확고한 정향점Orientierungspunkt으로 갖는다. 이런 글쓰기에서 정치적인 것과 미학적인 것, 현실과 비전, 저항과 문화는 분리되지 않은 상호 삼투 아래 매개된다.

그러므로 절대적으로 심미적인 것은 결코 심미적이지 않다. 이것은 마치 순수하게 정치적인 것이 정치적이지 않는 것과 같다. 참으로 심미적인 것은, 마치 참으로 정치적인 것이 그 심화와 확대에 있듯이, 그 외화外化/Entäußerung에 있다. 이 외화적 확대에서 각자의 경계는 지양된다. 왜냐하면 '예술과 문학과 문화로의 길은 정치적 길'이기 때문이다.[300]

어느 하나는 다른 하나 앞에 담쌓고 지내는 것이 아니라, 이 다른 것으로 유보 없이 돌진해 들어간다. 그래서 더 높은 차원에서 이 타자와 만난

---

300 Peter Weiss im Gespräch mit Wend Kässens und Michael Töteberg, a.a.O., S. 248f.

다. 그러는 한 외화와 확대란 경계 넘기와 같다. 경계 넘기란 자신과 타자, 친숙한 것과 낯선 것, 영토화와 탈영토화의 긴장을 자신의 에너지로 내면화한다는 뜻이다. 그래서 스스로 기꺼이 움직이고 변화하며 형성해 간다는 뜻이다. 이 움직임에서 낯설고 이질적인 타자로 나아간 것은 다시 자기 자신에게로 돌아온다. 그리고 이 움직임이 심미적인 것과 정치적인 것의 상호 반성적 관계를 구성하는 것이다. 이 상호 관계 속에서 둘은 좀더 객관적이고 좀더 보편적인 지평으로 나아간다. 타자는 이 보편적 지평에 자리한다. 미지 영역의 주체적 영토화는 이런 식으로 이뤄진다. 이것이 심미적인 것의 에너지다.

이러한 이유에서 심미적 경험을 한다는 것은 아름다운 가상으로 둘러싸인 사변적, 초월적 세계에서 자신을 차단시킨다는 뜻이 아니다. 그것은 매력과 아울러 혐오감을 일으키기도 하는 생활 세계적 대상과 사회정치적으로 대면하는 부단한 준비를 연습한다는 뜻이다. 그러는 한 심미적 경험은 알려진 것 혹은 지각된 것을 그저 확인하는 것이 아니라, 부단한 변화의 역학 아래 스스로 서는 것이다.

우리는 예술 체험에서 확고한 어떤 것이 아니라, 되어 가는 무엇을 만나고, 이 형성적 만남을 통해 기존의 견해와 관점이 변하는 갱신의 과정에 들어선다. 심미적 진리의 장소는 '그사이Da-Zwischen'다. 이 사이의 공간에서 정치적인 것과 심미적인 것, 현실과 비전, 예술가와 대상, 작품과 수용자의 관계는 새롭게 조직된다. 예술언어는 형성과 창출의 엔텔레키아이기 때문이다. 그것은 주체의 자기 형성 속에 이미 사회의 자기 형성을 포함한다. 혹은 자기 형성과 타자 형성이 맞물리면서 만들어지는 것이 심미적인 것의 엔텔레키아다. 반성력은 이 엔텔레키아의 내용이다. 바로 여기에 심미적 경험의 잠재력에 대한 바이스의 핵심적 구상이 있다.

그러나 《저항의 미학》을 놀랄 만한 대작magnum opus으로 만드는 것이 이 작품에 담긴 몇 개의 진실 때문이라고 평가하는 것은 잘못된 일일 것이다.

더 중요한 것은 글쓰기 실천의 방법적 전략이고, 이 전략을 지탱하는 작가의 세계시민적 양심일지도 모른다. 이것은, 앞서 언급했듯이, 그의 저항 구상이 종국적으로는 삶의 윤리적 태도로 수렴된다는 사실에서 이미 확인되던 사실이었다. 작가적 양심은 다름 아닌 진리에의 용기에서 나온다고 할 수 있다. 바로 이 용기가 바이스에게 생활사나 예술사에서 배제되거나 은폐된 것을 발견하여 새롭게 고찰하도록 허용했을 것이다.

바이스는 대상을, 그것이 역사 현실이든 예술작품이든, 때로는 명징한 언어로, 때로는 환각적 언어로, 아니면 그림언어 속에서 다채롭고도 생생하게 드러내는 데 성공한다. 이것은 크게는 그의 실험적 서사 전략에서 오고, 작게는 언어와 매체의 표현 적실성에 대한 오랜 고민에서 온다. 그의 묘사 방식은 기존의 방식에 비해 지극히 이질적이다. 이 이질적 양상은, 줄이자면, 세 가지다. 그것은 문장론적으로 농축적이고 균열적이며, 의미론적으로 다층적이고 쇄신적이며, 화용론적으로는 개입하며 불편하게 만드는 것으로 나타난다. 이것은 부단히 다르게 읽고 쓴 것의 결과다. 이 차이의 방법적 전략은 평상시엔 당연하게 나타나는 사고방식과 판에 박힌 지각 방식을 문제시한다. 그의 글은 역사적 과정에서 숨겨지고 억눌리며 축출되고 배제된 것을 심미적 형상물 아래 현재화시킴으로써 기존의 생활사와 예술사 그리고 지성사를 다르게 이해할 수 있는 계기를 제시하는 것이다.

《저항의 미학》은 우리의 현실 이해를 사실과 이어 주고, 이 사실을 꿈에 연결시키며, 이 꿈과 환상을 다시 역사의 실상과 결합시킨다. 현실 혹은 역사를 '논리Logik'라고 한다면, 꿈과 환상을 형상화한 작품은 '비논리' 혹은 '반反논리Anti-Logik'라고 할 수 있을지도 모른다. 작품 창작은 현실의 논리에 대한 반논리의 설정이고, 이 반논리란, 그것이 기성 체계에 대한 대항적 논리이자 대안 논리라는 점에서, 논리의 부재나 무효한 논리를 뜻하지는 않을 것이다. 오히려 그것은 깊은 의미에서 기존의 현실 논리를 보완하고 교정하고 쇄신하며 반성하게 하는 논리가 될 것이다. 독자는 예술의 이 반논리적 대안 세계와 만나면서 이미 묘사된 것뿐만 아니라 아직 묘사되지 않은 것 — 그러나 언젠가는 묘사될 수도 있고 또 묘사되어야 하는 진실의 현존과 직면한다.

바이스는 '잘못 쏟아진 것을 끌어모으는 건축 기술자Baumeister des Verschütteten'다. 그는 빠져나간 것, 흘린 것, 망실되고 잊힌 현존의 사실들을 기록함으로써 기존의 세계와 아직 실현되지 않은 세계의 거리를 분명히 드러내 보인다. 핵심적인 것은 이 간극의 현재화 혹은 구체화가 그 자체로 유토피아를 선취하는 하나의 현실 변혁적 시도일 수도 있다는 사실이다.

바이스의 글은 그저 기존 역사에 대한 대항 텍스트Gegen-Text을 제시하는 데 그치는 것이 아니다. 오히려 우리가 우리 자신의 손으로 어떤 대항 설계도를 입안할 수 있는가에 대한 시야와 관점 방법을 그는 보여 준다. 그는 지금까지 무엇이 왜곡되었고 억압되었으며, 그래서 부재하는 것과의 대면이 왜 역류적 독법 아래 필수불가결한 것인지 표현한다. 여기에서 문제는 어떤 근본적 교정 — 예술과 생활의 역사를 '지배 문화Herrschaftskultur로부터 항쟁의 문화Widerstreitkultur로 변혁시키는' 일이다. 예술의 텍스트가 저항의 컨텍스트로부터 생겨나듯이, 글쓰기의 텍스트는 항쟁적 컨텍스트로부터 생겨난다. 글과 예술의 텍스트는 자신의 역류적 바탕 — 부정적, 반성적, 성찰적 계기를 잊지 않는다. 심미적인 것의 잠재력이란 바로 이 부정적, 반성적, 성찰적 계기 속에 자리하기 때문이다. 그래서 그것은 결국 저항의 문화로 수렴된다. 왜냐하면 저항적 실천 없이 예술과 문화는 하강 나선으로 빠져들 것이기 때문이다. 오늘의 자신을 길들이는 것은 내일의 생활 세계적 순응성을 심화시킬 것이고, 이 순응의 현실에서 인간 문명은 결코 갱신되기 어려울 것이다.

현실의 자리는 오직 사회정치적 맥락을 예술적 묘사 안으로 포용함으로써 조금씩 옮겨질 수 있다. 저항의 잠재력은 예술 문화의 자기 갱신을 위한 하나의 정치도덕적 상수常數다. 문화는, 마치 예술이 기존과 다르게 해석되어야 하듯이, 지금까지와 다르게 세워져야 한다. 왜냐하면 새로운 문화는, 새로운 예술처럼, 다르게 읽고 다르게 씀으로써 부단한 검토를 견뎌낼 수 있어야 하기 때문이다.

바이스의 글쓰기는 '전승된 것에 의거하여 〔대상의〕 진실성을 추구'하기 때문에(*ÄdW*, III, 132) 부정 현실에 대한 하나의 대항 설계가 된다. 문학과 예술은, 마치 페르가몬 부조물의 빈자리가 암시하듯이, 앞으로 더 채워지고 더 메워져야 한다. 그러는 한 그것은 현실의 누락과 결핍을 외면할 수 없다. 그것은, 셰르페가 강조하듯이, '이 빈자리를 대리물처럼 채우는 것이 아니라, 그 공허를 최대한의 예리함으로 인식할 수 있게 해야' 한다.[301] 그리하여 문학은 사회적 과정에 대한 항구적 대립 관계를 이룬다. 여기에서 드러나는 것은 예술의 이 반정립적 성격이 현실 해명에 그치는 것이 아니라 다른 주체 구성과 다른 현실 구성의 가능성으로 이어진다는 사실이다. 그러니까 예술 생산과 그 경험은 인간과 세계를, 주체와 현실을 기존과는 다르게 설계하는 기회를 부여하는 것이다. 이 같은 자기 구성적 계기에서 예술은 이미 자신의 심급 — 스스로를 판단하고 평가하고 개선하는 법정을 갖는다.

그리하여 예술에게는 사회와는 다른 자기만의 법정이 있다. 그것은 부당한 것에 항소하고 불확실한 것을 물으며 혼돈스러운 것을 표현함으로써 삶의 새로운 질서를 갈망한다. 예술은 역사의 반反법정Gegen-Tribunal이다. 이 대항 법정에서 그것은 아직 질의되지 않은 것을 질의하고, 아직 말해지지 않은 것을 말한다. 인류사의 오점은 이런 식으로 발견되고 줄여질 수도 있다.

사람이 품을 수 있는 희망이 아직도 있다면, 이 희망은, 그것이 현실적으로 불가능하리라는 절망적 의식과 이어져 있을 때만, 가능할지도 모른

---

301 Scherpe, Klaus R.: Die Ästhetik des Widerstands. Peter Weiss' Traum von der Vernunft, in: Palmstierna-Weiss, Gunilla/Schutte, Jürgen(Hg.): *Peter Weiss*, a.a.O., S. 266.

다. 희망은 희망 자체에 대한 절망적 문제 제기 없이는 실현될 수 없기 때문이다. 그러므로 희망을 문제시한다는 것은, 소극적 의미에서 보면, 그것의 단순한 실현을 불신한다는 뜻이고, 적극적 의미에서 보면 그것을 책임윤리와 끊임없이 연결짓는다는 뜻이다. 책임과의 관련 없이 어떤 희망도 싹트기 어렵다. 희망이란 이토록 취약하고 여리며 부서지기 쉬운 것이다. 허술하기 짝이 없는 이 희망을 바이스는, 시대의 불협 화음에 표현을 부여함으로써, 점화시키고자 했다. 여기에 예술가로서 자기가 가진 사회적 책임이 있다고 보았기 때문이다. 소설 삼부작의 인간주의란 바로 이러한 노력 — 예술적 표현을 통해 이름 없는 타자와 연대하고자 매진한 데 있지 않나 여겨진다. 언어적으로 강력한 이 텍스트《저항의 미학》은 현실사와 사회문화사의 전혀 다른 해석 지평을 개시함으로써 독자의 더 많은 독해를 기다린다.

여기에서 더 많은 독해란 '더불어 읽고Mit-Lektüre 거슬러 읽는Gegen-Lektüre' 것을 말한다. 그러는 한 우리는, 올로프 라거크란츠가 추도사에서 회고했듯이, '페터 바이스에게 깊이 감사해야 할 모든 이유'를 갖는다고 말해야 할지도 모른다.[302] 저명한 문학평론가인 한스 마이어는 바이스가 살아 있었다면 75번째 생일날이 되었을 1991년도에 그를 추억하면서 이렇게 적었다. "그를 아는 사람은 웃을 수 있었던 한 진지한 인간을 다시 떠올리게 된다. 그는 그 모든 감상성感傷性으로부터 멀찌감치 떨어져 있던 희생자와 힘없던 사람들의 친구였고, 재능 많았으나 늘 겸손했던 사람이었다. 그는 잘 살 때와 마찬가지로 가난할 때도 품위를 지녔던 인간이었다. 그는 반대자를 공격할 때도 우정으로 그랬다."[303] 글로써 현실사와 예술 문화사를 교정하

302 Lagercrantz, Olof: Anwalt gemordeter und versklavter Millionen. Trauerrede am 26. Mai 1982, in: Palmstierna-Weiss, Gunilla/Schutte, Jürgen(Hg.): *Peter Weiss*, a.a.O., S. 20.

303 Mayer, Hans: Peter Weiss und die Praxis der Veränderung, in: ders: *Wendezeiten. Über Deutsche und Deutschland*, Frankfurt/M. 1995, S. 191f.

고, 이 교정으로 삶의 새 질서를 세우려던 바이스의 노력은 경하되어야 마땅하다.

《저항의 미학》은 정치적 기획과 예술적 성찰의 놀라운 합금물Amalgam이다. 이 텍스트 앞에서 우리는 독자로서 많은 것을 약속하는, 고통스러운 기억의 문서보관소와 직면해야 할 책임을 느낀다. 이 책임감을 외면하지 않는 한, 우리는 상환되지 않은 행복의 아주 작은 일부가 이 땅 위에서, 비록 먼, 뒤의 일이라고 해도, 사람들 사이에 실현될 것이라는 희망을 품어도 좋을 것이다.

소설 텍스트 《저항의 미학》은 켜켜이 먼지 앉은 이절판二折判(대형 서적)이 아니라 시간의 불가역성에 대항하며 풀어야 할 기억의 다의적 약호code다. 바이스는 인간사에 침전된 좌절의 흔적을 서사의 망으로 소생시킴으로써 그 텍스트를 집단적 기억의 무대로 만든다. 삶의 새로운 질서에서는 각자가 제 목소리를 갖고, 이 목소리를 어떤 강제나 억압 없이 나타낼 수 있을 것이다. 그렇듯이 그 사회는 그 어떤 지배로 삶을 옥죄이지 않을 것이다. 조건과 규율은 있되 이 조건과 규율은 또 다른 가능성으로 열릴 것이고, 책임은 자유의 보장 아래 집단적으로 부과되는 것이 아니라 각 개인이 자발적으로 짊어지는 것이 될 것이다. 삶의 이 같은 질서나 사회는 그러나 아직 실현되지 않았다. 그러나 그날은, 살아 있는 자로서 우리가, 그 모든 몰락과 퇴락의 위험에도 불구하고 하나의 경고비로 자리하는 이런 텍스트를 거슬러 읽을 수 있을 때, 다가올지도 모른다. 왜냐하면 밀도 있는 예술 경험에서 우리는 우리를 화석화하는 현실의 횡포에 저항하는 법을 배울 수 있기 때문이다. 오직 몰락의 어둠을 의식하는 가운데 시작을 위한 현존의 가능성도 피어날 것이다.

야만의 직시 없이는 그 어떤 더 나은 미래도 선취할 수 없다. 《저항의 미학》은 예술적 성찰의 자기장으로서, 마치 페르가몬 부조물의 지워진 글자들이 계속 해독解讀되길 기다리듯이, 여전히 읽히고 쓰여지길 기다린다. 이

축적된 해석 속에서 우리는 이미 존재했고 앞으로도 다가올 지옥 현실에 저항할 수 있다.

여기에서 예술은, 거듭 강조하거니와, 놓쳐 버린 기억의 실을 잣는 페넬로페의 작업으로 입증된다. 그것은 비도덕적 세계에 대한 도덕적 대항 심급Gegen-Instanz이다. 그것은 역사에서 구제되지 못한 목소리를 상징화하는 기억에 등록시킴으로서 이 세계의 현실에 개입한다. 그리하여 예술가는 이야기의 그물망을 엮으면서 놓쳐 버린 것의 흔적을 뒤쫓는다. 미메시스적 묘사를 통해 그는 화석화되고 화석화하는 시간 작용과 대결하는 것이다. 그는 끔찍한 현실 경험을 그만큼이나 끔찍한 묘사로 전환시키면서, 마치 페르세우스가 방패를 거울 삼아 메두사를 쳐내듯이, 화석화하는 현실의 잔혹에 대응한다. 미메시스란 바이스에게 페르세우스의 방패와 같다. 왜냐하면 이 방패를 든 채 그는 역사의 잔인한 고르곤에 대항하기 때문이다. 그는 형상화하면서 시간의 산화 작용에 저항한다. 예술이란 망각과 소멸에 대항하는 거울방패다.

바이스는 현실을 그저 관찰하는 데 그치는 것이 아니라 서술하고 묘사하면서 이 현실에 참가한다. 그는 피카소처럼 이미지적으로 묘사하고, 카프카처럼 서술하면서 현실의 새로운 지형도를 설계한다. 새 세계상에 대한 바람 속에서 그는, 마치 단테처럼, 자기 시대의 어둠을 기록하는 것이다. 이 같은 표현으로부터 그의 언어는 어떤 가능성의 차원 — 삶의 견딜 수 없는 것과 예술의 견딜 수 있는 것 사이의 경계가 지양되는 가능성의 지점을 열어 보인다. 쓴다는 것은 그에게 재의 비Ascheregen 속에서 타오르는 불에 대한 맞불놓기Gegen-Feuer에 다름 아니다.

예술은 좌초된 꿈의 잔해가 전시된 고통의 거대한 회랑으로서 이전처럼 지금도 인간과 현실의 변형에 복무한다. 다르게 읽기로서의 글쓰기는 지각 확대적이고 사회 개입적으로 작용하는 심미적 저항의 방식이다.

참고문헌

주요작품의 약호

AE ⟶ Weiss, Peter: *Abschied von den Eltern.* Erzählung. Geschrieben 1960/1961, Frankfurt/M. 1964. −Zitatbelege im Text als Sigle mit Seitenzahl in arabischer Ziffer

FP ⟶ Weiss, Peter: *Fluchtpunkt.* Roman. Geschrieben 1960/1961, Frankfurt/M. 1965. −Zitatbelege im Text als Sigle mit Seitenzahl in arabischer Ziffer.

LÜ ⟶ Weiss, Peter: Laokoon oder Über die Grenzen der Sprache. Geschrieben 1965, in: *Rapporte*, a.a.O., S.170-187.

ÄdW ⟶ Weiss, Peter: *Die Ästhetik des Widerstands.* Roman.(1975, 1978, 1981), Sonderausgabe in einem Band. 2.Aufl. Frankfurt/M. 1983. −Zitatbelege im Text als Sigle mit Bandnummer in römischer und Seitenzahl in arabischer Ziffer.

NB, I ⟶ Weiss, Peter: *Notizbücher 1960-1971.* Zwei Bände, 1. Aufl., Frankfurt/M. 1982. −Zitatbelege im Text als Sigle mit Seitenzahl in arabischer Ziffer.

NB, II ⟶ Weiss, Peter: *Notizbücher 1971-1980.* Zwei Bände, 1. Aufl., Frankfurt/M. 1981. −Zitatbelege im Text als Sigle mit Seitenzahl in arabischer Ziffer.

Rek ⟶ Weiss, Peter: *Rekonvaleszenz.* Frankfurt/M. 1991. −Zitatbelege im Text als Sigle mit Seitenzahl in arabischer Ziffer.

·책에 실린 사진이나 그림 등의 이미지는 아래의 책에서 뽑은 것이다.

Albert Alhadeff: *The Raft of the Medusa: Gericault, Art, and Race*, Prestel, 2002.

Max Imdahl: *Picassos Guernica. Eine Kunst-Monographie*, Frankfurt/M. 1985.

Max Kunze: *Der Pergamonaltar. Seine Geschichte, Entdeckung und Rekonstruktion*, Mainz 1992.

Gunilla Palmstierna-Weiss/Jürgen Schutte (Hg.): *Peter Weiss. Leben und Werk*, Frankfurt/M. 1991.

Peter Weiss: *Notizbücher 1961-1970.* 2 Bde. Frankfurt/M. 1982.

Peter Weiss: *Notizbücher 1971-1980.* 2 Bde. Frankfurt/M. 1981.

1차 문헌

·페터 바이스의 텍스트

Weiss, Peter: *Abschied von den Eltern.* Erzählung. Geschrieben 1960/61, Frankfurt/M. 1961.

____: *Aus dem Pariser Journal.* Geschrieben 1962, in: *Rapporte,* a.a.O., S. 83-112.

____: *Avantgarde Film.* Geschrieben 1955, in: *Rapporte,* a.a.O., S.7-35.

____: *Briefe an Hermann Levin Goldschmidt und Robert Jungk,* hrsg. von Beat Mazenauer, Leipzig 1992.

____: *Der neue Prozeß.* Stücke in drei Akten, 1982.

____: *Die Ästhetik des Widerstands.* Roman.(1975, 1978, 1981), Sonderausgabe in einem Band. 2. Aufl. Frankfurt/M. 1983.

____: *Die Ermittlung. Oratorium in 11 Gesängen.* Geschrieben 1964/65, in: ders.: *Stücke I,* a.a.O., S. 257-449.

____: *Die Verfolgung und Ermordung Jean Paul Marats dargestellt durch die Schauspielgruppe des Hospizes zu Charenton unter Anleitung des Herrn de Sade.*(= *Marat/Sade*) Geschrieben 1963/64, in: ders.: *Stücke I,* a.a.O., S. 155-255.

____: *Fluchtpunkt.* Roman. Geschrieben 1960/61, Frankfurt/M. 1962.

____: *Gesang vom Lusitanischen Popanz.* Stück mit Musik in 2 Akten. Geschrieben 1967, in: ders.: *Stücke II/1,* a.a.O., S. 7-71.

____: *Gespräch über Dante.* Geschrieben 1965, in: *Rapporte,* a.a.O., S.142-169.

____: *Hölderlin.* Stück in zwei Akten. Neufassung. Geschrieben 1971/1972, in: ders.: *Stücke II/2,* a.a.O., S. 265-416.

____: *I Come out of My Hiding Place.* Rede in englischer Sprache gehalten an der Princeton University USA am 25. April 1966, in: Canaris, Volker(Hg.): *Über Peter Weiss.* 5. Aufl. Frankfurt/M. 1981, S. 9-14.

____: *Laokoon oder Über die Grenzen der Sprache.* Geschrieben 1965, in: ders.: *Rapporte,* a.a.O., S.170-187.

____: *Meine Ortschaft.* Geschrieben 1964, in: ders.: *Rapporte,* a.a.O., S.113-124.

____: *Notizbücher 1961-1970.* 2 Bde. Frankfurt/M. 1982.

____: *Notizbücher 1971-1980.* 2 Bde. Frankfurt/M. 1981.

____: *Rapporte.* Frankfurt/M. 1968.

____: *Rapporte 2.* Geschrieben 1965-70, Frankfurt/M. 1971.

____: *Rekonvaleszenz.* Geschrieben 1970-71, Frankfurt/M. 1991.

____: *Rimbaud. Ein Fragment,* in: *Peter Weiss. Text und Kritik,* hrsg. von Heinz Ludwig Arnold, 2. völlig veränderte Aufl., München 1982, S. 4-10.(Auch in: *NB, I,* S. 678-687.)

____: *Stücke I.* Frankfurt/M. 1971.

____: *Stücke II/2.* Frankfurt/M. 1977.

____: *Trotzki im Exil.* Geschrieben 1968/69, in: ders.: *Stücke II/2,* a.a.O., S. 417-517

____: *Vorübung zum dreiteiligen Drama divina commedia.* Geschrieben 1965, in: ders.: *Rapporte,* a.a.O., S. 125-141.

____: *10 Arbeitspunkte eines Autors in der geteilten Welt,* Geschrieben 1965, in: ders.: *Rapporte 2,* a.a.O., S. 14-23.

·대화와 인터뷰

"··· ein ständiges Auseinandersetzen mit den Fehlern und mit den Mißgriffen···", Heinz Ludwig Arnold im Gespräch mit Peter Weiss(19. Sept. 1981), in: Stephan, Alexander(Hg.): *Die Ästhetik des Widerstands*, Frankfurt/M. 1983, S. 11-58.

"Es ist eine Wunschautobiographie", Peter Weiss im Gespräch mit Rolf Michaelis über seinen politischen Gleichnisroman, in: *Peter Weiss im Gespräch*, a.a.O., S. 216-223.

Farocki, Harun: Gespräch mit Peter Weiss, in: Gerlach, Rainer(Hg.): *Peter Weiss*. Frankfurt/M. 1984, S. 119-128.

Håstad, Disa: Hölderin beginnt mit Marats Tod. Gespräch mit Peter Weiss, in: *Peter Weiss im Gespräch*, a.a.O., S. 192-201.

Kässens, Wend/Töteberg, Michael: Gespräch mit Peter Weiss über "Die Ästhetik des Widerstands", in: *Peter Weiss im Gespräch*, a.a.O., S. 243-251.

Manfred Haiduk im Gespräch mit Peter Weiss über "Die Ästhetik des Widerstands", in: *Peter Weiss im Gespräch*, a.a.O., S. 208-215.

Michel, Jacques: Die zwei Leben des Peter Weiss, in: *Peter Weiss im Gespräch*, a.a.O., S. 224-226

Peter Weiss im Gespräch, hrsg. von Rainer Gerlach und Matthias Richter, Frankfurt/M. 1986.

Peter Weiss im Gespräch mit A. Alvarez, in: *Peter Weiss im Gespräch*. Hrsg. von Rainer Gerlach und Matthias Richter, Frankfurt/M. 1986, S. 50-60.

Sucher, C. Bernd: Man benutzt die Institutionen, um gegen sie zu kämpfen. Peter Weiss äußert sich über sein neues Stück, in: *Peter Weiss im Gespräch*, a.a.O., S. 330-334.

Zwischen Pergamon und Plötzensee oder Die andere Darstellung der Verläufe. Peter Weiss im Gespräch mit Burkhardt Lindner, in: *Peter Weiss im Gespräch*, a.a.O., S. 263-289.

페터 바이스와 《저항의 미학》에 대한 2차 문헌

·묶음집

Alltag-Kunst-Proletarische Subjektwerdung. Kolloquium über die "Ästhetik des Widerstands" anläßlich des 70. Geburtstages von Peter Weiss 11./12. Juni 1986 an der Friedrich-Schiller-Universität Jena. Wissenschaftliche Zeitschrift 36(1987), H.3.

Arnold, Heinz Ludwig(Hg.): *Peter Weiss. Text und Kritik*, 2. völlig veränderte Aufl. München 1982.

Canaris, Volker(Hg.): *Über Peter Weiss*. 5. Aufl. Frankfurt/M. 1981.

Dunz-Wolff, G./Goebel, H /Stüsser, J(Hg.): *Lesergespräche. Erfahrungen mit Peter Weiss' Roman Die Ästhetik des Widerstands*. Hamburg 1988.

Dwars, Jens-F. u.a.(Hg.): *Widerstand wahrnehmen. Dokumente eines Dialog mit Peter Weiss*. Köln 1993.

Garbers, Jürgen u.a.(Hg.): *Ästhetik Revolte Widerstand. Zum literarischen Werk von Peter Weiss*. Jena/Lüneburg 1990.

Gerlach, Rainer(Hg.): *Peter Weiss*. Frankfurt/M. 1984.

Götze, Karl-Heinz/Scherpe, Klaus R.(Hg.): *Die "Ästhetik des Widerstands" lesen. Über Peter Weiss*. Berlin 1981.

Heidelberger-Leonard, Irene(Hg.): *Peter Weiss. Neue Fragen an alte Texte*. Opladen 1994.

Höller, Hans(Hg.): *Hinter jedem Wort die Gefahr des Verstummens. Sprachproblematik und literarische Tradition in der "Ästhetik des Widerstands" von Peter Weiss*. Stuttgart 1988.

Hofmann, Michael(Hg.): *Literatur, Ästhetik, Geschichte*. Neue Zugänge zu Peter Weiss. St. Ingbert 1992.

Honold, Alexander/Schreiber, Ulrich(Hg.): *Die Bilderwelt des Peter Weiss*. Hamburg; Berlin 1995.

Internationale Peter-Weiss-Gesellschaft(Hg.): *Ästhetik Revolte Widerstand(Ergänzungsband)*. Luzern/ Mannenberg 1990.

Krenzlin, Norbert(Hg.): *"Ästhetik des Widerstands", Erfahrungen mit dem Roman von Peter Weiss*. Berlin/DDR 1987.

Marx-Engels-Stiftung e.V.(Hg.): *Die Herausforderung Peter Weiss*. Symposium, Wuppertal, 17./18. Oktober 1987, Düsseldorf 1989.

Palmstierna-Weiss, Gunilla/Schutte, Jürgen(Hg.): *Peter Weiss. Leben und Werk*. Frankfurt/M. 1991.

Peter Weiss Jahrbuch 1, hrsg. v. Rainer Koch und Martin Rector u.a. Opladen 1992.

Peter Weiss Jahrbuch 2, hrsg. v. Rainer Koch und Martin Rector u.a., Opladen 1993.

Peter Weiss Jahrbuch 3, hrsg. v. Rainer Koch und Martin Rector u.a., Opladen 1994.

Peter Weiss Jahrbuch 4, hrsg. v. Martin Rector und Jochen Vogt, Opladen 1995.

Peter Weiss Jahrbuch 5, hrsg. v. Martin Rector und Jochen Vogt, Opladen 1996.

Peter Weiss Jahrbuch 6, hrsg. v. Martin Rector und Jochen Vogt, Opladen 1997.

Stephan, Alexander(Hg.): *Die Ästhetik des Widerstands*, Frankfurt/M. 1983.

Wolff, Rudolf(Hg.): *Peter Weiss. Werk und Wirkung*. Bonn 1987.

페르세우스의 방패

초판발행 2012년 4월25일
초판 1쇄 2012년 4월25일
지은이 문광훈
펴낸곳 고려대학교출판부
www.kupress.com
kupress@korea.ac.kr
136-701 서울특별시 성북구 안암동
02-3290-4230, 4232
Fax 923-6311
찍은곳 (주)동화인쇄공사

ISBN 978-89-7641-766-4 93850

값 25,000원

* 잘못 만들어진 책은 바꿔드립니다.